해방전후사의 인식
1

해방전후사의 인식
1

송건호 진덕규 김학준 오익환 임종국 백기완 김도현 이동화 유인호 이종훈 염무웅 임헌영

한길사

민족의 참된 자주성은 광범한 민중이 주체로서
역사에 참여할 때에만 실현되며
바로 이런 여건하에서만 민주주의는 꽃피는 것이다.
● 송건호

4반세기 만에 『해방전후사의 인식』을 다시 펴내면서

저 80년대에 이 땅의 젊은이들이 진지하게 독서했던 『해방전후사의 인식』 제1권은 1979년 10월 15일에 출간되었다. 출판 이후 25년이 지났다. 그 사이 한국사회는 엄청난 변화를 거듭하고 있는 중이다.

1980년대는 책의 시대였다. 폭력적인 권위주의 권력과 대응하는 출판문화운동이 치열하게 전개되었다. 그 엄혹한 현실을 극복하려는 젊은이들은 책을 읽었다. 80년대에 이 땅의 젊은이들은 인문사회과학적 독서를 통해 스스로의 정신과 이론과 사상을 가다듬을 수 있었다. 오늘 우리 국가사회와 민족공동체의 민주화와 진보와 개혁은 그렇게도 치열하게 전개된 출판운동 및 독서운동과 깊은 연관이 있다고 할 것이다.

그 80년대의 한가운데에 『해방전후사의 인식』이 서 있었다. 80년대를 힘차게 산 젊은이들은 해방전후사의 애독자였고, 89년까지 전6권으로 간행되는 '해전사'의 필자들이었다. 특히 해전사의 제1권은 우리 국가사회와 민족공동체의 민주화와 통일문제를 생각하는 젊은이들의 정신과 이론과 사상을 공급하는 한 원천이었다. 80년대는 책을 읽는 젊은이들의 시대였지만 또한 해방전후사의 시대였다고 말할 수 있을 것이다.

한 권의 책이란 어느 날 하루아침에 창출되지 않는다. 책을 창출해내는 역사적 배경 또는 사회적 정서와 사상이 엄연히 존재한다. 해전사가 그렇게도 한 시대와 더불어 긴 생명력을 갖게 되는 것은 그 시대와 그 시대를 살아가는 사람들의 정신과 소망이 이미 그러했기 때문일 것이다. 해전사들 또는 80년대의 출판운동을 이끈 일련의 책들은 출판사들의 기획이기도 하지만 80년대를 살아온 우리 모두의 공동의 작업 또는 성과다. 그 독자들이 오늘 우리 사회를 이끄는 중심세력이 되고 있는 것이다.

『해방전후사의 인식』 제1권을 25년 만에 다시 간행한다. 1970년대 또는 1980년대 책의 시대의 한 주역을 왜 오늘 다시 펴내는가에 대해 우리는 약간의 견해를 표하고 싶다. 해전사들이 제기한 정신과 논리 또는 문제의식은 아직도 우리 국가사회와 민족공동체에 유효하다는 것이다. 21세기이 세계화시대에, 역사문제와 민족문제는 여전히 중요하다.

'한 권의 책'이 만들어내는 정신과 이론과 사상, 문화적 힘이라는 관점에서, 해전사는 이미 우리 현대사의 한 고전이라고도 할 것이다. 그 출판기획자와 필자들의 의지와 이론을 넘어서서 해전사는 시대와 더불어 하나의 사회운동이 되었고 한 권의 책으로서 고전이 되었다. 20세기 후반에 출간된 해전사는 21세기 벽두에도 한 권의 고전이자 문제적 책으로 존재할 수 있는 것이다.

최근에 해전사를 다시 찾는 독자들이 더 많아지고 있음에 우리는 주목한다. 한 시대에 깊은 영향을 준 하나의 사회문화운동 또는 역사적 다큐멘터리로서 해전사를 21세기의 젊은 독자들에게 우리는 헌정하고 싶다.

역사는 젊은이들의 정신과 문제의식으로 늘 새롭게 전개된다는 믿음을 우리는 갖고 있다. 지금 또 한번의 도약을 시도하고 있는 우리 역사의 정의로운 구현에 『해방전후사의 인식』이 새롭게 읽혔으면 한다.

2004년 4월
한길사 김언호

『해방전후사의 인식』을 내면서

　우리 민족이 걸어온 현대사의 여러 결정적인 대목 중에서, 1945년 8월 15일의 해방을 전후한 한 시기는 오늘 우리들에게 그 무엇보다도 중요한 의미를 갖는다. 이민족의 오랜 식민 통치에서 해방이 되었건만, 온 민족이 벅찬 환희와 감격으로 받아들이던 이 해방은 그러나 어느새 민족과 국토의 분단이라는 비극을 온 민족에게 강요하는 상황이 또한 8월 15일 그날에 전개되기 시작했다. 외세에 의해 빚어진, 우리 민족의 참 의지에 배반하여 전개되기 시작한 분단은 그 후 안팎의 요인이 서로 얽혀 날로 고정화되는 현실이 아직도 우리들 앞에 있다. 남과 북으로 갈라진 민족은, 민족사상 일찍이 유례가 전무한 대결유형을 보이는 분단시대에 날로 깊이 빠져들고 있는 것이다.

　우리 민족과 국토에 왜 이러한 역사가 만들어졌는가? 왜 이러한 비극이 배태되었는가? 우리는 민족사의 전진을 위해, 이 시대와 숙명적으로 대결하는 자세를 가다듬으면서 이 시대의 의미를 추적하지 않을 수 없다. 반세기가 가까워오는 해방 전후는 이제 학문 연구의 대상으로서 충분하다. 우리는 이 시대를 감정적으로 처리해 버릴 것이 아니라 냉철한 민족사적 안목으로, 그리고 논리적으로 인식해야 한다. 이 시대가 해명됨으로써 그 이후의 우리 자신에 대한 사회과학은 비로소 맥락을 잡을 수 있을 것이다.

　역사는 궁극적으로 현재의 역사를 의미하며 역사를 논의함은 바로 현재를 성찰하기 위해서라는 전제를 여기서 다시 상기시킬 필요는 없을 것이다.

이번에 펴내는 『해방전후사의 인식』은 하나의 시도 내지 입문서다. 여러 사정에 의해 '귀속 재산' 등 다루지 못한 부분들이 많지만, 해방을 전후한 우리 민족사의 이해에 개괄적인 해답은 제시할 것으로 기대한다.

여기에 실린 논문들 일부는 이미 발표되었던 것이지만 이 책의 기획에 맞추어 완전히 새로 집필하거나 개고한 것도 많다는 사실을 밝혀 둔다. 그리고 당초 단일한 기획 아래 집필되지 않은 논문들은 서로가 다소 중복되는 부분도 있고 또 관점도 다소 다르다는 사실을 아울러 밝혀 둔다. 귀한 논문들을 흔쾌히 제공해 주신 필자 여러분께 감사드린다.

1979년 9월
한길사 편집부

해방전후사의 인식 1

4반세기 만에 『해방전후사의 인식』을 다시 펴내면서 … 6
『해방전후사의 인식』을 내면서 … 8

1

송건호 | 해방의 민족사적 인식

1 민중이 주체가 되는 역사 ················· 19
2 광복과 국내의 준비 태세 ················· 20
3 해외 지도자들의 정치 활동 ············· 23
4 미군정이 남긴 것 ····························· 27
5 일제 잔재의 재등장 ························ 31
6 이즘이냐, 민족이냐 ························ 37

진덕규 | 미군정의 정치사적 인식

1 인식의 관점 ···································· 45
2 개념적인 성격 ································ 47
3 미군정의 권력 구조 ························ 49
4 미군정기의 정치 상황 ···················· 67
5 미군정의 정치사적 평가: 민족주의적 인식 ········ 74

김학준 | 분단의 배경과 고정화 과정

1 머리말 ·· 82
2 분단의 사실적 배경 ·· 83
3 분단의 현실적 배경 ·· 87
4 미·소의 분할 점령과 남북한 정권의 배태 ········ 90
5 모스크바 3상회의, 한국 신탁 통치안, 미·소공동위원회 ··· 96
6 한국 문제의 유엔 이관 ······································ 105
7 두 개의 한국 탄생과 한반도 분단의 고정화 ······ 109

2

오익환 | 반민특위의 활동과 와해

1 머리말 ·· 127
2 반민특위의 성립·활동·와해 ······························ 129
3 반민특위 재판의 실제 ·· 173

임종국 | 일제 말 친일 군상의 실태

1 친일의 해석 문제 ·· 218
2 총독 정치의 입안·실천자 ·································· 220
3 각급 의결·자문 기관 ·· 225
4 일제의 경찰과 군 ·· 234
5 교화 정책의 하수인 ·· 239
6 시국 강연반 ·· 242

7 애국금차회와 기타 ··· 246
8 조선군사후원연맹 ··· 250
9 국민정신총동원 조선연맹 ··· 253
10 사상범보호관찰령과 사상보국 ································· 257
11 종교인들의 굴복 ··· 260
12 기독·장로·감리교의 내선일체 ································ 264
13 친일 고쿠고 잡지의 탄생 ······································· 269
14 창씨·가미다나의 앞잡이 ·· 273
15 총후부인부대의 활동 ··· 277
16 시국대책조사위원회의 활동 ···································· 282
17 국민총력조선연맹 ·· 284
18 임전대책협의회 ··· 290
19 조선임전보국단 ··· 292
20 황민 작가·황민 작품 ··· 296
21 학병을 이렇게 몰아냈다 ·· 305
22 일제의 국회의원과 대의당 ····································· 311
23 조선언론보국회 ··· 314
24 개인적 친일 및 낙수 ··· 316
25 우리를 분노하게 하는 것 ······································ 319

3

백기완 | 김구의 사상과 행동의 재조명

1 몰이해에 대한 반론 ·· 325

2 항일 노선과 그 반성 ·· 329
3 임시정부와 무장 유격전 ······································ 332
4 민족 해방, 좌절과 다시 일어남 ···························· 341
5 탁치 문제와 백범 ··· 346
6 두 개의 한국 반대 투쟁 ······································ 350

김도현 | 이승만 노선의 재검토

1 분단과 통일 운동의 시대 ···································· 360
2 외교·분열·친미주의 ·· 362
3 정략만을 품고 온 귀국 ······································· 368
4 세력 기반의 구축 ··· 371
5 신탁 주장 전력의 반탁 ······································ 374
6 냉전 구조의 전개 ··· 377
7 단독정부 수립 호소 ·· 380
8 남한 단독정부의 수립 ··· 384
9 민족 운동사상의 위치 ··· 389

이동화 | 8·15를 전후한 여운형의 정치 활동

1 제1차 투옥 ·· 393
2 몽양의 동경행 ··· 394
3 오카와 슈메이와 교제 ·· 396
4 고노에 후미마로와 회견 ····································· 398
5 제2차 투옥 ·· 400

6 조선건국동맹의 결성 · 402
7 해외 연락 활동과 항일 무력전의 준비 · · · · · · · · · · · · · · · · · · · 404
8 중·일 화평 공작과 몽양의 중국행 문제 · · · · · · · · · · · · · · · · · · 406
9 해방 전날 정무총감 엔도와 회담 · 412
10 조선건국준비위원회의 결성과 확충 · 417
11 건국치안대의 조직과 8·16 연설 · 421
12 건준의 내분과 해체 · 423
13 조선인민공화국의 수립 · 426
14 조선인민당―근로인민당의 발족 · 431
15 좌우 합작 운동의 전개 · 433
16 좌우 합작 7원칙의 결정 · 437
17 몽양의 인도행 문제 · 439
18 · 15·10 총선거와 협상파 정치인들의 과오 · · · · · · · · · · · · · · · 441
19 테러와 순국 · 443

4

유인호 | 해방 후 농지개혁의 전개 과정과 성격

1 농지개혁의 배경 · 447
2 해방 후 농지개혁의 논점 · 477
3 농지개혁법의 검토 · 493
4 농지개혁의 의의 · 503

이종훈 | 미군정 경제의 역사적 성격

1 미군정의 성격과 남북 분단의 국제 정치학 ·············· 541
2 미군정 농업 정책의 전개와 성격 ························ 549
3 미군정 공업 정책의 전개와 성격 ························ 564
4 미군정 무역 정책의 전개와 성격 ························ 582

5

염무웅 | 소설을 통해 본 해방 직후의 사회상

1 머리말 ··· 605
2 해방의 감격 ··· 606
3 농민 해방의 목표 ·· 610
4 식민지적 잔재의 청산 문제 ································ 617
5 참된 해방을 위하여 ·· 625

임헌영 | 해방 후 한국 문학의 양상

1 8·15, 그 문학사적 의의 ···································· 633
2 좌우파 각종 문학 단체의 혼립 ···························· 635
3 강령과 기치 ··· 638
4 해방을 노래하는 자세 ······································· 643
5 순수 논쟁과 민족 문학 ······································ 648
6 시사적 결실과 과오 ·· 650
7 월북·재북 시인들 ·· 653
8 미해결의 친일 문학 ·· 655

찾아보기   659

"미군정 기간은 비록 짧은 시기였지만 그것이 한국의 정치·사회와 경제·문화 등에 미친 영향은 사실상 지대한 것이었다. 그뿐만 아니라 미군정 시기는 그 이후의 한국 정치의 구조를 형성시켰던 기반이기도 했다."

●진덕규

1

해방의 민족사적 인식 | 송건호
미군정의 정치사적 인식 | 진덕규
분단의 배경과 고정화 과정 | 김학준

해방의 민족사적 인식

송건호

1 민중이 주체가 되는 역사

'8·15' 하면 으레 해방을 연상하고 또 어떤 시인은 이날의 감격을 잊지 않기 위해 「우리들의 8·15로 돌아가자」는 노래까지 부르기도 했으나, 근래에 와서는 8·15란 도대체 우리 민족에게 무엇을 가져다주었는가를 회의하는 경향이 생기게 되었다.

제국주의 일본의 식민 통치에서 해방된 것은 틀림없었으나 해방의 날이라고 하는 바로 8월 15일을 계기로 국토가 분단되어 남에는 미군이, 북에는 소련군이 진주하여 국토와 민족의 분열이 시작되었고 이 분열로 말미암아 6·25라는 민족사상 일찍이 볼 수 없었던 동족상잔을 빚었다.

그 후 30년간 남북 간의 대립은 날로 심화되어 엄청난 파괴력을 가진 막강한 군사력이 상호 대립하여 언제 또 6·25보다 더 파괴적인 동족상잔이 빚어질지 모르는 불안하고 긴장된 상태가 지속되고 있다. 이 통에 민주주의는 시련을 겪고 민족의 에너지는 그 대부분이 동족상잔을 위한 새로운 군사력을 위해 소모되고 있는 가운데 지루하고 암담한 하루하루를 보내고 있는 것이 이른바 '해방된' 이 민족의 현실이다. 민족이 이토록 비극적이고 절박한 상황에 빠져 있는데도 일찍이 이 땅의 학계에는 오늘의 분단 상황을 민족사의 높은 차원에서 반성하여 민족의 살길이 무엇인가를 냉철하게 탐구하는 참된 의미의 민족적 고민의 흔적이 적고 고작 현실을 합리화하는, 이른바 정통성 논의 등이 지배적인 것을 볼 때, 민족이 자기 힘으로 쟁취한 해방이 아닌 주어진 해방일 때 그것이 얼마나 허망한 것인가를 새삼스럽게 느끼게 한다.

이 글은 8·15가 주어진 타율적 선물이었다는 점에서 우리 민족의 운명이 강대국에 의해 얼마나 일방적으로 요리되고 혹사당하고 수모받았으며 이런 틈을 이용해 친일파 사대주의자들이 득세하여 애국자를 짓밟고 일신의 영달을 위해 분단의 영구화를 획책하여 민족의 비극을 가중했는가를 규명하려 한 것이다. 지난날이나 또 오늘날이나 자주적이 못 되는 민족은 반드시 사대주의자들의 득세를 가져와 민족 윤리와 민족 양심을 타락시키고 민족 내분을 격화시키고 빈부 격차를 확대시키며 부패와 독재를 자행하여 민중을 고난의 구렁으로 몰아넣게 마련이다. 민족의 참된 자주성은 광범한 민중이 주체로서 역사에 참여할 때에만 실현되며 바로 이런 여건 하에서만 민주주의는 꽃피는 것이다.

이런 관점에서 이미 반세기가 지난 8·15가 도대체 어떻게 민족의 정도(正道)에서 일탈해 갔고 그로 말미암아 민중이 어떤 수난을 받게 되었는가를 냉철하게 구명해야 할 필요가 생기게 되었다. 이러한 구명은 결코 지난 역사의 구명이 아니라 바로 내일을 위한 산 교훈이 될 것이다. 8·15의 재조명은 이런 점에서 바로 오늘을 위한 연구라고 하지 않으면 안 될 것이다.

2 광복과 국내의 준비 태세

1945년 8월 15일 침략자 일제가 마침내 연합국에 항복하여 한민족은 오랜 식민 통치의 쇠사슬에서 해방되었다. 그러나 이 땅의 지도층은 이날을 맞을 준비를 거의 하고 있지 않았다. 물론 이 땅에 민중적 차원에서의 항일 투쟁은 산발적이긴 했으나 전국 도처에서 전개되어 왔지만 지도층은 야수 같은 총독경찰의 탄압에 검거·투옥되거나 친일 전향하여 8·15 당시에는 여운형(呂運亨)의 건국동맹 외에는 이렇다 할 통일 조직이 없었다. 개개인 중에는 깊숙한 시골에서 두문불출하여 일제에 협력을 일절 거부한 양심적 인사가 적지 않기는 했으나 일제의 엄중한 감시 밑에 지하에서조차 조직 활동은 하지 못했다. 특히 우파라 지목된 인사들은 상당수가 부일 협력하여 소극적으로나마 민족 양심을 지키지 못하고 있었다.

8·15 직전, 일제총독 당국이 한민족의 지도자로 지목한 인사는 여운형·안재홍(安在鴻)·송진우(宋鎭禹) 등 세 명 정도였으나 이들 중에서 여운형을 제외한 안재홍과 송진우는 이렇다 할 항일 조직을 갖지 않고 있었다. 안재홍은 일제에 협력을 끝내 거부하고 있었으나 여운형의 건국동맹에 가담하지 않아 외롭게 8·15를 맞았다.

당초 남한에는 다소나마 조직성을 띠고 있는 민족 세력으로서 대체로 5개파를 생각할 수 있다. 김성수(金性洙)·송진우 등을 중심으로 한 토착 세력, 여운형을 중심으로 한 사회주의 경향의 세력, 재건파 박헌영(朴憲永)을 중심으로 한 공산주의 그룹, 끝으로 기독교 인사를 중심으로 한 세력 등이 있었으며 기독교 세력은 다시 미국에 있던 이승만(李承晚)계와 또 당시 중국에서 잡혀 복역 후 평양 근처에서 요양 중이던 안창호(安昌浩)계의 두 파로 나뉘어 있었다.

이들 중 첫째, 토착 세력으로서 김·송 세력은 1930년까지『동아일보』를 중심으로 온건한 민족 운동을 전개하고 있었으나 1940년에 신문을 폐간당해 그들의 근거지를 잃고 일제의 강제에 못 이겨 본의는 아니나 친일 단체 등에 이름이 오르게 되고 부득이 부일협력을 하고 있었다. 그럴 수밖에 없는 것이 김·송 등은 일제하에서도 삼양사·경성방직 등 대기업을 일제의 지원을 받아 가며 경영하고 있었으므로 그들로서는 부일협력을 요구하는 일제의 부탁을 정면에서 거부할 입장이 못 되었다. 이 때문에 그들은 자기 주변에 장덕수(張德秀)·이광수(李光洙) 등등 지난날『동아일보』출신 친일파들의 보호벽 안에서 불안한 생활을 하고 있는 어려운 형편이었다. 그러므로 그들로서는 가능한 한 부일협력을 덜하고서도 자신들이 누리고 있는 사회적·경제적 지위를 무사히 유지·보존할 수 있는 길을 찾는 것이 고작이었으므로 이들에게 해방을 앞둔 한민족을 위해 어떤 비합법적 조직이나 운동을 준비할 만한 희생적인 투지를 기대할 수는 없었다. 이같이 토착 세력인 우파는 아무런 준비 없이 8·15를 맞았다.

둘째, 토착 항일 세력으로서 또 하나 간과할 수 없는 것이 좌파공산주의 세력으로서 박헌영 일파였다. 당초 한국에는 1925년 처음으로 공산당이 조직되었으나 1·2·3·4차 연이어 일제경찰망에 검거되자 한때 신간회 조직 속에서 합법 운동을 꾀하기도 했고 신간회가 자치 운동 쪽으로 기울어지자 이를 자진 해산하고 1930년대부터는 일제히 지하로 잠입, 노동·농민·학생 운동을 지도하는 한편 각지에서 당 재건을 기도했으나 그때마다 검거되었다. 1940년 전후 당 재건을 마지막 시도하다가 발각되자 해방 전 3, 4년간은 잔여 세력이 겨우 서클 운동 정도로 명맥을 유지해 왔다. 투지는 강했지만 이들 역시 8·15를 맞을 준비를 갖추지 못했다.

이러한 우·좌 토착 세력과 달리 안창호계의 수양동우회, 이승만계의 흥업구락부 등이 있었으나 항일 투쟁 단체라기보다 민족의식이나 문화를 보존하자는 정도에 지나지 않았고 그나마 1938년 전후 총독경찰에 검거되자 부일협력을 서약, 이른바 전향했으므로 우파의 거물이라 할 이승만·안창호는 국내에 그들 자신의 조직 기반을 거의 가지지 못했다. 그뿐 아니라 1938년 안창호가 별세한 후로는 수양동우회 관계자들은 거의 맥을 못 쓰고 일제 말기의 추악한 부일협력의 오점을 남기게 되었다. 이승만계의 흥업구락부는 본래 부유한 실업인이 많았으므로 조직이 노출되자마자 전향하여 친일 행위를 하게 되었으므로 8·15를 앞두고 이·안계는 사실상 뿌리가 뽑히고 만 셈이다.

해방을 앞두고 지도층이 이토록 한심한 상태에 있을 때 일제와 차원 높은 접촉을 하고 있던 여운형만이 해방의 준비를 서둘고 있었다. 이 점에 관해선 졸저 『한국현대사론』에 상세한 설명이 있으므로 생략하기로 하겠으나, 8·15 직후 여운형 지도 밑에 재빨리 건국준비위원회가 결성되고 사회적·경제적·정치적 혼란에 대처하게 된 것은 일제하의 지하 활동에서 그만한 준비가 있었기 때문이었다. 만약 8·15 후 미군정의 압력이 없었다면 8·15 후의 정치는 아마도 건국준비위원회에서 '인민공화국'으로 밀려나가는 대세를 누구도 저지하지 못했을는지 모른다. 그만큼 우파는 해방을 맞을 준비가 없었고 국내 대세는 좌경화로 기울어지고 있었다. 우파의 국내 지도자로서 송진우가 여운형과의 협력을 거부하고 오로지 해외의 망명 항일 지도자들의 추대를 고대하는 한편 이면에선 우파 세력의 규합에 혈안이 된 것은 8·15를 준비 없이 맞아 좌파에 대항하여 승산이 없다고 본 데서 나온 어쩔 수 없는 전술이었다.

3 해외 지도자들의 정치 활동

우파 토착 세력을 대표한 송진우는 여운형·박헌영의 건준 세력과 맞서 싸울 수 있는 유일한 명분과 무기로서 해외 망명 지도자들의 추대를 내세웠으나 해외 망명파는 국내에서 기대하고 있었던 것처럼 연합국의 평가를 받고 있는 것이 아니었다. 이승만이 미국에서 벌인 독립운동이란 주로 미국 조야에 대한 호소 외교가 고작이었다. 그는 중국에 있는 임시정부로부터 주미외교위원부 위원장으로 임명된 1941년, 미국에 대해 임정의 승인을 요구하고 그들로부터 항일 운동을 위한 지원을 얻고자 공작했으나 미국 정부는 극히 냉담한 반응을 보였다. 이승만은 자기의 미국 친구들로 구성된 한미우호협회로 하여금 루스벨트(Roosevelt) 미대통령에게 임정 승인과 연합국 측에 가담시킬 것을 요구하는 운동을 벌이게 했으나 미국무성은 이승만이 한국 민중에게 별로 알려져 있지 않으며 중국의 임정이란 일부 망명객들의 자치 클럽에 지나지 않는다는 지극히 모욕적인 반응을 얻었을 뿐이었다.[1]

이승만은 자기가 직접 루스벨트에게 공한을 보내고 같은 내용의 호소를 했으나 이승만을 한국 민족의 대표로서 받아들일 수 없다는 말만 들었다.[2]

이승만이 미국 정부의 인정을 전혀 받지 못한 것은 미국 정부가 그의 항일 운동이라는 것을 별로 인정하지 않은 때문이기도 했으나 한편 재미 한국인 사회의 끝없는 파쟁에 미국이 한국인들을 멸시한 데에도 원인의 일단이 있었다.

　미국에 있는 한국인 각 단체는 1941년 6월 재미한족연합위원회를 결성하여 이승만을 대미외교위원으로 임명하고 한글과 영문으로 신문을 발행하여 재미 교포와 미국 여론에 한국 문제에 대한 관심을 환기시키는 데 노력하는 한편 교포 사회에서 돈을 모금해 이승만과 임정을 지원하고 있었다. 그러나 이승만은 연합위 측의 요구를 무시하고 모든 문제를 자기 독단으로 처리할 것을 고집하여 마침내 연합위와 이승만은 결별하고 말았다. 이리하여 연합위는 1944년 워싱턴에 따로 사무소를 설치하고 김원용(金源容)·한시태(韓始太)·전경무(田耕武) 등으로 하여금 이승만과는 별도로 독립 외교를 벌이게 했다.

　이 무렵 루스벨트 대통령이 중국의 외교부장 송자문(宋子文)에게 한국인들의 이용 가치에 관한 의견을 물어 왔으므로 송자문은 이승만에게 분열된 한국인들의 힘을 강화하기 위해 당시 미국무성 일부에서 신임을 받고 있던 한길수(韓吉洙)와 손을 잡을 것을 권유했다. 그러나 이승만은 한길수와 합작하면 공산당을 이롭게 할 뿐이라는 엉뚱한 이유를 붙여 이를 거절했다. 당시 샌프란시스코에는 유엔 총회의 창립 준비가 한창이었고 따라서 한국 민족 운동의 각파 대표들이 많이 와 있었다. 이들 사이엔 장차 한국이 독립하려면 공산주의자들과 합작 연합정부를 세울 수밖에 없다는 의견이 대두하고 있었는데 이승만은 이러한 의견을 맹렬히 비난하고 공산주의자들과는 같이 일할 수 없다는 주장을 내세웠다. 한길수와의 합작을 거부한 것도 이와 같은 이유 때문이었던 것으로 짐작된다. 이러한 사실들이 외국인들에게는 모두 부질없는 파쟁으로 받아들여져 송자문은 마침내 루스벨트에게 "한국인은 너무 파쟁이 심해 효과적인 힘의 결속을 하지 못한다"고 부정적인 보고를 했던 것이다. 이러한 사정 때문인지 1943년 4월 루스벨트와 영국 외상 이든(Anthony Eden)은 워싱턴에서 만난 자리

에서 이미 한국의 신탁 통치 실시에 의견을 같이했던 것이다.[3]

중국에서의 독립운동에도 문제가 많았다. 3·1운동 직후엔 한때 상해에 독립운동가들이 구름처럼 많이 모여들었으나 시일이 지날수록 하나 둘 흩어지고 1920년대 말엽에는 수십 명도 못 되는 형편이 되었고 극도의 재정난에 빠진 임시정부는 정부 청사를 어느 초라한 개인 집으로 옮겼으나 집세와 사환 봉급을 합친 50원도 지불하지 못해 가끔 소송을 당하기도 했다. 당시 주석이던 김구(金九)의 자서전 『백범일지』(白凡逸志)에는 이 무렵의 비참한 정경이 소상히 기록되어 있다. 임정 요인들의 생활은 실로 눈물겨울 정도였고 전차표 검사원으로 근근이 지내는 교포 집 등을 이리저리 찾아다니며 밥을 얻어먹고 있었다. 변절하지 않는 것만도 훌륭한 독립운동이 된다는 처참한 형편이었다.

궁지에 몰린 김구는 마침내 미국·하와이·멕시코 등의 교포들에게 임정의 어려운 사정을 알리고 지원을 호소했다. 당시 국내는 이른바 총독 사이토(齋藤實)의 '문화 정책'이 조선인 지도층에 독약처럼 스며들어 독립을 가망 없는 것으로 보았으며 자치론이 대두하고 독립운동 자금을 대면 패가망신한다는 풍조가 퍼져 자금이 일절 걷히지 않아 할 수 없이 해외 동포들에게 호소한 것이었다. 다행히 편지에 대한 호응이 의외로 커서 각지로부터 적지 않은 돈이 모였다. 김구는 동포들의 피맺힌 애족심이 담긴 이 돈을 가슴에 안고 눈물을 흘렸다. 그리고 이 돈으로 세상을 깜짝 놀라게 하고 국내 동포들의 눈을 뜨게 하는 일을 해야겠다고 결심한 결과가 이봉창(李奉昌)·윤봉길(尹奉吉) 의사의 장거였다. 두 의사의 장거로 한국 문제는 비로소 세계의 관심을 끌게 되고 특히 중국인들의 한국인들에 대한 대우가 크게 달라졌다.

1940년 5월 민족 진영의 3당 통합으로 한국독립당이 결성되었다. 당초 김구는 같은 민족끼리 나라를 되찾는 투쟁에서 통일을 못 이룰 리 없다며 김원봉(金元鳳)·김두봉(金枓奉) 등 좌파와 단일 정당을 창설하려 했으나 우익에서 반대하고 특히 이승만이 반대했으며 좌파에서도 당내에서 불리한 입장에 설 수 없다는 주장을 고집하여 결국 3당 통합으로 그치고 말았다. 임시정부는 1940년 9월 중경(重慶)으로 옮겼다. 1941년 12월 미·일 전쟁이 발발하고 조국의 해방이 현실 문제로 제기되자 이번에는 임정 안에 좌우 합작 문제가 계기가 되어 이승만의 맹렬한 반대를 무릅쓰고 좌우 연립정부로 개편하고 좌파인 장건상(張建相)이 국무위원이 되고 김원봉이 국무위원 겸 군무부장이 되었다. 임정은 1942년 7월 중국 정부와 군사협정을 체결하고 통일된 광복군 편성을 서둘렀다.

총사령관에 이청천(李靑天), 참모장에 김홍일(金弘一), 부사령관 겸 제1지대장에 김원봉, 제2지대장에 이범석(李範奭), 제3지대장에 김학규(金學奎)가 임명되었다. 이때 김원봉이 중공 팔로군과 손을 잡는 등 광복군 창군 준비는 지지부진했다. 그러나 일본군에서 탈출한 학병들이 중경의 임정 쪽으로 속속 모여들어 임정은 크게 활기를 띠었고 미국 해외공급물자 판매점(OSS)의 지원을 얻어 특수 게릴라 부대의 훈련을 시작했다.

1945년 8월 9일 서안에서 김구·이청천이 참관한 가운데 학병을 중심으로 한 광복군의 특수 훈련이 실시되었다. 미군훈련관은 한국 청년들이 중국 청년들보다 지능·투지·체력이 월등히 우수하다고 칭찬이 대단했다. 김구는 한없이 기뻤고 감격스러웠다. 김구는 드골(de Gaulle)이 파리를 자유프랑스군의 힘으로 해방시키기를 고집한 것처럼 또 실제로 자유프랑스군의 공격으로 파리를 해방시킨 것과 같이, 광복군의 힘으로 서울을 해방시키리라 굳게 마음먹었다. 이것은 장차 조선 문제 해결에 대한 조선 민족의 발언권을 강화하는 데 절대 필요하다는 것을 알고 있었기 때문이다. 그러나 8월 15일 마침내 일본이 항복함으로써 김구의 꿈은 사라지고 말았다. 그는 땅을 치며 탄식했다. 새 나라 건설에 한민족의 발언권이 인정되지 않을 것을 우려한 것이다.

이상에서 본 바와 같이 미 본토에서나 중국에서나 망명 투사들의 항일전에의 기여는 연합국 측으로부터 별로 인정을 못 받고 역사가 증명하듯 8·15 후의 한반도 문제, 한민족 문제는 주로 미·소 두 나라에 의해 일방적으로 분단 점령되어 한민족은 해방을 맞았다는 바로 8·15 그날부터 수난이 시작된 것이다.

4 미군정이 남긴 것

오키나와(沖繩)에서 한반도로 진주한 미 제24군단장 즉 주한 미군사령관 하지(John R. Hodge)는 무슨 까닭인지 한국 민족을 해방 민족으로 인정하지 않았다. 그가 1945년 9월 2일자로 서울 상공에 뿌린 최초의 전단도 해방에 들끓고 있는 한국 민중에게 해방을 축하한다는 문구는 단 한 줄도 없고 다만 자기의 포고와 명령을 지켜야 하며 일본인과 미 상륙군에 대한 반란 행위, 재산과 각종 시설의 파괴 행위는 처벌될 것이라는 경고부터 했다. 해방 민족에 대한 첫 포고문치고는 놀랍게 냉랭하고 적대적이기까지 했다. 9월 9일 제2포고문에서는 경솔 무분별한 행동, 즉 미 상륙군에 항의를 하면 "인민을 잃고 아름다운 국토가 황폐화될 것"이라고까지 경고했다. 무자비한 공격으로 한국 민중을 죽이고 국토를 파괴하겠다는 무서운 경고다. 미군은 공군의 엄호하에 완전 무장, 마치 적진 상륙하듯 무시무시하게 인천에 상륙했으며 미리 일본 군경을 동원, 한국인들에게 일절 외출을 못하게 했다. 그러나 일부 시민들이 '해방군'인 미군을 환영하고자 외출했다가 경비 구역을 침범했다는 이유로 일경의 총격을 받아 많은 사상자가 났는데 한국인들의 항의에 미군 당국은 정당한 공무 집행이라고 살인 일경을 오히려 두둔했다.

하지는 '조선총독 통치'를 그냥 존속시키려고까지 했다가 한국인들의 맹렬한 반대에 부닥쳐 그 계획을 수정했으나 그 자신이 기자회견에서 공언했듯이 미군정은 한국에 관한 모든 정보를 전적으로 일본인들에 의존하여 일을 처리해 나갔다. 9월 9일 오후 4시 30분 이른바 총독부 정문에 걸린 일장기는 강하되고 대신 성조기를 높이 게양했다. 미태평양 방면 총사령부, 즉 맥아더(Douglas MacArthur) 사령부는 「조선 인민에게 고함」이라는 포고 제1호를 발포하고 "북위 38도 이남의 조선 영토와 조선 인민에 대한 통치의 전 권한은 당분간 본관의 권한하에 시행한다"고 했다. 또 "주민은 본관 및 본관의 권한하에서 발포한 명령에 즉각 복종하여야 하며 점령군에 대한 모든 반항 행위 또는 공공의 안녕을 교란하는 행위를 감행하는 자는 용서 없이 엄벌에 처할 것이며 영어를 공용어로 한다"고 했고, 포고 제2호에서는 조선인으로서 포고 명령을 위반하는 자는 사형 등 처벌을 하겠다고 경고했다.[4]

백범이 서안에서 일본의 항복 소식을 듣고 무릎을 치며 개탄, 앞날을 염려한 것은 바로 이런 사태가 올 것을 예견한 때문이었다.

프랑스의 경우, 드골은 자유프랑스군을 이끌고 온갖 모욕을 당하면서도 마침내 자기들 손으로 조국의 수도 파리를 해방시켰다. 그런데도 드골은 루스벨트와 처칠(Churchill)의 모욕을 수없이 경험했고 그때마다 당장 권총을 빼어 들고 결투라도 할 듯이 프랑스인으로서 자존심을 지켰다는 사실은 너무나 유명한 이야기다. 하지는 기회 있을 때마다 한국은 미국인의 피로써 해방시켰다는 점을 내세워 자기들의 고자세를 밀고 나가려 했다.

미군정 당국은 이승만은 물론 중국의 임시정부에 대해서도 정부 행세로는 절대 입국시킬 수 없고 개인 자격으로만 돌아올 수 있다고 하여 김구는 이 같은 수모를 참고 입국할 수밖에 없었다. 군정을 실시한 하지는 군정장관 아널드(Arnold)로 하여금 '인민공화국'을 부인하는 성명 속에서 "38도 이남의 조선 땅에는 미군정이 있을 뿐이고 그 외에는 다른 정부가 존재할 수 없다"고 못 박고 "고관대작을 참칭하는 자들은 흥행 가치조차 의심할 괴뢰극을 하는 배우에 지나지 않으며, 그 연극을 조종하는 사기꾼은 마땅히 그 괴뢰극을 폐막하여야 한다"고 냉소적인 비난을 퍼부었다.

아널드의 이 부인 성명은 1945년 10월 10일 발표되었는데 이보다 며칠 전인 10월 5일 군정 장관 아널드의 한국인 고문단이 취임했으므로 인민공화국 부인 성명문 내용은 이 고문들의 영향이 있었던 것으로 보면 틀림이 없을 것이다. 하여간 미군정은 30년 법통을 자부하는 김구의 임시정부와 국내의 인민공화국을 모두 부인하고 오직 군정 일변도로 밀고 나갔으며 이때 미군정에 적극 협조, 강력한 발언권을 행사한 것이 바로 한국민주당이었다.

주한 미군사령관 하지는 서울에 진주하자 구총독 관리인 일인(日人)들을 '행정 고문'이라는 명칭으로 그냥 영향력을 행사하게 하고 특히 당시 민중의 증오 대상이 되고 있던 총독 시대의 한국인 경찰 관리들을 그대로 유임함으로써 민중의 원한을 샀다.

민주주의를 하는 나라라고 자처하면서 미군정은 민중의 여론을 전혀 돌보지 않고 친일파·민족 반역자들을 그냥 등용했다. 이 중에는 일제하의 고등경찰로서 민족 운동가들을 검거·고문·학살한 반역자도 다수 포함되어 있었다. 미군정은 조선에서 일본 군국주의 잔재를 청산할 생각을 전혀 보이지 않았을 뿐 아니라 오히려 부일 반민족 행위자들을 보호했다. 미군정하의 입법 기관인 남조선과도입법의원이 1947년 7월에 '민족 반역자·부일협력자·간상배에 대한 특별법'을 제정, 통과시켰으나 이 특별법안은 미군정의 동의를 얻지 못하고 끝내 공포되지 않아 법률로서 시행을 보지 못해 일제 잔재의 숙청은 실현되지 않았다. 미군정은 이 나라에 형식적으로 민주주의를 도입했을 뿐 일제 잔재를 보존함으로써 장차 이 나라의 민주주의를 짓밟는 무서운 독소들을 남겨 놓았다.

미군정하 한국 사회의 실정을 직접 현지 취재한 바 있는 라우터바크는 10월민중항쟁 후 한미공동조사단이 다음과 같은 5개 항목의 조사 결과를 하지에게 보고했다고 하면서 10월민중항쟁의 주요한 원인으로서 첫째로 경찰에 대한 증오감, 둘째로 부일협력자들이 미군정에서 여전히 등용되고 있는 점, 셋째로 통역 정치의 폐단, 넷째로 한국 관리들의 부패, 그리고 마지막으로 이러한 점을 비난 공격하는 공산당의 선동을 원인으로 들었다.[5] 라우터바크는 특히 하지가 한국인이 '해방 민족'이라는 것을 인정하지 않은 것이 가장 큰 잘못이었다고 말했다.

이같이 한국 민중의 감정을 전혀 무시하고 친일파·민족 반역자들을 등용함으로써 이 땅의 민족정신을 혼탁·타락시킨 미군정은 적산 처리에서 정상배들을 날뛰게 하고 이 나라 경제 윤리를 타락시켰다. 해방 당시 이 땅에는 전국 기업체의 80퍼센트 이상이 일인 소유 재산으로서 이 재산이 36년간 이 민족을 수탈하여 축적한 결과임은 말할 것도 없다. 따라서 미군정 당국의 일인 소유 재산의 처리 정책은 전 민족의 지대한 관심을 끌었다. 미군정은 일인 재산을 접수한 다음 이것을 미군정의 귀속 재산으로 규정하고 다시 특정인들에게 관리시켰다. 이 특정인들 중에는 전날의 친일 매판 기업인들이 많았다. 이 불하 과정에 온갖 부패가 싹텄고 당연한 결과로 한민당과 이승만파가 이 이권에 깊이 개입했다는 것은 널리 알려진 사실이다.

미군정은 이것과는 상관없이 1945년부터 1948년 12월까지 3년간 4억 3천만 달러에 달하는 원조를 했으며 그 내용을 보면 식료품, 의복, 일부 의약품, 심지어 과자류에 이르기까지 구호적 성격을 띤 물자가 대부분이었다. 이것은 일면 미국의 잉여 상품 처리라는 뜻도 있었다. 하여간 해방과 더불어 시장에는 미국의 각종 상품이 넘쳐흘러 한국의 상업, 식료품 공업, 섬유 공업은 큰 타격을 입어 미군정 3년 동안을 1940년과 비교해 보면 섬유 공업은 35퍼센트로, 식료품 공업은 실로 9.7퍼센트로 격감했다.

미군정 3년이 한국의 자립 경제 체제 확립을 위해 결과적으로 어떠한 영향을 미쳤는가를 검토해 볼 필요가 있다. 미군정 3년간의 결산은 인플레의 격화, 대중 생활의 파탄, 부정·부패의 만연, 치안의 난맥뿐 아니라 정부 재정의 막대한 적자, 사회 불안은 손을 댈 수가 없을 정도였다. 군정 3년간의 인플레를 보면 통화 발행고 지수가 1945년 8월을 100으로 할 때, 군정이 끝난 1948년 9월에는 500으로 5배가 팽창하고 물가 지수는 같은 기간에 100에서 1,060으로 무려 10배 이상으로 치솟았다. 그리고 군정 3년간의 결과로서 정부 부채가 262억 2,400만 원에 달했는데 이것은 당시의 통화 발행고가 300억 3천만 원이었음을 생각할 때 실로 엄청난 액수가 아닐 수 없었다. 미군정 3년간 이 땅에 새로 유행된 말이 '사바사바'니 '모리배' 또는 '귀속 재산 불하' 같은 따위였는데, 이것은 미군정 3년간에 걸친 무원칙한 인사 정책과 부정과 흑막에 싸인 귀속 재산 불하 과정에서 비롯된 유행어였다. 『조선일보』를 포함해 당시의 신문들이 3년간의 업적을 부정적으로 본 것도 결코 무리라고만 할 수 없을 것이다.

일제 잔재의 계승이라는 점에서 공출제의 강행 실시도 빼놓을 수 없다. 미군정은 1946년 봄에 추곡 수매령을 공포, 전해의 추곡부터 공출을 실시했는데 1946년, 47년이 되면서 공출량은 늘어나고 수매가는 시장가의 5분의 1도 안 되는 헐값으로 강제로 거두어 갔다. 더욱이 미군정은 일제 시대에도 없던 하곡 수매까지 강행하여 전국 여러 곳에서 농민들과의 충돌 사건이 벌어지고 농민들의 이러한 불만은 1946년 10월민중항쟁의 한 원인(遠因)이 되기도 했다. 게다가 미군정이 농지개혁을 한다고 했으나 실제로는 개혁이 지연되어 이런 기간 동안 지주들은 소작지를 비싼 값으로 소작인들에게 강매하는 경향이 생겨 그 통에 돈이 없는 소작인들은 땅을 남의 손에 빼앗기는 예가 비일비재했다.

일본에서는 미군사령부가 이미 1946년부터 농지개혁을 실시했는데도 한국에서는 무슨 까닭인지 이를 지연시켜 구일본인 소유 농지조차도 1948년 3월 군정이 끝날 무렵에야 겨우 분배에 관한 법률을 공포했으나 그 땅마저도 유상분배라는 원칙에 따라 생산량 30퍼센트의 5년 상환이라는 농민들에게 과중한 부담을 요구했던 것이다. 미군정은 남한만의 단독정부 수립에 책임을 면할 수 없으며 일제 잔재를 사회 각계에 그대로 보존한 채 새 나라를 세운 결과 1948년 8월의 신생 정부 밑에서도 부정부패가 만연하고 참신한 기풍을 볼 수 없고 마치 노쇠국 같은 인상을 주게 되었다.

5 일제 잔재의 재등장

1945년 8월 15일 '해방'을 맞았을 때 한국 사회에서는 하나의 이념 아래 민중을 단결시키고 그들을 독립의 길로 이끌어 나갈 만한 국제적으로 인정된 혁명적 주체 세력이 없었다. 물론 각종 형태의 항일 투쟁이 민중 사이에 벌어지고 있었으나 이들을 조직화하고 이끌어 나갈 만한 지도자가 없어 이들의 투쟁이 지극히 산발적이었다는 사실은 앞에서 살펴본 바와 같다.

이른바 지도층은 대부분 일제의 압력에 굴복, 그들에 협력하고 있었으며 다만 여운형을 중심으로 한 일부 지식인층이 지하 운동을 시작하여 앞으로 닥쳐올 한국의 독립에 대비하고 있었으나 이 운동은 그 당시의 객관적 상황으로 보아 지하 서클 활동의 범위를 크게 벗어나지 못했다. 따라서 8·15 후 재빨리 사태 수습에 나서 건국준비위원회에서 '인민공화국'으로 그들 나름의 독립 노선을 개척해 나가려 하다가 미군정의 반대로 좌절되고 말았던 것이다. 만약 그들의 항일 전통과 힘이 질량 면에서 찬란했다면 미군정에 어느 정도 저항해 싸웠겠으나 그러한 저항이 없었다는 것은 그만한 전통이나 힘이 부족했기 때문으로 보인다.

8·15를 맞은 우리 민족에 민중을 이끌어 나갈 만한 혁명적 주체 세력이 없었다는 것은 일제의 식민 통치와 탄압이 그만큼 철저하고 집요하고 악랄해서 지도에 의한 투쟁이 남아날 여지가 없었기 때문이다. 하여간 8·15 직후 이 땅은 각계 각파의 정치 세력을 위해 일종의 기회균등적 상황에 놓여 있었다. 우파나 좌파나 그 당시엔 어느 쪽도 민중을 잡지 못하고 있었으며 이제부터 시작이라는 단계였다. 오히려 알려지기로는 여운형이나 박헌영보다 이승만 쪽이 유리했고 게다가 미군정이라는 배경이 있어 좌파보다 우파가 유리한 여건이었다.

그중에서도 귀국 당시 가장 유리한 여건하에 있던 것은 이승만이었다. 만약 그가 그렇게 할 생각만 있었다면 무진장한 민중 속에서 진정한 민족의 주체 세력을 형성해서 그 후 민족의 진로에 확고한 민족자주국가를 세울 수도 있었을 것이다. 당시의 정치 여건은 좌파에 유리하고 우파에 불리한 것이 아니라 오히려 좌파에 불리하고 우파에 유리했다. 우파가 좌파와 싸우기 위해 친일파의 힘을 빌려야 할 논리는 설 수 없었다. 이승만이 자기의 정치 기반으로 친일 세력을 포섭해야 할 이유는 없었다. 이승만이 친일 세력 쪽으로 기운 것은 그의 정치적 체질이 그것을 요구한 것이지 좌파에 대항할 힘이 부족한 때문이었다고 볼 수는 없다. 하여간 이승만이 자기의 정치 기반으로서 친일 세력을 감싸고 나선 것은 그 후의 민족 운명과 대한민국의 성격과 진로와 통일 문제 등에 결정적 영향을 미쳤다고 보아야 한다.

이승만은 중국의 김구가 장개석의 지원을 받아 자기보다 먼저 서울에

와서 정치 기반을 닦는 것이 아닌가 하는 불안을 느낀 나머지 누구보다도 먼저 귀국했던 것이다.[6]

이승만은 젊어서부터 남달리 권력을 좋아하고 남의 지배를 못 참는 성격이 있었다. 그는 젊어서 입신출세하려고 몇 년을 두고 과거를 보았으나 그때마다 낙방했다. 1894년 갑오경장으로 과거 제도가 폐지되자 극도로 실망하고 분노한 이승만은 국정 개혁을 부르짖고 개화파에 가담했다.[7]

권력에 대한 집념은 망명 후에도 나타나 하와이 민족 단체 안에서도 재정과 주도권을 잡자 동포끼리 싸움과 재판으로 세월을 보냈고 그를 하와이 교포 사회에 소개한 옛 동지인 박용만(朴容萬)조차도 이승만은 겉으로는 도덕과 민주주의를 말하면서도 권력을 잡기 위해서는 폭력과 모함 등 수단 방법을 가리지 않는 무서운 사람이라고 개탄했다.[8]

권력을 잡기 위해서는 수단과 방법을 가리지 않는 이승만이 민족 정의에서 벗어난 부일협력자들을 자기의 정치 기반으로 삼은 것은 조금도 놀라운 일이 아니다.

그는 귀국하자마자 하지 중장이나 아널드 군정 장관을 배석시킨 가운데 3천만 동포는 우선 뭉쳐야 산다고 주장했다. 하지나 아널드를 배석시켜 마치 이 두 사람이 자기를 추대하고 있다는 인상을 주려고 한 점이나 우선 뭉치라고 함으로써 중국의 임정이고, 기정사실화하려는 '인공'의 존재고 모두 무시하고 자기를 중심으로 단결하라는 방향으로 이끌고 나가려고 한 것은 과연 이승만다운 전략이라고 할 수 있겠다.

정치인이 권력을 장악하려고 투쟁하는 것을 나쁘다고 말할 수는 없으나 권력을 잡기 위해서는 하와이 시절부터 수단과 방법을 가리지 않는 무서운 사람으로 알려진 이승만이 귀국 후 그의 집권 과정에서 어떠한 해악을 이 민족에 끼쳤는가는 오늘의 시점에서 충분히 연구의 대상이 된다고 믿는다.

첫째, 그는 입으로 민주주의를 말했으나 자신이 왕족이라는 관념에 집착하고 있었다. 로버트 올리버의 『이승만전』을 보더라도 이승만이 자기 가문에 대한 자랑이 대단했다는 것을 말해 준다. 그는 본질적으로 귀족적, 따라서 반민중적 정치인이었다. 그가 귀국 후 부일협력자의 대변자라고 비난받던 한민당을 자기의 정치 기반으로 삼은 것은 조금도 이상한 일이 아니었다.

해방 후 반민족 부일협력자를 숙청하라는 국민의 여론이 비등했으나 알다시피 미군정은 이 같은 여론을 무시했고 이승만은 미군정을 뒤따라 친일 세력을 두둔·보호했다. 빗발치는 국민 여론에 따라 제헌국회에서 반민족행위처벌법을 제정했으나 친일파들이 '대지구락부'라는 단체를 조직하고 이승만의 지지를 받아 친일파 숙청을 주장하는 자는 '공산당의 주구'라고 위협했다. 이승만은 국회에서 회부한 반민족행위처벌법안(반민법)을 거부하기로 했다가 쌀 공출제 실시에 관한 법안이 거부될 것 같아 하는 수 없이 통과시켰으나 1949년 1월부터 친일 반역자들의 일람표를 작성하는 등 반민특위의 활동이 시작되자 경찰 측에서 반민특위 관계자들의 암살 음모가 꾸며지는가 하면 그간 애국지사를 고문·학살한 일제 고등계 형사 노덕술(盧德述)을 체포하자 이승만은 특위조사위원을 불러 노덕술은 건국 공로자니 석방하라고 요구했다. 특위가 항일 애국자를 고문·학살한 자로 도저히 석방할 수 없다고 거절하자 이승만은 2월 15일(1949) 특위 활동을 비난하는 담화를 발표하고 행정부 안의 반민자 조사 협조를 거부했다.

이승만의 이 같은 비난과 방해와 협박이 있음에도 특위는 애국지사들을 체포·고문·학살한 고등계 형사들을 비롯, 반민자들을 계속 잡아들였다. 특위가 마침내 그해(1949) 6월 6일 서울시경 사찰과장(지금의 정보과장) 최운하(崔雲霞)와 종로서 사찰 주임 조응선(趙應善)을 연행하자 경찰은 정부의 양해 아래 반민특위를 포위하고 특경대(반민특위 소속 경찰)를 무장 해제했으며 특위 직원을 마구 폭행하고 연행 구속했다. 이에 특위위원장 김상덕(金尙德)을 비롯한 특위조사위원과 특별재판관·특별검찰관 등이 사임하고 반민특위 활동을 반대한 바 있는 법무장관 이인(李仁)이 위원장이 되어 특위 활동의 막을 닫았던 것이다.

국민의 절대적 여론에 따라 착수된 친일 반역자에 대한 민족적 심판은 이렇게 이승만의 반대로 좌절되고 이로써 경찰을 비롯해 각계에 뿌리박고 있는 악질 친일 반역자들은 마음 놓고 활개를 치게 되었다. 그 후 이들은 이승만 정권을 유지하기 위해 이 나라 민권을 탄압하고 마침내 3·15부정선거까지 자행하다가 민중의 분노가 폭발하는 4월혁명에 의해 붕괴되고 말았던 것이다.

둘째, 친일파를 보호, 자기의 권력 기반을 굳힌 이승만은 농지개혁을 지주들에게 유리하게 실시하여 지주층을 권력 기반으로 삼는 데 성공했다. 당초 미군정하에서부터 농지개혁 문제가 제기되었으나 일부 관선(미군정 추천) 의원을 제외한 민선 의원이 거의 한민당 소속이었으므로 이른바 입법의원에서는 농지개혁 관계법안의 통과를 지연시켜 오다가 결국 정부 수립 후로 미루고 말았다.

1948년 8월 정부가 수립된 후에도 농지개혁법의 입법과 국회 통과가 지연을 거듭하여 이것이 통과된 것이 1949년 6월 21일이었고 이의 시행령이 공포된 것이 1950년 3월 25일로 그간 9개월의 세월이 흘렀다. 농지개혁법안은 당초 정부 내에서는 농림부, 기획부, 국회의 산업노동위원회에서 각각 성안했으나 국회에서 심의하는 과정에서 점점 농민들에게 불리하게 변해갔다. 그런데 이렇게 지연되고 있는 동안에 지주들의 강매가 급격히 늘어나 1945년 12월 현재 소작지 총면적이 논·밭 합쳐 144만 7,359헥타르였으나 그 사이에 87만 4천 헥타르가 강매되었다. 농지개혁법에 의해 실제로 분배된 농지는 논·밭 합쳐 33만여 헥타르, 즉 전 경작농지의 16.5퍼센트에 지나지 않았다. 어느 모로 보나 지주에게 절대 유리하게 농지개혁이 이루어졌다는 것을 알 수 있다. 그나마 농지개혁 후의 사후 대책, 즉 농민들에 대한 보호 대책이 전혀 없었고 이른바 경제 건설·공업화가 농촌의 희생을 대가로 추진되었기 때문에 경자유전이라는 농지개혁의 당초 목적이 모두 허물어져 또다시 부재지주·소작인이 늘기 시작했다. 농지개혁에서 가장 소극적이고 기회 있을 때마다 법안의 심의·통과를 지연시키고 내용을 농민이 아닌 지주층에게 유리하도록 추진한 것이 한민당계였던 것이다.[9]

이승만은 농지개혁을 이같이 지주층에게 유리하게 끝내 자신의 정치적 기반을 굳힌 다음 도시에서의 이른바 귀속 재산 처리에서도 일부 특정인에게 특혜 불하해 주어 본래 같으면 국민 전체의 재산으로서 민족 경제 건설에 유익하게 활용되어야 할 재산을 이승만 자신의 정치적 기반을 굳히는 데 유리하게 나누어 주었다.

정부 수립 후 이승만 정권은 정부의 재원 확보와 민간 자본 축적이라는 기본 방침 아래 귀속 재산 불하를 확인했다. 그리고 1949년 예산 편성 과정에서 귀속 재산 불하를 위한 입법 조치가 추진되었다. 1949년 2월 9일에는 귀속재산법안을 국무회의에서 통과시켰다. 재원 확보와 민간 자본 축적이라는 것은 어디까지나 명분이고 불하 과정에서 갖가지 부정이 개재하여 이승만 정권에게 막대한 이권을 안겨 주었던 것이다. 때마침 농지개혁으로 구지주들이 산업 자본가로 전환할 수 있는 절호의 기회가 되었는데 국회에서는 세칭 소장파 의원들이 "귀속재산처리법이 정식으로 국회를 통과하기 전에는 일절 불하를 할 수 없다"고 주장했으나 행정부는 6월부터 불하를 시작할 뜻을 비쳤으므로 국회는 이를 견제할 목적으로 귀속 재산 임시조치법을 정부의 반대를 무릅쓰고 국회에서 통과시켰다. 행정부와 국회 간의 이러한 대립 과정에서 정부 반대의 선봉에 선 것은 이들 소장파 의원들이었다. 이 소장파 의원 10여 명은 이승만의 '권위'에 정면으로 도전하여 그의 독선 및 독재와 싸운 것이다.

이 소장파는 반민법 제정·심의 과정에서는 이 법안의 내용을 약화시키려는 이승만과 한민당 세력에 반대하여 좀더 국민 여론을 반영해야 한다고 주장했고, 미국에서 주는 최초의 이른바 '캔디 차관'이나 서대문구 정동 부근의 토지 매도에 반대했으며, 국가보안법에 대해서는 일제 시대의 치안유지법과 같다고 이의 철회를 주장했다. 또 귀속 재산 처리법에 대해서는 당연히 국민에게 돌아갈 재산을 일부 특권층의 사복을 채우는 것이라고 반대했고, 농지개혁법에서는 지주 이익을 대변하는 한민당과 정면충돌했다. 이승만과 한민당으로서는 이러한 소장파와는 도저히 화합할 수 없었다.

이때 소장파 의원들에 대한 대검거가 시작되었다. 국가보안법 위반 혐의(국회 프락치 사건)로 최초의 검거가 있었던 것이 5월 20일, 이때는 농지개혁법·귀속재산처리법 등이 국회에서 한창 심의 중이었으며 소장파의 반대가 치열해 이승만과 민국당(한민당은 1949년 2월 10일 신익희를 위원장으로 하여 민주국민당으로 개편됐다)이 원하는 법의 국회 통과가 어려움에 처해 있었다. 그 때문인지 이승만의 총반격이 일제히 시작된 것 같은 정치 양상이 벌어졌다. 즉 5월 20일 소장파 의원 일부가 검거된 후 6월 4일에 시경은 반민특위를 포위하고 무기를 압수하는 한편 특경대를 해산하는 일종의 쿠데타 같은 행동을 감행했다. 반민특위 구성과 친일파 숙청에 대해서는 소장파에서 누구보다도 적극적이었으므로 반민특위 문제에서도 소장파 의원들은 이승만이나 경찰과 대립할 수밖에 없었다.

6월 19일에는 소장파 의원들에 대한 2차 검거가 있었고, 6월 21일에는 번연한 속에서 농지개혁법이 공포되었고, 6월 26일에는 소장파 의원들을 포함한 반이승만·반민국당 세력의 총본산처럼 증오의 표적이 된 백범 김구가 암살되었고, 7월 7일에는 드디어 반민특위 조사위원들이 총사퇴하고 이인이 위원장으로 들어서면서 공소 시효를 1년 단축하여 반민특위 활동을 사실상 끝내고 말았다. 좀 지난 12월에는 귀속재산법이 국회에서 통과되었다. 이승만 체제는 이상과 같은 일련의 반격 조치로 정치적·경제적 기반을 착착 굳혀 갔던 것이다.

이승만의 권력 자체가 이같이 많은 반대를 무릅쓰고 기반을 닦는 과정에서 일제 잔재는 꼬리를 흔들며 롤백(roll-back)을 구가할 수 있게 되었다.

6 이즘이냐, 민족이냐

해방에서 정부 수립에 이르기까지 만 3년간의 역사는 그 후 30년사에 못지않은 중요한 민족사적 의의를 갖고 있다. 이 3년간이야말로 그 후 30년간의 민족사의 향방을 결정지은 역사적 순간이었다. 그리고 이 3년간의 민족사적 성격은 한마디로 이승만과 김구의 관계로 상징되며 그 후 30년사는 김구 노선에 대한 이승만 노선의 승리의 소산이라고 보아도 잘못이 없을 것이다. 해방사를 인맥의 계보에서 보면 4개 노선으로 나누어 고찰할 수 있다.

첫째는 이승만 노선, 둘째는 김구·김규식 노선, 셋째는 여운형 노선, 넷째는 박헌영 노선이다. 이것을 압축해 보면 이승만 노선과 박헌영 노선의 대립으로 집약된다. 한반도가 38선에서 양분되고 남이 미국 세력권, 북이 소련 세력권이라고 볼 때, 이 두 세력을 배경으로 한 이·박 두 노선이 압도적으로 강력해질 수 있다는 것은 자연스러운 현상이다. 그러나 미군정은 박헌영 세력에 최후까지 합법성을 인정하면서도 정치적으로는 매우 단호한 태도로 임했다. 결국 박헌영 세력은 미군정에 의해 지하로 들어가게 되고 그 후 맥을 못 쓰게 되었다.

여운형 노선도 그 성격으로 보아 박과 크게 다를 것이 없었으나 다만 이승만 노선의 존재를 현실적 세력으로 받아들이고 있었다는 점에서 이념적으로 박헌영의 노선과 달랐다. 그러나 여운형 노선은 점차 심화되어 가는 미·소 냉전에서 설 땅이 점점 좁아져 여운형의 피격·서거를 계기로 마침내 사라지고 말았다. 국제 냉전의 초점이 되다시피 한 한반도에서 그 어느 쪽을 막론하고 중간노선이란 살아남을 여지가 없었던 것이다.

문제는 남쪽인 한국에서 다 같이 반공 입장이면서도 이승만과 김구 간에 묘한, 그러나 노선의 아주 결정적 대립이 생기게 되었다는 점이다. 즉 한쪽은 냉전에 편승함으로써 민족의 살길을 찾으려 했고, 다른 한쪽은 냉전의 조류를 거부하는 속에 민족의 활로가 있다고 본 것이다.

이승만의 정치 기반은 타협주의와 부일협력자들과 기회주의자들의 연합 세력이 주류를 형성하고 있었다. 물론 그들 사이에도 일제에 비타협적 항일 투사가 없었던 것은 아니나 주류는 역시 위에 열거한 바와 같은 타협적 추세파들이 대부분이었다.

이승만을 중심으로 한 이들의 첫째 주장은 반공에 있었으며 따라서 공산당과 연립정부를 세우기로 되어 있는 모스크바 3상회의식의 한반도 문제 해결 방식은 이들로서 도저히 받아들일 수 없는 조건이었다. 당시 미국은 세계 전략의 기조를 대소 팽창 봉쇄로 전환하는 단계에 있었으므로 반공을 전제로 한 이승만 노선에는 이러한 국제 냉전의 추세가 그들의 권력 접근에 더할 수 없이 다행스러운 정세 변화였다. 한때 모스크바 3상회의에 의해 서울에서 열린 미·소공위는 3상회의에 따라 한반도 문제의 해결을 과업으로 받아들이고 있던 하지와 이승만 사이에 대립을 가져왔으나 미국의 세계 전략이 점차 냉전 방향으로 기울면서 이승만의 반공 정책은 때로 미국조차 당혹시킬 정도의 강경 일변도로 나갔다.

그리고 일제하에 민족적으로 어떤 오점이 있는 사람일수록 히스테리컬하게 반공적이 되고 그 당연한 결과로 이들이 공산주의 위협으로부터 민족을 보호하는 민족주의의 담당 세력처럼 되어 버렸다. 바꾸어 말하면 본래 민족 주체 세력이 될 수 없는 사람들이 마치 그 주체 세력인 것처럼 행세하게 된 것이다. 민족의 '자주'니 '주체'니 하는 말이 우리 사회처럼 요란스러운 나라가 없으나 현실적으로 우리 사회처럼 사대주의가 만연하고 어떤 자주적 행동도 볼 수 없는 나라도 없다. 이들에게 민족주의 하면 '구호'의 민족주의이지 행동의 민족주의가 아니다. 이데올로기적으로 어떤 다른 목적을 위해 이용하는 경우가 많다.

수는 많지 않았으나 이 땅에 지난날 비타협적 민족주의자가 없었던 것은 아니다. 지난날 신간회 관계 인사들이 일제와 타협하지 않고 민족 양심을 끝까지 지켰다는 점에서 우리나라의 진정한 민족주의를 대표할 만한 존재였으나 8·15를 맞은 이들에게는 몇 가지 약점이 있었다.

첫째는, 무엇보다도 조직 기반이 약했다는 점이다. 이들은 일제 말의 암흑기에도 끝내 민족정신을 지켰다는 점에서 존경을 받을 애국자였으나 조직적 지하 운동을 계속하지 못한 탓으로 8·15라는 갑작스러운 사태 발전과 격변하는 상황 변동에 조직적 투쟁으로 적응할 만한 힘이 부족했다. 안재홍이 8·15 후 자기 독자적 정치 활동을 못하고 건준 조직에서 부위원장으로 활동하다가 결국 탈락하고 만 것이 그 좋은 예가 될 것이다. 또한 이들은 일제에 비타협적 양심을 고수했으므로 타협주의자들처럼 일제의 보호와 지원 아래 기업 활동을 할 수도 없었다. 따라서 8·15 후의 정치 활동에서 자금이 없었으며, 이런 점에서 한민당처럼 튼튼한 경제적 기반이 없었다.

둘째로, 이들은 신간회 당시처럼 공산당하고도 필요하면 손을 잡아야 한다고 주장하는 사람들이었으므로 공산당과 타협 없는 대결 입장에 있던 이승만 및 한민당하고는 생리적으로 맞지 않았다. 제1차 미·소공위가 1946년 5월 8일 무기 휴회로 들어가자 임정 부주석 김규식은 여운형과 기필코 통일을 달성하겠다는 일념으로 5월 25일 좌우 합작 운동을 벌였다.

그러나 이승만은 6월 3일 남한만에라도 우선 단독정부를 세워야 한다며 (정읍 발언에서) 합작 운동을 반대하고 민족통일총본부를 결성, 단정 공작을 추진했다. 좌우 합작파는 이에 굴하지 않고 협상에 협상을 거듭하며 좌우 합작 7원칙에 합의하기에 이르렀으나 한민당은 지주의 이익을 대변하여 7원칙에 반대했고, 이 때문에 한민당에 속해 있던 일부 합작파 인사들이 대거 탈당하는 사태까지 빚었다. 그러나 합작파의 합의에도 불구하고 이승만 및 한민당계와 이미 지하로 들어간 남로당계의 호응을 얻지 못해 결국 좌절되었다. 게다가 2차 미·소공위까지 결렬되자 이들은 좌우의 편향을 지양하고 민족의 자주 노선을 지향하는 18개 정당과 5개 단체를 규합하여 민족자주연맹을 결성하고 김구와 제휴하여 남북 협상을 추진했다. 이 민족자주연맹에는 김규식·원세훈·안재홍·김병로(金炳魯)·송남헌(宋南憲)·홍명희(洪命熹)·이극로(李克魯) 등 30여 명이 준비위원이 되어, 단정 아닌 통일을 자주적으로 추진해 보겠다는 민족주의 인사들이 집결했다.

그러나 이승만과 한민당은 미·소공위 분열 후 이미 단정으로 정책 전환을 한 미국의 도움으로 단정 수립 방향으로 준비를 서둘렀다. 남북 협상파가 민족자주연맹 밑에 결속하고 김구와 제휴하여 협상을 추진했으나 김구는 정책상 큰 딜레마에 빠져 있었다. 당초 김구는 반탁에 앞장서서 반대하여 이를 결렬시키는 결정적 구실을 했다. 그러나 반탁 운동 과정에서 국내에서는 공산당하고는 통일정부를 세울 수 없다는 이승만에게 단정의 명분을 주어 1946년 6월 3일 이른바 정읍 발언을 하게 하고 그 주변에 한민당을 비롯해 엉뚱하게도 친일파들까지 단정 추진 세력을 형성시켜 통일 기회를 점점 희박하게 만들었다. 또 국제적으로는 반탁 세력과 호응, 미군정과 국무성 안의 보수 세력이 단정을 추진하는 데 큰 힘과 여건을 조성해 주었다. 이런 점에서 1차 공위가 결렬되자 6월 3일 기다리고 있었다는 듯이 단정 추진의 뜻을 표명한 이승만은 정치인으로서 그 노선에 일관성을 보여 주고 있다.

그러나 반탁을 주장해 오던 한민당이 2차 공위에서 모스크바 3상회의 결정에 순응, 일단 공위의 협의 대상에 응하기로 한 것은 일관성을 잃는 것이며 바로 이로 말미암아 한독당의 격분을 일으켜 설산(雪山) 장덕수(張德秀)가 피살되는 사건이 벌어졌지만 이보다 더 비극적인 것은 백범 김구의 자기모순적인 노선 전환이었다. 8·15해방은 일찍이 김구가 개탄했듯이 한민족의 주체적 힘으로 달성한 것이 아니고 연합국의 힘이 결정적 계기가 되었으므로 한반도 문제 해결은 한민족의 발언권에 의해서보다 연합국, 특히 미·소의 입김이 절대적으로 강하리라는 것은 제2차 세계대전 후의 극동 정세를 어느 정도 통찰하는 정치인이라면 당시 누구나 간파할 수 있는 문제였다.

따라서 한반도 통일의 길은 모스크바 3상회의의 결정에 따르는 길이 가장 확실하고 만약 미·소공위가 결렬되는 경우 통일 가능성이 쉽지 않다는 정도는 간파하고 있어야 했을 것이다. 이런 점에서 김구가 모스크바 3상회의 결정을 반대하여 통일 여건을 크게 악화시켜 놓고, 즉 스스로 묘혈을 파 놓고서 그 위에서 남북 협상으로 통일을 하겠다고 나선 것은 자기모순의 길을 걸었다고 보아야 하지 않을까 한다.

오히려 이승만의 노선이 일관성이 있고 이승만하고는 노선이 대립되어 있으면서도 미·소공위를 시종 추진하다 공위 결렬 후 다시 남북 협상의 길로 들어선 김규식의 길이 이승만과 더불어 일관성이 있었다고 볼 수 있겠다. 그런데 이승만의 단정의 길은 당시 이미 미·소 간에 냉전이 시작되어 이 물결에 편승한 탓으로 순풍에 돛을 단 듯 추진되어 나갔으나, 이미 냉전의 물결에 거역 구실을 하게 된 김구·김규식 등 민족자주연맹의 길은 좌절의 길이 될 수밖에 없었다. 반탁 운동을 시작할 때 김구는 이승만과 같은 노선을 걸었으나 같은 반탁이면서도 김구와 이승만의 투쟁 목표는 처음부터 달랐다고 볼 수밖에 없다. 이승만은 아마 공산당과 같이 들어가는 통일정부――결국 연립정부가 되겠지만――는 도저히 받아들일 수 없다는 정치적 의식이 좀더 강했으리라 짐작되지만 공산당과 합작을 당초부터 굳이 반대하지 않은 김구의 반탁은 민족의 자존심상 도저히 받아들일 수 없다는 순수한 민족의식이 보다 더 강하게 작용했을 것으로 짐작된다.

 이러한 심정이 구체적으로 나타난 것이 3·1운동 정신의 구현이라 할 임시정부의 30년간에 걸친 법통을 지키려는 그의 강한 집념이다. 그가 귀국 후에도 기회 있을 때마다 임정의 법통을 살리려고 노력한 것을 보아도 그것을 알 수 있다. 하지만 김구의 남북 협상은 임정의 법통을 지키려고 한 노력일까. 아니면 임정을 백지화한 단순한 '한핏줄'의 통일을 원한 것일까. 확실치는 않으나 남북 협상에서 임정의 법통을 주장했다는 말이 없는 것을 보면 이때 김구는 민족이 영원히 분열될 중대한 위기를 당하여 임정의 법통은 둘째 문제고 우선 민족의 통일부터 실현해 놓고 보자는, 평생을 조국 광복에 바친 노혁명가로서 응당 있을 수 있는 숭고한 애국 열정의 발로였다고 보는 것이 옳지 않을까 한다. 반탁이 옳았느냐 찬탁이 옳았느냐는 일종의 논쟁적 성격을 띠는 문제이지만 반탁이 통일 기회를 흐리게 하고 보다 더 단정의 길로 접근시키는 방향이었다는 것은 그 후 이승만 노선을 추적해 보면 어렵지 않게 이해할 수 있다.

 따라서 김구가 이승만보다 더 격렬하게 반탁의 선봉에 서서 미·소 협조에 의한 유일하고도 마지막일 통일 기회를 스스로 거부하고 이미 미·소 냉전이 격화된 새로운 국제적 상황 속에서 그러한 냉전 상황을 배제하고 민족 자결에 의한 통일을 달성하려고 한 것은 당시의 국제 정세를 정확히 판단한 투쟁 노선이 못 됐다. 그가 이승만과 달리 진정 통일을 원했다면, 8·15 당시 민족 문제 해결에 발언권이 약할 것을 예견한 김구로서는 모순되는 행동이었다고 볼 수밖에 없다. 김구가 8·15 때 예견한 대로 그의 협상에 의한 통일 노력은 결국 미·소 간의 국제적 냉전 상황 속에서 좌절되고 말았다.

남북 협상에 의한 자주적 통일 노력이 좌절됐다는 것은 민족자주연맹의 좌절을 의미하고 이것은 바꾸어 말하면 냉전 편승파의 승리를 의미하며 다시 일제 잔재의 재생을 의미하는 것이기도 했다.

결국 김구의 1946, 47년의 정치적 오판과 일관된 노선을 추구했으면서도 역량 부족이었던 김규식의 비민중적 성격은 이 땅에서 민족 자주 세력을 좌절시키고 말았던 것이다.

송건호
전 한겨레신문사 대표이자 한국 언론의 사표로서 심산학술상, 한국언론학회언론상, 호암언론상 등을 수상. 『민족지성의 탐구』 『한국현대사론』 『민중과 민족』 『한국언론 바로보기 100년』 등 수십여 권의 저서를 펴냈다.

주 _____

1) 허정, 『우남 이승만』, p. 178.
2) 같은 책, pp. 177~178.
3) 『시카고 선』지, 1943년 4월 3일, 같은 책에서 재인용.
4) 송남헌, 『해방 3년사』 제1권, pp. 106~108.
5) R. E. Lauterbach, *Dangers From The East*, Harper & Brothers Publisher, 1947, pp. 241~242.
6) 林建 『한국현대사』, p. 26.
7) 허정, 앞의 책, pp. 36~37.
8) 金源容, 『재미한인오십년사』, pp. 153~154.
9) 농지개혁에 대해서는 당초 1946년 좌우 합작 때 3개 안이 나왔다. 이승만·한민당 안은 유상몰수 유상분배, 김규식·여운형 즉 합작추진위안은 무상몰수 유상분배, 남로당안은 무상몰수 무상분배였으나 한민당의 반대로 유산되고 말았다. 이 농지개혁안 문제로 한민당 내에서는 진보파가 대거 탈당하는 파동이 일어나기까지 했다. 그런데 정부 수립 후 성안된 3개 안은 다 같이 '유상몰수 유상분배 원칙'을 따른 것이었으나 그것도 심의 과정에서 농민들에게 불리하게 수정되었다.

미군정의 정치사적 인식

진덕규

1 인식의 관점

　미군정은 불과 3년 미만에 걸쳐서 한국 사회를 지배한 것에 불과하지만 그것이 미친 영향은 단지 그러한 시간적인 것으로만 설명될 수가 없다. 미군정은 3년이라는 시간상의 문제가 아니라 반세기가 지난 지금에도 하나의 중요한 지속적인 영향력을 미치고 있다. 정치적인 면에서 미군정은 한국 정치 사회 권력 구조의 기반을 어느 정도 설정해 주었으며 경제적인 면에서는 경제 체제, 즉 자본주의 시장 경제 제도를 수용할 수 있게 해 주었다. 그런가 하면 사회적·문화적인 면에서는 이른바 '양키 문화'가 전통적인 한국 문화와 이질감을 조성해서 마침내 한국 사회에 '양키 문화'의 무비판적인 수용이라는 문화 구조적인 표류의 한 시발을 만들어 주기도 했다.
　이처럼 미군정이 미친 영향은 정치에서부터 문화에 이르기까지, 과도할 정도로 심각한 것이었기 때문에, 오히려 그 속에 모든 사상(事象)이 침몰됨으로써 그것이 가지고 있는 성격을 문제 삼으려는 관념조차 빼앗겨 버리고 말았다.[1] 그러므로 오늘의 이 시점에서 우리가 놓여 있는 모든 상황을 보다 정확하게 이해하려 한다면, 이러한 상황의 성격을 구조적으로나 체제적으로 규정해 주었던 미군정의 성격을 밝힐 필요가 요구되고 있는 실정이다.

　이처럼 중요한 의미를 가진 미군정의 정치적·사회사적 성격을 오늘에 이르기까지 중요한 학문 연구의 한 대상으로서 보다 더 객관적으로 엄밀하게 분석하지 못했다는 점 자체가 또 다른 문제로 부각될 수 있다.[2] 미군정에 대해서 왜 좀더 철저하게 본격적으로 객관성 있는 연구를 실시하지 못했을까? 이 문제는 사실 미군정이 정향(定向)지어 준 오늘의 한국적인 사회 상황과 지적인 분위기를 반영하는 것이라고 할 수 있다. 즉 미군정에 대한 비판은 반미적이고, 반미적인 것은 반국가적일 수 있다는 극단적인 양분 논리가 이승만 독재 체제하에서 강하게 지배하고 있었기 때문이었다.

　미군정은 한국 정치 사회와의 연관성을 고려할 때 비판될 수 있어야 하며, 그것을 비판했다고 반드시 반미적이라고 할 수도 없는 일이다. 미군정이라는 미국의 대한(對韓) 외교 정책의 한 성격을 비판하는 것 자체가 미국의 전반적인 사실을 모두 배척한다고는 말할 수가 없는 일이다. 그뿐 아니라 설사 반미적이라고 해서 그것이 바로 반국가적이라고 말할 수는 더욱 없는 일이다. 한국의 발전을 위해서, 한국의 현재와 내일을 위해서 필요하다면 반미적일 수도 있고 친미적일 수도 있기 때문에 오히려 지속적인 친미주의자, 즉 한국의 이익이라는 관점이 아니라 친미라는 관점에만 서 있는 인식이나 태도야말로 가장 반국가적일 수가 있는 일이다.

　그러함에도 왜 이러한 인식이 그처럼 만연되었고 또 그대로 지속될 수 있었던가? 그 이유는 극히 자명하다. 당시의 미군정 시대로부터 시작하여, 미군정에 의해서 권력 구조의 골조를 형성할 때 중요한 요소로 작용했던 일부 자유당 치하 정치 엘리트들이 그들의 권력 기능화의 효율성과 정당성을 지속적인 것으로 유지시키기 위해서 반미적인 것이 반국가적인 것과 일치하게 된다는 단색의 관념을 널리 유포했고 국민들은 그것을 그대로 수용했기 때문이었다.[3]

　또한 미군정 시대에 대한 연구가 좀더 객관적으로 이루어지지 못한 것은 아직도 그 당시에 중요한 활동을 담당했던 몇몇 인사들이 여전히 상당할 정도의 영향력을 행사하고 있기 때문이다. 이것은 그만큼 그 당시 상황을 비판적으로 그리고 객관적으로 연구하기가 어렵다는 뜻이기도 하다. 사실상 이러한 제약점들은 너무나 큰 것이어서 자연히 연구의 대상으로서 미군정에 대한 문제가 유예되어 왔거나 또는 완전히 제외되어 온 중요한 결과를 가져오게 되었다.

그러나 현재 한층 더 중요한 사실은, 미군정이라는 것이 한국 정치사에서 어떠한 의미를 가지고 있는가를 밝혀내는 일이며 그러한 작업은 또한 한국의 오늘과 내일의 정립을 위해서도 필요한 일이라는 점이다.

2 개념적인 성격

미군정을 연구할 때, 특히 그것을 정치적·사회적인 측면에서 고찰할 때 먼저 전제되어야 할 사실은 미군정과 연관된 몇 가지 개념의 정립에 따르는 문제들이다. 우선 '군정'이라는 말의 개념을 어떻게 정립할 것이며 이것과 연관된 미군정의 성격은 그것과 어떠한 동질성과 이질성을 가지고 있는가 등의 문제들이 중요하다.

흔히 군정이라고 말할 때 그것은 "군인이라는 특수 신분의 인사나 집단이 바로 그 특수 신분의 성격을 통해서 정치적인 권력을 행사"[4]하는 경우라고 할 수 있다. 즉 군정은 그것의 대립 개념인 민정과의 차이에 의해서 그 성격을 인식할 수가 있다. 민정 자체가 정치권력의 장악 과정에서 대등한 경쟁성을 전제로 하고 권력의 행사 과정에서는 국민적 합의, 즉 피치자의 동의를 중심으로 하며 정치 결과에 대해서는 무한 책임을 받아들여야 한다면, 군정의 경우는 이것과는 대립되는 성격을 보여 준다. 정치권력의 장악 과정에서는 대등한 경쟁을 통해서가 아니라 배타적인 점유의 성격을 보여 준다. '군'이라는 가장 효율적인 힘의 행사를 통해서 그러한 권력을 장악하기 때문에 여기에는 대등성이나 경쟁성 같은 것을 찾아볼 수가 없다.

　또한 권력의 행사 과정에서도 민정이 보여 주고 있는 것과 같은 국민적 합의, 설사 그것이 유사적이고 또 형식적인 것이라고 할지라도 그러한 합의를 중시하기보다는 위로부터의 강요와 철저할 정도의 효율 위주의 정치 과정적 성격을 보여 준다. 그리고 정치 결과에 대해서도 책임의 소재에 대한 명시성을 전제로 하지 않는다. 즉 민정이 보여 주고 있는 특정 정치인 개인에 대한 무한 책임의 부여가 아니라, 군부라는 비특정인적인 집단에다 귀속시킴으로써 그만큼 정치 결과에 대한 무한 책임성이 약해지고 만다.

　군정을 이처럼 넓은 의미로 인식할 경우 이것은 흔히 우리가 찾아볼 수 있는 제3세계나 비서구 사회에서 군부의 정치 개입이라는 문제와 연관해서 논의될 수 있는 개념이라는 것을 알 수 있다. 그러나 우리가 여기서 필요로 하는 군정의 개념은 한 국가가 다른 국가에 대해서 그들 국가의 이익 추구를 위한 한 방편으로 군정을 실시하는 경우를 말하려는 것이다. 즉 제국주의 정책을 추구하는 국가가 그들의 식민지 국가에 대하여 이익 극대화를 도모하는 한 방편으로서 군정을 실시하든가, 또는 교전 관계에 있는 국가가 무력에 의해서 점령한 지역을 군사 작전의 효율성을 위하여 군정을 실시하는 경우다. 그러므로 한 국가가 다른 나라에 대해서 군정을 실시할 경우에는 다음과 같은 성격이 전제된다.

　첫째, 군정은 대상 지역의 주민을 군정의 지배 대상으로 하기 때문에 군정 당국은 군림적이고 절대적인 지위를 향유한다. 군정 당국자는 곧 지배자이지 지도자가 아니고 더욱이 대표자가 될 수는 없다. 군정 당국자의 임면은 군정을 받고 있는 지역 주민들의 의사와는 전연 관계가 없으며 무한 대적인 권력을 행사하고 이 권력의 행사는 군의 작전상 불가피한 일이라는 것으로 합리화된다.

　둘째, 군정은 지배 지역에서 절대권을 행사하면서 이러한 지배권의 행사가 일차적으로 군부의 작전상 필요를 위하여, 그리고 자기들 국가의 대외 정책 추구나 국가 이익만을 위하여 전개되는 것이기 때문에 사실상 군정 대상 지역 주민들에게는 강압적인 통치로만 일관하게 된다. 그뿐만 아니라 군정은 그것이 정상 체제적 정치 질서가 아니라 잠정 체제적 성격을 가지고 있기 때문에 모든 것이 장기적인 측면에서 지속적인 효과나 발전 등과는 사실상 무관한 것이 되고 만다.

이와 같은 성격을 가진 군정의 개념은, 1945년 9월에서 1948년 8월 15일까지 한반도 38도선 이남에서도 그대로 적용될 수가 있다.[5] 다만 미군정의 경우는 그것을 엄격히 해석한다면 다음과 같은 단계적인 구분이 가능해진다. 그것은 1945년 9월에서 1947년 6월 3일까지 약 1년 8개월 동안 미군이 직접 모든 정권을 장악하고 통치했던 기간과, 그다음 단계는 이른바 남조선과도정부라는 이름으로 소수의 한국인들이 미군의 임명을 받아서 행정을 폈던 기간이 그것이다. 물론 전 단계에서나 후 단계에서나 실질적인 통치권은 물론이고 지배를 위한 권력 구조는 한반도의 38도선 이남을 점령하고 있던 미군에게 있었다. 비록 일부 한국인들이 남조선과도정부라는 명칭으로 약 1년 2개월에 걸쳐서 통치권 위임 부분을 행사했고 또 그 뒤의 대한민국 건국과 그것에 따르는 여러 가지 기능을 담당했다고 말할 수는 있다. 그러나 그 기능이 궁극적으로는 미군정이라는 성격의 범위를 크게 뛰어넘지 못하고 있음도 사실이다.

3 미군정의 권력 구조

미군정의 전개

미군정은 1945년 9월 미군의 인천 상륙으로 시작하여[6] 1948년 8월 대한민국의 건국에 이르는 약 2년 11개월에 걸쳐서 실시되었다. 이 기간 미군정의 구체적인 전개 양상을 이해하기 위해서는 이를 단계적으로 구분하여 살펴볼 필요가 있다. 물론 이러한 구분은 문제를 바라보는 편의를 위한 차원이지, 그러한 구분 자체가 각 단계의 명백한 특이성을 전제로 하는 것은 아니다.

전반기: 점령군의 통치

미군정 제1기는 미군이 군정을 시작한 시기에서 1947년 6월까지의 기간이다. 즉 1947년 6월부터는 미군정을 이름만이라도 '남조선과도정부'라고 부르면서 한국인에게 군정청의 일부 요직을 맡김으로써 간접 통치의 성격을 보였기 때문이다.

미군이 남한에 군정을 실시한다는 뜻의 포고는, 1945년 9월 2일 미8군사령관 하지 중장의 이름으로 발표되었다. 이 포고문에서는 미군의 한반도 진주가 의미하는 성격의 일단을 추측할 수 있게 해 준다.

> 미군은 …… 귀국을 민주주의 제도하에 있게 하고 국민의 질서 유지를 도모함도 또한 금회 상륙의 목적이라고 할 수 있다. 국가 조직의 개변은 일조일석에 성립되는 것이 아니고 따라서 그 안녕 유지에도 큰 혼란과 유혈을 수반함을 명심할 것이다. 여하한 개혁도 서서히 진행되므로 그와 함께 민중에서도 장래에 예비하여 각자와 국가의 건설을 위하여 또한 민주주의하의 생활 유지를 도모하기 위하여 각자는 최대한의 노력을 다하여야 할 것이다.[7]

이상의 포고문을 통해서 읽을 수 있는 중요한 성격은 첫 번째로 미군은 한국인이 기대하고 또 생각했던 것과 같은 해방군으로서 의미만을 가지고 있지 않고, 그보다는 오히려 점령군적인 성격을 가지고 있었다는 점이다. 당시 한국 민족에게 미군은 한국을 일본의 식민지 지배로부터 해방시켜 주는 민족의 구원자로 여겨지고 있었다. 물론 그 뒤 미군정의 몇 가지 정책이 한국의 민주화를 위한 획기적인 조처가 되었다고 해도, 초기의 성격에서는 한국인의 기대감과는 상당한 차이가 있었다는 것을 알 수 있다. 미군의 한반도 진주는 한국의 식민지적 상태의 종식을 위한 노력으로서가 아니라 대일전의 전략적 성격상의 한 표현에 불과했음을 알 수 있게 되었다. 그러므로 초기 미국에 한반도는 일본군과 벌이는 전투의 전개지로서 일종의 군사적 점령지에 불과했다는 점이다.

위의 포고문에서 우리가 읽을 수 있는 두 번째 성격은 미군의 한반도 진주 자체가 한국인의 자발적이고 자기 결정을 전제로 하는 이데올로기적인 선택 가능성을 차단해 버리고 어느 일방의 이데올로기에 유입시키고 있다는 점이다. 이 경우 이데올로기는 말할 것도 없이 미국식 민주주의였고, 그러한 성격의 정치 질서가 당시 한국인에게 어떠한 의미를 가지고 있고 한국 사회가 그것의 수용과 발전을 위해 어떠한 조건들을 구비하고 있는지에 대한 아무런 점검도 없이 일정한 이데올로기적 방향으로만 유도했다. 이러한 이데올로기적 성격은 결국 한반도로 하여금 그 뒤 이데올로기 대결이라는 1950년대 냉전 구조의 첨예화로 조성되는 결과를 가져왔다.

이러한 두 가지 성격은 포고문의 또 다른 한 부분 속에서도 뚜렷하게 나타나고 있다.

민중에 대한 포고 및 제 명령은 현존하는 제 관청을 통해 발표되는 것이다. …… 각자는 통상과 같이 생업에 전념하고 이기주의로 날뛴다든가 일본인 및 미 상륙군에 대한 반란 행위, 재산 및 기설 기관 파괴 등의 경거망동에 휩쓸린다든가 하는 행동은 이를 엄히 피함으로써 평화를 유지하고 평시와 아무 변함 없는 생활을 할 것이다.

미군정이 한반도에서 점령군적인 성격을 강하게 보여 주면서 한국인의 기대와는 차이가 있는 행동을 초기에 나타냈음은, 특히 윗글의 표현에서도 찾을 수 있다. 즉 ① 통상과 같이 생업에 전념하고 ② 일본인 및 미 상륙군에 대한 반란 행위는 엄단하며 ③ 모든 점령과 시책은 일본 식민지적 통치 구조를 경유해서 실시한다는 의미가 그 속에 들어 있다. 이러한 사실은 결국, 한국인의 기대와 달리 일제 식민지 때와 크게 달라진 점이 없으며 여전히 그때까지 일본은 한국인에게는 지배자였으며, 일본 식민지적 성격이 당분간 그대로 지속되고 있음을 뜻하는 것이었다.[8]

미군정 초기는 점령군의 성격 바로 그것으로서, 일본 식민지의 통치구조를 그대로 지속했고 일본인 관리들을 그대로 집무하게 했다. 당시 일본 식민지 통치의 최고 책임자였던 총독 아베(阿部信行)가 형식상 미군정을 보좌하는 것으로 되어 있을 정도였다.[9] 미군이 통치의 전권을 행사하기 시작한 1945년 9월 9일 오후 4시부터는 남한 전역에 그때까지 게양되었던 일본 국기가 내려지고 그 대신 미국의 성조기가 게양되었고, 9월 12일에 가서야 아널드 소장이 군정 장관으로, 경무국장에는 헌병사령관이었던 쉬크 준장이 임명되었다.

9월 14일에는 총독부의 정무총감 이하 각 국장이 해임되었지만 여전히 행정고문이라는 이름으로 그 자리에 남아 있었다. 일본의 총독부 통치 체제가 9월 18일에 미군 장교들로서 각 국장이 임명되고 또 군정청의 조직이 이루어짐으로써 본격적인 미군의 통치 체제로 형성되기 시작했다.[10] 그 뒤 미군정청은 우선 전국적인 치안권을 확립하기 위하여 9월 14일 군정 장관의 성명으로 일인(日人) 경찰관을 포함한 이전의 전 경찰관을 그대로 존속시켜 치안 유지 책임을 맡겼으며, 그때까지 자생적으로 치안 임무를 부분적으로 수행하던 건국준비위원회의 치안대 등 각종 단체가 경찰권 행사를 못하도록 금지했다.[11]

또한 미군정청은 당시 그들이 한국 사정에 어두웠기 때문에 효율적인 통치를 위해서 10월 5일에는 군정 장관의 고문을 한국인 중에서 임명했다. 이렇게 임명된 고문 11명은 몇몇 인사를 제외하고는 대부분이 한국의 민족 독립운동 과정에서 적극적이기보다 소극적이었던 인사들로서 그러면서도 미군과 비교적 근접된 위치에 있었던 인사들이었다. 그러나 고문 제도는 그 뒤 군정청 직제가 미군과 한국인 2명을 한 부처의 국장으로 일하게 하는 이른바 양국장 제도를 채택함으로써 실제로 무의미한 것으로 되고 말았다. 특히 1946년 3월 군정청 직제는 종전의 국(局)을 부(部)로 하고 미군의 몇 가지 행정적 의도가 전제되는 식으로 재개편 작업이 이루어졌다. 가령 보건후생부라든가 물가행정처 등은 미군이 중점을 둔 행정 직제화의 본보기였다.

후반기: 과도기적 혼란

1947년에 들어와서 그때까지 비난의 중요한 대상이 되었던 몇 가지 사실들, 즉 미군정과 연관된 한국인 통역관들의 부정과 부패라든가, 미군정청의 한국인 관리로 잔류하고 있는 총독부 시대 친일 관료들에 대한 지탄, 한국 실정에 거의 아무것도 모르는 미군정청 책임자들이 범하는 실책, 그리고 치안권을 담당한 경찰관들 일부가 이전에는 한국 독립운동가들을 무자비하게 폭압적으로 다루었던 일제 통치의 주구들이었다는 점 등, 이 모든 사실은 미군정청에 대한 한국인들의 불만을 고조시켰다.

미군정 당국자들은 이러한 상황에서 어느 정도 한국인들의 욕구를 반영해 주면서 몇 가지 불만을 해결할 가능성을 지닌 두 가지 조처를 단행했다. 그중 하나가 행정부 최고 책임자를 민정 장관으로 하고 안재홍을 임명했으며, 또 다른 하나는 미군정청을 남조선과도정부라고 이름을 고침과 동시에 기구개혁위원회를 설치하여 좀더 현실성 있고 한국의 실정에 맞는 기구화를 시도했던 점이다.

1946년 8월 미군정청은 이른바 남조선과도정부 입법의원 설치령을 공포해서는, 미군정이 남한에 존속하는 동안 정치·경제·사회 개혁의 기초로 이용될 법령의 초안을 작성하여 군정 장관에게 제출하는 기능을 담당하게 했다. 그리하여 민선 의원 45명을 간접 선거로 선출하고 관선 의원 45명을 하지 중장이 선정함으로써 일단 1946년 12월 12일에 개원식을 하게 되었다. 물론 입법의원의 성격에 대해서는 관점에 따라서 서로 다른 평가가 가능하겠지만,[12] 다음 몇 가지 사실만은 지적되어야 할 것 같다.

첫 번째로, 입법의원은 근대적인 의회의 성격과는 다르다는 점이다. 우선 구성 면에서 국민의 대표자로서 의미를 거의 상실하고 있다는 점이다. 직접 선거에 의해서가 아니라 특정 국민들만의 투표 행사에 따른 간접 선거였기 때문에, 진정한 의미의 국민 대표 기관이라고는 말하기가 힘들다. 두 번째로, 입법의원의 반수를 미군정 당국자가 지명함으로써 국민의 대표 기관이라기보다는 오히려 군정 당국의 옹호·자문 기관의 성격이 강하므로 일부에서 제기했던 중추원의 재판이라는 비난도 전혀 타당성을 잃었다고는 말할 수가 없는 실정이다. 세 번째로, 당시 입법의원은 순수한 의미의 입법기관이라고 말할 수도 없고 또한 의결 기관이라고 말할 수도 없다. 왜냐하면 비록 입법의원에서 어떠한 사실을 의결한다 해도 군정 장관의 동의를 얻어야만 비로소 효력이 발생될 수 있었기 때문이다.

특히 입법의원에 대하여 주의해야 할 것은 그것이 당시 한국 정계에서 통합적인 구심점으로서 의미를 상실하고 있었다는 점과, 미군정 당국자의 정치적 의도, 즉 미·소공동위원회에서 비롯된 정치적 대결, 그중에서도 좌우 합작 세력과 우파를 기반으로 했기 때문에 정치적 결집력에는 어느 정도 한계점을 가지고 있었다는 점이다.

또한 미군정 제2기에 들어와서부터 각 부 부장을 한국인으로 임명함으로써 점차 미군정의 한국화라는 성격을 보여 주기 시작했다. 구체적으로 그 당시 미군정에 의해서 부장으로 임명된 인사들을 살펴보면 오정수(吳楨洙), 유억겸(俞億兼), 이훈구(李勳求), 조병옥(趙炳玉), 윤호병(尹皥炳), 김병로(金炳魯), 이종학(李鍾學), 이용설(李容卨), 길원봉(吉元鳳), 문장욱(文章郁), 이철원(李哲源), 지용은(池溶殷), 정일형(鄭一亨), 유동열(柳東悅), 권갑중(權甲重), 민희식(閔熙植) 등으로서, 이들은 대부분 다음과 같은 공통점을 가지고 있었다.

대부분의 인사들이 직접·간접으로 미국적인 성격을 보유하고 있었다는 점이다. 즉 미국에서 수학을 했거나 그곳에 거주했거나 또는 영어를 구사할 줄 아는 인사들이었다. 또한 이들 중 대다수가 종교 면에서는 기독교 신자들이었다. 정치적인 면에서 이들은 거의 대부분이 우파 또는 극우파와 연관성이 있었고, 좌우 합작이라든가 남북 협상 등의 정치적 세력과는 비교적 연관성이 적었다. 그런가 하면 이들 대다수는 일제하에서 적극적인 항일 운동에 관여했다기보다는 소극적으로 일본의 식민지 정책에 저항했던 온건파가 그 주류를 이루고 있었다.[13]

물론 이들은 대부분이 실질적인 행정 경험이 없었고 그만큼 행정 처리 과정에서 상당한 오류를 범하지 않을 수 없었다. 특히 이들의 지휘 감독을 받아야 할 부하 직원들은 대부분이 일본의 식민지 관료로서 경험이 있었던 사람들이었기 때문에, 그만큼 그들의 상대적인 영향력이 클 수밖에 없었다. 따라서 미군정의 고위직 한국인들은 실질적인 정책 결정자인 미군 책임자들의 영향을 받아야 했고, 또 부하 직원들의 전문적인 경험에 의한 압력, 그리고 당시 좌우파로 심각하게 대립하고 있던 정국의 영향을 받을 수밖에 없었다.

미군정 후반기는, 전반기가 주로 새로운 통치 구조의 제도화에 치중한 것이라면 후반기의 경우는 이미 한반도를 중심으로 일층 첨예화되기 시작한 이데올로기의 냉전 체제 때문에 정치화의 성격을 강하게 보이지 않을 수 없는 시기였다. 특히 모스크바 3상회의에서 결정된 신탁 통치 문제라든가 또는 미·소공동위원회 등은 필연적으로 당시 정계에서 좌우 합작 문제를 정치의 가장 중대한 쟁점으로 부각시키기도 했다.

미군정 전·후반기의 총체적 성격은, 비록 그 의도가 한국의 민주화와 한반도의 통일, 그리고 좌우 통합을 목표로 한 것이라 할지라도 실제 통치 과정에서는 이와는 다소간 거리가 있음을 보여 주었다.[14] 즉 한국의 민주화라는 미군정의 최대 목표는 극심한 이데올로기 대결로 유도했으며, 한반도 통일은 당시 냉전 체제에 의해서 오히려 분단의 심화를 가져오게 되었고, 정계의 좌우 합작은 미군정 당국자의 미숙한 정치적 행위에 의해서 진정한 의미의 좌우 통합 민족주의자들에게는 정치적 활동 기반을 상실하는 결과를 가져다주고 말았다.

한반도의 국제 질서와 미군정의 통치 과정

미군정이 실제로 남한의 정치 사회에서 어떠한 양식의 통치 과정을 보여 주었는가에 대한 문제는, 곧 미군정 자체의 성격에 대한 인식의 문제이기도 하다. 물론 미군정의 경우, 그것은 정치 과정의 성격이 아니라 통치 과정의 성격을 가지고 있었다. 미군정이 한반도의 38도선 이남 지역을 통치하면서 사전에 특별한 준비를 하지 못했기 때문에 그만큼 혼란된 통치를 보여 주었다는 주장이 오늘까지 정설처럼 되어 있다.[15] 이 문제에 대해서는 좀더 깊이 있는 논리적인 추구나 또는 실증적인 연구가 전제되어야 한다.

　1945년 8월에 미국은 대일전(對日戰)을 전개하면서 한 가지 잘못을 저질렀다고 지적되고 있다. 즉 소련의 대일 참전을 권유했으며, 그것은 결과적으로 제2차 세계대전 이후 한반도 분단을 가져오게 하는 요인이 되었다는 주장이 그것이다. 물론 이러한 주장은 타당성이 전혀 없는 것은 아니다. 그러나 당시 일본의 패전은 사실상 소련군의 참전에 의해서 그만큼 가속적으로 처리되었던 것이며, 만일 소련군의 참전이 없었다면 그처럼 쉽사리 일본의 항복을 가져올 수는 없었을 것이다. 이렇게 될 경우 미군의 일본 본토 상륙 작전 등은 궁극적으로 한반도를 힘의 진공 지대로 만들 가능성이 적지 않았으며, 힘의 진공 지대화는 최소한 다음 두 가지 가능성으로 한반도의 성격을 결정짓고 말았을 것이다.

　첫 번째는 극동 지역에 좀더 큰 관심을 가지고 있었던 소련의 영향력 행사는 한반도를 그들의 위성국화할 가능성이 클 수밖에 없었다는 점이며, 두 번째는 한국을 그때까지 통치하고 있던 일본 식민주의자들과 이들에 영합했던 친일·부일 동조 세력들에 의한 임시정부 형태로 변조되어서는 미국의 대외 정책에 또 다른 저해 요소로 작용할 가능성이 그것이다.

　그러므로 당시 미국으로서는 소련의 확장 정책을 적당한 영역에서 종식시키고 그 지역을 미국의 대외 영향력 행사의 종국적인 한계 영역으로 설정할 필요성이 있었다. 이러한 영역을 한반도 남부로 귀착함으로써 태평양을 미국의 내해(內海)로 지속화할 수 있었고, 이는 나아가서 국제 사회에서 제기될 수 있는 미래의 일본을 미국 영향권 속에 묶어 둘 수 있다는 계산이 가능해진다.

　결국 이러한 사실은 한반도에 대한 미국의 정책이 처음부터 한반도 분할로, 그리고 38선 이남 지역에 대한 미국의 영향력 행사라는 대외 정책적 고려가 처음부터 전제되었음을 뜻한다. 그러므로 흔히 이해하고 있는 것처럼 한반도 분할은 당시의 군사 작전상 일본군 무장 해제의 편의에 기인한 결과라는 주장은 극히 피상적인 관찰이며, 지나칠 정도로 미국 측의 옹호 논리에 지나지 않는다.[16)] 즉 한반도 분할의 최초 발상도 미국에 의해서 행해졌고, 한반도 분할의 고착화도 미국에 의해서 추구되었던 것이다.

이처럼 미국이 한반도 남부에 대한 영향력 행사를 전제로 했으면서도 당시 미군정의 한반도 통치는 가장 비효율적인 군정의 표본이었다. 구체적으로 당시 미군정 통치 과정의 몇 가지 성격을 살펴보기로 하자.

첫째, 미군정의 통치 과정이 설정하고 있는 목표 자체의 불확실성에 따르는 문제다. 미군정은 남한을 민주주의 독립국가로 발전시킬 것을 목적으로 삼고 있었지만 그것에 대한 구체적인 내용은 완전히 결여했다. 민주주의로 발전시킬 때 주도 계층을 어떻게 설정할 것인가의 문제는 고사하고 민주주의로의 명백한 지향 노선의 명시성도 역시 결여했다. 가령 당시 미군 당국자들은 남한 민주화의 지도 계층을 김규식을 중심으로 하는 이른바 좌우 합작파로 밀었지만, 미국 국무성에서는 이승만을 내세우는 등 서로 엇갈린 견해를 보여 주었다.

그뿐 아니라 미군정은 초기에는 공산당까지도 합법적으로 인정함으로써 마치 정치적인 자유주의를 극대화해 주고 각 정파 사이의 자유 경쟁을 통한 권력의 구조화를 추구하려는 것처럼 인식되기도 했다. 그러나 이러한 성격은 정당 활동의 자유화가 아니라 정당 간의 심각한 대립을 조성함으로써 일층 가중된 혼란을 가져왔다. 곧이어 공산당을 불법화하면서도 또 한편으로는 극우파적인 민족 정당의 활동을 통제하는 등 서서히 친미주의적 보수 정당의 권력 구조화를 지원하게 되었다. 또한 좌우 합작의 경우도 마찬가지였다. 처음에는 좌파를 억제하는 듯한 경향을 보였지만 뒤에는 우파를 오히려 견제하면서 좌우 합작파를 적극 지원하는 등 일관성을 결여하고 목표가 일정하지 않은 정치 지향적 성격을 보여 주었다.

둘째, 미군정 통치의 가장 중요한 성격의 하나는 이른바 통역 통치의 성격을 강하게 보여 주었다는 점이다. 미군정 통치 초기에는 이미 지적한 것처럼 식민지 통치 구조를 그대로 이용함으로써 일본인 관리와 친일 한국인 관료를 그대로 기능하도록 했다. 당시 미군정의 행정 담당자들은 일반적으로 하급 장교들로서 정책 결정의 중간 담당자, 즉 과장에 해당하는 직책은 중위 정도, 그리고 국장급은 대위에서 소령 정도로서, 이들이 보여 주는 학력은 미국 정규 사관학교 출신은 드물었고, 대부분 정규 대학을 이수하지 못한 자들로서 전시에 급조 진급된 장교나 직업 군인들이었다. 그러므로 이들에게서 어떤 행정적인 경험 같은 것을 찾아볼 수는 없었다. 따라서 이들이 가지고 있는 한국에 대한 지식이나 정보 등은 극히 미약했고 설혹 그러한 정보나 지식이 있다 할지라도 그것은 일본 식민 당국자들에 의해서 전달된 지극히 왜곡된 것이었다. 이러한 사실의 한 표현이 바로 미군의 인천 상륙 당시에 있었던 한국인 환영 문제와 같은 것이었다.[17]

미군정 당국자들이 일본인 관리를 계속해서 이용하고 또 총독부 체제를 계속 유지하기에는, 당시 한국인들의 반일 감정에 기인한 저항감이 너무 컸다. 그러므로 서서히 일본인 관리들을 면직하면서 그 자리에 적당한 한국인을 임명하기 시작했다. 이로써 여기에 임명된 한국인들이나, 또는 미군정 당국자와 일반 관리나 시민과의 매개를 담당해 주었던 통역관들이 부당하게 한국인을 괴롭히는 행동을 자행하게 하는 소지를 만들어 주게 되었다.

즉 당시 대부분 통역관들은 우선 영어를 구사──그것도 극히 초보적인 회화에 불과한 것이었지만──했다는 점에서 주로 미주(美洲)에 거주했던 경험이 있다든가 또는 대학이나 기타 지역에서 영어를 학습할 수 있었던 인물들이었고, 또한 어떠한 연관성에서든지 미군과 결연 관계가 있었던 인물들로서, 가령 종교적인 측면에서 또는 사업 관계 등으로 이러한 가능성이 있었던 인물들이었다. 이들 통역관은 우선 뚜렷한 역사 의식이나 민족의식을 결여한 인사들로서 대부분이 개인적인 안락과 영달에만 집착함으로써 당시 미군의 절대적인 권력을 배경으로 하여 한국의 국민들을 지배하는 또 다른 권력 구조의 한 계층으로 기능하기 시작했다. 모든 이권 문제에 관계했고 수없는 부정을 저지름으로써 당시 정치·사회의 혼란을 일층 더 가중했다. 그러므로 이들 미군정 통역들은 대부분 사회의 큰 문제의 하나로 대두되었다.[18]

한편 이들 통역관과 마찬가지로, 새로이 미군정청의 요직을 차지한 한국인들의 경우도 몇 가지 어려움에는 큰 차이가 없었다. 이들 한국인 고위 행정 담당자들은 우선 미주 유학생으로서 학력과 기독교와 연관성, 그리고 일제 식민지하에서는 소극적인 저항 노선을 견지했던 인물들이기 때문에, 이들 역시 다소 우파주의적임과 동시에 친미적인 성향이 강하게 나타났다. 그러므로 당시 통치 구조에서 행정적 성격은 한국인의 정치적 독립과 경제적 발전이라는 측면보다는 미군정 당국자를 위한 정치적 제도나 장치로서의 기능에 한층 더 충실하려는 성격을 그대로 반영하고 있다.

셋째, 당시 미군정 통치 과정의 성격으로는 정책의 부재는 물론이고, 정책적 지속성보다는 단절성과 지나칠 정도로 충동적이고 즉흥적인 비효율성의 표본을 보여 주었다. 당시 미군정 당국자들은 정치적인 측면에서 좌파의 극렬한 투쟁을 제압하고 민주주의를 조성해야 하는 목적의 성취는 물론이고, 경제적으로는 일본의 전시(戰時) 경제 체제로서 통제적인 성격을 자유 경쟁적인 자본주의 체제로 전환해야 했고, 사회적·문화적인 측면에서는 전통적이거나 때로는 복고적이기도 했던 문화 양상을 근대적인 합리주의적 문화 구조로 바꾸면서 건전한 사회적 윤리관을 마련해 주어야 했다. 이러한 미군정의 통치 목표가 분명함에도 불구하고 사실상 이러한 사실과는 너무나 대조적인 성격을 보여 주었다.

정치적인 면에서 때로는 좌익을 제압하면서, 그런가 하면 때로는 그 좌익 세력의 대두를 촉발해 줄 수 있는 조건을 성숙시키기도 했으며[19] 확고한 정치적 인식을 결여했기 때문에 그만큼 정치적 혼돈을 가중했을 뿐이었다. 경제적인 면에서는 급격히 상승했던 인플레이션은 물론이고 쌀 등 생활필수품의 부족과 매점매석 등은 경제를 극도로 취약하게 했다. 한편 만주, 일본 등지에서 귀환한 동포는 물론이고 이북에서 월남한 사람들의 숫자가 급격히 늘어났으나 그것을 수용하고 관리할 수 있는 능력을 결여했기 때문에 이것으로 인한 사회적 불안은 한층 더 가중되었다. 또한 당시 한국 내 전 재산의 70퍼센트에 해당했던 이른바 '적산'(敵産)에 대한 민간인 불하나 관리권 인정 문제는 미군정청 내 미군 일부와 한국인 통역, 그리고 모리배 등의 야합을 가져옴으로써 사회적인 큰 문제를 조성하기도

했다.[20]

　사회적인 면에서, 당시 미군정청 당국자는 물론이고 한국에 주둔하고 있던 미군들의 무분별한 행동과, 그들이 보여 준 저급한 행동 양식은 사회 윤리와 가치 면에 커다란 충격을 일방적으로 가함으로써 한국의 전통적 가치와 윤리를 완전히 매몰시켰고 이것은 결과적으로 한국 사회를 일종의 규범적인 진공 지대로 전락시키고 말았다. 특히 이러한 사실은 친일파 처리 문제에서 두드러지게 나타났다. 미군정 당국자는 친일파 처리에는 전혀 무관심했을 뿐만 아니라 심지어 이들을 비호하기까지 했다. 이러한 사실은 다음 구절에서도 읽을 수가 있다.

　　…… 하지 중장과 그 각료들은 일본인보다도 미국인을 더 이해하는 한국인을 구하기 시작했다. …… 재한 미국인 선교사의 자식이며 해군 소좌인 조지 젠 우임스 씨가 한국인 관리 선택의 임무를 맡게 되었다. 동 소좌는 이들 관리를 주로 조선 기독교 신도 중에서 뽑았는데 그 대부분은 한국민주당에 속한 사람이었다. 이 중류 지주이며 교육도 있고 친일파로 된 소수당인 완고 보수 진영은 또 하지 고문 회의에도 중심인물을 보내게 되었다.[21]

　물론 위의 표현을 그대로 믿기에는 몇 가지 한계점이 있다. 다만 이 글을 통하여 그러한 성격의 일단을 짐작할 수 있는 것만은 사실이다. 미군정 당국자에 의해서 친일파 제거가 아니라 온존이 가능했던 가장 중요한 부처는 첫 번째로 경찰 계통이었다. 경찰이라는 특수 전문직적인 기능이 가지고 있는 성격상, 경험과 특별한 기능을 필요로 하는 것은 사실이다. 그리고 해방 이후 급격하게 늘어나기 시작한 각종 범죄와 정치적인 대립 등의 문제는 경험 있는 유능한 경찰관들을 필요로 하게 되었다. 그러한 이유 때문만은 아니지만, 경찰권을 장악하고 있는 군정 당국자들은 그것의 행사를 대부분이 이전의 총독부 시대 경찰들로 충당했다. 즉 일제 총독 치하에서 한국인의 경찰관들은 대부분의 경우 일본 침략 정책의 안정과 지속을 위해서 고등계 형사로서, 순사보로서 또는 밀정으로서 독립운동가들을 억압했던 인물들이었고 이들은 해방 후에도 그대로 남아 있었다.[22]

두 번째로 일제 시대의 지도적인 계층의 존속은 바로 사법부에서 찾아볼 수 있다. 판사, 검사 등은 일제 시대 일정한 교과 과정을 거쳐서 일본의 치안 유지와 질서 확립을 위해서 기능했던 인사들이 대부분이었으면서도 여전히 미군정청 당국자에 의해 그 직책을 지속할 수 있었다. 또한 이러한 성격, 즉 친일파적인 요소의 미청산은 경제계·문화계에서도 그대로 온존되고 있었다.[23] 친일 세력의 이와 같은 지속과 재등장은 곧 일제 시대 그 친일 세력들에 핍박받았던 진정한 의미의 민족 세력의 상대적인 위축 또는 약화를 의미하는 것이기도 했다. 그러므로 미군정은 민족이라는 관점에서 사회적 정의나 윤리 면에서는 완전히 전도된 성격을 조성했다고 할 수 있다.

이처럼 미군정의 통치가 정치적인 측면에서나 경제·문화 면에서 일정한 지향성을 완전히 상실한 채 표류한 사실과, 이들이 보여 준 지배자적이고 점령군적 성격은 한국 사회의 정상화나 발전에 상당할 정도의 역기능을 보여 주었다. 이들의 이러한 성격은 민족주의자들의 결집을 약화시켰고 상대적으로 친일·부일 세력이나 기회주의자 등에게 재기할 기회를 제공해 주었으며, 이것은 또한 공산주의 세력이 격렬하게 반민족적인 선동을 자행할 수 있는 소지를 만들어 주고 말았다. 정상적인 통치 체제나 정치 과정이었다면, 이는 분명히 민족주의 세력의 결집을 강화해 주고, 민족주의자들의 이러한 결집은 궁극적으로 공산주의 세력의 발호를 제압하게 되는 결과를 낳을 수 있었을 것이다. 그러나 미군정은 공산주의를 억제했으면서도 실제로는 공산주의가 파급될 수 있는 소지를 조성해 주는 역설적인 현상을 나타내고 말았다.

미군정의 한국인 관료 엘리트

1945년 9월 18일부터 총독부 통치 체계의 관직자가 미군의 장교들로 임명되었고 10월 5일부터 행정 고문이라는 이름으로 다음의 인사들이 임

미군정 행정 고문들

	일제 시 직업	교육 정도	종교	정당	재산	세습성
김성수	동아일보사장	일본에서 대졸	—	한민당	대지주	부: 구한국 군수
김용순	목사	대졸	기독교	한민당		미상
이동원	목사	대졸	기독교	한민당		
이용설	세브란스의전 교수	대졸	기독교	한민당		
오영수						
송진우	동아일보사장	일본 유학	—	한민당		
김용무	변호사	한민당		한민당		
강병순						
윤기익	목사	대졸	기독교			
여운형	독립운동가	중국 유학	기독교	건준	중류	부: 중농
조만식	독립운동가	일본 유학	기독교	조민당	중류	

명되었다.

이들 중 여운형만은 행정 고문으로 임명된 인사들이 한국인의 민주적 의사를 전달할 수 있는 대표자적 성격을 결여하고 있다는 이유를 내세워 직을 사퇴했고, 김성수는 행정 고문회의 위원장이 되었다. 이들의 기능은 "조선의 복리만을 염원하는 애국심에 불타는 조선인의 솔직한 진언과 충고를 담당하는 것"[24)]으로 되어 있었다. 이들은 비록 일본 통치 시기에 일제에 협조한 일은 없어도 그 시대의 한국 사회에서도 지배 계층적 세습성을 보유하고 있었던 인사들이었다. 또한 이들의 일반적인 속성은 경제적으로도 비교적 부유했으며 외국 유학, 특히 영어를 해독할 수 있다는 사실과 기독교와 연관을 가진 사람이 다수라는 공통점도 보여 주고 있다.

1945년 12월에는 미군정청의 국장 대리 또는 국장에 한국인을 기용했고 그 뒤 1946년 3월 29일 군정 법령 제46호로서 군정청의 국을 부로 개칭하여 어느 정도의 행정 체제를 갖추기 시작했다. 그 뒤 본격적으로 미군정 관료의 한국인화를 위해서 1947년에 남조선과도정부를 설치함으로써 미군정 체제는 사실상 한국인 관리를 통치의 전면에 내세우는 작업을 일단 완료하게 되었다. 미군정청의 국장, 부장급에 재임했던 인사들로서는 오정수, 유억겸, 이훈구, 조병옥, 윤호병, 김병로, 이종학, 이용설, 길원봉, 문장욱, 이철원, 지용은, 정일형, 유동열, 민희식, 심천(沈川), 최경렬(崔敬烈), 이대위(李大偉), 최태욱(崔泰煜), 임병역 등이었고, 차장급으로서는 오천석(吳天錫), 한근조(韓根朝), 한종건(韓鍾健), 김훈(金勳), 나기호(羅基湖), 주병환(朱秉煥), 최봉윤(崔鳳允), 황의찬, 박택, 조상만, 김철주 등이었다.

한편 미군정 시대의 도지사 등 지방의 고위 관직자들로는 이범승(李範昇, 경성부), 윤하(尹河, 충북지사), 유해신(柳海辰, 제주지사), 안상선(安尙善, 전남인사처장), 서민호(徐珉濠, 전남지사), 박종만(朴鍾萬, 충남지사), 박경훈(朴景勳, 제주지사), 박간원(朴幹源, 강원지사), 김형민(金炯敏, 경성부윤), 김철수(金喆壽, 경남지사), 김병규(金秉圭, 경남지사), 구자옥(具滋玉, 경기지사), 김덕현(金德鉉, 강원인사처장), 황인식(黃仁植, 충남지사대리), 최희송(崔熙松, 경북지사), 정일형(鄭一亨, 전북지사), 정운갑(鄭雲甲, 경기인사처장), 전봉빈(田鳳彬, 경북인사처장), 임원호(任瑗鎬, 제주지사) 등이다.

이들 도지사들은 중앙 군정청의 각 부 차장급 인사들과 다른 몇 가지 특징이 있었다. 그것은 첫 번째로 이들의 연령이 전자에 비하여 낮다는 사실, 그리고 두 번째는 이들이 봉직하고 있는 지역과 직접적인 연고권을 가지고 있다는 점이다.

한편 이미 지적한 것처럼 미군정의 후반기에 들어와서 군정청이 내세웠던 한국화 작업의 하나로서 나타났던 남조선과도정부 입법의원의 경우, 당시 관선 위원으로서는 김규식·여운형을 중심으로 하는 좌우합작위원회 소속이 6명, 또한 우익 정당의 인사로서는 김약수(金若洙)·장자일(張子一) 등을 포함한 11명, 좌익 정당 소속으로는 장건상·신기언 등을 포함한 12명, 기타(문화계, 언론계, 법조계, 종교계, 여성계, 지역별 등)가 16명으로 되어 있었다. 이들 관선 위원의 경우는 당시 좌우합작위원회가 주동이 되어서 심사위원 김규식, 원세훈, 최동간(崔東旰), 김붕준(金朋濬), 송남헌(宋南憲) 등이 일차 선정한 것을 하지 중장이 최종 결정한 것이었다. 그러므로 관선 위원의 전체적인 성격을 살펴보면 ①좌우 합작에 지지적 성향을 보여 주는 인사들이 다수였고 ②극우·극좌 지향의 인사들은 배제하고 있었다. 그러나 간접 선거에 의한 민선 의원은 이러한 성격과는 달리 오히려 극좌·극우적인 인사가 대거 진출하는 상황을 보여 주었다. 이들을 정당별로 나누면 다음과 같다.25)

한국민주당	12명	무소속	13명
독촉국민회	17명	한독당	4명
기 타	4명		

이 중에서 한국민주당은 서울에서 김성수, 장덕수, 김도연(金度演) 등 당의 핵심 간부들이 당선되었으나 "조선 인민에게 손해를 끼치며 일인과 협력한 자는 대의원이 될 자격이 없다는 규정이 서울시와 강원도에는 적용되지 않았다"는 주장에 의해서 그 당선이 무효로 되었고 재선거가 실시되었다. 민선 의원 중 무소속 13명은 사실상 한민당과 같은 계열의 인사들로서 이들 역시 극우파적 성격을 가지고 있었다. 구체적으로 당시 무소속으로 표명된 인사들 중에는 신익희(申翼熙), 이승만 등이 들어 있으며, 또한 독촉국민회의 경우도 마찬가지였다. 이갑성, 이종근(李鍾根) 등은 엄격한 의미에서 이승만의 단정 노선 지지자들이었다. 이러한 사실을 고려할 때, 곧 당시 민선 의원은 극우파가 절대다수를 점유한 것으로서 사실상 남조선과도정부 입법의원은 민선으로 당선된 극우파 인사들과 관선의 좌우 합작파 사이의 대결적인 양상을 보여 주었으며 전반적인 분위기는 우파적인 성격으로 되어 있었다.

한편 미군정 시대에 군정청 관료나 입법의원과 마찬가지로 중요한 의미를 가지고 있었던 또 다른 성격의 정치 엘리트 집단을 찾아볼 수 있다. 그것은 미군정청 산하의 각종 기관들, 그중에서도 특히 귀속 재산, 일반적인 표현으로는 재산에 대한 관리 기구라든가 식량 관계, 이전의 동양척식회사를 개명한 신한공사(新韓公司) 등과 같은 경제 기관들이다. 이들 경제 기관은 당시 미군정청의 무정견한 정책과 정치적 혼돈 등에 의해서 정상 배들의 개인적인 이권을 극대화해 줄 수 있는 복마전과 같은 성격을 가지고 있었다. 일제 총독 지배 체제 아래에서 총재산 중 70퍼센트가 적산이었고 이들 적산이 모두 대규모 기업체였다는 점에서도 적산을 장악하기 위한 혼란의 정도를 충분히 짐작할 수가 있다. 정치적인 권력이 자연히 관여될 수밖에 없었고, 미군정청의 비호를 받을 수 있는 인사들 다수가 이 기관의 요직에 충원될 수밖에 없었으며, 일단 적산 기관을 장악한 결과 그 자리를 계속 유지하기 위해서는 기존 정치 세력의 비호를 받아야 함은 당연한 귀결이었다.

이러한 사실들은 곧 당시의 적산 관계를 처리하는 경제 기관의 요직 인사들 다수가 미군정청 또는 한독당, 한민당, 독촉 등의 정치 단체와 직접적인 연관을 맺고 있었으며 개인적으로는 이승만, 김구, 김규식 등과도 직접·간접으로 연결되어 있었다. 미군정 시대의 정치가 궁극적으로는 미군정 이후에 전개될 정치권력 장악을 위한 유리한 고지의 확보를 목표로 하는 일종의 미군정청 후계자적 위치 쟁탈에 있었다는 사실을 고려할 때, 미군정청 당국자와 각 정당 간부 및 특정 정치인 사이에는 그 나름의 깊은 연관이 필요했고 이 연관성을 가능하게 했던 요소 중 하나가 다름 아닌 정치자금이었다.

정치자금의 조달 가능성은 ① 일제 총독 통치 시대의 친일 기업 인사들에 의한 조달 ② 한민당 수뇌부와 같이 지주 자산가에 의한 자금의 조달 ③ 이른바 적산과 같은 경제 조직체에서의 조달 등이 있다. 이 세 가지 가능성 중에서 특히 적산 기관과 같은 기업체에 의한 자금의 점유 비율이 컸다는 점은 당시 산업 구조에서 이들 기관이 차지하는 위치에서도 당연한 사실일 수가 있다.

행정·입법·사법·경제의 상위 구조를 점유하고 있는 인사들의 경우와 달리 하급 관직자의 경우는, 일본 총독 통치 시대에 하위직 관료로서 직위를 점유했던 인사들이 그대로 잔존했을 뿐만 아니라 일본인이 차지했다가 공직으로 된 중간급 관리직으로 무경쟁적인 상승적 충원을 보여 주고 있었다. 고위 관직자의 경우와 달리 하급 관직자의 경우는 더한층 강한 일본 총독 시대의 속성을 그대로 보여 주고 있었다. 이러한 성격의 인사들에게 고위 관직을 점유하게 한 미군정 당국자들의 무정견한 정책을 비판한 다음의 논조는 당시 고위 관직자들의 속성을 지적한 대표적인 표현이라고 말할 수 있다.

하지 중장은 여러 가지로 시안한 결과 한국인에게 자치 행정을 가지게 하는 형식으로 부유한 지주 1인을 중심으로 11인으로 된 고문 회의를 만들었다. 이 중심인물은 일제 시대에도 일본인의 고문으로 활약한 일이 있었으며 모든 한국인들에게 반목과 무시를 받고 있는 사람이다. 하지 중장이 이 인물의 경력도 모르고 기용하였다는 것은 도저히 믿지 못할 일이다.[26]

물론 위의 글 속에는 다소 과장된 사실도 없지 않다. 구체적으로, 일본인의 고문으로 활약했다는 표현은 다소 정확성을 결여한 표현이라 할 수 있다. 그러나 이 글을 쓴 필자가 주장하는 것처럼 당시 "한국인들이 존경했던 인물을 기용하지 않았다"는 사실은 미군정 당국자의 최대 실정이라고 말할 수밖에 없다.

이처럼 미군정 시대 한국인 관료 엘리트들의 성격을 고찰할 때 여기에는 다음과 같은 사실을 발견할 수가 있다. 즉 그것은 대부분 인사들의 충원이 주로 ①기독교 신자 ②미국과의 직접·간접 연관성 ③특정 정당과 관계, 이 중에서도 한민당계 인사들의 비율도 적지 않았다. ④또한 이들 한민당 계열 인사들과 마찬가지로 흥사단 계열 인사들이 참여하고 있음을 찾아볼 수 있다.

이처럼 당시 미군정의 한국인 관료 엘리트 충원이 대부분 한국인 대다수의 욕구와 지지를 충분히 얻을 수 있었던 인사들로 되지 못했다는 사실은 당시 사정상 불가피했던 것으로 생각할 수 있다. 즉 당시 행정 관료로서 훈련받은 인사가 친일 관료들을 제외하고는 존재하지 않았다는 사실과, 고등교육을 이수했고 그러면서도 일본에 대해서 저항을 보여 주었던 소수의 민족적 엘리트들은 미군정청의 이데올로기적 지향성과는 다른 위치에 놓여 있었다는 사실 등은 고위직 관료 충원의 폭을 그만큼 제한할 수밖에 없었으며, 그 결과는 결국 미군정 시대의 민족적 분열 이데올로기를 미국의 대한 정책과 함께 상습화한 보수 우파의 지배적인 영향력하에 한국 정치를 넘겨주는 계기가 될 수밖에 없었다.

4 미군정기의 정치 상황

미군정 시대의 정치 상황은 미국의 이데올로기적 전개의 한 양식으로 나타났다. 특히 당시 한국에서 정치는 이데올로기의 대결이라는 성격으로 설명될 수 있으며 이것은 한국 사회에다 미국의 이데올로기를 단순히 전파하는 것만이 아니라 보다 적극적으로 전후(戰後) 국제 질서적 성격을 보여 주고 있었다. 이른바 냉전 체제의 시발점이라는 시대적 성격과 양대 이데올로기 사회의 격돌이라는 지역적 성격은 미군정 시대 한국 정치 사회를 이데올로기적 대결장으로 변모시켰다.

좀더 구체적으로 이 문제를 당시의 정치 조직체, 즉 정당 등과 연관해서 살펴보기로 하자.

미군정의 통치가 보여 준 비효율성과 이데올로기적인 편협성, 그리고 권력 구조 충원의 보수성은 한국 정치의 민족주의적 측면에서는 비판의 중요한 대상으로 지적되어야 할 것 같다. 미군정 시대가 정치적인 혼돈을 가중했고 당시 행정 공백 상태는 서민 생활을 위협적인 상태로 몰아넣었으며, 이데올로기적 측면에서는 극우파와 극좌파 사이의 치열한 대결이 정치의 가장 중요한 과제인 것처럼 인식되어 있었다.

극우 보수파의 주장이 이승만의 남한 단정론으로 집약될 수 있다면, 극좌파의 경우는 계급주의적인 공산주의 혁명의 추구라는 또 다른 속성을 보여 주었다. 이들 양자 사이에서 이승만의 단정 노선을 후퇴시키고 극좌

모험주의의 계급 혁명을 포기하도록 유도했던 당시 좌우 합작 세력은 미군정 말기의 또 다른 시행착오 때문에 그것의 효과를 이룰 수가 없었다. 이러한 사실은 좌우 합작 세력이 뜻하는 정치사적 가치성을 문제시하는 것이 아니라 좌우 합작 세력에 대한 미군정 당국자들의 일관성이 결여된 정책적인 성격이 비판될 수밖에 없음을 뜻하는 것이다.

당시 미군정 시대의 이데올로기적 성격과 정치 집단, 정치 엘리트 등을 결부해 생각할 때 첫 번째로는 극우 보수파들이 내세웠던 민주주의적 엘리트의 지향을 생각할 수 있으며, 이들의 구성은 일반적으로 ① 한국민주당 계열 등의 인사들 ② 일제시대의 관료 엘리트 ③ 이른바 지방의 유지로 통칭되었던 중소 지주들 ④ 언론 문화 기관에 종사했던 보수주의적 인사들이었다. 이들은 최소한 두 가지 측면에서 하나의 공통된 성격을 보여 주고 있다. 즉 이 유형에 속하는 인사들은 사회 계층적 측면에서는 세습적인 상류 계층에 속했다는 사실과, 이데올로기적 측면에서는 모두가 당시 사회 구조를 어느 정도 그대로 지속하기를 바라는 보수 지향적 인사들이었다는 점이다.

이들은 사회 계층적으로는 상류 계급이었고 경제적으로도 다소 유족했기 때문에 다른 어떤 유형의 인사들에 비해서 고등교육을 이수할 기회가 더 많았으며 고등교육을 이수함으로써 해방 이전의 일제 통치 시대에도 그 나름의 정치·사회·경제적인 지위를 점유할 수 있었던 인사들이었다. 또한 이들은 정치 이데올로기 측면에서도 1930년대 초반기부터 사회주의 계열과 격심한 대결을 보여 줌으로써 사회 구조의 현실성을 유지하기 위해 노력했다든가 또는 점진적인 개혁의 성격 같은 것을 보여 주기도 했다.

우선 이 계열 중에서 가장 중심적인 존재였던 한민당 지도급 인사들을 예로 들어 살펴보기로 하자. 최초 건국준비위원회의 세력에 대결하기 위해서 1945년 8월 18일 보수 우파 진영의 결집체로 조직된 한국민주당은 다음과 같은 정파에 의한 연합 세력으로 출발했다.

고려민주당계: 원세훈 이병헌(李炳憲) 현동완(玄東完) 박명환(朴明

煥) 한학수(韓學洙) 유홍산(劉興山) 송남헌 등
조선민족당계: 김병로 이인 백관수(白寬洙) 김용무(金用茂) 나용균(羅容均) 등
국민대회준비위원회계: 송진우 김준연(金俊淵) 김성수 장덕수 등
한국국민당계: 백남훈 윤보선(尹潽善) 윤치영(尹致暎) 조병옥 유억겸 등
신간회 및 사회주의계: 홍명희 김약수 조헌영(趙憲泳) 등

  당시 간부로서 선임된 인사들은 수석총무에 송진우, 부총무에 원세훈, 백관수, 서상일, 김도연, 허정, 조병옥, 백남훈이었고, 기타 간부로서는 나용균, 이인, 장덕수, 김약수, 박용희, 함상훈, 박찬희, 홍성하, 김용무, 이운(李雲), 유진희(兪鎭熙), 최윤동(崔允東), 박명환, 서상천(徐相天), 김병로 등이었다.
  한민당의 성격에 대해서는 여러 가지 견해가 개진되고 있지만 한 가지 분명한 사실은 보수 정당이라는 사실과 이 정당의 지도부에서 대지주적인 자산가와 일제 때의 온건파 민족주의자가 중심적인 역할을 담당했다는 점이다. 더욱더 구체적으로 지적하면 한국민주당은 창당 초기에서나 또는 1946년 10월 이후의 좌우합작위원회의 7원칙 중 체감매상(遞減賣上) 무상분배(無償分配)에 대립하여 정면 반대 성명을 발표함으로써, 이러한 당 지도부의 태도에 반발하여 원세훈, 김병로, 김약수, 이순탁(李順鐸), 박명환, 송남헌 등 100여 명이 탈당하고 그 이후부터는 한민당 지도부의 성격은 뚜렷하게 단일적 현상을 보여 주고 있다. 이러한 성격에 대해서 여기서 잠깐 살펴보면, 평가 관점에 따라 어느 정도 차이가 있긴 하지만 대체로 몇 가지 사실만은 공통적으로 지적되고 있다.
  한태수(韓太壽)의 『한국정당사』(韓國政黨史)에서는 "여기에는 과거 일제 시대 친일 세력이 포함되어 있었다. 그러나 이 세력은 자기를 대중 앞에 내놓을 명분이 없기 때문에 하는 수 없이 상해 임시정부를 추대한다는 간판으로 민중에게 호소하였다. 그러면서 누구보다 먼저 미군과 연결하고

그 군정에 협력하며 정치·사회·경제의 실권을 장악하였다"고 지적하고 있으며, 이기하(李起夏)의 『한국정당발달사』에서는 "······ 보수파들의 집단이고 기호파 및 호남파들의 재벌급의 부르주아 정당이며, ······ 왜정 시의 관료 출신이 많았으며 ······ 친일파의 색채를 불면(不免)하였다. 또한 약간의 소극적 항일 인사를 제외하면 ······ 기회주의자들인 국내파의 그룹이다"라고 되어 있다.

이와 달리 송남헌은 "하부 조직에 몇 사람 친일분자가 있었지만 이것은 한민당 전체의 성격 규정으로 될 수 없다. 단, 정책 면에서는 부르주아 정당이라고 지적되어도 부인할 수 없다"고 쓰고 있다.[27]

미군정 시대의 이데올로기적 성격과 정치 엘리트의 관계에서 두 번째 유형으로 지적할 수 있는 것으로는 공산주의 세력을 근간으로 하는 극좌파들을 생각할 수 있다. 이들 극좌파는 주로 일제 총독 통치 시기에서부터 사회주의 계열에 종사했던 인물들로서, 1925년의 조선공산당 창건에서부터 해방에 이르기까지 이들의 일관된 정치 지향은 계급 혁명을 고취함으로써 국제공산주의 운동의 연대성 속에서 현실을 규정하는 반민족주의적 속성을 보여 주었다. 엄격한 의미에서는 소련의 지령 속에서 움직였기 때문에 미군정 시기에는 매사에 미군정과 대립하면서 기존 질서의 파괴에 그 목표를 설정했다. 특히 극좌파는 민족이라는 개념보다는 계급이라는 개념을, 화합보다는 대결을 전제로 하면서, 이미 지적한 것처럼 소련 팽창 정책의 전초 세력으로서 기능하고 있었다. 따라서 이들에게는 한반도라든가 한민족과 같은 민족의식은 찾을 수가 없었다.

초기에 미군정은 이들 극좌파에 대해서도 집회 결사의 자유는 물론이고 정치적 활동의 자유를 부여했다. 이들 극좌파는 이러한 상황을 이용하여 경향 각지에서 때로는 파업, 시위 등 과격 행동을 연속적으로 전개했다. 이들의 이러한 활동은 궁극적으로 한국을 공산화하려는 목적의 추구에 기인했다.

세 번째 세력으로서는 상해 임시정부 계열의 중심 세력이었던 한독당을 들 수 있다. 이들은 물론 보수 우파에 속하는 세력들로서 이데올로기 측면에서는 이미 지적한 한민당 계열보다도 한층 더 민족적이면서 단지 미국식 민주주의에 대한 지지도는 한민당 계열보다는 약한 편이었다. 최초 한민당과 한독당은 같은 우파 보수 진영이라는 측면에서는 일종의 동지적인 우당(友黨)의 성격을 보여 주었으나 정치권력의 제도화라는 구체적인 문제에 대해서는 상당할 정도의 차이를 보여 주었다. 그리하여 이들은 마침내 한민당과 우당적 관계를 단절하고 독자적인 급진 민족주의적 지향성을 추구하게 되었다.

구체적으로 한독당의 주류는 대한민국 임시정부의 주축 세력들에 의해서 상해에서 1930년 1월 25일에 창건되었으나 1946년 4월 18일 국민당, 신한민족당과 통합함으로써 국내의 또 다른 우파 세력으로서 정통 민족주의적 지향을 보여 주었다. 이를 좀더 구체적으로 그 구성 면에서 살펴보면 다음과 같다.[28]

　　한독당 주류계: 김구 조소앙 엄항섭(嚴恒燮) 최용덕(崔容德)
　　국민당 계열: 안재홍 명제세(明濟世) 박용의(朴容義)
　　신한민족당 계열: 김여식(金麗植) 최익환(崔益煥) 김경태(金景泰)

한독당이 임시정부의 중심 인사들로 구성되었긴 하지만 귀국 후에는 상당수 인사가 한독당에서 이탈하는 양상을 보여 주었다. 즉 이시영(李始榮), 신익희, 조성환(曹成煥), 이범석 등은 이승만의 단정 노선 지지 계열로 옮겼고, 김성숙(金星淑), 장건상 등은 민족 사회주의적 성격으로 전신했다. 당시 한독당의 구성 요소는 대부분 해외의 독립운동가들로서 국내에서는 자연히 지지 기반을 결여하고 있었으며 미군정과도 호의적인 관계를 맺기에는 강한 민족주의적 성격을 보여 주었다. 또한 미국 국무성의 대한 정책에서는 이들을 중국 장개석(蔣介石) 정부와 깊은 유대 관계에 있다고 생각했다. 따라서 국내의 보수 집합 세력인 한민당 계열과도 연합되기에는 한독당의 정강 정책의 경직성이 문제가 되었다. 그렇다고 해서 이승만의 단정 노선을 지지하기에는 김구의 민족 연합 정책이 이를 용납하지 않았다. 극좌파와 연관성을 맺기에는 한독당의 보수주의적인 민족 관념이 이를 받아들일 수가 없었다. 결국 한독당은 민족 독립운동의 현실적인 주체적 추진 기관이었고 민족 통합의 구심적 존재일 수 있는 임시정부의 후광을 업고 있으면서도 가장 불리한 여건 속에서 정권 장악의 경쟁을 치러야 했다. 미군정 당국자와 한민당 계열, 이승만 단정 노선, 그리고 좌익 계열 등으로부터 협공 상태에 있었던 한독당은 궁극적으로 김구 중심의 민족주의적 세력으로만 국한될 수밖에 없는 한정성을 부여받은 셈이 되었다. 그 당시 한독당의 대부분 구성 인사들은 현실보다는 명분을 중시했고 국제 정치적 여건을 고려하기보다는 민족적 내재성을 우선적으로 고려했기 때문에 국제 정치의 미·소 대결 양상에 대한 정확한 인식을 유예했으며, 한민당 세력을 그들의 대결 상대로 정립함으로써 힘겨운 투쟁을 전개하지 않을 수 없었다. 후일 한독당 계열이 남북 협상의 불가능성을 인식하면서도 김규식 등 좌우 합작 세력과 연합해서 이를 추진할 수밖에 없었다는 것은 곧 한국 정치 사회에서 민족주의 정통 세력이 보여 주는 또 다른 좌절을 의미하는 것이기도 했다.[29]

특히 이러한 성격은 당시 한독당의 중심인물이었던 김구의 다음과 같은 표현 속에서도 읽을 수가 있다.

…… 나의 연령이 70유(有) 3인바 나에게 남은 것은 금일금일하는 여생이 있을 뿐이다. 이제 새삼스럽게 재물을 탐내며 명예를 탐낼 것이냐, 더구나 미군정하에 있는 정권을 탐낼 것이냐. 내가 대한민국 임시정부를 주지(主持)하는 것도 일체가 다 조국의 독립과 민족의 해방을 위하는 것뿐이다. …… 나는 통일된 조국을 건설하려다가 38선을 베고 쓰러질지언정 일신의 구차한 안일을 위하여 단독 정부를 세우는 데 협력하지 않겠다.

네 번째 정치 세력은 온건 좌파에 속하는 건준 계열과 진보적인 지식인 집단을 들 수 있다. 여운형을 중심으로 한 건국준비위원회는, 일제 말기에 국내의 실질적인 반일 독립운동의 지하 세력이었던 조선건국동맹, 농민동맹 등이 주축이 되어 신생 공화국 건립의 준비 기관으로 1945년 8월 17일에 발족한 것이다. 여운형의 건국준비위원회에 대한 견해는 몇 가지로 요약될 수 있다.

하나는 여운형의 건국준비위원회가 박헌영 등의 조선공산당 계열에 의해서 조종되는 좌파 세력의 하나라고 인식되고 있는 경우다. 주로 이러한 견해는 보수 우파 측에서 행해진 공박에다 근거를 두며 이 논리의 구체적인 실증으로서는 건국준비위원회의 간부 진영에 정백(鄭栢), 최용달(崔容達), 이강국(李康國) 등 공산주의자들이 포함되었다는 사실과 건국준비위원회와 조선공산당이 중요 정책에 대해서는 거의 일치된 견해를 보였다는 점을 들고 있다.

그런가 하면 또 다른 주장은 건국준비위원회는 민족주의적 성격을 가진 우파적 존재라는 견해가 있다. 주로 이러한 견해는 당시 건국준비위원회에 관여했던 인사들에 의해서 개진되고 있다.[30] 이들은 당시 건국준비위원회가 일제 총독 통치 체제에 협력했던 인사들과 기회주의적인 인사들을 제외한 좌우익의 민족적인 지도자들의 총집결체로서 한민당 계열의 송진우, 김성수 등에게도 참여를 종용했으나 보수 우파의 전통적인 속성 때문에 거절당했다고 주장하고 있다.

건국준비위원회를 어느 특정 정파의 속성으로 인식하려는 것 자체가 당시 정치적 상황에서 오는 불가피한 현상이었긴 하지만 최소한 건국준비위원회의 몇 가지 성격은 재인식되어야 할 것 같다. 그것은 건국준비위원회가 초기에 해방 이후의 국내 민족적 저항 세력과 일부 온건 좌파 사이의 연합 세력 성격을 가지고 있었다는 점이다. 이러한 성격은 건국준비위원회로 하여금 진보적인 색채를 보여 줄 수밖에 없었고 바로 이 진보적 성격이 보수 우파에서 주장하는 공산주의적 성격의 하나로 인식될 수밖에 없었다는 점이다. 건국준비위원회가 보수 극우파의 맹렬한 공격과 극좌파들의 주도권 장악을 위한 획책이 없었다면, 미군이 진주한 9월 초순까지에는 더한층 실질적인 임시정부로서 기반을 마련할 수도 있었을 것으로 생각된다.

당시 건국준비위원회의 간부급에 있었던 인사들의 성격을 분석해 보면 건국동맹, 농민동맹 등 여운형 계열이 간부 총 32명 중에서 불과 2명(李如星, 崔益翰)에 불과하고, 보수 우파에 속한 인사로서는 3명(함상훈, 김준연, 이용설), 공산주의 계열도 역시 3명(정백, 최용달, 이강국)이었고, 그 외의 인사는 민족주의 진영(대표적인 인사로서는 안재홍을 들 수 있다)과 진보적 지식인(이동화) 등이었다. 건국준비위원회가 진보적인 색채를 보였던 것은 분명한 사실이나 그렇다고 해서 이것을 극우 보수파의 평가처럼 공산주의 세력의 일환으로 처리하기에는 상당한 반증이 이 논리의 부당성을 지적하게 해 준다.

이러한 네 갈래 세력 사이에는 각각 지도적인 인사가 존재함으로써 결국 4명의 지도자, 즉 한민당 계열이 지지한 이승만, 한독당 계열의 김구, 공산주의자들이 내세운 박헌영, 그리고 건국준비위원회 여운형 사이의 대결 관계로 압축되었다.

5 미군정의 정치사적 평가: 민족주의적 인식

미군정이 한국 정치사에 미친 영향은 관점에 따라 서로 다른 견해가 있을 수 있다. 가령 이승만의 단정 노선에서 생각할 경우와 좌우 합작파의 관점에 서 있을 경우, 그것에 대한 차이점은 극단적일 수밖에 없다. 그뿐만 아니라 정치사의 인식을 이상주의적 관점에서 인식할 것인지 또는 현실론적인 관점에서 인식할 것인지에 따라서도 차이가 있을 수 있다. 다만 여기에서는 어느 특정 정파의 관점에서라기보다도 민족주의적 관점에서 그것을 인식하는 것이 보다 바람직하리라 생각한다.

특정의 정치적인 성격을 평가할 경우, 여기에는 먼저 두 차원에서 이 문제를 접근하는 것이 논리 전개에 도움을 주게 된다. 그중 한 차원은 평가의 기준이며 또 다른 차원은 평가의 내용, 즉 대상이다. 먼저 평가의 기준은, 평가를 민족주의적인 관점에서 인식할 경우에 우선 민족의 발전, 민족의 통합이라는 두 가지 내용으로 이해될 수가 있다.

미군정의 근 3년에 가까운 기간은, 한국 민족의 발전이라는 측면에서 우선 발전의 타율적 지향성을 강요했던 기간이라는 사실을 지적해야 한다. 미군정은 한국 민족의 발전을 위한 이데올로기적 전략 면에서, 한국인의 주체적이고 자발적인 이데올로기 선택 기회를 사실상 규제하고 말았다. 물론 이러한 성격은, 북한의 소련 지배하에서는 비교할 수 없을 정도로 일방적인 이데올로기의 강제적인 선택이 자행되기도 했다. 남한의 경우 미군정 당국자는 초기에는 이데올로기 면에서 상당할 정도의 유연성을 보여 주었다. 가령, 이데올로기적인 선호 면에서 어느 일파는 이전의 왕조 정치로 복벽적인 주장을 하는가 하면 사회주의에서 자본주의에 이르기까지 폭넓은 선호적 경향이 나타났다.

미군정은 점차로 폭을 좁혀 가면서 결국은 미국식의, 자유민주주의라는 말로써 합리화된 미국 정치적 이데올로기를 부식하기에 이르렀다. 엄격히 말해서 당시 한국에 수용되었던 자유민주주의는, 흔히 이해되고 있는 것처럼 고전적 민주주의의 이념이나 또는 유럽의 민주주의적인 것과는 차이가 있는 상업화 민주주의 또는 천민 민주주의의 성격을 보여 주었던 바로 '양키 데모크라시'였다. 양키 데모크라시는 근대 민주주의가 지향했던 공중적·공동체적·지성적 성격과는 상당히 차이가 있었다. 산업화에 의한 자산 계층의 이익과 노동자 이익의 조합적 포용과 조화보다는 어느 일방의 대결적 선택에 서 있고, 조잡한 대중적 천민성과 도식적인 수량적 속성이 두드러졌다. 바로 이러한 성격의 민주주의는 한국에서, 국민을 위해서나 민족을 위해서 기능할 수 있는 정치 체제로서의 성격에 한계를 두게 되었다.

해방 이후 한국 정치사가 권력 장악을 위한 헌법 개정의 기록으로 점철된 것도, 국민이 실제로 주권자로서 정치적 기능을 발휘할 수 있는 가능성이 지배 계층의 그것에 비해서 미약했고 또 정치가들 스스로가 국민의 정치적 무지를 구실로 하여 정치적 상황을 합리화하려 했던 자유당 시기의 정치적 성격도 모두가 '양키 데모크라시'의 본질적 속성의 불가피한 굴절이라 아니할 수 없다.

발전 모형으로서 미국식 민주주의의 정치 이데올로기가 미군정 시기에 부식됨과 동시에, 정치 발전의 주도 계층 형성에서의 문제점도 역시 이 기간에 시작된 것이라 할 수 있다. 당시 미군정 시기에 정치적 주도 계층은 이미 지적한 것처럼 ①미국 지향적 인사 ②보수 우파 중심의 인사 ③그리고 다소간 기회주의적 인사들로 구성됨으로써 그만큼 민족 전체의 통합 지도 계층의 형성과는 차이가 있었다.

주도 계층의 이러한 성격은 자연히 민족적인 정치 지도자들의 탈락을 의미하는 것이 되었고, 또한 이러한 성격을 가진 지도 계층을 청산하기 위한 민족적 욕구가 4·19혁명에까지 이르러야 하는 긴 시간적 과정을 소요하게 했다. 바꿔 말하면, 미군정 시기에 형성된 정치적 주도 계층이 이승만의 독재 정치를 제도화했고 기능화했으며 이것을 극복하기 위한 시도가 곧 4·19로 표출되었다는 의미다.

민족의 발전이라는 측면에서 미군정은 전통적인 민족의 발전보다는 역기능적 작용을 보여 준 셈이었다. 그러므로 미군정은, 그 이후 정치적 상황의 시발점이었다는 점에서나, 또는 그 뒤의 권력 구조를 형성할 때 지원 세력이었다는 면에서, 그 권력 구조가 보여 준 역기능적 성격까지도 포용할 수밖에 없었다는 사실까지도 지적되어야 할 것 같다.

민족의 통합이라는 측면에서는, 비록 미군정 자체가 민족 통합을 위한 일련의 정치적 시도를 보여 주었다 할지라도 결과적으로는 민족 분열의 고착화를 가져왔다는 비판만은 면할 수가 없을 것이다. 미군정은 처음부터 한반도 분단이라는 민족 분열을 전제로 해서 시작된 통치 구조이고 보면, 민족 통합을 위한 몇 가지 시도를 했다 할지라도 그것만으로써 분열에 따르는 책임에서 벗어날 수가 없는 일이다. 미군정 자체가 한반도의 분열을 영구화하지 않으려는 의도에서 때로는 미·소공동위원회를 통해서, 때로는 좌우 합작을 통해서, 그런가 하면 때로는 국제연합을 통해서 상당한 노력을 기울였던 것은 사실이었다. 그러나 이러한 노력은 한국 민족 자체를 위한 일차적 기여보다는 미국의 외교 정책, 정확히는 극동 정책의 일환으로 전개됨과 동시에 미국 이익의 추구라는 명제에 기인했던 것이다. 그러므로 한국 민족의 통합이라는 한국 민족 자체를 위한 가치성은 단지 미국의 이익과 한국 민족의 이익이 일치할 경우에만 가능했던 것이다.

미군정의 민족 통합을 위한 노력의 실패는 오히려 역동적으로 이승만의 남한 단정론의 명분을 지원해 준 셈이 되었으며 한층 더 이데올로기적 대결을 심화해 주고 말았다. 특히 소련 적색제국주의의 지원을 받고 있던 북한 공산주의자들의 도발을 통하여 구체적으로 민족 분단의 고착화로 나아갈 수밖에 없었고 그것은 한국전쟁을 북한이 도발해야 했던 사실로 연결되었다.

미군정의 정치사적 평가의 기준을 이처럼 민족주의적 관점에서 인식할 경우, 미군정 자체가 점령군의 통치 구조라는 한계점을 전제로 한다 해도 그것이 한국 민족의 발전이나 통합을 위한 어떠한 가능성을 제공했다기보다는 오히려 한국의 민족주의적 지향에 상당할 정도의 역기능을 행사했던 것만은 지적되어야 할 것 같다.

한편, 정치사 인식의 또 다른 차원인 평가의 내용은, 그것을 정치·경제·문화·사회 등의 관점에서 살펴볼 수가 있다. 우선 정치 면에서는 이미 지적한 것처럼 '양키 데모크라시'로 한국 정치를 유도한 것에서 기인되는 정치적 갈등의 조성이었다. 이것은 결국 한국 정치 사회의 조건이나 상황을 고려하기보다는 일정한 당위성——그것도 미군정 당국자가 선택한 당위성——을 지향하는, 이념적 정치와 현실적 정치라는 이중 구조적 정치화를 조성하고 말았다.

경제 면에서는 자본주의 경제 체제로 발전시키기 위해서 자본주의적 요소에 미약했던 한국 사회를 고려하기보다는 경제 체제 자체에 더 큰 관심을 두었다. 또한 한국 경제를 국제적 경제 영역으로 편입시킴으로써 당시 경제적 경쟁성이 극히 미약했던 한국 경제의 자기 위치 설정에 수많은 문제를 극복해야 하는 상황을 조성하기도 했다.

문화 면에서는 저급한 양키 문화와 물질적 향락 추구의 문화 양식이 한국 사회의 전통성은 물론이고 전통적 가치관과 윤리 의식을 침식시키고 말았다. 미군정 자체가 문화적인 측면에서 이질적인 외래문화적 충격을 한국의 전통문화 구조에 첨가했다는 사실을 의미하는 것으로서, 이러한 이질 문화 자체가 당시 정치적 상황, 즉 미군정의 통치라는 성격을 통해서 우세 문화로 기능하게 되었다. 이 결과 한국인에게 문화 가치나 윤리 면에서 심한 갈등과 혼돈을 가져옴과 동시에 정신적 아노미 상태로까지 몰고 갔다.

또한 교육 면에서는 제도나 이념, 방법 등에서 무조건 미국식 도입을 시도했기 때문에 건전한 인격이나 자기 수련보다는, 이른바 지극히 계산적인 인간관계——이것을 합리적 인간관계라는 말로 미화했다——나 기능 위주의 교육, 경쟁 중심의 교육이라는 상황과 조건, 그리고 민족의 전체적 목표를 상실한 교육의 비민족주의적 성격이 나타나게 되었다.

미군정 기간은 비록 짧은 시기였지만 그것이 한국의 정치·사회와 경제·문화 등에 미친 영향은 사실상 지대한 것이었다. 그뿐만 아니라 미군정 시기는 그 이후 한국 정치의 구조를 형성한 기반이기도 했다. 이러한 성격을 가졌던 미군정에 대해서 당시 한국 지도층이 보여 주었던 움직임은, 미군정의 공과(功過)를 비판하기 전에 먼저 이들 지도층에 대한 비판이 우선되어야 할 당위성까지 제공해 주고 있다. 미군정 자체가 보여 준 온갖 비리와 부조리를 근본적으로 혁파하고 미군정의 비민족적 영향력의 단절을 철저히 시도해야 할 지도 계층의 인사들 중 일부는 오히려 미군정 이후 권력을 장악하기 위한 정치 투쟁에만 집착함으로써 종식되어야 할 미군정적 성격을 그 뒤에까지 지속되게 했다. 특히 일제에 친일했던 반민족적 세력을 여전히 존속하도록 방치해 둔 미군정의 책임은 어떤 이유에서든지 정당화될 수 없는 결과를 가져왔다.

진덕규

연세대 정치외교학과 졸업. 동대학원 박사. 이화여대 교수·대학원장·한국문화연구원장 역임. 현재 이화여대 명예교수이며 한림과학원 특임교수. 주요 저서로는 『한국의 민족주의』 『현대정치학』 『한국정치의 역사적 기원』 『한국 현대정치사 서설』 등이 있다.

주

1) 미군정에 대한 문제가 이처럼 중요함에도 불구하고 그것에 관한 연구는 극히 미진한 상태에 있다. 최근 이 분야에 관한 참고 자료로서 비교적 실증성이 큰 것으로서는 宋南憲,『解放三十年史: 第一卷 建國前夜』(서울: 성문각, 1976)를 들 수 있다.
2) 미군정에 대한 몇몇 연구가 객관적인 분석이나 실증적 연구보다는 종합적인 성격을 많이 반영하고 있다. 미군정 문제에 대한 논저로서는 尹謹植,「美軍政時代」, 金雲泰 外,『한국정치론』(서울: 박영사, 1976), pp. 227~243; 朴文玉,『韓國政府論』(서울: 박영사, 1968) 등이 있다.
3) 최초로 미국에 대한 객관적 인식, 즉 한국과의 연관성 속에서 논의하기 시작한 것은 4·19 이후의 얼마 동안에 불과했다. 그만큼 정치 엘리트나 일반 국민들이 미국에 대해 수동적이었던 것은 북한의 남침을 미군의 도움으로 효과적으로 반격할 수 있었다는 사실에서도 크게 기인된 것 같다.
4) Samuel P. Huntington, olitical Development, in *Macro Political Theory*, vol. 3, eds. by F. I. Greenstein and N. W. Polsby, California: Addison-Wesley, 1975, pp. 64~65.
또한 다음 책도 참고할 것. Moris Janowitz, *The Military in the Political Development of the New Nations*(Chicago: The University of Chicago Press, 1964).
5) Carl J. Friedrich et als, *American Experience in Military Government in World War II*, 朴文玉, 앞의 책에서 재인용.
6) 미군의 정확한 인천 상륙 일자는 9월 8일 오후 1시이지만 그전 9월 6일에 미군 선발 사절로 해리스 준장 등 31명이 김포비행장에 도착하여 일본 총독부의 고위 관직자와 회담했음을 森田芳夫,『朝鮮終戰の記錄』(東京: 巖南堂)에서 밝히고 있다.
7) 시사 자료,『光復三十年史』(1645~75)(世文社, 1976) 참고.
8) 이러한 사실은 하지 중장의 미군정 시정사에서도 그대로 나타나고 있다. 즉 그는 "점령군에게 지워진 제 의무를 수행할 것이다"라고 말하고 있다.
9) 森田芳夫, 앞의 책 참고.
10) 미군의 군정청 조직에 관한 포고에는 군정청이 "인민의 인민을 위한 인민에 의한 민주주의 정부를 건설하기까지의 과도 기간에 있어서의 38도 이남의 한국 지

역을 통치 지도 지배하는 연합군 사령관 아래서 미군에 의하여 설립된 임시정부"라고 밝히고 "한국 국민이 군정청의 명령에 순응하고 군정청에 협력"하는 것이 요청되며 "명령에 순응하지 않으면 독립의 날을 지연시키고 처벌의 원인을 만들 뿐"이라고 밝히고 있다. 시사 자료, 『광복30년사』(1945~75) 참고.

11) 8·15 이후 일본의 경찰권은 사실상 완전히 위축되었으며, 따라서 미군이 진주하기까지 국내의 치안 유지는 사실상 자생적 치안 담당 단체들, 특히 그중에서도 건국준비위원회의 치안대(대장 張權)의 활동이 두드러졌다. 宋南憲, 앞의 책, p. 67.

12) 金赫東, 『미군정하의 입법의원』(서울: 汎文社, 1970) 참고.

13) 리차드 라우터백, 『한국미군정사』(국제신문사, 1948), pp. 45~46.

14) 미국은 제2차 세계대전 후 그들이 점령한 지역의 군정 목표로서, 이른바 민주화를 위한 8개 원칙을 정했다. 기본 정치권력의 국민 중심, 자유 선거, 복수 정당 제도, 자발적 결사체 인정, 국민 기본권 보장, 여론의 자유, 법치주의, 분권주의 등이 그것이다. Carl J. Friedrich et als., 앞의 책, pp. 415~416.

15) 한반도에 진주한 미군은 오키나와 방면의 전투에 종사했던 미 24군단으로 이들은 한국에 오기 이전까지는 한국에 관한 지식은 그만두고라도 동양에 대한 지식조차 대단히 미비했다. 다만 군정 요원에 대해서는 CASA(Civil Affairs Staging Areas)에서 실시하는 1시간 정도의 훈련을 받았을 뿐이다. 대부분의 한국에 대한 지식은 일본 식민주의자들에 의해서 만들어진 그들 식민 정책의 합리화를 위한 선전 책자들을 중심으로 얻었는데 이것들은 한국인의 열등성·범죄성·당파성 들을 과장되게 묘사한 것들이었다. E.C. Meade, *Military Government in Korea*(New York, 1951), p. 47.

16) 이 문제에 관해서는 다음 것을 참고할 것. 李用熙, 「38線劃定新考」, 『아시아학보』 제1집; 朴俊圭, 「38선은 누가 그었는가?」, 『신동아』, 1964년 8월호.

17) 미군의 인천 상륙에 즈음하여 우선 건국준비위원회에서는 白象圭, 呂運弘, 趙漢用 등이 9월 8일 건국준비위원회 위원장 여운형의 환영 메시지를 전달했으며, 한편 건국준비위원회와 대결했던 보수 우파 중심의 환영준비위원회는 조병옥, 정일형 등에게 미군의 진주를 환영하도록 했다. 한편 미군의 상륙을 환영하기 위해 인천의 부둣가로 밀려들었던 한국인들에 대해서, "모든 환영 행사를 금지하라"는 미군의 지시를 받은 일본 경찰은 환영 군중에게 발포하여 2명의 사망자와 중경상자를 발생시키기도 했다. 宋南憲, 앞의 책, p. 103.

18) 통역관들의 경우, 미주 등지에서 비교적 장기간 유학을 경험한 인사들로서 이 일

을 맡았던 인물들은 그 뒤 미군정청의 요직에 직접 행정 담당자로 기능했다. 그러나 하부 통역관들의 경우 이러한 상승화의 가능성이 막혀 있었기 때문에 부정과 부패에 연관된 일을 쉽사리 저지르게 되었다.

19) 좌익 세력, 특히 과격한 극좌적인 공산주의자들의 영향력은 미군정의 정책적 失政과 비례했다. 가령 친일파의 기용이나 3·7제 소작료 문제, 일본인이 점유했던 재산인 '적산'의 부정적인 처리 등은 그만큼 공산주의자들의 영향력 확대의 소지를 제공해 주었던 셈이다.
20) 특히 이러한 문제는 당시 이권 처리의 현업 관청이었던 新韓公司, 住宅營團, 食糧營團 등의 기능에서 많이 나타났다.
21) 리차드 라우터백, 앞의 책, pp. 45~46.
22) 이 문제에 대한 두드러진 표현은 당시 경찰권의 한국인 책임자였던 경무부장 조병옥과 차장 崔能鎭 사이의 친일 경찰관 숙청 문제의 대립에서 찾아볼 수 있다.
23) 특히 일제 친일 세력이 문화 면에서 지속적인 성격을 보여 준 분야가 교육계였다. 일제 시대 이른바 황민화 교육을 위해서 거의 의식적으로 앞장섰던 상당수 친일 교육가들이 그대로 한국의 교육 분야에서 일했으며, 이들은 새로이 유입된 미국의 교육 이념과 사상에 또 한 번 적극적으로 수용 자세를 취함으로써 일부 미국식 교육 사상에 젖은 인사들의 지도적 활동을 지원해 주었다. 따라서 교육의 민주화나 민족 교육은 그 기반부터 문제에 부닥치게 되었다.
24) 宋南憲, 앞의 책, p. 208.
25) 陳德奎, 『한국정치사회의 권력구조연구』(서울: 연세대학교, 1978), p. 99.
26) 리차드 라우터백, 앞의 책, p. 43.
27) 韓太壽, 『한국정당사』; 李起夏, 『한국정당발달사』; 송남헌, 앞의 책 참조.
28) 陳德奎, 앞의 책, p. 161.
29) 이러한 성격은 1949년 2월 10일에 발표된 김구의 「3천만 동포에게 泣告함」이라는 성명서에 잘 나타나 있다.
30) 직접 건준에 관계했던 李萬珪나 呂運亨 등의 저서에서 이러한 성격을 읽을 수가 있다. 李萬珪의 『여운형선생 투쟁사』와 呂運弘의 『몽양 여운형』 참조.

분단의 배경과 고정화 과정

김학준

1 머리말

흔히 한국의 역사는 폴란드와 벨기에의 역사처럼 지정학적 조건과 함수 관계에 있다고 말해진다. 동북아시아의 긴요한 십자로의 중앙, 즉 전략적 삼극의 심장부를 차지하고 있는 한반도는 오랫동안 아시아의 대륙 세력과 태평양 세력 사이에 경쟁의 초점이 되어 왔다. 동남쪽으로는 120마일의 좁은 해협을 사이에 두고 일본이 있고, 서북쪽으로는 중국 만주와 압록강을 사이로 접경하고 있으며, 동북쪽으로는 두만강의 일부를 사이로 하여 소련과 연접하고 있는 한국은 바로 그 전략적 위치 때문에 이들 외세와 경쟁 관계에 있는 구미 세력의 각축장이 되어 왔다.[1] 따라서 한국의 역사는 항상 성공적인 것은 아니었지만 외세에 대항하여 스스로 독립을 유지하기 위한 민족적 투쟁의 역사로 점철되어 왔다. 전통적으로 한민족이 스스로의 운명을 내부적 요인에서가 아니라 외세의 영향에 의해 결정되는 것으로 생각해 왔던 것은 바로 외세의 각축장으로서 한국 역사가 갖는 특수성 때문이다.

한반도가, 한반도를 스스로의 배타적 영향 아래 두거나 또는 최소한 경쟁 세력의 영향을 배제하려 하는 관련 강대국들의 이익이 상충되는 지역이었음은 지적한 바다. 따라서 한반도에 대한 외세의 지배 형태는 대체로 강력한 일방의 배타적인 독점 지배와 관계국 사이의 분할 지배라는 유형을 보여 왔다. 실현된 것은 아니었지만, 일본의 도요토미 히데요시(豐臣秀吉)안(案)과 명(明)의 위학증(魏學曾) 대안(1593), 영국의 킴벌리(Lord Kimberley)안(1894), 일본의 야마가타 아리토모(山縣有朋)안(1896), 러시아의 로젠(Baron Roman Romanovich Rosen)안(1903)들은 모두 한반도를 둘러싼 강대국들의 대결을 한반도의 분할로 완화하자는 고육지계로서 제의되었던 후자의 대표적인 예들이다.[2]

1945년 8월 15일 일제로부터의 해방의 환희와 함께 우리 민족에게 주어진 '판도라의 상자'에서 제일 처음 튀어나온 것은 분단의 비애였다. 민족의 비운인 조국의 분단은 우선 앞에서 지적한 지정학적·역사적 맥락 속에서 이해될 수 있는 측면을 갖는다. 그러나 여기에는 국내외를 통한 자유민주주의와 공산주의의 대결이라는 이데올로기적 국면이 가미되고, 이것이 국내 정치와 국제 정치에 연결되어 분단의 고정화에 주요 역할을 하게 된다는 특수성이 있다.

2 분단의 사실적 배경

극동 지역의 전후 처리에 대한 연합국의 입장

우리 민족에게 뼈저린 시련과 고난을 강요해 온 분단이 애초에 어떤 경위에 의해 무슨 목적으로 결정되었는지는 아직도 분명하지가 않다. 그러나 한 가지 확실한 것은 한반도 분단이 연합국의 제2차 세계대전의 전후(戰後) 처리 과정의 한 부산물이었다는 점이다. 그러므로 한반도의 분단 경위도 제2차 세계대전 외교사의 큰 테두리 안에서 다뤄져야 할 것이다.

제2차 세계대전 초기의 위기는 1942년 후반에 미국의 적극적 반격으로 호전되어 1943년 초부터는 전후의 평화 및 안전보장기구 문제가 연합국 사이에 논의될 정도에 이르렀다. 이때부터 연합국 특히 미국은 아시아에서 일본의 점령 아래 있던 식민지의 전후 처리 문제에 관해 유의하게 되었고 이 과정에서 한국의 장래에 관해 고려하게 되었다.

　미국이 극동 지역의 전후 처리 문제와 한국 문제들을 고려할 때 대체로 다음 요소들이 작용했다. 첫째는, 일본이 장차 팽창 정책을 재개하지 못하도록 그 힘을 대폭 축소시켜야 한다는 것이었고, 이 고려에서 한국을 비롯한 일본 점령 지역의 독립을 약속하게 되었다는 점이다. 둘째는, 미국이 관동군을 비롯한 일본의 전력을 과대평가한 나머지 소련군의 극동 참전을 적극 권장했고, 이를 유도하기 위해 전후 처리에 관한 전시(戰時) 협상에서 소련에 불필요한 양보를 거듭하여 한국 문제를 비롯한 극동 문제에 소련의 개입을 가져왔다는 점이다. 셋째는, 제2차 세계대전 중에 수립된 소련과 연합국 사이의 협조가 전후에도 계속되리라고 미국이 믿었고, 이 잘못된 믿음 위에서 전후 처리에 관한 협정이 이루어졌다는 점이다. 마지막으로, 루스벨트 대통령의 독자적인 개인 외교와 그 영향이 루스벨트와 트루먼(Truman) 대통령의 전시 회담에서 국무성의 의견보다는 지나치게 군부의 조언에 의존케 했다는 점이다. 이에 따라 중요한 결정들이 장기적이기보다는 오히려 단기적인 군사적 목표에 의해 이루어졌던 것이다. 이러한 요소들이 복합적으로 한국 문제 처리와 나아가서 한국 분단에까지 직접적인 영향을 미쳤음은 물론이다.[3]

전시 회담에서 한국 문제

　'잊힌 나라'였던 한국의 문제가 연합국 수뇌 사이에 최초로 논의된 것은 1943년 3월 루스벨트 미국 대통령과 헐(Cordell Hull) 미국 국무장관, 이든 영국 외상이 워싱턴에서 한 회담에서였다. 회의 주제는 만주, 대만, 인도차이나, 한국 등의 전후 복귀에 관한 문제였다. 루스벨트는 만주와 대만은 중국에 반환되어야 하며, 인도차이나와 한국은 신탁 통치(international trusteeship) 아래 놓여야 한다는 의견을 거명했다.[4] 한국 통치안은 해방된 아시아의 식민지 인민들이 강대국의 후견(tutelage) 아래 민주적 제도 속에 교육되어야 한다는 루스벨트의 지론을 반영한 것이

었다.[5)]

　이러한 예비 회담이 있은 뒤 그해 11월 20일 카이로에서 루스벨트, 처칠, 장개석의 3거두회담이 열렸다. 이들은 카이로공동선언을 통해 일본은 1914년 이후 태평양 지역에서 탈취한 모든 섬을 반환해야 하며 만주·대만·팽호 군도를 중국에 돌려주어야 한다고 선언했으나, 한국은 '적당한 시기'에(in due course) 독립이 허용될 것이라는 단서를 붙여 자주독립을 잠정적으로 유보하겠다는 뜻을 나타냈다.[6)] 이 유보 역시 루스벨트의 한국 탁치안을 반영한 것이었다.[7)]

　한국 탁치안은 그해 11월 28일 테헤란에서 열린 루스벨트, 처칠, 스탈린(Stalin) 사이의 3거두회담에서 재론되었다. 루스벨트는 "한국인이 완전한 독립을 얻기 전에 약 40년간의 수습 기간(apprenticeship)을 필요로 한다"고 지적했고 스탈린은 이에 동의를 표시했다.[8)]

　이러한 대화는 1945년 2월 8일 미국·영국·소련의 거두 사이의 얄타회담에서 계속되었다. 루스벨트가 영·중·소의 대표로 구성된 한국 탁치안을 제의하자, 스탈린은 "한국인들이 그들 자신의 만족할 만한 정부를 세울 수 있다면 왜 탁치가 필요하겠느냐"고 물었다. 루스벨트가 "필리핀이 자치정부를 준비하는 데 약 50년이 소요되었음"을 상기시키고 한국의 경우에는 그 기간이 20년 내지 30년일 수 있다"고 대답하자, 스탈린은 "그 기간이 짧으면 짧을수록 좋다"고 논평했다. 스탈린이 다시 외국군이 한국에 주둔하느냐고 물었고 루스벨트가 그렇지 않다고 대답하자 스탈린도 이에 동의했다.[9)]

　흔히 한반도 분단이 이 얄타회담에서 밀약된 것으로 전해지고 있으나,[10)] 내용의 거의 전부가 발표된 회담의 공식 문서에는 한국 분단에 관한 언급이 전혀 없다. 위에 기술한 탁치안에 관한 대화가 한국 문제에 관한 언급의 전부다. 그러나 일본이 거의 패망하고 있었고 원자탄 제조 계획의 성공이 예고되었음에도 불구하고 루스벨트의 재촉과 양보로 소련의 극동전 참가가 약속된 이 회담은 만주에 대한 소련의 러·일 전쟁 전의 권익을 인정함으로써 유추 해석상 한국에 대한 소련의 역사적 이익을 주장할 수

있는 근거를 마련했다.[11]

　1945년 4월 12일 루스벨트가 사망한 뒤 한국 탁치에 관한 얄타에서의 불확정한 양해는 협상에 의해 어느 정도 분명해졌다. 미국과 소련은 미·소·영·중의 단기간 탁치가 한국에 독립국가로서 최선의 출발이며 장래의 독립을 보장할 수 있다는 데 합의했다.[12] 그러나 탁치하 과도 정부의 성격과 한국의 군사 점령 및 한국이 완전한 독립을 얻는 시기 등에 대해서는 논의하지 않음으로써 뒷날 분쟁의 씨를 심어 놓았다.

　이어 7월의 미·영·소 수뇌들의 포츠담회담은 대전 중 마지막 연합국 회의였다. 이 수뇌 회담에서는 한국 문제가 거의 논의되지 않았다.[13] 그러나 7월 26일 공표된 포츠담선언은 카이로선언을 재확인함으로써 한국이 '적당한 시기에' 독립되어야 한다는 것을 명백히 했다.[14]

　한국 문제가 포츠담의 수뇌 회담에서는 논의되지 않았으나, 이 회담을 수행한 미국과 소련 관리들의 군사 회담에서는 논의되었다. 이들은 소련이 대일 전쟁에 참가한 뒤 양군의 해·공 작전의 범위로 일본 동북부로부터 한반도 북쪽 끝을 연결짓는 선을 획정했다. 그러나 육상 작전의 한계선이나 군사 점령을 위한 지역에 관해서는 전혀 논의가 없었다. 왜냐하면 미군이나 소련군이 '즉각적인 장래에' 한반도로 진공할 것으로 예상되지 않았기 때문이다.[15]

　그러나 이 회담 도중 미국이 한반도에서 육상분계선을 생각해 본 것만은 확실하다. 회담 도중의 어느 날, 미국 육군참모총장 마셜(George C. Marshall) 대장이 육군작전국장 헐(John E. Hull) 중장에게 미군의 한반도 진공에 관해 준비하도록 지시하자, 헐과 그의 참모진은 "미국과 소련의 지상경계선을 획정할 곳을 결정하기 위해 한국 지도를 연구했다"며 이들은 "최소한 인천항과 부산항이 미군 지역에 포함되어야 한다"고 결정, 서울 북방에 선을 그었는데, 그것이 정확히 38도선은 아니었으나 "거의 그것에 가까웠고 또 그것에 연한 것이었다."[16] 그러나 미·소 대표들은 포츠담의 군사 회담에서 이 분계선을 토의하지 않았다. 결국 연합국들은 그들의 마지막 회의였던 포츠담회담에서조차 한반도의 장래에 관해 아무런 명시적 설계를 마련하지 못했던 것이다.

3 분단의 현실적 배경

일반명령 제1호의 배경

1945년 8월 6일과 8일 미국이 일본의 히로시마와 나가사키에 원자탄을 투하, 전(全) 시를 잿더미로 만들고, 8일 소련이 대일전에 참가함으로써 전세는 결정적 단계에 도달했다. 소련군은 파죽지세로 한·만에 진입, 8일 나진 공습에 이어 9일에는 한반도의 최동북인 웅기를 폭격하고 곧 경흥으로 진공, 13일에는 청진에 상륙했다. 일본은 10일 항복 의사를 표시하고 14일 무조건 항복을 발표했다.

이러한 전국(戰局)의 급작스러운 진전은 미국으로 하여금 한반도에 대한 진공에서 군사적 점령과 일군의 무장 해제로 전략을 변경토록 했다. 이때(8월 12일) 미국의 모스크바 특사 폴리(Edwin W. Pauley)와 모스크바 대사 해리먼(Averell Harriman) 등은 한반도 전역과 만주의 공업 지대를 미군이 점령토록 건의했으나 트루먼 대통령은 "이 시점의 기회는 장기간의 전쟁을 끝내는 것"[17]이라고 판단, 채택하지 않았다.

그 대신 미국은 한반도를 38도선에서 분단하기로 결정했다. 이 작업에 직접 참가했던 국무성 일반 참모부의 러스크(Dean Rusk) 대령은 후일 의회에서 다음과 같이 증언한 바 있다.

일본의 돌연한 항복으로, 국무성과 군부는 맥아더 장군에게 필요한 명령을 내리고 다른 연합국 정부와 일본 항복에 대해 필요한 협의를 하기 위해 긴급회의를 했다. 이러한 목적으로 국무성·육군·해군성 합동조정 위원회(State-War-Navy Coordination Committee)는 8월 10일부터 15일까지 몇 차례 긴 회의를 열었다. 의제는 일본 항복의 수락에 관한 협의였다. 국무성은 미군이 가능한 한 북쪽에서 항복받을 것을 건의했다.

군부는 즉시 이용할 만한 미군이 부족했고, 또한 시·공적 조건으로 보아도 소련군이 이 지역에 진입하기 전에 더 북쪽으로 가기는 어려웠다.[18]

사실 소련군이 이미 한반도 동북에 진입했음에 반해, 한국으로 이동될 수 있는 가장 가까운 곳에 있던 미군은 600마일 떨어진 오키나와와 1,500 내지 2천 마일 떨어진 필리핀에 있었다. 따라서 러스크에 따르면,

육군 측은 가능한 한 북쪽에서 항복받기를 원하는 미국의 정치적 욕구와 미군이 그 지역에 도달하기에는 분명한 한계를 갖고 있는 점을 조화한 제안을 요청했다. 우리는 38도선을 권고했는데 …… 이것은 미군의 책임 지역 내에 한국 수도를 포함해 놓는 것이 중요하다고 생각했기 때문이다.[19]

이 안은 8월 13일 트루먼에 의해 채택, 즉시 영국과 소련 및 국부(장개석)에 전달되었다. 어느 나라도 이를 이의 없이 받아들이자 이것은 8월 15일 마닐라에 있는 맥아더 태평양 지역 연합군 최고사령관에게 '일반 명령 제1호'로 전달되었다.[20]

맥아더는 9월 2일 일본 항복의 공식 서명과 함께 이를 포고, 한반도에서 38도선 이북의 일본군 항복은 소련이, 이남의 일본군 항복은 미국이 접수한다고 규정했다. 분단에 관한 명시적인 국제 합의가 없었던 한국은 이렇게 군사적 편의주의에 입각한 임시 조치로서 분단되고 말았다.[21]

독일 및 베트남 분할과 차이

제2차 세계대전 처리 과정에서 연합국에 분할 점령된 적군 지역으로 동에서는 한반도, 서에서는 독일을 지적할 수 있다. 그러나 전쟁 도발국이었던 독일과 일제 식민주의의 직접적 피해자였던 한국의 분단 경위와 성격은 다르다.

1945년 5월 8일, 독일군의 무조건 항복이 있기 이전에 연합국들은 이

미 그들 나름대로 독일을 분할함으로써 독일의 힘을 갈라 놓고, 그렇게 함으로써 독일이 다시는 세계대전을 도발할 만한 힘을 기르지 못하게 하려는 저의에서 독일 분할안이나 독일 중립안을 구상하고 있었다.[22] 그러나 독일의 분할 문제가 공식적으로 처음 논의된 것은 1943년 10월 19일부터 30일까지 모스크바에서 열린 연합국 3상회의에서였고, 독일 분할에 관한 아무런 결정이 없었으나 이 회의의 결정에 따라 테헤란회담이 열리게 되었고, 전후 유럽 문제 처리를 위한 유럽자문위원회(European Advisory Commission)가 구성되었다. 테헤란회담 역시 독일 분할에 관한 구체적인 결정에 도달하지 못한 채 문제를 얄타회담에 넘겼다. 여기에서 비로소 독일 분할에 관한 원칙적 합의가 이루어지고 비록 실질적으로는 별로 큰 역할을 하지는 못했지만 독일분할위원회가 구성되었다.

독일 분할에 실질적 의의를 갖는 것은 유럽자문위원회의 작업이었다. 이 위원회는 독일 점령 지역의 분할에 관해 협의한 끝에 1944년 9월 12일에는 독일 점령 지대에 관한 의정서에 서명했고, 그해 11월 14일에는 이를 수정한 수정의정서에 서명했으며, 1945년 2월 초에는 각국의 승인을 거쳐 발효케 했다. 그 내용은 1943년 봄에 제시된 '애틀리 계획'(Attlee Plan)에 근거한 것으로, 독일은 1937년 12월 31일 현재의 국경선 안에서 점령 목적을 위하여 세 개 점령 지역으로 분할되며, 베를린시는 3개국 공동 점령 기구로서 특별한 지위에 놓이게 되었다. 1945년 7월 26일 프랑스가 여기에 추가됨으로써 독일과 베를린시는 각각 네 개 점령 지대와 점령 지구로 분할되었다. 이처럼 독일의 분단은 연합국에 의해 의도된 것이었고 이를 뒷받침하는 국제간의 명시적 합의가 존재했던 것이다.

베트남의 분단은 기본적으로 내쟁형(內爭型) 분단이란 점에서, 비록 국제간의 명시적 합의 없는 비의도적인 것이었으나 결과적으로 '국제형' 분단이었던 한국의 분단과 차이가 있다.[23] 프랑스 식민 정권과 일본의 군부 통치에 대항해 싸웠던 베트남독립동맹회(월맹)는 베트남에서 물러서지 않는 프랑스를 상대로 1946년 12월 독립 전쟁 또는 '민족 해방 전쟁'을 개시했다. 이 '해방 전쟁'은 외세에 대한 현지 주민의 '해방 전쟁'이었으며,

또한 '베트남민주공화국'(북베트남)과 1949년 수립된 프랑스 '괴뢰'인 베트남국(남베트남의 전신)과의 전쟁도 분명히 내전이었다.

1954년 7월의 제네바협정에 의해 베트남이 북위 17도선의 군사분계선을 중심으로 하여 남북으로 분단되었다고 해서 '국제형' 분단이라고 보기 어렵다. 그것은 이 협정이 제1차 베트남독립전쟁의 결과였고, 회의 자체의 성격이 그 전쟁의 현실적인 전세를 반영해 교전 당사자인 쌍방이 수락할 수 있는 휴전안을 협상하는 데 있었으며, 남·북 베트남 대표가 모두 회의에 참석했다. 이처럼 베트남 분단은 '내쟁적' 성격이 뚜렷하다.

4 미·소의 분할 점령과 남북한 정권의 배태

위에서 지적한 바와 같이, 한국의 독립을 위한 연합국 시나리오의 주제는 신탁 통치였다. 이 시나리오에 따르면, 미·소에 의한 한반도의 군사 점령은 4대국 신탁 통치에 의해 대치되고 일정한 후견 기간이 지난 뒤 한국은 '자유롭고 독립된 국가'가 된다는 해피 엔딩이 약속되어 있었다. 이것은 물론 제2차 세계대전 중에 수립된 미·소의 협조 체제가 전후에도 지속될 것이라는 낙관적인 가정 위에 마련된 것이었다.[24]

그러나 이 탁치안은 곧 결정적인 장애에 부닥쳤다. 첫째, 전후 미·소의 냉전이 점점 심화, 한반도에서도 미·소의 협조가 거의 불가능하게 되었다. 둘째, 해방을 곧 독립으로 기대한 한민족의 열망이 탁치를 민족적 치욕으로 기각함으로써 '해방자'의 설계에 정면 도전했다. 여기에 이데올로기적 대립이 격화되어 분단의 벽을 깨뜨리지 못한 채 미·소 점령 지역에 남북 정권이 배태되는 결과를 가져오게 되었다.

다음에서 모스크바 3상회의가 한국의 신탁 통치안을 결정할 때까지 남북한의 정치 발전을 미·소의 점령 정책과 연관지어 고찰하기로 한다. 이 기간에 소련은 북한에서 '민주 기지'의 건설을 당면 목표로 삼고 북한 단독 정권의 태아를 만들어내는 데 성공함에 반해, 미국은 처음엔 일본의 구지배 기구마저도 존속시키려 했을 정도로 미온 정책을 취하여 한민족의 하나의 권력 중심(power center)을 만들어내지 못했다.

소련의 점령 정책과 북한의 '순수형 연립' 시기

전후 동유럽에서 공산주의자들의 집권은 대개 다음 세 가지 통로 중 어느 하나에 의해 이루어졌다. 첫째는 민족주의 세력의 성공적인 게릴라 운동, 둘째는 대중의 지지와 의회 진출을 통한 권력의 장악, 셋째는 소련군에 의한 소비에트 정권의 창출이 그 통로들이다. 이들 가운데 세 번째 경우가 가장 보편적인 것으로 '화물 열차 정부'(baggage-train government), 즉 '소비에트 군대의 정치 보따리의 하나로서 다른 나라로 운반된 정치 형태' 또는 '소비에트 군대가 경중차(輕重車)에 싣고 군용행리(軍用行李)에 실어 놓은 체제'로 불렸다.[25] 이러한 동유럽의 모델을 북한에 적용해 보면, 세 번째 범주의 성격을 어느 정도 갖고 있음을 알 수 있다.[26]

소련군 제25군(사령관 Ivan M. Chistiakov)이 1945년 8월 24일 평양에 입성했을 때, 그 뒤에는 러시아화한 한인과 김일성 일파로 구성된 약 300명의 훈련된 정치·행정 요원들이 뒤따랐다.[27] 이들이 특히 43인조 로마넨코(Romanenko) 소장의 정치사령부에 소속, 소련군의 힘을 배경으로 결국 북한의 소비에트화에 앞장서게 된다. 이와 관련하여 김일성은 1946년 2월 8일, "소련군이 북조선에 진주하자 인민들은 인민위원회를 조직하기 시작했습니다"라고 말한 바 있다.[28]

그러나 소련군 사령부는 입북 당시 북한 지역에, 소련에 우호적 정권을 수립한다는 원칙 이외에 북한 점령에 관해 '충분히 수립된 정치적 계획이나 또는 정확한 시간표'(fully worked-out political plan or precise timetable)를 갖고 있지는 않았던 것 같다.[29] 이 점이 소련의 대동유럽 점령 정책과 대북한 정책의 차이의 하나이며, 동유럽의 국내 사정에는 정통했던 소련 점령군이 점령 초기에 북한의 사정에 상당히 어두웠음을 의미하는 것이기도 하다.

소련군이 진주하기에 앞서 북한의 우익 민족주의 세력은 특히 '한국의 간디'로 불린 조만식(曺晩植)의 영도 아래 평안남도건국준비위원회를 구성했으며, 일본이 지사로부터 전권을 이양받아 북한의 실질적 권력 중심으로서 역할을 수행하고 있었다. 현준혁 같은 공산주의자도 '조선에 있어서 현단계의 문제는 부르주아 민주혁명'이라고 주장, 조만식의 리더십을 인정하고 있었다.[30] 따라서 국내에 세력 기반이 없는 33세의 젊은 김일성과 그 일파는 소련 군대의 힘만으로 처음부터 집권할 수는 없었다.[31]

'화물 열차 정부'가 국내의 민족주의 세력을 제거하고 소비에트 체제를 확립할 때까지 대개 세 가지 경로를 밟게 된다는 것이 동유럽을 관찰한 학자들의 일반적인 견해다. 첫째가 국내 민족주의 세력과의 '순수형 연립'(genuine coalition) 단계, 둘째가 민족 세력을 제거한 뒤 친공 세력 및 중간파와 제휴하거나 실권은 공산당이 장악하는 '사이비형 연립'(bogus coalition) 단계, 셋째가 공산당의 '단일주적(單一柱的) 정권(monolithic regime) 수립'의 단계다.[32] 북한도 1948년까지 반드시 이 세 단계에 적합하지는 않지만 어느 정도 이 단계들을 밟게 된다고 비교해 볼 수 있는데, 모스크바 3상회의를 전후한 시기까지가 바로 이 부분에서 검토되는 '순수형 연립'의 단계다.

이 제1단계에서 소련군의 북한 점령 정책의 목표를 밝히기 위해 9월 중순에서 10월 중순까지 발표된 소련군 사령부의 공식 선언문 등을 살피는 것이 좋을 것이다. 소련군 사령부는 10월 12일 세 개의 성명을 발표했다. 「조선 인민들에게 보낸 치스티아코프 사령관의 성명」과 「붉은 군대는 무슨 목적으로 조선에 왔는가」라는 게시문은 모두 소련군이 "조선에 소비에트 질서를 설정하거나 또는 조선 지역을 얻으려는 그런 목적을 가지지 않았다"고 주장하고 "이제는 모든 것이 죄다 당신들(조선 사람들—필자 주)에게 달렸다"고 격려했다.[33] 한편 「북조선 주둔 소련 25군 사령관 성명서」는 '항일민주정당'의 등록을 지시하고 일체의 반공 친미 단체 및 인사의 제거를 명령하고 있다.[34]

그런데 소련군 사령부 정치 지도원 크로찰의 「인민정부 수립 요강」(9월 14일), 공산당평남지구확대위원회가 채택한 강령 「정치 노선에 관하여」(9

월 15일), 소련군 사령부의 7개항 성명(9월 27일) 등은 이미 현준혁식의 '부르주아 민주혁명' 노선을 비판하고, 친일 세력을 철저히 배제한 민족통일전선을 결성해서 '프롤레타리아혁명'의 기본 조건을 준비하는 것이 점령하의 당면 정책임을 분명히 하고 있다.[35]

이처럼 북한에 대한 점령 정책의 목표를 분명히 밝히면서 소련군 사령부는 민족주의 세력의 집결체인 조만식의 '건준'을 해체하고 공산주의자와 비공산주의자가 반반씩 참가하는 새로운 인민정치위원회를 구성했다. 이 방식으로 10월 8일 5도 임시인민위원회를 구성하고 10월 28일 이를 5도 행정국으로 개편했다. 조만식을 수반으로 한 이 5도 행정국은 공산주의자와 비공산주의자의 연립 형식을 취하고 있었으며 사실상 북한의 '태아적 정권'(embryonic government)이었다. 여러 학자가 이 5도 행정국의 창설을 '북한의 단독 정권 수립을 향한 제1보'였다고 지적하는 것은 이 때문이다.[36]

이와 비슷한 시기에 소련군 사령부는 북한의 소비에트화를 추진할 정치 도구인 '마르크스·레닌주의적 혁명 정당'을 발족했다. 10월 10일 '조선공산당 서북 5도 책임자 및 열성자 대회'에 이어 10월 13일 '조선공산당 북조선 분국'이 세워졌다.[37] 김일성은 이때에도 책임 있는 자리에 앉지 않았으나 오늘날 조선노동당이 그 창당 일자를 10월 10일로 정하고 기념하고 있음에 비추어 이때에 벌써 김일성의 주도권은 어느 정도 굳어졌음을 의미한다.[38]

이처럼 행정부와 공산당 구성을 끝낸 뒤 소련군 사령부는 10월 14일 김일성을 환영하는 '평양시 군중대회'를 열고 33세의 젊은이를 '민족의 영웅'으로 데뷔시켰다.[39] 그리고 한국 공산주의 운동의 혁명적 전통을 이른바 김일성의 항일 무장 투쟁에서부터 수립하기 위해 항일 유격대의 전설을 과장 내지 날조하기 시작했다.

최소한 북한에 단독 정권을 수립하겠다는 김일성의 결의는 그가 책임비서로 선출된 1945년 12월 17일 '조선공산당 북조선 분국 제3차 확대집행위원회'에서 행한 노선과 조직에 관한 보고 연설에 나타난다. 여기서 그는 북한에 바로 공산 기지를 뜻하는 소위 '민주 기지'를 창설할 것을 선언한

것이다.[40]

공산주의자들에 대항한 우익 민족주의자의 조선민주당은 조만식을 당수로 11월 3일 창건되었다. 그러나 조만식이 모스크바 3상회의(1945년 12월)에서 결정된 신탁 통치를 지지하지 않는다는 이유로 '반동'으로 몰려[41] 연금되고, 당이 공산주의자 최용건에게 넘어가면서 북한에서 '반순수형 연립'의 단계는 끝났다.

미국의 점령 정책과 남한

소련이 북한에서 공산 단독 정권 수립의 방향으로 나아가고 있음에 반해, 남한에 대한 미국의 점령 정책은 일본 총독부의 기관과 협력하여 현상을 유지하면서 소련과 한국 통치안을 협상한다는 고식적인 것이었다.

한국에 대한 미국의 초기 점령 정책은 주한 미군정 사령관 하지 중장의 포고문(9월 2일), 맥아더 사령관의 포고문(9월 8일), 미군정 장관 아널드 소장의 성명서(10월 10일) 및 국무·육군·해군성 조정위원회의 '초기 기본 지시'(10월 13일 작성, 10월 17일 맥아더에게 발송) 등에 잘 나타나 있다. 우선 진주에 앞서 공중 살포된 하지의 포고는 "민중에 대한 포고 및 제 명령을 현존하는 제 관청을 통하여 포고한다"고 밝혀 일본 총독부 기관들과 협조를 시사했다. 9월 8일 미국의 서울 진주와 함께 공포된 맥아더 포고 제1호 역시 남한에 군정을 실시할 것을 천명함과 동시에 정부 공공 단체에 종사하는 자, 즉 일제 행정 기관원의 계속 집무를 명령했다.[42] 이렇듯 미군은 일제의 식민 통치 기구를 합법적 통치 기구로 인정하면서 오히려 3·1운동 이래 사실상 망명 정부의 역할을 수행해 온 대한민국 임시정부나 미군 진주 이틀 전 친좌 세력이 건국준비위원회를 변형한 '조선인민공화국'도 인정하지 않았다.[43]

이러한 미국의 점령 정책은 한민족의 정치적 지도력을 약화 분열시키는 결과를 가져왔다. 민족의 구심점으로 등장할 수 있었던 임정의 이승만과 김구 및 김규식 등은 개인 자격으로 귀국할 수밖에 없었고, 해방 후 하나의 정치적 결집 세력이었던 '건준'의 힘도 약화되었으며, 이 틈을 이용하여 건준과 적대 관계에 있고 부일 요소가 포함되어 있다고 지탄되던 한민당이 재빨리 미군정과 제휴하게 되었다.[44]

미국의 초기 점령 정책의 구체적 성격은 앞에서 지적한 3성 조정위의 초기 기본 지시에 집약되어 있다. "연합국의 신탁 통치가 성립될 때까지의 초기 점령 기간 동안 한국의 민정을 시행하는 데 필요한 정책을 규정하기 위한" 이 지시는 미군정의 당면 과제로 일본의 항복 조건이 한국에서 엄격히 이행되게 할 것과 재한 일본군의 항복 접수 등을 지적하면서 군정 기관에 가급적 한인을 이용할 것이나 필요한 경우 일인이나 부일 한인을 이용해도 좋다고 규정하고 있다. 다음 한국 군사 점령 정책에 대해서는 미국의 대한 정책의 궁극적 목적은 국제연합의 책임 있는 성원으로서 충분히 자유롭고 독립된 국가를 건설하기 위한 조건을 조장함에 있다고 밝히고, 현지군 수준에서 소련과 교섭에 필요한 조처를 취할 것. 단 그 경우 유의할 것은 미·소의 과도적 초기 점령에서 4대국에 의한 신탁 통치기로 이행하는 데 도움이 되는 조건을 마련토록 규정하고 있다.[45]

이처럼 일본의 항복 조항 이행이라는 군사적 목적 이외에는 분명한 정책이 없고 더구나 일인과 부일 한인의 기용이라는 식민 정책의 연장은 폭발적인 정치적 열광 속의 한국 정치를 오직 가열할 뿐이었다. 또한 미군정의 '정치적 중립주의'는 남로당을 중심으로 한 좌익 세력의 맹렬한 활동을 가능케 했다. 한편 민족 진영은 미군정에 적극 참여하고 있던 한민당 세력과 10월에 귀국한 이승만 및 11월에 귀국한 김구 등 임정 세력 사이에 좌우 합작 문제, 대미 군정청 협조 문제, 부일협력자 처리 문제 등에 대해 이견을 드러내어 정국의 혼란을 거듭했다.

이 사이 38도선은 점점 분단선으로 고정되어 갔다. 8월 말에서 9월 초 사이 소련군은 남한과의 철도·전신·전화·우편 교류를 일절 단절한 바 있었다.[46] '초기 기본 지시'에 입각, 하지는 38도선의 벽을 헐고 남북 교류를 위하여 북한의 소련군 사령관과 회담하려고 여러 번 시도했으나, 소련군 측은 이를 권한 밖이라고 거절했다. 그리하여 하지는 11월 하순 38도선의 취소를 포함한 한국 문제의 해결을 위해 미국이 '국제적 수준의 적극적인

행동'을 취하도록 합동 참모부에 건의하기에 이르렀다.[47]

5 모스크바 3상회의, 한국 신탁 통치안, 미·소공동위원회

모스크바 3상회의와 한국에 관한 합의

위에서 본 바와 같이 한반도에서 미·소의 초기 점령 정책에 따른 분단의 고정화 현상을 타결하기 위해서도 미국은 전시의 국제회의에서 명확히 해 놓지 않았던 한국 신탁 통치 문제에 대해 소련과 매듭짓지 않을 수 없는 단계에 이르렀다. 12월 16일부터 모스크바에서 열린 미·영·소 3국 외상회의는 전후 세계 문제와 함께 한국에 대한 연합국의 신탁 통치의 구체적 실시 방안을 다루게 되었다.

외상 회의 첫날 회의에서 '독립 한국 정부의 수립을 위한 한국 통일행정의 창설'이 의제로 채택되었다. 12월 17일 미국무 장관 번스(James F. Byrnes)는 「한국의 통일행정」(Unified Administration for Korea)이라는 각서를 통해 우선 한국에 통일행정부를 창설할 것을 제안했다. 그 통일 행정부는 교역, 교통, 통신, 전기 배전, 석탄 운송, 난민 문제 등 한국의 국가 이익에 관한 일체의 현안 문제를 공동 체결하는 두 사령관에 의해서 운영되고 또 될수록 한인을 행정관 또는 양 사령관의 고문으로 기용한다는 것이다. 그는 또 4대국의 신탁 통치가 '하나의 독립 한국'을 낳을 가장 가능성 있는 기구를 준비할 것으로 믿는다면서, 그러므로 4대국이 가능한 한 빨리 신탁 통치 협정 아래 하나의 통일행정부를 설치하기 위한 토의에 착수할 것을 제안했다. 그리고 이 협정의 시안으로 미·영·중·소가 시정권자가 되며 탁치 기간은 5년으로 하고 1차에 한해 연장할 수 있으나 5년 이상은 안 된다는 것을 제시했다.[48]

이에 대해 소련 외상 몰로토프(V. M. Molotov)는 한국인에 의한 임시정부의 수립과 과도적 임시정부의 수립에 관한 공동위원회의 창설 및 탁치 기간의 5년 한정을 제의했다.[49] 이 두 안이 절충되어 12월 27일 발표된 한국 문제에 관한 '모스크바협정'의 내용은 다음과 같다.

   1. 한국 민주 임시정부를 수립한다.
   2. 한국 민주 임시정부의 수립을 위해 미·소 점령군 사령부의 대표들로 구성되는 공동위원회를 설치한다. 이 위원회는 한국의 '민주적' 제 정당 및 사회단체와 협의한다.
   3. 한국 민주 임시정부와 한국의 민주적 제 단체의 참가 아래 한국 인민의 정치적·경제적·사회적 진보와 민주적 자치의 발전 및 한국의 국가적 독립의 달성을 협력 원조하는 방법을 작성하는 것도 공동위의 과제다.
   4. 미·소 점령 사령부의 대표로 구성되는 회의를 2주 안에 개최한다.[50]

이러한 내용의 모스크바협정은 처음부터 실현 가능성이 크지는 않았다. 이 시점에 주로 동구 문제를 둘러싼 미·소 양국 간의 불화가 고조되고 있었다. 더구나 신탁 통치에 대한 한국 민중 특히 미국 지지 세력인 우익 진영의 격렬한 반대는 미국으로 하여금 카이로선언 이래 한국 정책이었던 탁치안의 포기를 불가피하게 만들었다. 한편 소련은 이미 구축되고 있는 북한에서의 '민주 기지'를 초대로 임시정부 수립 과정을 통해 소련 지지 세력의 우위를 확보하기 위해 북한에서의 모든 반탁 운동을 억압하고, 남북한의 공산당을 중심으로 한 좌익 세력으로 하여금 찬탁 운동을 전개, 모스크바협정의 이행을 촉구한다는 태도를 취했다.[51]

찬탁과 반탁

한국 문제에 관한 모스크바협정의 전문이 국내에 알려진 것은 12월 28일이었다. '꿈에도 소원'인 독립정부의 수립을 갈망해 온 한민족은 5년간의 탁치 협정을 '민족적 모욕'이자 크나큰 충격으로 받아들였다. 그리하여 반탁 운동은 대국주의에 대한 '새로운 독립운동'(김구의 말)의 형태로 적극적으로 전개되었다.
  좌익 진영의 경우, 모스크바협정이 전해진 그날 밤으로 김구의 주도 아래 조직된 신탁 통치 반대 국민총동원위원회에는 참가하지 않았으나 반탁 의사 자체는 변함이 없었다. 그러나 박헌영의 평양 방문을 계기로 좌익 진영은 찬탁으로 급변, 신탁 통치 문제는 '민주주의적 민족통일전선'의 결성을 통해 해결할 것을 주장했다. 1946년 1월 3일 좌익 진영 주최의 대중 집회에서 그들은 '신탁 통치'라는 용어 대신에 북한 당국이 공식 발표한 '후견제'라는 용어를 쓰면서 민중을 설득하려고 했다.[52]

신탁 통치에 대한 반응은 북한에서도 마찬가지였다. 조만식을 중심으로 한 조선민주당의 주도로 광범한 반탁 운동이 전개되었고 공산주의자들도 반탁의 뜻을 명백히 했다. 그러나 모스크바로부터 "3상회의 결정은 소련이 앞장서서 만든 것이므로 공산당은 절대 지지하라"는 지시가 있자 공산주의자들은 찬탁으로 나서게 되었다.[53] 그리하여 1946년 1월 2일에는 공산주의 정당과 사회단체 연명의 모스크바 결정 지지공동성명서, 3일에는 북조선 행정국장회의 성명서 등이 잇따랐는데, 이 문건들은 한결같이 임시정부 수립의 의의를 강조하고 신탁 통치는 '후견제'라고 역설했다. 그리하여 반탁 운동은 금지되고 조만식은 연금되었다. 소련은 그들의 점령 지역 안의 일체의 반탁 세력을 거세하여 북한의 정당과 사회단체들을 모스크바 협정 지지로 통일시키고 남한의 좌익 진영도 찬탁케 하여 미·소공위에 임하려 했던 것이다.[54] 따라서 신탁 통치 문제를 계기로 북한에서는 민족 진영이 월남 또는 숙청으로 급격히 몰락하게 되어 '반순수형 연립'이 깨지게 되었음은 이미 지적한 바 있다.

남한에서도 우익은 반탁으로, 좌익은 찬탁으로 일치하게 되어 양대 세력이 격렬하게 대립하게 되었다. 이로써 1946년 한국의 정치사는 반탁과 찬탁을 둘러싼 정치 논쟁과 생사를 건 혈전 같은 좌우 투쟁으로 특징지어진다.

우익 세력은 2월 1일 '저명한 민중 지도자' 8명(이승만, 김구, 김규식, 권동진, 오세창, 김창숙, 조만식, 홍명희)을 포함한 정당·사회단체·해외 교민 단체 대표들로 비상 국민회의를 열고 이 자리에서 "한국의 자주적 민주주의 과도정권 수립과 기타 긴급한 제 문제의 해결에 관하여 관계 열국과 절충하여 필요한 제 조치를 행할" 기구로서 최고정무위원회를 구성하기로 의결했다. 그러나 미·소공위가 목적으로 하는 임시정부의 모체가 될 수 있는 민족 지도자의 집결체 조직을 추진한 미군정의 의사가 이승만을 통해 작용하여 "자주적인 과도정부 수립"이라는 애초 목적에서 "미군 사령관의 과도정부 수립" 노력에 자문하는 기관으로서 2월 14일 남조선대한국민대표 민주 위원을 발족했다.[55] 이에 대항하여 이튿날 좌익 세력들은 조선공산당과 여운형의 조선인민당을 주축으로 실질적으로 인민공화국을 계승한 이른바 '민주주의 민족전선'(민전)을 결성했다.[56]

미·소공동위원회와 남북한의 정치 상황

예비회담

모스크바협정에 대한 좌우의 치열한 대결이 전개되는 가운데 미·소 양군 대표회의가 1946년 1월 16일부터 서울에서 열렸다. 그러나 양측의 의견 차이는 회의 첫머리부터 드러났다. 미군 대표(A. V. Arnold)는 38도선과 남북한의 조속한 행정적 통합을 다룰 것을 제의한 데 대해, 소련군 대표(Terenti Shtykov)는 남북한 간의 물물교환과 철도 및 도로 재개 등 제한된 문제만을 다룰 것을 주장했다. 이런 식으로 회의는 진행되어 결국 2월 5일, 1개월 이내에 미·소공위를 연다는 것과 우편물의 교환, 라디오 주파수 할당, 38도선 왕래, 북한으로부터의 송전 계속과 같은 제한된 사항에 대한 합의가 이루어졌다.[57] 그러나 이들 사항들도 뒤에 시행되지 않은 것이 많았다.

제1차공위

예비회담의 합의에 따라 1946년 3월 20일부터 제1차 미·소공동위원회가 서울에서 열렸다. 회의 첫날 소련 대표 슈티코프는 "조선에는 민주주의 제도를 건립하려는 노력을 방해하려는 반동적·반민주적 당파와 일부 분자의 맹렬한 반항으로 초래된 중대한 난관이 있다. 앞으로 수립될 민주 임시정부는 모스크바 3상회의의 결정을 지지하는 민주적 제 정당·사회단체를 망라한 대중 단결의 토대 위에 창설되어야 한다"고 말하고 소련의 목적은 "조선이 소련에 대한 공격 기지로 되지 않는 우호적 민주 국가가 되게 함에 있다"고 선언했다.[58] 이것은 반탁 세력(우익)을 임시정부 수립에서 배제한다는 것을 의미했다. 이에 대해 미국 대표는 "표현의 자유는 절대적이어야 하며 …… 미국 대표단이 의도하는 바는 비록 아무리 잘 조직되어 있고 아무리 정력적으로 정치 활동을 할지라도 소수파에 의한 한국 지배를 저지함에 있다"고 반박했다. 이것은 반탁 우익 진영에도 임시정부 수립의 발언권이 주어져야 하며, 좌익 세력의 한국 지배는 방지되어야 한다는 미국 측 태도를 반영한 것이다.

이러한 기본적인 입장의 대립 아래 공위는 진행되었다. 그러나 공위에 참가할 한국의 정당 및 사회단체 대표의 자격 문제는 끝내 회의를 암초에 부닥치게 했다. 또한 미국은 임시정부 수립에 앞서 두 지역의 행정과 경제의 통합을 제안, 현실적인 접근법을 취한 데 반해, 소련은 임시정부 수립이 최우선 과제이며, 경제와 행정의 통일은 그 뒤의 일이라는 정치 우선적인 접근법을 취했다.[59] 결국 회의는 반보도 진전되지 못한 채 5월 8일 무기 휴회로 들어가고 말았다.[60]

남북한의 상황

미·소공위가 열리고 있는 동안에도 북한에서는 소비에트화가 급속도로 진행되어 갔다. 탁치 문제를 계기로 민족 진영이 몰락, '반순수형 연립'이 깨졌음은 앞에서 지적한 바 있다. 따라서 이 시기에 공산당은 그의 '민주적' '진보적' 우당들인 천도교 청우당과 신민당 및 조선민주당(조만식 연금 후 공산주의자들에게 장악되었다)과 '사이비형 연립'을 이룩한다.

이 '사이비형 연립'의 기초 위에 1946년 2월 8일 '북조선 민주 정당·사회단체·5도 행정국·인민정치위원회 확대 회의'가 평양에서 소집되었다. 이 회의에서 김일성은 "소련의 주요한 노력으로" 이 회의가 열리게 되었음을 치하한 다음, 북한에서 "중앙 정치 기구의 결여가 북조선의 정치·경제·문화의 계획되고 통일된 발전에 대한 주요한 장애"라고 지적하고, "조국의 통일까지 북조선임시인민위원회의 구성이 긴요하다"고 주장했다. 바로 이날로 발족된 이 기관은 김일성의 연설 속에 나타나 있듯 그때까지 임시 행정 기관이던 도 단위의 인민위원회와 달리 통일된 중앙 시정 기관, 즉 북한의 단독 정권의 성격을 강하게 갖고 있다.[61]

임시인민위원회는 발족과 동시에 토지개혁의 실시를 포함한 10개 강령과 3월 23일에는 이를 확대한 20개 정강 등 북한을 '민주 기지'로 건설할 것을 표방한 기본 정책을 발표했다. 이 강령에 따라 3월에는 토지개혁법령, 6월에는 선거법령 및 노동법령, 7월에는 남녀평등권에 관한 법령, 8월에는 산업, 교통, 운수, 체신, 은행 등의 국유화에 관한 법령이 발표 실시되었다.[62]

이에 병행하여 '민주 기지' 정책을 수행하기 위한 대중적 기반의 강화를 목적으로 7월 22일에는 이른바 '북조선 민주주의 민족통일전선'이 결성되고, 이 기반 위에서 8월 30일에는 조선공산당 북조선 분국과 신민당이 합당하여 북조선노동당이 결성되었다. 이것은 당 체제에서도 공산당의 '서울 중앙' 이론이 배격되고 북한 단독의 공산당이 결성된 것을 의미한다.[63]

미·소공위의 결렬과 북한의 정치 진전은 미국으로 하여금 남한에 어떤 형태라도 한국인의 대표 기관을 설치할 계획을 추진하게 했다. 미·소공위가 결렬된 뒤인 5월 24일 하지는 국무 장관에게 "소련은 유고슬라비아, 불가리아, 루마니아에서의 통일전선 정책과 약간 다를 뿐인 정책을 수락하지 않을 수 없게 되면 분명히 한반도 전역에 대한 소련 지배를 촉진하고 용이하게 만드는 결과가 될 것이다"라고 보고했다. 하지는 만일 공산당과의 합작 없이도 애국 정당들의 만족스러운 통합이 달성될 수 있다면, 모스크바협정에 의한 통일된 임시정부 수립 이전에 자신의 권한 아래, 법령을 제정할 권한을 갖고 한국인이 참여하는 내각과 입법 기관을 창설할 계획임을 밝혔다.[64]

1946년 5월 25일 민주 의원의 김규식과 '민전'의 여운형 사이에 시작된 좌우 합작 운동은 미군정의 이러한 정책에 의한 것이었다. 또 이승만이 6월 3일 "남쪽만이라도 임시정부 또는 위원회 같은 것을 조직하자"고 주장한 이른바 정읍 발언도 미군정 당국의 이러한 정책과 연결되어 있었던 것이다. 미군정청이 지지했던 좌우 합작 운동은 결국 신탁 통치와 토지개혁 문제 때문에 공산당과 이승만·김구 등의 극우 세력을 끌어들이지 못하고 중간 세력의 통합으로 그쳤다. 그러나 미군정청은 이를 근거로 1946년 12월 12일 남조선과도입법의원을 발족하고 1947년 6월 3일 스스로를 남조선과도정부로 개칭했다.[65]

이에 자극된 이승만은 1946년 12월 도미, "소련이 전 한국을 위한 자유 정부의 수립에 동의하지 않을 것이 명백한 이상 남한만이라도 단독 정부를 세워 줄 것"을 호소하고 유엔에 의한 한국 문제 해결을 처음으로 제의했다.[66]

같은 시기에 김구는 다시금 반탁 운동을 벌여 각처에서 좌우 충돌이 벌어졌고, 1947년 초에는 중경 임시정부의 주권 선언이 운위되는 등 혼란이 거듭되었다.[67] 이 혼란은 남한 공산 세력의 폭력 투쟁으로 가중되었다. 1946년 5월의 정판사 위폐 사건을 계기로 미군정이 공산당에 대해 강경한 태도를 취하자 공산당은 소련군 당국의 지시에 따라, 지금까지 '국제민주주의전선'에 입각하여 미군을 해방군으로 규정하고 합법 운동을 표방해 왔던 방침을 바꾸어 '미제(美帝) 타도'를 내걸고 폭력 투쟁을 전개하게 되었다. 이와 함께 남한의 좌익 3당(조선공산당·조선인민당·남조선신민당)의 통합을 추진, 1946년 11월 23일 남조선노동당이 정식으로 창립되었다.[68]

이와 동시에 북한에서는 11월 3일 도·시·군 인민위원회의 선거가 실시되고 이어 1947년 2월에는 면·리(동) 인민위원회의 선거가 실시되었다. 이어 2월 17일에는 도·시·군 인민위원회 대회를 열어 최고 입법 기관으로 북조선인민회의를 설치키로 결의했고, 21일에 소집된 동 회의에 의해 '임시'를 없앤 '북조선인민위원회'가 행정 각 부처를 갖추고 김일성을 위원장으로 조직되었다.[69]

제2차 공위

남과 북에서의 상이한 정치 진전은 하지로 하여금 1947년 2월 국무성에 "한국의 통일을 위해 미·소 정부가 즉각적인 조처를 취하지 않는 한 한국은 내란에 빠질지 모른다"는 보고를 하게 했다. 이에 따라 국무성은 소련 외무성과 접촉, 제2차 공위가 서울에서 열리게 되었다.[70]

제2차 공위에서 쌍방은 1차 공위를 결렬시켰던 "공위와 협의할 민주적 정당 및 사회단체"에 관한 난제에 대해 합의하게 되었다. 즉 '민주적' 정당 및 사회단체는 공위와의 협의에 참가하기 위해 모스크바협정을 지지하거나 또 그에 협력한다는 선언서에 서명 날인하고, 참가에 관한 청원서를 6월 23일까지 서울 또는 평양에 제출하며, 이러한 수속을 완료한 정당 및 사회단체는 임시정부의 헌장과 정강에 관한 답신안을 작성하여 7월 1일까지 제출한다는 것이었다. 그러나 공위가 막상 협의 대상 명부 작성 문제를 본격적으로 토의하기 시작하자 다시금 쌍방의 이견이 표면화하여 1차 공위 때와 똑같은 논쟁을 되풀이하게 되고 말았다. 이리하여 2차 공위도 쌍방 간에 책임 전가와 반론의 일방적인 성명이 되풀이되면서 8월 12일 끝을 보고 말았다.[71]

교섭은 다시 정부 간 교섭으로 옮겨져 8월 29일 미국무 장관 대리 로베트(Robert A. Lovett)는 9월 8일에 워싱턴에서 4대국 회의를 열 것을 제안했는데, 여기에는 이승만이 제의했던 "유엔 감시하의 남북한의 인구 비례에 의한 총선거안"이 포함되어 있었다. 몰로토프가 9월 4일 이 제안을 거부하자 미국은 결국 9월 17일 한국 문제를 유엔에 상정했다.[72]

평가

미·소공동위원회의 실패는, 공위가 처음부터 불가능한 것을 달성하려고 시도했다는 점에서 놀라운 일이 못 된다. 양측의 목적은 정반대되는 것이었다. 볼(W. Macmahon Ball)이 정확히 지적한 바와 같이 "미국은 소련에 우호적인 정부의 수립을 기어코 봉쇄하려 했고, 소련 역시 미국에 우호적인 정부 수립을 철저히 저지하려 한 데서 결렬이 온 것"[73]이었다.

더구나 국제 정세와 한반도 내부 정세가 모두 공위에 불리하게 작용했다. 우선 국내 정세를 살펴보면, 제2차 공위가 열렸을 무렵 남북한에는 이미 정치·경제·사회 제도에서 이질적인 분리 발전이 추구되어 왔고, 이것은 '민주 기지화 작업'을 가속화한 북한의 경우 더욱 현저했다. 이러한 이질적인 분리 발전은 남북한에 별개의 기득권을 형성시켰기 때문에 이것을 약화, 또는 양보시키는 일체의 움직임을 어렵게 만들었다.

다음에 국제 정세를 살펴보면, 이 시점에 이미 전후에 시작된 미·소의 냉전이 체제화되었다는 점을 지적할 수가 있다. 제2차 공위가 열리기 두 달 전인 1947년 봄, 미국의 외교 정책에는 결정적인 변화가 일어났다. 동유럽의 소비에트화를 포함한 스탈린의 팽창 정책이 노골화하자 미국은 드디어 대소 협조 정책을 버리고 케난(George Kennan)의 봉쇄 정책을 채택, 서유럽에 대한 경제 지원·방위 조약·동맹 체제를 발전시키기 시작했다.

이러한 변화는 1947년 3월 12일 '트루먼 독트린'(Truman Doctrine)의 극적인 선언 속에 구체화되었다. 미국 외교사에서 '혁명적인 획기적 사건'으로 불린 이 독트린은 미국이 소련의 팽창 정책을 저지하겠다는 결의를 명백히 표명한 것이었다.[74] 이에 이어 6월 5일 마셜 국무 장관의 유럽 부흥 계획이 뒤따랐다.[75] 소련은 이러한 미국의 새로운 정책을 공산 팽창주의의 장애로서뿐만 아니라, 스스로에 대한 중대한 위협으로 간주했다. 여기에 스탈린은 9월 말과 10월 초 사이에 바르샤바에서 코민포름(Cominform)을 창설하여 서구의 단결에 대항하게 되었는데, 여기에서 있었던 소련공산당 정치국원 주다노프(Andrei Zhdanov)의 연설,[76] 이른바 주다노프 노선은 "서구에 대한 영원한 냉전을 선언한 것"으로 해석되었다.[77]

이러한 상황에서 한국의 탁치 위원국으로 지명되었던 영국과 중국이 한국에서 미·소 간의 대결을 완화토록 거중 조정할 수는 없었다. 조순승 교수가 지적했듯이, 견집한 양극 체제(tight bipolarity)에서 그들은 효과적인 균형자(effective balancer)로서 역할을 수행할 수 없었던 것이다.

6 한국 문제의 유엔 이관

한국 문제와 유엔의 역할

한국 문제에 관한 모스크바협정이 미·소공위를 통해 해결될 수 없음을 깨달은 미국은 결국 1947년 9월 17일 '한국의 독립 문제'를 국제연합에 이관하기로 결정, 제3차 유엔 총회의 의제로 제출했다.[78] 이것은 미국이 카이로선언 이래 추구해 온 대한 정책(4대국 통치안)의 전면 포기를 의미하는 것이었다.

미국이 이처럼 한국 문제를 유엔 총회에 회부한 이유는 소련과의 불화라는 결정적 요인 이외에 미국의 국내 사정도 있었다. 군부는 한국의 전략적 가치를 낮게 평가하여 주둔군의 철수를 요청하고 있었고, 의회는 대한 경제 원조를 거절했으며, 한국의 독립이 늦어지고 있는 데 대한 국내외의 공격은 점증하고 있었다. 게다가 남한 지도자들마저 미군정의 대한 정책에 노골적인 불만을 나타내고 있었다.[79] 이에 1947년 여름과 가을, 한국 문제에 대한 미국의 고려는 한국의 독립을 위해 노력한다는 명분은 세우면서 한국 문제로부터 빠져나오려는 일종의 탈신책, 즉 탈한 정책에 있었다. 여기에서 미국의 '기계적 다수'가 확보되어 있는 유엔이야말로 미국의 고민을 가장 명예롭게 해결해 줄 수 있는 통로로 간주되었던 것이다.

그러나 처음부터 한국의 통일정부 수립에 대한 유엔의 역할이란 문제점이 많았다. 왜냐하면 한국 문제의 근본적 원인이며 기본 조건이라고도 할 수 있는 양극적 대립 상태하에서의 유엔의 역할이란 극히 제한될 수밖에 없기 때문이다. 호프만(Stanley Hoffmann) 교수가 지적한 것처럼 "국제기구란 필요할 때는 비효율적이고 유력할 때는 필요 없다고 할 수 있다"[80]면 한국 문제를 해결할 수 있는 유엔의 능력이 제한되어 있음을 의미한다. 바꿔 말하면, 한국 문제의 원인이 되고 있는 양 초강대국 간의 대립은 한국의 통일된 정부를 수립하는 데 유엔의 역할에 상당한 제약을 주고 있었던 것이다.

한국 문제의 유엔 이관에 대한 소련의 반대는 예상된 것이었다. 유엔 이관이란 것은 결국 한국 문제에 대한 국제적 관련의 확산을 의미했고, 특히 미국의 '기계적 다수'가 확보되어 있는 유엔에서 '영원한 소수'일 수밖에 없는 소련의 고립은 처음부터 자명했기 때문이다.

유엔에서의 한국 문제 고려

유엔을 통한 한국의 통일 정부 수립이 거의 어렵다는 예측은 유엔의 한국 문제 토의 과정에서 하나의 현실로 나타났다. 우선 소련은 한국 문제의 유엔 이관이 모스크바협정에 위반된다고 지적, 유엔 의제에 포함시키는 것을 반대했다.[81] 그러나 유엔 일반위원회는 12 대 2의 표결로, 총회는 41 대 6(기권 7)의 표결로 한국 문제를 유엔정치위원회에 회부했다.[82]

유엔정치위원회는 1947년 10월 28일 한국 문제를 다루기 시작했다. 여기서도 미·소는 날카롭게 맞섰다. 미국은 선(先)정부 수립·후(後)외군 철수를 주장했으나 소련은 선외군 철수·후정부 수립을 내세웠다. 소련은 또 유엔 토의에 대한 남북한 대표들의 동시 초청을 우선적으로 내세웠고, 여기에 대해 미국은 남북한 대표 선출을 위한 유엔한국임시위원단의 설치를 요구했다.[83] 정치위원회는 10월 30일 소련의 제의를 35 대 6(기권 10)으로 부결하고 미국의 제의를 41 대 0(기권 7)으로 가결했다. 이 미국안은 수정을 거쳐 1947년 11월 14일 총회에서 43 대 9(기권 6)로 가결되었다.[84]

결과적으로 대한민국의 탄생을 가져온 이 유엔한국임시위원단 설치와 총선거에 관한 결의의 요지는 다음과 같다.

한국 문제는 근본적으로 한국 국민 자체의 문제이며, 그 자유와 독립에 관련된 문제이므로 이 문제는 그 지역 주민 대표의 참석 없이는 해결될 수 없으므로, A (i) 선거에 의해 선출된 한국 국민의 대표들은 본 문제 심의에 참여하도록 초청하며, (ii) 공정한 선거를 감시할 목적으로 한국 전역을 통하여 여행·감시·협의할 권한이 부여되는 9개국(오스트레일리아, 캐나다, 중국, 엘살바도르, 프랑스, 인도, 필리핀, 시리아 및 우크

라이나)으로 구성된 유엔한국임시위원단(United Nations Temporary Commission on Korea: UNTCOK)을 설치하고, B) (i) 1948년 3월 31일 이전에 한국에서 동 위원단의 감시하에 인구비례에 따라 보통 선거 원칙과 비밀 투표에 의한 총선거를 실시하고, (ii) 선거 후 가급적 빨리 국회를 구성, 정부를 수립하며, (iii) 정부는 남북한의 군정 당국으로부터 정부의 여러 기능을 이양받고 ① 자체의 국방군을 조직하며 ② 가급적 빨리, 가능하면 90일 이내에 점령군이 철수하도록 조치한다.[85]

이 결의는 소련의 협조 없이는 그 목적을 실현할 수 없다는 결정적 약점을 갖고 있었다. 이는 '인구 비례에 의한 총선거'가 남한 민족 진영의 승리를 의미하며 이것은 소련에 대해 비우호적인 정부의 수립을 가져온다는 것을 의미해 결국 소련으로 하여금 이 안에 대한 반대를 명백히 하게 했다. 따라서 유엔에 남은 대안은 이 안을 완전히 포기하거나 남한만이라도 적용하는 두 가지로 줄어들었는데, 후술하는 바와 같이 유엔은 후자를 택한다.

유엔한국임시위원단의 활동과 한국 정치 지도자들의 노력

1948년 1월 초부터 서울에서 활동을 개시한 임시위원단은 북한에 대해서는 소련군의 입북 거부로 원래의 기능을 수행할 수 없게 되었다.[86] 이에 따라 임시위원단은 유엔 총회의 임시위원회에 행동 방향에 관해 자문을 구하게 되었다. 임시위원회는 2월 19일 이 문제를 검토하기 시작했다. 여기서 미국은 남한에서만이라도 선거를 실시해야 한다고 주장했으나, 캐나다와 오스트레일리아 등은 이것이 한반도의 분단을 영구화한다는 이유로 받아들이지 않았다.[87] 그러나 2월 26일 미국의 결의안이 31 대 2(기권 11)로 가결되었고, 이에 따라 임시위원단은 1948년 5월 10일 안에 남한에서 총선거를 실시하기로 결정했다.[88]

이즈음 북한은 이미 앞에서 지적한 소비에트화의 제3단계인 공산당의 '단일 주적 정권의 출현' 단계에 들어서고 있었다. 이 단계는 1948년 2월

8일 북한의 정규군인 '인민군'의 창설과 북조선노동당 제2차 인민회의의 소집으로 시작되었다.[89] 이로써(이미 조직된 북조선인민위원회와 함께) 공산당의 단독 정권적 독재 체제는 확립되고, '정부' 수립은 오직 공식 선포와 의식 절차만 남게 되었던 것이다. 이러한 시점에서 북한이 임시위원단의 입북을 거절하고 남한에서의 총선을 비난한 것은 놀랄 만한 일이 못 된다.

남한에서는 정치 지도자들 사이에 남한 총선을 놓고 다시 한번 날카로운 대립이 일어났다. 1946년 6월의 정읍 발언 이후 단선·단정을 주장해 온 이승만과 그의 독립촉성국민회의파는 남한에서의 강력한 정부가 북한의 군사력에 대한 안전판으로서 필요하다고 역설하고, 북한 주민의 35퍼센트가 월남해 온 만큼 남한에서의 정부가 전국적 정부로서 정통성을 갖는다고 주장했다.[90] 그러나 김구와 김규식은 임시위원단에 의한 단선이 한반도 분단을 영구화한다고 주장, 이를 배격하면서 2월과 3월에 걸쳐 북한의 공산 지도자들에게 '통일민주정부의 수립을 위한 제반 조처'를 토의하기 위해 남북한의 정치 지도자 회담을 개최할 것을 제의했다.[91]

북한 당국은 두 김의 제의를 받아들여 '남북 대표자 연석회의'를 4월 14일 평양에서 열도록 제의했다. 북한 공산주의자들이 이 회의를 개최한 동기는 북한의 통일전선 정책과 관련해서 분석해야 할 것이다. 그들은 애초부터 통일전선 정책에 입각, 우익 민족주의 세력과 연립을 형성하여 그들의 체제와 당의 대중성 및 합법성을 얻고자 노력해 왔다. 그러나 신탁 통치를 둘러싼 공산주의자들과 민족 진영 간의 분열로 통일전선의 슬로건 효과가 크게 감소되었다. 이러한 상황에서 반공적 입장으로 정평 있는, 남한의 저명한 지도자들과 평양에서 연석회의를 한다는 것은 공산주의자들에게 그들의 주장이 '전 조선 인민'의 전폭적인 지지를 받고 있다는 주장을 할 수 있는 '황금의 기회'를 제공한 것이다. 북한 정권이 이 연석회담을 스스로의 합법성 구축에 이용했음은 물론이다.[92]

그러나 4월 19일 개최된 이 회의는 공산주의 국가에서 흔히 볼 수 있는 철저히 통제된 회의로서 공산주의자들이 일방적으로 이끌었고, 남한 대표들은 '이미 모든 것이 결정된 결혼식에 참석한 손님 격'이 되어 진정한 남북 대표자 간의 연석회의로서 성격을 상실했다.93) 4월 30일 일방적으로 채택된 공동성명은 '통일의 유일한 장애'로서 미군 주둔을 지적하고, 외군 철수→전 조선 인민의 정치 회의→임시정부 수립→총선 실시→제헌의회 구성→통일정부 수립이라는 도식을 제시했다. 이것은 북한 입장의 정확한 복사판이었으며, 외군 철수 후 정규 '인민군'을 이미 창설한 북한과 소규모 경비대만 유지하고 있는 남한 사이의 예견되는 대결을 어떻게 평화적으로 해소할 것이냐의 중대한 문제에 대한 해답을 결여하고 있었다.94)

그러나 무엇보다도 이 회담의 실천 가치를 영화(零化)한 것은 이 시점에서 한국 문제는 이미 기본적으로 국제 문제화하여 미·소의 직접적 합의 없이는 해결할 수 없는, 따라서 한국인 스스로가 취할 수 있는 행동반경이 극히 제한되어 있었다는 점이었다.95)

7 두 개의 한국 탄생과 한반도 분단의 고정화

남북 지도자 연석회의가 끝난 지 열흘 뒤인 5월 10일 남한에서는 유엔 한국임시위원단의 감시 아래 제헌의회를 구성하기 위한 총선거가 실시되었다. 이 한국사 최초의 선거에서 784만 871명의 등록된 유권자 가운데 748만 7,649명, 즉 전체 등록유권자의 95퍼센트(또는 전체 유권자의 75퍼센트)가 투표에 참가, 198명의 국회의원을 선출했다.96)

제헌의회는 5월 31일 최초로 개원, 이승만을 의장으로 선출하고 7월 12일 헌법을 제정(17일 공포됨)한 뒤 신정부 초대 대통령으로 이승만을 선출했다. 이승만이 8월 초까지 조각을 완료하자 8월 12일 미국 정부는 신정부가 "1947년 11월 14일 유엔 총회 결의에 의해 구성된 한국의 정부로 간주된다"는 공식 성명을 발표하여 신정부를 승인했다.97) 8월 15일 대한민국의 수립이 선포되고 하지는 이 날짜로 미군정이 폐지된다고 성명했다.⁹⁸⁾ 이어 대한민국 국회는 9월 12일 장차 유엔 감시하에 대한민국 국회의원으로 선출될 북한 지역의 대표를 위해 국회에 100석을 유보함으로써 대한민국 정부의 전한적(全韓的) 대표성을 부여하려 했다.⁹⁹⁾

대한민국 정부가 수립되자 유엔한국임시위원단은 10월 8일 총회에 제출할 최종 보고서를 채택했다. 이 보고서는 대한민국이 국민이 선출한 대표에 의해 성립되었으며, 이 정부의 기능은 점차 발전되어 가고 있다고 지적하면서도 유엔 전 가맹국의 돈독한 협조 아래 한국의 독립과 통일을 달성할 수 있는 방법을 강구할 것을 권고했다.¹⁰⁰⁾

1948년 파리에서 개최된 제3차 유엔 총회는 한국임시위원단의 전기(前記) 보고서를 상정 논의했다. 미국의 주도 아래 총회는 12월 12일 48 대 6(기권 1)의 압도적 다수로 한국에 관한 결의문을 채택했다. 이 결의문은 "임시위원단이 관찰하고 협의할 수 있었고 전체 한국인의 대부분(great majority)이 살고 있는 한국의 한 부분(the part) 위에 효과적인 통치와 관할권을 갖는 합법적 정부가 수립되었다"고 지적하고, 이 정부는 "한국의 그 부분 유권자의 자유로운 의사의 유효한(valid) 표현이었던 선거에 기초하고 있다"고 덧붙였다. 그다음 이 결의문은 이것이 "한국에 있는 유일한 정부다"(the only such government in Korea)라고 강조했다. 요약하면 이 결의문은 대한민국이 한반도 전역에 걸친 전국적 정부라고 선언하는 것은 조심스럽게 피했으나 그렇지 않다고 특별히 선언하지는 않았다. 그러나 이 유엔 총회의 결의가, 특히 이러한 국제적 뒷받침이 전혀 없었던 북한 정권에 비해, 대한민국 정부에 정통성을 부여하기에는 충분한 것이었다.¹⁰¹⁾

북한 공산주의자들이 1945년부터 1947년까지 남한에 앞서 단독 정권적 성격을 갖는 정치 체제를 단계적으로 구축해 왔음은 이미 지적한 바 있다. 다음에 북한 정권 수립 과정의 마지막 단계를 살펴보기로 하자.

1947년 11월 18일 '북조선인민회의' 제3차 회의는 임시헌법제정위원회를 구성한 바 있다. 헌법 초안의 완성이 보고된 것은 1948년 2월 6일 북조선인민회의 제4차 회의에서였으며, 초안은 4월 28일에 소집된 '인민회의 특별회의'에서 통과되었고, 이어서 7월 10일 '인민회의' 제5차 회의는 이 헌법을 북한에서 실시한다고 결의했다. 이에 따라 '북조선인민회의 상임위원회'는 8월 25일 '최고인민회의' 대의원 선거를 실시할 것을 발표했다.

북한 당국에 따르면 남한의 유권자 총수 868만 1,746명 가운데 77.5퍼센트에 해당하는 676만 2,407명이 '비밀 지하 투표'에 참가했다고 한다. 그 결과 1,080명의 대표자가 선출되었으며, 그중 1,002명이 38도선 접경 이북 도시인 해주에 모여 8월 21일부터 26일까지 '남조선인민대표자대회'를 열고 남한을 대표하는 최고인민회의 대의원 360명을 선출했다는 것이다.[102] 그러나 이 해주회의를 뒷받침해 줄 이른바 남한에서의 '지하 투표'가 공산주의자들의 주장처럼 실제 실시되었다고는 믿을 수 없고, 특히 '남한 투표자' 868만 1,745명이란 수는 남한 정부의 적극적 캠페인에 의해 실시되었던 5·10 총선거의 투표자보다 65만여 명이 넘는 '엉터리'[103]였던 것이다. 한편, 북한에서는 8월 25일 대의원 선거가 실시되었다. 북한 당국에 따르면 등록된 유권자 총수 452만 6,065명 가운데 99.97퍼센트에 이르는 452만 5,932명이 투표에 참가했는데 백함(白函) 투표(민전 추천 입후보 지지) 수는 445만 6,621명, 즉 총투표자 수의 98.49퍼센트에 해당된다고 했다.[104] 이 같은 '남북 총선거'를 거쳐 성립되었다는 최고인민회의는 9월 3일 북한 '헌법'을 공식으로 채택하여, 9일 김일성을 수상으로 하는 조선민주주의인민공화국 정부의 수립을 선포했다. 10월 12일 소련은 이 '정부'를 승인했다.

이처럼 남북한에 사실상 '두 개의 실질적 정부'가 수립됨으로써 군사적 편의주의에 입각했던 한국의 분단은 고정화되고 말았다. 그렇다면 누구에게 한국의 분단과 그 고정화의 책임이 있는가? 이 질문에 대한 해답은 앞의 여러 부분에서 주어진 바 있으나, 여기서 중복의 위험성에도 불구하고 간단히 정리하면 다음과 같다.[105]

첫째, 연합국의 책임을 묻지 않을 수 없다. 이들은 1943년 12월 카이로 선언 이후 적절한 시기에 한국을 독립시킬 것을 약속했음에도 불구하고 한국의 군사적 점령과 독립, 특히 그들이 원칙적으로 합의했던 신탁 통치에 관해 거의 아무런 준비를 하지 않았다. 여기에서 특히 미국의 책임이 크게 부각된다. 미국은 한국 신탁 통치안의 제안국이었으면서도 일련의 전시 연합국회의에서 이 문제에 관한 구체적 합의를 이룩하지 못하고 있다가 스스로 불러들인 소련군의 한반도 진입을 보고서야 38도선에서의 분할을 결정하게 된 것이다. 한국의 분단 이후에도 미국의 초기 대한 정책은 정형되지 않았고, 따라서 서울의 미군정과 워싱턴의 정책 수립자 사이에 협조가 결여되어 이것이 한국의 혼란과 불협화음의 지속적인 원천이 되었고, 더 나아가 한국의 통일을 저해한 요인이 되었다.

둘째, 특히 분단의 고정화에 이르기까지는 소련의 책임을 묻지 않을 수 없다. 소련은 한국의 통일된 민주주의 정부를 수립하는 데 협력하지 않았을 뿐만 아니라 적극적으로 이를 방해했다. 따라서 한국의 통일 여부의 관건은 주로 소련 정부가 쥐고 있었던 것이다. 아시아에 또 하나의 위성국을 수립하여 한국을 지배하려고 한 소련의 대한 정책이 한반도 분단의 고정화에 결정적인 요인이었다. 소련의 이러한 태도는 결국 대전 중 미·소 협력 체제가 전후에 깨지고 오히려 냉전적 양극 체제화한 국제 정세를 반영한 것이다. 이 점에서 특히 1947년 3월에서 9월까지는 가장 중요한 시기였다. 이 시기에 트루먼 독트린과 마셜 플랜으로 연결되는 미국의 봉쇄 정책과 주다노프 노선으로 나타난 소련의 편좌 정책의 대립이 한국 문제를 전면적인 파국으로 이끌었던 것이다. 이러한 국제 정세 아래 미국으로부터 '난문제'(hot potato)[106]를 물려받은 유엔은 그러한 짐을 감당하기에는 너무 약했다. 사실상 한국 문제가 유엔에 이관되면서 한국에 '두 개의 정부'가 공식적으로 출현될 가능성이 커진 것이다. 결국 한국 민중의 의사와는 관계없이 강대국 권력 정치의 결과로 '한 국가 내에 두 정부'가 생겨난 것이다.

그러나 모든 책임을 국제 정세에만 전가할 수는 없을 것이다. 남북의 한국인도 고정화된 분단에 대한 부분적 책임을 나눠야 할 것이다. 이것은 특히 해방 직후의 기간에 더욱 타당성을 갖는다. 이 시기에는 미·소의 반목과 평화가 아직 냉전 체제화하지 않았기 때문에, 또한 한반도에서 쌍방의 기득권이 아직 형성되어 있지 않았기 때문에 한국인이 단결했더라면 그만큼 자주적 행동의 폭이 넓었을 것이며, 따라서 최소한 이론적으로는 분단의 고정화를 방지할 수 있었을 것이라는 가정이 가능할 것이다.

김학준
서울대와 미국 켄트주립대 정치학 석사. 피츠버그대 대학원 정치학 박사. 서울대 교수. 국회의원. 대통령공보수석비서관. 인천대 총장. 한국정치학회장 등 역임. 현재 동아일보 사장. 주요 저서로 『한국정치론』 『한국전쟁』 『러시아 혁명사』 『한말의 서양정치학 수용 연구』 등이 있다.

주

1) 한 저자는 한반도를 'Nexus of East Asia'라고 표현하고 있다. David I. Steinberg, *Korea: Nexus of East Asia*(New York: American-Asian Educational Exchange, Inc., 1968), p. 1.
2) 이러한 제안들을 당시의 史籍과 외교 문서의 분석을 통해 가장 권위 있게 밝힌 논문은 盧啓鉉, 「한국분할안에 관한 역사적 고찰」, 『한국외교사연구』(서울: 해문사, 1967), pp. 152~179.
3) 이 점들은 다음의 저서에 철저히 분석되고 있다. Soon-Sung Cho, *Korea in World Politics, 1940~1950: An Evaluation of American Responsibility*(Berkeley: University of California Press, 1967), Chaps. 1~2.
4) Anthony Eden, *The Memoirs of Anthony Eden: The Reckoning*(Boston: Houghton Mifflin Co., 1967), p. 438; Cordell Hull, *Memoirs*, 2 vols.(New York: Macmillan Co., 1948), II. p. 1596.
5) Samuel Rosenman(ed.), *The Public Papers and Addresses of Frankin D. Roosevelt*(New York: Harper & Bros., 1950), 1942 volume, p. 476.
6) 미국·영국·중국은 다음과 같이 선언했다. "한국 국민의 노예 상태에 유의하여 적당한 시기에 한국이 해방되고 독립하게 될 것을 결의한다." 카이로선언문의 전문은 다음에 포함되어 있다. U. S. Department of State, *In Question of Peace and Security: Selected Documents of American Foreign Policy, 1941~1951* (Washington, D. C.: USGPO, 1951), p. 10.
7) 루스벨트의 특별 보좌관인 홉킨스(Harry Hopkins)가 마련한 초안에는 한국의 독립은 '가장 조속한 시일 내에'(at the earliest possible moment) 부여된다고 명기되어 있었으나 루스벨트가 '적당한 시기에'(at the proper moment)로 고쳤고 문필에 능한 처칠이 'in due course'로 다듬었다. U. S. Department of State, *Foreign Relations of the United States: Diplomatic Papers, Conferences and Teheran, 1943*(Washington, D. C.: USGPO, at Cairo, 1951), pp. 339, 404.
8) Robert E. Sherwood, *Roosevelt and Hoprins: An Intimate History*(New York: Harper & Bros., 1948), p. 777.
9) U. S. Department of State, *Foreign Relations of the United States: The Confernces at Malta and Yalta*(Washington, D. C.: USGPO, 1955), pp. 770, 984.

10) 예를 들면, *New York Times*, 1 March 1948; 『서울신문』, 1947년 12월 25일자; 林炳稷, 『임정에서 인도까지: 임병직 외교회고록』(서울: 여원사, 1964), pp. 261~263.

11) Leland M. Goodrich, *Korea: A Study of U. S. Policy in the United Nations* (New York: Councill on Foreign Relations, 1956), pp. 11~12.

12) Robert E. Shewood, 앞의 책, p. 903.

13) Harry S. Truman, "Years of Trial and Hope," *Memoirs*, 2 vols.(N. Y.: Doubleday and Co., 1956), II, p. 317.

14) 포츠담선언의 전문은 다음에 포함되어 있다. U. S. Congress, Senate Committee on Foreign Relations, *A Decade of American Policy: Basic Documents, 1941~1949*(Washington, D. C.: USGPO, 1950), p. 50.

15) Harry S. Truman, 앞의 책, p. 351.

16) U. S. Department of the Army, *United States Army in the Korea War: South to the Naktong, North to the Yalu*, Prepared by Roy E. Appleman, Office of the Chief of Military History(Washington, D. C.: USGPO, 1961), pp. 3~4. 저자의 기록은 1952년 헐 장군과의 회견에 근거를 두고 있다. 이와 비슷한 국무성 관리의 언급에 대해서는 *Time*, 1950년 7월 3일, p. 15 참조.

17) Truman, "Years of Decisions," *Memoirs*, pp. 433~434.

18) U. S. Department of State, *Foreign Relations of the United States, 1945* (Washington, D. C.: USGOP, 1969), VI, p. 1039.

19) 같은 책.

20) 주 17, pp. 440~445. 소련 정부의 입장에 대해서는 The Soviet Ministry of Foreign Affairs, *Stalin's Correspondence With Churchill, Attlee, Roosevelt and Truman: 1944~1945*(London: Lawrence and Wishart, 1958), pp. 266~268.

21) 이러한 군사적 편의주의설은 미국 정부의 공식 해명과 일치하는 것이다. 트루먼도 "38선은 일본 전쟁 기구의 급작스러운 붕괴가 한국에서 진공을 만들었을 때 실제적 해결로서 미국에 의해 제안되었다"고 회고하고 있다. 주 13, p. 317.

똑같은 내용의 미국무성 설명에 대하여는 U. S. House of Representatives, 81st Congress, 1st Session Hearing on House Report No. 5330, *Korea Aid*, House Committee on Foreign Affairs(Washington, D. C.: USGPO, 1949), pp. 118~119. 국무장관의 회고록인 James F. Byrnes, *Speaking Frankly*(New

York: Harper & Bros., 1947), pp. 121~122. 이러한 군사적 편의주의에 입각한 분석은 Shannon McCune, "The Thirty Eighth Parallel in Korea," *World Politics*, vol. 1, No. 2(January 1949), pp. 223~232; Arthur L. Grey, Jr., "The Thirty-Eighth Parallel," *Foreign Affairs*, vol. 29, No. 3(April 1951), pp. 482~487이 대표적이다. 소련 외교 정책을 분석한 Max Beloff, *Soviet Policy in the Far East: 1944~1951*(London: Oxford University Press, 1953), p. 151도 이 설을 주장하고 있다. 이 저서에 따르면, "38선을 군사경계선으로 규정한 일반명령 제1호가 스탈린에게 제출되었을 때, 만주에 있는 일본군의 맹렬한 저항을 받고 있던 소련은 38선에 관한 그러한 문서에 머리를 쓸 겨를이 없었다. 얼떨결에 일본이 항복하고 전투가 끝난 뒤에 보니까 어느새 소련군은 38선 이북에, 미군은 38선 이남에 진을 치고 마주 보게 된 것이다"라고 쓰고 있다. 이 군사적 편의주의설은 미국과 한국의 학계에서 일단 정통론으로 받아들여졌다. 예컨대, Leland M. Goodrich, 앞의 책, pp. 12~16; 노계현, 앞의 논문, pp. 169~171; Soon-Sung Cho, 앞의 책 등등이다. 또 박준규, 「누가 38선을 그었는가」, 『新東亞』(1965년 8월), pp. 274~280 등도 있다. 필자의 논리 전개도 이 McCune-Grey-조순승식 해석에 입각하고 있다.

이 설을 부인하는 대표적인 것으로 이용희, 「38線劃定新攷: 蘇聯對日參戰史에 沿하여」, 『亞細亞學報』, 제1집(「霞城李宣根博士華甲紀念論叢」, 1965년 12월), pp. 409~464가 있다. 이 논문이 인용하고 있는 자료도 위에 지적된 자료와 거의 같다. 다만 해석상의 차이가 있다. 이 교수는 McCune-Grey설이 한반도의 분단을 "항복 문제로 인하여 돌발적으로 구성된 그야말로 단순하고 기술적인 항복 접수선으로 설명함으로써 그 의의를 극소화하여 塗抹하려는 한 경향이 있는 것을 발견한다"고 개탄하고 있다. 또 미국의 자료 공개 방식도 강대국의 책임을 극소화하려는 의도가 숨어 있는 것 같다고 지적하고 있다. 이 교수는 루스벨트가 소련 및 중국(장개석)의 한반도에 대한 전통적인 영토적 탐욕을 간파하고 이를 견제하기 위해 이들을 포함한 한반도 신탁 통치라는 공동 관리를 제의한 것으로 보며 특히 소련의 위협 아래 한반도의 반이라도 건져 보자는 속셈으로 정략적으로 38선을 긋게 된 것 같다고 본다. 이와 비슷한 해석은 정용석, 「38선 획정과 미국의 책임」, 『신동아』(1971년 8월), pp. 124~137이 있다.

22) 독일과 베트남 분단에 관한 국내의 안내서로 김철수·김지운, 『분단국의 문제』(서울: 삼성문화재단, 1972), 삼성문화문고 20; W. Grewe, *Deutsche*

Aussenpolitik der Nachkriegszeit(Stuttgart, 1960); R. Thilenius, *Die Teilung Deutschlands, Eine Zeitgeschichtliche Analyse*, 1957.

23) '국제형' 분단과 '내쟁형' 분단의 분류와 이에 의한 베트남 분단의 성격 규정을 위해서는 홍승면, 「분단국문제의 재발견」, 동아일보사 안보통일문제조사연구소 편, 『동서독과 남북한: 통일방식의 유사성과 이질성』(서울: 1973), pp. 9~36.

24) 물론 이것이 전시 중 미국의 對蘇 경계심을 과소평가하는 것은 아니다. 미국의 대소 경계심은 특히 포츠담회담을 앞두고 미육군성이 작성한 각종 상황 판단서에 산견된다. U. S. Department of State, *Foreign Relations of the United States; Diplomatic Papers, The Conference of Berlin(Potsdam Conference)*, *1945*, 2 vols(Washington, D. C.: USGPO, 1960).

25) R.V. Burks, "Eastern Europe," C.E. Black and T.P. Thornton(eds.), *Communism and Revolution*(Princeton: Princeton University Press, 1964), pp. 86~93.

26) 남북 정권의 baggage-train government적 성격을 강조하고 있는 저술들은 다음과 같다. 梁好民, 『북한의 이데올로기의 정치』, 2 vols.(서울: 고대아세아문제연구소, 1967), I; 朴東雲, 『북한통치기구론』(서울: 고대아세아문제연구소, 1964), 제1장; U. S. Department of State, *North Korea; A Case Study in the Techniques of Takeover*(Washington, D. C.: USGPO, 1961); J.W. Washburn, "Russia Looks at Northern Korea," *Pacific Affairs*, XX, No. 2(June 1947), pp. 152~160; W. B. Dublin, "The Political Evolution of the Pyongyang Government," *Pacific Affairs*, XXIII, No. 4(December 1950), pp. 339~355.

27) U. S. Department of State, *North Korea; A Case Study*, pp. 15~17.

28) 양호민, 『북한의 이데올로기와 정치』, I, p. 36.

29) 이 점에 대해 특히 강조하고 있는 서술은 Robert A. Scalapino and Chong-Sik Lee, *Communism in Korea*(2 vols., Berkeley: University of California Press, 1973), I(*The Movement*), pp. 337~338; 페이지 교수도 소련의 북한 점령 초기 정책에 대한 자세한 연구는 아직 없다고 주장한다. Glenn D. Paige, *The Korean People's Democratic Republic*(Stanford: The Hoover Institution on War, Revolution and Peace, 1966), p. 28.

30) Chong-Sik Lee, "Politics in North Korea; Pre-Korean War Stage," *China Quarterly*, No. 14(April~June 1963), p. 4.

31) 김일성이 1941년 일본군에 쫓겨 시베리아로 간 뒤 다시 북한에 나타날 때까지의 활동에 대해서는 아직 정확한 기록이 없다. 북한의 공식 간행물들, 예컨대 Baik Bong, *Kim Il-Sung Biography*(3 vols., Tokyo: Miraisha, 1969), I도 이 시기에 대해 침묵하고 있다. 韓載德 등은 김이 시베리아로 쫓겨난 뒤 하바로프스크 부근에서 훈련을 받고 Chistiakov 장군 휘하에서 스탈린그라드 전투에 참전했고 소련군 소좌 계급장을 달고 입북했다고 주장한다. 한재덕, 『김일성을 고발한다』(서울: 내외문제연구소, 1965)와 『한국의 공산주의와 북한의 역사』(서울: 내외문제연구소, 1965) 및 Hun Ryu, *Study of North Korea*(Seoul: Research Institute of International and External Affairs, 1966), p. 152. 1944년 11월의 일본 정보로는 김일성이 블라디보스토크 근처의 Okeanskaya Field School에서 훈련을 받았고, 모스크바를 두 차례 왕복하면서 "만주에 있어서 연합국의 노력을 조정하는 데 일조하고 있었다"는 것이다.

"Kin Nichi-Sei Nokatsudo jokyo," *Tokko gaiji geppo*, November 1944, pp. 76~78. Dae-Sook Suh, "A Preconceived Formula for Sovietization: The Communist Takeover of North Korea," *Journal of East and West Studies*, vol. I(April 1973), p. 104로부터 재인용. 김일성에 관한 연구로는 Chong-Sik Lee, "Kim Il-Sung of North Korea," *Asian Survey*, vol. VII, No. 6(June 1967), pp. 374~382; Dae-Sook Suh, *The Korea Communist Movement, 1918~1948*(Princeton: Princeton University Press, 1967), pp. 256~286.

여기 하나 재미있는 것은 북한도 초기에는 또 하나의 김일성이 있음을 시인했다는 점이다. 1948년 4월 21일의 평양방송에 따르면, 당시 평양에서 열린 남북회담 때 '김일성 장군'이 아닌 또 하나의 노인 김일성을 소개하고 그로 하여금 '김일성 장군'을 찬양하는 연설을 하게 했다. F.B.I.S., *Daily Report*, 23 April 1948, "Korea."

32) H. Seton Watson, *The East European Revolution*(New York, 1961), pp. 169~171; 같은 저자의 *Form Lenin to Malenkov; the History of world Communism*(New York: Praeger, 1955), pp. 148~149.

33) 첫 번째 문건은 북한의 『朝鮮中央年鑑』(1949), p. 57; 두 번째 문건은 金昌順, 『北韓十五年史』(서울: 지문각, 1961), p. 47에 있다.

34) 북한의 『조선중앙연감』(1949), p. 58.

35) 「정치노선에 관하여」와 현준혁에 대한 비판은 Scalapino and Chong-Sik Lee,

앞의 책, p. 322 참조. 그밖은 『朝鮮解放一年史』(서울: 1948), p. 118과 Kin Shyo-Mei, *Chosen Shinminshu-Shugi Kakumeishi*(Tokyo: Gogatsu Shoho, 1953), p. 164.

36) Scalapino and Lee, 앞의 책, I. pp. 332~333. 이들은 10월 중순에 소련의 북한 점령 정책이 정형되었다고 본다.

37) 한재덕, 『김일성을 고발한다』, p. 136. 오늘날 북한의 모든 간행물에서는 '북조선 분국'이란 문구는 말소되고 그 대신 '조선공산당 북조선조직위원회'로 기록되어 있고 조직 일자도 10월 10일로 되어 있다. 예컨대 Baik Bong, 앞의 책, II. p. 42 는 1945년 10월 10일 '북조선공산당 중앙조직위원회'가 결성되었다고 쓰고 있다. 그러나 『조선중앙연감』(1949), p. 715는 10월 13일에 북조선 분국이 설치되었다고 쓰고 있다.

38) 이 해석은 주 27과 양호민, 앞의 책, p. 87 참조.

39) Scalapino and Lee, 앞의 책, I의 화보에 김일성을 환영하기 위한 군중 대회의 사진이 있다. 이 사진을 보면 마이크 앞에 서 있는 김일성 뒤에 소련 장교 몇 명이 서 있는 것이 뚜렷하게 보인다. 그러나 오늘날 북한의 간행물에 나오는 바로 이 사진에는 소련 군인들을 지워 전혀 보이지 않는다.

40) 같은 책.

41) 같은 책.

42) 孫世一, 「한국분단의 배경과 특성」, 동아일보사 안보통일조사연구소편, 『동서독과 남북한』, pp. 357~359에서 재인용.

43) Supreme Command for Allied Powers, *Summation of Nonmilitary Activities in Japan and Korea*, No. 1(September 1945), p. 177.

44) Leland M. Goodrich, 앞의 책; 조순승, 앞의 책은 건준이 당시 한국에서 '유일한 정치적 결집 세력'이었으며, '사실상'(de facto)의 '정부'였다고 보고 이를 인정하지 않은 미군정의 '실책'을 비판하고 있다. 비슷한 견해는 Gregory Henderson, *Korea: The Politics of the Vortex*(Cambridge, Mass.: Harvard University Press, 1968), pp. 119~121. 그러나 이 문제는 더 깊이 검토해야 할 성질의 것이다.

45) U. S. Department of State, *Foreign Relations of the United States*, 1945, VI, pp. 113~130.

46) 이 문제는 당시 조선총독부의 행정 관리와 철도 관계자들의 증언을 수록한 森田芳夫의 『朝鮮終戰の記錄』에 잘 나타나 있다. 曹圭河·李庚文·姜聲才, 『南北의

對話』(서울: 한얼문고, 1972), pp. 70~71에서 재인용.

47) Harry S. Truman, 앞의 책, p. 319. 소련군 사령관이 본국 정부로부터 부여받은 권한은 순전히 점령 통치에 관한 제반 문제에 국한되었던 것 같다. 이에 비해 하지는 본국 정부로부터 '통일행정부'(a unified administration) 수립에 관해 소련군 사령부와 협의할 충분한 권한을 부여받고 있었다. Soon-Sung Cho, 앞의 책, pp. 94~95 참조.

48) James F. Byrnes, *Speaking Frankly*, p. 111; Truman, 앞의 책, p. 319. 그런데 Byrnes는 신탁 통치안의 현실성에 대해서는 이미 비관적이었다.

49) James F. Byrnes, 같은 책, p. 222.

50) U. S. Department of State, *Moscow Meeting Ministers: December 16~26, 1945*(Washington, D. C.: USGPO, 1946), pp. 14~16. 소련의 입장을 위해서는 The Soviet Ministry of Foreign Affairs, *The Soviet Union and the Korean Question*(London, 1950).

51) 손세일, 앞의 글, p. 371. 학계 일부에서는 당시 탁치를 받아들였더라면 분단(또는 한국전쟁)을 면할 수 있지 않았겠느냐는 조심스러운 회고적 분석(retrospective analysis)이 나오고 있다. 예컨대 B.C. Koh, "Dilemmas of Korean Reunification," *Asian Survey*, vol. XI, No. 5(May 1971), p. 478.

한편, '한국 임시정부의 수립'이라는 관점에서 신탁 통치안을 좀더 긍정적으로 분석하고 있는 논문은 崔相龍, 「아시아냉전의 초점」, 『서울평론』, 제86호(1975년 7월 10일), pp. 36~45. 그는 특히 반탁 운동과 당시 국내 정치 세력과의 이해관계를 날카롭게 파헤쳐 반탁 운동의 정치적 성격을 이해하는 데 도움을 주고 있다.

52) (i) 좌우파의 움직임에 대해서는 Supreme Command for Allied Powers, 앞의 책, No. 4(Jan. 1946), pp. 281~283 참조.

(ii) 남한공산계 정당의 성명은 *New York Times*, 11 January 1946.

(iii) 공산당은 모스크바협정에서 규정한 신탁 통치를 러시아어의 Opeka라고 설명했는데, 이것은 영어의 guardianship 또는 trusteeship과 같다고 한다. 미·소 간에 논의된 신탁 통치의 개념에는 international trusteeship과 tutelage가 있었는데, 러시아어의 Opeka는 tutelage(후견제)의 뜻을 갖는다고 한다. 손세일, 앞의 글, p. 394.

53) 森田芳夫, 앞의 책, 제5장.

54) 같은 책.

55) 韓太壽, 『韓國政黨史』(서울: 신태양사, 1961), p. 72; 손세일, 앞의 글, pp. 375~376.

56) Supreme Command for Allied Powers, 앞의 책, September 1945~February 1946, p. 282.

57) U. S. Department of State, *Korea's Independence*(Washington, D. C.: USGPO, 1947), pp. 3~4.

58) D.G. Tewksbury(comp.), *Soruce Materials on Korean Politics and Ideologies*(New York: Institute of Pacific Relations, 1950), p. 78.

59) D.G. Department of State, 앞의 책, pp. 3~5; United States Armed Forces in Korea, *Summation of U. S. Army Military Government Activities in Korea*, August 1946, p. 101 및 May 1946, p. 17.

60) 한 저서는 이 5월 8일이 미·소 점령군의 관계에서 결정적 분수령이었다고 주장하고, 그 이유로 이날 이후 양측의 관계가 급격히 악화한 것을 들고 있다. George M. McCune and Arthur Grey, Jr., *Korea Today*(Cambridge, Mass.: Harvard University Press, 1950), p. 52.

61) 주 Scalapino and Chong-Sik Lee, 앞의 책, pp. 340~341에서 재인용.

62) 여기에 열거된 각 강령 및 법령은 F.B.I.S., *Daily Report*, 1947년 2월부터 8월 사이에서 뽑은 것임.

63) 특히 공산당과 신민당의 합당에 관해서는 1946년 6월 29일의 김두봉 연설 참조. Dae-Sook Suh, *Documents of Korean Communism: 1918~1948*(Princeton University Press, 1970), pp. 495~496.

64) U. S. Department of State, *Foreign Relations of the United States 1946*, vol. VIII(Washington, D.C: USGPO, 1971). 1946년 5월 25일 미국무 장관도 미군정 정치 고문 랭던에게 보내는 전문에서 "미·소공위가 재개되지 않으면 미국인은 남한에 단독 정부(a separate government in South Korea)의 수립을 추진해야 한다"고 지적했다. 같은 책, p. 689.

65) Supreme Command for Allied Powers, 앞의 책, No. 13(October 1946), pp. 13~18; 이승만의 정읍 발언은 *New York Times*, 9 June 1946.

66) Robert T. Oliver, *Syngman Rhee: The Man Behind the Myth*(New York: Dodd, Mead and Co., 1954), pp. 228~232.

67) Supreme Command for Allied Powers, 앞의 책, No. 16(January 1947), pp.

22~23; No. 18(March 1947), pp. 14~16.
68) 같은 책, No. 13(October 1946), p. 23; No. 14(November 1946), p. 24; George M. McCune and Arthur Grey, Jr., 앞의 책, pp. 67~68.
69) 1947년 2월 19일의 평양방송은 이 북한인민위원회가 북한에 있어서 인민정부의 최고기관이라고 말하고 있다. F.B.I.S., *Daily Report*, 21, 25 Febryary 1947.
70) U. S. Department of State, *Bulletin*, 20 April 1947, p. 716.
71) U. S. Department of State, *Korea's Independence*, pp. 33~55.
72) 같은 책, p. 56; U. S. Department of State, *Bulletin*, 28 September 1947, p. 623.
73) W. Macmahon Ball, *Nationalism and Communism in East Asia*(Melbourne: Melbourne University Press, 1955), p. 54.
74) William G. Carelton, *The Revolution in American Foreign Policy*(New York: Random House, 1957), p. 53.
75) Harry B. Price, *The Marshall Plan and Its Meaning*(Ithaca: Cornell University Press, 1955).
76) Zhdanov의 연설 전문은 Andrei Zhdanov, *The International Situation* (Moscow: Foreign Languages Publishing House, 1947).
77) 인용문은 Zhdanov의 것이 아니고 Rubinstein의 것이다. Alvin Z. Rubinstein(ed.), *The Foreign Policy of the Soviet Union*, 2nd ed.(New York: Random House, 1968), p. 217.
78) Marshall 국무 장관의 제안 연설은 U. S. Department of State, *Bulletin*, 28 September 1947, p. 620.
79) Soon-Sung Cho, 앞의 책, pp. 162~168.
80) Stanley Hoffmann, *Organizations Internationales et Pouvoirs Politioque des Etas*(Paris: Armand Colin, 1954), p. 142. Kyung-Won Kim, "Korea, the United Nations and the International System," *Journal of Asiatic Studies*, vol. XIII, No. 4(December 1970), p. 433에서 재인용.
81) U. N. Document, A/C. I/195 and 218.
82) U. N. Official Document, Verbatim Record, Second Session, 1947, the Plenary Meetings, vol. I, p. 299.
83) U. N. Document, A/C. I/229.
84) U. N. Official Record, Second Session General Assembly Resolution

112(11), pp. 16~18.
85) 같은 책.
86) U. N. Document, A/575, and I, p. 8.
87) U. N. Document, A/AC. 18/SR, 9.
88) U. N. Document, A/AC, 19/48.
89) F.B.I.S., *Daliy Report*, 21 November 1947, 12 January 1948.
90) (i) 한 소식통은 1945년 10월에서 1948년 4월 사이에 약 80만 명이 월남했다고 주장하고 있다. Philip Rudolph, *North Korea's Political and Economic Structure*(New York: Institute of Pacific Relations, 1959), p. 17. 그러나 미국무성은 이와 비슷한 시기에 약 200만 명이 월남했다고 주장했다. U. S. Department of State, *North Korea: A Case Study*.
(ii) 이승만의 발언에 대해서는 USAFIK, *South Korean Interim Government Activities*, December 1947, p. 161.
91) USAFIK, 앞의 책, March 1948, p. 153.
92) 1948년 7월 9일 김일성은 다음과 같이 주장했다. "이 연석회의에는 좌익, 중간파 및 다수 우익 정당과 사회단체들의 대표들이 참석했다. 남북 연석회담은 전체 조선 인민의 의사를 대표하여 남조선의 단독 선거를 거부하기로 결정했다."
93) 이 회담에 참석했던 남한 대표들의 증언은 森田芳夫, 앞의 책, 제7장에 잘 요약되어 있다.
94) F.B.I.S., *Daily Report*, 3 May 1948. 한 학자는 이 회의가 권력을 장악한 공산주의자와 실권 중인 사적 개인 및 단체와의 회의라는 점에 착안하여 후자의 실패를 논하고 있다. Chong-Sik Lee, "Negotiations Among Private Groups," *Journal of Asiatic Studies*, vol. XIII, No. 4(December 1970), pp. 379~392.
95) (i) 남북회담의 진행 상황 및 결정 사항에 대한 평양 측 방송은 F.B.I.S., *Daliy Report*, 19, 23 April 1948.
(ii) 남북회담에 대한 김구의 입장을 보기 위해서는 손세일, 『이승만과 김구』(서울: 일조각, 1970), pp. 282~315. 김규식의 입장을 보기 위해서는, 이정식, 『김규식의 생애』(서울: 신구문화사, 1974), 제11장, 신구문고 13.
96) U. N. Document, A/AC, 19/80, p. 12.
97) U. S. Department of State, *Bulletin*, 22 August 1948, p. 242. 미국이 한국 정부를 공식 승인한 것은 1949년 1월이다.

98) 대한민국 정부에 대한 미군정 당국의 권한 이양은 1948년 9월 11일 한·미 간의 재정 및 재산에 관한 최초 협정의 체결에 의해 완결되었다.
99) U. S. Department of State, *The Record on Korean Unification, 1943~1960*(Washington, D. C.: USGPO, 1960), p. 12.
100) *Yearbook of the United Nations*, 1948~1949, p. 116.
101) (i) 결의안에 대해서는 U. N. Document, A/806 참조.

 (ii) 대한민국 정부의 정당성과 북한 정권의 정당성의 결여를 국제법적으로 해석한 논문은 Hyong-Kon Han, "Legal Problems of the Korean War," *Korean Journal of International Studies*, vol. 4, No. 3~4(October 1973), pp. 67~72.
102) (i) F.B.I.S., *Daily Report*, 23, 24, 26, 31 August 1948.

 (ii) 북한 헌법의 제정 과정에서 이미 1948년 7월에 '조선민주주의 인민공화국'의 명칭이 나온다. 1948년 7월 10일의 평양방송 참조. F.B.I.S., *Daily Report*, 13 July 1948.
103) George M. McCune and Arthur Grey, Jr., 앞의 책, pp. 246~247.
104) 주 102 참조.
105) Soon-Sung Cho, "United States Policy toward Korean Reunification during the Truman Administration," *Journal of Asiatic Studies*, vol. XIII, No. 4(December 1970), pp. 79~90.
106) Leland M. Goodrich, 앞의 책, p. 41.

"반민족행위처벌법이 국회에서 많은 논란을 거듭하면서 심의되는 동안 국회 밖에서는 지지와 반대로 국민 여론이 갈라져 열띤 공방전이 벌어졌다. 지지하는 쪽은 민족진영을 비롯한 대부분의 국민들이었고, 반대하는 쪽은 반민족행위처벌법이 제정되면 크게 다칠 친일 세력 등이었음은 물론이다."

● 오익환

2

반민특위의 활동과 와해 | 오익환
일제 말 친일 군상의 실태 | 임종국

반민특위의 활동과 와해

오익환

1 머리말

8·15광복으로 일본 식민 통치의 질곡에서 해방된 우리 민족에 부과된 시급한 당면 과제는 35년에 걸친 일제의 간악한 정책으로 말살되었던 민족정신을 회생하는 문제였다. 그것은 자유를 되찾은 해방된 민족으로서 새 시대에 부응하는 민주적 질서를 확립하여 그 바탕 위에 온 민족이 염원하는 민족 국가를 건설하기 위해서는 꼭 필요한 역사적 소명 사업이기도 했다.

일제 식민 통치는 우리나라의 정치·경제·사회·문화·교육·산업 분야 등 우리 민족의 골수에까지 깊은 식민주의적 상처를 남겨 놓았기 때문에, 이러한 식민주의적 상흔을 말끔히 씻어 내고 치유하지 않고서는 새로운 국가 창설이란 아무런 의미가 없기 때문이었다. 이러한 당면 과제는 과거 일제의 통치하에서 민족의식을 망각하고 오로지 개인의 영달만을 위해 일제에 민족을 팔아먹었거나 아부 협력했던 민족 반역자·친일파들을 민주적 새 질서를 건설하려는 시대적 요청에 따라 사회 각 분야의 지도적·실권적 지위에서 깨끗이 배제 숙청함으로써 실현될 성질의 것이었다.

그러나 필요하고도 화급을 요했던 민족 반역자, 친일분자 등에 대한 숙청 작업은 근 3년간에 걸친 미군정기에 전혀 실현되지 못하다가 1948년 8월 대한민국이 건국된 이후에야 착수되었다. 즉 1945년 8월 15일 이후 그 이듬해인 1946년 봄까지 조직 결성되었던 주요 정당·사회단체들은 민족 반역자 및 친일분자들의 제거를 요구하고 나섰으나, 1945년 9월로 38선 이남에 진주, 군정을 편 미군 당국은 '한국에서 점령 정책을 수행할 인재의 부족'을 이유로 일제 총독 체제하의 관공리 등 공직자들을 그대로 현직에 앉혀 그들의 행정력을 이용했던 것이다. 이렇게 되자 일제 식민 통치의 앞잡이로 숱한 애국 투사와 독립운동가를 체포 고문했던 악질적 고등경찰은 물론, 일제에 협력했던 지식인·관공리들은 민족의 심판을 받기는커녕 오히려 미군정의 비호 아래 막강한 권한을 휘두르는 지배적 지위를 향유하면서 새로운 정치적 집단으로 등장, 민족정기에 입각한 신국가를 세우려던 국민적 여망에 커다란 장애 요인으로 작용하기에 이르렀다.

이러한 와중에서도 1947년 6월 미군정의 뒷받침으로 구성된 과도정부 입법의원은 반민족 행위자들의 진출을 봉쇄하기 위해 입법의원 선거법에 그들의 공민권을 제한했으며 그해 7월 전문 4장 12조의 '민족 반역자, 부일협력자, 모리 간상배에 관한 특별법'을 제정, 반민족 행위자들에 대한 숙청 문제를 다시 거론하고 나섰다. 이 법률은 일제의 관료들을 포용했던 미군정에 의해 공포되지 못해 반민족 행위자들에 대한 숙청 문제는 1948년 8월 15일 건국된 대한민국으로 그 바통이 넘겨졌다.

미군정으로부터 바통을 넘겨받아 반민족 행위자들에 대한 숙청 작업에 나선 반민족행위특별조사위원회(약칭 반민특위)는 반민족행위처벌법 발의 때부터 활동을 끝낸 1949년 8월 말까지 약 1년 동안 682건의 반민 사건을 취급했으나 이승만의 정략적인 견제와 친일 세력들의 끈덕진 방해로 실효를 거두지 못하고 오히려 그들에게 분쇄되는 운명을 맞음으로써 민족적 과업은 수포로 끝나고 말았으며 이승만의 장기 독재까지도 가능케 했다는 평을 남기고 있다.

이러한 관점에서 민족 반역자·부일협력자들에 대한 숙청 작업, 즉 반민특위의 활동이 어떻게 전개되었으며 어떻게 귀결되었는가 하는 과정을 살펴보기로 한다.

2 반민특위의 성립·활동·와해

반민족행위처벌법의 발의

대한민국의 기초가 되는 헌법이 제정된 지 20일이 지난 1948년 8월 5일 제헌국회의 제40차 본회의에서는 일본 제국주의의 앞잡이 노릇을 한 친일파나 부일협력자들을 처단하기 위한 법 제정을 둘러싸고 열띤 논쟁이 벌어졌다. 8·15광복 후 3년이나 미뤄 왔던 친일파들에 대한 겨레의 원분(怨憤)을 풀어 신생 자주독립국가의 기초를 튼튼히 다지자는 민족의 여망을 논하는 자리였기에 한여름 민의의 대변장은 개회 벽두부터 뜨거운 열기로 가득 찼다.

이날 오전 10시 국회의장 신익희의 사회로 개막된 본회의에서 반민족행위를 한 친일분자들을 처벌할 특별법을 제정하자는 주장을 가장 열렬히 지지한 국회의원들은 노일환(盧鎰煥), 김명동(金明東), 김상돈(金相敦) 등 소장 의원들이었다. "친일파, 민족 반역자를 처단하는 것은 민족정기를 바로잡아 신생 국가의 기초를 튼튼히 다지기 위해서 하루라도 빨리 실천되어야 한다"는 주장이었다.

물론 이날 본회의에 참석한 모든 국회의원이 이 같은 주장을 지지하고 나선 것은 아니었다. 일부 의원들은 건국 초창기에 많은 사람을 처단하는 것은 사회 혼란을 조장할 뿐이라는 이유를 들어 신중론을 폈다. 그러나 수적으로도 열세인 신중론은 당시의 민족적 여망과 시대적 요청을 반영한 강경론을 누를 만큼 설득력도 논리도 없었다.

결국 이날 국회 본회의는, 이미 제정 공포된 헌법 제101조의 "이 헌법을 제정한 국회는 서기 1945년 8월 15일 이전의 악질적인 반민족 행위를 처벌하는 특별법을 제정할 수 있다"에 의거, '반민족행위처벌법 기초특별위원회'를 구성하자는 김웅진(金雄鎭) 의원의 동의를 가결했다. 국회는 또 동 기초위원회는 28명의 국회의원으로 구성할 것도 아울러 결의, 서울과 각 도 출신 의원 중 3명씩(제주도는 1명)을 추천받아 기초특별위원회(위원장 김웅진, 부위원장 김상돈)를 구성, 법안 기초 작업에 착수했다. 기초위원 28명은 다음과 같다.

    서울: 김상돈(金相敦) 이영준(李榮俊) 윤재욱(尹在旭)
    경기: 서정희(徐廷禧) 김웅진(金雄鎭) 김경배(金庚培)
    충북: 홍순옥(洪淳玉) 송필만(宋必滿) 연병호(延秉昊)
    충남: 김명동(金明東) 송진백(宋鎭百) 남궁현(南宮炫)
    전북: 이문원(李文源) 배 헌(裵 憲) 오기열(吳基烈)
    전남: 장홍염(張洪琰) 조국현(趙國鉉) 황병규(黃炳珪)
    경북: 박상영(朴湘永) 한암회(韓巖回) 이 석(李 錫)
    경남: 박해극(朴海克) 강욱중(姜旭中) 박윤원(朴允源)
    강원: 김광준(金光俊) 홍범희(洪範熹) 장기영(張基永)
    제주: 오용국(吳龍國)

  국회 결의로 긴급 구성된 기초특별위원회는 다음 날 중앙청 특별회의실에서 특별법안을 기초하기 위한 첫 회합을 하고 새로 법률안을 성안하려면 시일이 촉박하니 새로 법률안을 만들 것이 아니라 군정 때 입법의원에서 만들었던 '민족 반역자, 모리 간상배 등 처벌에 관한 특별법률조례'안을 참고로 하자는 의견을 모았다.
  이에 따라 전문의원인 고병국(高秉國)은 입법의원의 법률조례안을 토대로 전문 32조의 법률안을 초안했다. 이 법률안은 8월 9일자로 김웅진 외 27인의 이름으로 국회에서 제출되었는데 그 주요 골자는 다음과 같다.

    1. 한·일합방에 적극 협력한 자, 한국의 주권을 침해하는 조약 또는 문서에 조인한 자 및 모의한 자는 사형 또는 무기징역에 처하고 그

재산의 일부 또는 전부를 몰수한다.
2. 일본 정부로부터 작위를 받은 자, 또는 제국의회 의원이 되었던 자, 또는 독립운동자나 그 가족을 살상 박해한 자는 무기 또는 5년 이상의 징역에 처하고 재산의 전부 또는 일부를 몰수한다.
3. 12개로 대별한 악질적인 행위를 한 자는 10년 이하의 징역에 처하거나 15년 이하의 공민권을 정지하고 재산의 전부 또는 일부를 몰수한다.
4. 반민족 행위를 예비 조사하기 위하여 국회의원 10인으로 특별조사위원회를 구성한다.
5. 특별조사 사무를 분장하기 위하여 서울시 및 각 도에 조사부를, 군에 조사 지부를 설치한다.
6. 본법에 규정된 범죄자를 처단하기 위하여 국회의원 5인, 고등법원 이상의 법관 6인, 일반 사회인 5인으로 특별재판소를 설치하며 국회에서 선출한 특별검찰부를 병치한다.

국회기초특별위원회로부터 법률안을 제출받은 국회는 1주일 후인 8월 17일 제42차 본회의를 열어 김웅진 의원으로부터 제안 설명을 듣고 본격적인 법률안 심의에 들어갔는데, 이날 회의에서 질의에 나선 의원은 서우석(徐禹錫), 박해정(朴海禎), 신현돈(申鉉燉), 조한백(趙漢栢), 이원홍(李源弘) 등이었다.

서우석 의원 등의 질의 요지 ① 제3조 가운데 '악의'라고만 되어 있는데 그 기준을 어디에 둘 것이며 '지휘한 자'라는 표현은 지휘한 자에 한하고 지휘를 받아 집행한 자는 포함되지 않는지 ② 제4조는 개개의 행위가 아니라 직위를 기준해서 일정한 직위에 있던 자는 악질이건 아니건 전부 처벌한다고 해석하는 것인지 ③ 제3조에서 '무기 또는 5년 이상의 징역에 처한다'고 규정했는데 살인범은 사형에 처하도록 규정한 일반 형법에 비해 애국 독립운동자를 살상한 민족 반역자에 대한 형벌로는 너무 가볍지 않은지 ④ 제4조 1, 2, 3호까지 각 호에 해당한 자를 당연범으로 하지 않고 선택범(選擇犯)으로 한다면 기타에 대해서는 별로 처벌을 받을 자가 없지 않은지 ⑤ 제4조에서 '악질적 죄적(罪迹)이 현저한' 등의 문구는 그 한계가 애매하다. ⑥ 제5조에서 '개전의 정상(情狀)이 현저한 자는 그 형을 경감 또는 면제할 수 있다'고 했는데 그렇다면 처벌을 받을 자가 별로 없지 않은가라는 등의 내용이었다.

이에 대해 답변에 나선 김웅진 기초위원장은 ① 제3조에서 '악의로 살상 박해한 자'라고 한 그 '악의'는 자기의 직무상 부득이하여 행한 행위가 아니라 자유의사에 따라 적극적인 의도하에서 행한 것을 뜻하며 ② 제4조는 일제 시에 고위직 기타 일정한 직에 있으면서 특히 악질적으로 우리 민족을 살상 박해한 자를 선택하여 처벌하자는 것이지 당해직에 있었다고 해서 당연범으로 처벌하자는 뜻이 아니며 ③ 외국의 입법 추세가 사형을 형벌에서 제외하는 경향이므로 최고형을 무기징역으로 한 것일 뿐이다. ④ 칙임관(勅任官) 이상의 관리였던 자, 중추원 부의장 고문 또는 참의였던 자, 밀정 행위자에 대해서는 기초위원회에서도 많이 논의했으나 이들 가운데는 악질적이 아니었던 사람도 있었으므로 선택범으로 했으며 ⑤ 대단히 모호한 것이지만 냉정히 조사한다면 뚜렷이 악질적인 죄적자를 가려낼 수 있을 것이며 ⑥ 일제 시 가벼운 반민족 행위를 했던 자들 중에서 우리 정부가 수립되어 창설해 나가는 이때에 자기의 과오를 뉘우치고 심신을 바쳐 건국에 이바지하는 자는 그 죄과를 경감 또는 면제해 주자는 뜻이라고 설명했다.

이와 같이 법률안에 대한 심의는 벽두부터 열띤 토론의 대상이 되었는데 그것은 이 법률안이 너무 짧은 기간에 급조되다시피 하여 내용이 모호한 부분이 많고 적용 범위가 불분명한 데다 특별재판부와 특별검찰부를 따로 설치한다는 것은 삼권 분립의 기본 정신에 어긋난다는 등등의 이유 때문이었다.

쏟아진 수정안

동 법률안은 국회에 제출되어 1주일 동안의 심의를 거치는 동안 무려 49개의 수정안이 쏟아져 나왔다. 기초위원회는 그중 33건의 수정안은 심의 결과 폐기하고 16건만 채택, 다시 새로운 수정안을 성안·제출했는데, 그 내용은 다음과 같다.

1. 제3조에 '사형'을 추가한다.
2. 제4조 제1항 중 '좌 각 호의 1에 해당한 자를 먼저 공직으로부터 추방하고'를 삽입한다.
3. 제3호를 '고등관 이상의 관리였던 자'로 하고 제6호를 '군·경찰의 관리로서 판임관 이상의 직에 있던 자 또는 고등계 사무를 취급했던 자, 군(軍)·헌(憲) 또는 경무국의 촉탁으로 있었던 자'로 한다.
4. 제5조 제1항을 삭제하여 제2호 중 '민족 운동이나 민족적 사업에 공헌이 현저한 자, 또는 개전의 정이 있는 자'는 그 형을 경감 또는 면제할 수 있게 한다.
5. 고등관의 관공리, 악질 군·경과 그에 아부한 자는 관공리에 임명할 수 없게 한다.
6. 공민권이 정지된 자는 그 기간 중 공무원, 관에서 임명하는 회사 관리인, 사회단체 임원, 출판물에 투고 또는 저작물의 발행·반포 등 직무에 종사하지 못하며, 위반자는 3년 이하의 징역에 처한다.

이 수정안은 다시 축조 심의에 들어가 ①제1·2조 중 '그 재산의 전부 또는 일부'를 '그 재산 및 유산의 전부 혹은 2분의 1 이상'으로 ②제3조에도 '사형'을 추가하며 ③제4조 5호의 '독립을 방해할 목적으로 그 단체를 조직했거나 그 단체의 수뇌 간부로 활동했던 자'로 고치며 ④제5조에 "일제 치하의 고등관 3급 이상, 훈(勳) 5등급 이상을 받은 관리 또는 헌병보, 고등경찰에 있었던 자는 본법의 공소 시효 경과 전에는 공무원에 임용될 수 없다. 단 기술관은 제외된다"를 삽입하는 등 내용이 수정된 후 1948년 9월 7일 제59차 본회의에서 표결에 붙여져 재석 141인 중 가(可) 103표, 부(否) 6표로 가결되었다.

진통에 진통을 거듭했지만 거의 만장일치의 다수결로 국회에서 통과된

'반민족행위처벌법'은 다음 날 정부로 넘겨져 국회 통과 15일 만인 9월 22일, 몇 가지 우여곡절을 거친 후에 대통령 이승만에 의해 공포되었다.

반민족행위특별조사위원회의 발족

전 국민의 관심의 초점이 되었던 반민족행위처벌법이 일부 친일 세력들의 거센 반발에도 불구하고 난산 끝에나마 제정 공포되자 국회는 이 법률에 따라 곧 반민족 행위를 예비 조사할 반민족행위특별조사위원회의 설치를 서둘렀다.

국회는 1948년 9월 29일 김인식(金仁湜) 의원 외 19인이 긴급 동의한 대로 "반민족행위처벌법 제9조에 의하여 특별조사위원회를 구성하자"는 동 의안을 표결에 붙여 재석 145인 중 가 92, 부 1로 가결하고 위원 선임 방법은 김웅진 의원의 동의를 채택, 도별로 뽑아서 국회의 승인을 받도록 했다.

동 조사위원회를 구성하도록 규정한 반민법 제8조와 9조는 다음과 같다.

제8조 반민족 행위를 예비 조사하기 위하여 특별위원회를 설치한다. 특별위원회는 10인으로 구성한다. 특별조사위원은 국회의원 중에서 좌기의 자격을 가진 자를 국회가 선거한다.
① 독립운동의 경력이 있거나 절개를 견수(堅守)하고 성의 있는 자
② 애국의 성심(誠心)이 있고 학식·덕망이 있는 자
제9조 특별위원회는 위원장·부위원장 각 1인을 호선한다. 위원장은 조사위원회를 대표하며 회의에 의장이 된다. 부위원장은 위원장을 보좌하고 위원장이 사고가 있을 때에는 그 직무를 대리한다.

국회의 반민특위 구성 결의에 따라 각 도 출신 국회의원들은 각각 위원을 뽑아 1948년 10월 1일(제79차 본회의)과 동년 10월 11일(제85차 본회의) 이틀에 걸쳐 국회 본회의에 통보하여 개별적인 투표를 실시했다.

그러나 10명 중 8명만이 선임되고 2명은 부결되어 10월 12일 재투표를

실시하기도 했다. 동년 10월 23일에는 선임된 10명의 조사위원이 첫 위원회를 소집하고 위원장과 부위원장도 뽑아 반민특위가 정식으로 발족되었다. 발족한 반민특위의 위원들은 다음과 같다.

위원장: 김상덕(金尚德, 경북)
부위원장: 김상돈(서울)
위원: 조중현(趙重顯, 경기) 박우경(朴愚京, 충북) 김명동(충남) 오기열(전북) 김준연(전남) 김효석(金孝錫, 경남) 이종순(李鍾淳, 강원) 김경배(제주 및 황해) (이상 10명)

반민족행위특별조사위원회는 구성되었으나 10명의 위원단으로는 그 방대한 업무를 감당하기는 일의 성격상 너무나 벅찬 것이었다. 따라서 반민특위 김상덕 위원장은 실제로 조사 업무를 담당할 기구를 만들기 위해 반민족행위특별조사기관 조직법안을 마련, 국회에 상정(10월 28일)하여 제112차 본회의(11월 24일)에서 통과시켰다.

김상덕은 "이 특별조사위원회의 임무를 수행하는 데 있어서는 반드시 보조 기관이 있어야 되겠다고 생각되는데 보조 기관의 설치는 대통령령으로도 할 수 없는 것이므로 이 법안을 제출한다"고 설명했다. 이에 대해 법사위원장 백관수는 "법사위에서 심의한 결과 동 법의 설치는 인정하나 너무 방대하므로 실효를 거두기 위해 대안을 마련했다"고 법사위의 의견을 제시, 법사위의 수정안이 통과되었다.

반민족행위특별조사기관 조직법이 제정되자 반민특위는 중앙에 중앙사무국을, 각 도 조사부에 사무 분국을 설치하고 그 이듬해(1949) 1월 12일과 2월 12일 두 차례에 걸쳐 도별 조사부 책임자도 선임했다. 선임된 도별 조사부 책임자는 경기 이기룡(李起龍), 충북 경혜춘(慶惠春), 충남 윤세중(尹世重), 전북 손주탁(孫周卓), 전남 최종섭(崔鍾涉), 경북 정운일(鄭雲馹), 경남 강홍렬(姜弘烈), 강원 김우종(金宇鍾), 제주·황해 송창섭(宋昌燮) 등 10명으로 이들은 모두가 직접·간접으로 독립운동에 참여한 애국

지사들이었다.

특별위원회와 시·도별 조사 책임자까지 선출한 국회는 반민법을 집행할 특별재판관 15인과 특별검찰관 9인 및 중앙사무국의 조사관과 서기관을 다음과 같이 선임했다.

특별재판부
재판관장: 김병로(金炳魯, 대법원장)
제1부 재판장: 신태익(申泰益)
재판관: 이종면(李鍾冕) 오택관(吳澤寬) 홍순옥(洪淳玉) 김호정(金鎬禎)
제2부 재판장: 노진설(盧鎭卨)
재판관: 고평(高平) 신현기(申鉉琦) 김병우(金秉瑀) 김장렬(金長烈)
제3부 재판장: 이춘호(李春昊)
재판관: 서순영(徐淳永) 정홍거(鄭弘巨) 최영환(崔永煥) 최국현(崔國鉉)

특별검찰부
검찰관장: 권승렬(權承烈, 대검찰청장)
검찰관 차장: 노일환
검찰관: 서성달(徐成達) 이의식(李義植) 곽상훈(郭尙勳) 심상준(沈相駿) 김웅진 서용길(徐容吉) 신형상(申鉉商)

中央事務國(총무과장 이원용[李元鎔])
제1조사부(정치·경제 방면) 부장: 이병홍(李秉洪)
조사관: 하만한(河萬漢) 김제용(金濟瑢) 정진용(鄭珍容) 양회영(梁會英)
제2조사부(문화·교육 방면) 부장: 구연걸(具然杰)
조사관: 이양범(李亮範) 강명규(姜明圭) 서상렬(徐相烈) 이원용(李元鎔)
제3조사부(일반 사회 방면) 부장: 오범영(吳範泳)
조사관: 이덕근(李德根) 김용희(金容熙) 신형식(申亨植) 이봉식(李鳳植)

들끓는 찬반 여론

한편 동 법률안이 국회에서 많은 논란을 거듭하면서 심의되는 동안 동

법의 제정을 둘러싸고 국회 밖에서는 지지와 반대로 국민 여론이 갈라져 열띤 공방전을 벌였다. 지지하는 쪽은 민족 진영을 비롯한 대부분의 국민들이었고 반대하는 쪽은 반민족행위처벌법이 제정되면 크게 다칠 친일 세력 등이었음은 물론이다.

> 친일파·민족 반역자를 처단하는 법을 만들자는 말이 국회에서 나오게 되었는데 늦은 감이 없지 않다. …… 이 땅이 해방된 지 3년이 지난 오늘날까지 왜정에 아부하여 조국을 팔아먹고 동포를 괴롭혔던 악질적 친일파, 민족 반역자를 처단하라는 국민의 부르짖음은 무시된 채 관리로서 미군정 아래 구석구석 파고들어 앉았으며 중요한 산업 부문에 뿌리박고 들어가 조금도 양심의 가책을 받음이 없이 뻔뻔스럽게 활개 치고 있지 않은가? 과변(過番) 입법의원에서도 친일파 민족 반역자 처단법을 만들기는 하였어도 실행에 옮기지 못한 것은 유감천만이었는데 이제 우리 손으로 뽑아 내세운 대변자 국회의원들이 문제를 들고 나선 것을 쌍수를 들어 환영하며 문서상의 처단법에 그치지 말기를 부탁하는 바다.(1948년 8월 7일자 『경향신문』 논설)

특히 반민족행위처벌법 제정을 적극 지지하는 신문이나 일반 사회단체·애국 청년 단체·학생 단체 들의 성명서는 건국 전야(8월 14일)에 쏟아져 나왔는데, 그 내용들은 "국가의 주권을 회복하는 성스러운 마당에 무엇보다도 귀중하고 필요한 것은 민족정기의 앙양이다. 그러므로 친일파 반역자 처단법안은 관용 과자비(過慈悲)에 치중할 것이 아니라 어디까지나 추상열일(秋霜烈日)의 엄격한 방침 아래 단행될 것을 강조한다"는 것들로 친일파들을 하루빨리 엄단하라는 강경한 논조였다.

이러한 국민 여론과는 반대로 반민법 제정에 불안과 공포를 느끼고 있던 친일 세력들도 가만히 앉아만 있지는 않았다. 친일 세력들은 풍부한 재력을 동원하고 온갖 지모와 수단을 다 짜내 반민법의 제정을 반대하거나 동 법을 제정하는 데 앞장선 국회의원들을 공산당으로 몰아붙이는 등 끈질긴 방해 공작을 시도했다. 이러한 친일 세력 중 가장 대표적인 인물이 당시 『대한일보』를 운영하던 이종형(李鍾榮)이었다.

이종형은 일제 시 만주에서 일경의 촉탁으로 애국 독립투사들을 검거하는 데 수훈을 세웠다는 죄목으로 후에 반민특위에 의해 검거된 인물이었다. 다시 이종형은 자기가 경영하던 『대한일보』에 "소급법을 만들어 친일파·민족 반역자를 처단하려는 것은 공산당을 즐겁게 하는 처사"라고 억지 주장을 펴면서 친일 및 극우 단체들을 모아 놓고 서울운동장에서 법 제정 반대 시위를 벌이기도 했다. 또 그해 8월 27일에는 반민법의 심의가 한창 벌어지고 있는 국회 본회의 방청석에 "국회에서 친일파를 엄단하라고 주장하는 자들은 빨갱이"라고 쓴 전단이 뿌려지기도 했다.

이들 친일 세력들의 방해는 그 후 반민법이 발효되고 반민특위가 활동을 개시한 이후에도 계속되어 결국 반민특위의 활동을 위축시키는 결정적인 요인이 되기도 했지만 반민법을 제정할 당시만 해도 새 바람을 일으키겠다는 민족의 거센 물결을 막을 만큼 큰 힘은 없었다.

이승만과 반민법

초대 대통령에 추대된 이승만과 친일파 숙청 작업을 수행했던 반민족행위 특별조사위원회의 관계는 심하게 표현하자면 견원지간이었다. 건국 초기만 해도 이승만은 국민들의 인기 면에서나 독립운동 경력과 지도력 등에서 탁월한 위치에 있었던 것은 재론할 여지가 없지만 국내에 정치적 기반이 없는 것이 커다란 약점이었다. 이에 비해 상해임정 세력을 이끌고 환국한 김구는 항상 이승만을 위협하는 커다란 정치 세력이었으며, 김성수를 비롯한 국내파 즉 한민당 계열도 이승만에게는 만만찮은 라이벌이었다. 이러한 약점을 안고 있었기 때문에 이승만은 초대 대통령에 당선되기는 했지만 항상 정치적으로 불안을 느끼지 않을 수 없었다. 그래서 이승만은 자기의 정치적 기반을 구축하기 위한 방편의 하나로 일제에 의해 관직에 등용되었던 친일 관료들을 하나둘 포용, 정부 요직에 기용했다. 이것은 자기의 정치 세력을 구축하는 길이기도 했으며 관료 출신들의 행정 기술을 바탕으로 건국 초기의 무질서한 행정 체계를 바로잡는다는 효과도 노린 것이었다.

따라서 정부 수립 후 국회 내에서 반민족 행위자를 처벌하기 위한 특별법을 제정하라는 발의가 일자 자기 밑에 친일 관료들을 거느리고 있던 이승만으로서는 자연히 친일파와 반민족주의자들을 처벌하자는 정치 세력을 견제하지 않을 수 없었다.

이렇게 되자 민족 반역자들을 처단하여 신생 국가의 기틀을 튼튼히 하고 민족의 정기를 바로잡겠다는 국회와 이승만 사이에는 친일파 처단 문제를 놓고 커다란 견해 차이를 드러냈으며 반민법 제정 때부터 반민특위 활동이 끝날 때까지 국회와 정부는 반목과 견제와 방해의 공방전을 계속했다.

이승만이 반민족행위처벌법 제정에 처음 견제구를 던진 것은 국회가 반민법안 기초위원회로부터 법률안을 제출받아 심의에 착수한 3일 후인 1948년 8월 19일, 김인식 의원 외 11인의 이름으로 제출된 정부 내 친일파 숙청에 관한 건의안이 국회에서 통과된 직후였다. 이날 제44차 국회 본회의가 열리자 김인식은 다음과 같이 주장했다.

신국가를 건설하며 신정부를 조직함에 있어서 정부는 모름지기 친일파 색채가 없는 고결무구(高潔無垢)한 인사를 선택하여 국무위원 및 기타 고관에 임명함으로써 민족적 정기를 앙양하여 민심을 일신함이 당연함에도 불구하고 근일 정부가 국무위원 및 고관을 임명함에 있어 대일 협력자를 기용함은 신국가 건설의 정신을 몰각한 부당한 조치라 규정하지 않을 수 없다. 그 예로 국무위원 중 1942년 4월 교동초등학교 사건의 황민화 운동을 적극 추진한 자, 조선어 폐지 반대를 고창하던 다수 애국지사를 일제에 밀고하여 영어(囹圄)에서 신음케 한 자도 있으며, 대동아전쟁 시에 일본 군부에 물품을 헌납 아부하여 치부를 한 자도 있으며, 조선총독부의 고관이었던 자 또는 문필로 일제에 협력했던 자들이 장혹은 차석·차관에 감(鑑)하여 이들을 숙청할 것은 건의한다.

김인식의 '정부 내 친일파 숙청 건의안'은 차라리 임용을 규제하고 간단한 법을 제정하자는 의견, 숙청은 헌법 위반이란 반대 의견, 정부를 탄핵하자는 주장 등이 나왔으나 원안대로 통과되었다.

이와 같이 국회 내에서 반민법과는 별도로 정부 내 친일파를 숙청하라는 건의안이 통과되고 국회특별조사위원회가 구성되자 이를 못마땅하게 여기던 이승만은 국회로부터 이 건의안을 통보받고도 무시하다가 국회의 재촉이 심해지자 법제처장 유진오(兪鎭午)를 정부 측 조사위원으로 선정했다. 이승만 행정부로부터 유진오를 정부 내 친일파 숙청을 위한 정부 측 조사위원으로 통보받은 국회는 즉각 국회를 경시하는 처사라고 비난하고 이승만의 국회 출석 동의안을 내는 등 크게 반발하고 나섰으며, 이 사건은 국회와 행정부 간의 첫 충돌로 기록되기도 했다. 국회가 정부의 처사에 크게 반발한 것은 정부 측 조사위원으로 통보된 유진오도 숙청 대상에 올라 있었기 때문이었다. 그 후 김인식을 위원장으로 한 10명의 국회특별조사위원회는 별다른 실적을 올리지 못하고 다만 법제처장 유진오, 초대 교통부 장관 민희식, 상공부 차관 임문환(任文桓) 등이 정부 내 친일파라는 조사 결과를 국회에 보고하고 조사 활동을 마무리지었다.

이승만의 반민법 개정 작전

반민특위에 대한 이승만의 견제는 그 후에도 계속 끊이지 않아 기회 있을 때마다 특별담화를 발표하거나 특위 위원들에게 직접 압력을 가하는 등 노골화해 갔다. 반민특위가 반민법 해당자들에 대한 검거 활동을 개시하자 이승만은 1949년 1월 10일 반민법 발동에 즈음하여 공정하고 냉철히 처리할 것을 요망한다는 첫 담화를 발표했다.

우리가 우리의 힘으로 주권을 회복했다면 이완용(李完用), 송병준(宋秉畯) 등 반역 원괴(怨傀)를 다 처벌하고 공분을 씻어 민심을 안돈(安頓)케 하였을 것인데 그렇지 못한 관계로 또 국제 정세로 인하여 지금까지 실시를 연기하여 왔으나 국권을 찾고 건국하는 오늘에 있어서는 공분도 다소 풀리고 형편도 많이 달라졌고 또 부일협력자의 검거 심사 등 질이 심상한 법안이 아닌 만큼 그 죄를 범하게 된 근본적 배경과 역사적 사실을 냉철하게 참고하지 않고는 공정히 처리하기 어려움이 오늘 우리의 실상이다. 지금 국회에서 이를 해결하기로 진행 중이니 그 제정된 조리(調理)와 선임된 법관으로 이 중대한 문제가 영구히 그릇됨이 없이 해결되어야 할 것이다. 원래 죄범을 처벌하는 큰 뜻이 오직 그 죄를 징계함으로써 다시는 범법자가 없게 하고 순량(淳良)한 국민을 보호함에 있으니 반민법의 정신은 반드시 이를 주장으로 삼아야 할 것이고 또 이 법률을 집행하는 모든 법관들도 이를 주장 삼아 일절의 편협을 초월하고 명확한 사실과 증거를 거울 삼아 그 경중과 실정에 따라 오직 법에 의거하여서만 처단할 것이니 조금이라도 소홀히 생각하여서는 안 될 것이다. 이에 대해 한 가지 중대히 생각할 것은 우리가 건국 초창(初創)에 앉아서 앞으로 세울 사업에 더욱 노력하여야 할 것이요, 지난날에 구애되어 앞날에 장해되는 것보다 과거의 결절(缺節)을 청쇄함으로써 국민의 정신을 쇄신하고 국가의 기강을 밝히기에 표준을 두어야 할 것이니 입법부에서는 사법부에서 왕사(往事)에 대한 범죄자의 수량을 극히 감축하기에 힘쓸 것이오. 또 증거가 불충분할 경우에는 관대한 편이 가혹한 형벌보다 동족을 애호하는 도리가 될 것이다.

이 담화문이 발표되자 반민특위는 즉각 반발했다. 특위 부위원장 김상돈은 즉각 기자회견을 열고 "누구든 막론하고 특별조사위원회의 처사에 간섭하지 못할 것이며 또 간섭할 필요가 없다"고 논박하고 반민법 해당자에 대한 검거의 고삐를 늦추지 않았다. 반민특위는 이승만의 담화가 발표된 이후에는 오히려 검거 활동에 박차를 가하는 듯했다. 즉 특위의 검거 손길이 경찰에까지 뻗치기 시작한 것이다.

이쯤 되자 치안 유지와 공산당 타도에 역점을 두었던 이승만으로서는 보고만 있을 수 없었다. 이승만은 당시 수도청(서울시경 전신) 고문치사 사건의 주범으로 수배를 받고 있던 전(前) 수사과장 노덕술이 1월 26일 반민특위에 체포되자 그 이튿날 특위 위원장 김상덕 등 6명의 특위 위원을 불러 노덕술을 석방할 것을 종용하고 나섰다. 당시 이승만은 노덕술의 체포로 시작된 현직 경찰에 대한 특위의 검거 활동이 심히 못마땅했던 것 같다. 이승만의 석방 종용은 완전히 반민특위의 권위와 신성한 법률을 무시한 처사였다.

　이승만이 반민특위에 노덕술의 석방을 종용한 이유는 노덕술이 해방 이후 군정 경찰에 투신, 치안 확보에 힘써 온 경찰의 큰 공로자라는 것이었으나 그것은 표면상 이유였을 뿐 반민특위를 그대로 놔두면 앞으로 더 많은 경찰 간부들이 걸려들 것이기 때문이었다. 노덕술은 이미 사법 당국에 의해 반역 행위를 한 반민법 해당자였다. 따라서 김상덕은 이승만이 아무리 국가 원수의 자리에 있어도 법에 의해 체포한 범법자를 풀어 줄 수 없으며 이승만의 처사는 엄연한 법률 위반이라고 반박, 노덕술의 석방을 거부했다.

　이렇게 되자 이승만은 2월 2일 반민특위의 활동이 헌법 위반이라는 내용의 두 번째 담화문을 발표하여 반민특위의 활동에 찬물을 끼얹었다.「반민법 실시에 대하여」라는 제목으로 발표된 담화문은 이러하다.

　　반민법에 대하여 국회에서 법안을 통과하고 적극적으로 집행하려 하는 고로 정부에서 협조하여 속히 해결되기를 기다렸으나 지금 보면 심히 우려되는 형편이므로 1월 27일 국회에 반민법에 관한 조사위원들을 청하여 토의한 바 있었는데 조사위원들은 비밀리에 조사하여 사법부에 넘기면 사법부와 행정부에서 그 책임을 진행하여 처단해야 할 것인데 일을 혼합하여 행하게 되면 3권 분립을 주장하는 헌법과 위배되는 것이니 조사위원들은 조사만에 그치고 검속과 재판의 집행은 사법과 행정부에 맡겨서 헌법 범위 내에서 진행시켜 정부와 국회의 위신을 보존하여 반민법안을 단속한 시일 내에 끝마치도록 할 것이다. 조사는 속히 비밀 속에 하여 범죄자가 몇 명이 되든지 다 연록(連錄)하여 검찰부로 넘겨 재판을 하여 귀정(歸正)을 낼 것인데 만일 그렇지 않고 며칠 만에 한 명 두 명씩

잡아 1년이나 2년을 끌게 되면 치안상 크게 관계될 것이니 그 조사를 일시에 진행토록 함이 가할 것이다. 지금 반란분자와 파괴분자가 각처에서 살인·방화를 하며 인명이 위태하고 지하공작이 긴밀한 이때 경관의 기술과 성격이 아니면 사태가 어려울 것인데 기왕에 범죄가 있는 것을 들춰내서 함부로 잡아들이는 것은 치안 확보상 온당치 못한 일이다. ……

이와 같이 이승만이 헌법 위반 운운하며 반민특위 활동을 못마땅해한 담화문을 발표하자 반민특위는 특위 활동을 위축되게 하여 행정부 내의 반민법 해당자를 비호하려는 저의를 드러낸 것이라고 반박하고 부위원장 김상돈의 이름으로 반박 성명을 발표했다.

대통령 담화 중 반민특위 위원에 대한 권고와 국회의원에 요청한 담화는 반민법 운영에 대하여 적지 않은 혼란을 일으킨 점에 비추어 큰 유감이다. 반민족자를 처벌하는 특별법이 역력히 헌법에 규정되어 있는 이상 특별법에 의하여 처단함도 당연한 일일 것이다. 대통령은 신속과 비밀을 주장했으나 민족정기라는 산 교훈을 가르쳐 주기 위해서는 체포로부터 판결에 이르기까지 공개할 필요가 있다. 또 신속히 진행하라는 데 대해서는 오히려 책임감을 느끼고 반성하기를 요망한다. 예산 면에서 보아 청사나 교통편이나 기타 등등에 있어 속히 진행되도록 얼마만한 협력이 있었던가.……

이승만과 반민특위가 서로 비난과 반박을 주고받는 반목의 틈이 벌어지는 판국에 2월 10일에는 공보처가 반민법에 의한 행정부 내의 각 기관에 대한 조사는 법 해석에 이견이 있고 대통령 담화도 발표되어 조사를 중지한다고 발표했다. 즉 총무처는 반민특위로부터 행정부 내의 모든 공무원에 대한 조사를 해 달라는 요청을 받고 1월 27일 각 부처 각 시도에 반민자 조사를 지시한 바 있는데 이를 중지한다고 공보처가 발표한 것이다.
이렇게 되자 이승만은 2월 12일 긴급 기자회견을 열었다.

이 문제는 애당초 부내 사무 처리의 착오에서 온 것이다. 대통령이 총무처에 조사 절차를 어떻게 하면 좋겠는가 하고 문의하였던 바 총무처가 이를 잘못 알고 공문서로 행정부 각 기관에 조사를 지시한 것이다. 그런데 그 공문서 가운데는 대통령이 하지도 않은 말이 있어서 그 경위를 조사하고 있는 중이다. 지금 비서실(대통령)에서 잘못되었는지 총무처에서 잘못되었는지를 조사하라고 한 것이다. 그런데 여기서 이 말이 또다시 잘못 전달되어 공보처에서는 조사를 중지하게 되었다고 발표를 한 것이다.

이에 대해 국무총리 이범석도 "지난 1월 27일 총무처에서 발표한 대통령 지시라 하여 반민법 제5조에 해당한 공무원 조사를 행하도록 각 부처, 도지사급 기타 관계 당국에 통첩했다는 것은 반민족행위특별조사위원회의 요청에 대하여 어떻게 진행할 것인가를 보고하라는 대통령의 지시와는 상위된 것이므로 방금 그 진상을 조사 중이며 이 사실에 대한 10일부 발표도 역시 대통령의 지시와는 상위되었으므로 각 당국 요로나 일반은 오해가 없기를 바라는 바이다"라는 해명을 하고 나섰다.

그러나 이와 같은 해명으로 반민특위의 반발을 무마할 수는 없었다. 더구나 이승만이 처음부터 반민특위 활동에 쐐기를 박아 온 것을 알고 있는 반민특위로서는 더 이상 이승만과 이범석의 해명을 액면 그대로 받아들일 처지가 아니었다. 반민특위는 공보처의 발표가 있은 다음 즉각 다음과 같이 비난했다.

정부의 관공리는 충실한 공복이라는 것이 민주국가의 원칙인데 친일파에 속하는 자가 공복이 될 자격이 있는가? 일제 시대에 충실했던 공복은 새 나라 건설과 민족정기를 바로잡는 금일에 있어 일소하는 것이 정당한데 무엇이 배치(背馳)되므로 반민 해당자 조사를 중지하는가. 반민법 운영에 대하여 의혹을 사는 공보처장의 담화는 유감을 금치 못하는 바이다.

특위는 또 위원회를 소집, 이에 대한 대책을 논의한 끝에 이번에야말로 정부의 태도와 의도를 철저히 따져야 한다는 의견을 모으고 특위가 국회의 소속 기관이니만큼 국회에 보고할 것을 결의했다.

그리하여 특위 위원장 김상덕은 2월 12일 제29차 국회 본회의에 정부가 사사건건 특위 활동에 참견하고 나서서 반민특위 활동의 위축을 시도하기 때문에 반민특위가 조사 활동을 하기가 매우 어렵게 되었다는 애로 사항을 보고하고 국회가 적절한 대책을 세워 줄 것을 요청했다. 김상덕으로부터 보고를 받은 국회는 대통령 자신이 서명 공포한 법률에 따라 법을 집행하는 것을 행정부로서 협조를 하지는 않고 은근히 방해를 한다는 것은 있을 수 없는 처사라고 비난하고 대통령을 출석시켜 철저히 따져야 한다고 주장했다. 그러나 국회에서 이승만의 출석 요구는 논란 끝에 국무총리와 총무처장의 출석으로 후퇴하여 행정부의 답변을 듣기로 했다.

이와 같이 국회가 이 문제를 놓고 행정부에 대한 반박의 포문을 열자 국회의 동정을 예의 주시하던 이승만은 은밀히 반민법 개정 작업을 서두르는 한편 15일에는 반민법 개정의 필요성을 주장한 다음과 같은 내용의 담화문을 발표했다.

근자 조사위원회에서 진행되는 것은 조사위원 2, 3인이 경찰을 데리고 다니며 사람을 잡아다가 구금 고문한다는 보도가 들리게 되니 이는 국회에서 조사위원회를 조직한 본의도 아니요 정부에서 이를 포용할 수도 없는 것이므로 대통령령으로 검찰청과 내무부 장관에게 지시해서 특경대를 폐지하고 특별조사위원들이 체포 구금하는 것을 막아서 혼란 상태를 정돈케 하라 한 것이다. 이 반민법안을 국회에서 정하고 대통령이 서명한 것이니까 막지 못한다는 언론에 대해서는 가장 중요한 문제가 첫째로 치안에 대한 관련성이니 이것이 상당한 법안이라 할지라도 전국 치안에 관계될 때에는 임시로 정지하는 것이 마땅한 일이며 또 이 법을 정할 적에 국회에서나 대통령이 조사위원들에게 권리를 맡겨서 행정부·사법부의 일까지 맡아 가지고 2, 3인이 마음대로 사람을 잡아다가 난타·고문하라는 문구나 의도는 없는 것이니 즉시 개정하는 것이 옳을 것이다. 정부는 본법을 즉시 개정토록 법제처에 지시하여 이미 개정안을 국회에 제출하였으며 우선 특별조사위원 등의 과도한 행동을 금지키로 한 것이다.

이승만의 2·15 특별담화는 국회와 반민특위는 물론 사회에 커다란 충격을 던져 주었다. 담화문이 발표된 이튿날(2월 16일) 오전 10시 45분 제32차 국회 본회의가 열리자 특위 부위원장 김상돈과 특별검찰관 노일환 등은 "대통령의 담화는 행정부 내의 친일파를 비호하려는 저의를 드러낸 것"이라고 규탄하고 도대체 일국의 대통령으로서 법률에 의해 운영되는 국회의 특별 활동을 마음대로 잡아들인다는 등 모략을 한다는 것은 국회를 모독하는 행위라고 흥분했다.

이날 회의에서 김동준(金東準) 같은 이는 "반민법을 가지고 정부를 괴롭히고 국회 위신을 조락(凋落)시키고 있다"고 정부를 옹호하다가 망신을 당하기도 했다. 결국 국회는 "정부로부터 정식으로 발표된 공문(담화문)을 제출받은 다음에 17일 국회를 속개하여 대통령 이하 전 국무 위원을 출석시켜 경위를 따지자"는 최운교(崔雲敎) 의원의 동의를 만장일치로 가결하고 산회했다. 이승만의 담화문 발표는 특히 반민자의 조사 활동을 직접 수행하는 반민특위의 분노를 끓어오르게 했다. 평소 과묵하고 고결한 성품의 김상덕까지도 흥분을 삭이지 못하고 반민특위 위원장의 이름으로 강경한 논조의 반박 성명을 발표했다.

대통령 담화의 모순을 헌법과 반민법의 조문을 인용하여 반박코자 한다. 현재 반민법 운영은 삼권 분립의 헌장과 모순된다고 하였다. 반문하오니 과거나 현재를 막론하고 반민족행위처벌법이란 특별법 이외에 반민자를 처단하는 다른 법률이 우리나라에 또 있는가. 다른 법이 있다면 명시하기 바란다. 입법부인 국회는 반민법이란 특별법을 제정하고 따라서 이 반민법에 의거하여 특조위, 특재, 특검, 특별조사기관 조직법 및 특재부 부속기관 조직법 등이 제정된 것이다. 이러함에도 불구하고 대통령 자신이 궤변으로써 헌법을 무시하고 삼권을 독점하려는 의도에서 민심을 혼란케 하고 반민법 운영을 고의로 방해하는 담화문을 발표하니 이 어찌 통분치 아니하랴.

다음, 치안에 중대한 영향을 준다 하였으니 대통령은 항상 반민법 운영과 치안을 관련시켜 치안의 책임을 특위에 전가시키려는 듯하다. 국민은 속지 않는다. 반민법이 공포된 후에는 윤치영 전 내무 장관이 재직시 악질 경관을 요직에 등용하였음은 대통령이 지시하였던가.

다음은 고문 운운인데 대통령은 자비심이 많아서 이 같은 발표로 덕망을 얻고자 하는가. 국민을 독선적으로 해석하고 만사를 추상적으로 해석하여 대통령의 담화나 명령이면 통한다고 자인한다면 이 이상 더 큰 망발과 위험은 없는 것이다. 대통령은 특위에서 체포하는 것을 위법같이 말하였으나 특위는 반민법 제16조에 조사관은 체포와 취조를 할 권한이 부여되어 있다는 것을 알아야 한다. 특위는 법에 정한 대로 반민법을 운용할 뿐이고 대통령이 말하는 월권 행위는 없다는 것을 단언한다.

난타·고문 운운은 사실무근이고 당시에 대통령 담화로서 처음 듣는 말이다. 소위 세칭 살인 고문 사건 피의 장본인 노덕술은 검찰 당국이 체포하도록 발언하고 요로 당국자의 집을 출입하여도 반대로 보호하지 않았던가. 특위에서 체포한즉 요로 당국자는 노의 석방을 간청하지 않았는가. 이러함에도 불구하고 난타·고문 운운을 언급할 수 있는가.

일반 국민은 정부에서 친일 반민자를 처단치 않고 옹호하는 것을 민족정기와 분노로써 감시하고 있다는 것을 명심하라.

17일에는 대법원장이며 반민특위 특별재판관장인 김병로까지 대통령의 담화에 대해 언급, 반민특위의 활동은 적법한 것이라고 두둔하고 나섰다.

대통령 담화의 취지는 반민법 자체가 헌법 정신에 위배되니까 수정하라는 의미라고 해석되는데, 조사위원회는 조사를 끝마치고 특별검찰부에 넘겨 특별재판에 회부하라는 것으로 안다. 그런데 명령이나 규칙이 법률에 위반되느냐 안 되느냐 하는 것은 대법원에서 최종 심리를 할 수 있다. 또 법률이 헌법에 위반되느냐의 여부는 그 문제가 어떤 사건을 판정할 때 전제 조건이 되는 경우 헌법위원회에 그 문제를 판단할 것을 요구해야 한다. 대법관 5인은 헌법위원회에 참석하기로 되어 있으나 본인으로서는 이와 같이 중대한 문제를 헌법위원회에서 심의하기 전에는 말할 수가 없다.

그리고 대통령 담화 중 특경대 해체와 조사원의 체포 중지라는 것은 특별법을 수정할 것을 요망하는 의미하에서 말한 것으로 생각된다. 그렇더라도 반민법이 존속하는 한 특위에서 반민법에 의하여 행동하는 것은 불법이 아니라고 생각하며 특별법 개정 여하는 국회에서 결정할 사항이므로 무엇이라고 의견을 말할 수 없다.

또 이승만의 담화가 나오자 직접 반민자들을 조사하고 검거된 피의자들을 취조해 온 반민특위 제1조사부장 이병홍도 반박 성명을 냈다.

반민법 개정을 요청한 15일의 대통령 담화는 그 내용이 너무도 우리들의 상식과 상위되므로 지금 다시 신중히 그 진부를 확인하기 전에는 아직 대통령이 그러한 담화를 발표하였다고 믿고 싶지 않다.
일국의 의원들로서 국회에서 결정하고 대통령 자신이 서명 공포한 법률이 아직 때도 묻기 전에 조변석개(朝變夕改)한다면 그 나라의 장래가 어떻게 될 것인지 생각만 하여도 심히 유쾌치 않은 노릇이다. 더욱이 반민법은 민족의 정의를 세계와 후손에 밝히는 것으로 말이 법률이지 그 법률을 일종의 민족적 성전(聖典)으로 생각하고 이 법률을 발동할 때는 언제나 옷깃을 바르게 하여 경건하고 엄숙한 태도를 가지는 것이다. 이 감정은 3천만 국민이 동일하게 가지고 있으리라고 믿는다. 그러한 법률을 대통령이 만일 개정을 요청하였다면 우리는 참으로 이것을 중대시하고 경악과 충동을 금치 못할 것이다. 흔히 와전도 많은 세상이니 조금 기다려 보기로 하자.

더욱이 고문 운운은 민족 반역도배의 허위 날조하는 도청도설(道聽塗說)로서 이 근거에 의하여 부화뇌동한다는 것은 상상할 수 없는 것이다. 이 한 가지 점만으로 보더라도 이번에 발표된 담화는 사실이 아니기를 바란다.

이와 같이 국회는 물론 사법부, 반민특위 등이 한결같이 이승만의 담화를 반박하면서 반민법 개정의 부당성을 지적하고 나섰으나 이승만으로서는 조금도 자기의 주장을 꺾지 않고 담화를 발표한 15일 오후 국무회의를 소집한 후 법제처에서 성안한 반민족행위처벌법 개정안을 의결, 국회에 제출했다. 「법률 제3호 반민족행위처벌법 일부 개정의 건」의 주요 골자는 다음과 같다.

첫째, 동법 제5조가 '일본 치하에서 고등관 3등급 이상, 훈 5등 이상을 받은 관공리 또는 헌병, 헌병보, 고등경찰의 직에 있던 자는 본법의 공소 시효 경과 전에는 공무원에 임명될 수 없다'고 규정하고 있는 것을 '…… 있던 자로 악질의 행위를 한 자를 ……'이란 한계 규정을 삽입하고

둘째, 제20조가 '특별재판부에 특별검찰부를 병치한다'고 규정한 것을 '특별검찰부는 대검찰청에 부치한다'로 고치며

셋째, '조사위원, 특별재판관, 특별검찰관은 국회에서 선거하여 대통령이 임명하기로 한다'는 새 규정을 추가한다는 것이다.

한마디로 말해서 대통령이 반민특위의 활동에 직접 관여하겠다는 의도와 가능한 한 행정부 내의 반민특위 해당자들을 처단하지 못하도록 법률로 규정함으로써 그들을 보호하겠다는 저의를 드러낸 것이었다. 이승만은 개정안을 통과시키기 위해 그해 2월 18일에는 경무대로 국회의장 신익희와 대법원장 김병로를 불러들여 소위 3부 수뇌회담을 열고 반민법 개정의 필요성을 역설했다. 반민법의 개정을 정치적으로 성공시키려는 작전이었다. 그러나 신익희나 김병로로부터는 아무런 지원 약속도 얻어 내지 못했다.

한편 국회는 2월 22일 정부가 제출한 반민법 개정안에 대한 정부 측 설명(白漢成, 법무차관)을 들은 다음 법사위의 심의를 거치지 않고 곧바로 심의에 착수했으나 대통령의 국회 출석을 요구하라는 논의가 일어 다음 날로 심의를 미뤘다.

23일의 제38차 국회 본회의에서도 대통령의 국회 출석 문제를 놓고 의원들 사이에 논쟁을 벌였으나 국무총리의 출석으로 양해하자는 온건론이 채택되어 이범석이 관계 장관과 함께 국회에 출석, 정부 측 입장을 설명했다. 이범석은 "정부가 반민법을 개정하려는 것은 공산당의 테러가 격화되고 사회가 안정되지 않은 이때 반민특위의 활동으로 인한 다소의 부작용이 있는 것으로 판단되므로 이를 미연에 방지하려는 것이지 반민특위 활동을 정면으로 거부하려는 것은 아니다. 국회도 정부의 입장을 신중히 고려하여 반민법 개정안을 심의하여 주길 바란다"고 설명했다. 그러나 2월 24일 속개된 국회는 정부의 반민법 개정안을 1독회만 끝내고 부결시켜 이승만에게 정치적인 패배를 안겨 주었다.

국회의 자가당착

반민특위가 국민들의 열렬한 성원 속에서 활발하게 조사 활동을 전개하게 되자 국회 내에까지 침투했을지도 모르는 반민법 해당자들에 대한 조사를 해야 된다는 논의가 일어난 것은 당연한 귀결이었다. 물론 이 문제는 반민특위가 본격적인 활동을 개시하기 전부터 논의되어 온 것이었지만, 차일피일 뒤로 미루다가 본격적으로 반민특위에서 논의가 된 것은 행정부 내의 반민법 해당자를 조사 보고하도록 통고한 직후인 1949년 2월 11일이었다. 이날 중앙청 회의실에서 특위, 특재, 특검 등 반민특위 3개 기관 연석회의를 끝낸 특위 위원들 사이에 자연스럽게 국회 내의 반민법 해당자에 대한 숙청 문제가 거론되었다.

국회 내에 반민법 해당자가 있다는 소문이 일부 국민들 사이에서 나돌고 있으니 이를 철저히 가려내어 법의 심판을 받도록 해야 한다는 의견은 반민특위 내의 강경론자들이었으며, 그런 소문만 믿고 공개적인 조사를 하면 국회의 권위와 위신을 손상시키고 국회의 힘을 스스로 약화시킬 우려가 있다고 신중론을 편 것은 특위 내의 온건론자들이었다. 그러나 당시 반민특위에는 이미 국회의원 중 반민법 해당자가 7, 8명이나 된다는 투서가 들어와 있었으며, 일단 투서를 받은 이상 이의 처리를 무작정 미룰 수는 없는 노릇이었다. 위원장 김상덕은 "국회뿐만이 아니라 어느 곳에든지 반민법 해당자가 없었으면 그 이상 좋은 일이 없겠으나 불행히도 투서나 기타 문서 조사에서 나탄 것을 볼 때 국회 내에도 해당자가 있는 것으로 안다"고 밝히고 특위가 대외적으로 엄정한 활동을 한다는 것을 보여 주기 위해서도 국회의원들에 대한 조사를 할 뜻을 비쳤다.

그리하여 국회 징계위원회는 약 3주일 동안 모든 국회의원에 대한 신상 조사를 실시했으며 특히 반민특위에 투서가 들어온 7, 8명의 국회의원 중에는 "반민법 제5조 해당자는 단 한 명도 없다"는 것이었다. 국회는 조사 결과를 반민특위에 통보해 주었으나 국회 안팎에서는 그 후에도 심심찮게 국회 내 반민법 해당자 유무에 대한 논란이 계속되었다. 3월 17일 소집된 제56차 국회 본회의에서도 이 문제가 다시 거론되어 신익희 의장으로부터 국회 내에는 반민법 제5조 해당자가 없다는 대답을 들었다. 이에 대해 국회 부의장 김약수(후에 국회프락치사건으로 구속)는 3월 19일 반민특위 사무실을 예방하고 다음과 같이 촉구했다.

국회 내부에는 상당수의 반민법 해당자가 있는데도 국회 내에는 반민법 제5조 해당자가 없다고 주장하는 것은 국민들의 의구심을 조장하는 것이다. 무슨 일이든지 자후타박(自厚他薄)은 금물이다. 특위 활동이 상당한 범위까지 확대되어 그 사회적 영향이 큰 마당에 국회 내의 반민법 해당자에 대해서는 손을 안 대는 이유는 무엇인가. 반민법은 결코 제5조만으로 된 것은 아니다. 제5조 해당자가 전무하다고 해서 반민법 해당자가 없는 것은 아니지 않은가. 특위는 앞으로 능동적이고 적극적인 활동으로 국회 내부의 숙청을 단행해야 한다.

친일 세력의 방해 공작

 반민특위 활동은 출범 당시부터 이승만 행정부는 물론 사회 각 분야에 뿌리를 박고 있던 반민법 해당자들의 끈덕진 견제와 도전을 받아 왔다. 일제에 아부하여 엄청난 재산을 모아 해방 후에도 막강한 재력을 바탕으로 경제계를 움직이고 있던 친일 기업가들이 경찰은 물론 정계 요로에 기용되었고 광범위한 정보 조직을 가지고 있던 경찰 및 관료들은 기회 있을 때마다 치밀한 방해 공작을 폈던 것이다. 그들의 방해 공작은 반민특위 간부들에 대한 중상모략은 물론 군중 데모 선동, 전단 살포, 테러 등 여러 가지 형태로 나타났다. 그중 하나가 반민특위 부위원장 김상돈에 대한 공격이었다. 즉 김상돈도 일제에 협력한 친일파의 한 사람이었다는 놀랄 만한 정보의 폭로였다.

 김상돈이 일제에 협력했다는 정보는 친일파들에 대한 반민특위의 검거 선풍이 자기들 주변에까지 휘몰아치자 특위의 기를 꺾어 놓으려던 경찰의 안간힘의 소산이었다. 경찰은 서울시경 정보과장 최운하(崔雲霞)가 중심이 되어 은밀히 반민특위 간부들에 대한 신상 조사를 하여 그들의 약점을 캐고 있었다. 경찰은 김상돈이 일제 말기 서울 마포구 서교동 등에서 총대(總代), 즉 지금의 통반장을 하면서 일제 황민화 운동의 중심 기관이었던 『매일신보』 보급에도 적극적인 협조를 했다는 정보를 입수했다. 이 정보는 이들에게 놓칠 수 없는 훌륭한 무기였다. 경찰은 이를 이승만에게 보고했으며, 이승만은 김상돈의 친일 부역설을 반민특위를 공격하는 최대의 무기로 삼았다. 이때가 바로 국회 내의 반민법 해당자들도 철저한 조사를 받아야 한다는 자가 숙청론이 국회 내에서 일어나던 때였다.

 이승만은 국회 의장 신익희와 반민특위 위원장 김상덕을 불러 김상돈이 과거 친일 활동을 했다고 통고하고 반민특위가 공평해야 하지 않느냐고 따졌다. 이와 같은 사실이 항간에 나돌자 3월 19일 열린 제58차 국회 본회의에서 이승만계의 박준(朴峻) 의원이 김상돈의 친일설을 폭로하고 그를 반민특위 부위원장직에서 해임시켜야 한다는 해임 동의안을 긴급 발의했다. 그렇지 않아도 국회 내에 반민법 해당자가 있다 없다로 한창 소란했던 국회로서 더구나 반민특위로서는 김상돈의 친일 부역설은 충격적인 것이었다.

이날 국회 본회의는 김상돈의 반민특위 부위원장직 해임 동의를 놓고 격한 토론을 벌였다. 정준(鄭濬) 의원은 반대 토론에 나서 반민자에 대한 처벌 목적은 민족정기를 살리는 데 있는 것이지 일제 시에 모든 행위를 조사하는 데 있지 않기 때문에 그 죄질을 따져서 처벌해야 한다고 주장했고 당사자인 김상돈은 신상 발언을 통해 자기가 총대직을 맡은 것은 부락민들의 투표에 의해 선출되었기 때문에 일본인과 합법적인 투쟁을 한 애국자였다고 주장했다. 격론을 벌인 끝에 박준의 반민특위 부위원장 해임 동의안은 표결에 붙여져 2차 투표 결과 폐기되었다. 김상돈에 대한 친일 세력들의 공격은 그 후에도 끈덕지게 계속되었다. 김상돈이야말로 반민특위 내에서는 강경파를 대표하고 있었기 때문이었다.

김상돈에 대한 두 번째 공격은 엉뚱한 곳에서 다시 한번 터졌다. 이번에는 김상돈이 교통사고로 사람을 치어 죽여 암매장했다는 내용이었다. 사고 경위는 이러했다. 김상돈은 2월 27일 오전 11시쯤 자기 지프를 손수 운전하고 마포에서 시내로 나오던 중 아현동 로터리에서 길을 건너던 정한진(丁漢鎭)이란 9세 된 소년을 치어 죽이고 사건을 은폐하기 위해 시체를 암매장했다는 것이었다. 그러나 사실은 사고 당시 피해자의 부모들과 타협이 되어 원만히 수습된 사건이었다. 경찰이 김상돈의 교통사고 문제를 들고 나온 것은 물론 김상돈의 예기(銳氣)를 꺾어 반민특위의 힘을 빼놓겠다는 전략이었다.

경찰은 사고가 난 지 한 달이 훨씬 지난 3월 말 김상돈이 교통사고를 냈을 때 옆 좌석에 함께 타고 있었던 호위 경관 안현모(安玄模), 유순재(兪順在) 등 2명과 매장 허가를 내준 마포구청 직원 오봉갑(吳鳳甲) 등 4명을 변사자 밀장 등 혐의로 입건하고 검찰에 송치했다. 4월 13일자로 검찰에 의해 불구속 기소되어 재판을 받게 된 김상돈은 "도의적으로 끝까지 책임을 느끼지만 영도적 지위에 있는 사람들이 사실을 왜곡하여 밀장 운운하는 것은 모략"이라고 행정부의 태도를 비난했다.

반민특위 위원 중 강경파였던 한독당의 김명동 의원도 일제 경찰 출신들이 실권을 잡고 있던 경찰과 헌병대에 의해 곤욕을 치른 반민특위 간부 중 한 사람이었다. 김명동은 공주 출신으로 고향 사람인 공주 갑부 김갑순(金甲淳)을 손수 잡아들이는 등 과격한 행동으로 정평이 나 있던 사람이었다. 그런 관계로 친일 세력들에게는 가장 두려운 존재였고 증오의 대상이기도 했다. 그러던 차에 김명동이 뇌물을 받았다는 정보가 헌병과 경찰에 입수된 것이다. 김명동은 당시 서울 성북구 돈암동에 살던 평안도 출신의 조낭자(趙娘子)라는 용한 여자 점쟁이와 가깝게 지내고 있었는데 조 여인을 통해 반민법 해당자로부터 뇌물을 받고 눈감아 주었다는 것이다. 즉 일제 때 일본 육군 피복 공장을 경영한 여주 출신의 한국화재보험회사 사장 김흥배(金興培)의 처 이옥경(李玉慶)이 이 점쟁이에게 남편의 운수점을 쳐 달라고 부탁했는데, 조낭자는 "반민특위의 김명동 의원과 친하니 30만 원만 가져오면 잘 봐주겠다"고 하여 30만 원을 받아 김명동에게 주었다는 것이다. 그러나 그 후 김흥배가 반민특위에 의해 연행되자 이옥경은 헌병대에 김명동을 고발, 김명동은 헌병대에 의해 수회죄로 구속되는 등 곤욕을 치렀다.

또 다른 친일 세력들의 반민특위 활동에 대한 방해 공작은 반민특위 간부들에 대한 잇단 테러였다. 그중 가장 교묘하고 악랄한 테러 사건은 총기 오발을 가장한 암살이었다. 온갖 방해 공작에도 꺾이지 않고 반민법 해당자들에 대한 검거 선풍이 회오리치던 3월 28일 오후 5시 특위 강원도 지부 사무실에서 권총이 오발, 조사부장 김우종이 부상을 당한 사건이 발생했다. 겉으로 보기에는 단순한 총기 오발 사건이었다. 그러나 이 사건은 20일이 지난 후 반민법 해당자들의 사주에 의한 반민특위 관계자에 대한 암살 음모임이 드러났다.

사건의 내용은 이러했다. 반민특위 강원도 지부 조사부장인 김우종은 신변 보호를 위해 호위 형사로 김영택(金榮澤)이란 경찰관을 채용했는데, 김영택은 반민법 해당자로 모처에 숨어 있던 장(張)아무개라는 인물과 내통하고 있었다. 김영택은 장의 주변 인물들과 접촉하는 동안 특위 위원들의 사상이 불순하다느니 대통령이 특위를 못마땅하게 여기는 것도 그들의 사상적 배경이 불순하기 때문이라는 등 온갖 모략을 듣는 과정에서 차츰 그들 작전에 말려들었다. 결국 김영택은 그들에게 세뇌되어 자기 자신도 반민특위를 와해시키는 데 한몫 거들기로 약속했다. 그 후 김영택은 장아무개로부터 조사부장 김우종을 없애라는 다음과 같은 지령을 받고 행동에 옮긴 것이다.

관성(冠省), 전일에 혜서(惠書) 우(又) 서약서를 배견하니 당회(當會)의 의기는 실로 충천지세(衝天之勢)올시다. 금반의 성행(成行)으로 김 동지의 일생은 좌우됩니다. 우선 불비례(不備禮) 일금(一金)을 송부하오니 소납(笑納)하소서. 목표 인물 조사부장, 특경대장. 독인(讀認) 후 소각하시오. 단기 4282년 3월 5일 본회 제3호×××.

지령을 받은 김영택은 기회를 노리다가 사고 당일 45구경 권총을 분해하는 체하다가 방아쇠를 당겼다. 총탄은 김우종의 가슴을 스쳐 경상으로 그쳤다. 권총 오발 사고로 부상을 입고 병원에 누워 있던 김우종은 아무리 생각해도 석연하지 않은 점이 있어 은밀히 수사를 시켰다. 결국 이 사건은 4월 18일 김길인(金吉仁) 조사관이 앞에 기록한 암살 지령문을 찾아냄으로써 치밀하게 계획된 암살 음모였음이 드러난 것이다.

반민특위 요원 암살 음모 사건

반민특위에 대한 친일 세력들의 가장 치밀하고 어마어마한 도전은 반민특위 요원들에 대한 암살 계획이었다. 이 음모는 반민법이 제정 공포된 직후, 현직 경찰들이 배후에서 조종했다는 점에서 사회에 준 충격은 엄청난 것이었다.

그 사건의 전말은 이러했다. 반민법이 친일 세력들의 집요한 방해와 반발에도 불구하고 국회에서 제정 공포되자 누구보다도 불안을 느끼게 된 것은 일제하에서 독립운동가와 애국지사들을 괴롭혔던 악질적인 왜경 출신들이었다. 따라서 그들은 반민법이 발효되어 반민특위가 본격적인 활동을 개시하면 빠져나갈 수 없음을 누구보다도 그들 자신이 잘 알고 있었다. 그렇기 때문에 그들은 당시 군정 경찰 때부터 변신하여 경찰 고위직에 몸담고 있으면서도 안절부절못하여 어떻게든지 반민특위의 손길을 피하려고 몸부림치지 않을 수 없었다. 그들 중에서도 서울시경 수사과장이었던 최난수(崔蘭洙)와 차석인 홍택희(洪宅熹), 최난수의 전임자였던 전 수사과장 노덕술 등은 그 정도가 심했다. 그래서 이들은 노덕술을 중심으로 수시로 모여 대책을 세우느라 부심하고 있었다.

1948년 10월 하순, 서울시경 수사과장실에서 모의한 그들의 계획은 실로 엄청난 것이었다. 그것은 반민법 제정 과정에서 가장 강경하게 활동했던 국회의원들을 감쪽같이 제거해 버리자는 것이었다. 그러나 경찰이 직접 표면에 나선다면 사건이 발각될 경우 엉뚱한 결과를 가져올 것이 뻔하기 때문에 전문적인 테러리스트에게 일을 맡기기로 했다. 당시만 해도 테러, 암살 등이 꼬리를 물고 일어날 때였으니만큼 사건이 터진 후에도 설마 경찰이 배후에 있다는 것이 드러나지 않을 것이라는 계산에서였다.

그리하여 이날 서울시경 수사과장실에서 최난수와 홍택희 등은 백민태(白民泰, 일명 林丁和)라는 직업적인 테러리스트에게 이 일을 맡기기로 결정했다. 테러리스트로서 백민태는 그 성격과 이력이 매우 다채롭고 복잡한 인물로 당시 경찰로부터 약간의 정보비를 얻어 쓰며 하는 일 없이 지내고 있었다.

그는 18세 때까지 중국에서 자랐고, 그 후 중국국민당 당원으로 중국 군통국여지사(軍統局勵志社)라는 비밀 결사의 지하공작 대원으로 일본군들을 상대로 파괴 활동을 해 온 직업 테러리스트였다. 북경에 있을 때 그는 일군의 치안 시찰관 암살 공작에 가담했고 풍대(豐臺)의 일본 군영을 폭파했으며 군용 열차 폭파, 북경의 광륙(光陸)극장 투탄 사건 등으로 체포되어 사형선고를 받았으나 4일 후 일본이 패망하여 풀려난 이력의 소유자였다. 백민태는 그 후 고국에 돌아와서도 전문 테러리스트로 여운형의 집에 폭탄을 던지기도 했다. 그는 여운형 집 투탄 사건으로 서울시경 수사과장이던 노덕술과 선이 닿았고 경찰의 감시를 받기도 했다. 이런 관계로 그는 경찰에 줄을 대고 정계 뒷전에서 나도는 각종 정보를 제공하며 돈을 얻어 쓰곤 했었다.

최난수 등이 백민태를 반민특위 요원 암살 하수인으로 택한 데는 또 다른 이유가 있었으니 그것은 백민태가 당시 반민법 제정을 앞장서 극렬히 반대하고 나섰던 『대동신문』사장 이종형과도 밀접한 관계가 있어 비밀 유지가 가능하다고 판단했기 때문이다.

며칠 후 최난수는 약초(若草)극장(현 스카라극장) 사장 홍찬(洪燦)의 집에서 노덕술, 홍택희, 박경림(朴京林, 당시 중부서장) 등과 모인 자리에 백민태를 불러 은근히 암살 음모의 뜻을 비쳤다. 그 후 최난수 등은 백민태를 만날 때마다 반민특위를 비난하며 백민태의 환심을 사려고 애썼다. 그러던 중 1948년 11월 17일 최난수는 백민태를 서울시경 수사과장실로 불러 홍택희와 함께 반민특위 요원 암살 계획을 털어놓은 다음 그 일을 맡아 줄 것을 당부했다. 최난수는 백민태에게 반민특위가 발족되어 활동을 시작하게 되면 정부 요로에서 애쓰고 있는 많은 저명인사가 해를 입게 되는 것은 물론 빨갱이들을 때려잡는 데 앞장서고 있는 경찰 간부들이 크게 다칠 우려가 있으므로 이를 미리 막기 위해 반민특위 위원 중 악질적인 김웅진, 노일환, 김장렬 등 몇 사람을 제거해야 된다고 설득했다. 최난수로부터 테러 계획을 듣고 난 백민태는 일단 해 보겠노라고 응락해 놓고 최난수 등의 계획을 물었다.

백민태가 이날 최난수 등으로부터 들은 암살 모의의 내용은 이러했다. 백민태는 우선 반민특위 내의 악질적인 국회의원 3명을 납치한 후 국회의원 사퇴서를 쓰게 하여 대통령, 국회의장, 언론기관 앞으로 발송케 한다. 그다음 3명의 국회의원을 38선의 모 지점까지 끌고 가기만 하면 그 후의 문제는 경찰이 맡는다는 것이었다. 즉 백민태가 3명의 국회의원을 감쪽같이 38선까지 납치해다 주면 애국 청년을 가장한 경찰이 그들을 처치한 다음 "국회의원 3명이 조국을 배신하고 월북을 기도하는 것을 발견, 즉결 처형했다"고 보고하면 된다는 것이었다. 실로 엄청난 계획이었다. 최난수는 거사 날짜는 나중에 알려 주겠다고 말한 후 백민태에게 입을 굳게 다물도록 재차 당부했으며 중구 후암동 모처에 비밀 아지트까지 마련해 주었다.

며칠 후 백민태는 홍택희로부터 급히 연락하라는 전갈을 받고 서울시경 수사과장실에 가니 최난수와 홍택희가 반갑게 맞았다. 이 자리에서 최난수는 누런 편지 봉투에 잉크로 쓴 암살 대상자 명단을 내놓았다. 봉투 뒷면에는 서울시경 공보실이라는 스탬프가 찍혀 있었고 수사과장이라고 쓴 앞면에 15명의 명단이 적혀 있었으며 그 밑에 '처단'(處斷)이라고 적혀 있었다. 명단의 15명은 김병로, 권승렬, 신익희, 유진산(柳珍山), 서순영, 김상덕, 김상돈, 이철승(李哲承), 김두한(金斗漢), 서용길, 서성달, 오택관, 최국현, 홍순옥, 곽상훈 등이었다. 백민태는 이듬해인 1949년 1월 8일 최난수 등으로부터 납치 자금으로 10만 원(박아무개 명의 수표 3만 원과 현금 7만 원)과 권총 1정, 수류탄 5개, 실탄 등도 받았다. 그러나 백민태는 그해 1월 24일 노덕술이 반민특위에 검거되자 심경의 변화를 일으켜 검찰에 자수, 현직 경찰의 어마어마한 음모를 폭로해 버리고 말았다.

그러면 최난수 등이 그토록 믿었던 백민태의 자수 동기는 무엇인가? 백민태의 자수 동기를 알려면 우선 그의 경력부터 알아볼 필요가 있다. 앞에서도 잠깐 소개했듯이 백민태는 단순한 직업 테러리스트만은 아니었다는 점이다. 그는 그의 경력이 말해 주듯 자기 나름대로 민족을 위해 일하고 있다는 자부심을 갖고 있었으며, 일제에 항거하는 과정에서 많은 임정계 독립투사들과 줄이 닿아 있었다. 또 최난수 등이 노린 암살 대상 인물 가운데는 평소 백민태가 존경하던 인물도 여럿 끼어 있었기 때문에 그로서는 경찰의 계획을 처음부터 실천하려는 생각이 없었다고 후에 진술했다.

결국 백민태의 자수로 이 사건은 미수에 그치긴 했지만 당시 시대상을 단적으로 보여 주는 것으로 반민법 해당자들이 얼마나 악착같이 목숨을 부지하기 위해 안간힘을 다했는가를 알 수 있다. 이 사건으로 최난수와 홍택희에게는 1949년 6월 26일 살인 예비죄 및 폭발물 취체법 위반죄가 적용되어 각각 징역 2년의 유죄가 선고되었으며 노덕술과 박경림은 증거가 불충분하다는 이유로 무죄가 선고되었다.

반민특위에 대한 습격: 6·6사건

　반민특위가 구성되어 1949년 1월 8일부터 본격적으로 반민법 해당자들을 검거하여 재판에 회부하기 시작한 후 공소 시효가 만료되던 그해 8월 말까지 존속하는 동안 숱한 외부의 견제와 방해 등을 받았지만 소위 6·6사건이라고 불리던 경찰의 반민특위 습격 사건만큼 충격적이고 대규모적인 피해를 입은 사건은 없었다. 이 사건이야말로 민족정기를 바로잡아 신생 대한민국의 기틀을 튼튼히 하겠다고 내걸었던 반민특위의 성스러운 깃발이 갈기갈기 찢긴 충격적인 사건이었으며, 전전긍긍하던 친일파들로서는 특위 활동에 결정적인 손상을 입히는 카운터블로였다. 즉 이 사건으로 특위는 활동 의욕을 잃고 더 적극적인 조사 활동을 펴지 못한 채 기왕에 벌여 왔던 조사 활동의 뒤처리만을 마무리지으면서 문을 닫는 운명을 맞게 된 것이다.

　6·6사건은 왜 일어났는가. 그 배경과 실마리를 풀어 보기로 하자. 반민특위가 법 제정 당시부터 행정부와 반공 극우파를 가장한 친일 세력, 왜경 출신 경찰 간부들의 집요한 견제와 방해, 협박 등을 받아 왔다는 것은 앞에서도 여러 차례 설명했지만 이들의 노골적인 저항과 반발은 반민자들에 대한 재판이 진행되면서 더욱 기승을 부리기 시작했다.

　특위에 대항하는 이들 세력들은 아이러니컬하게도 3·1만세운동의 요람이었던 서울 종로구 낙원동의 탑골공원에 모여 종종 데모를 벌였다. 그러던 어느 날 특위를 비난하던 데모 군중 가운데서 극렬히 날뛰던 반민법 해당자 한 사람이 반민특위에 연행되어 반민특위 사무실로 끌려갔다. 이렇게 되자 데모를 주동하던 국민계몽협회란 단체의 간부들이 수십 명의 군중을 선동하여 중구 남대문로에 있는 특위 본부에 몰려가 "반민특위는 빨갱이의 앞잡이다." "공산당과 싸운 애국지사를 잡아간 조사위원들은 공산당이다"라는 구호를 외쳐 대며 항의 시위를 벌였다.

6월 2일에도 국민계몽협회의 간부 손빈(孫彬) 등 600여 명이 국회의사당 앞에 모여 "국회는 반민특위를 해산하라"는 등 데모를 벌였다. 이와 같이 친일분자들의 사주를 받은 유령 단체들이 연일 반민특위를 헐뜯고 체포된 반민자들의 석방을 요구하는 시위를 벌이자 반민특위는 긴급대책회의를 소집하고 서울시경에 경비를 의뢰했다. 즉 6월 3일에도 대규모 시위가 벌어질 것이라는 정보를 입수한 반민특위가 당시 시경국장이던 김태선(金泰善)에게 반민특위 사무실의 경비를 의뢰했다. 그러나 경찰은 경비 의뢰를 받고도 이를 묵살해 버렸다. 그것은 시경 사찰과장 최운하의 작용 때문이었다.

6월 3일 예상했던 대로 반민특위 사무실 앞에는 숱한 군중이 몰려와 극렬한 데모를 벌였다. 그런데도 경비 의뢰를 받은 경찰은 나타나지도 않았다. 반민특위 위원들은 도리 없이 특위 내의 특경대로 하여금 시위 군중을 해산하도록 지시했다(특경대란 반민특위가 반민자들에 대한 조사, 체포 등의 활동을 하기 위해 조직한 특수한 사법경찰 관리를 말함). 지시를 받은 특경대원들은 공포를 쏘면서 데모대를 해산했다. 그때서야 서울시경은 관할 중부서에 지시, 경찰 병력을 보내 데모대를 해산하는 일을 거들었다.

한편 반민특위는 이날 데모 군중 가운데 주모자급 20여 명을 연행, 조사하는 한편 이에 대한 대책 회의를 소집했다. 그날 오후에도 탑골공원에서는 반민특위 규탄 데모가 계속되었다.

반민특위는 데모 군중 중에서 연행한 20여 명을 조사하는 과정에서 서울시경 사찰과장 최운하가 그들의 배후에서 은근히 데모를 선동해 왔다는 사실을 포착했다. 특위 위원들은 불법 데모를 방지해야 할 경찰이 데모의 배후 조종자라는 사실에 어안이 벙벙했지만 사실로 나타난 이상 모른 체할 수도 없었다. 즉시 대책 회의를 소집한 특위는 최운하와 종로서 사찰주임 조응선을 체포하기로 결정하고, 데모를 조사하기 위한 참고인으로 출석해 줄 것을 요청했다. 참고인으로 6월 4일 오전 반민특위에 출두한 최운하와 조응선은 그 즉석에서 구속되었다.

서울시경 사찰과장 최운하와 종로서 사찰주임 조응선이 반민특위에 의해 데모 선동 혐의로 전격 구속된 사건은 서울시경 산하 전 사찰경찰들이 일제히 들고일어나는 사태를 몰고 왔다. 시경 산하 사찰경찰들은 ① 반민특위 간부 쇄신 ② 반민특위 특경대 해산 ③ 경찰관에 대한 신분보장 등 구체적인 요구를 제시하고 일제히 사표를 써 시경국장 앞으로 보내는 등 압력을 가하고 나섰다. 산하 경찰의 집단 사임 압력을 받은 시경국장 김태선 이하 시경 간부들은 6월 5일 회의를 열고 어떻게 대처해 나갈 것인가를 의논했다. 이날 회의에서 비교적 나이가 젊은 경찰 간부급인 중부서장 윤기병(尹箕炳), 종로서장 윤명운(尹明運), 보안과장 이계무(李啓武) 등은 "현직 경찰 간부가 뚜렷한 증거도 없이 국회의 특별 활동 기관인 반민특위에 구속되었다는 것은 있을 수 없는 불법"이라고 주장, 실력 행사를 해서라도 이들을 석방시켜야 한다고 주장했다. 그러나 결단력이 없고 매사에 책임을 지지 않으려고 하는 김태선은 결단을 내리지 못하고 저녁에 다시 모이자고 한 후 회의를 끝냈다.

김태선의 우유부단한 태도에 실망한 윤기병 등 소장 경찰 간부들은 내무 차관 장경근(張暻根)에게 달려가 실력으로 특경대를 해산하고자 하니 허락해 달라고 요청하여 장경근의 허락을 받고 실력 행사를 위한 작전 계획을 세운 끝에 직접 지휘는 중부서장 윤기병이 맡기로 했다. 당시 내무장관 김효석(金孝錫)은 신병으로 입원 중이었다. 윤기병이 특별 임무를 맡게 된 것은 반민특위가 중부서 관내에 있으며 김상덕 등 반민특위 위원들과는 비교적 친교가 있다는 이유 때문이었다.

6월 6일 오전 7시에 전 중부서원을 소집한 윤기병은 그중 40명을 차출, 2대의 스리쿼터에 분승시켜 서울 중구 남대문로2가에 있는 반민특위 사무실에 도착한 후 뒷길에 병력을 배치해 놓고 작전을 개시했다. 이와 같은 사실이 진행되고 있는 줄은 미처 생각하지 못했던 특위 위원을 비롯한 전 직원들은 출근과 동시에 한 사람씩 경찰에 붙잡혀 각 경찰서 유치장에 처박혀졌다. 이날 대검찰총장 권승렬도 중부서원들에 의해 무장 해제당했는데 그는 사건 발생 보고를 받고 특위 사무실로 달려오던 길이었다. 망신을 당한 권승렬은 특위 사무실을 마구 수색하는 경찰들을 꾸짖었으나 상부 지시라는 이유로 들은 체도 하지 않았다.

경찰들이 반민특위 사무실에 난입, 직원들을 강제 연행해 가고 서류들을 불법 압류해 가자 반민특위 위원들도 이 소식을 듣고 달려와 "국립경찰이 헌법 기관인 특위를 강점하고 직원들을 불법 체포해 가니 이 무슨 행패냐"고 항의했으나 상부 지시 운운하면서 마구 분탕질을 해대는 경찰의 기세를 누를 수가 없었다. 이날 중부서원에 의해 연행된 35명은 특경대원 24명, 사무직원 및 반민특위 위원 경호원 9명, 민간인 2명 등이었다. 민간인 2명은 반민특위 직원을 면회하러 왔다가 직원으로 오인되어 엉뚱하게 끌려간 것이다.

경찰에 연행된 특경대원을 비롯한 특위 직원들은 경찰들로부터 폭행을 당해 대부분이 부상을 당했다. 35명 중 1개월 이상 치료를 받아야 할 중상을 입은 직원이 2명이었으며, 전치 4주 이상자가 4명, 2주 이상자가 8명, 1주 이상자가 8명이나 되었다. 이들은 경찰로부터 혹독한 폭행을 당한 후 특경대원 21명은 중부서에 유치되었고 나머지는 종로, 서대문, 동대문, 성북서 등에 각각 2명씩 그리고 마포, 성동서에 3명씩 분산 유치되었다.

경찰의 반민특위 습격 사건은 서울시경 사찰과장 최운하의 구속이 직접적인 불씨였지만 최운하 구속 이유의 배경에는 몇 가지 설명하고 넘어가야 할 사건들이 있다. 그중 하나가 이른바 국회프락치사건이다. 즉 반민특위 활동이 활발히 전개되던 5월 18일 국회 내 소장파 의원 중 이문원(李文源, 전북 익산), 최태규(崔泰奎, 강원 정선), 이귀수(李龜洙, 경남 고성) 등 3명이 경찰에 의해 반공법 위반 혐의로 구속된 것이다. 이 사건은 나중에 국회 부의장 김약수도 구속되는 등 크게 확대되는데, 반민특위 활동으로 전전긍긍하던 친일 세력들에게는 국회를 공격할 좋은 구실이 되었다. 왜냐하면 이 사건에 연루된 의원 중에는 반민법 제정 때부터 이를 적극 지지했거나 직접 관여한 의원들도 있었기 때문에, 반민특위는 공산주의자라고 몰아붙이고 나섰던 친일 세력의 주장을 사실로 입증해 준 셈이 되었기 때문이다.

여하튼 휴회 중에 이문원 등이 경찰에 구속되자 국회는 즉각 임시국회를 소집, 구속 의원들의 석방 결의안을 놓고 격론을 벌였지만, 88 대 95로 부결되었다. 이렇게 되자 평소 국회 내 공산주의자들을 추방하라고 심심찮게 데모를 벌였던 친일 세력들은 5월 31일 오후, 탑골공원에서 다시 대규모 친공 의원 규탄 대회를 열고 이문원 등 3의원 석방 결의안에 찬표를 던진 88명의 의원이야말로 공산당의 앞잡이라고 공격하고 국회로부터 추방할 것을 요구하는 서명날인도 받았다. 이렇게 되자 국회 내 소장 의원인 유성갑(柳聖甲), 김옥주(金沃周), 노일환, 김웅진 의원 등이 진상 조사차 데모 현장에 나갔는데, 유성갑이 "석방 결의안은 무기명 비밀 투표에 의해 표결된 것인데 어떻게 찬성한 88명의 의원을 알 수 있느냐"고 외쳤다가 흥분한 데모 군중들한테 집단 구타를 당하기도 했다.

이날 이후 반공을 내세운 친일 세력들의 극성스러운 데모가 연일 계속되었고, 마침내 잇단 데모 사태와 관련, 서울시경 사찰과장 최운하 등 현직 경찰 간부가 반민특위에 구속되는 사태로 발전했고, 급기야는 경찰이 들고일어나 반민특위를 무력으로 습격하는 충격적인 사건으로 확대되었다.

6·6사건이 발생하자 국회는 이날 오후 긴급회의를 소집하고 특위 위원장 김상덕으로부터 사건 경위에 대한 보고를 받고 이에 대한 대정부 질문 공세를 펴는 한편 사후 수습 대책을 논의했다. 부의장 김약수 사회로 열린 이날 13차 본회의에서 내무위원장 나용균은 이 문제는 단순한 경찰과 특경대의 충돌 사건으로 보기에는 너무나 사태가 중대하다고 전제, 사태의 심각성에 비춰 "내무위원장의 자격으로 대통령이 국회에 출석 해명할 것을 요청했으나, 미환(微患)으로 출석할 수 없다는 것이며 특경대 무장 해제는 국무회의 의결을 거치지 않고 대통령 자신이 친히 명령한 것이라는 대통령의 해명이 있었다"는 보고를 했다. 나용균의 보고는 국회의원들의 분노를 폭발시키는 도화선이 되었다. 가뜩이나 국회의 의견을 무시하고 국정을 독단하는 이승만에 대해 불만스러워하던 국회로서는 특경대 무장 해제를 이승만이 직접 지시했다는 사실은 폭탄선언이나 다름없었다.

한편 정부 측에서는 국무총리 이범석을 비롯 내무 차관 장경근, 검찰총장 겸 특별검찰관장 권승렬 등이 참석하여 정부의 입장을 해명했다. 먼저 이범석은 "이번 경찰의 행동은 특위의 존재를 구속하려는 의도는 없으며, 다사다난한 이때 국회와 정부가 마음을 합쳐 민국의 육성에 힘써야 할 것이므로 대국적 안목에서 냉정히 처리해 달라"고 요청했다. 그러나 이 사건의 경위를 설명하는 장경근은 "특경대는 내무부가 인정한 국가경찰이 아닌데도 특위가 임의로 임명하여 경찰관 호칭을 사용하고 신분증명서까지 소지하고 경찰관 임무를 불법적으로 행사했다"고 전제하고 "내무부가 누차 그 불법성을 지적, 해산을 종용했었으나, 특경대의 경찰권 행사가 더욱 늘어나 부득이 강제해산했다"고 해명했다. 장경근의 답변은 격앙된 국회 분위기를 강경한 방향으로 몰고 갔다. 가뜩이나 경찰의 만행에 분노를 금치 못하는 판국에 불을 지른 격이었다.

격앙된 김상덕은 "특경대는 작년 10월 윤치영 전 내무 장관과 협의하여 설립된 것인데 불법 운운하니 말도 안 된다. 권총은 없어도 법관은 법관이 아닌가. 반민자는 권총에 붙잡히는 것이 아니라 민족정기에 잡히는 것이다"라고 일갈했다. 그러나 장경근은 소신을 조금도 굽힘이 없이 "경찰관은 협약으로 생기는 것이 아니라 정식 발령이 있어야 한다. 또 무기의 회수는 발사를 방지하기 위해 취해진 예방 조치였다"고 맞섰다.

이날 정부 측 답변자로 국회에 나와 앉은 검찰총장 권승렬의 입장은 묘한 것이었다. 경찰로부터 무장 해제라는 봉변을 당했던 권승렬은 그러나 국회 편을 들 수도 없는 입장이었다. 왜냐하면 권승렬은 그 날짜로 법무 장관에 임명되었기 때문이었다. 그는 "본인이 덕망이 부족하여 특별경찰에 대한 지휘 감독을 다하지 못하고 교양을 잘못 시켰기 때문에 극히 경미한 발단으로 문제가 확대된 것을 송구스럽게 생각한다. 오직 나라 하나를 위하여 온평한 처리를 희구한다"고 미적지근한 답변을 하기도 했다.

정부 측의 대국적인 안목으로 조용히 사태를 수습하자는 희망은 성난 국회로서는 받아들일 수 없는 건의였다. 밀양 출신의 박해극 의원은 경찰의 불법 행동으로 압수한 문서와 무기들을 즉시 원상회복하고 정부 측 책임자들을 속히 의법 처벌하라는 동의를 냈다. 이렇게 나오자 다급해진 이범석은 "마지막으로 정치적 책임을 피할 생각은 추호도 없으나 이 안건은 중대한 것이니 대통령과 국무회의 의견을 종합 검토하여 처리할 시간 여유가 필요하다"고 호소했다.

그러나 격앙된 이날의 국회는 젊은 이재형(李載瀅) 의원의 "국무총리 이하 전 각료의 퇴진을 요구하고 압수한 반민특위의 무기와 문서의 원상회복과 내무 차관 및 치안국장의 파면을 즉각 결의할 것과 국회의 요구가 제대로 이행되기 전에는 모든 법안 및 예산안의 심의를 일체 거부할 것을 개의한다"는 제안을 찬성 89, 반대 59, 기권 3, 무효 2로 결의하고 4시간 40분 동안의 토의를 끝냈다.

이 사건에 대해 대법원장 김병로도 경찰의 행동이 잘못되었다고 비난했다.

반민특위에 대한 중부서의 행동이 자의 행동이 아니고 상부의 명령에 의해 한 것으로 본다. 소위 특경대의 무기가 경찰 당국에서 내준 것이라면 회수할 수 있는 것이다. 검찰총장을 비롯한 각 공무원으로서 보신하기 위하여 법적 수속을 마치고 정당히 소지한 것을 압수하는 것은 특별한 법령에 의거치 않는 한 불법인 것은 물론이다. 경찰이 반민특위의 조사부와 검찰부 등을 수색한 것과 약간의 서류를 압수한 행위는 직무에 초월한 과오이므로 그 과월한 행위는 불법일 것이다.

이 문제는 국민에게 미치는 영향이 중대한 것으로 보기 때문에 국회와 정부 당국으로서 비상시국에 적정한 정치적 조치가 있으리라 본다. 사법 기관으로서는 불법 행위에 대한 수사 기관인만큼 적응한 행동에 의하여 법의 판단을 요구하는 때에는 물론 추호라도 용서 없이 법에 비추어 판단을 내릴 것이다.

이와 같이 국회는 물론 사법부까지 경찰의 불법 행동을 지적하고 나서자, 이승만은 다음 날(6월 7일) 미국연합통신사(AP) 기자와 단독 회견에서 "특경대 해산은 대통령 자신이 직접 경찰에 지시한 것"이라고 밝히고 6월 11일에는 이에 대한 담화를 발표했다.

정부에서 국회의 권위를 존중하는 본의에서 반민법에 관하여 국회에서 정한 법률과 그 법률로써 설치한 특검, 특재 및 특별조사위원을 공식으로 인준하여 협조할 것이니 조사위원은 직접 범인을 검거하거나 심문하는 등 행정 사무는 일체 폐지하고 다만 비밀리에 조사하여 단축한 기한 내에 범인들의 명부를 만들어 행정부로 넘기면 행정부에서 죄의 유무를 묻지 않고 곧 한번에 다 검거하여 특별검찰부와 특별재판부로 넘겨 처단케 하라고 누차 국회의원 제씨에게 권고하였으나 이것을 듣지 않고 여전히 특경대를 설치하고 특별조사위원 몇 사람이 거느리고 다니며 몇 명씩을 잡아 가두고 긴 시일에 걸쳐 심사하는 반면에 소위 유죄하다는 사람들은 아무 일 없이 지내게 되며 한편으로는 위협하여 뇌물을 받는다는 등 불미한 풍문이 유포되기에 이르니 이는 반민법 본의에 배치될 뿐 아니라 민심의 소요됨이 크므로 이 이상 더 방임할 수 없어 부득이 특경대를 해산시킨 바이니 의장 각하 및 의원 제씨는 이 점을 깊이 양찰하여 하루바삐 해결하는 것이 치안에 큰 손해를 면할 방책일 것이다. 경찰이 특경대 해산령을 집행할 적에 혹은 불법이나 과오를 범한 자가 있으면 이는 정부에서 엄밀히 조사하여 일일이 의법 징벌할 것이니 당국 관리들은 각별히 주의하여 자세히 조사하여 보고하기 바란다.

내무 차관 장경근도 이에 앞서 다음과 같이 말했다.

이번 처사는 특재나 특검 및 특위 전체를 대상으로 한 것이 아니고 비경찰이면서 경찰권을 불법으로 행사하는 유사 단체인 특위의 특경대만을 해산한 것이다. 이것을 경찰의 쿠데타처럼 말하고 있는 것은 모략이다. 정당한 경찰권 행사가 불법이 아닌 이상 책임 문제라는 것은 법 이론상으로 보아 생길 문제가 아니다.

그리고 특경대 해산으로 앞으로 특위 사업에 지장이 있는 것처럼 말하나 반민자 체포에 관하여는 특위에서 의뢰만 하면 언제든지 일반 경찰을 동원, 체포하여 법의 심판을 받도록 하겠다.

한편 반민특위에 구속되었던 최운하 조응선 등 현직 경찰 간부와 경찰에 의해 강제 연행되었던 35명의 특위 직원들은 검찰총장 겸 특별검찰관장 권승렬의 막후 교섭 등으로 경찰의 특위 습격 사건이 있던 6월 6일 오후에 모두 풀려났지만 감정이 격해진 특위와 경찰은 서로 고소전을 벌였다. 즉 경찰에서 석방된 특경대원 및 특위 직원 22명이 심한 부상을 당하자 특위는 6월 11일 내무 차관 장경근, 치안국장 이호(李澔), 시경국장 김태선, 중부서장 윤기병, 종로서장 윤명운, 성동서장 이인환(李仁煥) 등 6명을 상해 및 공무집행방해죄로 고발했다. 경찰도 특위 위원장 김상덕을 비롯 부위원장 김상돈, 위원 김명동, 특별검찰관 차장 노일환 등 4명의 특위 간부를 불법 가택 수색, 폭행, 독직 등 혐의로 검찰에 고소하는 등 맞고소로 응수했다. 경찰은 또 6·6사건 직후 서울 시경 산하 모든 사찰경찰뿐만 아니라 9천여 명의 전 경찰이 ① 반민특위 간부 쇄신 ② 반민특위 특경대 해산 ③ 전 경찰관에 대한 신분보장 등 3개 항의 요구 조건을 제시하고 48시간 내에 요구 사항이 관철되지 않을 때는 총사퇴하겠다고 정부에 압력을 넣는 집단행동으로 나왔다.

결국 이 사건은 내각 총퇴진, 정부 측 의안 심의 거부 등 국회의 강경 태도와 정부의 정당성 주장 등으로 팽팽히 맞서 타결점을 찾지 못하는 정국 경색으로 확대되었으나 국회 내 일부 강경파 의원들의 내각책임제 개헌 추진에 당황한 이승만이 국회에 직접 출석하여 협조를 당부함으로써 일단락지었다.

반민특위의 와해

경찰의 반민특위 습격 사건은 정치적으로는 정국 수습이라는 타협점을 찾았지만 반민특위 활동에는 막대한 타격을 주었다. 더구나 이미 국회프락치사건으로 구속된 이문원 의원 외에도 김약수 부의장을 비롯해 노일환, 서용길(특별검찰관), 김병회(金秉會), 김옥주, 박윤원, 강욱중, 황윤호(黃潤鎬) 등 8명의 소장파 의원들이 보안법 위반 혐의로 육군헌병대에 의해 구속되자 국회 내에서 반민특위 활동을 적극 추진했던 세력의 힘이 극도로 약화되기에 이르렀다. 그뿐 아니라 발족 당시에는 국민들의 성원을 등에 업고 맹활약을 했던 반민특위가 조사 활동 개시 4개월이 지난 이후부터는 특위 내에서도 법 운용 문제를 놓고 강·온으로 의견이 엇갈리는 등 내부로부터도 힘이 약화될 조짐을 보였다.

그 한 예가 특위 재판관 김장렬, 홍순옥 등의 사퇴였다. 감장렬과 홍순옥은 친일 세력들의 반민특위를 겨냥한 데모가 열기를 띠기 시작하던 5월 26일 국회에 "입법 정신에 위배되는 사실이 있고 법의 운용에 보조가 맞지 않는다"는 이유로 사표를 제출하고 더 이상 반민특위 활동을 못하겠다고 했다.

2명의 특위 재판관으로부터 사퇴서를 받은 국회는 이들에게 뚜렷한 사퇴 이유를 밝힐 것을 요청했으나 김장렬은 "정치인으로서 법관 생활은 맞지 않을뿐더러 신경통이 있는 데다 외부로부터 모략까지 받아 견딜 수 없어 사임한 것"이라고 해명했으며 홍순옥은 "재판관과 검찰관의 의견이 왕왕 맞지 않아 소임을 다할 수 없다"고 해명하기도 했다. 이를 뒷받침이나 하듯, 특위 재판관인 최국현 의원은 "요즘 특위 조사관이 잡아 오는 것은 가장 무능한 사람뿐이다. 어떤 강한 사람, 즉 어떤 단체에 들어 있는 사람은 통 붙잡아 오지 못하고 있다. 이러고서야 어찌 민족정기를 살릴 수 있겠는가. 나도 특위에 수차 사표를 냈었지만 받아지지 않았다"고 반민특위 활동에 회의를 표명하기도 했다.

이렇게 반민특위 내에서까지 법 운용에 대해 회의를 갖는 사람이 늘어나자 국회 내 일부 친여 세력 사이에 반민법을 고쳐서라도 반민특위 활동에 어떤 결말을 내려야 한다는 의견이 대두되기 시작했다. 그리하여 때마침 법무 장관을 사임하고 의원직으로 돌아온 이인을 비롯하여 소장파의 곽상훈 등이 주동이 되어 공소 시효를 단축하자는 반민법 개정안을 국회에 내놓았다. 즉 특위의 활동이 여러 가지 요인으로 지지부진하니 반민법 제29조의 공소 시효 완성 시기를 단기 4282년(서기 1949년) 8월 31일로 앞당기자는 내용이었다. 이 반민법 중 개정안은 7월 6일 국회에서 표결에 붙여져 재석 의원 136명 중 찬성 74, 반대 9로 통과되었다.

반민법이 개정되어 사실상 조사 활동을 더 이상 계속할 수 없게 되자 반민특위 위원장 김상덕 이하 전 위원은 그다음 날 일제히 사퇴했다.

반민특위 간부들의 일괄 사표를 받은 국회는 다시 시도별로 새로운 후임 위원을 선출했으나 그중 이인(서울), 조규갑(曺奎甲, 경남), 김상덕(경북), 조국현(전남) 등 4명이 재차 사임했다.

결국 국회는 이들의 사표를 수리하느냐에 관해 몇 차례 투표를 거친 끝에 반민특위를 새로 맡을 진용을 선임했는데 그 명단은 다음과 같다.

위원장: 이인(서울), 부위원장: 송필만(충북)
위원: 조중현(경기) 유진홍(兪鎭洪, 충남) 조헌영(趙憲泳, 경북) 조규갑(경남) 진직현(晋直鉉, 전북) 조국현(전남)

새로 선임된 위원들로 구성된 새로운 진용의 반민특위는 7월 14일부터 공소 시효 완성일인 8월 31일까지 1개월 남짓 특위 업무를 관장했지만, 그들의 활동은 자연히 그동안 특위가 벌여 놓았던 조사 업무를 마무리 짓는 정도로 그쳤다. 그럴 수밖에 없는 것이 새로 위원장에 선출된 이인은 법무장관으로 있을 때 반민법 자체의 모순성을 지적, 비토할 것을 이승만에게 건의했던 장본인이었으니 적극성을 띨 까닭이 없었다.

이인은 위원장에 취임하면서 "실지(失地) 회복이 미완된 현단계에 있어 반민법을 남북 양지에 똑같이 적용, 운용하지 못하는 것은 유감이나 모든 정세를 고려하여 비록 제약된 기간이나마 모든 기능을 경주하여 중점을 두고 은위병행(恩威竝行), 신속 공정하게 처단할 방침이니 일반은 많은 협조를 바란다"는 소감을 밝혔다. 이인은 그 후 7월 28일 특별조사위원회 조사관 연석회의를 소집, 잔무 처리에 대한 다음과 같은 지침을 시달했다.

① 당연범인 반민법 4조 1, 2, 3, 4항 해당자는 출두 요구서를 발부하고 ② 출두하지 않거나 주소 불명자는 도주로 간주, 공소 시효 완성과 관계없이 체포 영장을 발부하며 ③ 당연범이나 선택범을 막론하고 자수 기간을 설정, 자수한 자는 정상을 참작키로 하고 ④ 공무원 중 반민법 해당자는 기관장에게 명단을 통보, 적절한 조치를 취하도록 요청한다.

이러한 방침에 따라 잔무 처리를 서두른 특위는 8월 31일로 공소 시효 완성과 함께 조사 업무를 마무리 짓고 이미 조사가 끝난 사건은 모두 특별검찰부로 송치했다. 특위는 또 조사위원회, 특별재판부, 특별검찰부 및 그 부속 기관의 해체 시기를 논의한 끝에 특별검찰부가 송치받은 사건의 재조사 및 기소 여부 결정 기간이 20일로 되어 있으므로 9월 20일 이후에 해체하기로 했다. 반민자들의 공소 시효가 완결되는 8월 31일, 위원장 이인은 다음과 같은 담화를 발표했다.

반민족행위처벌법은 민족적 중대 과업의 하나이다. 이로써 40년간 왜적에게 당한 치욕을 스스로 씻고 민족정기를 바로잡아 흐릿해진 민족정신을 일깨우고 해이된 국민의 기강을 밝힘으로써 국가 만년의 대계를 세우며 자손만대에 교훈을 주려는 것이니 이것은 3천만의 공통된 염원이다. 반민족행위처벌법 제정 당시 공소 시효 기간을 2년으로 한 것은 공정히 처벌하기 위하여 조사할 시간을 넉넉히 한 것이나 그동안 사무를 진행한 경험을 통해서 시일을 단축할 수 있음을 깨닫고 법을 개정해서 작 8월 31일로 공소 시간을 끝맺게 되었다.

반민법 제29조에 의해서 '도피자는 본법이 사실상 시행되지 못한 지역에 거주하는 자 또는 거주하던 자'를 제하고는 반민족 행위자 조사는 이로써 일단락을 짓게 되었고 반민법이 공포된 후 343일간 총 취급 건수 682건이요, 그중에 특검으로 송치한 것이 559건이다.

반민특위 사업에 대한 견해는 사람에 따라 달라서 일방에서는 용두사미로 그친다고 비난의 소리도 높고 다른 한편에서는 시기도 아니요, 너무 세밀히 한다고 불평을 말하는 이도 있다. 그러나 가장 심했던 자만 처단하고 나머지는 관대히 하는 것이 인정을 펴고 인심을 수습하는 도리가 되는 것이다. 사람을 벌하려는 것이 아니요, 반민족 정신인 죄를 징계하는 것이 목적이니 이 정도의 처단으로 족히 이일징백(以一懲百)의 효과를 거두어서 민족정기를 바로잡을 수 있으리라고 생각한다. 더욱이 38선이 그대로 있고 시국이 혼란하고 인재가 부족한 이때에 반민족 행위 처단을 지나치게 하는 것은 도저히 민족과 국가를 위해서가 되지 못한다는 것을 생각하지 않을 수 없다.

　이러한 견지에서 교육자와 공무원에 대해서는 특별한 고려를 하였다는 것을 부연하여 둔다. 교육자의 반민족 행위는 그 영향이 더욱 크므로 그 죄과도 더욱 크다고 해야 할 것이다. 그러나 왜정하 그 욕스러운 교육이나마 전폐할 수 없어서 부득이 과오를 범한 것으로 인정하고 금후 그들이 후진의 교육을 위하여 진심으로 공헌할 것을 기대해서 그 죄과는 거의 불문에 부하였으니 당사자들은 깊이 자성하기 바란다. 또 공무원 중에 투서, 고발, 조사 보고 등을 받은 자가 있으나 이것은 각기 소속 장관의 처리에 맡기고 본 위원회에서는 송치치 않기로 하였다. 원래 공직에서 반민자를 제거하여 달라는 것이 민중의 여론의 일면이다. 그러나 그들이 해방 후 오늘날까지 대한민국을 위하여 충성을 다한 공을 생각하고 금후 더욱 속죄의 길을 열어 주려는 뜻으로 그렇게 한 것이니 당사자들은 각자가 자서자계해서 국가에 누를 끼침이 없도록 하고 더욱 충성을 다하기를 바란다. 끝으로 부연할 것은 박춘금(朴春琴) 외 4인에 대한 체포 교섭은 목하 임(林) 외무부 장관과 맥아더 원수 사이에 진행 중에 있으니 근일 중 그 결과를 알게 될 것이다.

　반민특위는 공소 시효가 완결된 지 닷새 후인 9월 5일 특위 위원, 조사국 간부, 도지부 책임자 연석회의를 끝으로 공식적인 활동을 끝냈다. 9월 21일에는 특위 위원장 이인 외 48인의 이름으로 반민특위 특별조사기관 조직법 및 반민족행위특별재판부 부속기관 조직법 폐지안과 특위가 진행해 왔던 업무는 대법원과 대검찰청에서 계속 수행할 수 있도록 하는 내용의 반민족행위처벌법 중 개정안을 국회에 제출, 1949년 9월 22일 국회의 제84차 본회의에서 통과됨으로써 파란 많았던 반민자에 대한 숙청 작업은 종지부를 찍었다. 그러나 대법원과 대검찰청은 그 후 즉 1950년 3월 말까지 미결로 남아 있던 반민법 위반자들에 대한 공판 업무를 수행했으나 대부분 무죄 또는 가벼운 자격정지형 정도로 끝나고 말았다. 1949년 9월 5일 반민특위 관계 기관 연석회의에 보고된 반민법 공소 시효 완성 시까지 반민특위 활동 상황을 기록해 보면 다음과 같다.

총 취급 건수 682건(여자 60명 포함)

영장 발부 408건(당연범 198건—중추원 참의 120건, 습작자[襲爵者] 43건, 지사 35건)

체포 305건, 미체포 173건, 자수 61건

검찰 송치 559건, 석방 84건

영장 취소 30건

기소 221건

재판 종결 건수 38건

체형 12건(①징역 1년 집행유예 4건 ②징역 2년 집행유예 1건 ③징역 1년 3건 ④징역 1년 6월 1건 ⑤징역 2년 6월 1건 ⑥무기징역 1건 ⑦사형 1건)

공민권 정지 18건 (①3년 8건 ②4년 1건 ③5년 4건 ④7년 2건 ⑤10년 3건)

무죄 6건, 형 면제 2건

도별 송치 건수 559건

중앙(서울) 282건, 경기 32건, 황해 26건, 충남 25건, 충북 26건, 전남 27건, 전북 35건, 경남 50건, 경북 34건, 강원 19건

위에서 보는 바와 같이 반민특위 활동 기간 중 실제로 재판을 받아 체형

이 선고된 반민법 해당자는 악질적인 10여 명뿐인 데다 그중 5명은 집행유예로 풀려나 실제 처형을 받은 숫자는 불과 7명뿐이다. 그러나 이들도 이듬해 봄까지는 재심 청구 등으로 감형되거나 형 집행 정지 등으로 흐지부지 풀려나 친일파 숙청 작업은 실효를 거두지 못하고 용두사미로 끝나고 말았다.

3 반민특위 재판의 실제

본격적인 조사 활동

1948년 9월 22일 온갖 우여곡절을 거친 끝에 전문 3장 32조의 반민족행위처벌법이 이승만에 의해 법률 제3호로 공포된 후 그해 12월 23일까지 특별재판부 및 특별검찰부와 중앙사무국이 구성되고 각 시도에도 조사 지부 등이 설치되자 반민특위는 본격적인 조사 업무에 들어갔다. 우선 정부로부터 7,400만 원의 예산을 타 내고 중앙청 205호실에 사무실을 차린 반민특위는 일제 때 발행된 신문·잡지를 비롯한 출판물과 조선총독부 등 일제 통치 기관의 문서를 토대로 반민족 행위자 일람표를 작성했다. 특히 특위는 일제 때 발간된 『친일파의 군상들』이란 고발 서적을 찾아내어 이를 참고로 7천여 명에 달하는 친일 부역자들의 반민족 죄상을 소상히 알게 되었다(이 책은 그 후 훼손되어 애석하게도 현재로서는 책 이름만 알려지고 있을 뿐 전해지지 않는다). 약 3개월간에 걸쳐 친일분자들의 행적을 찾아내어 반민법 해당자들에 대한 일람표까지 작성하는 등 예비 조사를 끝낸 반민특위는 1949년 1월 8일 화신 재벌의 총수 박흥식(朴興植)에 대한 검거를 개시로 본격적인 활동에 들어갔다.

10일에는 관동군 촉탁이었던 이종형이 체포되었고 13일에는 일본군에 비행기를 헌납한 방의석(方義錫)과 33인의 한 사람이었던 최린(崔麟), 강우규(姜宇奎) 의사를 체포한 일제 경시 출신의 김태석(金泰錫) 등이 검거되었다. 14일에는 창씨개명에 앞장섰던 친일 변호사 이승우(李升雨)와 작위까지 받은 친일 귀족 이풍한(李豐漢)이 검거되었고, 18일에는 일경 경시 출신으로 도지사를 지낸 이성근(李聖根)과 자작 이기용(李琦鎔)이 체포되었다. 또 이틀 후인 1월 20일에는 중추원 부의장까지 지낸 친일파의 거두 박중양(朴重陽)이 대구에서 검거, 서울로 압송되었고, 중추원 참의와 만주국 명예총영사를 지낸 바 있는 재계의 중심인물인 김연수가 붙잡혔다. 22일에는 고등계 형사 하판락(河判洛), 『국제신문』 편집국장 정국은(鄭國殷), 중추원 참의 김양영(金兩英)이 각각 검거되었고, 24일에는 수도청 고문 치사 사건으로 수배 중이던 전 수사과장 노덕술과 동화백화점(현 신세계백화점) 사장 이두철(李斗喆), 26일에는 일본 헌병 출신의 현직 경찰 간부 유철(劉澈)과 악질 왜경 출신 노기주(魯璣柱) 등이 피검되었다. 그 후 종로경방단장 조병상(曺秉相, 27일), 중추원 참의 김갑순(28일), 일제 고등경찰 서영출(徐永出), 친일 변호사 임창화(林昌化, 31일), 일군에 비행기를 헌납한 문명기(文明琦) 등이 속속 체포되었다.

　2월에 들어서서도 반민자들에 대한 검거의 고삐를 늦추지 않은 반민특위는 특히 문화계에 손을 대어 2월 7일에는 독립선언문을 쓴 육당(六堂) 최남선(崔南善)과 춘원 이광수도 반민특위에 체포되었다. 이밖에도 특위에 의해 검거된 유명인들은 조선항공업 사장이던 신용항(愼鏞項), 고등계 형사 김극일(金極一), 군수업자 백낙승(白樂承), 수도청 고문 최연(崔燕), 김제경찰서장 이성엽(李成燁), 전북도경 사찰과장 이안순(李顔淳), 악질 왜경 출신 김성범(金成範)·심영환(深永煥)·문구호(文龜鎬)·김영호(金永浩)·김대형(金大亨) 등이었다. 또 중추원 참의까지 지냈던 서병주(徐炳柱), 신옥(申鈺), 김재환(金在煥), 정해봉(鄭海奉), 진희채(秦喜蔡), 고원훈(高元勳), 박희옥(朴禧沃), 최승렬(崔承烈), 원병희(元炳喜), 서병조(徐丙朝), 손준영(孫俊英), 한정석(韓貞錫) 등도 모두 검거되었으며 2월 18일에는 이토 히로부미의 양녀이자 일제 밀정이었던 배정자(裵貞子)와 『황국신문』 서사를 지은 것으로 알려진 김대우(金大羽), 중추원 참의 장헌식(張憲植), 고등경찰 양재홍(楊裁弘), 항공업자 김정호(金正浩) 등도 검거되었다.

이와 같이 특위가 민족의 이름으로 친일 부역자들에게 응징의 철퇴를 가하는 일대 선풍을 일으키자 이승만은 전술한 바와 같이 이를 견제하는 담화를 발표하고 자중할 것을 요청했으나 대부분 국민들은 특위의 과감한 활동에 찬사와 격려를 보냈다. 이러한 당시 여론을 2월 2일자 『서울신문』 사설에서 살펴볼 수 있다.

민족정기가 살았느냐 죽었느냐를 의심했으나 과연 민족정기는 죽지 않았다.
보라! 눈부신 특위 활동을! 우리는 기대한다. 누누이 지적한 바와 같이 반민자의 처단은 결코 보복적 사실에서 나온 것이 아니고, 대한민국의 정신을 살리고 사리사욕 때문에 민족을 파는 반역자가 다시 생겨나지 않도록 하는 교훈적 의의가 크다고 본다.……
그리고 중앙에서부터뿐만 아니라 지방에서까지 전체가 단시일 내에 국사를 끝내고 가장 공정하게 그리고 신속히 벌을 주고, 그밖에 용서할 자는 다시 새 나라를 이룩하는 데 힘쓰도록 관용이 있어야 할 것이다.
끝으로 간곡히 부탁하는 바는 특위가 공론을 앞세워 시간이 흐른다면 부질없는 피해를 가져오기 쉬우니 이 점을 특히 부탁하는 바이다.

이와 같이 반민특위의 검거 선풍이 회오리치자 대부분의 반민법 해당자들은 지하로 잠적하거나 심지어는 일본 등 해외로 도피, 검거의 손길로부터 벗어나려고 안간힘을 썼다. 그리고 몇몇 양심 있는 친일분자들은 진심으로 자기 죄과를 뉘우치고 떳떳하게 민족의 이름으로 심판을 받아 여생을 대한민국을 위해 일하겠다는 이들도 있었다.
이들 중 제일 먼저 특위에 자수한 인물은 일경 출신의 정성식(鄭成植)으로 그는 2월 4일 고향인 경남 의령에서 서울로 올라와 특위를 찾았다. 이어 2월 28일에는 역시 일경에 몸담았던 조동선(趙東璇)이란 반민자가 특위에 자수했고, 3월 5일에는 중추원 참의를 지냈던 김윤복(金允福)이 특위 경기 지부에, 같은 날 이필순(李弼純)이란 일본 헌병 출신이 역시 인천 지부에 자수하기도 했다. 그 후에도 자수자들은 계속 늘어나 특위 활동 기간에 자수한 반민법 해당자는 61명이 되었다.

반민 공판의 준비

반민법 해당자들이 특위에 의해 속속 피검되어 조사를 받고 특별검찰부에 의해 기소되자 이에 따라 재판부도 반민자에 대한 역사적인 공판을 위해 준비를 갖추기 시작했다. 1949년 3월 4일 특별재판관장 김병로는 특별재판관 전체 회의를 소집하고 재판 절차에 따른 문제들과 재판 기일 지정 문제를 토의했다. 대법원 회의실에서 열린 이날 회의에는 3부로 나뉜 재판관 전원이 참석했다. 즉 제1부 재판장 신태익, 제2부 재판장 노진설, 제3부 재판장 이춘호를 비롯해서 이종면, 오택관, 홍순옥, 김호정(이상 제1부), 신현기, 고평, 김병우, 김장렬(이상 제2부), 서순영, 정홍거, 최영환, 최국현(이상 제3부) 등 15명의 재판관이 참석, 재판 관례상 기소된 순서에 따라 재판 기일을 정하기로 결정했다. 또 이날 회의에서는 재판부별로 요일을 지정, 제1부는 월요일과 목요일에, 제2부는 화요일과 금요일에, 제3부는 수요일과 토요일에 재판을 열 것도 결정했고, 재판부별로 피고인들을 배당했다. 재판 일정 및 피고인별로 기일이 정해지자 특별재판관장 김병로는 반민특위의 특별재판부는 민족의 총의로 엄정한 재판을 수행하겠다는 재판부의 결의를 다음과 같이 밝혔다(3월 12일).

반민자들에 대한 심판은 해방 후 우리의 자주 정부가 들어섰다면 곧 착수했을 것이나 3년 이상이나 공백이 있어 혼란 속에 방치되어 왔다. 그 후 여러 가지 주변 사정과 정치 정세의 변동이 있었던 것은 유감스럽고 곤란한 점도 없지 않았다. 그러나 시일이 갈수록 더욱 곤란이 가중될 것으로 반민법에 규정한 바와 같이 단시일 내로 이 사업을 완결하여 민족정기를 부흥하는 동시 전 민족의 분의(憤意)를 일소하고 완전하고 순전한 민족 통합으로 민족 국가의 만년지계에 매진할 것이다. 본인은 이러한 사건을 처단함에 있어 첫째로 전국적으로 반역자의 낙인이 찍힌

자를 주로 하고, 둘째로 각 지방별로 반역자의 낙인을 받은 자로 주로 할 방침이다. 결국 순정한 민족의 총의를 반영하여 결정될 것이고 처단될 것으로 믿는다. 따라서 개인의 사감이나 편파한 관념에 흐르는 것은 절대 금물이요, 만일 그러한 피해가 있어서 이 중대한 사무 수행에 혼란을 야기해서는 안 된다.

또 역사적인 첫 반민 공판을 주재하게 된 제1부 재판장 신태익은 "불행히도 우리 민족은 영토적으로 강린(强隣) 간에 개재되었던 관계로 사대사상이 물든 것도 양해할 수 있는 일이지만 민족을 돌보지 않고 자기 한 몸의 영화를 위하여 일제에 아부하고서도 반성할 줄 모르는 민족 반역자들을 처단하는 것이니만큼 어디까지나 사심 없이 법에 따라 엄정한 재판을 할 것"이라고 재판에 임하는 각오를 밝히기도 했다.

한편 재판부는 매회 공판 때마다 방청권은 300매 한도에서 발급, 150매는 피고인 가족이나 재판 관계인에게 배부하고 150매만 일반에게 배부했으나 반민자에 대한 공판은 당시 국민들의 관심이 대단해 첫 공판이 열리던 1949년 3월 28일 서울 정동의 재판정 주변은 인산인해를 이루었다.

검거 1호 박흥식

전술한 바와 같이 반민특위에 제일 먼저 검거되어 세인을 놀라게 한 인물은 화신 재벌의 총수 박흥식이었다. 그는 종전(終戰)이 1년 남짓 남았던 1944년부터 경기도 시흥구 안양에 거대한 조선비행기 공장을 설립 운영한 죄로 반민법 제4조 7항(비행기, 병기, 탄약 등 군수 공장을 책임 경영한 자)에 해당되는 당연범이었는데, 반민특위가 검거 활동을 개시하려 하자 미국으로 도피하려다가 검거되었다. 즉 1949년 1월 8일 오후 4시 30분쯤 특위 부위원장 김상돈의 지시를 받은 조사관 김용희와 서기관 박희상(朴喜祥)의 지휘를 받은 20여 명의 특경대에 의해 서울 종로 네거리에 있는 화신백화점 별관에서 비서들과 미국행을 의논하다가 검거되어 그날로 서대문형무소에 수감되었다.

박흥식은 그 후 반민특위 제3조사부(부장 오범영)에서 예비 조사를 받고 특별검찰부에 송치되어 조사를 받은 후 검거된 지 47일 만인 3월 22일 특별검사관 차장 노일환에 의해 기소되었다. 박흥식에 대한 검찰 측 조사 기록은 무려 6천 페이지에 달하는 방대한 것으로 기소장에서 밝힌 범죄 사실을 요약하면 다음과 같다.

죄명: 반민법 제4조 7항 및 제7조 위반

범죄 사실: 피고인 박흥식은 명색 없는 일개 지방인으로서 단기 4259년에 상경하여 선일직물(鮮一織物)주식회사를 창설, 당시 24세의 연소한 몸이었으나 아유에 능하여 총독 이하 각계 요로 인물들과 친교를 맺어 재계를 위시, 상업계·경찰계·군부에 이르기까지 광범위하게 친일을 했을 뿐 아니라 식민지 착취 기관 동양척식주식회사 감사를 위시 유수한 중요 회사의 중역으로 지냈고, 중일전쟁이 일어나 전시하 일본 국책을 추진시킬 목적으로 속출하는 각 단체의 수뇌 간부로서 국민정신총동원 연맹 이사, 배영동지회(排英同志會) 상담역, 임전보국단 이사, 국민동원촉진회 감사, 대화동맹(大和同盟) 심사원, 흥아보국단(興亞報國團) 상임위원, 국민총연맹 이사, 동 경기도 참여, 동 경성부 연맹 이사, 매일신보(每日申報) 감사역, 조선총독부 보호관찰소 촉탁보호사, 재단법인 기계화 국방협회 회장, 조선비행기주식회사 사장을 역임한 자인데

1. 피고인은 시기를 놓치지 않고 수시로 뇌물과 주연을 작설(酌設), 물심적 환심을 사는 데 전심을 경주하였으며 정신적으로 식민지 정책 수행에 아부, 기무라(木村) 종로서장을 비롯한 역대 종로경찰서장과 긴밀한 교분을 맺고 재계에 있어서 식산은행 아리가(有賀光豊) 두취, 하야시(林繁藏), 야마구치(山口), 곤도(近藤), 가토(加藤), 마쓰바라(松原), 깃카와(吉川) 등 은행 거두들과 일상 같이 지내게 됨에 따라 하즈미(穗積) 식산국장, 미즈다(水田) 재무국장, 이케다(池田) 경무국장, 동 미쓰하시(三橋), 동 야마미네(山峰), 이사카(伊坂), 야마치(山地) 등 역대 광공(鑛工) 과장, 곤도(近藤) 금융산업과장, 야스다(安田) 경기도지

사, 동 마쓰모토(松本) 지사, 오카(剛) 경기도 경찰부장 등 뻗어 나가는 친일 농도가 짙어 가게 되자 범위는 다시 확대되어 이타가키(板垣), 이하라(井原), 나카무라(中村), 마쓰다(松田) 등 군부의 군사령관 등 간부급과 우가키 가즈시게(宇垣一成) 총독 이하 역대 총독에 이르기까지 친교를 갖게 되었고 당시 일본에서 쓰다(津田) 종방사장, 아나라(足立) 왕자제지 사장, 노자와(野澤) 조주인 등의 일본 내의 재계, 경제계 일류 거물들을 대조할 때 그들을 배빈으로 총독의 초청을 받게 됨으로 일본 내의 상업 거두들과 친교를 갖게 되었으며 비행기 공장 경영을 계기로 일본 정부 도조(東條英磯) 수상과 그 외 육군성 군수성까지 친일 무대가 확대되어 최고 친일의 지위를 확보하게 되었다.

2. (생략)

3. 피고인은 역대 총독 중 우가키를 제일 숭배하였으며 총독과 친교함을 따라서 매국 도배의 두령인 한상룡(韓相龍)과 박영철(朴榮喆)의 후계자로서 인정받게 되어 단기 4270년(1937) 일제의 침략 전쟁이 폭발됨을 계기로 1938년 국민정신총동원연맹 이사급, 배영동지회 상담역, 임전대책협력회 등의 간부로서 정치 협력을 개시, 임전대책협력회에 김연수·민규식(閔奎植)과 같이 20만 원을 기부, 전시 채권의 강제 매출을 단행하였고, 이 기관을 발전시켜서 전시 체제하의 애국 운동과 청년·여성을 대상으로 하는 임전보국단 결성에 주동이 되어 고원훈과 함께 평양에 가서 유세하고 해(該)보국이사로 추임, 보국의 충성을 다하였다.

1942년 12월에 전 일본 산업경제 전력증강단합회 조선인 대표로 참석, 일왕 히로히토(裕仁)를 면접하고, "배알의 광영에 못 이겨 오직 감읍할 뿐이다"라는 감격의 말로 "필승의 신념을 가지고 대동아전쟁 완수에 전력을 바치어 산업경제인으로서 부하된 중책을 명심하여 실천할 것을 결의하였다"는 담화를 발표하면서 침략 전쟁의 필승을 강조, 익년 12월에 '배알일주년성려봉체'(拜謁一週年聖慮奉體)라는 제목으로써 명심하였던 결의를 잊지 않고 거듭 민중 앞에 재강조, 일본 국력을 추진시키는 각 단체의 수뇌 간부로서 악질적·지도적 행위를 강행한 자로서 조국 해방에 막대한 피해를 끼쳤고, 피고인이 일제에 바치는 무한한 충성심과 굳은 결의는 굴함이 없이 발전하여 1944년 3월경에 조선항공부 담당장교 나카무라 중좌를 대동, 일본에 가서 도조 수상, 육군성·운수성 제1과 국장, 항공본부장 등을 예방하고 조선에 징병제 실시 기념사업으로 서울 근방에 비행기 제조 회사를 창설하려 하오니 중앙에서 조선에 부족한 기술과 자재의 적극적인 원조를 하여 뜻있는 사업을 완수하여 달라는 것을 진언 요청하였던바, 일본 중앙정부 요로 측에서도 대동아전쟁이 중대한 단계에 있으므로 적극 원조하겠다는 것을 맹세한 후 곧 조선으로 돌아와서 다나카(田中) 정무총감, 니시고(西廣) 경무국장, 군부의 사카가키(坂垣) 사령관, 참모장, 헌병사령관 등과 협의, 동년의 중일전쟁 폭발일인 7월 7일 고이소(小磯) 총독에게 항공 제조 사업 안내 허가서를 제출, 허가가 되어 동년 9월에 비행기 회사를 창설, 동년 10월 창설 인사차 일본 중앙정부에 가서 물자 원조를 요청하였으나 정세가 일변하여 일본의 전세 불리로 중앙에서는 물자를 알선할 여유가 없다고 거절하면서 비행기 회사 창설을 중지하는 것은 자유에 맡기니 마음대로 하라고 하였음에도 불구하고 나카무라 중좌와 함께 1개월 동경에 체재하면서 애원 간청하여 육군성의 소개로 상해등부대(上海登部隊)에 가서 자재의 알선을 받게 되었다.

  4. 피고인은 반민법이 공포되자 이의 실천을 방해하려는 의도를 품고 김연수를 장직상(張稷相)과 함께 방문하여 모의한 바 있었으나 여의치 못함으로써 미리 교체하였던 여행권을 갱신하여 도피 공작을 하였으며 반민법을 반대하는 경찰관에게 명목 없는 금전을 100여 만 원 공급한 사실을 보아 악질적으로 반민법 실천 방해 공작을 한 자이다.

박흥식의 첫 공판은 기소 1주일 만인 1949년 3월 28일 오후 재판장 신태익, 배석 이종호·오택관·홍순옥·김호정 등으로 짜인 재판부 심리로 열려 검찰관 노일환의 기소장 낭독이 있은 다음 곧 사실 심리에 들어갔다. 이날 첫 공판에서 재판장과 피고인이 주고받은 심리 내용을 간추려 소개한다.

문 피고인의 취미는?

답 별로 이렇다 할 취미라고는 없고 철두철미 사업을 하는 것뿐이다.

문 피고인은 정치·민족 문제에 관하여 생각해 본 일이 있는가?

답 별로 생각해 본 일이 없다.

문 그러면 정치나 민족 문제에 관하여 비단 조선 문제에 국한하지 않더라도 생각해 본 일이 있는가?

답 약간 있다.

문 그러면 민족에 대해서 어떠한 것을 느꼈는가?

답 일본 치하에 가장 슬프게 생각한 것은 일인들이 너무 차별 대우하고 우리 민족을 학대한 데 크게 비애를 느꼈다.

문 동척(東拓)에는 언제 들어갔는가?

답 해방 3, 4년 전에 입사하여 해방될 때까지 있었다.

문 주(株)는 얼마나 가졌는가?

답 1,000주가량 가졌다.

문 감사역으로 동척에 입사한 동기는? 동척은 도지사나 참여관을 지낸 사람들이 취임하는 곳인데?

답 당시 미나미(南次郞) 총독이 나더러 중추원 참의를 하라고 누차 권고하였으나 정치 문제에 관여할 생각이 없다고 끝끝내 사절하였다가 그러면 동척에 입사하라고 재차 권고하기에 입사했다.

문 그러면 동척이 어떠한 성질의 것이라는 것쯤은 알고 있었을 텐데?

답 창설 당시에는 식민지 착취 기관으로 설립되었다.

문 그러나 동척이 조선 사람의 토지를 강매하고 일인의 이민을 감행하며 일본의 정책을 수행하는 특수 기관이었다는 것을 알았을 텐데?

답 그렇다.

문 동척에서 배당은 얼마나 받았나?

답 연 7부의 배당이 있었다.

문 다음 일본연대로 쇼와 16년(1941) 10월 9일 피고인은 흥아보국단(興亞報國團)의 준비위원에 취임하였다는데?

답 이사로는 있었으나 준비위원이 된 일은 없다.

문 강제로 대답을 시키지는 않으나 기억에 있는 것은 사실대로 말하는 것이 좋을 것이다. 특히 이번 재판은 다른 재판 형식과는 달라서 단심제로 되어 있는 관계로 지금 하는 이 재판은 피고인이 말할 수 있는 유일하고도 최후의 재판이니 잘 생각하여 후에 유감없도록 하라.

답 그것이 준비 단계에 있었다는 것은 알 수 있으며 그 당시 조병상이 이를 결성코자 역설한 것을 들었다. 그러나 준비위원으로 된 일은 전혀 없다.

문 그러면 임전(臨戰)보국단의 준비위원에 취임한 일은 있는가?

답 이사로 취임한 일은 있다.

문 임전보국단의 성격이 전시하에 청년의 연성(鍊成)과 소위 성전(聖戰)에 보답하고 사상 통일을 목적한 단체로서 피고는 이에 정신적 또는 물질적으로 협력하며 저축, 물자 공출 등 일본의 방위 체제 강화를 추진하였다는데?

답 원체 사업이 다망하여 그럴 기회가 없었다.

문 임전보국단의 발전을 위하여 당시 소위 명사라는 사람들이 지방에 유세대(遊說隊)로 파견되었는데 피고인은 평양에서 무엇을 하였는가?

답 평양에 간 것은 사실이지만 간 목적은 지점에 볼 일이 있어 갔을 뿐이다. 연설한 일은 없다.

답 쇼와 16년 10월 9일 『매일신보』에 「조선의 역사적 발전」이라는 제목으로 2,400만 민중이 황국신민으로 활약할 기회가 왔으며 임전보국단은 누를래야 누를 수 없는 애국 단체라는 뜻의 논문을 발표한 일이 있는가?

답 경제 면에 있어 한 일은 전부 책임지겠으나 정치 문제는 모르므로 책임질 수 없다.

문 피고인은 『매일신보』의 감사역에 취임한 일이 있는가?

답 있다.

문 『매일신보』의 성격은?

답 총독부의 기관지로서 자기네의 의사를 발표하는 기관이었다.

문 적치(敵治) 쇼와 17년(1942) 11월 5일부 『매일신보』에는 현금 20만 원을 헌납한 다음 「민심의 동향은 어떠한가」라는 제목하에 우리는 모든 것을 바쳐 황민화 운동으로 내선 결혼을 주장한 담화가 게재되었는데 기억이 나는가?

답 당시 기자들이 찾아와서 담화 발표를 요구하였을 때 나는 용어도 잘 모르는 말이 많기에 기자들에게 적당히 만들어 내기를 부탁한 것이다.

문 피고는 1942년 12월 15일 당시 일본 수상 도조의 초청을 받아 전 일본 산업경제 대표로 조선 사람으로는 단 한 명으로 동경에서 개최된 동 대회에 참석하였다는데?

답 그렇다.

문 그 대회에서 무엇을 주장했는가?

답 아무 주장도 없었다.

문 그때 일본 천황 히로히토를 배알하고 나서 필승의 신념을 가지고 전쟁 완수에 전력을 다하고 내선일체가 되어야 한다는 등 적자(赤子)로서 만면에 웃음을 띠고 감읍하였다는 피고인의 담화가 당시의 일본 신문에 게재되었는데 사실 울었는가?

답 일본 천황을 만난 일은 있으나 담화에 대해서는 그런 용어도 모르고 당시 나를 찾아온 『매일신보』 동경지사장에게 적당히 위촉하였던 것이다.

문 영광으로 생각했지?

답 영광으로 생각했다.

문 피고인은 일본 총독 미나미가 물러갈 때 적치 쇼와 17년(1942) 5월 30일 역시 『매일신보』에 잊지 못할 자부자모(慈父慈母)라고 그의 업적을 찬양한 피고인의 담화가 게재되었는데?

답 이 역시 책임을 지겠으나 기자가 적당히 만든 담화이다.

문 피고가 창씨 제도를 주창한 것은 사실인 줄 아는데?

답 본인이 주창했다면 자신이 창씨개명을 안 했을 리가 있겠는가?

문 피고인이 그렇게 생각한 것은 큰 잘못인 줄 안다. 일제의 혹독한 탄압하에서도 피고와 같이 창씨를 안 하고도 견뎌 나갈 만한 그 배후에는 상당한 이유가 있는 것이다. 일제는 자기네가 창씨를 강요치 않았다는 것을 표본으로 하기 위해서 그대와 같은 믿을 만한 인사에게 일부러 안 한 것이다. 한상룡을 보아도 그렇지 않은가. 그때에는 오히려 그런 사람들이 정치적으로 더 큰 역할을 한 것이다.

   답 모두 지당한 말씀이다.

박흥식의 보석 파동

박흥식은 그 후 몇 차례 심리를 받다가 구속된 지 103일 만인 1949년 4월 20일 재판부에 의해 병보석으로 풀려나 그 후로는 불구속으로 재판을 받았다. 박흥식의 보석 이유는 심한 설사와 불면증으로 재판을 받는 데 큰 불이익을 준다는 것이었다. 당시 박흥식의 심리를 맡았던 재판장 대리 신태익은 "신중에 신중을 기하여 담당 재판관 5인의 진지한 토의 끝에 결의를 본 것"이라고 밝혔으며 이에 관여한 재판관 오택관도 "반민법은 민족정기를 살리기 위해 반민자에 대한 산 교훈을 보이는 것이 목적이지 그들을 사망케 하는 것이 목적이 아니다"라고 소감을 밝혔으나 박흥식의 병보석 문제는 검찰관의 총사퇴라는 진통을 겪는 계기가 되었다. 물론 병보석은 박흥식이 처음은 아니었다.

박흥식이 병보석으로 풀려나자 이튿날인 4월 21일 특별검찰부의 검찰관 9명은 다음과 같은 사퇴서를 국회에 제출했다.

    금반 특별검찰부 검찰관장 이하 검찰관 일동은 반민법 해당 피고인 박흥식에 대한 보석 결정을 계기로 검찰 직무를 감당키 곤란함으로 대한민국 국회에 사표를 제출하고 잔무는 후임자가 선출될 때까지 계속 집무할 것을 결의함.
   특별검찰부 검찰관장 권승렬, 검찰관 차장 노일환, 검찰관 심상준·곽상훈·김웅진·서성달·이의식·서용길·신현상.

박흥식의 병보석이 특별검찰관 전원의 총사퇴라는 사태를 몰고 오자 국회는 4월 23일 제84차 본회의를 열고 이에 대한 대책을 논의, 특별검찰관장 권승렬과 특별재판관장 김병로를 국회에 출석시켜 경위 설명을 듣고 보석 문제는 재판부에서 재심토록 하고 검찰관의 사표는 모두 반환하도록 결의했다. 이날 국회에서 경위 설명에 나선 권승렬은 다음과 같이 말했다.

   3천만의 뜻을 받들어 일을 하여 왔으나 우리 자체의 힘이 부족함을 느끼고 총퇴진할 생각은 전부터 하였으나 늘 엷은 얼음판을 밟고 나가는 감이 있었다. 검찰관 전원이 퇴진한 것은 박흥식 보석 문제가 주인(主因)이 아니라 한 계기가 된 것이다. 박흥식을 보석한 것은 그가 감방 생활을 지속할 능력이 없다는 이유라고 하나 검찰부에서도 의사가 있어 이를 알아본 결과 그렇지도 않다는 결론을 얻었다. 즉 형무소에서 발급한 진단서에 의하면 박흥식은 아메바 적리(赤痢)에 걸려 있으며 잠을 자지 못하여 정신병자가 되어 있다 하였으나 지금에는 그런 병징이 없고 또 정신병이라고 하나 그렇다면 정신병 전문의의 진단이 필요할 것이다.

이에 대해 김병로는 다음과 같이 대응했다.

   전 민족의 정신적 또는 자손만대에 미칠 사업이므로 재판부에서는 법에 따라 공정히 재판을 수행해 온 것이며 세상의 여론에 귀를 기울이지 않았다. 보석이 중대한 것은 아니다. 또 보석으로 박흥식을 아주 석방하는 것이라든지 또는 형을 삭감하는 것이 아니다. 그리고 진단서가 반드시 보석의 참고 자료가 되지 못한다는 법은 없다.

   한편 박흥식의 병보석이 결정되자 담당 검찰관 노일환은 다음과 같이 말했다.

   담당 검찰관의 의견을 듣기 전에 재판부에서 보석할 것을 결정하고 찬부를 요구한 것은 형식적인 검찰관의 의견 청취에 불과한 부당 결정이라 하지 않을 수 없다. 형무소의 의무관 진단에 의혹이 있어 검찰부에서도 진단하여 본 결과 박흥식은 감방 생활하는 데 능히 견디어 낼 수 있음에도 불구하고 다른 의사에게 진단시키지도 않고 건강한 반민 피고의 거두 박흥식을 보석함은 천만부당한 결정이라 아니할 수 없다. 특히 수면 부족으로 신경쇠약 운운하니 반민법 위반으로 수감된 자가 잠을 잘 못 자는 것은 당연한 일이고 10일간만 지나면 잠을 자지 말라고 하여도 잘 잘 수 있을 것이다. 잘 못 잔다고 보석한다면 반민자 전부를 불구속 취조하여야 할 것이니 이렇게 되면 우리는 민의를 받들어 처벌하여야 할 반민자의 처벌에 커다란 과오를 범하여 민족에게 득죄(得罪)를 하게 될 것이니 반민특검 검찰관 일동은 금일 국회에 사의를 표명한 것이다.

박흥식의 병보석은 사회에 주는 영향도 대단하여, 이날 각 정당·사회단체로부터 박흥식의 병보석을 비난하는 격렬한 성명이 쏟아져 나오기도 했다. 특히 김구가 이끈 한독당은 "친일 거두들이 칭병하여 보석의 특전을 받고 있음은 불가해한 현상이니 반민특위는 민중 앞에 진상을 밝혀 민심을 석연케 하라"고 촉구하기도 했다. 그러나 박흥식의 병보석 결정은 뒤집히지 않고 기정사실로 굳어졌다. 그 후 박흥식의 담당 검찰관인 노일환이 보안법 위반 사범으로 구속되자 담당이 정광호(鄭光好)로 바뀌고 재판장도 김병우로 교체되어 박흥식에 대한 공판은 일반의 의혹을 사더니 그해 9월 26일 결심되어 엄청난 기소 내용과 비교해 볼 때 너무나 가벼운 공민권 정지 2년이란 구형을 했고 당일로 무죄 판결을 받았다.

재판장의 무죄 이유는 ①피고인의 군수 비행기 공장은 중도에서 정지하여 실질적인 일은 하지 않았고 피동적으로 공장 운영을 맡게 되었으며 ②피고인의 비행기 공장으로 인해 주민들이 피해를 입은 바가 없다 ③임전보국단 등의 간부로 있으면서 실질적인 활약을 한 일이 없고 ④신문 지상에 발표한 담화는 피동적이었다 ⑤안창호 선생에게 많은 원조를 했고, 광산·상업 등으로 교육 사업에 많은 원조를 했고 ⑥해방 후 건국 사업에 많은 원조를 했다는 등의 내용이었다.

첫 심판대에 오른 황족

1949년 3월 28일 반민법 해당자로서는 첫 번째로 민족의 심판대에 오른 인물은 이기용이었다. 고종의 당질인 이기용은 일제로부터 자작의 작위를 받은 황족으로 그해 1월 10일 조사관들이 체포하러 갔을 때까지도 자기 집 응접실에 일본 천황 히로히토 사진을 걸어 놓고 있었고, 일본 황실로부터 받은 30여 개 훈장도 고이 간직하고 있었던 인물이다.

그의 재판 광경은 반민자로서는 첫 공판이었기 때문에 장안의 큰 관심을 끌었는데, 그의 죄과는 반민법 제4조 2항이었다. 첫 공판의 심리 내용을 소개하면 다음과 같다.

문 귀족원 의원은 언제 되었는가?
답 합방되는 해 4월이다.
문 어떤 경로로 되었는가?
답 아베(阿部) 총독이 덮어놓고 오라고 하기에 나는 죽은 이항구(李恒九) 대신에 이왕직(李王職) 장관을 하라는 것인 줄 알았더니, 가 본즉 그 자리에는 윤치호(尹致昊) 씨도 있었으며, 이번에 귀족원 의원이 되었으니 그리 알라고 했다.
문 귀족원 의원은 누구누구가 되었나?
답 윤치호, 박종양, 한상룡, 이진호(李軫鎬) 등이다.
문 일본의 귀족원 의원이라면 대개 황족, 화족(和族), 학사원 의원, 세금 다액 납부자와 공로자 등 특선인 등인데 피고는 어떤 조건에서인가?
답 아마 제 생각으로는 창덕궁을 대표해서 또는 친척 대표로서 시킨 것으로 본다.
문 일본 갔을 때 수상을 만났는가?
답 스즈키(鈴木)를 만났다.
문 수작(授爵) 시 기념식을 했는가?
답 그런 기념식은 없었다.
문 조선 사람으로 작위를 받은 자가 몇 명인가를 아는가?

답 7, 8명이 된다.

문 피고는 한일합방의 경위라든가 명성황후 살해 사건, 5조약, 7조약, 경찰권 이양, 고종황제 밀사 사건 등을 아는가?

답 안다.

문 피고는 합방 시 일본이 약탈을 일삼던 것을 아는가?

답 잘 안다.

문 자작을 언제 탔으며 돈은 얼마나 받았는가?

답 합방 직후 스물두 살 때 받았고, 돈은 한 3만 원 받았으며, 이 돈은 내가 사용하지 않고 교육 사업에 썼다.

문 송병준(宋秉畯)은 1억 원에, 이완용은 3천만 원에 나라를 팔겠다고 했으며 일황이 합방 때 3천만 원을 뿌려 이 돈이 나라를 판 돈이라는데 피고가 받은 돈 3만 원도 이 속에 드는가?

답 잘 모르겠다.

문 나라가 망하고 민족이 죽어 가는데 그대들은 평안히 살고 있으니 조금도 괴롭지 않았는가?

답 마음으로 대단히 괴로웠다.

문 합방 당시 조선을 팔아먹는다는 것을 생각해 본 일이 있는가?

답 생각하지 못했다.

문 왕실은 망하였으나 나라와 민족은 살려야 한다는 것을 생각하여 본 일이 있는가?

답 생각은 했으나 방도가 없었다.

자칭 애국자 이종형

박흥식에 이어 두 번째로 반민특위가 체포한 인물은 당시 대한일보사(大韓日報社)라는 극우 신문사를 경영하던 이종형으로 그는 제2대 국회의원에 당선된 인물이기도 했다. 그는 당시 반공 투사를 자칭 반민법 제정 반대에 앞장섰으며 뒷전에서는 테러리스트인 백민태·신동운(申東雲)·박임호(朴林虎)·김시제(金時齊) 등과 접촉하면서 극우 테러를 사주했던 인물이었다.

그가 경영하던 『대한일보』는 처음에는 제호를 『대동신문』이라고 했다가 바뀐 것으로 반민법이 제정되자 사설을 통행 "반민법은 망국법"이라고 공공연히 공격하고 "매국노의 앞잡이인 국회의원을 숙청하라"는 등 국회를 모독하는 사설을 연일 보도하여 급기야는 1948년 11월 27일 제115차 국회 본회의에서까지 문제가 되었다.

그는 1월 10일 오후 8시 반쯤 특위조사관이 체포 영장을 가지고 잡으러 갔을 때도 권총을 빼들고 앙탈을 부렸으며 특위에 끌려와서도 "나는 애국자다. 나를 친일파로 몰아 잡아넣다니 이럴 수가 있느냐. 내가 풀려나는 날 빨갱이 회색분자를 모조리 토벌하겠다"고 날뛰었던 인물이었다.

이종형의 담당 재판부는 제2부(재판장 노진설)였고 담당 검찰관은 독립투사 이동녕(李東寧)의 아들인 의학 박사 이의식이었는데 기소장을 통해 그의 변화무쌍한 경력을 살펴보자.

죄명: 반민법 제3조 4항 및 제7조 위반

범죄 사실: 1. 피고인 이종형은 일찍이 일본 와세다대학 정경과를 졸업하고 기미운동 사건으로 징역 19년을 받고 복역 중 감형되어 9년 만에 출감된 자로서, 그 후 1930년 여름에 만주에 건너가서, 나는 한국 독립운동자라 칭하고 당시 만주 정부 요인인 길림성(吉林省) 군법처장 왕(王) 씨를 통하여 길림감군 장작림(張作霖)과 동 참모장 희흡과 결탁하고 소위 초공군 사령부를 조직한 후 피고인 자신이 그 고문 겸 군재판관에 취임하는 한편 군경 지휘권까지 획득한 권한을 이용하여 약 5개월간에 달하여 돈화(敦化) 일대를 배회하면서 한인(韓人) 공산당원을 토벌한다는 구실 밑에 길림성 동화형 왕도하 등 부락에 살고 있는 애국지사 50여 명을 체포하여 그중 17명을 교살 또는 투옥시켰고

2. 피고인은 1931년경 동북군 총사령부 겸 동삼성(東三省) 순열사(巡閱使) 위내 고문으로 피임되어 주로 한일 문제와 일본 외교 문제 담당 책임자로 재임 중 동년 5월경에 돌연 한만(韓滿) 민간 충돌 사건(萬

寶山사건)이 폭발되자 당시 조선일보사 장춘(長春) 지국장이요, 애국지사인 김이삼(金利三)이 전기(前記) 충돌 사건에 대하여 그 사실을 같은 신문사에 보도 기재한바 피고인은 김이삼을 일본영사관 주구로서 만보산사건이 없음에도 불구하고 대서 특필하여 허위 보도한 것은 우리 한인에 대하여 큰 영향이 미치게 한 것이라고 단정하고 연후 김이삼 죄는 응당 죽여야 된다고 하여 즉시 김이삼을 장춘으로부터 길림시의 피고인 자택에 소환하여 그 즉시로 체포 감금하였다가 약 5, 6시간 후 석방한다는 형식으로 일시 길림시 우마황 연동호여관에 귀환시킨 후 부하를 시켜 동 여관에서 김이삼을 총살시켰다.······

이종형의 재판은 시종일관 반민법 자체가 부당하다는 피고인 측의 억지로 분위기가 험악해 주목을 끌었다. 그 광경 일부를 소개해 본다.

   문   피고는 지금 검찰관이 기소한 내용에 의해서 심문할 터인데 어떻게 생각하는가?
   답   사실 심리가 무엇이냐? 기소 사실의 내용부터 부당하다.
   문   묻는 말에만 순서대로 답변하라.
   답   순서대로라니? 공산당을 토벌하였다고 재판하는 이 법정에서는 나는 재판을 못 받겠다. 공산당을 타도하였다고 재판을 받는다면 여기 앉아 있는 재판장 자신이 재판을 받아야 될 것이다. 이동녕 선생이 애국자인데 그의 아들인 너 이의식이 너의 아버지 못지않은 나 같은 애국자를 심판할 수 있는가? 대한민국에서는 반공주의자를 처단할 수 없다. 김일성 법정이 아닌 이 법정에서 나를 심판한다고?
   문   사실대로만 말하라.
   답   석오(石吾, 이동녕의 호) 자제인 검찰관이 나에게 학살 운운하였는데 도대체 학살이란 어디서 가져온 말인가? 조서를 작성할 때도 이런 말을 안 했는데······.
   문   학교는 어디를 나왔나?

답 와세다대학 정경과를 나왔다.
문 그 후에는?
답 독립운동을 했다.
문 독립운동이라니?
답 만주 벌판에서 굶주린 우리 동포들과 나라를 위하여 독립운동을 했다.
문 조서에 수범으로서 2년 동안 있었다는데?
답 기미운동 때 12년 징역받고 9년 동안 함흥에서 복역했다.
문 범죄 내용은?
답 종로서에서 일본놈 경찰 두 명을 때려죽인 죄로 형을 받았다.
문 2년 반은 아닌가?
답 2년 반은 대전에서 받았다.
문 그 후는?
답 만주 길림에서 마침 공산당이 난을 일으켜 잔학한 행동을 하기에 나는 당시 장학량(張學良)과 손을 잡고 독립운동 사령부를 조직하고 독립운동을 전개하였다. 이때 공산주의자들은 내가 해방 후 『대동신문』에 있을 때와 같이 만주 벌판도 새빨갰다. 이런 애국자가 오늘 이 자리에 나설 하등의 이유가 어디에 있는가?
문 그 후에는?
답 8년 전 아내인 이취성(李翠星)과 결혼하여 대련(大連)서 생과(청과물) 장사를 해 가며 독립운동을 했다.
문 그 후에는?
답 지금 아내까지 잡아다넣고 만족들하고 있지 않나. 나를 가짜 독립운동자라 했지만 나는 진짜 독립운동을 했다.
문 해방 후에는?
답 9월에 만주서 나와 『대동신문』을 경영하여 인공(인민공화국을 지칭)을 쳐부수고, 중간파·한민당 모리배 등을 숙청하고 또 지금 시행하고 있는 반민법을 반대했다.

이상에서 본 바와 같이 이종형은 반민 공판 자체를 무시하는 태도를 보였고 재판이 끝나서도 "나를 못 살게 하는 자들은 내가 석방되면 모두 토벌하겠다"고 발악을 하기도 했으나 끝내는 유죄 판결을 받았다.

변절을 후회하는 최린

기미 독립선언서에 서명했던 33인 중 한 사람인 최린이 민족 반역자로 낙인찍혀 심판을 받게 된 것은 민족의 비극이었다. 당시 최린은 72세의 고령으로 자기의 모든 행적을 참회하는 듯 재판장의 신문에 울먹이기도 했다. 3월 30일 개정된 법정에서 서성달 검찰관이 낭독한 기소장을 통해 그의 변절된 모습을 살펴보면 다음과 같다.

죄명: 반민법 제4조 2, 3, 10항 위반

범죄 사실: 피고인 최린은 함경남도 함흥 출생으로 일본 메이지대학 법과를 졸업하여 보성중학교장 및 보성전문 강사를 역임하고 기미독립운동 시 33인의 1인으로서 천도교회의 대표로 기독교, 기타 종교 단체와 연합하여 독립운동을 추진하였으므로 인하여 형무소에서 3년간 복역하고 그 후 천도교중앙종리원 등 장로로 있던 자인 바,

1. 1934년 이른 봄부터 1937년까지의 약 3년여, 1939년부터 1945년 8월 15일 해방 시까지의 약 6년에 도합 9년여간 조선총독부의 유일한 자문 기관인 중추원 칙임참의로서 조선총독의 자문에 의하여 총독 정치에 기여하고

2. 1934년부터 약 1년 반 조선총독인 우가키의 정책인 자력갱생 농촌 진흥 문제를 이양받으려는 목적으로 설립된 기관인 시중회(時中會)의 이사로 취임하여 수양도장 건설을 계획 시도하고

3. 1937년부터 약 2년간 당시의『경성일보』의 부속인『매일신보』가 조선총독부의 기관지로서 조선문 신문으로 독립됨에 있어 이의 사장으로 취임하여 신문 보도로써 조선 민중을 중일전쟁에 강제 협력케 하고

4. 1939년 중일전쟁 추진 단체인 임전보국단의 단장에 취임하여 동년

초가을(일시 미상) 부민관에서 「읍소」라는 제목으로 대세에 순응하여 전쟁에 협력하라는 내용의 강연과 종로4가에서 중일전쟁 추진 채권 가두판매에 참가하고

5. 피고인이 천도교의 장로로 있을 때 천도교회 명의로 비행기 1대(龍潭機)를 일본군에게 헌납하고

6. 1945년 3월 『매일신보』에 「2,600만 돌격의 군호(軍號)」라는 제목으로 소위 대동아전쟁에 적극 참가하라는 내용의 담화를 발표하여 일본 전쟁에 협력케 지도한 자임.

기소장 낭독에 이어 곧바로 사실 심리에 들어간 최린의 반민 공판은 모두의 가슴을 짓누르는 침통한 분위기였다.

문　피고의 경력은?
답　별로 변변치 않다. 일본 유학한 후 조선의 긴급 문제는 교육에 있다고 생각하고 보성중학에 약 10년간 있었고 보성전문학교에서 헌법과 재정학 등을 강의하다가 독립운동의 33인의 한 사람으로 일하다가 일제에 체포되어 3년간 징역한 후 천도교에서 일했다. 여하간 과거에 지낸 일을 지금 와서 생각하면 다 과오라고 생각한다.
문　청년 시대에 활약한 일이 많았다는데, 22세 때 함흥서 처음으로 서울에 올라와 개화당과 관계를 맺고 일심당(一心黨)에 관련이 있었다는데, 이 조직체가 발각되어 일본으로 망명한 일이 있었다는데 사실인가?
답　있다.
문　27세 때 황실의 특파로 동경부립 제2중학에 입학한 사실이 있는가?
답　그렇다.
문　을사조약을 반대하다 퇴학당한 사실이 있는가?
답　보지(報知)신문에서 을사조약 기사를 읽고 제2중학을 그만두었다.
문　구판 사건과 피고인의 관계는?
답　인형으로 도쿠가와 이에야스(德川家康)를 앞혀 놓고 조선왕을

또 인형으로 만들어 가지고 도쿠가와에게 굴복하게 한 악희(惡戱)를 보고 때려부순 일이 있다.

문 경술합방 시에는?

답 선배가 있으니까 일개 서생으로 말하기가 거북하나 국제 문제라고 이를 생각하고 영사관과 공사관에 불을 지르려 했다.

문 피고인은 어떤 정치 사상을 갖고 있는가?

답 특별한 이상이야 없지만 첫 단계로는 합방 시부터 기미독립운동까지는 어떻게든지 독립운동을 해야겠다고 생각하였고, 둘째 단계로는 일본 놈이 만주를 침략하려고 할 때부터 피고인의 생각은 다소 변하여져서 민족을 보전하여야 하겠다고 생각하였다. 그래서 일본까지 들어가서 일본의 동태를 살피며 또한 일본이 만주를 침범할 때 머지않아 동양에 변동이 올 것을 생각하고 고민 끝에 될 수 있는 대로 민족의 보전을 더 소중히 생각했다.

문 민족 문제와 국가 문제는 어떠한 차이가 있는가?

답 약소민족과 강력 국가의 차이는 다만 병력에 의할 것이지만 민족 문제는 여러 가지 방법이 있다고 생각한다. 정치·경제·민족 문제의 앙양으로써 민족 운동을 할 수 있겠다.

문 청년 시대를 통해 보면 혁명가적 소질이 풍부한 것 같은데 혁명에 대한 견해는 어떠한가?

답 혁명에는 두 가지가 있다고 본다. 하나는 무력 혁명이요, 또 하나는 정신 혁명이라고 본다.

문 기미운동의 취지를 어떻게 보는가?

답 철두철미 독립운동이며 혁명 운동이라고 생각한다.

문 기미운동에 대한 감상은?

답 어떠한 당파 운동이 아니고 조직적이고 통일적인 혁명 운동이라고 생각한다.

문 3·1운동 당시 중요한 역할을 하였다는데?

답 죄를 진 나 같은 놈은 이제 죽어도 한이 없다.

문　천도교와 총독부의 관계는?

답　일본 놈들은 3·1운동을 지낸 후 피고를 동 운동의 주모자로 보고 감시했다. 그들 일본 놈들은 조선 사람을 이용할 대로 이용하면서도 겉으로는 천도교도들을 간섭하지 않는 것처럼 했다.

문　천도교인들에 대한 대우는?

답　교인을 데려다 협박 공갈하고 교회에 나가지 말라고 했다.

악질 고등경시 김태석

반민 재판에서 맨 처음 최고형인 사형이 구형된 반민자는 일제 고등계 경시를 거쳐 중추원 참의까지 지냈던 김태석이었다. 당시 67세였던 김태석은 많은 반민법 해당자 가운데서도 가장 악질로 손꼽히던 인물로 일본 총독 사이토에게 폭탄을 던졌던 애국투사 강우규 의사를 체포하여 사형을 받게 한 것으로 유명했다.

그의 경력과 반민 죄과는 검찰관 곽상훈이 작성한 기소장에 잘 나타나 있다.

죄명: 반민법 제4조 2, 4, 5항 및 5조 위반

범죄 사실: 피고인 김태석은 본적지에서 보통학교를 졸업하고 융희 3년 3월 서울관립 한성사범학교를 졸업한 후 일시 평양공립보통학교 훈도로 근무하다가 일본대학 야간부 법과 2년을 수료하고 1909년 충남공립보통학교 훈도를 위시하여 평양공립보통학교 훈도를 역임 후 1912년 9월에 조선총독부 경찰관 통역생으로 진출하여 함북 웅기경찰서, 평남 광양만경찰서, 평양경찰서를 전전 근무 중 1918년 3월 경무부 총감부 고등경찰과로 전직되어 1919년 8월 경찰관 제도 변경으로 인하여 경기도 고등경찰과 근무 중 1923년 8월 경시로 승진되어 경기도 형사과장으로 근무하다가 동년 퇴직하고 다시 1924년 12월 경기도 가평·연천·부천 군수를 거쳐 1938년 6월 경상남도 칙임참여관 겸 산업과장으로 전직하여 1940년 9월에 우직을 사임하는 동시에 종(從) 4위 훈(勳) 4등을 차지하였고 1944년 6월에 중추원 칙임참의로 피임되어 강도 일본 제국

주의에 가장 충성을 다한 자로서

 1. 피의자 김태석은 경기도 경찰부 고등과 경무 재직 시 1929년 9월 17일 서울 종로구 누하동 17번지 임재상(林在相) 방에서 동년 9월 1일 경성역전에서 신임하여 오는 조선총독 사이토에게 투탄한 강우규 선생을 체포하여 사형케 하고 동 사건의 연루자인 허형(許炯), 최자남(崔子南), 오태영(吳泰泳) 등 조선 독립운동자를 검거 투옥케 함을 위시하여

 2. 피고 김태석은 1920년 7월 20일 그의 밀정 김진규(金珍奎)를 이용하여 밀양폭탄사건의 선동자인 이성우(李成宇), 동 윤소룡(尹小龍)을 체포하여 취조한 결과 곽경(郭敬)을 통하여 김병환(金炳煥) 집에 폭탄 2개를 임치하였다는 사실을 알고 급히 수사한 결과 동 폭탄을 발견하여 당시 피의자에 혹독한 고문과 잔인한 수단으로써 취조를 단행하여 사건 성립에 많은 공을 남기고

 3. 피의자 김태석은 1921년 10월 말경 그의 밀정 김인규(金寅圭)의 보고에 의하여 조국 광복운동자 단체인 조선의용단사건 주동자인 김휘중(金輝重)을 서울 종로구 와룡동 모 하숙집에서 체포 취조한 결과 그 연루자인 황정연(黃正淵)을 검거하였으며

 4. 피고인 김태석은 1915년 세칭 일심사(一心社)사건에 있어서 평양 경찰의 근무임에도 불구하고 서장의 특명으로 동 사건의 일부를 취급하여 결과적으로 사건에 도움을 주었으며

 5. 피고인 김태석은 1938년 경상남도 칙임참여관 겸 산업과장으로 지원병 모병시험관을 겸무하면서 출병케 한 자이며 애국 청년 15명을 출병케 한 자이다.……

김태석의 공판은 피고가 처음부터 끝까지 범죄 사실을 부인해 반민특위 관계관은 물론 모든 방청객의 분노를 샀는데, 하도 뻔뻔스럽게 공소 사실을 부인해 정신 감정을 받기도 했다. 또 김태석의 변호인으로 선임된 오숭은(吳崇殷)은 "피고가 경찰에 재직할 당시는 독립운동가가 사태가 나다시피 많았다. 최자남, 황삼규(黃三奎)같이 폭탄을 일시 맡았다는 것으로

써 애국지사라고 할 수 없다. 피고는 그러한 가짜 혁명 투사를 잡았던 것"이라는 과잉 변호를 하여 분노한 검찰관 곽상훈에 의해 반민법 제7조 위반 혐의로 구속되는 물의를 빚기도 했다. 그러나 재판부(재판장 노진설)는 1949년 6월 14일 김태석에게 무기징역과 50만 원의 재산몰수형을 선고했다. 김태석의 철면피한 재판 태도를 살펴보자.

문　다이쇼 5년에 경찰에 들어간 것은 사실인가?
답　사실이다.
문　그때에 일본말을 하였는가?
답　했다.
문　경찰에 들어간 동기는?
답　경찰은 내가 다니고 싶어 들어갔다. 그 이유는 당시 데라우치(寺內正毅) 암살 사건에 피고의 선배들이 많이 참가하였는데 일경들은 덮어놓고 검거 투옥하였으며 또 말이 통하지 않아 공판 시일이 연기되고 하므로 이에 분격을 느끼고 흑은 흑으로 백은 백으로 분별하기 위하여 경찰에 들어간 것이다.
문　사법계에 피고가 있을 때 사상범을 취급한 사실이 있지?
답　절대로 없다.
문　기미만세운동 당시 학생 사건을 취급하였다지?
답　아니다. 절대로 없다. 나는 한갓 심부름꾼에 지나지 않았다.
문　그러나 조선 사람으로서 일인에게 피고가 보고하여야만 되지 않았나?
답　그것은 나 혼자 한 일은 없다. 거듭 말하지만 일본말로 고즈카이(小使)에 지나지 않았다.
문　고등경찰 근무 시 독립만세사건이 일어났을 때 그때 피고인이 취급한 것은 무엇인가?
답　기미독립만세 사건의 범위는 참 넓다. 심지어 우리 집에서도 독립만세를 불렀으며 나도 만세를 불렀다. 그리고 또한 경관도 만세를 불렀다.

문　그렇다면 어찌하여 고등경찰에 있었는가? 있고서야 그럴 수가 있나?

답　그때 그 자리에 안 있을 수가 없었다.

문　피고는 독립만세 당시 진심으로 우러나와 조선 사람을 체포하였는가?

답　그때 그놈들이 잡으라고 하는 통에 할 수 없이 했다. 사실 조선 사람 마음이야 다 같지 않은가?

문　경시로서 형사과장 자리에 앉아서는 무엇을 했는가?

답　그것은 단순히 사무적인 일에 불과했다.

문　여하튼 피고의 말을 들으면 경찰관으로서는 도저히 이해 못할 말을 하는데?

답　다른 사람은 몰라도 피고인은 그저 이놈 잡아라, 저놈 잡아라 하는 바람에 그대로 했을 따름이다.

문　그렇다면 재직 시에는 대체로 무슨 일을 했다는 말인가?

답　지방에서 일을 하였는데 피고가 말하기에는 좀 거북하지만 피고 자신으로선 정말 조선 사람을 위해서 일을 했다.

문　그러나 아무리 지방이라도 그 당시는 역시 조선총독부의 지시와 명령에 따라 일을 했을 것이 아닌가?

답　아니다. 지방은 그렇지도 않았다.

문　피고는 우가키 총독 때 함경도 참여관이 되었다는데 그것은 무슨 일을 하는 것인가?

답　이것도 또한 나의 자랑 같아서 말하기 거북하지만 함남 농촌진흥운동은 내무부장도 못하고 또 누구누구도 못하던 것을 피고가 3개월간 고군분투하여 되었던 것인데, 이에 대한 공로로 참여관을 하나 얻은 것이다.

문　그다음에는 경남 산업과장으로 가서 무슨 일을 하였는가?

답　가기는 갔으나 일은 하나도 하지 않았다.

문　중추원 참의에 있을 때 무슨 일을 하였는가?

답　시키니까 받았다. 받은 이상 여지껏 일해 오던 놈이 별안간 안 할 수야 있겠는가? 안 한다고 별도리 없고 일은 하였으나 대단치 않았다.

간단히 말하면 내선일체란 일본 사람만 잘났다고 떠들면 되지 않고 융화를 하여야 된다고 말했다.

문   피고는 고등계에 있을 때 일심사사건을 모르는가?

답   모른다. 그 사건은 피고가 취급하지 않고 다른 사람이 한 것을 피고가 심부름을 하였다.

문   하여간 취급한 것은 사실인가?

답   취급이라는 것보다는 남의 심부름을 대신하였다는 것이다. 조선의 사상범이라면 조선 놈으로서 취급할 도리가 있겠는가?

문   그러나 김태석에게 고문을 당한 사람이 많은데?

답   그것은 헌병으로 있었다면 했을지 모르지만 경찰에 있어서 그런 일을 했을 리가 만무하다. 증인을 불러와 신문을 하는 것이 아마 좋을 줄 안다.

문   증인이 있는데.

답   어디 누가 당했는가?

문   김태경(金泰敬)이 고문당한 사실을 특위에 증인으로 출두하여 "김태석이라면 삼척동자도 떨 것입니다"라고 말하였는데?

답   당시 김태경 같은 불량배를 한 달이나 유치장에 넣어 놓고 밥을 먹였을 리 만무하며 그것은 정신병자가 아니면 그자가 그런 말을 할 리가 없다.

문   피고가 고등경찰에 있을 때 중대 사상 사건 8할 이상을 취급했다는데?

답   그렇게 많이 어떻게 다 할 수 있겠는가? 지휘한 것은 없고 단순히 지휘를 받을 따름이었다.

문   서울역에서 폭탄 사건이 발생할 때 참관하였다지?

답   하였다.

문   그때 강우규 선생이 투탄한 사실을 좀 진술해 보라.

답   역에서 신문기자가 사이토의 사진을 찍을 때 폭탄을 던지는 것을 보았다.

문 강우규 선생을 피고가 체포하였지?
답 천만의 말씀이다. 강 선생은 9월 12일 종로서에 자수하여 왔다.
문 그때 피고는 강 선생을 수색하였다는데?
답 피고는 그 사건에 전혀 관계치 않았다. 피고는 당시 병이 나서 1주일 만에 변소에 겨우 갈 정도였다.
문 피고가 종로서에서 강 의사를 취조하였다는데?
답 아니다. 피고가 강우규 씨를 취조했다면 제법 값이 나갔을 것이 아닌가?

재판부로부터 무기징역형을 선고받은 김태석은 그 후 재심 청구 끝에 감형되어 그 이듬해인 1950년 봄에 자유의 몸이 되었다.

김연수의 경우

김연수는 1949년 1월 21일 반민특위에 구속되어 구속 취소로 풀려난 3월 30일(첫 공판일)까지 줄곧 자기 과오를 회오하는 등 참회의 날을 보내 조사관들로부터 동정을 받기도 했는데 그는 석방 후에도 일체 공적인 일을 떠나 은둔 생활을 했다.

반민특위 검찰부도 이 같은 김연수의 회개를 참작, 처벌 없이 재산 일부 몰수와 공민권 정지라는 이례적인 구형을 했고 재판부(재판장 이춘호)도 무죄를 선고(1949년 8월 6일)했는데, 이날 반민특위 활동 보도에 인색했던 『동아일보』는 호외까지 발행, 그의 무죄를 크게 보도했다.

죄명: 반민법 제4조 2, 7, 10, 11항 위반(검찰관 김웅진)

범죄 사실: 피고인은 1921년 3월 일본 교토(京都)제국대학 경제학부를 졸업하고 1922년부터 1939년까지 경성방직주식회사를 위시하여 중앙상공주식회사, 만주국 봉천 소재 남만방직주식회사의 소장으로 취임하는 한편 조선인 회사 및 일본인 회사 약 15개 회사의 중역으로 피임되어 조선방직 등 실업계에 상당한 권위와 존재를 보유한 자로서 1932년

에 경기도 관선 도평의원에 피선되었고, 1939년에 만주국 명예총영사로 피임되었고, 1940년에 총독의 자문 기관인 중추원 칙임참의로 피임되었고, 1940년에 조선인으로 하여금 일본의 전쟁 완수에 적극적 협력을 시키기 위하여 소위 임전보국단이라는 것이 결성되자 동단 간부로 피선되었고, 1942년 초경에 조선인을 총동원하여 전쟁에 적극 협력시키기 위하여 조직 결성된 국민총연맹의 후생부장으로 피임되었고, 동년 말경에 조선의 장래에 유익한 지식인 청년 학도를 여지없이 말살시키기 위한 일본의 가장 악랄한 방법으로 제정한 소위 학도 지원병 제도를 실시함에 있어서 그 제도의 정신과 취지를 고의로 호도 선전하여 순진한 청년 학도의 심리를 혼돈시켜 지원병으로 지원하도록 하기 위한 학병제도 유세차 동경 파견단에 참가하여 동경 소재 메이지대학 강당에 참집한 재 동경 조선인 유학생에게 학병 제도 정신 함양을 위한 강연을 한 자이다.

「나의 고백」 쓴 이광수

춘원 이광수가 반민특위에 검거된 것은 반민특위가 2차로 문화계 인사들에 대해 손을 대기 시작한 1949년 2월 7일이었다. 이광수는 해방 후 신촌의 봉원사와 사릉(思陵) 등으로 은신해 다니다가 세검정에서 반민특위 조사관 서정욱(徐廷煜)에 의해 체포되었다. 이광수는 반민특위 조사관이 체포하러 가자 "진작 자수하려 했으나 용기가 없어 못했다"라고 머리를 숙였다. 그는 체포 당시 중증의 폐결핵을 앓아 마포형무소에 수감되어서도 각혈을 하면서 「나의 고백」이란 참회서를 써 반민특위에 제출했으나 빈축만 샀다.

1939년 조선인문인협회장에 추대되면서부터 일제에 협력하기 시작한 춘원은 끝내 그 이듬해에는 가야마 미쓰로(香山光郎)라고 창씨개명을 하고 군민복 차림으로 황도 정신을 외쳤으며, 일본 동경에 건너가 이성근, 김연수, 최남선 등과 함께 학병에 지원하도록 강연을 했다. 그는 1944년 11월 4일 당시 『매일신보』에 학병을 권유하는 시까지 발표하여 세인들의 빈축을 샀다.

성전(聖戰)의 용사로 부름받은 그대 조선의 학도여 지원하였는가.
학병을 그래 무엇으로 주저하는가, 부모 때문인가.
충 없는 효 어데 있으리 나라 없이 부모 어데 있으리 그래 처자 때문에 주저하는가.
자손의 영광과 번창이 이 싸움 안 이기고 어데서 나리
그대들의 나섬은 그대 가문의 영화이며 3천만 조선인의 살길
남아 한번 세상에 나 이런 호기 또 있던가.
위국충절은 그대만의 행운
가라 조선의 6천 학도여.

이광수는 해방이 되자 자기의 친일 행적을 변명하는 글을 지상에 발표한 적이 있었으니, 그는 「돌베개」라는 작품에서도 자신의 친일의 변을 썼고, 김동환(金東煥, 『매일신문』 전무로 역시 반민자로 체포됨)이 발행한 『삼천리』라는 잡지에도 「나는 독립국의 자유민」이란 글을 썼으며 「나의 고백」이란 글을 발표한 바도 있었다.

그러나 이광수는 반민자로 구속된 후 마포형무소 감방에서 다시 고백서를 썼다. 1주일 이상 밤을 새우다시피 쓴 고백서에서 "12월 8일 대동아전쟁이 일어나자 나는 조선 민족이 대위기에 있음을 느끼고 일부 인사라도 일본에 협력하는 태도를 보여 줌이 민족의 목전에 임박한 위기를 모면하는 길이라 생각하고 기왕 버린 몸이니 이 경우에 희생되기를 스스로 결심했다"고 자신의 친일 동기를 서술했다.

그는 또 학병 권유 문제에 대해서는 "동경에 가서 학병을 강요하게 된 것은 학병을 나가지 않으면 학병을 나가서 받는 것 이상의 고생을 할 것 같기에 권하였다. 당시 고이소의 태도로 보나 정세로 보아서 학병을 나가는 것이 유리할 것 같았고 황민화의 길만이 조선 민족이 살아남는 길이라고 생각했다"고 자기의 과거 친일 행적에 대한 변명을 늘어놓았다.

그는 체포된 지 한 달이 채 되지 못한 1949년 3월 4일 병보석으로 풀려나 자유의 몸이 되었으나 결국 6·25때 납북당하는 비극의 주인공이 되었다.

최남선의 경우

춘원 이광수와 같은 날 반민특위에 의해 구속된 육당 최남선은 「기미독립선언서」를 기초한 당대의 문필가였으나 일제의 온갖 회유와 협박 등에 못 이겨 끝내는 변절자라는 낙인이 찍혀 역사의 심판을 받은 비극적 인물이었다. 최남선은 체포 당시 우이동 자택에서 외부와 교섭을 단절한 채 『조선역사사전』의 원고를 집필하고 있었는데, 일찍이 위당(爲堂) 정인보(鄭寅普) 선생은 그가 일제의 권유로 만주국 건국대학 교수로 초빙되어 가자 술을 최남선의 집 대문 앞에 부어 놓고 "이제 우리 최남선이 죽고야 말았다"고 대성통곡할 정도로 그의 변절을 애통해했다는 말도 전해지고 있다. 최남선은 마포형무소에서 자기 죄과를 뉘우친 「자열서」(自列書)를 작성했는데, 그 전문을 소개한다.

자열서

민족의 일원으로서 반민족의 지목을 받음은 종세(終世)에 씻기 어려운 대치욕이다. 내 이제 그 지탄을 받고 또 거기 이유가 없지 아니하니 마땅히 공구(恐懼)이 성(省)하기에 겨를치 못하려든 다시 무슨 구설을 놀려 감히 문과식비(文過飾非)의 죄를 거듭하랴.

해방 이래로 중방(衆謗)이 하늘을 찌르고 구무(構誣)가 반(半)에 지나되 이를 인수(忍受)하고 결코 탄하지 아니함은 진실로 어떠한 매라도 맞는 것이 자회자책의 성의를 나타내는 일단이 될까 하는 생각이 있기 때문이었다.

그러나 국법의 규명을 만나서 사실의 진실을 밝히려 하시는 상의(上意)를 거스르지 못할 자리가 되니 진실로 듣기 어려운 일필을 들기는 하되 망연히 조사(措辭)할 바를 알지 못하겠다. 이왕 이때 범과수오(犯過受汚)의 시말을 조열(條列)하여 심리상의 일조나 되기를 기하며 힘써 논설과 석명을 피하려 한다.

나의 생활이 약간 사회적 교섭을 가지기는 12, 13세의 문필 장난에 시(始)하지마는 그때로부터 3·1운동을 지내고 신문 사업에 부침하기까지 이 논제에 관계될 사실이 없다. 문제는 세간에 이르는바 변절로부터 시하여 변절의 상은 조선편수위원의 수임에 있다. 무슨 까닭에 이러한 방향 전환을 하였는가. 이에 대하여는 일생의 목적으로 정한 학연(學研) 사업이 절체절명의 위기에 빠지고 그 봉록과 그로써 얻는 학구상 편익을 필요로 하였다는 이외의 다른 말을 하고 싶지 않다.

이래 십수 년간에 걸쳐 박물관 설비 위원, 고적 보물·천연기념물 보존 위원, 역사교과서 편정(編訂) 위원 등을 수촉(受囑)하여 문화 사업의 진행을 참관하여 왔는데, 이 길이라고 반드시 평순하지 아니하여 역사교과서 같은 것은 제1회 회합에서 의견 충돌이 되어 즉시 탈퇴도 하고 조선사 편수 같은 것은 최후까지 참섭(參涉)하여 조선사 37권의 완성과 기다(幾多) 사료의 보존 시설을 보기도 하였다. 이 조선사는 다만 고래의 자료를 수집 배차(排次)한 것이요, 아무 창의와 학설이 개입하지 아니한 것인 만치 그 내용에 금일 반민족 행위 추구의 대상될 것은 1건 1행이 들어 있지 않을 것이다.

조선사 편수가 끝나매 그 임직자들이 이리저리 구처(區處)되는 중에 내게는 어느 틈에 중추원 참의라는 직함이 돌아왔다. 그런 지 1년여에 중추원 대문에도 투족(投足)한 일이 없고 소위 만주 국립건국대학교 교수의 초빙을 받아서 감에 중추원 참의는 자연 해소되었다. 만주대학으로 갈 당초에는 인도에서는 간디, 노국(露國)에서 트로츠키, 중국에서는 호적(胡適)을 민족 대표 교수로 데려온다 하는 가운데 나는 조선 민족의 대표로 가는 셈이었지마는 조선의 일본 관리는 민족 대표라는 것이 싫다 하여 백방으로 이를 방해하고 일본의 관동군은 그럴수록 대표의 자격이 된다 하여 더욱 잡아 끌어가는 형편이었다.

저희들 사이의 이상파와 현실파의 갈등은 건국대학의 최초 정안(定案)을 귀허(歸虛)하게 하였지마는 나는 그대로 유임하여서 조선 학생의 훈도와 만몽(滿蒙) 문화사의 강좌 기타를 담당하고서 조강(祖疆)의 답사와 민족 투쟁의 실제를 구경하는 흥미를 가졌었다. 건국대학의 조선 학생은 어떻게 훈도하였는가는 당시의 건대 학생에게 알아봄이 공평한

길일 것이다. 소위 대동아전쟁의 발발에 신경이 날카로워진 일본인은 나를 건국대학으로부터 구축하였다.

고토에 돌아온 뒤의 궁악한 정세는 나를 도회로부터 향촌으로 내몰았다. 이제는 정수내관(靜修內觀)의 기(機)를 얻는가 하였더니 이사에 짐을 운반하는 도중에 붙들려서 소위 학병 권유의 길을 떠나게 되었다. 국내에서도 공개 강연은 나서지 않던 내가 일반의 촉축하는 문제로서 멀리까지 나감에는 자작지빈얼(自作之貧孼)에서 나온 1동기가 있었다.

처음 학병 문제가 일어났을 때 나는 독자(獨自)의 관점에서 조선 청년이 다수히 나가기를 기대하는 의(意)를 가지고 이것을 언약한 일이 있더니 이것이 일본인의 가거(可居)할 기화가 되어서 그럴진대 동경행을 하라는 강박을 받게 된 것이었다.

당시 나의 권유론자는 차차(此次)의 전쟁은 세계 역사의 약속으로 일어난 것이매 결국에는 전 세계 전 민족이 여기 참가하는 것이요, 다만 행복한 국민은 순록(順綠)으로 참가하되 불복한 민족은 역록(逆綠)으로 참가함이 또한 무가내하(無可奈何)한 일임을 전제로 하여 우리는 이 기회를 가지고 이상과 정열과 역량을 가진 학생 청년층이 조직, 전투, 사회 중핵체 결성에 대한 능력 취위성(取爲性)을 양성하여 임박해 오는 신운명에 대비하자 함에 있었다.

이것은 공개·비공개를 통해서 누천(累千) 학생과 대론(對論)한 것이며 내가 이런 말을 아니했다고도 못하는 동시에 들은 이 듣지 않았다 할 리 없으매 그 상세한 것은 또한 그런 이의 입을 빌렸으면 한다. 태평양전쟁은 예기보담 일찍 끝나고 우리의 소기(所期)는 죽도 밥도 다 되지 않고 말았으매 남은 것은 나의 시세에 암우함이요, 학생 청년들에게 무의무수(無義無受)하였음이요, 또 반민지탄의 1조 첨가뿐으로 되었다.

이상의 밖에 나에게 총집(叢集)하는 일죄백(一罪百)은 국조 단군을 속여 드디어 일본인의 소위 내선일체론에 보강 재료를 주었다 함이다. 상래(上來)의 몇 낱 항활(項曰)은 일이 다만 일신의 명절(名節)에 관계될 뿐이매 그 동기 경과 내지 사실 상태에 설사 진변할 말이 있을지라도 나는 대개 인묵(忍默)하고 만다. 그러나 이 국조 문제는 그것이 국민 정신의 근본에 저촉되는 만큼 일언의 변파(辯破)를 답왈(答曰)치 못할 것이 있는가 한다. 대저 반세기에 걸치는 나의 일관한 고행이 국사 연구, 국민 문화 발양에 있어 옴은 아마 일반의 승인을 받을 것이요, 또 연구의 중심이 경망한 학도의 손에 말소 발각(撥閣)되려 한 국조 단군의 학리적 부활 및 그를 중핵으로 한 국민 정신의 천명에 있었음은 줄잡아도 내 학구 과정을 보고 아시는 분이 부인치 아니할 바이다. 설사 용루 천식(淺識)이 제법한 성과를 거두지는 못하였다는 점만은 필시 대방(大方)의 공인을 얻었다고 생각해도 불가하지 않을 것이다. 그런데 나의 국조 연구에 대한 실적도 진의가 일반으로 얼마나 인식되었을까 하고 실제에는 내가 단군을 일본의 조신(祖神)에 결탁하려 했다는 말이 꽤 유행하는 정도밖에 되지 아니함으로 보면 학설 중 보급의 어려움 및 그 대중 평가의 허무맹랑함에 다시금 호탄(浩嘆)을 금치 못할 것이다.

학리론을 여기 번제(煩提)함은 물론 옳지 않거니와 이제 다만 속류설(俗流說)이 무엇에 근거되고 또 그것이 어떻게 곡해인 것을 삽적(揷摘)하건대 내가 왕년에 불함문화론(不咸文化論)이란 것을 발표하여 동양의 문화는 남북 양계(兩系)에 구분되고 그 북구(北區)의 문화는 단군의 고도(古道)를 중심으로 발전한 것이요, 단군 문화는 실로 인류 전 문화의 중요한 일부를 형성하는 것을 주장한 일이 있다.

그중에도 자연히 일본도 단군 중심 문화의 일익임을 언급하였다. 이는 물론 학문적 견지이지만은 일변으로 일본에 대한 정신상 장기전에 대비하자는 의도도 포함한 것이었다. 이 논을 왜곡하여 나를 악평하는 자가 있고 이것이 전전하여 소위 '내선일체'의 주장자라는 간언(奸言)을 유포하는 도배를 보게 되었다.

그러나 그 논설의 내용은 누구든지 바로 읽어 보면 알 바로서 실은 단군 문화로써 일본은 물론이요, 전 인류 문화의 일반(一半)을 포섭하자 한 당돌한 제론(提論)에 불외(不外)하는 것이었다.

또 하나는 당시의 한일 관계를 장시간 계속할 것으로 보고 약간 불결한 경로를 밟고서라도 국조 신앙을 우리의 정신적 지주로 확립하기를 기도하여 이러면 될까 저러면 될까 한 끝에 단군 신전을 백악산(白岳山)상에 굉대하게 건설하여 소위 조선 신궁을 압도할 책(策)을 만든 일이 있었다. 이것을 일본인에게 개설(開說)할 때에 일본의 신도(神道) 원리로 보아도 조선의 국토 주신을 모르는 체할 수 없음을 이유로 하는 것이 당시 나의 주요한 논리였다. 오늘에 와서 보면 이것이 심히 위태한 행정(行程)이라 할 것이지만 이렇게라도 하여서 국조 단군을 우리 담배 감념원천(膽拜感念源泉)으로 번듯하게 신앙할 수 있는 기회를 만들었으면 한 것이 당시 나의 관념이었다. 이 계획은 상당히 희망이 있다가 마침 실현되지 못하고 결과로 얻은 바는 일본의 신사 내용을 한번 주시한 것뿐이었다. 이 사실은 아는 이는 알고, 모르는 이는 모르되 실로 당시의 내가 고심하면서 저지른 죄과이었다.

나를 내선일체론자로 횡언(橫言)하려는 이에 이유 삼을 것이 이 양단에 있겠지만 전자는 심한 곡해니까 더 말할 것 없고 후자는 견해 여하로써 시비가 다를 수 있을 것이다. 다만 시거나 비거나 그것이 내선일체를 위한 행동이 아닌 것만은 나의 양심으로 질언(質言)하는 바이다. 그러나 이로 말미암아 실제로 악영향을 사회 인심에 전급(傳及)한 것이 있다고 보면 나는 그 책임을 회피하지 않는다. 내가 생각할 수 있는 반민 해당의 조건은 대강 이상과 같은 듯하나 남이 보기에는 또 얼마나 많은 죄목이 있을지 모른다. 혹시 태평양전쟁 말기에 나의 명자(名字)를 도용한 위조 담화 내지 마음대로 변조 개작한 신문 원고, 강연 필기 중에 또 어떠한 것이 있을지 모르되 이러한 것에 대한 책임까지는 내가 질 수 없으며 또 설사 그러한 것들이라도 내가 당시에 기회 있는 대로 강조하기를 마지아니한 '해방의 시대' '희망의 접근'이라는 양대 안목을 끝까지 은폐하지 못했으리라고 나는 생각한다. 또 혹 전쟁 말기의 모종 단체 참가 같은 것을 선전하는 이가 있으되 평생에 문화 단체에 열명하기도 싫어함을 아는 이는 아는 바이며 다시 운위할 것이 없는 일이다. 나의 반생 행정을 돌아볼 때 토막토막이 실패, 죄다 암우함에서 온 것을 얼른 사과한다.

조국의 역사와 문화를 혼자 맡은 것처럼 걱정하여서 신분·명예의 어떻게 됨을 관념하지 않고 그때그때의 가능한 이것저것을 하겠다고 날뛰는 것이 이미 세간일류(世間一流)의 총명한 사람들의 몸을 사리고 가만히만 있음에 비하여 확실히 암우 그것이었다. 전후 50년에 온갖 환경의 제약을 무릅쓰고서 조국의 역사와 문화 하나를 목표로 매진할 뿐이고 그 노정이 가시덤불이거나 구정물이거나를 판별할 줄 모르는 것이 암우가 아니면 무엇이냐. 그만하면 일본이 패도(敗倒)하고 조국이 광복하여 지사, 인인(仁人), 학자, 능력자가 저절로 수용산출(水湧山出)하게 될 것을 예견치 못하고서 의중으로부터 장혈(壯血), 장혈로부터 백발까지를 일관하여 아무것을 희생하여서라도 이 일은 내가 해야 한다고 고집하여 나온 암우상은 제가 생각하여도 우스우며 남이 보기에야 오죽 민망할 것이냐. 그 험난한 애로를 겨우 뚫고 나오니까 거기 기다리고 있는 것이 내 반역의 영상을 그려 내는 대명경(大明鏡)일 줄을 암우한 내가 어찌 염도(念倒)하였을까.

　나는 분명히 일평생 일조로(一條路)를 일심으로 매진한 것을 자신하는 자이다. 중간에 간랄(艱辣)한 환경, 유약한 성격의 내외 원인이 서로 합병하여서 내 외상에 흙을 바르고 내 행리(行履)에 가미를 씌웠을지라도 이는 그때그때의 외적 변모일 따름이요, 결코 심흥행(心興行)의 변전변환은 아니었다. 이 점을 밝히겠다 하여 이 이상의 강변스러운 말을 더 하지 않거니와 다만 조선사 편수 위원, 중추원 참의, 건국대학 교수 이것저것 구중중한 옷을 연방 갈아입으면서도 나의 일한 실제는 언제고 시종일관하게 민족정신의 검토, 조국 역사의 건설 그것밖에 벗어진 일 없었음은 천일(天日)이 저기 있는 아래 감연히 명언하기를 꺼리지 않겠다.

　그러나 또 나는 분명히 조선 대중이 나에게 기대하는 점은 어떤 경우에서고 청고한 지조와 강렬한 기백을 지켜서 늠호(凜乎)한 의사의 형범(型範)이 되어 달라는 상식적 기대에 위반하였다. 내가 변절한 대목 즉 왕년에 신변의 핍박한 사정이 지조냐 학식이냐의 양자 중 그 일을 골라 잡아야 하게 된 때에 대중은 나에게 지조를 붙잡으라 하거늘 나는 그 뜻을 휘뿌리고 학업을 붙잡으면서 다른 것을 버렸다.

대중의 나에 대한 분노가 여기서 시작하여 나오는 것을 내가 잘 알며 그것이 또한 나를 사랑함에서 나온 것임도 내가 잘 안다. 그러나 나의 암우가 저의 걷고 싶은 길을 걸어서 수사(修史) 위원 이하의 많은 오점을 몸에 찍었다. 그런데 그것이 금일 반민법 저촉의 조건임이 명백한 바 이 법의 처단을 받기에 무슨 비겁한 체를 할 것이냐. 도리어 준엄한 수형 하나에 저의 책임의 경감을 기함이 당연할 것이다.

반민법이 무론 그 법 그것으로도 존중해야 할 것이다. 그러나 나는 다만 위력을 가진 법이기 때문에 이를 무서워함이 아니다. 이 법의 뒤에 국민 대중이 있음을 알며 그네의 비판과 요구가 이 법을 통하여 표현되는 것임을 알기 때문에 이 법에 그 법문 이상의 절대한 권위를 감념(感念)하는 자이다. 까마득하던 조국의 광복이 뜻밖에 얼른 실현하여 이제 민족정기의 호령이 굉굉히 이 강산을 뒤흔드니 누가 이 앞에 숙연히 정금(正襟)치 않을 것이냐. 하물며 몸에 소범(所犯)이 있어 송연(悚然)히 무부자축(撫膚自縮)할 자야 오직 공손히 이 법의 처단에 모든 것을 맡기고 그가 질편초(叱鞭楚)를 감수함으로써 조금만치라도 국민 대중에 대한 공구참사의 충정 표시를 삼는 것 이외에 다른 것이 있을 수 없다. 삼가 전후 과루(過淚)를 자열(自列)하여 엄정한 재단을 기다린다.

단기 4282년 2월 12일
마포형무소 구치 중에 최남선

반민족행위특별조사위원장 전

수배 중에 활보하던 노덕술

세칭 서울시경 고문치사 사건의 배후 인물로 수배를 받고 있던 전 서울시경 수사과장 노덕술은 앞에서도 기술했듯이 반민특위 요원 암살 음모 사건의 범인으로 지목을 받았던 인물로 그의 체포는 국회에서까지도 논란의 대상이 되었다. 30여 년 동안 경찰에 몸담고 있던 그는 수사의 손길을

교묘히 벗어나 동화백화점(현 신세계백화점) 사장이었던 이두철의 집에 은신 중 특위의 김명동 위원이 지휘하는 특경대에 의해 검거되었다. 체포 당시 그는 4명의 호위 경관을 거느리고 6정의 권총과 현금 34만 1천 원이란 거액을 지니고 있어 장안의 화제가 되었는데 수배 중에도 내무부 장관 윤치영과 외무부 장관 장택상(張澤相)의 집을 버젓이 출입하기도 했다. 그러나 노덕술도 끈질기게 추적하는 반민특위의 손길을 벗어나지 못하고 검거되기에 이르러 심판을 받았다.

죄명: 반민법 제2조 및 제4조 6항 위반(검찰관 서성달)

범죄 사실: 피고인 노덕술은 경상북도 울산 출생으로 울산보통학교를 2년 중퇴한 후 출생지에서 일본인 마쓰가키(松垣米作)가 경영하던 잡화상의 고용인으로 근무하다가 일본 북해도에 취직차 일본에 건너갔으나 여의치 못함으로써 귀국한 후 6월경 경찰관을 지원하여 동년 9월경 경남순사교습소를 졸업한 후 경상남도 경찰부 보안과 근무 순사를 비롯 울산경찰서 사법계 근무 순사부장을 거쳐 1924년 12월경 경부보에 승진하고 의령, 김해, 거창 등 각 서 사법주임을 역임한 후 1928년 9월경에 통영경찰서 사법주임에 전근되어 그 후 경부에 승진하여 서울 본정(현 명동), 인천, 개성, 종로 등 각 서 사법주임을 역임한 후 1934년 9월경 평안남도 보안과장으로 승진되어 27년간 고등계 사무에 속하는 사상관계 사건을 취급하여 일본 정부로부터 훈 7등 종 7위를 받았으며 현재 서울시 경찰국 정직(停職) 총경으로 있는 자인바

1. 1927년 및 1928년 일자 미상. 김규진(金圭鎭)을 회장으로 하고 경남 동해군 동래면 교동 230번지 거주 유진흥(兪鎭興)을 부회장으로, 회원 동면 거주 양정식(梁正式), 어소운(魚小蕓), 윤호권(尹昊權), 윤태윤(尹兌潤) 외 약 150명으로 반일 투쟁 및 독립운동을 목적으로 배일 투쟁사와 조선 역사를 기록한 배일지집(排日誌集)을 작성 배부하고 사유재산 제도 부인을 목적으로 비밀 결사를 조직한 혁조회(革潮會) 사건에 그간 동래경찰서 사법주임으로 있던 피고인은 동 사건이 고등계 사무에

속함을 알았음에도 불구하고 직접 담당하여 전기 유진홍, 김규진을 사망케 하고 그 관계자로 하여금 3년 혹은 2년간 복역케 했으며

2. 피고인이 동래경찰서 사법 주임으로 있을 때인 1929~30년경 일본인 교사와 한인 생도 간에 민족적 감정으로 4, 5차에 걸쳐 발생한 동래고등보통학교 맹휴 사건에 사법계 주임의 직에 있음에도 불구하고 매차 한인 학생 탄규(彈叫)를 목적으로 한 총검거에 솔선, 부하를 지휘하여 고등계 사무인 교외 학생 집회의 행동 사찰을 담당하여 한인 학생 검거를 용이케 하고

3. 피고인이 동래경찰서 사법주임으로 재직 시인 1929~30년경 여름 동래군 소재 동래유치원에서 개최된 한인 일본 유학생의 하기휴가 이용 귀국 강연회가 그 내용이 일본 정치 비난이라는 명목 아래 당시 사법주임의 직에 있음에도 불구하고 고등계 사무에 속하는 사상 관계 사건을 직접 담당 취급하여 한인 강사 수명을 검거 취조하고

4. 1928년 10월경 동래군 기장면 동부리 179번지 거주 박창형(朴昌馨)이 반일 투쟁 단체인 동래청년동맹 집행위원장 및 동래노동조합 정치문화부장, 신간회 동래지회 간부로서 있음을 탐지한 피고인은 우자의 행동을 말살시키려는 의도로 검색·취조하여 송국(送局)하고

5. 피고인이 통영경찰서 사법주임으로 재직할 때인 1932년 5월경 반일 단체인 ML단원인 김재학(金在學)이 5월 1일 메이데이 시위 행렬에 참가하였다는 죄과로 사법주임으로 고등계 사무를 겸무하고 있던 피고인은 직접 검거하여 두 손을 뒤로, 두 발을 앞으로 결박하여 천장에 매달아 구타 또는 입에 주수(注水)하고 전신을 구타하는 등의 제 방법으로 혹독한 고문을 감행한 후 송국하여 벌금형에 처하게 했음.(후략)

오익환
전 경향신문 외신부 기자, 체육부 차장 역임.

부록 _____

부록 1: 반민족행위처벌법

제1장 죄

제1조 일본 정부와 통보하여 한일합병에 적극 협력한 자, 한국의 주권을 침해하는 조약 또는 문서에 조인한 자와 모의한 자는 사형 또는 무기징역에 처하고 그 재산과 유산의 전부 혹은 2분지 1 이상을 몰수한다.

제2조 일본 정부로부터 작(爵)을 수(受)한 자 또는 일본 제국의회의 의원이 되었던 자는 무기징역 또는 5년 이상의 징역에 처하고 그 재산과 유산의 전부 혹은 2분지 1 이상을 몰수한다.

제3조 일본 치하 독립운동자나 그 가족을 악의로 살상 박해한 자 또는 이를 지휘한 자는 사형, 무기징역 또는 5년 이상의 징역에 처하고 그 재산의 전부 혹은 일부를 몰수한다.

제4조 좌의 각 호에 해당하는 자는 10년 이하의 징역에 처하거나 15년 이하의 공민권을 정지하고 그 재산의 전부 혹은 일부를 몰수할 수 있다.

1. 습작(襲爵)한 자.
2. 중추원 부의장 고문 또는 참의 되었던 자.
3. 책임관 이상의 관리 되었던 자.
4. 밀정 행위로 독립운동을 방해한 자.
5. 독립을 방해할 목적으로 단체를 조직했거나 그 단체의 수뇌 간부로 활동하였던 자.
6. 군·경찰의 관리로서 악질적인 행위로 민족에게 해를 가한 자.
7. 비행기, 병기, 탄약 등 군수 공업을 책임 경영한 자.
8. 도·부의 자문 또는 결의 기관의 의원이었던 자로서 일정에 아부하여 그 반민족적 죄적이 현저한 자.
9. 관공리 되었던 자로서 그 직위를 악용하여 민족에게 해를 가한 악질적 죄적이 현저한 자.

10. 일본 국책을 추진시킬 목적으로 설립된 각 단체 본부의 수뇌 간부로서 악질적인 지도적 행동을 한 자.
11. 종교, 사회, 문화, 경제, 기타 각 부문에 있어서 민족적인 정신과 신념을 배반하고 일본 침략주의와 그 시책을 수행하는 데 협력하기 위하여 악질적인 반민족적 언론, 저작과 기타 방법으로써 지도한 자.
12. 개인으로서 악질적인 행위로 일제에게 아부하여 민족에게 해를 가한 자.

제5조 일본 치하에 고등관 3등급 이상, 5훈등 이상을 받은 관공리 또는 헌병, 헌병보, 고등경찰의 직에 있던 자는 본법의 공소 시효 경과 전에는 공무원에 임명될 수 없다. 단 기술관은 제외된다.

제6조 본법에 규정한 죄를 범한 자 중 개전의 정상이 현저한 자는 그 형을 경감 또는 면제할 수 있다.

제7조 타인을 모함할 목적 또는 범죄자를 옹호할 목적으로 본법에 규정한 범죄에 관하여 허위의 신고, 위증, 증거 인멸을 한 자 또는 범죄자에게 도피의 길을 협력한 자는 당해 내용에 해당한 범죄 규정으로 처벌한다.

제8조 본법에 규정한 죄를 범한 자로서 단체를 조직하는 자는 1년 이하의 징역에 처한다.

제2장 특별조사위원회

제9조 반민족 행위를 예비 조사하기 위하여 특별조사위원회를 설치한다. 특별조사위원회는 위원 10인으로 구성한다.

특별조사위원은 국회의원 중에서 좌기의 자격을 가진 자를 국회가 선거한다.
1. 독립운동에 경력이 있거나 절개를 견수하고 애국의 성심이 있는 자.
2. 애국의 열성이 있고 학식, 덕망 있는 자.

국회는 특별조사위원회의 처리가 본법에 위반된다고 인정할 때는 불신임을 의결하고 특별조사위원을 재선할 수 있다.

제10조 특별조사위원은 위원장, 부위원장 각 1인을 호선한다. 위원장은

조사위원회를 대표하며 회의에 의장이 된다. 부위원장은 위원장을 보좌하고 위원장이 사고가 있을 때에는 그 직무를 대리한다.

제11조　특별조사위원은 그 재임 중 현행범 외에는 특별조사위원장의 승인 없이 체포·심문을 받지 않는다.

제12조　특별조사위원회는 사무를 분담하기 위하여 서울시와 각 도에 조사부, 군·부에 조사 지부를 설치할 수 있다. 조사부 책임자는 조사위원회에서 선거하여 국회의 승인을 받아야 한다. 특별조사위원회의 각 도 조사부는 사무의 공정·타당을 기하기 위하여 언제든지 국회의원의 요구가 있을 때에는 조사 문서를 정시(呈示)하여야 한다.

제13조　특별조사위원회에서 채용하는 직원은 친일 모반의 세평이 없는 자라야 한다.

제14조　조사 방법은 문서 조사, 실지 조사의 2종으로 한다. 문서 조사는 관공 문서, 신문, 기타 출판물을 조사하여 피의자 명부를 작성한다. 실지 조사는 피의자 명부를 기초로 하여 현지 출장, 기타 적당한 방법으로 증거를 수집하여 조사서를 작성한다.

제15조　특별조사위원회로부터 조사 사무를 집행하기 위하여 정부 기타의 기관에 대하여 필요한 보고 기록의 제출 또는 기타 협력을 요구할 때에는 이에 응하여야 한다.

제16조　특별조사위원이 직무를 수행할 때에는 특별조사위원장의 신임장을 소지케 하며 그 행동의 자유를 보유하는 특권을 가지게 된다. 특별조사위원은 조사상 필요에 의하여 사법경찰 관리를 지휘 명령할 수 있다.

제17조　특별조사위원회가 조사를 완료할 때에는 10일 이내에 위원회의 결의로 조사 보고서를 작성하고 의견서를 첨부하여 특별검찰부에 제출하여야 한다.

제18조　특별조사위원회의 비용은 국고 부담으로 한다.

제3장 특별재판부 구성과 절차

제19조　본법에 규정된 범죄자를 처단하기 위하여 대법원에 특별재판부

를 부치한다. 반민족 행위를 처단하는 특별재판부는 국회에서 선거한 특별재판부장 1인, 부장재판관 3인, 재판관 12인으로서 구성한다.

전 항의 재판관은 국회의원 중에서 5인, 고등법원 이상의 법관 또는 변호사 중에서 6인, 일반 사회 인사 중에서 5인으로 하여야 한다.

제20조 특별재판부에 특별검찰부를 병치한다. 특별검찰부는 국회에서 선거한 특별검찰부 검찰관장 1인, 차장 1인, 검찰관 7인으로서 구성한다.

제21조 특별재판관과 특별검찰관은 좌의 자격을 가진 자 중에서 선거하여야 한다.

1. 독립운동에 경력이 있거나 절개를 견수하고 성심이 있는 법률가.
2. 애국에 열성이 있고 학식·덕망이 있는 자.

제22조 특별재판부 부장과 특별재판관은 대법원장 및 법관과 동일한 대우와 보수를 받고 특별검찰관장과 특별검찰관은 검찰총장 및 검찰관과 동일한 대우와 보수를 받는다.

제23조 특별재판부의 재판관과 검찰관은 그 재임 중 일반재판관 및 일반검찰관과 동일한 신분의 보장을 받는다.

제24조 특별재판부의 재판관과 검찰관은 그 재임 중 국회의원, 법관과 검찰관 이외의 공직을 겸하거나 영리 기관에 참여하거나 정당에 관여하지 못한다.

제25조 특별재판부 3부를 두고 각 부는 재판장 1인과 재판관 4인의 합의로써 재판한다.

제26조 특별검찰관은 특별조사위원회의 조사 보고서와 일반 검찰 사항을 기초로 하여 공소를 제기한다. 단 특별검찰관의 결정이 부정당하다고 인정된 때에는 특별조사위원회는 특별검찰관 전원의 합의에 의한 재고려를 요구할 수 있다.

특별검찰관은 검찰상 필요에 의하여 특별조사위원에게 재조사를 위촉하거나 사법검찰관을 지휘 명령할 수 있다.

제27조 특별검찰관은 특별조사위원회의 조사 보고서를 접수한 후 20일 이내에 기소하여야 하며 특별재판부는 기소된 사건에 대하여 30일 이내

에 공판을 개정하여야 한다. 단 특별재판부는 부득이한 사정이 있을 때에는 기간을 연장할 수 있으되 30일을 초과할 수 없다.

제28조　본법에 의한 재판은 단심제로 한다. 소송 절차와 형의 집행은 일반 형사소송법에 의한다.

부칙

제29조　본법에 규정한 범죄에 대한 공소 시효는 본법 공포일로부터 기산하여 2년을 경과함으로써 완성된다. 단 도피한 자나 본법이 사실상 시행되지 못한 지역에 거주하는 자 또는 거주하던 자에 대하여는 그 사유가 소멸된 때로부터 시효가 진행된다.

제30조　본법의 규정은 한일합병 전후부터 단기 4278년 8월 15일 이전의 행위에 이를 적용한다.

제31조　본법에 규정한 범죄자로서 대한민국헌법 공포일부터 이후에 행한 그 재산의 매매, 양도, 증여 기타의 법률 행위는 일체 무효로 한다.

제32조　본법은 공포일로부터 시행한다.

부록 2: 반민족행위특별조사기관 조직법

제1조　반민족행위특별조사위원회의 사무를 보조하기 위하여 중앙에 중앙사무국을 두고 도 조사부에 사무 분국을 둘 수 있다. 중앙사무국에 국장 1인, 조사관과 서기 각 15인 이내를 두고 각 도 사무 분국에 조사관과 서기 각 3인 이내를 둘 수 있다. 중앙사무국장은 조사관으로서 보하고 특별조사위원회 위원장의 지휘 감독을 받아 국무를 장리한다.

제2조　중앙사무국의 조사관은 국장의 지휘를 받고 사무 분국의 조사관은 도 조사부 책임자의 지휘를 받아 조사 사무를 장리한다.

서기관은 국장 또는 조사관의 지휘를 받아 조사관을 보조하며 일반 사무를 처리한다.

제3조　국장 기타의 조사관은 특별조사위원의 결의로 위원장이 임명하고 서기는 위원장이 임명한다.

제4조 중앙사무국과 각 도 사무국의 분과와 분장 사무 규정은 특별조사위원회에서 정한다.

제5조 각 도 조사부는 특별조사위원회의 지휘 감독을 받는다.

중앙사무국은 서울시의 조사 사무를 겸무하며 필요할 때에는 각 도에 조사관을 파견할 수 있다.

제6조 조사관은 조사 사무에 관하여 사법경찰관의 직무를 행할 권한이 있다.

제7조 각 도 조사부 책임자, 중앙사무국장, 조사관, 서기는 각기 도지사, 처장, 국장, 주사와 동일한 대우와 보수를 받는다.

  부칙

이 법은 공포한 날로부터 시행한다.

부록 3: 반민족행위특별재판부 부속기관 조직법

제1조 반민족행위특별재판부 및 특별검찰부의 부속기관으로 각각 특별서기국을 둔다.

제2조 각 국에 국장을 둔다.

국장은 대법원 서기국장 또는 대검찰청 서기국장과 동일한 대우와 보수를 받는다. 국장은 특별재판부 부장 또는 특별검찰관장의 명을 받아 각 부의 사무를 처리한다.

제3조 특별재판부 서기국에 16명 이내의 서기관을, 특별검찰부에 9명 이내의 서기관을 둔다.

서기관은 대법원 또는 대검찰청 서기관과 동일한 대우와 보수를 받으며 동일한 직무와 권한을 갖는다.

제4조 특별재판부 소속 서기국장 및 서기관은 특별재판부 부장이 차를 임면한다. 특별검찰부 소속 서기국장 및 서기관은 특별검찰관장이 차를 임면한다.

제5조 본법은 공포한 날로부터 시행한다.

일제 말 친일 군상의 실태

임종국

1 친일의 해석 문제

우리 민족사에서, 일제 말엽의 친일 행위는 학문으로든 감정으로든 아직껏 정리된 기억이 없다. 항간의 막연한 반응으로 다음 몇 가지가 있음을 알 뿐이다.

첫째, 오욕의 역사니까 건드리고 싶지 않다는 은폐론이다. 그러나 영광의 기록만이 역사는 아니다. 또한 오욕으로 말하면 임란·호란·국치와 분단 등 전부가 오욕이다. 계절에 사계가 있듯이, 민족사에도 영욕의 소장(消長)은 있는 것이다. 3·1운동이 여름의 무성한 기록이라면 친일은 참담한 동면이다. 동면기를 모르고 건국이라는 맹아기를 말할 수 없기 때문에 친일은 결코 은폐의 대상일 수 없을 것이다.

둘째, 당사자나 가족의 체면을 위해서 덮어 두었으면 하는 인정론이 있다. 그러나 사(私)를 위해서 민족사를 파묻어 버릴 수는 없는 일이다. 이렇게 멸공봉사한다면, 사를 위해서 국가나 민족을 팔 수도 있단 말인가? 친일이 규탄을 받는 것도 요는 멸공봉사했기 때문이므로, 이런 인정론은 친일 행위 이상으로 가증한 주장이 아닐 수 없다.

셋째, 친일 행위를 인신공격의 자료로 삼으려는 경향도 있었다. 그러나 이 점에서 반민법은 분명히 시효가 지났다. 또한 이런 자에게 묻노니, 그대는 저 여인을 돌로 칠 수 있다고 자신하겠는가? 전비(前非)로써 현재의 지위를 위협당할 사람도 없겠거니와, 이로써 위협을 하려는 자가 있다면, 그 비열함이야말로 침을 뱉어 마땅한 일일 것이다.

그럼 문제는 다시 친일 행위를 어떻게 해석할 것인가 하는 원점으로 돌아간다. 그리고 이 점에서 상기시키고 싶은 것이 한말 이용구(李容九)가 겪은 일이다.

일진회(一進會)를 이끌고 소네(曾禰) 통감에게 일한합병을 건의까지 한 이용구는, 정작 합병이 되자 자작도 중추원 참의도 못 된 채, 말년을 실의와 환멸 속에서 보냈다. 그가 미워한, 그리고 그로 하여금 매국 행위를 감행하게 한 근원적 동기의 하나였던 그 양반층 위정자들은 이른바 합방 공신으로 여전히 세도층인데, 일제는 이제는 이용 가치가 없어졌는지 그를 쓴 외 보듯 했던 것이다. 임종 전에 그는 우치다(內田良平)에게 사뭇 비감스럽게 "우리가 바보였군요. 혹시 속은 게 아닐까요" 하고 말했다고 전해진다.

이와 비슷한 일이 해방 후에도 없지 않았다. 한국에 언론 탄압이 있느냐 없느냐로 일본 매스컴이 논쟁할 무렵, B씨가 일본에 들른 적이 있었다. B씨는 국민총력조선연맹 참사며 문인보국회 간부, 총독부 기관지 『매일신보』의 학예부장 등으로 황도조선의 실현을 외친, 즉 소위 친일파의 한 사람이었다.

이때 일본의 어느 신문이 B의 언론 탄압이 없다는 발언을 반박하면서, "권력에 아부하는 B의 반동 부패상은 전전·전후를 통해서 일관해 있다"고 비난했다. 강요한 자의 치욕은 강요당한 자의 치욕보다 몇 배 더한 법이라면서 어느 일인(日人) 교수가 그 신문을 비난했지만, 일본인의 전부가 그 양식 있는 교수일 수는 없는 것이었다.

여기서 우리는 식민주의자들의 냉혹한 본질을 보는 것이다. 건강할 때 부려먹을 뿐 병든 노예까지야 아랑곳할 것이 없듯이, 그들로서는 이용해서 황도조선을 외치게만 했으면 되었던 것이다. 그 후에야 반민법으로 심판을 받건 말건, 매장을 당하건 말건 아랑곳할 필요조차 없는 것이다. 죄책감은 고사하고, 치욕을 강요한 일본인들이 오히려 솔선해서 그들을 경멸하곤 했던 것이다.

그래서 우리는 친일 행위가 일인들에게서도 동정이나 감사를 받지 못했던, 식민지 지배의 참담한 실체였음을 발견하는 것이다. 즉 친일 행위는 우리 민족에게 개인의 죄상이 아니라 식민지 지배의 참담한 실체로서 인식되어야 한다. 식민지 지배의 희생자는 학병과 징용 노무자들만이 아니다. 가령 그들이 남방에서 목숨을 잃었다면, 그들을 남방으로 몰아낸 최린(崔麟)은 33인으로서의 귀중한 생명을 잃어버렸다. 33인이라는 공적인 생명이야말로 개인의 육체적 생명보다 한결 영원하고 값진 것이기 때문에 최린이야말로 보다 참담한 희생자라는 논리도 일단은 성립될 수 있는 것이다.

그럼 그 같은 식민지 지배의 실체를 통해서 우리는 무엇을 인식해야 하는가? 이것은 독자 제현의 양식에 관한 문제다. 이것까지 말한다면 필자의 참월이다. 다만 필자는 서론에서 밝히는 이런 태도와 관점에 입각해서, 우리 민족사가 겪었던 한 시대의 참담했던 식민지적 실체를 사심 없이 기술할 뿐이다.

2 총독 정치의 입안·실천자

제7대 총독 미나미(南次郎)가 부임한 1936년 8월만 해도 식민지에는 반일의 크고 작은 사건들이 꼬리를 물다시피 하고 있었다. 그 하나가 총독 착임 하루 전(8. 25)에 일어난 일장기 말소 사건, 또 조선공산당 제3차 재건 사건이 예심 중이었고, 기타 많은 반일 사건이 진행·발각 혹은 재판에 계류 중이었다. 그뿐만 아니라 압록·두만 강변으로 말하면 이른바 연합비(聯合匪) 약 1천 명이 무송현성(撫松縣城)을 습격(1936. 8. 16)한 것을 비롯해서, 크고 작은 이른바 비화(匪禍) 사건이 주야로 일어나는 상태였다.

그 이른바 비화라 함은 독립군·마적단·반만항일군(反滿抗日軍)·공산게릴라 들로 인한 피습 사건의 총칭인데, 1936년 상반기 중 함북 대안에서만 445회에 연 2,260명이라는 출몰 통계가 나와 있었다.

이런 상황에 대처해서, 미나미는 우선 두 가지 당면 정책을 생각하지 않을 수 없었다. 즉 첫째는 식민지에서 일체의 반일 운동을 근절할 것, 둘째는 조선의 병참 기지화를 위해서 북방의 일체 비화로부터 식민지 조선을 방호할 것. 이를 위해서는 경찰력 강화 등의 강압 수단도 중요하지만, 그에 못지않게 한국의 민족의식을 마비시킴으로써 일본의 선량한 백성으로 만들어 버리는, 즉 동화 정책이야말로 탄압 이상으로 효과적일 수 있다는 것을 그는 누구보다도 잘 알고 있었던 것이다.

이리하여 그는 부임하기 무섭게 내선일체를 뇌까리면서 황민화 정책에 광분했으니, 이를 포함한 그의 정책은 이른바 '조선 통치의 5대 지침'으로 요지는 다음과 같은 것이었다.

① **국체명징**(國體明徵) 제국 9천만 동포가 거국일치 상하일심으로 천황의 도를 선양하자면 우선 국체 관념이 명징되어야 한다. 이는 곧 조선 통치의 근본이라 신사참배, 황거요배(皇居遙拜), 국기·국가의 존중과 '고쿠고'(일본어)의 보급 등으로 실을 거두어야 한다.

② **선만일여**(鮮滿一如) 최근 일만(日滿) 관계에서 조선이 차지하는 지위가 크니 일만일체, 선만일여의 대방침에 따라서 조선은 만주 개발의 기초가 되어야 한다.

③ **교학진작**(敎學振作) 국민정신의 함양을 기본으로 하고, '우리는 일본 제국의 신민'이라는 신념과 긍지를 갖도록 교육해야 한다.

④ **농공병진** 세계정세로 볼 때 일본의 국방력 강화가 요긴한 문제이니, 조선의 지리적·자원적 사명에 따라 생산력 증강에 힘쓰라.

⑤ **서정쇄신** 행정을 국가의 수요(須要)에 대응하도록 쇄신하여야 한다.

이러한 정책에 동조 호응한 층은 우선 그 정책의 세부 입안자요 실천자들인 총독부 산하 중앙·지방의 관리들이었다. 식민지의 행정 기구는 최고 중앙 기구인 총독부—1942년 11월 1일 척무성(拓務省)의 폐지로 내무성 관할이 되었으며, 천황 직속인 총독이 1943년 12월 현재 관방 및 재무·광공·농상·법무·학무·경무 등 6국과 외국(外局)인 체신·교통 등 2국을 통솔했다.

지방 행정 기구로는 제1차 보통지방관청인 도지사—그 산하에 지사관방·내무·재무·광공·농상·경찰부 등 각 부가 있고 도 사무관인 부장이 그 사무를 분담한다. 제2차 보통지방관청은 도지사 휘하인 부윤·군수·도사(島司)다. 제3차 보통지방관청은 읍·면장 외에 특별지방관청으로 전매국·영림서·세무서·경찰서·소방서 및 지방 체신국·우편국·저금 관리소 같은 체신관서, 또 경성·부산·함흥 세 곳에 설치된 지방 교통국이 있었다.

그러나 한국인 관리들은 입으로만 내선일체를 말하는 그들의 통치 밑에서 사실상 서출 대접밖에 받지 못했다. 일례로 1936년 현재 10국의 중앙부서에서, 한국인 국장이 앉을 수 있었던 자리는 학무국 단 하나에 불과했다. 그나마 일제 36년간 각 국을 들고난 총 120명 가까운 국장 중에서 한국인은 단 두 사람뿐이었다. 이진호(李軫鎬. 李家軫鎬: 1924. 3~1929. 2) 및 엄창섭(嚴昌燮. 武永憲樹: 1944. 8~)이 학무국장을 했을 따름이었다 (괄호 안은 창씨명 및 재임 기간. 이하 같음).

이 사실 하나로 보아도, 일제의 신임을 얻어서 총독부 관리로 영달한다는 것이 얼마만큼 어려웠던가를 충분히 짐작할 수 있을 것이다. 그 어려운 관문을 뚫고 신임을 얻어 영달한 관리에 도합 42명의 한국인 도지사가 있었다. 고등관 2급 이상인 친임관(親任官), 총독 예하에서 법령·행정 사무를 집행 처리하고 소속 관리를 지휘 감독한 한국인 도지사 42명의 인적 사항은 다음과 같다(출생·학력·관력·지사 경력순으로 기술하겠음).

강필성(姜弼成): 함남 덕원(德源). 와세다대 교외생. 1910년 함남 서기. 군수·참의·참여관. 1937년 황해 지사.

고원훈(高元勳. 高元 勳): 경북 문경. 메이지대 졸. 1911년 경부. 보전 교수·교장. 참의. 전남·경북·평남북·경기 참여관. 1932년 전북 지사.

김관현(金寬鉉. 金光副臣): 서울. 동경육사 졸. 러일전 종군. 내부 서기·군수·참여관·참의. 1921년 충남, 1924년 함남 지사.

김대우(金大羽): 평남. 규슈(九州)대 졸. 총독부 사회교육과장. 전남·경남 참여관. 1943년 전북, 1945년 경북 지사.

김동훈(金東勳. 金原東勳): 춘천. 관립일어학교 졸. 1910년 강원도 서기. 군수. 함북·전북 재무부장. 경기 참여관. 1935년 충북 지사.

김병태(金秉泰. 金村泰男): 참여관 출신. 1939년 황해, 1942년 전북 지사.

김서규(金瑞圭): 1929년 전남·전북, 1931년 경북 지사.

김시권(金時權. 菊山時權): 황해. 평양일어학교 졸. 1908년 재무부 주사. 군수. 평남 재무부장. 경북 참여관. 1936년 전북, 1937년 강원 지사.

김윤정(金潤晶. 淸道金次郞): 서울. 미국 콜로드대 졸. 구한국 미공사관 서기. 총독부 군수·부윤·참여관. 1925년 충북 지사. 참의·중추원 고문.

남궁영(南宮營): 목포. 동경제대 졸. 군수·참여관. 1931년 충북 지사. 참의.

박상준(朴相駿. 朴澤相駿): 평남. 군수·참여관. 1926년 강원, 1927년 함북, 1928년 황해 지사. 경학원 대제학·참의·칙선 귀족원 의원.

박영철(朴榮喆): 이리. 일본육사 졸. 기병 소좌. 1912년 익산군수. 함북·전북 참여관. 1924년 강원·함북 지사. 동척 감사. 참의.

박재홍(朴在弘. 增永 弘): 충남. 경기·함남도 과장. 평남 참여관. 1944년 충북, 1945년 충남 지사.

박중양(朴重陽. 朴忠重陽): 달성. 아오야마(靑山)학원 졸. 구한국 경무관·경북관찰사. 1910년 충남, 1921년 황해, 1923년 충북 지사. 중추원 참의·고문·부의장. 칙선 귀족원 의원.

석진형(石鎭衡): 1924년 충남, 1925년 전남 지사.

손영목(孫永穆): 밀양. 진성(進成)사립 졸. 경남 서기·군수·부(府)사무관·참여관. 1935년 강원, 1937년 전북, 1945년 강원 지사.

송문헌(宋文憲. 山木文憲): 여주. 외국어학교 졸. 용인 군속·군수·산업과장·참여관을 지내고 1942년 1월 황해, 동 10월 충남 지사.

신석린(申錫麟. 平林麟四郞): 경기. 1921년 강원, 1929년 충남 지사. 참의.

신응희(申應熙): 1910년 함남, 1918년 황해 지사.

엄창섭(嚴昌燮. 武永憲樹): 평남. 황주(黃州)일어학교 졸. 경남·함남 참여관을 거쳐서 1940년 전남, 1943년 경북 지사. 학무국장 겸 중추원 서기관장.

원응상(元應常): 아산. 동경법학원 졸. 탁지부 사계국장·총독부 참여관을 거쳐 1918년 강원, 1920년 전남 지사. 참의.

유만겸(兪萬兼): 유길준(兪吉濬)의 아들. 동경제대 졸. 부속·군수·도 과장·참여관을 거쳐 1939년 충북 지사. 참의. 경학원 부제학.

유석순(劉錫淳): 1929년 충남 지사.

유성준(兪星濬): 1926년 충남, 1927년 강원 지사.

유혁로(柳赫魯): 1919년 전북 지사. 참의.

유홍순(劉鴻淳. 中原鴻淳): 충북 출생. 1943년 강원 지사.

윤갑병(尹甲炳. 平沼秀雄): 1923년 강원 지사. 참의.

윤태빈(尹泰彬. 伊東泰彬): 경기. 일어학교 졸. 경기도 서기·함남 재무부장·경기 참여관. 1939년 강원, 1940년 충북 지사. 조선중요물자영단 감사.

이규완(李圭完): 1910년 강원, 1918년 함남 지사.

이기병(李基枋. 松村基弘): 태천(泰川). 구한국 군 주사·총독부 서기·군수·도 과장·개성 부윤. 참여관을 거쳐 1942년 충남 지사.

이두황(李斗璜): 1910년 전북 지사.

이범익(李範益. 淸原範益): 단양. 외국어학교 졸. 일군 통역으로 러일전 종군. 구한국 관리·총독부 군수·참여관. 1929년 강원, 1940년 충남 지사. 중추원 참의·고문.

이성근(李聖根. 金川 聖): 황해. 전주육영학교 졸. 구한국 순검·총독부 경부·경시를 거쳐 전남 산업과장·함북 참여관. 1939년 충남 지사. 매일신보 사장.

이원보(李源甫. 李家源甫): 원흥(源興)일어학교 졸. 영흥서(永興署) 번역관·총독부 경부·경시·경기도 형사과장·군수·참여관·경성부 사회과장. 1945년 전북 지사. 참의

이진호(李軫鎬. 李家軫鎬): 서울. 연무공원(鍊武公院) 졸. 구한국 훈련대 대대장. 친위대 대대장. 참령. 일본 망명 10년. 평남관찰사를 거쳐 1910년 경북, 1916년 전북 지사. 학무국장. 중추원 참의·고문·부의장. 칙선 귀족원 의원.

이창근(李昌根. 平松昌根): 평양. 메이지대 졸. 경북·경기 참여관. 1942년 충북, 1944년 경북 지사.

장헌식(張憲植. 長間憲植): 서울. 동경제대 졸. 구한국 관리·한성 부윤. 총독부 참여관을 거쳐 1917년 충북, 1921년 전남 지사. 참의.

정교원(鄭僑源. 烏川僑源): 서울. 구한국 주사. 총독부 토지조사국 주사. 군수·도 과장·중추원 통역관·참여관을 거쳐서 1933년 황해 지사, 1939년 퇴관. 참의. 1944년 복관, 고양군수. 1945년 충북 지사.

정연기(鄭然基. 草本然基): 거창. 동경제대 졸. 총독부 산림과·군수·참여관·참의. 1945년 전북 지사.

조희문(趙羲聞. 松原羲聞): 1910년 황해 지사. 참의.

한규복(韓圭復. 井垣圭復): 서울. 와세다대 졸. 총독부 감찰관·군수·참여관을 거쳐서 1926년 충북, 1929년 황해 지사. 참의.

홍승균(洪承均): 1929년 충북, 1931년 전북 지사.

3 각급 의결·자문 기관

1914년의 부제(府制) 실시로 조선에는 지방자치제가 시행되었다. 이후 1917년의 면제(面制) 실시, 1931년의 부제 및 읍·면제 시행, 1933년의 도

제 시행 등으로 지방 행정 기구에 대응하는 자치 기구가 완성되었다. 이리하여 각급 행정 기관은 그에 대응하는 자문 기관 또는 의결 기관을 갖게 되었으니, 중추원·참여관·도회·부회·읍회·면협의회 등이 그것이다. 아래에 그 대강을 기술한다.

중추원 총독의 자문에 응하는 기관으로, 조선총독부 관제 및 동 중추원 관제에 의해서 1910년 10월 1일에 개설되었다. 설립 당시에 그 구성은 의장 1명, 부의장(칙임대우) 1명, 고문(칙임대우) 15명, 찬의(贊議) 칙임대우 20명, 부찬의 주임대우 35명과 서기관장 1명, 서기관·통역관·속·통역생이 각 약간 명이었다. 이들 중 의장을 정무총감이 겸임했으므로, 한국인이 차지한 최고의 자리는 칙임대우로 연봉 2,500원(당시) 이내이던 부의장이었다. 이러한 구성은 미나미 이후에 개정되어서 찬의·부찬의 통틀어 참의로 호칭하게 되었는데, 그 정원 및 기능은 다음과 같다.

　의장: 1명. 정무총감이 겸직함.
　부의장: 1명. 칙임대우.
　고문: 5명. 칙임대우. 원의(院議)의 심정(審定).
　참의: 65명. 칙임 또는 주임대우. 원의에 참여함.
　서기관장: 칙임. 원칙으로 일인(日人)이 독점했다. 연봉 1급 4,200원, 2급 3,700원.
　서기관·통역관: 주임.
　속·통역생: 전임 정원 8명.

설립 당시에 중추원은 총독의 자문에만 응했으나, 훗날의 관제 개정으로 기능 하나가 추가되어서, 총독의 위촉 사항인 한국의 옛 관습 및 제도를 겸하여 조사하게 되었다. 하지만 이들은 근본이 친일 귀족·친일 유지들의 무마·회유를 목적으로 만들어진 실권 없는 허수아비직에 불과했다. 총독의 자문 기관이라지만, 그 자문 사항은 정치 문제와 거리가 먼, 예컨대 1935년 제16회 중추원회의 자문 사항인 민심의 선도책 및 신앙심의 부흥책이 어쩌고저쩌고하는 형식적이고 막연한 따위들뿐이었다. 그나마 의결권은 고문에게뿐, 찬의·부찬의 및 후신인 참의들에게는 주어지지 않았으며, 칙임대우인 부의장·고문의 연 수당 2,500원 이내라는 창설 당시의 보수액조차도 사실은 공립중학교장 1급봉 정도의 수준이고 총독부 국장 1급봉 3,700원에 비해서 훨씬 밑도는 액수였다.

하지만 중추원 참의는 한국인이 할 수 있는 최고의 영직으로 친일 유지·귀족배들의 선망의 대상이 되어 있었다. 지사·참여관을 고루 지낸 일제의 충복들에게는, 옛날의 노퇴재상(老退宰相)들에게 시호(諡號)·봉군(封君)이 내려지듯이, 마지막 표창처럼 참의라는 감투가 돌아오곤 했다. 이 은전에 욕(浴)한 참의들은 식민지의 제1급 유지요 실력자로서 사회적인 많은 영향력을 행사했다. 중추원 자체에는 아무런 실권이 없었지만, 총독의 자문 기관이라는 후광과 참의가 되기까지의 실력·경력의 힘을 빌려서 이른바 총력 진영에서도 기간의 역할을 했던 것이다.

이들 참의의 임기는 3년이다. 1910년 10월 1일에 고문 14명, 찬의 19명, 부찬의 34명이 임명된 후, 1945년 6월 6일에 마지막 37명을 개선했다. 먼저 창설 당시의 명단을 기록하고, 그 후는 필자가 알고 있는 범위만을 기록하겠다.

창설 당시

의장: 야마가타(山縣伊三郎)

부의장: 김윤식(金允植)

고문: 고영희(高永喜) 권중현(權重顯) 박제순(朴齊純) 송병준(宋秉畯) 이근상(李根湘) 이근택(李根澤) 이완용(李完用) 이용직(李容稙) 이재곤(李載崑) 이지용(李址鎔) 이하영(李夏榮) 임선준(任善準) 조중응(趙重應) 조희연(趙羲淵)

찬의: 권봉수(權鳳洙) 김만수(金晩秀) 김사묵(金思默) 김영한(金榮漢) 남규희(南奎熙) 민상호(閔商鎬) 박경양(朴慶陽) 박승봉(朴勝鳳) 염중모(廉仲模) 유맹(劉猛) 유정수(柳正秀) 이건춘(李建春) 이준상(李濬相) 이

재정(李在正) 정인흥(鄭寅興) 조영희(趙英熙) 한창수(韓昌洙) 홍승목(洪承穆) 홍종억(洪鍾憶)

부찬의: 고원식(高源植) 구의서(具義書) 권태환(權泰煥) 김경성(金敬聲) 김명규(金命圭) 김명수(金明秀) 김준용(金準用) 김한규(金漢奎) 나수연(羅壽淵) 민건식(閔健植) 박제헌(朴齊瓛) 박희양(朴熙陽) 서상훈(徐相勛) 송지헌(宋之憲) 송헌빈(宋憲斌) 신우선(申佑善) 신태유(申泰游) 어윤적(魚允迪) 엄태영(嚴台永) 오재풍(吳在豊) 윤치오(尹致旿) 이경익(李慶翼) 이봉로(李鳳魯) 이시영(李始榮) 이원용(李源鎔) 정동식(鄭東植) 정진홍(鄭鎭弘) 조병건(趙秉健) 조제환(趙齊桓) 최상돈(崔相敦) 한동리(韓東履) 허진(許璡) 홍우석(洪祐晳) 홍운표(洪運杓)

추후의 개선자

부의장: 민병석(閔丙奭) 박영효(朴泳孝) 박중양(朴重陽) 윤덕영(尹德榮) 이완용(李完用) 이진호(李軫鎬)

고문: 김윤정(金潤晶) 민병석(閔丙奭) 민영기(閔泳綺) 박중양(朴重陽) 송병준(宋秉畯) 윤덕영(尹德榮) 윤치호(尹致昊) 이범익(李範益) 이윤용(李允用) 이진호(李軫鎬) 한상룡(韓相龍)

참의: 가야마(佳山定義) 강동희(姜東曦) 강번(姜藩) 강이황(姜利璜) 강필성(姜弼成) 다카야마(高山在燁) 고원훈(高元勳) 고일청(高一淸) 고한승(高漢承) 권중식(權重植) 김갑순(金甲淳) 김경진(金慶鎭) 김관현(金寬鉉) 김기수(金基秀) 김기홍(金基鴻) 김돈희(金暾熙) 김동준(金東準) 김명준(金明濬) 김민식(金敏植) 김병욱(金秉旭) 김부원(金富源) 김사연(金思演) 김상회(金尙會) 김서규(金瑞圭) 김신석(金信錫) 김연수(金秊洙) 김영배(金永培) 김영진(金英鎭) 김영택(金泳澤) 김우영(金雨英) 김원근(金元根) 가네하라(金原邦光) 김윤정(金潤晶) 김재환(金在煥) 김정석(金定錫) 김정호(金正浩) 김진수(金晋洙) 김창수(金昌洙) 김창림(金昌林) 김태석(金泰錫) 김태집(金泰潗) 김하섭(金夏涉) 김한목(金漢睦) 김화준(金化俊) 남궁영(南宮營) 남백우(南百祐) 노영환(盧泳奐) 노준영(盧俊泳) 문명기(文明琦) 문종구(文鐘龜) 민규식(閔奎植) 민병덕(閔丙德) 민영은(閔泳

殷) 민재기(閔載祺) 박두영(朴斗榮) 박보양(朴普陽) 박봉진(朴鳳鎭) 박상준(朴相駿) 박영철(朴榮喆) 박용구(朴容九) 박중양(朴重陽) 박지근(朴智根) 박철희(朴喆熙) 박필병(朴弼秉) 박희옥(朴禧沃) 방인혁(龐寅赫) 방의석(方義錫) 방태영(方台榮) 시라이시(白石基喆) 야마모토(山本昌鎬) 미야케(三宅禎秀) 서병조(徐丙朝) 서상훈(徐相勳) 석명선(石明瑄) 성원경(成元慶) 손재하(孫在廈) 마고다(孫田昌植) 손조봉(孫祚鳳) 송문화(宋文華) 마쓰모토(松本淸) 신석린(申錫麟) 신현구(申鉉求) 안종철(安鍾哲) 이와무라(岩村章雨) 양재창(梁在昶) 어담(魚潭) 엄준원(嚴俊源) 오세호(吳世皥) 원덕상(元悳常) 원병희(元炳喜) 원응상(元應常) 위정학(魏禎鶴) 유만겸(兪萬兼) 유정수(柳正秀) 유진순(劉鎭淳) 유태설(兪泰卨) 유혁로(柳赫魯) 윤갑병(尹甲炳) 이갑용(李甲用) 이겸제(李謙濟) 이경식(李敬植) 이계한(李啓漢) 이교식(李敎植) 이근수(李瑾洙) 이기승(李基升) 이기찬(李基燦) 이범익(李範益) 이병길(李丙吉) 이승구(李承九) 이승우(李升雨) 이영찬(李泳贊) 이원보(李源甫) 이은우(李恩雨) 이익화(李翊華) 이종덕(李鍾悳) 이종섭(李鍾燮) 이진호(李軫鎬) 이희적(李熙迪) 인창식(印昌植) 임창수(林昌洙) 임창하(林昌夏) 장석원(張錫元) 장용관(張龍官) 장윤식(張潤植) 장준영(張俊英) 장직상(張稷相) 장헌근(張憲根) 장헌식(張憲植) 전덕룡(田德龍) 정건유(鄭健裕) 정교원(鄭僑源) 정난교(鄭蘭敎) 정대현(鄭大鉉) 정석용(鄭錫溶) 정순현(鄭淳賢) 정연기(鄭然基) 정해붕(鄭海鵬) 조경하(趙鏡夏) 조병상(曺秉相) 조상옥(趙尙鈺) 조성근(趙性根) 조진태(趙鎭泰) 조희문(趙羲聞) 주영환(朱榮煥) 지희열(池喜烈) 하다(泰 學) 차남진(車南鎭) 최남선(崔南善) 최승렬(崔昇烈) 최양호(崔養浩) 최윤(崔潤) 최린(崔麟) 최정묵(崔鼎默) 최준집(崔準集) 최지환(崔志煥) 최창조(崔昌朝) 하준석(河駿錫) 한규복(韓圭復) 한상룡(韓相龍) 한익교(韓翼敎) 한정석(韓定錫) 현기봉(玄基奉) 현준호(玄俊鎬) 현헌(玄櫶) 홍종국(洪鍾國) 홍치업(洪致業) 황종국(黃鍾國)

참여관 도지사의 자문 기관이며, 각 도에 한국인이 1명씩 이를 담당했다. 도의 행정 기구는 도지사 밑에 지사관방·내무부·경찰부·산업부 등의 부를 두고 부장이 이를 통솔했는데, 참여관은 흔히 도 사무관이 맡는 각 도의 부장을 겸임했다. 또한 총독부 산하의 각종 위원회, 예컨대 조선총독부 임시교육심의위원회·조선총독부 물가위원회·조선총독부 방공(防空)위원회 같은 임시 기관들은 각 도에 지부 격인 위원회를 두기 일쑤였는데, 참여관은 이러한 지방 위원을 겸직하곤 했다. 또한 참여관은 각 도의 농회장(農會長), 미곡통제조합연합회 의장 등을 원칙적으로 겸임했다. 이하는 참여관을 한 사람과 그 인적 사항, 괄호 안은 참여관으로서 겸임했던 도의 부장 직책이다.

강필성(姜弼成): 1932년 전남 참여관(산업). 도지사.

계광순(桂珖淳): 선천 출생. 동경제대 졸. 1932년 고문 행정과 합격. 군수·경시·학무국 사회교육과장을 거쳐 1942년 강원도 참여관(산업). 이후 전임 도 사무관으로 평북 내무부장 등 역임.

고원훈(高元勳): 전남·경북·평남·경기·평북 참여관. 이후 도지사.

구자경(具滋璟. 竹山 淸): 나주 출생. 경부·경시·군수를 거쳐 1939년 경북 참여관(산업).

권중식(權重植. 山本重夫): 1939년 평남 참여관(산업).

김관현(金寬鉉): 함북·전남 참여관.

김대우(金大羽): 1939년 전남(내무), 1940년 경남(산업) 참여관. 도지사.

김덕기(金悳基): 강원도 출생. 평북 고등과장 경시·도·이사관을 거쳐 1942년 평북(산업), 1943년 경남(농상) 참여관.

김동훈(金東勳): 1930년 경기 참여관(산업). 도지사.

김병태(金秉泰): 1937년 평남 참여관(산업). 도지사.

김시권(金時權): 1932년 경북 참여관(산업). 도지사.

김시명(金時明. 金子時明): 평남 출생. 군수 출신. 1944년 황해 참여관(농상).

김영배(金永培. 吉海 洸): 문경 출생. 군 서기·경시·군수를 거쳐

1939년 황해(산업부장), 1941년 충남(산업), 1942년 전남(산업) 참여관.

　김영상(金永祥. 金光浩助): 경기 출생. 메이지대 졸. 이사관·사무관을 거쳐 1941년 전북, 1942년 함남·황해, 1944년 평남(산업·농상) 참여관.

　김우영(金雨英): 도 이사관을 거쳐 1940년 충남 참여관(산업). 이후 참의.

　김윤정(金潤晶): 경기 참여관. 지사.

　김창영(金昌永. 金光昌永): 평북 출생. 훈도(訓導)·군 고원·면장·경부·경시·군수를 거쳐 1943년 전남 참여관(광공).

　김태석(金泰錫. 金林泰錫): 양덕 출생. 경부·경시·군수를 거쳐 1933년 함남, 1939년 경남(산업) 참여관. 이후 참의.

　김화준(金化俊. 金海化俊): 평북 출생. 수원농림 졸. 군수 출신. 1938년 충북 참여관(산업).

　남궁영(南宮營): 1926년 충남, 1929년 경남(산업) 참여관. 이후 지사.

　박상준(朴相駿): 평남 참여관. 이후 지사.

　박영철(朴榮喆): 일군 출신. 군수를 거쳐 함북·전북 참여관. 지사.

　박용구(朴容九. 朴山容九): 서울 출생. 구한국 탁지부·총독부 사무관을 거쳐 1924년 경기, 1930년 전북 참여관.

　박재홍(朴在弘): 1942년 평남 참여관(산업). 지사.

　손영목(孫永穆): 1929년 강원, 1931년 경남(산업) 참여관. 이후 지사.

　송문헌(宋文憲): 1938년 강원(산업), 1940년 함남(내무) 참여관. 지사.

　송문화(宋文華. 山木文華): 송문헌의 형. 군수 출신. 1941년 평북 참여관(산업).

　송찬도(宋燦道. 中原祥博): 사무관 출신. 1943년 함북 참여관(농상).

　안종철(安鍾哲. 廣安鍾哲): 양주 출생. 일어학교 졸. 통역생·군수. 1932년 충북 참여관. 이후 참의.

　양재하(楊在河. 楊本在河): 충북 참여관.

　엄창섭(嚴昌燮): 경남, 함남(내무) 참여관. 지사를 거쳐서 학무국장.

　원응상(元應常): 전남 참여관. 지사.

유만겸(兪萬兼): 1929년 평북, 1930년 경북(산업), 1934년 평남·충남 참여관. 지사.

유시환(柳時煥. 柳 時煥): 안동 출생. 기수·군 서기·군수를 거쳐 1944년 함북 참여관(농상).

윤상희(尹相曦. 平井相曦): 군수·사무관을 거쳐 1942년 전북 참여관(산업).

윤태빈(尹泰彬): 서기·함남 재무부장을 거쳐 1935년 경기 참여관. 지사.

이계한(李啓漢. 松本啓三): 1940년 강원(산업), 1942년 경기(산업) 참여관. 참의.

이기병(李基枋): 주사·서기·군수·부윤을 거쳐 황해 참여관. 1939년 함북 참여관(내무). 지사.

이범익(李範益): 1937년 경남 참여관. 지사.

이성근(李聖根): 1932년 함북 참여관(내무·산업). 지사.

이원보(李源甫): 1935년 평북, 1937년 전남(산업) 참여관. 학무국 사회교육과장. 지사.

이종은(李鍾殷. 芝村鍾殷): 강원도 출생. 군수 출신. 1932년 전북 참여관.

이창근(李昌根): 경북(산업), 1939년 경기 참여관(산업). 지사.

이해용(李海用. 三州海用): 서울 출생. 보전 졸. 경부·군수를 거쳐 1941년 함북(내무), 1943년 경북(식량) 참여관.

임문석(林文碩. 林 文茂): 영천 출생. 성대(城大) 졸. 1928년 고문 행정·사법과 합격. 지사관방·군수·사무관을 거쳐 1943년 충남 참여관(광공).

임헌평(林憲平. 林 憲平): 송도면 출생. 성대 졸. 1928년 고문 행정과 합격. 군수·개성 부윤. 1938년 경기 참여관(광공).

장기창(張基昌. 長田基昌): 서울 출생. 호남은행 대리·군수를 거쳐 1943년 평북 참여관(농상).

장석원(張錫元. 大池龍藏): 서울 출생. 서기·군수. 1929년 함남, 1932년 황해 참여관.

장윤식(張潤植. 長 潤二): 세무감독국 사무관을 거쳐 1941년 황해(산업), 1942년 충북(산업·광공) 참여관. 참의.

장헌근(張憲根. 張聞憲四郞): 서울 출생. 경부·경시·군수를 거쳐 함북 참여관. 참의.

장헌식(張憲植): 평남 참여관을 거쳐 도지사.

정교원(鄭僑源. 烏川僑源): 1929년 전북, 1930년 전남 참여관. 지사.

정난교(鄭蘭敎. 海平蘭敎): 구한국군 출신. 1910년 충북 참여관. 참의.

정연기(鄭然基): 1938년 전북 참여관(산업). 지사.

정용신(鄭用信. 靑山信介): 사무관·서기관 출신. 1944년 경북 참여관.

조경하(趙鏡夏. 靑橋鏡夏): 서울 출생. 보전 졸. 교사·서기·군수를 거쳐 1939년 충남 참여관(산업). 참의.

조종춘(趙鍾春. 白川元藏): 경찰 출신. 군수를 거쳐 1943년 강원 참여관(광공).

주영환(朱榮煥. 本城秀通): 서울 출생. 군수 출신. 1930년 충남 참여관이 되어 도청을 대전에 이전함. 1935년 경남, 1936년 평남 참여관. 참의.

최병원(崔秉源. 星村字德): 이사관 출신. 경성부 재무부장을 거쳐 1943년 충남 참여관(재무).

최익하(崔益夏. 星村益夏): 인천 출생. 일어학교 졸. 한때 교직 생활. 군수. 1937년 평북 참여관(산업).

최지환(崔志煥. 富士隆盛): 진주 출생. 경찰 출신. 군수. 1932년 평북, 1935년 충남 참여관. 참의.

최창홍(崔昌弘. 廣田昌弘): 경찰 출신. 전매국·본부(本府) 서기관을 거쳐 1945년 충북 참여관(광공).

한규복(韓圭復): 1921년 충남, 1924년 경북 참여관. 지사.

한동석(韓東錫. 朝川東錫): 경찰 출신. 본부 사무관을 거쳐 1945년 황해 참여관(농상).

홍영선(洪永善. 大山和邦): 충주 출생. 교사·시학·군수를 거치고 1940년 전남(산업), 1942년 함남(산업) 참여관.

홍종국(洪鍾國. 德山善彦): 공주 출생. 서기·군수를 지내고 1934년 강원도 참여관. 참의.

도회 도회의원으로 구성되며, 의장인 도지사 밑에서 도의 세입·세출 및 부과·징수 업무 등 기타를 의결했다. 도별 20명 이상 50명의 범위 안에서 총독이 의원 수를 결정했는데, 1944년 현재 최고는 경북도회 의원 정수 45명이었다. 이들 의원의 3분의 2는 각 선거구에서 부회의원·읍회의원·면협의회의원이 선거했고, 나머지 3분의 1은 이른바 관선 의원으로 도지사가 임명했다. 명예직이며, 그 임기는 4년이었다.

부회 부회(府會)의원으로 구성되며 의장인 부윤(府尹) 밑에서 도회에 준하는 사항을 의결했다. 의원 수는 24명 이상으로 부의 인구에 따라서 증감한다. 의원은 제한 선거에 의해서 선출하는데, 25세 이상의 부민으로 일정액 이상의 부세(府稅)를 무는 자가 선거권을 행사했다. 의원의 임기는 역시 4년이었다.

읍회와 면협의회 도회·부회에 준한다. 의원 정수는 인구 5천 미만의 읍면이 8명, 최고는 인구 2만 이상 읍면의 14명으로 주민 수에 따라 차등이 있다. 명예직으로 보수는 없고 임기는 역시 4년이다.

도회·부회의원은 자문과 의결 이외에 관과 민의 가교 역할을 하면서 관의 방침인 총력전 수행의 첨병이 되었다. 그들은 개개가 지방의 제1급 유지이자 행정력의 앞잡이였다. 그중에는 김사연(金思演), 조병상(曺秉相. 夏山茂) 기타 거물이, 또 설경동(薛卿東. 大山卿東), 한격만(韓格晩. 淸原格晩) 같은 저명인사 다수도 섞여 있으나 전체 인원이 방대하므로 명단은 부득이 생략한다.

4 일제의 경찰과 군

일제의 경찰 일제 말엽의 경찰 조직은 총독부 직속 기구로 경무국이 있고, 산하에 경무·경비·경제경찰·보안·위생과가 있었다. 이 중 보안과가 사상범 관계를 취급했으니, 고등경찰·외사경찰과 출판물 검열 등의 소관 사무가 그것이다. 출판물의 단속과 검열을 위해서 따로 도서과를 독립시킨 시기도 있었고, 경비과가 방호과로 개칭된 적도 있었다. 경제경찰 제도는 전쟁 물자의 통제를 위해서 1938년 11월에 신설된 것이었다.

지방경찰 조직은 도지사 관할 밑에 경찰부를 두고 도의 사무관으로 경찰부장을 삼았다. 이들이 특별지방관청인 경찰서장을 지휘했는데, 1부군 1개 원칙인 경찰서는 지방의 치안 사정에 따라서 2개 이상을 배치할 수도 있었다. 경찰서 소재지에는 파출소, 소재지 밖에는 주재소를 두되, 1면 1개가 원칙이나 치안 사정에 따라서는 2개 이상을 둘 수도 있었다. 경찰 관리의 직급은 경시(警視)·경부(警部)·경부보(警部補)·순사부장·순사이며, 한국인에게 허락된 최고의 직급은 경시로 현 총경급에 해당했다.

일제의 이러한 경찰 기구는 식민지 강점의 첨병이자 특히 사상범 탄압으로 악명 높은 것이었다. 이러한 기구가, 미나미가 부임한 후로는 황민화 정책의 첨병으로 고스란히 전신을 했다. 전쟁 물자의 수탈을 위해서 군면 서기와 함께 공출 독려를 다녔고, 야밤에 민가를 습격해서 징용 노무자며 보국대로 끌어내기도 했다. 이러한 기구에 몸을 담았던 간부급으로, 필자가 아는 범위는 아래와 같다.

계광순(桂珖淳): 1933년 12월 이후 강원도경찰부(이하 ××도경)에 있었다. 직급 경시.

고원훈(高元勳): 1911년 총독부 경부로 1913년 퇴관. 교육계를 거쳐서 지사.

구자경(具滋璟): 1909년 나주서 근무. 1916년 경부로 해남·나주·광주서 근무. 1922년 경시로 전남 보안과장·위생과장 역임. 1929년 영암 군수로 전직.

김덕기(金悳基): 경찰 경력 23년. 평북 고등계 주임. 동 고등과장. 경시. 경찰관 공로상 받음.

김영배(金永培): 1920년 경북도경 고등과 근무. 1923년 경부인 채로 이례적으로 동 경무과장을 함. 1925년 경시. 동 보안과장. 1925년 운산군수로 전직.

김인영(金仁泳. 神林福臣): 안성서장. 서대문서 보안 주임.

김창영(金昌永): 1922년 경부보. 1923년 경부. 1930년 경시(강계서·전북도경 근무). 1933년 금산군수로 전직.

김태석(金泰錫): 1913년 경기도 경부. 1920년 동 경시. 1922년 경기도 형사과장. 1924년 가평군수로 전직.

김형철(金亨鐵): 경부. 종로서 보안 주임.

노기주(魯璣柱. 江本正明): 경찰 경력 24년. 경주·선산 사법 주임. 경남 수송보안과장. 동 공안과장. 경시.

노덕술(盧德述. 松浦 鴻): 동래 고등계 형사. 평남 수송보안과장. 통영서 사법 주임.

손석도(孫錫度. 孫田宗明): 전남 출생. 성대 졸. 함남 수송보안과장.

윤종화(尹鍾華. 伊坂和夫): 종로서장. 황해도 경찰부장.

이성근(李聖根): 구황해도 관찰부 순검. 1910년 통감부 경부(충북). 총독부 경찰국 근무. 1920년 경시. 1927년 전남 산업과장으로 전직.

이원보(李源甫): 1909년 영흥서 번역관. 1910년 통감부 경찰관서 통역생. 1912년 경부. 진주·평양·홍원·원산·영흥·종로서 근무. 1920년 평남 경시. 1925년 경기도 형사과장. 1930년 진위군수로 전직.

이해용(李海用): 1918년 경부. 경무국 또는 상해 재근 경부. 1924년 진천군수로 전직.

장헌근(張憲根): 1910년 경부. 1916년 경시. 경남 위생과장. 강원 보안과장. 1922년 통천군수로 전직.

전봉덕(田鳳德. 田中鳳德): 경기 수송보안과장.

정민조(鄭民朝. 松永光弘): 평양. 동경제대 졸. 1931년 고문 행정과 합격. 1932년 평남도경 근무. 1933년 장연군수로 전직.

조종춘(趙鍾春): 1917년 경부. 경무과·공주서·대전서 근무. 1926년 경부로 충남 보안과장. 1930년 경시. 1934년 경기 보안과장. 1937년 고양군수로 전직.

최경진(崔慶進. 江東慶進): 함남 경부. 1941년 평남 경시. 1943년 학무국 사무관으로 전직.

최문경(崔文卿. 朝日文卿): 평북 경부. 1940년 용인군수로 전직.

최석현(崔錫鉉. 山本祥資): 경북 경부. 1940년 경시. 경북·강원 고등경찰과장. 1945년 영월군수로 전직.

최연(崔燕. 高山淸只): 함남 경부. 1942년 경시. 황해보안과장. 경찰최고훈장 수령.

최지환(崔志煥): 1906년 진주서 순검. 1908년 목포 경부. 1910년 총독부 경부로 당진·삼랑진·동래·진주서 근무. 1917년 경시. 1923년 음성군수로 전직.

하판락(河判洛): 경남 고등계 형사. 경남 고등과 경부보. 동 외사과장.

한동석(韓東錫): 1937년 경시. 함남 경무과장 겸 고등경찰과장·보안과장. 1940년 기획부 사무관으로 전직.

한종건(韓鍾建. 西原鍾建): 경시. 황해보안과장. 1941년 평남보안과장. 동년 대구세무감독국 서무부장으로 전직.

현석호(玄錫虎): 전남 경부. 1935년 화순군수로 전직.

조선군 사령부와 조선헌병대 사령부 경찰과 쌍벽이던 존재로 조선군 사령부 및 조선헌병대 사령부가 있었다. 중일전쟁 이후 전쟁 물자 수탈에 역할이 컸고, 특히 징병·학도병 모집에 기본적인 역할을 수행했다. 참모부·부관부·병무부 기타로 갈라진 조선군 사령부에서, 특히 보도부가 이른바 필승의 신념을 고취하는 점에서 역할이 컸다. 조선헌병대는 군사경찰에 관해서는 조선군 사령관의, 행정·사법 경찰에 관해서는 조선총독의 지휘를 받았다.

군 관계로는 조선군 보도부에 정훈(鄭勳)이 소좌로 복무했다. 지원병·학병 모집이 있을 때마다 '반도 동포의 진로'니 해서 격려의 담화문을 발표하곤 하던 사람이다. 일본인 가바(圃)씨 가문에 양자로 가서 가바(圃勳)로 창씨를 했다.

일군·만군에는 한국인으로 최고 중장까지도 있었다. 그러나 그 대부분은 전방 근무자인 탓이었는지 조선에서의 황민화 정책 또는 후방의 전시 총독부 정책에 직접 관련은 되지 않았다. 일본군으로 전쟁을 수행했을 뿐, 그들은 대부분 조선 안에서 전개된 보편적인 의미에서의 이른바 친일 행위는 범하지 않고 있었던 것이다.

그들 중 일부——퇴역 후 총독부 고관을 했거나 또는 현역으로 조선의 임전 태세 확립에 관련이 되었던——명단만을 기록하면 다음과 같다.

김관현(金寬鉉): 동경 육사 졸. 러일전 종군. 퇴역 후 내부서기관. 참여관·지사.

김석원(金錫源): 소좌로 1937년 귀환. 「김 부대장 분전기」, 「김석원 부대 격전기」, 「전진여담」(戰塵餘談)이 신문에 소개되었고 시국 강연으로 총격전 수행을 고취했다.

박두영(朴斗榮. 木下斗榮): 육사 출신. 포병대좌. 퇴역 후 참의·총력연맹 평의원.

박영철(朴榮喆): 1903년 육사 졸. 소장사관으로 러일전 종군. 육사 교관·여단 참모·시종무관을 거쳐 1912년 기병소좌로 퇴역. 이후 참여관·지사·참의.

이범익(李範益): 육군 통역으로 러일전 종군.

이응준(李應俊): 중좌로 1939년 귀환. 담화문 발표·강연회 등으로 총후(銃後)의 궐기를 외쳤다.

이진호(李軫鎬): 연무공원(鍊武公院) 졸. 교도소 영관으로 동학항전 진압. 을미사변 때 훈련대 제3대대장. 훈련대 해산 후 친위대 제2대대장. 참령. 아관파천 때 일본으로 망명. 귀국 후 총독부 관료.

장헌근(張憲根): 육군유년학교 교관.

정난교(鄭蘭敎): 1884년 육군 도야마(戶山)학교 졸. 구한국 전 영군

(前營軍) 사마(司馬). 육군 부령(副領)으로 군부대신 관방장. 퇴역 후 총독부 관료.

5 교화 정책의 하수인

군·관·민 일체로 강행된 총력 운동은 당초에 국체 관념의 고취로 시작되었다. 즉 일본은 만세일계(萬世一系)의 천황이 다스리는 신국(神國)이니, 이러한 국체를 인식함으로써 제국신민 된 본분에 어긋남이 없어야 한다는 것이었다.

이를 위해서는 일체의 반국가적인 사범부터가 절멸되어야 하는 것이다. 1937년 4월 20일 지사 회의 석상에서의 미나미 훈시에서 보듯이, "고루한 민족주의적 편견에 타(墮)한 자" 있음은 유감이며, 공산주의자의 준동 또한 절멸되어야 하는 것이다. 이를 위해서 미나미는 1935년 12월 12일 제령(制令) 제16호 조선사상범보호관찰령을 공포했다. 즉 민족 진영·좌익 운동자들에 대한 황민화 사상 공세의 하나인데, 치안유지법 위반자 중 일정한 적격자를 보호관찰에 붙임으로써 재범을 막자는 것이었다.

한편, 일반 대중에 대해서 소위 국민정신의 작흥(作興)을 위한 갖가지 행위를 강제하기 시작했다. 그 첫째가 신사참배다. 이로써 미션 계통의 학교가 폐교까지 당하지만 그 세목은 뒤로 미룬다. 둘째는, 황거요배(皇居遙拜)라 해서 아침마다 일황이 사는 동쪽을 향해서 절을 올리라는 것이다. 셋째는, 경축일마다 일장기 게양 독려 및 집회 시에 소위 국가인 '기미가요'(君が代)의 제창. 넷째가 소위 '고쿠고'이던 일어 보급 운동. 1937년 10월 2일에 미나미가 학무국에서 교학 쇄신과 국민정신 함양을 목적으로 제작한 '황국신민의 서사(誓詞)'를 결재했다. 집회 시의 제창은 물론, 모든 출판물에는 반드시 게재해야 했던 이 서사는 총독부 본청의 사회교육과장 김대우가 만들었다고 전해진다.

이상의 이른바 국민정신 작흥 운동은 일본의 국체를 인식시킴으로써 신민 된 자각을 갖게 하자는 것으로, 소위 사회 교화의 핵심을 이루는 과제였다. 이 핵심에 근거해서, 일본 국민으로서 부끄러움이 없는 생활, 즉 내핍과 절약으로 전쟁을 이겨 내고, 또한 신명을 천황에게 기꺼이 바치게 한다는 것이 사회 교화·교육의 근본 목적이다. 이를 위해서 총독부 학무국 안에 사회교육과를 신설한 미나미는 이로 하여금 각종의 관련 어용 단체들을 조직하도록 압력을 가하기 시작했다. 즉 방송 선전 기구의 구성과 조선부인문제연구회며 조선문예회 등의 탄생인데, 그 구체적인 내용은 다음과 같다.

방송선전협의회 이른바 내선일체의 선각자들을 총동원해서 사회 교화의 일선 역할을 수행하게 할 목적으로, 총독부 사회교육과가 주동해서 발족시킨 기구다. 제2부 방송인 조선어의 방송 강좌를 통해서 대중의 일본적 교화·계몽을 실현하려 했다. 제1차 협의회는 1937년 1월 13일 관계관, 방송 관계자 및 총독부의 위촉을 받은 강사들이 열석하여 조선호텔에서 개최되었다. 이때 방송 강좌를 위촉받은 강사진 명단은 다음과 같다.

① 수양 강좌: 권상로(權相老) 안인식(安寅植) 주종선(朱鍾宣) 한규복(韓圭復)과 일인 오쿠야마(奧山仙三. 학무국)
② 부인 강좌: 고황경(高凰京) 김분옥(金粉玉) 김현실(金縣實) 김활란(金活蘭) 서은숙(徐恩淑) 송금선(宋今璇) 손정규(孫貞圭) 안수경(安壽敬) 이숙종(李淑鍾) 현헌(玄櫶)
③ 상식 강좌: 강원수(姜元秀) 김성호(金聖浩) 김영상(金永祥) 김병욱(金秉旭) 박종준(朴鍾濬) 서춘(徐椿) 송문헌(宋文憲) 송찬식(宋璨植) 안동혁(安東爀) 윤태빈(尹泰彬) 이응준(李應俊) 장용진(張庸震)

조선부인문제연구회 역시 학무국 알선으로 탄생한 단체다. 신진 여성을 총망라해서 생활 개선·부인 수양 등을 연구·토의·실천·계몽하려 했다. 매월 최종 토요일을 정례 회합일로 했고, 이사 밑에 생활 개선부와 수양부를 두었다. 간부 진영의 명단 일부는 다음과 같다.

상무이사: 김활란(金活蘭) 손정규(孫貞圭)
서무간사: 조은홍(趙垠洪)

부인문제연구회는 1937년 1월 하순경 학무국장 도미나가(富永文一), 사회교육과장 김대우 등이 열석하여 창설 회합을 했다. 1937년 2월 24일 대일본애국부인회 인보관(隣保館)에서 부인으로서의 자각심 환기 등을 의제로 제2차 회합을 한 기록이 있다.

조선문예회 총독부 학무국의 알선으로 김영환(金永煥), 이광수, 최남선과 성대 교수 다카키(高木市之助) 등이 중심이 되어서 조직했다. 레코드·연극·영화·라디오 등 문예와 연예 각 방면을 교화 선도하여 비속화함을 방지하고, 그럼으로써 총독 정책인 사회 교화의 목적을 달성하자는 단체였다.

이리하여 1937년 5월 2일 경성호텔에서 발회식을 거행한 이 단체는 도미나가 학무국장의 인사, 김대우 사회교육과장의 취지서 낭독 등으로 식순을 진행한 후, 회의 조직 기타 일반 문제를 협의했다. 즉 회는 2부로 나누어 조직하되 제1부는 조선어 문예 및 무악을, 제2부는 일어 문예·무악을 취급하며, 매월 1회 회합을 하고, 회관을 남대문통 총독부도서관에 둔다는 내용 등이다.

이리하여 첫 사업으로 가요 정화 운동을 편 조선문예회는 최남선 작사, 이종태(李鍾泰) 작곡에 박경호(朴慶浩)가 부른 「내일」 및 최남선 작사, 이면상(李冕相) 작곡에 정훈모(鄭勳謨)가 부른 「동산」 2편을 취입하는 한편, 그 시연회(試演會, 1937. 6. 6)를 하는 등의 사업을 시작했다. 중일전쟁이 일어나자 이 회는 시국 가요·황군 격려가의 제작으로 주요 사업을 삼았으며, 총후 반도의 애국 가요 대회(1937. 9. 10) 등을 개최하곤 했는데, 이때 다음과 같은 노래들이 발표되었다.

「종군간호부의 노래」(작사 김억[金億], 작곡 이면상)
「정의의 수(帥)에」(작사·작곡 상동)

「김 소좌를 생각함」(작사 최남선, 작곡 이종태)

「방호단가」(작사·작곡 상동)

「정의의 개가」(작사 최남선, 작곡 홍난파〔洪蘭坡〕)

「총후의용」(銃後義勇. 작사 상동, 작곡 이면상)

「장성(長城)의 파수」(작사 상동, 작곡 현제명〔玄濟明〕)

「신국 일본」(작사 데라모토〔寺本喜一〕, 작곡 안도〔安藤芳亮〕) 외 기타 일어 가곡 16편.

조선문예회 회원으로는 동회의 발회식(1937. 5. 2)에 참석한 일인 17명, 한국인 14명의 명단이 남아 있다. 한국인 14명의 명단은 다음과 같다.

김안서(金岸曙) 김영환 박경호 박영철(朴榮喆) 방응모(方應謨) 양주동(梁柱東) 윤성덕(尹聖德) 이상협(李相協) 이종태 최남선 하규일(河圭一) 함화진(咸和鎭) 현제명 홍난파

6 시국 강연반

이상 말한 국민정신의 작흥은 중일전쟁 이전에 예견된 전쟁 상태, 또 중일전쟁 이후에 이미 발생한 전쟁 상태와 관련, 이른바 시국의 인식을 필수의 내용으로 수반하는 것이기도 했다. 이 시국의 인식에 관해서, 미나미는 중일전쟁이 발발(1937. 7. 7)한 직후인 1937년 7월 15일에 임시 지사 회의를 소집하고, 3개의 원칙을 천명했다. 즉 첫째는 시국의 중요성을 인식할 것, 둘째는 동아 안정 세력으로서 일본의 지도적 위치를 확인할 것, 셋째는 교전 상대국인 중국을 과소·과대 평가하지 말고 정당하게 인식할 것 등이 그것이었다.

이러한 취지를 대중에게 전달하고 또 대중의 각성을 촉구하기 위해서, 총독부 학무국은 제1차 및 제2차의 전선 순회 시국 강연반을 결성했다.

1937년 8월 6일부터 약 1주일, 또 동년 9월 6일부터 약 10일 예정으로 13도 각처를 순회 강연한 1차 22명, 2차 59명의 강사 명단은 다음과 같다.

　제1차　권상로(權相老. 중앙불전 교수) 고원훈(高元勳. 선만척식 이사) 고희준(高羲駿. 국민협회 이사) 김영섭(金永燮. 감리교 목사) 김우현(金禹鉉. 장로교 목사) 남궁영(南宮營. 참의) 박상준(朴相駿. 참의) 안인식(安寅植. 명륜학원 강사) 안준(安浚. 대동민우회 이사장) 양주삼(梁柱三. 감리교 총리사) 이각종(李覺鍾. 대동민우회 고문) 이돈화(李敦化. 천도교 신파 원로) 이상협(李相協.『매일신보』부사장) 이종린(李鍾麟. 천도교 구파 원로) 장헌식(張憲植. 참의) 조병상(曺秉相. 경기도회 의원) 주련(朱鍊. 대동민우회 이사) 주종선(朱鍾宣. 보성고보 교사) 차재정(車載貞. 녹기연맹 이사) 최린(崔麟. 참의) 한규복(韓圭復. 참의) 현영섭(玄永燮. 녹기연맹 이사) (괄호 안은 당시에 보도된 직함)

　제2차　경기: 박연서(朴淵瑞) 방응모(方應謨) 한규복

　충북: 김우현 민영은 신흥우(申興雨) 윤갑병(尹甲炳)

　충남: 성원경(成元慶) 유진순(劉鎭淳) 류형기(柳瀅基) 현영섭(玄永燮)

　전북: 강동희(姜東曦) 남궁영 백관수(白寬洙) 정석모(鄭碩模)

　전남: 김사연 김상형(金相亨) 석진형(石鎭衡) 차재정 현준호(玄俊鎬)

　경북: 고원훈 김재환(金在煥) 나일봉(羅一鳳) 신현구(申鉉求)

　경남: 김병규(金秉圭) 김경진(金慶鎭) 박상준 정순현(鄭淳賢)

　황해: 고희준 김기수(金基秀) 김종석(金鍾奭) 이동희(李東熙) 장덕수(張德秀)

　강원: 김성수(金性洙) 석명선 이상협 장헌식 최준집(崔準集) 현상윤(玄相允)

　평북: 고일청(高一淸) 김명준 이종린(李鍾麟) 이희적 탁창하(卓昌河)

　평남: 김영필(金永弼) 박희도(朴熙道) 선우현(鮮于鉉) 윤치호(尹致昊) 조병상

　함북: 권상로 김정석(金定錫) 박영철 안인식

함남: 유태설(劉泰卨) 이돈화 이승우(李升雨) 이희섭(李義燮) 차재명(車載明) 한상룡

이로부터 경향 각처에서는 시국 계몽 강연회다 시사 문제 강좌다 하는 종류로 사태가 나다시피 했던 것이다. 우선 하나가 1937년 7월 19일 부민관에서 열린 매일신보·경성일보 공동 주최의 '비상시국 대강연회'다. 한국인 1명과 일인 3명으로 된 연사 명단은 다음과 같다.

한상룡(韓相龍. 조선군 사령부 고문)
니노미야(二宮治重. 선만척식 총재)
후카보리(深掘遊龜. 조선군 사령부 참모)
가미쓰(神津幸右衛門. 일본 공륜[空輪] 경성지점장)

학무국 주최의 시국 강연회 1937년 7월 20일 경성사범 강당에서 이각종, 같은 날 경성여고보 강당에서 고원훈·윤치호·차재정, 이튿날 부민관에서 서춘(徐椿)·조병상이 시국 계몽 강연을 했다.
중추원의 시국 강연회 1937년 7월 20일부터 중추원 참의 9명이 전선 순회 강연을 했는데 명단과 행선지는 다음과 같다.

김명담: 대구 안동 부산 마산 진주
김사연: 신의주 정주 강계
신석린: 개성 수원
안종철: 춘천 철원 함흥 원산
유진순: 평양 진남포 선천 해주 황주
최 린: 전주 군산 남원 장수 목포 순천
한규복: 청주 충주 대전 공주
한상룡: 서울 인천
현 헌: 나남 청진 경성 회령

친일단체 대동민우회(大同民友會)가 주최한 시사 문제 강좌 1937년 9월 7, 8일 YMCA 강당에서 아래와 같이 개최되었다.

차재정(車載貞. 대동민우회 이사): 시국의 발전과 조선인의 각오.
오쿠다이라(奧平武彦. 성대 교수): 최근의 국제 정세와 일·미의 지위.
후카보리(深掘遊龜. 중좌·조선군 참모): 소련의 동정과 지나(중국)의 장래.
스즈키(鈴木正文. 오사카『아사히신문』경성지국장): 시국과 경제 문제.

부인층의 시국 계몽을 목적한 시국 강연회 1937년 9월 21일부터 30일에 걸쳐서 고희준·김태흡(金泰洽. 중앙불전강사)·원덕상(元悳常. 경기도 회의원)·조병상(曺秉相. 상동)이「중일전쟁과 부인의 각오」라는 제목으로 연설 강좌를 했다.

이상은 중일전쟁 발발 직후 2, 3개월 내에 있었던 강연회·강좌의 일부분이다. 전국의 확대와 함께 이러한 강연회는 보다 더한 규모로 극성을 떨치기 시작했다. 1940년 11월 23일부터 13도를 유세한 문인 시국 순회 강연반, 1941년 12월 12일의 총력 운동 신전개 대강연회, 1942년 5월에 열린 계명구락부·정학회(正學會)·조선임전보국단·국민총력연맹·『매일신보』기타 단체가 제가끔 독립해서 경쟁적으로 주최한 거의 10여 건에 달했던 징병제 실시 감사 대강연회의 종류, 지원병·학도병 모집이 있을 때마다 13도에 파견되었던 순강반·만담반·영화반·독려 강연회 등등, 한마디로 말해서 그야말로 광란의 도가니 속이나 다름이 없었다.

이와 함께, 이른바 시국적인 각성을 촉구하기 위해서, 대소 규모의 각종 좌담회가 사회 각 계층에 걸쳐서 베풀어지곤 했다. 신문·잡지에 그 기록이 실려서 선전 자료로 이용되었는데, 그 몇 개를 예시하면 다음과 같다.

시국유지원탁회의 1938년 12월 14일 부민관 강당. 참석자: 갈홍기(葛弘基) 권충일(權忠一) 김동일(金東日) 안준(安浚) 류형기(柳瀅基) 윤형식(尹亨植) 이각종(李覺鍾) 이광수(李光洙) 인정식(印貞植) 조두원(趙斗元) 조병옥(趙炳玉) 주련(朱鍊) 주요한(朱耀翰) 차상달(車相達) 차재정(車載貞) 하경덕(河敬德) 현영섭(玄永燮). 내선일체 구현, 동아 협동체 건설, 국내 혁신 문제 등을 의논했다.

내선일체부인좌담회 1939년 9월 10일 반도호텔. 참석자 고황경(高凰京), 박인덕(朴仁德), 하야미즈(速水) 부인(성대 총장 速水滉의 처), 쓰다(津田節子. 녹기연맹 津田榮 회장의 처), 야마모토(山本千代子)와 주최 측『동양지광』의 강영석(姜永錫), 고명자(高明子), 김용제(金龍濟), 김한경(金漢卿). 부인층의 비상시 각오와 내선일체를 말했다.

제국의 식량을 맡은 우리들 농촌 부인의 사명을 자랑하는 좌담회 1942년 6월 7일 경기도 용인군 내사면 명륜당. 참석자 주최 측『매일신보』의 백철(白鐵), 정 기자(鄭記者), 미야모토(宮本) 용인지국장과 노다(野田長次郎) 면장 및 농촌 부인 15명. 시국하 농촌 부인의 결의를 말했다.

학도 출진을 말하는 좌담회 1943년 11월 17일 출석자는『매일신보』측 이성근(李聖根. 사장) 외 2명, 총력연맹 측 하다(波田重一. 사무국 총장) 외 3명, 학교 측 김성수·정인섭(鄭寅燮) 외 일인 2명, 부형 측 남상린(南相麟)·조병상 외 일인 2명, 총독부 측 곤도(近藤) 시학관. 학도병 지원의 만전을 기하는 문제를 말했다.

7 애국금차회와 기타

이상의 시국 강연·좌담회들은 하나같이 미나미가 천명한 시국 인식의 3대 원칙에 관한 부연이자 선전이었다. 그리고 이에 의해서 강조된 것은 이른바 국위 선양과 필승 체제의 확립을 위해서 내선일체로 총력을 결집하라는 것이었다.

이리하여 유명·무명한 인사·단체, 심지어는 아동들까지도 이른바 애국의 적성(赤誠)인 국방 헌금으로 총력을 결집하기 시작했다. 흥아봉공일(興亞奉公日)이니, 애국일이니, 농산어촌 생업보국일이니, 국위 선양 기원제니 하는 선서의 행사가 꼬리를 물고, 그런 행사의 수효만큼이나 많은 총력 운동 단체·국방 목적 단체들이 생겨나곤 했다. 1937년 4월 24일, 익명자 4인의 헌금으로 경성 제1호기가 헌납될 무렵, 남작 조중헌(趙重獻)은 민병삼(閔丙三. 자작), 이기용(李埼鎔. 자작), 이윤용(李允用. 자작) 등의 귀족과 김영호(金永琥), 김순제(金舜濟), 신태화(申泰和) 기타를 규합해서 국방열 보급을 목적으로 한 조선국방협회를 발기했다. 개인적으로는 세칭 애국옹——일명 야만기(野蠻琦)——이라 빈축을 받던 거두 문명기(文明琦)가 육·해군에 비행기 문명기호를 단독으로 헌납했으며, 북지에 파견할 의용군을 모집했고, 당삼(糖蔘) 기타를 들고 화북지방 황군 위문을 다녀오더니, 그 끝에 비행기 1군 1대 헌납을 떠들고 다니기 시작했다.

이러한 추세를 좇아 탄생한 단체에 애국금차회(愛國金釵會)가 있었다. 총독부 조선 중앙정보위원회의 종용에 의해서 귀족의 처와 사회 중견 여류를 망라하여 조직한 이 단체는 요컨대 금비녀·금가락지를 뽑아서 국방비로 헌납하자는 것으로 다음과 같은 규약 제1조를 설립 목적으로 하고 있었다.

본회는 애국금차회라 칭하고 황군 원호의 목적으로써 좌기 사업을 행하는 것으로 함.
① 황군의 환송영
② 총후(銃後) 가정의 위문 격려
③ 총후 가정의 조문(弔問)
④ 전 각 항 외 일반 조선 부인에 대한 황군 원호의 강화 및 국방비의 헌납

1937년 8월 20일 경성여고보 강당에서 발회식을 거행한 애국금차회는 상기 규약 제1조의 목적 달성을 위해서 금비녀 11개, 금반지 3개, 금귀이개 2개, 은비녀 1개 및 현금 889원 90전을 즉석에서 거두어 바쳤다(당시

쌀 1가마에 18원). 8월 21일자 『매일신보』에 보도된 헌납자 명단은 다음과 같다.

 김복완(金福綬): 금비녀 1개, 현금 100원.
 이달용(李達鎔) 처: 상동.
 김옥교(金玉嬌): 금비녀·금반지 각 1개.
 김성진(金成鎭) 처, 민병석(閔丙奭) 처, 민채덕(閔彩德), 신(申) 씨, 이윤용(李允用) 처, 장헌식(張憲植) 처, 조성근(趙性根) 처, 최화석(崔華石) 처: 각 금비녀 1개.
 홍선경(洪善卿): 금반지 1조.
 민병주(閔丙疇) 처: 금귀이개 1개, 현금 50원.
 박두영(朴斗榮) 처: 금귀이개 1개.
 김화강(金和鋼): 은비녀 1개.
 유종우(柳宗祐): 현금 50원.
 홍진경(洪眞卿), 이서시(李書時) 외 5명: 현금 20원.

애국금차회의 이러한 헌납 광경은 김은호(金殷鎬)에 의해서 그림 「금차헌납」으로 제작되어 미나미에게 증정되기도 했다(1937. 11. 20). 이후 애국금차회는 회장 김복완(金福綬. 尹德榮의 처) 이하 간사 일동이 용산육군병원을 위문(1937. 9. 20)하는 등의 활동을 벌였다. 이 회의 창립 당시 간부 명단은 아래와 같다.

 회장: 김복완
 간사: 고황경 김복인(金福仁) 김성덕(金成德) 김순영(金純迎) 김(金) 씨 김현실(金縣實) 김화순(金和順) 김활란(金活蘭) 마경이(馬景伊) 민채덕(閔彩德) 방신영(方信榮) 손정규(孫貞圭) 손희원(孫熙嫄) 송금선(宋今璇) 심경섭(沈卿燮). 민병석 처) 심(沈) 씨 심(沈) 씨 우현례(禹顯禮) 유각경(兪珏卿) 류용선(柳庸善) 류혜경(柳惠卿) 윤창희(尹昌喜) 윤

(尹) 씨 이용경(李龍卿) 이혜윤(李慧潤) 조은홍 조성순(趙聖淳) 조숙자(趙淑子) 조인옥(趙仁玉) 주경애(朱敬愛) 차사백(車士百) 최순이(崔順伊) 홍옥경(洪鈺卿) 홍선경(洪善卿) 홍승원(洪承源)

동요회(同耀會) 일제의 작위를 갖고 있던 귀족 59명을 망라해서 조직된 단체다. 일제의 작위는 공작·후작·백작·자작·남작의 5등급이며 귀족의 표상으로 세습되었다. 일한합병이 되자 일제는 종친·유력자 및 소위 합방 공신들에게 이를 나누어 주었는데, 후작에 윤덕영 등 6명, 백작에 이완용 등 3명, 자작에 박제순 등 22명, 남작에 이윤용 등 22명으로 도합 76명이요, 그중 조정구(趙鼎九) 등 9명이 이를 물리쳤다. 동요회의 59명은 그때 작위를 받았던 67명 중의 생존자 및 상속자로 조직된 단체다.

이 회는 1937년 현재 후작 이병길(李丙吉, 이완용의 손자)이 이사장이요, 자작 김호규(金虎圭)·박부양(朴富陽)·이홍묵(李鴻默)과 남작 한상억(韓相億)이 이사로 있었다. 1937년 9월 3일 귀족 명문가 상대로 모금한 1만 원을 국방 헌금으로 바쳤다.

군용기 경기도호 헌납기성회 1937년 6월 9일 경기도청에서 발기인회를 열었다. 이 발기인회는 경기 지사 감서(甘蔗義邦)와 경기도회 부의장 한상용 명의의 안내장이 유력자 290명에게 발송된 데서 태동을 시작했다. 군용기 4대 헌납을 계획했는데, 발기인회가 선정한 집행위원 33명 중 한국인은 아래 12명이다.

민대식(閔大植) 박봉진(朴鳳鎭) 박흥식(朴興植) 방태영(方台榮) 원덕상(元悳常) 목욱상(睦頊相) 윤치소(尹致昭) 임한선(林漢瑄) 최동엽(崔東燁) 최진(崔鎭) 한상용(韓相龍) 홍필구(洪必求)

개인으로는 광산 갑부 최창학(崔昌學)이 4만 원짜리 비행기 1대를 헌납했다. 기타 북청 출신 운수 사업가 방의석(方義錫, 참의)이 2대, 영덕의 제지·광산업자 문명기(참의)가 2대, 백낙승(白樂承)·배영춘(裵永春)·최주성(崔周星)이 각 1대를 헌납했다는 기록이 있다.

다액 헌납자로는 10년간에 쌀 1만 석을 군용미로 헌납했다는 봉산 사람 김치구(金致龜)를 필두로, 원봉수(元鳳洙. 쌀 3천 석), 손창윤(孫昌潤. 기관총 50정), 장달막(張達莫. 여자. 금제품 160점) 등이다. 현금은 창신동 갑부 임종상(林宗相)이 1937년 7월 15일 방호단 경비로 2만 원을 헌납했다.

8 조선군사후원연맹

1937년 봄, 총독부는 준(準)전시 시대에 직면한 방공(防空) 준비 공작으로 방공과 신설을 계획했다. 또 각 파출소 주재소를 주체로 한 시국 간담회 등을 통해서 방공 사상의 고취에 힘썼으며, 방호단의 결성도 아울러 서두르기 시작했다. 이리하여 서울은 1937년 4월 3일, 즉 진무(神武) 천황제일을 기해서 경성방호단이 결성되었다. 이날 미나미·조선군 사령관·20사단장·경기 지사 등이 참석해서 준전시 시대 국민의 자세 등을 역설했으며, 박영철(朴榮喆. 전 강원·함북 지사. 만주국 명예총영사), 석진형(石鎭衡. 전 충남·전남 지사), 조병상(曺秉相. 훗날의 종로경방단장) 같은 거물도 소위 국방색인 방호단복을 입고 단원 자격으로 참석했다.

경성방호단은 서울 259정(町)을 동구·중구·용산·영등포의 4구로 나누어 조직하고 예하에 11개의 분단을 두었다. 이 외에 공작반 3개와 수상(水上) 방호단 6개반을 두었는데, 간부로 참가했던 한국인 명단은 아래와 같다.

홍우완(洪祐完)=동구 단장. 석진형(石鎭衡)=동구 제1분단장. 박영철(朴榮喆)=중구 제2분단장. 김창혁(金昌爀)=용산수상방호단 제3반장. 노선재(盧善載)=용강(龍江)수상방호단장. 전수풍(田秀豊)=동 제1반장. 박용진(朴容振)=동 제2반장. 이만춘(李萬春)=영등포수상방호단 제2반장. 최순학(崔順學) = 한강수상방호단장.

방호단의 임무는 등화관제·공습 시의 피해 복구 등 민방위 업무에 준하는 것이었다. 지방은 1937년 4월 이후 8월에 걸쳐서 각 도·부·군·부락·직장 단위로 결성되었으나 간부 명단까지 밝힐 지면은 없다.

총후 진영(銃後陣營)의 정비, 즉 후방의 임전 체제 확립을 위해서 이렇게 제1보를 내디딘 일제는 1937년 5월 24일에 조선군사후원연맹을 발족했다. "황군의 후원이 되어 서로 협력하여 군인의 사기를 고취·격려하고, 군인으로서 후고(後顧)의 우려 없이 본분을 다하게 함으로써 목적"(강령)을 삼았던 이 단체는 전기의 목적 실현을 위해서 다음 각 항을 사업 내용으로 하고 있었다.

① 일반 국민에 대한 황군 원호의 강화 철저
② 상이군인·전상사자·황군 장병과 그 가족에 대한 위문 부조
③ 출정·귀환 장병에 대한 위문·격려·송영·접대
④ 위의 사업을 위한 모금

조선군사후원연맹은 총독부에 중앙 조직을, 각 지역에 지역군사후원연맹을 두었다. 중앙 조직은 발족 당시에 23개 단체의 가맹이 보도되었으며, 기타는 추후에 가맹했다. 임원은 고문 미나미, 상담역에 조선군 참모장, 회장에 정무총감, 부회장에 총독부 내무국장이고 각 가맹 단체의 대표자가 위원으로 참가했다. 발족 당시에 가맹한 23개 단체 중 한국인 관계자는 다음과 같다.

구자옥(具滋玉. 조선 중앙기독교청년회) 이경봉(李庚鳳. 고려약사협회) 정구충(鄭求忠. 한성의사회) 황금봉(黃金峯. 조선 불교중앙교무원).

지역 조직은 경성군사후원연맹이 1937년 7월 30일에 결성되었다. 위원

24명 중 한국인이 10명인데 방응모, 백관수, 예종석, 오긍선, 이긍종(李肯鍾), 이상협, 이승우, 조성근, 태응선(太應善), 한상용이다.

군사후원연맹은 1941년 7월 31일 재단법인 군인원호회 조선 지부에 통합될 때까지 군인 원호 사업의 중심 역할을 수행했다. 그 활동 중 하나가 1937년 9월 28일 서울을 출발한 북지(화북) 장병 위문단(8명)의 파견이다. 신문·잡지 기타 3만 원 상당의 위문품을 휴대하고 간, 전기 위문단에서 아베(安倍良夫. 소장·연맹부회장)를 비롯한 일인 7명과 한국인으로는 당시 방호단 분단장이던 조병상 한 사람이 끼어 있었다.

다음은 **황군위문작가단**과 그 활동. 군사후원연맹의 발족을 전후하면서 화북 장병 위문행은 하나의 유행처럼 되고 있었다. 우선 그 하나가 1937년 8월 20일 문명기의 위문행이다. 출생은 평양이고, 어려서 영덕으로 이주한 문명기는 제지업과 광산 등으로 거부가 되자 친일 노선에 서서 10만 원으로 육·해군기 각 1대를 헌납했다. 영덕국방의회 의장·재향군인회 특별위원·경북도회 의원·『조선신문』(日文) 사장 등의 감투를 쓰더니 중추원 참의까지 소위 '가미다나'(神棚)라고 아마테라스 오미카미(天照大神. 일본의 개국신)의 영을 집집마다 모시는 운동에도 앞장섰던 인물이다. 처자까지 일본 옷을 입혔다는 세칭 애국옹 문명기는 1937년 8월 20일 당삼 50상자와 기타 위문품을 가지고 화북 지방 장병 위문을 떠났다. 돌아와서 그는 9월 14일 YMCA에서 보고 강연회를 열었고, 경의선 연변 각처를 돌면서 비슷한 연설을 하곤 했다.

이해 9월 21, 22일 양일에 걸쳐서 부민관·용산소학교·용곡여학교에서는 경성군사후원연맹 파견으로 화북 장병을 위문하고 돌아온 오노(大野史郞. 경성부회 부의장), 하마다(濱田虎態. 경성부 제1교육부회 부회장), 이승우(동 제2교육부회 부회장) 등의 보고 강연회가 열렸다. 경성부회도 위문단 파견을 결의하고, 중추원도 이에 뒤질세라 김관현, 성원경, 이기찬, 장직상 등 참의로 하여금 화북 전선의 고바야시(小林) 부대, 고이노보리(鯉登) 부대 등을 위문하게 했다(1937. 9. 6).

황군위문작가단은 이러한 추세에 대한 호응이지만, 다른 위문단과는 다른 또 하나의 사명을 지니고 출발했다. 일본 작가들이 수차의 전선 방문으로 「보리와 병정」 같은 전쟁 문학을 출현시켰으니, 한국 작가들도 마찬가지로 전쟁 문학을 창조해 내야 한다는 것이었다.

문장사의 이태준(李泰俊), 학예사의 임화(林和), 인문사의 최재서(崔載瑞)가 주동한 작가단의 파견은 1939년 3월 14일의 부민관 회합에서 구체적인 의논이 이루어졌다. 박문서관, 삼문사, 한성도서 등 서울 14개 출판업자의 협력으로 소집된 전기 회합에서는 위문사(慰問使) 후보로 김동인(金東仁), 김동환(金東煥), 김용제, 박영희(朴英熙), 백철, 임학수(林學洙), 정지용(鄭芝鎔), 주요한을 선출하고, 이 중 3인을 결정하기 위해서 따로 실행위원 9명을 선출했다.

황군위문작가단은 이들 실행위원──김동환, 노성석(盧聖錫. 박문서관), 박영희, 이관구, 이광수, 이태준, 임화, 최재서, 한규상(한성도서)──의 추후회합에서 김동인·박영희·임학수의 3인으로 결정되었다. 1939년 4월 15일 서울을 출발해 화북 장병을 위문하고 돌아온 이들은 그 목적에 따라서 박영희가 『전선 기행』, 임학수는 『전선 시집』을 간행했다. 김동인만 신병 관계로 보고 문학을 생산하지 못하고 말았던 것이다.

9 국민정신총동원 조선연맹

국민정신총동원 조선연맹(이하 '정동연맹'으로 약칭한다)은 1938년 6월 중순경 민간 사회 교화 단체의 대표자들이 총독부의 종용에 따라 수차의 회합을 열면서 소위 자발적인 총후 봉사 활동을 협의한 데서 태동을 시작했다. 중일전쟁 이후의 이른바 애국 운동, 특히 화북 장병 위문행은 산발적인 유행 같아서, 더러는 현지군에 지장을 주는 수도 없지 않았다. 그리하여 미나미가 만연한 화북 위문행을 삼가라는 취지의 담화문까지 발표할 정도였다. 정동연맹은 이러한 무질서를 하나로 규합해서 질서를 찾게 하자는 것이 목적의 하나였다.

이리하여 이들은 종으로 각 종교 단체와 사회 교화 단체 간부, 횡으로 2,300만 민중 전체를 연맹원으로 하는 단체를 조직하기 위해서 1938년 6월 22일 부민관에서 발기인 총회를 개최했다. 여기에는 59개 단체 및 개인 56명이 발기인으로 참가했는데, 한국인 측의 발기인 명단은 아래와 같다.

단체: 경성여자중등학교동창회연맹, 계명구락부, 구세군조선본부, 국민협회, 대동민우회, 동민회본부, 성공회, 시중회, 조선감리교총리원, 조선교화단체연합회, 조선국방의회연합회, 조선기독교연합회, 조선농회, 조선무진협회, 조선문예회, 조선방송협회, 조선부인문제연구회, 조선불교중앙교무원, 조선상공회의소, 조선수양단체연합회, 조선장로회총회, 천도교중앙교구, 천도교중앙종리원, 천주교경성교구, 춘추회(이상 25. 기타 34개는 日系 단체)

개인: 고원훈 김갑순 김사연 김성수 김활란 민규식 박승직 박영철 박흥식 방응모 백관수 손정규 안인식 원덕상 윤덕영 윤치호 이각종 이긍종 이병길 이승우 장직상 장헌식 조병상 최린 최창학 한규복 한상용(이상 27명. 이 외 29명은 일인)

위의 발기인들은 취지 및 규약을 정하고, 한상용 외 6명의 이사전형위원, 박영철 등 13명의 창립총회 준비위원을 선정했는데, 이들이 선정한 정동연맹의 역원은 아래와 같다.

이사장: 시오하라(鹽原時三郎. 학무국장)
이사: 김대우 김명준 김사연 김성수 김활란 민규식 박영철 박흥식 손정규 원덕상 윤치호 이각종 이승우 조병상 최린 최창학 한상용(이상 17명. 이 외 21명은 일인)
상무이사: 상기 이사 중 윤치호 이각종 이승우 조병상과 일인 4명

이리하여 1938년 7월 7일, 중일전쟁 발발 1주년이 되는 날을 기해서, 경

성운동장에서는 정동연맹의 성대한 발회식이 거행되었다. 그날, 쏟아지는 비를 무릅쓰고 강행된 식전에는 미나미, 고이소(小磯國昭. 군사령관), 오노(大野綠一郎. 정무총감) 이하 군관민 유력자들의 참석하에 700여 단체와 개인 3만여 명이 식장에 동원되었다. 이들은 시오하라 이사장의 식사, 미나미의 고사(告辭), 대회 선언문과 황군 위문문 및 관계 요로에 보낼 전보문 채택, 고이소 조선군사령관 등의 축사 외 윤치호 선창인 천황폐하 만세 3창으로 식순을 마친 후, 부청 앞과 총독부 앞으로 향하는 '애국 시가행진'을 했다. 이날 채택된 대회 선언문은 다음과 같다.

동양 평화를 확보하여 팔굉일우(八紘一宇)의 대정신을 세계에 앙양함은 제국 부동의 국시이다. 우리는 이에 일치단결 국민정신을 총동원하여 내선일체 전 능력을 발양하여 국책의 수행에 협력하여, 이로써 성전 궁극의 목적을 관철하기를 기함.

한편 총독부 학무국은 중앙 조직인 정동연맹 결성에 수반하는 지역 조직, 즉 각 도·부·군·도(島) 연맹 결성에 관한 미나미의 적극적인 후원 방침을 주지하기 위해서, 1938년 7월 19일 각 도 교화 사무 담당자 협의회를 소집했다. 이 자리에서는 정동 지역연맹 조직에 관한 건을 중심으로, 근로보국 운동의 전개, 청년 훈련소 확충의 건 등이 협의되었고, 황국신민의 처사를 철저히 보급토록 하라는 것도 아울러 지시된 사항이었다.
이리하여 13도 방방곡곡에서 지역연맹이 조직되었는데, 그중 국민정신총동원 경성연맹의 역원 명단만을 아래에 기록하겠다.

    이사장: 사에키(佐伯顯. 부윤)
    부이사장: 윤치호 외 일인 1명
    이사: 김명준 이승우 조병상 한규복 외 일인 2명
    상담역: 구자옥 김갑순 김사연 김영상 김활란 민규식 박승직 박흥식 백관수 방응모 손정규 예종석(芮宗錫) 이긍종 최린과 경성불교 각 종

(宗) 연합회, 국방부인회 경성 지부, 애국부인회 경성 지부 및 일인 30명

이렇게 조직된 정동연맹은 크게는 도, 작게는 정(町) 연맹과 애국반에까지 조직 침투함으로써 국책 협력을 선동하는 중심적·주동적 역할을 수행했다. 지원병 독려는 물론 창씨 독려, 공출·헌금 독려, 폐품 수집, '고쿠고' 강습회 기타 정동연맹의 활동이 미치지 않은 분야는 없었던 것이다.

그 구체적인 실천 행각은 추후 해당하는 항목에서 말하고, 여기서는 원칙적인 실천 방책만을 기술하겠다. 1938년 9월 22일, 정동연맹 각 도 대표자 및 관계자 150명이 총독부 제1회의실에서 제1차 타합회를 했는데, 여기에서 다음 각 항이 실천 강령으로 결정되었다.

① 황국 정신의 현양
② 내선일체의 완성
③ 비상시 국민 생활의 혁신
④ 전시 경제 정책에의 협력
⑤ 근로보국
⑥ 생업보국
⑦ 총후 후원 즉 군인 원호 강화
⑧ 방공(防空) 방첩
⑨ 실천망의 조직과 지도의 철저

정동연맹은 1940년 10월에 국민총력조선연맹으로 기구를 개편하고 재출발했다. 그동안 모든 총력 운동·애국 운동의 총본산이었던 정동연맹은 그 목적 달성을 위해서 『아카쓰키』(曉), 『애국반』 『총동원』 같은 기관지·선전 책자를 발간하여 정 단위로 배포하기도 했다.

10 사상범보호관찰령과 사상보국

제령 제16호 조선사상범보호관찰령은 1936년 12월 12일에 공포되었다. 이는 치안유지법 위반자 중 집행유예의 선고가 있는 경우, 소추할 필요가 없음으로써 공소가 제기되지 않은 경우, 또 형이 집행 종료 또는 가출옥이 된 경우에 보호관찰심사회의 결의에 의해서 본인을 보호관찰에 붙일 수 있음을 규정한 것이며(제1조), 필요한 시에는 보호관찰심사회의 결의 전에도 이를 행할 수 있음을 규정(제6조)한 법령이다.

보호관찰이란 재범의 위험을 막기 위해서 그 사상과 행동을 관찰하는 것이며(제2조), 본인을 보호관찰소 보호사의 관찰에 붙이거나 또는 보호자에게 인도 혹은 보호 단체·사원·교회·병원 기타에 위탁함으로써 실행했고(제3조), 그 기간은 2년, 단 보호관찰심사회의 결의로써 연장할 수 있으며(제5조), 피보호자에 대하여 거주·교우·통신의 제한 기타 적당한 조건의 준수를 명할 수 있는 것이다(제4조).

이를 위해서 조선에는 각 복심법원(고등법원) 소재지, 즉 경성·대구·광주·평양·신의주·함흥·청진에 사상범보호관찰소가 탄생했는데, 이는 독립된 관청으로서, 소장을 보도관(輔導官)으로서 보했고, 그 밑에 보호사·서기·통역을 두어 구성한 것이었다. 또한 동 법령에 의한 보호관찰심사회가 각 보호관찰소 소재지에 설치되었는데, 이 역시 관청으로서 회장 1명, 위원 6명과 약간의 예비위원을 사법부 내 고등관, 기타 학식과 경험이 있는 자로 충당하여 구성했다.

일제 말의 소위 사상범들은 이들, 즉 보호관찰심사회 위원들에 의해서 보호관찰에 붙이는 여부가 결정된 후, 보호사들에 의해서 거주 제한 기타 수단으로 보호관찰이 실행되었다. 한국인 약간 명도 보호사 또는 보호관찰심사회 위원의 직무를 수행했는데, 그 명단은 아래와 같다.

보호사: 이강혁(李康爀)
보호사 직무촉탁: 강완선(姜完善) 김기택(金琪宅) 목순구(睦順九) 송

화식(宋和植) 오긍선(吳兢善) 장우식(張友植) 한만희(韓萬熙) 황종국(黃鍾國)

심사회 위원: 서병조(徐丙朝) 유태설(劉泰卨) 이기찬(李基燦) 이승우(李升雨) 이희적(李熙迪) 현준호(玄俊鎬) 황종국(黃鍾國)

심사회 예비위원: 고일청(高一淸) 김대우(金大羽) 김영배(金永培) 김창영(金昌永) 양대경(梁大卿) 최정묵(崔鼎默) 탁창하(卓昌河) 홍영선(洪永善)

이러한 조치와 병행해서 일제의 사상 탄압은 날로 격화해 가고 있었다. 그 하나가 유명한 수양동우회 사건이다. 1937년 6월 6일을 기해서 당국은 해산령을 거부 중이던 수양동우회에 대해서 대검거를 시작했다. 전선 150명의 피검자 중 이기윤(李基潤), 최충호(崔充浩)가 고문 끝에 옥사하고, 김성업(金性業)이 불구가 되었으며, 전영택(田榮澤), 현제명, 홍난파 등 18명은 전향 성명을 발표(1938. 6. 29)하고 사상보국을 맹세하기에 이르렀던 것이다.

한편 좌익 진영에 대해서는 1934년 2월에 발생한 제2차 프롤레타리아 예술동맹 검거 사건, 즉 신건설사 사건 등이 그 일례일 것이다. 이 사건은 프로예맹(카프)의 연극 단체 신건설사의 삐라를 소지한 학생이 검거된 후, 검거 범위가 신건설사 단원과 카프 회원들에게까지 확대되었던 사건이다. 이로써 카프는 발족 10년 만에 해산을 당하고 말았다. 피검자 일부가 옥중에서 전향을 발표하고, 1936년 2월 현재 항소심에 계류 중이던 박영희, 송영, 이기영 기타도 결국은 전향을 하는데, 그중 박영희에 관해서 일인 작가 다나카(田中英光)는 일제 말 황민 문단의 측면사로 통하는 소설 『취한(醉漢)들의 배』안에 다음과 같은 묘사를 남기고 있었다. "그(박영희—인용자)는 고문으로 왼팔이 못 쓰게 될 만큼 버티었는데, 졸지에 전향을 해서……."

시국대응 전선사상 보국연맹(이하 사보연맹)은 그네들 좌우익의 전향자들이 모여서 조직한 사상보국 단체였다. 1938년 6월 20일부터 3일간, 동경 법조회관에서는 시국대응전국위원회라는 것이 열려서 전향자들의 국책 협력 문제가 토의되었다. 이들은 조선에 대해서도 대표 위원의 파견을 요청했는데, 이 요청에 따라서 권충일(權忠一), 박영희 두 사람이 전향자 대표로 동 대회에 참가했고, 이들이 귀국해서 한 경과 보고회 석상에서 사보연맹 결성의 건이 가결되었던 것이다.

이리하여 1938년 7월 24일 부민관 중강당에서 사보연맹 결성식이 거행되었다. 13도의 전향자 대표 200여 명이 참가한 속에서 황거요배, 기미가요 제창, 전몰 영령에 대한 묵도, 황국신민 서사 제창 등의 식순을 진행한 결성 대회는, 규약과 임원을 통과 선정한 후 대회 선언문을 채택했다. 사보연맹의 임원은 다음과 같다.

본부 임원: 총무 박영철(朴榮喆), 간사 강문수(姜文秀) 권충일(權忠一) 김한경(金漢卿) 노진설(盧鎭卨) 박득현(朴得鉉) 임영춘(林永春) 장용호(場龍浩) 진형국(陣炯國)

경성 지부 임원: 지부장 이승우, 간사 권충일 고경흠(高景欽) 곽양훈(郭良勳) 김용찬(金容贊) 나준영(羅俊英) 박득현(朴得鉉) 박명열(朴命烈) 박영희 양성호(梁成灝) 오성천(吳成天) 류형기 윤기정(尹基鼎) 이강명(李康明) 이원현(李元賢) 조기간(趙基栞) 조영식(趙英植) 한상건(韓相健) 현제명과 일인 12명.

대전 지부: 이봉수(李鳳洙). 공주 지부: 이준규(李逡圭). 개성 지부: 김명손(金明孫). 춘천 지부: 장보라(張保羅). 인천 지부: 갈홍기(葛弘基). 청주 지부: 정진복(鄭鎭福)과 일인 각 1명.

그리고 이날 채택된 결의문은 아래 3개 항목이었다.

① 우리들은 황국신민으로서 일본 정신의 앙양에 노력하고 내선일체의 강화·철저를 기한다.

② 우리들은 사상국방전선에서 반국가적 사상을 파쇄 격멸하는 육탄

적 전사가 되기를 기약한다.

③ 우리들은 국책 수행에 철저히 봉사하고 애국적 총후 활동의 강화·철저를 기약한다.

이리하여 사보연맹은 1938년 10월 6일부터 8일까지의 본부·지부 합동회의에서 비전향자의 포섭 문제 등을 협의했다. 즉 그들의 생업 문제를 해결해 줌으로써 포섭의 방편으로 삼고자 취직 알선 운동을 전개했던 것이다. 이 운동은 동년 12월 10일 현재 고등경찰과를 통해서 198명의 알선 실적을 올렸고, 이렇게 포섭된 새로운 전향자들은 황국신민으로서의 충량한 제1보를 내디뎠다.

사보연맹은 그 후에도 비전향자의 포섭에 힘을 쓰면서 군인 원호 행사, 신사참배단의 일본 파견, 부여 신궁 창설에 관련된 봉사 수양단 파견 등으로 사상보국에 진력했다. 이 연맹은 1940년 12월 28일 전선 7개 지부와 80여 분회 및 맹원 2,500여 명의 기구를 발전적으로 해소하고 재단법인 대화숙(大和塾)으로 통합되었다.

11 종교인들의 굴복

종교 진영에서도 이른바 전향이라는 사태가 꼬리를 물기 시작했다. 1937년 2월 26, 27일에 총독부 제1회의실에서는 국민정신 작흥 운동과 종교 부흥 운동을 적극적으로 펴 나간다는 미나미의 방침에 따라서, **조선불교** 31본산(本山) 주지회가 소집되었다. 신도 15만, 본산 31, 사찰 1,338, 승려 7천인 조선 불교를 대동단결시켜서 국민정신 작흥 운동의 제1선에 나서게 하자는 이 모임은 일제 말에 강행된 불교 일본화의 첫걸음이기도 했다. 이 모임을 위해서 미나미는 그날 다음과 같은 요지의 훈시를 했다.

최근 황국의 시국 추이에 감하여 민중의 정신 작흥을 위해 종교가에게 기대하는 바 크다. 불교는 고대로 내선(內鮮)을 통하여 정신 배양 세도환기(世道喚起)의 근기(根基)였으니, 병합 이래 일시동인의 황은에 욕(浴)하고 있는 지금, 민중의 국민적 자각을 높임에 있어 각위의 분기를 촉구한다. 각위는 시국과 세상을 인식하여 중서(衆庶)의 의표(儀表)로서 국가의 융창에 많이 기여하라.

이리하여 31본산 주지회는 미나미의 지시 사항을 중심으로 토의를 진행한 결과, 첫째 31본산 위에 최고 기관으로 총본산을 설치할 것, 둘째는 총본산을 중심으로 전국의 불교도가 정신 작흥 심전개발(心田開發) 운동에 적극 참가할 것 등을 결의했다.

불교계는 그 후 1937년 4월경 일본 불교 각 종(宗)과 공동으로 경성화제봉찬회(京城花祭奉讚會)를 조직하고, 종래 8월 8일에 하던 관등 행사를 일인과 공동으로 축하하기 위해서 4월 8일로 옮겼다. 1937년 7월 6일에는 내선불교 제휴에 관한 타합회를 조선호텔에서 열었고, 동년 12월에는 조선문예회와 협동으로 화북에 위문단을 파견하는 등 시국 행사를 벌였다. 위문단에는 31본산에서 이동석(李東碩. 단장: 불교중앙교무원)·박윤진(朴允進. 흥국사)·최영환(崔英煥. 해인사), 조선문예회에서 문학준(文學準)·이종태·현제명이 참가하여 12월 22일 서울 출발, 봉천(奉天)·천진(天津)·석가장(石家莊)·태원(太原) 등지의 황군을 위문하고 1938년 1월 10일경에 귀경했다.

31본산 주지회 참석자 명단은 다음과 같다.

강대련(姜大蓮. 용주사) 강성인(姜性仁. 봉인사) 권태석(權泰錫. 영명사·법흥사) 김탄월(金坦月. 유점사) 김법룡(金法龍. 보현사) 김보련(金寶蓮. 건봉사) 김송월(金松月. 봉선사) 김영호(金泳鎬. 고운사) 김정석(金靖錫. 통도사) 김정섭(金正燮. 전등사) 김진월(金振月. 위봉사) 박경수(朴慶洙. 은해사) 박병운(朴秉芸. 선암사) 박석진(朴錫珍. 송광사) 박영희(朴暎熙. 대흥사) 박정의(朴定宜. 부석사) 송만공(宋滿空. 마곡사) 송종헌(宋宗憲. 백양사) 심보연(沈寶淵. 지림사) 류보암(柳寶庵. 귀주사) 윤상범(尹相範. 동화사) 이고경(李古鏡. 해인사) 이명교(李明敎. 패엽사) 이병호(李炳浩. 금룡사) 이보담(李寶潭. 성불사) 이종욱(李鍾郁. 월정사) 이환해(李幻海. 석왕사) 장행상(張行霜. 법주사) 정병헌(鄭秉憲. 화엄사) 차상명(車相明. 범어사)과 조선불교중앙교무원 이사 김상호(金尙昊), 동 황금봉(이상 32명).

다음 1937년 7월 15일, **천도교** 강동교구 종리원에서는 원장 김경식(金景湜)이 50원을 모아서 국방 헌금을 했다. 이후 7월 19일 천도교청년당 본부(서울)는 시국의 중대성에 감하여 헌신보국 희생적 결의로써 시국에 임할 것과 시국 강연회 개최, 군인 환송연 기타 총동원령하에서 전위적 사명을 다할 것 등을 긴급 중앙집행위원회 결의로써 채택했다.

그 후 8월 13일, 천도교청년당은 지방 대표 30명을 포함한 확대중앙집행위원회를 열고, 당두(黨頭) 임문호(林文虎) 사회로 시국 강연대 조직과 지원병제 실시 촉진 운동 전개의 건 등을 의결했다. 이날 당 본부의 지시 사항은 시국 인식, 내선일체, 거국일치 봉사 등이었고, 도령(道領) 신용구(申鏞九)가 그러한 내용으로 시국 훈화를 했다.

이리하여 천도교청년당은 김병제(金秉濟)·백중빈(白重彬)·임문호(林文虎)가 1937년 9월 4일부터 27일에 걸쳐 초산·함흥 등 35개처를 순회하며 시국 강연을 했다. 또한 천도교중앙종리원은 '비타산적으로 내선일체의 정신을 발휘하고 거국일치의 백력을 고양하자'는 등의 시국 계몽 전단을 발행했다.

세 번째는 **유교**다. 1937년 8월 15일, 경학원·명륜학원 직원, 강사 및 재경유생들이 모여서 매월 1일과 15일에 전선 각처의 문묘에서 시국 서원문(誓願文)을 서고(誓告)하기로 결의했다. 이들을 비롯한 유교도들은 1937년 9월 상순경 조선유림연합회를 결성하여, 다음을 강령으로 채택했다.

1. 황도를 천명하고 국시를 존정한다(闡明皇道 奠定國是)
2. 강상을 부식하고 국조를 익찬한다(扶植綱常 翊贊國祚)
3. 보합대화하여 국본을 공고히 한다(保合大和 鞏固國本)
4. 성력을 다하여 국방에 충실한다(專輸誠力 充實國防)
5. 황군을 후원하고 국위를 앙양한다(後援皇軍 昻揚國威)

조선유림연합회의 창립 당시 간부진 명단은 다음과 같다.

회장: 현영운(玄暎運)
부회장: 김정목(金正穆) 민건식(閔健植)
총무: 송수헌(宋玿憲) 이집천(李集阡)
서무부장: 이원익(李源翊), 지방부장: 박인종(朴麟鍾), 사례(司禮)부장: 이범종(李範鍾), 교육부장: 권영호(權寧浩), 편집부장: 권태일(權泰日), 식산(殖産)부장: 이희상(李熙祥), 선전부장: 윤습주(尹習周), 검사부장: 공재철(孔在哲), 경리부장: 송병태(宋秉泰)
감사: 노천석(盧天錫), 간사: 김해진(金海鎭)

그 후 유교도들은 1939년 10월 16일 부민관에서 전 조선유림대회를 개최했다. 미나미 이하 요인 임석하에, 경학원·명륜학원의 직원과 전선 유림 대표 235명은 경학원 대제학 윤덕영(尹德榮)의 개회사로 황도 정신에 기초하여 유도를 진흥할 것 기타 문교보국을 결의하고, 아래의 대회 선언문을 채택했다.

① 경학원을 중심으로 한 통일 있는 단체를 조직, 황도 정신에 기하여 유도의 진흥을 도모함.
② 국민정신총동원의 취지에 종(從)하여 광(廣)히 충효·도의의 신념을 함양하여, 이로써 황국신민으로서의 단결을 굳게 함.
③ 동아 신질서 건설의 국시에 즉하여 동양 문화의 진수를 천명하여,

이로써 일(日)·만(萬)·지(支) 영구 평화를 위하여 적극적으로 연계할 것을 기함.

위 대회 선언문 제1항의 '경학원을 중심으로 한 통일 있는 단체'가 1939년 10월 28일자 신문에 조직 완료가 보도된 조선유도연합회다. 오노(大野綠一郞. 정무총감)를 총재로, 윤덕영을 회장으로 하는 본부를 서울에 두고, 각 도에 지부인 도유도연합회, 각 군에 분회인 군유도회를 두었던 동 연합회의 결성으로써, 유교의 황민화 체제는 완성이 된 셈이었다. 이 회는 신문의 낙장으로 각 간부 명단 등 구체적인 조직 내용을 찾지 못했다.

네 번째는 **시천교**(侍天敎)다. 손병희가 동학을 천도교로 재발족할 무렵, 반대파인 이용구·송병준이 분파해서 시천교를 세웠다. 이용구는 따르는 무리로 일진회를 조직하고 소네(曾禰) 통감에게 일한합병을 건의하는 등 친일 행각을 남겼다.

일본에서 1937년에 귀국한 이석규(李碩圭), 즉 이용구의 아들은 아비의 유지를 계승한답시고 시천교를 대동일진회(大東一進會)로 재발족시켰다. 비상시국하에 종교 단체는 상응하지 않으니 해산하고, 정치적 단체인 대동일진회로 재출발해서 내선일체와 대동아주의 실현에 전력해야 한다는 것이었다. 한말 일진회의 재판인 대동일진회는 이리하여 1938년 11월 28일에 탄생했다. 회장은 윤갑병(尹甲炳. 平沼秀雄), 정 4위 훈 2등으로 중추원 칙임참의를 수차 중임한 사람이다. 대동일진회는 대동학원 설립(1938. 11), 이용구·송병준의 추도회 개최(1939. 5), 창씨 상담실 설치(1940. 6) 등 많은 친일 행각을 남겼고 이석규는 오히가시(大東碩圭)로 창씨했다.

12 기독·장로·감리교의 내선일체

신사참배 문제도 결국은 교회 측의 패배로 종막을 고하고 말았다. 숭실 전문 등 학교가 1938년 3월 31일에 폐교당할 무렵, 교회는 김종우·유형기, 기타 교역자들에 의해서 패배의 장이 기록되기 시작했다. 즉 1938년 4월 25일, 서대문경찰서 2층에는 강주희(姜周熙), 김명현(金明顯), 김용섭(金龍涉), 김유순(金裕淳), 김응조(金應祚), 김종만(金鍾萬), 김종우(金鍾宇), 박연서(朴淵瑞), 류형기, 이완룡(李完龍), 임석길(任錫吉), 장정심(張貞心), 최석모(崔錫模)와 일인 고사카(幸坂義之) 등 일선(日鮮) 각 교회 대표자들이 집결했다. 이들은 신사참배는 물론, 기타 총후 보국 강조 주간의 행사에도 참가할 것을 결의한 후 일본적 기독교에 입각하여 황도 정신을 발양하겠다는 요지의 선언문까지 발표했다.

그 후 1938년 5월 8일, 부민관 대강당에서는 서울 거주 일·선교도의 일치단결을 도모하는 **경성기독교연합회**(이하 경성기련)의 발회식이 있었다. "40만 십자군병들아, 다 같이 일어나 총후 보국의 보조를 맞추자"는 슬로건 밑에서, 이들은 주악·황거요배·서사 제창·성서 낭독 등의 식순을 진행한 후 아래의 선언문을 채택했다.

현하 아국(我國) 시국의 중대성에 감하여 국시를 체(體)하며 국민정신의 진작을 도(圖)함은 가장 긴급사임을 인(認)하고 자에 일층 전도에 정진하여 황국신민으로서 보국의 성(誠)을 치(致)하기를 기함.

경성기련은 기독교의 내선일체·황민화 체제의 첫 출발로, 그 임원은 아래와 같다.

위원장: 니와(丹羽淸次郞. 일인)
부위원장: 정춘수(鄭春洙) 아키즈키(秋月致. 일인)
서무위원: 김우현(金禹鉉) 사메지마(鮫島盛隆. 일인)
재무위원: 차재명(車載明) 가사다니(笠谷保太郞. 일인)
위원: 구자옥(具滋玉) 김종우(金鍾宇) 원익상(元翊常) 장홍범(張弘範)과 일인 3명

평의원: 강병주(姜炳周) 강문석(姜文錫) 강태희(姜泰熙) 곽희정(郭熙貞) 권영식(權瑛湜) 김명선(金鳴善) 김명현(金明顯) 김병선(金秉璇) 김부석(金扶石) 김수철(金洙喆) 김영섭(金永燮) 김영식(金英植) 김영주(金英珠) 김영철(金永哲) 김유순(金裕淳) 김원식(金元植) 김인영(金仁泳) 김정현(金正賢) 김종만(金鍾萬) 김종호(金鍾昊) 김창준(金昌俊) 김현봉(金顯鳳) 김홍식(金弘植) 김활란(金活蘭) 박연서(朴淵瑞) 박유병(朴裕秉) 박원길(朴元吉) 박제원(朴齊源) 박창현(朴昌炫) 박화선(朴華善) 박현명(朴炫明) 방훈(方薰) 배선표(裵善杓) 배진성(裵振聲) 송기준(宋基儁) 신공섭(申公　 신흥우(申興雨) 양주삼(梁柱三) 오건영(吳建泳) 오긍선(吳兢善) 오기선(吳基善) 오천영(吳天泳) 유각경(兪珏卿) 유시국(劉時國) 유억겸(兪億兼) 류형기 윤성순(尹珹淳) 윤치소(尹致昭) 윤치호(尹致昊) 이건(李鍵) 이동욱(李東旭) 이명식(李明植) 이석진(李錫璡) 이여한(李如漢) 이인범(李寅範) 이재형(李載馨) 이정로(李鼎魯) 이종렬(李鍾烈) 이춘호(李春昊) 이하영(李夏永) 장기형(張基衡) 장낙도(張樂道) 장석영(張錫英) 장원근(張元根) 전효배(田斅培) 정남수(鄭南洙) 정태응(鄭泰應) 정태희(鄭泰熙) 조신일(趙信一) 차광석(車光錫) 최거덕(崔巨德) 최동(崔棟) 최석모(崔錫模) 최윤실(崔允實) 한석진(韓錫晋) 한성과(韓聖果) 한영환(韓永煥) 함태영(咸台永) 홍병선(洪秉璇) 홍석모(洪錫謨) 황종률(黃鍾律)과 일인 20명

경성기련의 조직으로 교회 일각이 굴복해 버리자 잇달아 지방 교회들이 백기를 들기 시작했다. 1938년 5월 12일, 수원의 각파 교역자들은 수원 읍내 종로예배당에서 시국 인식 좌담회를 개최한 끝에 15원 14전을 거두어 국방 헌금을 했다. 평양은 동년 5월 23일자 『매일신보』에 중일전쟁 이후 시국 좌담회 18회, 전승 기원제 161회, 국방 헌금 836원 56전을 했다는 기록이 보도되었다. 1938년 6월 6일, 인천 용강소학교 강당에서 강화·부천을 포함한 인천기련이 위원장 고다니(小谷益次郎), 부위원장 김현호(金顯鎬)·이시마루(石丸幸助), 서무 갈홍기(葛弘基), 재무 유택윤(兪澤潤), 서

기 안길화(安吉和) 외 일인 각 1명의 진용으로 조직되고, 이후 전선 각처에서 기련은 속속 조직되었다.

1938년 7월 7일에 결성식을 한 **조선기독교연합회**는 전기 지방기련을 지부로 하는 상위 중앙 조직이었다. 장곡천정(長谷川町 = 현 소공동) 공회당에서 열린 동 집회는 전선 각처의 교회 대표자들이 참가하여, 연전 악단까지 동원하는 규모로 자못 성대하게 진행되었다. 이들은 허덕화(許德化)와 일인 미쓰이(三井久)의 낭독으로 대회 선언문을 채택했는데, 그 내용은 경성기련의 선언서를 약간 부연한 것이었다. 조선기독교연합회는 기독교 황민화·내선일체 체제의 완성인데, 간부진은 다음과 같이 구성되었다.

위원장: 니와(丹羽淸次郎)
부위원장: 김종우(金鍾宇) 아키즈키(秋月致)
서무: 차재명 가사다니(笠谷保太郎)
경성위원: 원익상(元翊常) 이명식 장홍범 야마구치(山口重太郎) 미쓰이(三井久)
평의원회: 회장 윤치호. 평의원은 서울 30명, 지방 30명 성명 미상

한편, **조선기독교청년연맹**은 이보다 앞선 1938년 6월 7일, 이른바 기독교의 일본화를 달성하기 위해서, 전 조선기독교 청년연맹위원회를 서울 YMCA회관으로 소집했다. 이날의 의제는 세계기청연맹을 탈퇴하고 일본기독교청년동맹에 가입한다는 것인데, 위원 15명 중 아래의 9명이 참가했으며, 불참자는 본부 위원에게 일체의 권한을 위임했다.

참가 위원: 김창제(金昶濟) 신공숙(申公淑) 오긍선(吳兢善) 유억겸(兪億兼) 윤치호(尹致昊) 반하두(潘河斗) 원한경(元漢慶. 이상 중앙) 김관식(金觀植. 함흥) 차형은(車亨恩. 원산)

이들은 반하두·신공숙·유억겸·윤치호를 집행위원으로 선정하여 전기

탈퇴 및 가입 수속을 취하게 했다. 이때 윤치호는 회의를 마친 후 "이제야 대임(大任)을 마쳤습니다. 우리 기독 청년들도 이제는 완전히 내선일체가 되었읍니다"라는 요지의 담화문을 발표했다.

다음은 **천주교·장로교**. 1937년 8월 15일, 서울의 종현천주교청년회는 국위 선양 평화 미사를 했다. 청년회 고문 노(盧) 신부의 시국 훈화, 경성교회 주임 우(禹) 신부의 국위 선양 기원제, 경성교회 원(元) 주교의 기도 강복식으로 진행한 후 황군 위문금을 모금했다.

그 후 1938년 5월 11일, 괴산에서는 천주·장로 양파가 남기종(南基宗) 목사, 박규호(朴圭浩) 장로, 이호재(李鎬宰) 장로를 중심으로 괴산기독교 황도선양연맹을 결성했다. 이러한 경로를 거쳐서 1938년 9월 10일부터 15일까지, 장로교회 굴복을 선언한 제27회 장로교 총회가 개최되었다. 평양 서문밖 예배당에서 열린 동 총회는 개회 첫날 신사참배 문제가 거론되었고, 아래의 성명서로써 이에 대한 태도가 표명되었다.

성명서 우리들은 신사가 기독교시에 위반되지 않는 본지를 이해하고, 신사참배가 대국적으로 보아 국가의 의식인 것을 자각하고, 이에 신사참배를 선서함. 신사참배를 솔선하여 이행하며, 더 나아가 국민정신 총동원 운동에 참가하여, 시국하의 총후 황국신민으로서 적성(赤誠)을 다하기를 기함.

이리하여 총회 제2일인 11일에는 회장 이하 간부 신도가 평양신사에 참배했다. 27차 장로교 총회는 종래에 없던 중앙 기구로 서울에 포교관리부를 두기로 하고 홍택기(洪澤基. 회장) 외 7명의 간부(명단 미상)를 선출했다. 또 일선 장로교회의 친선을 위해 일본기독교대회에 대표를 파견하기로 결의한 후, 동 대표로 곽전근(郭塡根)·이인근(李仁根)을 선출했다.

다음은 **감리교**. 1938년 12월 12일, 김종우, 양주삼(이상 감리교), 김길창(金吉昌), 홍택기(洪澤基)(이상 장로교), 이명식(성결교)의 5명이 전선 기독교 대표로 이세(伊勢) 신궁·가시와라(橿原) 신궁을 비롯한 일본의 신궁을 순례 참배하기 위해서 도일(度日)했다. 그 후 1939년 10월 17일부터 동경에서는 감리교의 내선일체를 위해서 조선 감리교회와 일본 감리교회의 합동을 논의하는 내선감리교회 특별위원회가 열렸다.

이 회의는 양측의 전권위원 각 7명이 참가함으로써 이루어졌다. 일본 측은 구기미야(釘宮辰生) 등 7명, 한국 측은 김영섭, 신흥우, 양주삼, 유형기, 이윤영, 정춘수와 평신도 대표 윤치호 등 7명이 참가했다. 의결된 내용은 내선일체 황도 선양을 위해서 양측의 교회가 합동은 하되, 언어 기타 여건으로 인하여 가급적 조속한 후일로 합동을 유보한다는 것이었다. 이 합동 문제는 금후에도 존속하기로 결의된 전기 14명 참석자로 된 위원회가 추진할 것이며, 기타 양측 교회의 친선 등 부수된 문제들이 의결되었다.

13 친일 고쿠고 잡지의 탄생

'고쿠고'(國語) 상용령은 미나미의 조선 통치 5대 지침 첫째 항목인 국체명징의 한 수단이었다. 일본의 신민이 되었으니 일본 말을 사용하라는 것인데, 1937년 2월 26일, 총독부 문서과장 명의로 총독부 각 국과 각 도에 '고쿠고' 상용을 엄명한 데서 그 서곡은 시작되었다.

이러한 추세에 호응해서, 1937년 1월 12일, 『매일신보』는 「매신'고쿠고'면」(每申國語面)을 창설했다. 당시의 사고(社告)가 밝힌 바와 같이, "읽을 수 있는 자에게는 초(草)하게 하고, 초할 수 있는 자에겐 해득케 하고, 해득할 수 있는 자에게는 비판·섭취하게 하기" 위해서 창설된 「매신'고쿠고'면」은 신문 한 면의 일부를 완전히 일문(日文)으로 메운 것이었다. 국책적인 견지에서 조선어 지면을 일본어가 침략한 첫 번째인데, 일본문 논설·수필의 전재와 더러는 오리지널한 것도 실었다. 초기의 한국인 필자는 창설 첫날에 「신년의 전망」(新年の展望)을 쓴 한상용, 이후 박노식(朴魯植), 최남선(崔南善), 송혜임(宋惠任), 김소운(金素雲)의 순으로 하이쿠

(俳句. 일본 시조), 논설, 수필 등을 발표했다.

　이와 함께, 한국인 중에서는 이른바 과잉 충성으로 쓸개까지 뽑아 바치는 무리가 생겨나기 시작했다. 그 하나가 녹기(綠旗)연맹 이사, 녹기 일본문화연구소원, 정학회(正學會) 간부, 정동연맹 간사 등을 하면서 『조선인이 나아갈 길』(朝鮮人の進むべき道) 등을 저술한 현영섭(玄永燮)——훗날 아마노(天野道夫)로 창씨개명한 자——이다. 1938년 7월 8일, 미나미가 민의(民意)를 듣는 제11회 면담 석상에서, 현영섭은 다음과 같이 조선어 사용의 전폐를 건의했다. 즉 "조선인이 완전한 일본인이 되기 위해서는 무의식적 융합, 즉 완전한 내선일원화에서부터 되지 않으면 안 될 것인 즉, 신도(神道)를 통하여, 또는 조선어 사용 전폐에 의하지 않으면 안 될 줄 안다"고. 이에 대해서는 오히려 미나미가 다음과 같이 거절했다.

　"조선어를 배척함은 불가하다. 가급적 '고쿠고'를 보급하자는 것은 가하나, 이것도 조선어 폐지 운동으로 오해를 받는 일이 종종 있는데, 그것은 불가한 일이다."

　이후 1939년 1월, 잡지의 조선어 사용 전폐가 박희도에 의해서 최초로 실행되었다. 3·1운동에 33인으로 참가했던 박희도는 순 일문 잡지 **『동양지광』**(東洋之光)을 창간(1939. 1)하여 황도 문화 수립에 앞장서는 한편, 총력연맹 참사·조선언론보국회 참여 등으로 활동을 했다. 그는 또 「신동아의 건설과 아등의 사명」(新東亞の建設と我等の使命)·「혈서의 애국심」(血書の愛國心) 등을 『동양지광』에 권두언 등으로 발표하곤 했던, 일제 말의 유수한 황도주의 논객이기도 했다.

　『동양지광』의 편집 방침은 박희도가 창간호 권두언에서 밝힌 바와 같이 "내선일체 구현에 대한 일본 정신 앙양의 수양 도장을 제공"함이었는데, 권두언의 1절은 다음과 같다.

　　차제에 반도 2천만 동포의 심흉(心胸)에 일본 정신을 철(徹)하고, 황도 정신을 앙양하고, 폐하의 적자(赤子)로서, 황국 일본의 공민으로서 예외 없이 국체의 존엄을 체득하고, 황국 일본의 대사명을 준봉하고, 황도의 선포, 국위의 선양에 정진하고, 이로써 동양의 평화는 물론 팔굉일우의 일대 이상을 펴서, 세계 인류 문화의 발달과 그 강녕복지(康寧福祉) 증진에 공헌할 것을 기하지 않으면 안 된다고 믿습니다. 이 대의를 이해하고 이 이념을 체득할 때, 일본 국민으로서의 광영과 긍지를 감득(感得)치 않을 자 누가 있겠습니까.

다음, 『**국민신보**』(國民新報)는 매일신보사가 간행한 순 일문 주간지였다. 1939년 4월 3일, 즉 진무천황 제일(祭日)에 창간했으며, 백철이 편집진영에 관여했다. 이 주간지는 "조선의 황국화와 '고쿠고' 장려의 취지하에 '고쿠고'를 해(解)하는 청소년을 위하여 '고쿠고'에 의한 소(小)신문을 발행하여 국민 교육의 실을 거두려 함"을 발행 취지로 했다. 소년란·청년란·공민 강좌·시사 해설과 한국인 작가들의 일어 문예 작품을 싣곤 했다.

제4는 『**녹기**』(綠旗). 일인 쓰다(津田榮, 津田剛) 형제가 주관한 녹기연맹의 기관지다. 이 잡지는 1927년 4월 3일 경성천업청년단묘관문고(京城天業靑年團妙觀文庫)가 발행한 4·6판 프린트 책자 『묘관』(妙觀)에서 유래하며, 그 후 천업청년단이 녹기동인회(1930. 5)를 거쳐서 녹기연맹으로 재발족(1933. 2. 11)한 후, 1936년 1월부터 기관지를 겸해서 발행한 월간지였다(국판).

녹기연맹은 "일본국체의 정신에 즉하여 건국의 이상 실현에 공헌하는 것"(강령 2) 등을 강령으로 하면서, 녹기일본문화연구소, 청화여숙(靑和如塾) 등의 경영과 강좌·전람회 개최 및 팸플릿·책자의 발간 등으로 사회 교화·사상 연구·중견 인물 양성 등의 사업을 전개했다. 이러한 사업의 이면에서, 녹기연맹은 총독부의 외곽 정보 단체로 총독부가 터놓고 하기 어려운 매수·회유 등 사상 공작을 담당했다고 한다. 성대(城大) 예과교수이던 형 쓰다 사카에(津田榮)는 총력연맹 참사 등을 한 총력 진영의 거물. 동생 쓰다 쓰요시(津田剛)는 총력연맹 홍보부장 등을 했을 뿐만 아니라 특히 일제 말 황민 문단을 만들어 낸 근본 원흉이기도 했다.

『녹기』는 창간 당시에는 한국인 집필을 받아들이지 않았으나, 1939년

3월 이후 내선일체라는 견지에서 한국인 집필을 허락했다. 서춘·현영섭·이영근·김용제·김소운·김문집(金文輯)이 그 초기의 필자들인데, 「혁신 창조 시대의 반도재주 내선동포의 중대 책무」(革新創造の時代に於ける半島在住內鮮同胞の重大責務: 玄永燮) 따위가 그 논문 제목의 하나다.

제5는 『**삼천리**』(三千里). 1939년 4월 초에 「새로운 동양의 건설」(新ろしき東洋の建設: 미나미), 「정신적 위력과 인적 요소」(精神的威力と人的要所: 中村老太郎), 「조선의 지식층에 호소함」(朝鮮の知識層に訴ふ: 張赫宙) 등을 실음으로써 잡지의 내선일체 체제를 완성했다. 그리고 이보다 앞선 1938년 5월호에 「시국과 여성의 각오」(兪珏卿), 「비상시국과 부인보국」(李淑鍾), 「보국과 절제(節制)」(張貞心), 「비상시국과 가정」(黃信德) 등의 시국 논설을 싣기 시작했다.

이 잡지는 1942년 5월에 지명을 『대동아』(大東亞)로 바꾸고 대동아사로 재출발했다. 사장 김동환(金東煥. 白由靑樹)은 임전대책협의회를 주동했으며, 대동아사는 『대전과 조선 민중』 『승전가』(시집) 기타 시국적 단행본도 많이 출판했다.

제6은 『**모던일본 조선판**』(モダソ日本朝鮮版). 일본의 모던일본사가 창립 10주년 기념으로 1939년 11월에 간행했다. 1940년 8월에 제2차 간행이 있었고 이후는 미상이다. 순 일문지로 한·일인 공동 집필이며 주재자는 마해송(馬海松)이다. 종합 오락지라 시국물은 매호 2, 3편에 불과했다.

제7은 1940년 11월 창간한 『**춘추**』(春秋). 시사·경제·문화·문예 전반을 다룬 종합지다. 「동아 신질서 건설의 현단계」(편집부)·「신체제하의 생활 설계」(지상 좌담회) 같은 기사가 보이나 친일색은 그다지 강하지 않았다. 이 잡지도 당초에는 조선문이었으나 1941년 1월 이후 약 1할을 일어 지면으로 했다. 일인도 집필은 했으나 한국인 중심의 필진을 애써 유지하려 한 흔적이 보인다.

제8은 1941년 1월 창간한 『**신시대**』(新時代). 처음부터 친일 경향을 띠고서 출발한 잡지다. 즉 창간호가 벌써 「가두인물 점묘」라 해서 서춘·손홍원(孫弘遠) 같은 중견 친일분자를 크게 소개하고 있었다. 참고로 말하면 서춘은 전 『매일신보』 주필, 조선문화사 사장으로 일문 친일 월간지 『태양』(太陽)을 발행했으며 오가와(大川滋種)로 창씨개명했다. 손홍원은 국민훈련후원회 회장으로 창씨명은 노무라(野村弘遠)다.

『신시대』는 편집 겸 발행인 노익형(盧益亨. 瑞原益亨), 1942년 1월부터 노성석(盧聖錫. 瑞原聖)이 계승 경영했다. 이 잡지는 1940년 10월호부터 종래 일부 지면을 할애해서 설치했던 「국어 특집」→「신시대 국어판」을 철폐한 후, 일선문 혼용·일선인 공동 집필의 내선일체 체제를 완성했다.

마지막으로 『국민문학』(國民文學). 『인문평론』의 후신이며 편집 겸 발행인은 최재서다. 1941년 11월 창간했으며, 일문판 연 4회 예정이었으나 실제로 한글판은 단 2호뿐, 전부 일어로 발행되었다. 순 문예지로 이른바 조선 문단의 혁신, 즉 한글 창작을 버리고 '고쿠고'로 창작하게 하는 데 주동적·중심적인 역할을 수행했다. 이 잡지에 의해서 탄생된 일제 말 황민 문단의 동향은 따로 장을 나누어서 후술하겠다.

14 창씨·가미다나의 앞잡이

국체명징의 수단으로는 황거요배·신사참배·황국신민의 서사·'고쿠고' 상용 말고도 '가미다나'(神棚) 봉사(奉祀)가 있었고 창씨개명이 있었다. 그중 첫째, '가미다나'는 일본의 개국신인 아마테라스 오미카미(天照大神)를 집집마다 모시게 하는 것이었다. 천조황대신궁이라 쓴 지방(紙榜) 비슷한 것을 신사(神社)처럼 생긴 나무함 속에 넣어 높은 곳에 달아 두고, 조석으로 절할 것을 강요했다.

미확인된 이야기지만, 가미다나는 문명기가 거액을 벌기 위해 창안하여 집집마다 강제로 팔아먹었다는 항설이 있었다. 필자의 조사 결과로는 문명기는 1938년 9월 4일 조선 신궁에서, 명예회장 사에키(佐伯顯), 이사장 문명기의 진용으로 친일 단체인 재단법인 광제회(廣濟會)를 발족했다. 그 날 광제회는 발회식 기념으로 '가미다나' 분포식을 아울러 거행하고, 제1차로 서울의 각 정회(町會) 총대(總代. 동장) 130명에게 문제의 '가미다나'를 나누어 주었다.

둘째는 **창씨개명**. 1939년 11월 10일 제령 제19호로 조선 민사령(民事令) 중 일부를 개정한 것이 이른바 창씨개명제의 시행이다. 천황의 신민답게 성을 일본식으로 갈라는 것인데, 1940년 2월 11일부터 계출 접수를 시작했다.

이 제도가 일단 시행되자, 방방곡곡이 그야말로 벌집을 쑤신 듯이 술렁거렸다. 제령 제19호의 개정 내용은 첫째가 창씨개명, 둘째는 서양자 제도의 신설이었다. 그중 첫째인 창씨개명——이것을 하면 성명만은 일인과 다름없이 되나, 그렇다고 피까지 일인이 되어 버리는 것은 아니다. 즉 창씨개명에 의해서 일제가 얻는 것은 형식적인 황민화의 달성이었다. 이에 반해서 제2의 서양자 제도는 타성양자(他姓養子)를 인정하지 않았던 재래 한국의 관습을 부인함으로써, 우선 씨족 관념과 나아가서 민족의식을 마비시킨다는 실질적인 이득이 있었다. 그뿐만 아니라 이 제도에 의해서 아들 없는 일인은 한국인 총각을, 또한 한국인은 일인 사위를 서양자로 삼고 가독(家督)까지 상속시킬 수 있었다. 법적으로 보장받게 된 일선통혼에 의해서 조선인·일본인의 혈통 구별은 해소되고, 따라서 일제는 실질적인 황민화의 달성을 얻게 된다. 그러나 한국인은 '성을 갈면 개자식'이라는 종래의 관념 때문에, 민족 말살의 실질적인 효과를 달성할 수 있는 일제의 서양자 제도 신설은 제쳐 둔 채, 형식적인 창씨개명제에 대해서만 논란과 반발이 집중되었다.

창씨 제도 비방으로 구류를 받은 자는 허다했다. 충남 대덕의 이기용(李紀鎔)이 8개월, 충주의 김한규(金漢圭)는 1년 징역형을 받았다. 전남 곡성의 류건영(柳建永)은 미나미에게 창씨제를 반대하는 엄중한 항의서를 보내고 58세를 일기로 자살했다. 전북 고창의 설진영(薛鎭永)은 창씨에 불응하면 자녀를 퇴학시키겠다는 바람에 결국은 창씨해서 아이를 학교에 보내고, 자신은 조상에게 사죄하기 위해서 돌을 안고 우물로 뛰어들었다.

이런 비극을 외면하면서 많은 사람이 창씨 제도에 앞장을 선다. 우선 변호사 이승우(李升雨)는 제령 제19호로 조선민사령을 개정(창씨제 신설)할 당시에 위원(사법법규개정 조사위원)의 하나로 참여했다. 1940년 2월 11일부터 계출을 접수한 창씨 제도는 동 11일 현재 48건, 12일 오후 2시 현재 39건, 도합 87건이 경성부 호적과에 접수되었는데, 이승우(梧村升雨)도 그 87건 중 하나다. 또 그 87건 중에는 이광수(香山光郎), 참의며 종로경방단장 등을 역임한 조병상(夏山茂), 총독부 사회교육과장·경기도경 형사과장 등을 지낸 이원보(李源甫. 李家源甫) 등이 끼어 있었다.

이들 창씨의 이른바 선구자들은 스스로 창씨에 앞장을 섰을뿐더러 창씨 제도의 취지 선전을 위해서「지도적 제씨의 선씨(選氏) 고심담」같은 글을 『매일신보』등에 발표했다. 즉 문명기(文明琦一郎), 이광수 등인데, 그중 이광수의「선씨 고심담」(『매일신보』, 1940. 1. 5)은 다음과 같다.

지금으로부터 2,600년 진무천황께옵서 어즉위(御即位)를 하신 곳이 가시와라(橿原)인데 이곳에 있는 산이 향구산(香久山, 가구야마)입니다. 뜻깊은 이 산 이름을 씨로 삼아 '향산'이라고 한 것인데, 그 밑에다 '광수'(光洙)의 '광' 자를 붙이고, '수' 자는 내지식의 '랑'(郎)으로 고치어 '향산광랑'(香山光郎)이라고 한 것입니다.

1940년 8월 10일까지 완료하라는 창씨 제도를 위해서, 미나미는 각 도의 지사 회의, 참여관 회의, 내무부장 회의, 경찰부장 회의, 전 조선 군수 회의 등을 연달아 소집하고 창씨 곧 신도실천(臣道實踐)의 논리를 강제했다. 창씨 제도는 관권이 앞장서서, 총독부 경찰국·13도 경찰부·258개 지방 경찰서 및 2,943개 파출소·주재소와 일선 군·면의 독려 감시로 강행되었다.

여기에 방조적 역할을 한 것이 정동연맹·녹기연맹 기타 친일 단체들의 독려 강연 행각이다. 즉 1940년 4월 15일부터 27일에 걸쳐서, 정동 경기도

연맹 주최로, 김민식(金敏植. 金光 敏)·윤원혁(尹元赫. 平沼元赫)·이승우(李升雨. 梧村升雨)·조병상(曺秉相. 夏山茂)이 서울 및 경기 일원에서 독려 강연을 했다. 1940년 3월 4일 경기도회는 가평(加平) 출신 송성진(宋星鎭. 平山正夫) 의원의 긴급동의로 솔선 창씨를 결의했고, 동 5일 함북도회도 경성(鏡城) 출신 김정석(金定錫. 金山韶能) 의원의 긴급동의로 동일한 안건을 의결했다. 1940년 4월 2일부터 8일까지 황해도회는 도회의원 김형철(金亨喆)·박준원(朴俊遠)·손진언(孫鎭彦)·송승엽(宋承燁. 松原承燁)·신현성(申鉉聲. 吉原成辰)·양희철(梁熙喆)·오원석(吳元錫. 松山元錫)·원효섭(元孝爕)·야나가와(柳川昌荷. 본명 미상)·이승구(李承九. 三島承一)·이종준(李鍾駿. 和泉鍾駿)·이홍엽(李興燁. 大山敦正)·한영찬(韓泳瓚)·홍성흠(洪性欽)을 도내 일원에 파견, 창씨 독려 강연을 하게 했다. 1940년 4월 26일, 충북 청주(淸州)군에서는 회장 이해용(李海用. 三州海用, 군수), 부회장 가토(加藤) 내무과장, 평의원에 각 읍면장, 고문에 도회의원과 각 관공서장 지방 유지의 진용으로 청주군창씨위원회가 조직되었고, 서울에서는 대화숙·대동일진회 등이 창씨 상담실을 개설했다.

제3은 국체명징과 내선일체의 선전을 위해서 건설된 관폐대사(官弊大社)급(級) **부여 신궁(扶餘神宮)의 창설**. 미나미는 내선일체의 역사가 멀리 백제 시대에 소급한다고 해서 이른바 일선동조동근론(日鮮同祖同根論)을 주장했다. 즉 "1,300년 전 6대 제왕(諸王)의 120년 동안 일본과 삼국, 특히 백제와의 골육에 지나친 친선 관계"가 있었다 해서, 그 유적지라는 부여에다 부여 신궁을 건설했다. 1940년 7월 30일, 미나미 이하 각계 요인 참석하에 기공식, 즉 지진제(地鎭祭)를 거행했으며, 총 경비 300만 원 예산이던 이 부여 신궁에는, 백제와 교섭이 깊었다는 일본의 오진(應神) 천황·사이메이(齊明) 천황·덴치(天智) 천황과 징구(神功) 황후의 영을 모시게 했다.

이 공사를 위해서, 총독부는 관민은 물론 중학·초등학생까지 동원해서 수양단이다 성추부대(聖鍬部隊)다 하는 명칭으로 무보수 근로 부대를 조영(造營) 공사에 투입했다. 사보(思報)연맹 경성 지부는 1939년 7월 29, 30일의 통상 대회에서 부여 신궁 창설에 관련된 봉사수양단 파견을 본부에 건의하도록 결의했고, 1941년 5월 24일 신봉조(辛鳳祚. 辛 島純)가 회장이던 황도학회도 성추부대를 모집·파견했다. 문화 진영에서는 1941년 2월 9일에 문화인 성추부대를 결성·파견했는데, 참가 단체 및 참가자 명단은 다음과 같다.

조선문인협회: 김동환 박영희 이석훈(李石薰) 정인섭(鄭寅燮) 함대훈(咸大勳) 외 일인 2명
조선연극협회: 김관수(金寬洙) 김태윤(金泰潤) 박진(朴珍) 이서구(李瑞求) 유치진(柳致眞) 최상덕(崔象德)
조선연예협회: 미키(三木尙. 본명 미상) 이부풍(李扶風) 이철(李哲) 이철원(李哲源) 임서방(任曙方) 한창선(韓昌先)
조선영화인협회: 가네다(金田 廣. 본명 미상) 서광제(徐光霽) 안석영(安夕影) 안종화(安鍾和) 이규환(李圭煥) 이원용(李源鎔)
조선음악협회: 김관(金管)
조선담우회(談友會): 신불출(申不出) 장지호(張志浩) 현철(玄哲)

15 총후부인부대의 활동

장기전 체제로 돌입하면서 부녀자·여학생들까지 총후 운동에 동원되기 시작했다. 그 하나가 1938년 6월 12일 부민관에서 결성식을 올린 **경성중등여학교동창회연맹**으로, 총독부 사회교육과가 시내 16개 여고 졸업자로 조직하게 한 단체다. "장기 항전의 대책은 부엌 살림과 부인네의 각오로부터"라는 슬로건 밑에서, 이 회는 연맹원을 시국 운동의 일선 지도자로 양성함이 목적이었다. 이사장 미아키(三明) 제2고녀교장, 부이사장 조동식(趙東植) 동덕여교장, 이사는 16개 참가 여교 교장. 다음은 결성식 당일에

결의한 실천 사항이다.

① 경천경조(敬天敬祖), 국체의 존엄을 인식하고 자녀의 교양·체위 향상에 노력하여 제가(齊家)의 실을 거둘 것.
② 자원 애호·소비 절약·근검 저축으로 부인보국의 실을 거둘 것.
③ 장기전을 각오하고 인고단련(忍苦鍛鍊)으로 군인의 후고(後顧)의 우려를 없게 할 것.

다음은 1938년 6월 20일에 발단식을 올린 **애국자녀단**으로, 이화여전과 이화보육의 400명 교복 처녀들로 조직되었다. 이른바 총후 보국의 내조적 역할을 다하기 위해서 조직되었으며, 단장 김활란, 부단장 김호직(金浩稙), 간사에 김상용(金尙鎔)·김성래(金成來)·김신실(金信實)·김쾌례(金快禮)·박원규(朴元圭)·서은숙(徐恩淑)·윤성순(尹城淳)·장초원(張超元)·조두연(趙斗衍)이었다.

이러한 단체가 조직될 무렵, 여성단체연합회에서는 부인보국을 주제로 시국 강연회를 개최했다. 1938년 6월 24일, 장소는 종로 기청회관, 장내 정리비로 보통 16전, 학생 5전을 받아서 국방 헌금을 했는데, 연사 및 연제는 다음과 같다.

시국과 여성의 각오: 유각경(YWCA 총무)
비상시국에 처한 부인보국: 이숙종(李淑鍾. 성신여교장)
제목 미상: 임효정(林孝貞. 東遊會 회장)
보국과 절제: 장정심(張貞心. 절제회 연합회 총무)
비상시국과 가정경제: 황신덕(黃信德.『동아일보』 기자)

한편 **조선부인문제연구회**는 총독부의 '비상시 국민 생활 개선책'에 호응하여,「가정보국 운동으로서의 국민 생활의 기본 양식」이란 것을 제정했다(1938. 9). 전시에 알맞게 가정 생활을 간소화하자는 것인데 그 내용을 요약하면 다음과 같다.

　의례: 매월 1일 가정에서 황거요배, 축제일의 국기 게양, 총독부 의례 준칙의 준수, 혼상례의 간소화.
　누습 타파: 세찬 기타 증답(贈答), 푸닥거리, 필요 없는 잔치 등의 폐지와 매사의 시간 엄수.
　근로보국 정신의 앙양: 집 안 청소를 통한 근로 정신 함양, 주부가 직접 시장 보기, 자녀의 근로 정신 함양.
　의식주: 색옷 입기, 환경 청소, 국 한 그릇 찬 하나의 식사 간소화.

이상을 선전 계몽하기 위해서 동 연구회는 11명으로 된 순회 강연반을 결성했다. 1938년 9월 12일부터 13도를 순강(巡講)한 강연반 명단은 다음과 같다.

　송금선(宋今璇. 경기) 유각경(충남북) 고황경·홍승원(전남북) 김활란(경남) 서은숙(경북) 김현실(金縣實. 강원) 조은홍(趙圻洪. 황해) 손정규(孫貞圭. 평남북) 이숙종·차사백(車土百. 함남북)

이들 이른바 총후부인부대는 1941년 12월 27일 조선임전보국단 주최로 부민관 대강당에서 「결전부인대회」를 개최했다. 다음은 그 연사·연제 및 연설의 일부이다.

　박인덕(朴仁德): 개회사 및 사회＝이제 우리 1,500만 여성은 당당한 황국 여성으로서 천황폐하께 충성을 다할 천재일우의 시기이다. 이제 우리 반도 여성을 대표로 하여 결전부인보국회를 조직하고…….
　김활란: 여성의 무장＝흑노(黑奴) 해방의 싸움을 성전(聖戰)이라 했고 십자군의 싸움도 성전이라 했다. 그러나 이제 성전은 정말로 내려진 것이다. …… 희생의 투구를 쓰고 적성의 갑옷을 입고 긴장과 자각으로써

허리띠를 매고 제1선 장병과 보조를 같이하여 미·영을 격퇴하여 버리자.

모윤숙(毛允淑): 여성도 전사이다＝미·영을 격멸할 자는 아세요, 대일본 제국이요, 국가의 뒤에서 밀고 나가는 원동력은 아내요 어머니이다. …… 우리들 여성의 머릿속에 대화혼이 없고 보면 이 위대한 승리의 역사는 이루어질 수 없는 것이다.

박순천(朴順天): 국방 가정＝내용 미상.

임숙재(任淑宰): 가정의 신질서＝우리의 가정은 전장이요 우리는 전사이다. …… 전사인 우리는 먼저 우리들의 의식주를 결전 체제로 고쳐야 할 것이다. …… 긴 치맛자락을 가슴에 잔뜩 안고 다니면서 전사 행위를 어떻게 하는가.

임효정(林孝貞): 미몽에서 깨자＝왜 아들을 지원병으로 내놓지 않는가. 이제 우리는 우리의 피까지 우리의 몸까지 모든 것을 이 전쟁에 재물로 바치지 않으면 안 된다. …… 서자 생활을 완전히 버리고 천황폐하의 적자로서 나가자.

최정희(崔貞熙): 군국의 어머니＝1,500만 여성이 한마음 한뜻으로 총후 봉공하면 우리의 천추만대 내려가면서 대대손손이 황국신민으로서의 무한한 행복을 누릴 것이다. 만약 이번 대동아전쟁에 진다면 우리는 가족도 없다.

허하백(許河伯): 총후부인의 각오＝우리는 가락지를 뽑아 던지고 마음속에 용솟음치는 허영과 사치를 없애 버려야 한다. 만약 아직까지도 모든 허영의 구렁에서 헤매는 여성이 있다면 그건 우리들의 총후를 좀먹는 병균일 것이다.

조선임전보국단은 1942년 1월 5일 산하 기관으로 소위 총후부인 진영을 망라해서 **조선임전보국단 부인대**를 발족시켰다. 이하는 동 부인대의 간부 진영이다.

지도위원: 고황경 김선(金善[李]) 김?정(金?禎) 김활란(天城活蘭) 박

마리아(朴瑪利亞) 박순천 박승호(朴承浩) 박은혜(朴恩惠) 박인덕(永河仁德) 배상명(裵祥明. 芳村祥明) 서은숙(徐城恩淑) 송금선(福澤玲子) 손정규(伊原 圭) 유각경 이숙종(宮村淑鍾) 임숙재(豊川淑宰) 임영신(任永信) 차사백 최이권(崔以權) 황신덕 홍승원

간사장: 임효정

간사: 김선(金善[朴]) 금천정희(金川貞熙: 본명 미상) 노천명(盧天命) 모윤숙 전희복(田熙福. 田村英紀子) 최희경(崔熙卿) 허하백(許河伯. 金村河伯)

이상 총후의 부인 운동은 일본에서는 애국부인회·대일본국방부인회·대일본연합부인회의 세 단체가 대종이 되어 강력히 추진되고 있었다. 1941년 6월 10일, 이들 세 단체는 정부 방침에 의해서 발전적으로 해산한 후, 1942년 2월 2일 대일본부인회로 통합, 새 출발을 했다.

이에 호응하여 조선에서는 1942년 3월 14일 **대일본부인회 조선 본부**가 설립되어 서울에 조선 본부를, 각 도에 도지부를 두게 되었다. 이 조직은 말하자면 여성판 국민총력조선연맹이라고 할까. 여성의 힘을 총력전 체제에 총동원하는 대중적 조직이며, 본부장에 총독 부인, 부본부장에 조선군 사령관 부인·정무총감 부인, 고문에 총독·정무총감·군사령관·진해경비부 사령장관 기타 군관민 수뇌자가 앉고, 그 외에 참여, 감사, 이사, 평의원 등으로 구성되어 있었다.

대일본부인회 조선 본부는 20세 미만의 미혼자를 제외한 전 여성으로 조직되었다. "고도 국방 국가 체제에 즉응하기 위하여, 황국 전통의 부도에 즉해서 수신제가 봉공의 실을 거둔다"는 목적 아래 다음과 같은 사업을 추진했다.

1. 국체 관념의 함양, 부덕(婦德) 수련
2. 내선일체 구현
3. 국방 사상의 보급 철저

4. 가정 생활의 정비 쇄신 및 비상시의 준비 확립에 관한 사항
5. 제2세 국민 육성과 가정교육 진흥
6. 군인 원호
7. 국방상 필요한 훈련
8. 직분봉공 인보협동에 관한 사항
9. 저축 장려
10. 기타 필요한 사항

16 시국대책조사위원회의 활동

1938년 1월경부터 총독부는 장기전에 대처할 대내·대외 중요 정책의 입안 심의를 위해서 전시 최고 심의 기관의 설치를 구상했다. 그 성안을 1938년 8월 27일 칙령인 관제(官制)로써 발표하고, 이에 의한 임직원— 회장·위원·사무촉탁 간사—을 임명함으로써, 조선총독부 시국대책조사위원회(이하 대책위)가 발족했다. 이 대책위는 "조선총독의 감독에 속하고 그 자문에 응하여, 조선에 있어서의 시국 대책에 관한 중요 사항을 조사 심의함"(관제 제1조)이 목적이었다. 이 항에 관해서 대책위는 "조선총독에 건의함을 득"(제1조 2항)했으니, 즉 제2의 중추원이라 할까, 아무튼 전시 정책의 최고 심의체로서 그 권한은 막강했다.

대책위는 회장 1명과 위원으로 구성되며, 필요할 때 임시위원을 둘 수 있었다(제2조). 회장은 정무총감으로 하며, 위원 및 임시위원은 학식과 경험이 있는 자 및 총독부 각 기관의 고등관 중에서 총독의 주청(奏請)으로 내각이 임명했다(제3조). 회장은 회무를 총괄하며, 회장 유고 시는 위원 중에서 총독이 지명하는 자가 그 직무를 대리했다(제4조). 간사는 총독부 고등관 중에서 총독이 임명하고 서무를 정리하며(제5조), 서기는 판임관 중에서 총독의 임명으로 서무에 종사했다(제6조).

이렇게 조직된 대책위는 관제를 발표하던 날 위원 97명과 간사 12명, 사

무촉탁 5명이 발령을 받았다. 그중 위원 11명이 한국인인데 명단은 아래와 같다.

　　김연수(조방연합회장·경성방직사장) 박영철(참의·상업은행 두취) 박중양(참의) 박흥식(화신사장) 윤덕영(남작·중추원 고문) 이기찬(참의) 이승우(참의) 최린(참의) 한규복(참의) 한상용(참의·조선생명보험 사장) 현준호(참의·호남은행 두취)

　　이상 11명을 제외한 위원·임직원은 총독부 관리인 일인들 중에서 임명되었다. 이들의 활동은 1938년 9월 6일부터 제1차 총회를 열고 미나미의 자문 사항 18항목을 심의하여 정책 자료를 답신 건의한 것이 그 하나다. 편의상 3개 분과회로 나누어 동 자문 사항을 심의했는데, 구체적인 내용은 아래와 같다.

　　제1분과회
　　분야: 문화·사회 관계 및 일반 사항.
　　심의자: 전문위원 22명, 겸임위원 13명. 한국인은 박중양·윤덕영·이기찬·이승우·최린·한규복이 전임. 김연수·박영철·한상룡·현준호가 겸임.
　　심의 안건: ①내선일체의 강화 철저 ②조선·만주·북지(화북) 간의 사회적 연계 문제 ③재지(在支) 조선인의 보호 지도책 ④반도 민중의 체위 향상과 생활 개선 문제 ⑤농산어촌 진흥 운동의 확충 강화 ⑥사회 시설의 확충 ⑦노무의 조정과 실업의 방지 구제
　　제2분과회
　　분야: 산업·경제 관계.
　　심의자: 전문위원 57명, 겸임위원 7명. 한국인은 김연수·박영철·박흥식·한상용·현준호가 전임.
　　심의 안건: ⑧북지·중지(中支)의 경제 개발과 조선의 경제 개발의 연

계 문제 ⑨ 해외 무역의 진흥책 ⑩ 군수 공업의 확충 문제 ⑪ 지하자원의 적극적 개발 ⑫ 쌀의 증산 ⑬ 축산의 적극적 장려

제3분과회

분야: 교통 · 통신 관계.

심의자: 전문위원 15명, 겸임위원 14명. 한국인 위원은 없음.

심의 안건: ⑭ 북선(北鮮)의 특수성에 대응할 방침 ⑮ 해운의 정비 ⑯ 통신 기관(라디오 포함)의 정비 ⑰ 항공 시설의 정비 ⑱ 육상 교통 기관의 정비

이상 18항목이 미나미의 자문이다. 이에 대한 답신 건의안은 정책 자료로서 비중이 컸으며, 따라서 동 대책위는 조선에서의 전시 시책 결정에서 대종 역할을 수행한 심의체였다.

이밖에도 총독부는 전문 분야의 심의 · 자문, 혹은 그때그때 필요한 특수 사항의 정책 시행을 위해서 허다한 위원회를 설치하곤 했다. 우선 몇 가지 예를 들면, 조선총독부개척민위원회(이하 조선총독부는 생략함), 경제안정대책위원회, 임시교육심의위원회, 조선중요물자영단 설립위원회, 조선중앙정보위원회, 방공(防空)위원회 등이 있다. 지사, 참여관, 총독부 내 고등관 또는 그 방면에 학식과 경험이 있는 한국인들이 일인과 섞여서 위원 · 간사 등을 담당했으나, 여기서는 전모를 구체적으로 추적할 겨를이 없다.

17 국민총력조선연맹

국민총력조선연맹(이하 총력연맹)은 이른바 총력 운동의 대종이었다. 중일전쟁이 장기화하고, 미 · 일 관계마저 틈이 벌어지자, 일제는 종래의 전시 체제를 한층 엄한 결전 체제로 끌어올리기 위해서, 고도 국방 국가의 건설을 떠들기 시작했다. 고도 국방 국가 건설이란 첫째, 사상 통일 ——

일본 정신의 앙양과 내선일체의 완성이 여기에 속한다. 둘째, 국민 총훈련 ——직역봉공(職域奉公) 및 생활의 신체제 확립이다. 셋째, 생산력 확충 ——전시 경제 체제의 추진과 증산이 그 목표다.

이러한 체제의 완성을 위해서 1940년 10월 16일, 일제는 정동연맹을 발전적으로 해산하고 이를 총력연맹으로 재출발시켰다. 이 연맹의 목적은 강령이 말하는 바처럼 "국체의 본의에 기(基)하여 내선일체의 실을 거(擧)하고, 각 그 직역(職域)에서 멸사봉공의 성(誠)을 봉(奉)하며, 협심육력(協心戮力)하여, 이로써 국방 국가 체제의 완성, 동아 신질서 건설에 매진할 것을 기함"이었다. 이 목적을 위해서 총력연맹은 첫째, 물심 양면에 걸친 각 부문의 총후 운동을 통합 포섭하고, 둘째, 지역과 직역에 부합하는 국민 총력 운동을 전개하여 그 실을 거두며, 셋째, 이상의 발랄 강력한 실천 운동을 전개하는 것으로 실천 방책 강령을 삼고 있었다.

따라서 총력연맹은 위로 총독부 고관과 아래로 일개 부락민에 이르기까지 사람과 기관, 업체의 전부를 그 조직 속에 포함하는 것이었다. 총력연맹의 조직은 첫째 지도 조직——총독부 안에 정무총감을 위원장으로 한 지도위원회를 두고 연맹의 기본 방침을 결정했다. 둘째, 중앙 조직——조선의 전 단체와 개인으로 구성원을 삼고, 총재·부총재·고문·이사·참여·참사·평의원 등의 임원을 두었다. 셋째, 지방 조직——도에 회장, 부·군·도(島)·읍·면에는 이사장을 두어 당해 기관장으로 보하고 이사·참여·평의원 등을 두었다. 지방 조직의 말단은 대략 10호 단위로 된 애국반을 기저로 하는 정·리·부락 연맹이며 정총대나 구장이 그 이사장이다. 이밖에 총력연맹은 직역 조직을 두었으니, 국민총력××학교연맹·국민총력조선연극협회 등이 그것이었다.

이러한 조직을 통해서 일제는 황민 정신의 앙양, 징병·학병의 독려·후원, 증산, 헌금과 공출, 군인 원호 등 기타 전반의 총후 운동·총력 운동을 전개했다. 가령 1941년 8월 12일 총력연맹 사무국장이 각 도연맹에 지시한 사항을 보면, 첫째, 쌀의 소비 규정과 공출의 적극적 실시. 둘째, 공지를 이용한 채소의 자급자족, 즉 소위 일평(一坪)원예의 실행. 셋째, 군용·

비료용 풀 깎기의 책임량 완수 등이었다. 이러한 지시가 내려지면 정회와 경방단, 정연맹 이사장인 정총대들이 앞장서서 언필칭 비국민이라 하면서 독려하고 다녔다. 반상회에 결석해도 비국민, 신사참배를 안 해도 비국민, 공출 헌금을 안 해도 비국민이었다. 이렇게 극성을 떨다 못해서 예를 들면 소위 일평원예라며 마당 한구석 공지뿐 아니라 사과 궤짝에까지 채소를 심어 먹으라고 외치고 다녔다.

그뿐 아니라 중앙 조직에서는 사사건건 봉고제(奉告祭)다 기원제다 하면서 떠들어 댔다. 징병제 실시가 발표되면 봉고제, 12월 8일인 대미 선전일에는 전승 기원제……. 이것은 신궁에서 요인 이하 관민 총동원으로 거행된 끝에 선서문·대회 선언문·황군 감사 전보문 따위를 채택하게 마련이었다. 1942년 5월 9일에 징병제 실시가 발표되자 동 11일 조선 신궁에서 봉고제를 했는데, 이때 채택된 선언문은 다음과 같다.

조선 동포에 대한 징병제 시행의 의(議)가 결정되다. 고마우신 성려(聖慮)는 참으로 감격 불감이다. 아등은 익익(益益) 내선일체 진충보국(盡忠報國)의 실을 거두어 성전(聖戰) 관철에 매진하여 맹세코 황은에 봉답(奉答)할 것을 기함. 우 선서함.

총력연맹은 1940년 10월 16일자로 정무총감을 위원장으로 하는 지도위원회 위원 및 간사를 위촉 발령했다. 이때 정교원(鄭僑源)이 동 위원으로 참가했으며, 이후 김병욱(金秉旭), 엄창섭(嚴昌燮), 최하영(崔夏永)이 위원 혹은 간사로 활동했다. 1940년 10월 현재 중앙 조직의 역원 명단은 다음과 같다.

총재: 미나미(南次郞)
부총재: 오오노(大野綠一郞. 정무총감)
고문: 윤덕영(중추원 부의장), 기타 나카무라(中村孝太郞. 조선군 사령관) 쓰카하라(塚原二四三. 진해요항부 사령관) 시치다(七田一郞. 경

성사단장) 고즈키(上月良夫. 나남사단장) 가와자마(川島義之. 육군대장·전 조선군 사령관) 시노다(篠田治策. 성대총장)

참여: 이항구(李恒九. 이왕직 장관), 기타 조선군 관계관·조선헌병대 관계관·진해요항부(要港部) 관계관, 하라(原 正鼎. 고등법원장) 마스나가(增永正一. 고등법원 검사장) 니노미야(二宮治重. 선만척식 총재) 사사키(佐佐木駒之助. 동척 총재) 히도미(人見次郎. 조선상공회의소 회두)

이사: 고원훈 김명준(金明濬. 金田 明) 김성수 김시권 김연수 박흥식 손영목 오긍선 윤치호(尹[伊東]致昊) 이승우 정교원 최린(崔[佳山]麟) 한규복 한상룡 외 일인 34명

참사: 계광순 권상로(權[安東]相老) 김사연 김성수 김우현 김활란 박희도 방응모 서춘(大川滋種) 손정규(伊原 圭) 안인식(安寅植) 오긍선 이각종(靑山覺鍾) 이묘묵(李[李宮]卯默) 이병길(李丙吉) 장덕수 조병상 하준석(河[河本] 駿錫) 외 일인 50명

평의원: 김갑순(金井甲淳) 김동훈 김윤정 김활란 문명기(文明琦一郎) 민규식 박기효(朴基孝. 三井基義) 박상준 박승직(朴[三木]承稷) 송종헌(宋[野田]種憲) 신석린 양주삼(梁[梁原]柱三) 원덕상(元德常. 元村 肇) 이긍종 이종린(李[瑞原]鍾麟) 이진호 이창훈(李昌薰) 이해승(李海昇) 장직상(張[張元]稷相) 장헌식 최창학(崔[松山]昌學) 외 일인 28명과 각 참가 단체 대표자.

사무국 총무부장: 정교원

이러한 진용으로 총력연맹은 1940년 11월 1일 국민총력앙양대회를 경성운동장에서 개최했다(경기도·경성연맹 공동 주최). 또 기관지『국민총력』의 발행, 라디오 프로인「국민 총력의 시간」, 일본 대정익찬회(大政翼贊會)의 익찬총서(翼贊叢書)를 본받은 총력총서의 발행 등으로 총력 의식을 고취했으며, '고쿠고' 보급정신대, 일본 신궁참배단 파견 등으로 황민화 운동에도 앞장을 섰다.

1941년 12월 10일, 즉 미일전쟁이 터진 2일 후 부민관에서 열린 결전보

국 대강연회도 총력연맹이 주최한 활동이었다. 연사는 신흥우(申興雨, 高靈興雨)·윤치호·이성근(李聖根, 金川 聖)·장덕수·조병상인데, 이하에 연제 및 강연 일부를 기록하겠다.

신흥우: 세계의 교란자는 누구냐=할아버지 때부터 당해 온 황인종의 설분(雪憤)을 이제 풀어야겠다. 한번 결전하는 이상 제국행로의 암종으로 있는 적성 국가를 분쇄시켜 …… 신동아 건설에 매진치 않으면 안 될 것이다.

윤치호: 결전 체제와 국민의 시련=이 결전은 제국의 1억 국민뿐 아니라 동양 전 민족의 운명이 여기에 달려 있다. 이 성스러운 목적 관철에 우리 반도 민중도 한몫을 맡아 협력치 않으면 안 될 것인데…….

이성근: 신동아 건설과 조선=병참 기지의 역할을 하고 있는 한반도에서는 먼저 사상 통일, 생산력 확충, 노력 공급 등으로 반도 민중의 사명을 더욱더 발휘하여 아국 국운을 내걸고 싸우는 이 성전 완수에 적성(赤誠)을 바칠 각오와 실행이 있어야 한다.

장덕수: 적성 국가의 정체=미영의 압박과 굴욕에서 동아 민족의 해방을 부르짖는 결전을 개시한 것이다. 이제 동아 민족은 압박과 착취를 당하여 뼈만 남았지만, 이제 뼈로써 단연 궐기하여 구적(仇敵) 미·영을 타도하지 않으면 안 되겠다.

조병상: 아등 궐기의 추(秋)=동양 민족의 해방을 위하여 제국은 분연히 궐기한 것이다. 반도 민중은 총의를 결속하여 오직 신도(臣道) 실천에 매진함으로써 이 성전 완수에 협력하여야 할 것이다.

총력연맹은 1940년 12월에 문화 활동의 신체제를 갖추기 위해서 사상부를 이분하여 문화부를 독립시켰다. 이때 선임된 문화부 문화위원은 김동환(白山靑樹) 김두헌 김안서 백철(白矢世哲) 박경호(香村 實) 박영희(芳村香道) 방한준(方韓駿) 심형구(沈亨求) 안인식(安寅植) 안종화(安田辰雄) 유진오 이능화(李能和) 이상범(李象範) 이서구(牧山瑞求) 이석규(大東碩

圭) 이창용(李創用) 이철(靑山哲) 정인과(德川仁果) 정인섭(東原寅變) 정춘수 최남주(崔南周) 홍난파(森川 潤) 이종욱(李鍾郁) 외 일인 45명이다.

총력연맹은 1943년 1월 24일 역원 개편이 있었다. 결성 당시 역원으로서 중임된 자도 있고, 신규로 참가한 자도 있는데, 새 참가자만 다음에 기록해 둔다.

참여: 박중양(朴[朴忠]重陽)

이사: 김경진(金[金子]慶鎭) 김영무(金[金田]英武) 방의석(方義錫) 서병조(徐[大峯]丙朝) 송화식(宋和植) 장헌근 차준담(車[車田]濬潭) 최준집(崔準集. 丸山隆準)

참사: 김동환 백철 서?천(徐?天) 손정규(伊原 圭) 이강혁(李[李原]康爀) 이경식(李敬植) 이원영(李元榮) 이홍종(李弘鍾) 장기식(張驥植. 蓮村驥一) 장우식(張友植. 玉山友彦) 정인익(鄭寅翼) 홍종인(洪鍾仁) 가야마(香山和慶[?])

평의원: 김관현(金寬鉉, 金光副臣) 김태석(金[金林]泰錫) 박두영 안종철 유만겸 유진순(劉[玉川]鎭淳)

총무부위원: 이규원(李圭元) 임숙재(任[豐川]淑宰)

연성부위원: 송금선(宋今璇. 福澤玲子) 이숙종(李[宮村]淑鍾)

경제부위원: 김신석(金信錫) 이기찬(李基燦. 安城 基)

후생부위원: 박길룡(朴吉龍) 오건영(吳健泳) 황신덕

총력연맹은 1945년 7월 8일 **조선국민의용대**가 결성됨으로써 이에 합류하고 동 10일을 기해서 발전적으로 해산했다. 그동안 총력연맹은 전후 6년 동안, 정동연맹을 합산하면 전후 8년 동안에 걸쳐서 황민화·총력 운동을 비롯한 모든 국민운동의 최고봉으로 군림하면서, 2,600만 조선 민중을 애국반의 세포로 조직하여 이른바 국책의 제물로 헌상하기에 급급했다.

18 임전대책협의회

1941년 8월 20일경, 『삼천리』사장 김동환은 임전 체제하에서의 자발적 황민화 운동의 실천 방책으로, 첫째, 물자·노무 공출의 철저 강화책. 둘째, 국민 생활의 최저 표준화 운동 방책. 셋째, 전시봉공의 의용화(義勇化) 방책 등을 협의하기 위해서, 각계 유력자 198명 앞으로 선동적인 안내장을 발송했다. 이 안내장에 의해서 개최된 동년 8월 25일의 임전대책협의회는 물론 삼천리사 주동이요, 김동환의 발기에 의한 것이었다.

그날 부민관 중강당에서 임전대책협의회는 신흥우의 사회로 개막되었다. 이때 윤치호는 등단하여 "우리는 황국신민으로 일사(一死)보국의 성(誠)을 맹세하여 임전국책에 전력을 다하여 협력할 것을 결의함"이라는 결의문을 낭독하고, 이것을 총리대신 등 요로에 반도 민중의 총의로서 전달할 것을 가결했다. 이어서 장덕수의 발의로 황군 감사 전보문 채택, 다시 주요한의 동의로 임전대책협의회를 상설 기관으로 할 것을 가결한 후, 그 임원 전형위원으로 김동환·박기효·이용신(李容愼)·이종린·주요한을 선출했다. 이들이 전형한 임전대책협의회 위원 명단은 다음과 같다.

김동환 김사연 김시권(金時權) 김활란 박기효 박인덕 박흥식 방응모 신태악(辛泰嶽. 三川 淸·三川奉嶽) 신흥우 원덕상 유억겸 윤치호 이병길(李丙吉) 이성근 이성환(李〔安興〕晟煥) 이승우 이용신 이종은(李〔芝村〕鍾殷) 이(瑞原)종린 이진호 이?설(李?高) 임명재(任明宰) 장우식 정교원 조기간 조병상 최남(崔楠) 최린 한규복 한상용

이들은 1941년 8월 28일 경성호텔에서 제1차 위원총회를 개최하고, 회명을 임전대책협력회로 고칠 것, 임전대책연설회를 열 것, 채권가두유격대를 조직할 것 등의 당면한 협력 방책을 결의한 후, 상무위원으로 아래의 11명을 선출했다.

김동환 김사연 노창성(盧〔八幡〕昌成) 박기효 박인덕 신태악 신흥우 이성환 이용신 임흥순(任興淳) 조기간

이상의 결의에 의해서, 1941년 9월 4일, 부민관 대강당에서 임전대책연설회가 아래의 연사 및 연제로써 개최되었다.

김동환: 송화강수(松花江水)여 말하라
박인덕: 승전의 길은 여기에 있다
신태악: 동경 대판(大阪)은 이렇다
신흥우: 태평양 풍운의 전망
윤치호: 극동의 결전과 오인(吾人)의 각오
이성환: 애국의 지성과 차 기회
이종린: 30년 전의 회고
최 린: 읍소(泣訴)

이리하여 임전대책협의회는 일제가 전쟁비 조달을 위해 매출했던 1원짜리 꼬마채권을 소화시키기 위해서 채권가두유격대를 거리로 진출시켰다. 1941년 9월 7일, "총후봉공은 채권으로부터"라는 슬로건을 걸고 화신 앞 등 11개소에서 행인에게 채권을 판 대원 명단은 아래와 같다.

종로대(화신 앞): 김동환 모윤숙 박인덕 방응모 윤치호 이광수 이용신 최린 한상용
황금정대(일본생명 앞): 고원훈 가네자와(金澤 勇: 본명 미상) 박창서(朴彰緒) 박흥식 이종린 장우식
본정대(시노자키 상점 앞): 김승복(金昇福·金井保憲) 김시권 김연수 신용욱(眞原勝平) 신태악 이진호 임흥순 최정희
남대문대(정문 앞): 김갑순 오긍선 원덕상 이각종 이용설 조병상
경성역대(역전): 김사연 박기효 손홍원(孫〔野村〕弘遠) 송금선 이돈화

(李敦化, 白山一態) 정교원

서대문대(우편국 앞): 고황경 구자옥 노창성 소완규(蘇完圭) 신봉조(辛鳳祚〔辛島 純〕) 신흥우 주요한

광화문대(정류소 북편): 김동진(金〔金本〕東進) 김성진(金晟鎭) 민규식 박상준 박영희 양주삼 유억겸 이성근

종로4가대(동일은행 앞): 오용탁(吳龍鐸) 이극로(李克魯) 이종욱 조대하(趙大河) 조인섭(趙寅燮) 한규복

동대문대(정문 앞): 윤익선(尹益善) 윤치호 이정재(李定宰) 전부일(全富一) 최원섭(崔元燮) 함상훈

청량리대(역전): 성의경(成義慶) 원익상(元翊常) 정광조(鄭〔川上〕廣朝) 정인과 조기간 홍세뢰(洪世雷)

명치정대(명치제과 앞): 김명준 이숙종 이정섭(李晶燮) 이종만(李鍾萬) 이종회(李鍾會) 최창학

연락 본부(화신 사교실): 이규재(李圭載) 이성환

19 조선임전보국단

임전(臨戰)대책협의회는 최린·김동환 계열이었다. 이들이 임전대책협의회를 조직할 때 윤치호 계열에서는 따로 흥아보국단 준비위원회(이하 흥준)를 구성했다. 1941년 8월 24일——임전대책협의회가 개최되던 바로 그 무렵이다. 조선호텔에서는 윤치호 사회, 고원훈의 경과 보고로 흥아보국단 준비위원회가 소집되었다. 이들은 첫째, 황국 정신의 앙양. 둘째, 강력한 실천력의 발휘. 셋째, 시국 인식의 철저와 대책 결의. 넷째, 근로보국 실행이라는 강령을 채택하고 아래의 임원을 선출했다.

위원장: 윤치호
상무위원: 고원훈 김명준 김사연 김연수 민규식 박흥식 방의석 서광

설 양주삼 원덕상 윤치호 이기찬 이병길 이성근 이승우 정교원 조병상 한상룡 현준호

이튿날인 8월 25일, 부민관에서 임전대책협의회가 발회식을 거행하자 총력연맹 사무국총장 가와기시(川岸文三郎)의 주선으로 두 단체의 통합이 논의되기 시작했던 것이다. 이리하여 1941년 9월 11일, 경성호텔에서 흥준과 임전대책협의회의 합동을 논의하는 첫 공식 회의가 열렸다. 김동환의 사회로 진행된 양측 연합위원회는 합동안을 정식으로 승인하고, 동 문제를 추진할 상임위원단을 다음과 같이 구성했다.

　위원장: 윤치호(흥)
　부위원장: 최린(임)
　상무위원: 고원훈(흥) 김동환(임) 김사연(흥·임) 김연수(흥) 민규식(흥) 박기효(임) 박흥식(흥·임) 신흥우(임) 이성근(흥·임) 이성환(임) 이용신(임) 최린(임) (「흥」은 흥준, 「임」은 임전보국단 참가자)

이리하여 1941년 10월 22일, 부민관 대강당에서 두 단체의 이름을 절충해서 지은 조선임전보국단(이하 임보단)이라는 이름으로, 친일 세력을 총망라한 새로운 단체가 출범했다. 그날 결성 대회에는 관·군의 요인과 양측의 준비위원 및 각 도의 발기인 대표 600여 명이 참가해서, 개회사 최린, 사회 고원훈, 경과 보고 이성환으로 황군 감사 결의문 등을 채택한 후, 아래의 강령을 통과시켰다.

　① 아등은 황국신민으로서 황도 정신을 선양하고 사상 통일을 기한다.
　② 아등은 전시 체제에 즉하고 국민 생활의 쇄신을 기한다.
　③ 아등은 근로보국의 정신에 기해서 국민 개로(皆勞)의 실을 거두기를 기한다.
　④ 아등은 국가 우선의 정신에 기해서 국채의 소화, 저축의 여행(勵

行), 물자의 공출, 생산의 확충에 매진하기를 기한다.
  ⑤ 아등은 국방 사상의 보급을 하는 동시에 일조유사지추에 의용 방위의 실을 거두기를 기한다.

임전보국단의 진용은 고문·단장 이하 다음과 같다.

　고문: 박중양 윤치호 이진호 한상룡
　단장: 최린
　부단장: 고원훈
　총무부: 부장 신흥우, 부원 김근호(金[金子]根鎬) 심명섭 이성환 이용신
　사업부: 부장 이성환, 부원 김선(金善) 모윤숙 오용택 전희복(田熙福) 조기간 주요한
　전시 생활부: 부장 이광수, 부원 구자옥 김동환 김선 박봉애(朴奉愛) 이정성(李晶晟) 임효정(林孝貞) 최정희
　상무이사: 김동환 김사연 김시권 김연수 민규식 박기효 박흥식 방의석 신흥우 원덕상 이성근 이성환 이용신 이종은 이종린 정교원 조병상 한규복
　전임이사: 이성환
　이사: 고일청 구자옥 김갑순 김경진(金慶鎭) 김기수(金[金田]基秀) 김명학(金明學) 김서규(金瑞圭) 김영무(金[金田]英武) 방응모 신태악 안종철(安鍾哲) 유억겸 이규원(李圭元) 이기찬 이명구(李明求) 이병길 장덕수 장직상 장헌근 정은섭(丁殷燮) 최남선 최창학 현상윤 현준호
　감사: 김동훈 김명준 김성수(金性洙) 박상준 장영목(張永穆)
　평의원: 강이황(姜利璜. 剛 利晃) 김기덕(金基德) 김?원(金?元) 김동진(金東進) 김동준(金東準) 김명하(金明夏) 김상은(金相殷) 김성권(金星權) 김성진(金晟鎭) 김신석(金信錫) 김승복(金昇福. 金井保憲) 김원근(金元根) 김장태(金璋泰) 김정석(金定錫) 김주익(金周益. 金本憲明) 김태석(金泰錫) 김××(金××[活蘭?]) 남백우(南百祐) 노창성(盧昌成) 모윤숙 문재철(文在喆) 민병덕(閔[鉢山]丙德) 민석현(閔奭鉉) 민영은

(閔泳殷) 박세종(朴世宗) 박승빈 박영희 박완(朴浣) 박인덕(朴仁德) 박창서(朴彰緖) 박창훈(朴[木村]昌薰) 박희도 백기조(白基肇. 白川肇一) 서광설(徐光卨) 서병조(徐丙朝) 서춘 성의경(成義慶) 소완규 손홍원(孫弘遠) 송화식(宋和植) 신용욱 신현구(申鉉求. 申 鉦) 안인식 안종화(安鍾和. 安田辰雄) 양재하(梁在廈) 양주삼 양상경(梁相卿) 오긍선 오용종(吳龍鍾) 류광열 유만겸 윤석필(尹錫弼) 이각종 이겸규(李兼奎) 이면재(李冕載) 이상협 이숙종(李淑鍾) 이승우 이영찬(李[安川]永贊) 이용설 이정섭 이종덕(李[江本]鍾悳) 이종은 이종희 이준렬(李駿烈) 이중갑(李重甲. 宮本 誠) 이창인(李昌仁) 이한복(李漢復) 이희적(李[平居]熙迪) 이?구(李?求) 임명재(任明宰) 임흥순 장기식(張驥植) 장병선(張炳善) 장석원 장우식 정구충(鄭求忠) 정운용(鄭雲用) 정인과 정춘수 정현모(鄭顯謨) 조기간 조대하(趙大河) 조동식(趙東植) 조영희(趙永禧) 차남진(車南鎭) 채필근(蔡弼近) 최규동(崔奎東) 최승렬(崔昇烈) 최정묵(崔鼎默) 최정희 한익교(韓翼敎) 함?훈(咸?勳) 황신덕

이들은 1941년 12월 4일 조선임전보국단 전선 대회를 열고 전시하 사상 통일의 구체적 방침과 군수 자재 헌납 운동을 결의했다. 그리고 이날 오후 6시부터 부민관에서 미·영 타도 대강연회를 열었는데 내용은 다음과 같다.

김동환: 적이 항복하는 날까지=우리의 적 장개석의 정권을 비롯하여 영·미를 이 지구상에서 격멸치 않고서는 오늘의 배급 쌀까지도 편히 얻어먹을 수 없는 형편이다.

옥선진(玉[玉剛]璿珍): 동아공영권의 확립=우리는 대동아의 공존공영의 최고 이상을 확득(確得)하여 간악한 미·영의 착취와 침략을 격멸시켜 성업 완수에 매진하지 않으면 안 될 것이다.

이광수: 사상도 함께 미·영 격멸=나는 천황폐하의 아들이라는 생각을 늘 잊지 말고 이 성업 완수에 매진할진대 자자손손의 영화를 얻을 것이다.

이돈화: 일노이안천하(一怒而安天下)=미·영 문명은 이제 말세를 고

하는 때를 당하였다. 한번 정의를 들고 나선 우리 황국의 일노에 이들의 가면은 전복되고…….

이성환: 타도 미·영 침략주의=탐욕의 아성 백인 제국주의의 장본 미·영을 이제 격멸함이 없이는 우리 자손의 발전을 바랄 수 없다.

주요한: 루스벨트여 답하라=미함과 영함을 폭침한 것은 화약의 힘만이 아니다. 멸신보국의 황국 정신이요 충용한 황군의 육탄의 힘이다. …… 1억 동포 …… 더우기 반도의 2,400만은 혼연일체가 되어 대동아 성전의 용사 되기를 맹세하고 있다.

조선임전보국단은 1942년 1월 5일 조선임전보국단 부인대를 발족시켰는데 이는 이미 언급한 바다. 이들 친일 부인 세력은 1942년 2월 3일 이후 동 부인대 주최인 근로 봉사 운동을 전개하여 각 정·애국반원·임전보국단 부인대 및 부내 실천부 회원들로 군복 수리 작업을 시작한 후 동년 12월경까지 연중무휴로 이 작업을 계속한 바 있었다.

조선임전보국단은 1942년 10월 29일 전체 임원 회의에서 발전적 해산을 결의하고 국민총력조선연맹 속으로 합류했다.

20 황민 작가·황민 작품

1935년 이후 8년을 서울에 거주했던 일인 작가 다나카(田中英光)가 황민 문단을 다음과 같이 전하고 있다.

그 빈약한 조선 문단을 주름잡고 있던 자란, 전일에 원로 대가라 불리던 작가 이광수도 아니요, 과거의 수재(秀才) 유진오도 아니다. 대학교수인 가라시마(唐島) 박사와, 청인초(靑人草)연맹의 쓰다 지로(都田二郎), 『경성일보』 다무라(田村) 학예부장 등 세 명이었다.

이 소설 『취한(醉漢)들의 배』는 암흑기 문단의 측면사적 성격을 갖는 작품이다. 모델 소설인 만큼 주요 등장인물이 변명(變名)이요, 또한 사건에도 작가 나름의 허구가 꽤 개입한다. 하지만 이 소설이 전해 주는 분위기의 사실성만은 아마 그 누구도 부인하지 못할 것이다.

 여기서 "가라시마 박사"는 성대 교수 가라시마(辛島驍), "청인초연맹의 쓰다 지로"는 녹기연맹의 쓰다 쓰요시(津田剛), "경성일보 다무라 학예부장"은 데라다(寺田 瑛, 『경성일보』학예부장)다. 황민 문단을 만들어 낸 원흉들이자 3거두인데 특히 쓰다란 자가 고약했다. 불량청년 출신인 이자는, 황도주의자인 친형 쓰다 사카에(津田榮)의 녹기연맹에 붙어서 어물대더니, 미나미의 신임을 얻고, 총력 진영과 황민 문단에서 막강한 실력자로 군림한다. 이자의 집안을 황도주의의 골수파라고 할 만한 것이, 그 어미 쓰다 요시에(津田よしえ)는 녹기연맹 부설 청화여숙(淸和女塾)의 숙장, 친형인 쓰다 사카에(津田 榮)는 동 연맹 회장, 그 형의 아내인 형수 쓰다 세츠코(津田節子)는 동 숙감이자 동 연맹 부인부 영도자, 당자인 쓰다 쓰요시(津田剛)가 동 연맹 주간, 그의 아내 쓰다 미요코(津田美代子)는 활동이 좀 덜했던 권력층 가족이었다. 가라시마는 조선군 보도부에도 관여하면서 성대 교수, 경성공업경영전문 교장 등으로 한국인 교수 작가층에 영향력이 컸고, 데라다는 비교적 호인이었다.

 그 쓰다(津田剛)의 치마폭에 싸여서 일찍부터 황민화를 외친 자가 김문집(金文輯)이다. 소위 독설 비평이 인기를 잃자 김문집은 쓰다 형제의 끈으로 국민정신총동원연맹 사무국 촉탁 또 조선문인협회 간사를 지냈다. 그리고 그는 「조선 민족의 발전적 해소론 서설」 같은 평론을 썼다. 요지는 "조선 사람이었기 때문에 가졌던 취기(臭氣) 분분한 그 썩은 내장물을 위로는 토해 내고 아래로는 관장 배설"하여 일본 사람이 되라는 것이었다.

 이 비슷한 황민 문학(국민 문학이라 했다)의 이론을 정립하고 주도한 자가 최재서(石田耕造)·박영희(芳村香道)·이광수(香山光郞)·백철(白矢世哲)·정인섭(東原寅燮)·김팔봉(金村八峯)·김종한(月田 茂)이다. 그중에서도 이론이 체계적이고 정연했다는 점과 활동 면에서 최재서의 존재가 두드러졌다. 『국민문학』지의 주간, 또 조선문인협회(이하 문협)며 조선문인보국회(이하 문보)를 이끌면서, 최재서는 「사봉(仕奉)하는 문학」(천황을 섬기고 받드는 문학) 같은 평론을 썼고, 또 이를 모아서 평론집 『전환기의 조선 문학』(轉換期の朝鮮文學)을 발간했다. 이 평론집과, 또 『국민문학』지를 주도한 공적으로, 그는 1944년 3월에 제2회 '고쿠고' 문예총독상을 수상했다.

최재서가 황민 문학의 본질을 추구한 반면에, 박영희는 시국 문학·전쟁 문학의 이론을 주도한 편이었다. 즉 「임전 체제하의 문학과 문학의 임전 체제」(臨戰體制下の文學と文學の臨戰體制) 같은 평론이 그것이다. 여기서 그는 문학의 임전 체제를 개인주의·자유주의의 방기와 국민 의식의 국가주의적 조직화로써 설명했다. 하지만 그는 정신의 전향보다 행동의 전향이 앞섰던 탓인지 이론은 최재서만큼 정연하지 못했다. 최재서가 황민 문학의 본질을 천황귀일의 사상으로 설명하면서 그것이 제정일치(祭政一致)의 문학이라고 설파한 반면에, 박영희는 입으로 황민 문학을 말하면서도 그 기본인 일본 정신 자체를 명확하게는 설명하지 못하고 있었다. 박영희 역시 문협과 문보의 주도자요, 단행본 『전선기행』(戰線紀行) 같은 '고쿠고' 작품을 남겼다.

이에 비해서 이광수의 평론은 황민 생활을 고취하는 계열이 많았다. 즉 「황민 생활 요령」하며 「생활도 결전적」 같은 것들이다. 여기서 그는 "일본적 애국심 즉 충의 관념"뿐 아니라 "일본적 실내 장식의 도화, 섭취"며 "식생활의 일본적 개량"까지를 주장한다. "일본 정신이 곧 진리"요, "조선인은 그 민족 감정과 전통의 발전적 해소를 단행"하고 "아주 피와 살과 뼈가 일본인이 되어 버려야" 하기 때문에, "금후의 조선의 민족 운동은 황민화 운동"으로 집약되어야 한다고 단언했다.

반면에 백철은 황민 문학·시국 문학론의 언저리에서 요령부득한 글만 쓰고 있었다. 정인섭은 서양 문학의 몰락과 황민 문학의 말하자면 변증법적 필연성 같은 것을 말했고, 김팔봉은 민족 문학·계급 문학의 청산과 그에 대신할 황민 문학의 수립을 주장했다. 또 김종한은 황민 문학의 건설을 인간의 생명력과 진실 위에 두어야 한다고 말했으나, 대체로 보아서 이들 네 사람은 필자가 보는 한 박영희·이광수·최재서만큼 이론에 뚜렷한 특성은 없었다.

이들 역시 문협과 문보의 핵심 인물. 따라서 '이론에 뚜렷한 특성은 없었다'는 말이 활동의 소극성을 뜻하는 것은 아니다. 김종한은 『국민문학』지의 편집 실무자, 김팔봉은 사보연맹, 백철은 『매일신보』 학예부장 및 총력연맹 참사, 정인섭은 황도학회 등에 관여하면서 각기 요충의 일각들을 담당했다.

다음은 황민 이론에 입각한 작품 활동 중 먼저 소설. 이광수·정인택(鄭人澤)·장혁주(張赫宙. 野口 稔)·이석훈(李石薰. 牧 洋)·이무영(李無影)의 활동이 두드러졌다. 그중 이광수의 황민 소설은 「가가와 교장」(加川校長) 「원술의 출정」 같은 '고쿠고' 작품과 연재가 중단된 「40년」(일문) 「봄의 노래」 「그들의 사랑」 같은 장편. 이 중 「그들의 사랑」에서 이광수는 주인공 마키하라(牧原〔李〕元求)에게 다음과 같이 말하게 했다. 광주학생 사건을 "조선 청년 전체에게 불행을 준 어리석은 군중심리"라고. 이 말은 이광수 훼절의 깊이를 짐작하게 하는 말인데, 그의 황민 소설은 일본 정신이라는 목적의식이 앞선 탓인지 예술성은 극히 떨어지는 작품들이었다.

반면에 정인택은 비록 황민 소설이지만 예술성 자체는 비교적 무난한 편이었다. 이 점에서 특히 성공한 것이 애국반 이야기인 「청량리계외」(淸凉里界隈)라는 '고쿠고' 단편. 이기적인 아내가 애국반 활동을 통해 시국과 이른바 '도나리구미'(隣組) 정신, 즉 인보 협력 정신에 눈을 뜨는 과정을 그린 것인데, 이것은 곧 개인주의·자유주의의 방기와 거국일치 총후봉공이라는 그 무렵 대명제의 표상이 되는 소재다. 이러한 공리와 선전성을 그는 청량리 부근 빈민 소년들의 천진한 분위기와 썩 잘 융합시켜서 소설 자체로서 무리가 없는 예술적인 작품으로 형상화해 내고 있었다.

이 작품 외 10편이 수록된 같은 제목의 일문 창작집과, 전기 소설 『다케야마 대위』(武山大尉. 일문 단행본)로, 정인택은 1945년 3월 제3회 '고쿠고' 문예총독상을 받았다. 그 『다케야마 대위』는 남방전선 파칸빌비행장 공격 중 전사한 선산 출신 본명 최명하(崔鳴夏) 중위——사후 대위——의 전기 소설이다. 같은 소재로 된 「붕익」(鵬翼) 외에 「해변」, 「행복」 등 수편이 있으니 분량 면에서도 정인택은 수위급에 속하는 작가다.

이와는 반대로 이석훈은 작품량은 많았으나 소설로서는 설익은 것을 쓰고 있었다. '고쿠고' 소설집만도 『고요한 폭풍』(靜かな嵐)과 『봉도물어』(蓬島物語) 등 2권. 이 속에 단편 13편, 중편 1편, 희곡 2편이 실려 있다. 이밖에 「징병(徵兵)·국어(國語)·일본 정신(日本精神)」(일문) 외 몇 편의 평론이 있고, 군용견을 헌납하는 「애견가(愛犬家)의 수기」 등 단편이 있다. 단편 「고요한 폭풍」은 일종의 자전 소설. 이석훈의 분신인 주인공 박태민의 문협 강연을 반발하던 현지 인사들이 이윽고 반성을 해 온다는 줄거리다. 이 작품이 수록된 같은 제목의 창작집으로 이석훈은 1943년 3월 '고쿠고' 문예연맹상을 받았다.

이 무렵의 수상 작가로는 이무영이 있다. 그는 『청와의 집』(靑瓦の家) 『정열의 서』(情熱の書) 등 2권의 '고쿠고' 작품을 썼고, 이 두 장편으로 1943년 3월 제4회 조선예술상문학상을 받았다. 이 상은 기쿠치(菊池寬)의 자금 제공으로 아쿠다가와(芥川)상 위원회가 심사해서 동경 모던일본사가 시상한 것이다. 그는 2권의 '고쿠고' 작품 외에 한글로 된 장편 「향가」를 『매일신보』에 연재했다.

이들 중 하나인 「모」(母)는 「제1과 제1장」 등 8편의 일문 소설과 함께 『정열의 서』에 수록된 단편이다. 남편이 죽은 후 3천 평 모래산을 과수원으로 개간한 오(吳) 과부. 지원병 되기를 원하던 아들이 죽자 오 과부는 국가의 식량 증산 방침에 순응해서 피땀 흘린 과목을 뽑고 보리를 심는다는 줄거리다.

김종한이 평론 「문화의 1년」(文化の一年)에서 말하되 "이무영도 용어라는 점에서 각골부심하는 흔적이 보이는 것 같았다"고 했지만, 이무영의 일본문 황민 소설은 제대로의 일어가 아닌, 직역·조선식 일어, 이무영식

창작 일어투성이였다는 것이 특기할 만하다. 혼을 내주겠다는 소리가 화장터에서 뼈를 추린다는 뜻으로 둔갑하고, 닭의 4촌이란 별명은 닭의 네 치로, 또 계집 하나쯤은 여장부 하나인지 여자 한 마리인지 모를 이무영식 창작 일어로 둔갑한다. 이런 알량한 일어 실력으로 소설까지 써야 했으니 얼마나 '각골부심' 했을는지 딴은 동정불금할 노릇이었다.

장혁주는 「조선의 지식층에 호소함」이라는 과격한 황민 논설로 문단에서도 센세이션을 일으켰던 사람이다. 일본『개조』(改造)지를 통해서 데뷔했으며, 일본문학보국회의 회원으로, 산하 또는 방계 단체인 황도조선연구위원회와 광산문학간담회 등의 멤버로, 내선일체 총력 운동에 앞장을 섰다. 1952년 일본에 귀화했는데, 1940년대의 황민 소설로『이와모토 지원병』(岩本志願兵)과『행복한 백성』(幸福の民) 등 2권의 일어 작품집을 남겼다. 그중 한 편『새로운 출발』(新しい出發)은 조선 청년의 황민으로서의 새 출발을 그린 것이다. 시마무라(島村)와 사와다(澤田) 두 조선 청년이 황민으로서 "혼의 단련"을 마친 후 하나는 지원병, 하나는 군수 공원으로 새 출발을 한다는 내용이다.

다음은 시국과 황민을 소재로 시를 쓴 사람들. 김용제(金龍濟. 金村龍濟)·주요한(松村紘一)·김종한·이광수가 두드러졌고, 김동환·김팔봉이 버금갔다. 그중 김용제는 동양지광사의 사업부장으로 월간『동양지광』(東洋之光)을 편집했으며, 시뿐 아니라 몇 편의 황민 평론과 황민 소설도 썼다.

황민시로는 1943년 3월 제1회 '고쿠고' 문예총독상을 받은『아세아 시집』(亞細亞詩集: 일문)을 필두로『서사시 어동정』(敍事詩御東征: 일문) 및『보도시첩』(報導詩帖: 일문) 등 세 권이 있다.『아세아 시집』은 대동아공영권의 예찬,『서사시 어동정』은 일본의 건국 신화를 소재로 한 일본 정신의 예찬,『보도시첩』은 주로 총후의 국민 생활이 소재다. 다음은 그중 한 편「애국일」의 1절이다.

    동천(東天) 산릉에서 솟아오르는 빛을 받으며

게양탑에 게양되는 붉은 일장(日章)을 우러러보면
희망의 상징이 내 손아귀에 땀처럼 쥐어지면서
나라를 사랑하는 피 대지와 육신에 불타오르다.

주요한은 문인협회·문인보국회·임전보국단·언론보국회·대의당(大義黨)·대화동맹의 간부로 활동했고, 만주국예문가회의에 특파 사절로 참가했다. 또한 미·영 타도 대강연회 등의 연사로 필승을 외쳤고, 「미·영의 동아 침략」「최저 생활의 실천」 등 수편의 평론으로 황민화와 신도 실천을 역설했다.

천황폐하께 한 가지 바치옵는
정성이련만 총을 잡는 어깨는
보람이 차는 것을.

일본 와카(和歌)의 시 형식을 밟은 「폐하에게」(大君に)라는 시다. 이 작품이 수록된 황민 시집 『손에 손을』(手に手を)은 「우리들 황국신민」「소집되는 아들들」「승리의 보(譜)」「송가」(頌歌) 등 4장으로 19편의 일문시가 수록되어 있다. 1944년 4월 제5회 조선예술상문학상 수상 시집인데, 다음은 그중 「송가」의 한 연이다.

사람들은 선구자를 조롱하고 욕보이고 증오하지만
다음 세대는 그 앞에 무릎을 꿇고 절하리로다
밤이여, 어찌 승천하는 아침 해를 누를 수 있겠는가
산의 적설이 어찌 봄의 명령을 거스르겠는가.

황민화의 대세가 필연적임을 말한 이 시를 볼 때, 주요한은 혹시 내선일체의 '선구자'라는 긍지라도 가졌던 것이 아닐까 하는 의심까지 든다. 쓰인 내용도 극렬하거니와, 시·평론·수필·단상·강연 등 이광수 다음으로 많은 양을 남긴 사람이다.
　김종한은 『국민문학』지를 편집하면서 「조선 시단의 진로」 등 5, 6편의 황민 평론을 썼다. 황민시로는 시집 『어버이의 노래』(にらちねの歌)와 역시집 『설백집』(雪白集)을 남겼다. 이 시인은 황민시가 일반적으로 예술성이 빈곤한 선동이기 쉬웠다는 통례를 깨고, 시로서 품격도 갖춘 것을 썼다는 특성이 있다. 비록 황민 시지만 「원정」(園丁)이나 「초망」(草莽) 같은 시는 기교나 예술성에서는 흠을 찾기 어려운 작품들이다.
　다음은 이른바 총후 풍경——징병과 증산 전선에서 감투하는 총후의 국민 생활을 읊은 시 「초망」 중 1절이다.

"자식 복이 많으셔서요"
하고 안내하던 구장이 웃었다
"내년엔 셋째 놈도 적령이래요"
포플라가 한 그루 마당귀에서
황홀한 듯이 몸을 흔들고 있는
휑하니 비어진 유가족의 집
"분명 밭에 갔을 거예요."

　김동환·김팔봉은 단체 활동이 승했다. 몇 편의 황민 평론이 있고, 또 황민시도 썼지만, 이들의 황민시는 시로서 품격은 엉망이었다. 특히 지원병을 권유한 김동환의 「권군취천명」(勸君就天命), 학병을 권유한 김팔봉의 「가라! 군기 아래로 어버이를 대신해서」 같은 것이 그렇다고 할까?

이인석(李仁錫) 군은 우리에게 뵈어 주지 않았는가
그도 병 되어 생사를 나라에 바치지 않았던들
지금쯤은 충청도 두메의 이름 없는 농군이 되어
베옷에 조밥에 한평생 묻혀 지내었겠지
웬걸 지사 군수가 그 무덤에 절하겠나

웬걸 폐백과 훈장이 그 제상에 내렸겠나.

김동환의 「권군취천명」 중 1절이다. "이인석 군"은 지원병 출신 전사자. 지겟다리 두들기는 것보다는 지원병으로 죽는 것이 낫다는 설인데, 이쯤 되면 이건 권유가 아니라 숫제 모욕이다. 이런 시는 내용을 떠나서 단순한 시로 읽어도 좋게는 읽히지 않는 작품들이다.

이밖에도 김동인(東 文仁)·김소운(鐵 甚平)·김안서·노천명·모윤숙·서정주(達城靜雄)·이효석·정비석·조연현(德田演鉉)·조용만·채만식·최남선·최정희가 몇 편씩의 황민 문학을 썼다. 카프 출신 또는 월북 작가들 중에도 내선일체와 신도 실천을 외치지 않은 사람은 거의 없었다. 유진오는 논문 「동양과 서양」, 단편 「남곡 선생」(南谷先生)과 「신경」(新京) 정도로 쓴 양은 극히 적었지만, 문화 총력 진영에서의 단체적 경력이 다채로웠다. 문인협회·문인보국회의 간부, 총력연맹 문화부 문화위원으로 결전 소설 공모를 심사했고, 대동아문학자대회 대표로 두 번씩이나 참가했다(대표 2회 역임자는 유진오·이광수·쓰다〔津田剛〕 등 셋뿐이다).

이들이 조직한 어용 단체로 조선문인협회(1939. 10. 29. 결성)와, 그 후신인 조선문인보국회(1943. 4. 17. 결성)가 있었다. 두 단체 합해서 일곱 차례나 임원 개선이 있었기 때문에 지면 관계상 명단을 밝히지 못한다. 다만, 이 장에서 언급된 문인 중에서 요절한 이효석과 신인이었던 서정주·조연현, 국외 거주 등으로 황민 문단에 인연이 희박했던 김소운·장혁주·최남선만이 그 두 단체에서 감투를 쓰지 않았다.

조선문인협회의 애당초의 발기인은 김동환·김문집·박영희·유진오·이광수·이태준·최재서 등 7명이다. 이들 단체의 활동은 시국 강연회, 전쟁 문학의 밤, 결전 문예 좌담회, 만주 개척촌(국책 이민 부락) 시찰, 해군 견학단 파견 등 황민 문학 건설과 총력 운동, 신도 실천의 모든 부문에 걸쳐서 전개되고 있었다.

이밖에 문단의 중요 행사로 1942년 이후 매년 1회씩 3회에 걸쳐서 개최된 대동아문학자대회가 있었다. 이 대회는 대동아의 문예 부흥을 목표로 내걸었던 일본의 전시 문화 공세의 한 종류였다. 대회에는 불령(佛領) 인도지나·태국·필리핀·버마·자바 등 남방 위성 국가도 참가시킬 예정이었으나, 제공·제해권을 상실하고 있던 관계로 남방 각국이 불참한 채 일본·만주·조선·대만·중국(화친파)의 문학자 대표들로서 대회가 진행되었다.

대동아문학자대회의 개최지 및 조선 측 대표 명단은 다음과 같다.

제1회: 도쿄──박영희 유진오 이광수 가라시마(辛島 驍) 쓰다(津田 剛)

제2회: 도쿄──김용제 이석훈(불참석) 유진오 유치진 최재서 쓰다(津田 剛)

제3회: 남경(南京)──김팔봉 이광수

제4회: 신경에서 개최될 예정이었으나 패전으로 소집되지 않았다.

21 학병을 이렇게 몰아냈다

병력 충원을 위해서 전후 4차에 걸친 조치를 조선에 대해서 실시했다. 첫째는 1938년 2월 23일 공포, 4월 3일 시행한 육군특별지원병제, 둘째는 1943년 5월 11일의 내각 결정에 의해서 10월 1일에 훈련소에 입소한 해군특별지원병제, 셋째는 1943년 10월 1일 공포, 1944년 1월 20일 입영한 학도병 징모, 넷째는 1942년 5월 8일의 각의에 의해서 1944년 4월 1일에 징병 검사가 실시된 징병 제도의 시행이었다.

이러한 제도가 실시될 때마다 소위 친일파들은 일시동인의 성려(聖慮)요 홍대무변(鴻大無邊)하옵신 성은이라 하여 감격하면서 그 권유에 광분했다. 지원병제의 공포가 보도된 1938년 2월 23일자 조간에 윤덕영·최린 등은 담화문을 발표하여 그것을 환영하면서 "이로써 반도 민중들도 전적으로 일본 국민이 되는 것이니 한층 더 각오를 새롭게 해야 한다"고 말했다. 이렇게 시작된 권유 행각은 조선국 보도부 정훈 소좌의 담화문(1938. 3. 10), 최린 등 명사가 참석한 「지원병 제도를 앞둔 좌담회」(1938. 5) 등의 개최에 의해서 궤도에 오르기 시작했다. 이광수는 가요 「지원병장행가」를 작사했고(1939. 12), 주요한은 시 「첫 피」로써 지원병 출신 이인석 상등병의 죽음을 예찬했다. 김동환·이성환은 1941년 10월 7일 중앙중학교 강당에서 지원병 보급 혈전 대강연회를 열고 궐기하라 나서라를 외쳤다. 정동(精動)연맹·문인협회 등이 파견하는 지원병훈련소 견학단이 꼬리를 물고, 장혁주는 「이와모토 지원병」(岩本志願兵), 최정희는 「야국초」(野菊抄) 같은 단편을 써서 이 제도의 보급을 선전했다.

이러한 행각은 징병·학도병·해군지원병 제도가 잇달아 실시되던 1943년 무렵에 한결 극성스럽게 전개되었다. 그 가열했던 상황을 학도병 관계로써 전하면, 학병 모집이 발표된 1943년 10월 14일자 조간에 김성수 외 세 교장(일인)의 담화가 소개되었다. 20일에는 연전교장 가라시마(辛島驍)가 전교생에게 궐기를 훈시했고, 25일에는 총독(小磯國昭)이 임석한 가운데 전선대학 전문학교장회의가 열렸다. 30일에는 대학·전문학도 임전결의대회가 경성운동장에서 개최되었다.

이튿날(31일) 조간에는 종로경방단장 조병상의 아들 나쓰야마(夏山正義)가 제1착으로 지원했다고 보도되었다. 학교별 행사로 봉고제며 궐기대회가 꼬리를 물고 열리는 속에서, 11월 4일에는 학무국장이 임석한 대학전문학교장회의가 있었다. 이날 중추원 참의들도 별도로 반도 학도 출진 타합회를 열었는데, 이 석상에서 학무국장 오노(大野謙一)는 지원하지 않는 전원에게 징용 영장을 발부하겠다는 강경한 방침을 시사했다.

같은 날, 화신 6층 회의실에서는 민규식·박관수(朴寬洙, 琴川 寬)·박흥식·송진우·여운홍·유억겸·윤치호·이광수·조병상·주요한·한상용이 주동한 학도병 종로익찬위원회가 각 정회(町會) 총대(總代) 40여 명과 조선군 관계자──나카이(中井) 병무부장 등──의 참석으로 개최되었다. 이들은 호별 방문, 권유문 발송, 지역별 간담회와 학교 강연회의 개최 등을 결의하고, 이 결의에 의해서 5일 이후 9일까지 진명학교 교정 등

10개소에서 학병 권유 부형 간담회를 열었다. 다음은 이때의 연사 명단이다.

박관수 송문화(宋文華) 니이모토(新本一治. 본명 미상) 양재창(梁在昶) 이광수 조병상 주요한 히라야마(平山輔英. 본명 미상) 가이토(海東孝明. 본명 미상)

5일에는 성대 출진학도장행회가 성대 법문학부 강당에서 열렸다. 이날 저녁 부민관 대강당에서는 『매일신보』·『경성일보』 공동 주최, 총독부·조선군·총력연맹 공동 후원인 학병제 실시 학도사기앙양대회가 전문·대학생 2천여 명을 동원해서 베풀어졌다. 국민의례·조선군 측 등 내빈 축사·전쟁 기록 영화 상영이 있은 후 오야(大家虎之助. 총련연성부장)·김윤정(金玧禎. 대일본부인회본부 이사)·이성근(매일신보 사장)·장덕수(보전 교수)가 격려 권유 강연을 했고, 학생 연사 10여 명이 출진의 감격을 연설했다.

이튿날인 6일, 문부성과 군 당국에서 전보 승낙서——즉 지원을 승낙한다는 전보——를 먼저 보내고 지원서는 나중에 발송해도 무방하다고 발표하자 윤치호는 "내 아들이거든 속히 지원하라는 전보를 발송하자"고 부형들에게 격려 담화를 발표했다.

이날, 중추원에서는 신석린, 윤치호, 한규복, 한상용 기타 고문 6명과 참의 18명이 모여서 제2차 타합회를 했다. 총독부 사정국장 아라카이(新具肇)가 학병제의 중대한 의의를 설명하자 참의들은 솔선 협력을 결의한 후 다음같이 독려 강연반을 결성했다.

충북: 가네하라(金元邦光. 본명 미상) 장직상
충남: 안종철 이원보
전북: 방태영(方台榮) 한상용
전남: 주영환(朱榮煥. 本城秀通) 현준호

경북: 김시권 원덕상
경남: 박두영 박중양
황해: 민규식 이승우
평북: 김사연 정교원
평남: 윤치호 이기찬
함북: 장우식 장헌식 한규복
함남: 고원훈 방의석
강원: 박흥식 박희도

같은 날 연전동창회가 주최한 학도 임전궐기 강연회(연전 강당)에서는 조병상과 군 보도부 가와사키(川崎) 중좌가 강연했다. 인천에서는 이날 학병 인천익찬회를 결성, 발회식을 거행하면서 회장 김윤복(金允福. 松本淸), 부회장 가네모리(金森 信: 본명 미상), 가네나가(金永泰勳: 본명 미상), 원인상(元仁常. 元村常一)을 선출했다. 전선종교단체협의회도 이날 학병 독려에 공헌할 조선종교전시보국회를 결성하고 다음 11명을 각파의 대표위원으로 선출했다.

감리교: 갈홍기 스모카와(李河東旭. 본명 미상)
구세군: 마쓰바라(松原正義. 黃鍾律) 사카모토(坂本雷次. 일인)
불교: 가가와(香川法龍. 본명 미상)
장로교: 니이모리(新森一雄. 본명 미상) 채필근(蔡弼近. 佐川弼近)
천도교: 이종린 정광조(鄭廣朝)
천주교: 오카모토(岡本鐵治. 일인?) 가네미쓰(金光翰洙. 본명 미상)

이튿날인 11월 7일, 강창희·김민식·김사연·김태준(金泰準)·박흥식·방태영·예종석(芮[草內]宗錫)·윤치호·이성근·이원보·정교원·조병상·한상용·함석태(咸錫泰)와 정총대 도합 90여 명이 YMCA에서 학병제 경성익찬위원회를 조직했다. 이들은 서울을 6개 지구로 나누어 각 구 익찬위원회를 조직할 것과, 그 통합 기구로 경성익찬위원회 본부를 설치할 것, 권유 활동 방침으로는 호별 방문·강연회·간담회·전단 배포 등을 결의했다. 이 결의에 의해서 이들은 호별 방문 등을 실천하는 한편, 9일에는 동경제대를 비롯한 재일 37개 대학·전문학교 학생들에게 독려 전보를 발송했다.

이상에서 독자는 학도병 독려가 연일 밤낮없이 수십의 단체와 개인에 의해서 강행된 흔적을 볼 것이다. 그런 발광적인 권유 행각 중 두드러진 몇 가지를 추리면 다음과 같다.

1943년 11월 7일, 조선호텔에서 강영택(姜鈴澤)·고원훈·김광근(金光根)·김명학(金明學)·김양하(金良瑕)·김연수·송진우·이광수·이성근·이충영(李忠榮)·조임재(趙壬載)·최남선이 일본 권세대(權說隊)의 파견 절차를 협의했다. 이에 의해서 제1반 김연수·이광수, 제2반 이성근·최남선이 11월 12일부터 릿쿄(立敎)대학·와세다대학을 비롯한 일본 내 각 대학에서 강연했다. 기타 인원의 도일 상황은 확실하지 않다.

8일에는 명륜전문의 교내 결의 대회가 열려서 안인식(安寅植) 교수가 격려사를 했다. 이날 부민관에서는 총력조선·경기도·경성부 등 3연맹 주최로 출진 학도 장행의 밤이 열렸고, 고원훈·김성수·손정규(대일본 부인회조선본부 임원)가 격려사를 했다.

이튿날인 11월 9일 부민관에서는 군인 선배의 학병 격려 대강연회가 이응준 대좌와 김석원 중좌의 강연으로 개최되었다. 윤치호는 12일 평양 백선행(白善行)기념관에서 강연했고, 박춘금·신흥우·이종린(천도교 중진)이 18일 부민관에서 학병 격려 대연설회를 열었다.

지방 순강은 조선종교 전시보국회가 16, 17일에 전선 도청 소재지를 순강했다. 대구·부산에 가네카와(金河東華)·히바라(檜原正義), 전주·광주에 다카야마(高山仁植)·가네코(金子鎭), 함흥·청진에 갈홍기·서광익(徐光翼), 평양·신의주에 이돈화(李敦化)·니이모리(新森一雄), 춘천에 채필근·야마쓰(八松亨重), 해주에 이종린(李鍾麟)·스모카와(李河東旭), 청주·대전에 가네미쓰(金光東平)·김수철(金洙喆) 등 7개반 14명의 구성이다(이상 창씨자는 본명 미상). 조선교화단체연합회에서도 전선 39개 도시에 부인 계몽 독려반을 파견했는데(15일 출발) 연사 및 행선지는 다음과 같다.

    이숙종: 인천 개성 수원
    황신덕: 청주 충주 영동
    송금선: 대전 천안 공주
    스모다(李田〔金?〕玩禎): 전주 순창 고창
    하치오(八王貴子. 본명 미상): 광주 순천(順天) 보성
    히라야스(平康安岐子. 본명 미상): 대구 경주 김천
    오야마(大山盛子. 본명 미상): 부산 진주 통영
    배상명: 해주 사리원 안악
    박인덕: 평양 진남포 순천(順天)
    김활란: 신의주 정주 선천
    손정규: 춘천 강릉 원주
    모윤숙: 함흥 원산 북청
    허하백: 청진 길주 회령

이런 발광적인 분위기 속에서 학병이 총알받이로 끌려 나갔다. 그 무렵 1943년 11월 한 달 동안 『매일신보』에는 무려 12편이나 되는 학병 관계 사설이 실렸다. 또한 11월 5일부터 16일에 걸쳐서 『매일신보』에는 김팔봉·김동환·임학수·김용제·모윤숙·서정주의 순으로 학도병 격려시가 발표되었다. 학병 지원 마감일은 1943년 11월 20일이었다. 11월 16일부터 22일까지 날마다 학병 독려 사설이었고, 17일에는 유진오의 「병역은 힘이다」, 18일에는 주요한의 「나서라! 지상 명령이다」라는 글이 윤치호·장덕수의 독려 담화문과 함께 『매일신보』 1면을 거의 모두 장식했다.

22 일제의 국회의원과 대의당

1944년 12월 25일자 신문에 「외지 동포에 대한 처우 개선」의 내용이 발표되었다. 이에 의해서 1945년 3월 25일에 귀족원·중의원의 법령 일부가 개정되고, 조선인은 7명의 칙선 귀족원 의원과 23명의 중의원 의원을 일본 국회에 보낼 수 있게 되었다. 귀족원의 7명 칙선 의원은 1945년 4월 3일에 김명준·박상준·박중양·송종헌·윤치호·이기용·한상용이 선임되었다. 중의원 의원 23명은 의회가 만기되면 선거에 의해서 선출될 예정이었다.

이 처우 개선 내용이 발표된 25일자 지면에 박상준 등이 「처우 개선과 우리의 각오」라는 표제로 신도 실천을 맹세하는 담화를 실었다. 이어서 1945년 1월 17일 부민관에서는 처우 감사 총궐기 전선 대회가 개최되었다. 이른바 홍대무변하옵신 성은에 감사하면서, 식순은 손영목의 인사, 이광수가 자작시 「내 모든 것을 드림」을 낭독하고, 결의문과 감사 전보문을 채택했다. 이날 채택된 감사 결의문은 다음과 같다.

저반 정부는 조선 재주민(在住民)에 대하여 정치 처우에 관한 중요 사항을 조사 심의하기 위하여 내각 안에 조사회를 설치하는 동시 조선 동포에 대한 처우 개선의 실시 방책에 의하여 각의 결정을 보기에 이른 것은 실로 홍대(鴻大)한 만세일계의 지속인 역대 위정자가 일시동인의 성지를 봉대하여 통리에 정진하여 온 결과로서 아등은 감분흥기 진실로 천황귀일의 대의에 관철하여 대화(大和)일치 1억 1심의 유대를 더욱 견실히 하여 황풍의 철저적 침투를 기도하고 전의를 앙양하여 전력을 증강하고 일로 추적(醜敵)격멸에 매진하여 천양무궁의 황운을 부익하여 황국의 만일에 대상(對償)할 맹서를 기함.

이어서 대회는 처우 감사 사절단의 일본 파견을 결의하고 김명준·윤치호·이성근을 그 사절로 선발했다. 대회를 마친 이들은 조선 신궁에 봉고제를 한 후 일행을 대표한 윤치호가 총독과 군사령관을 방문하여 감사를 표했다. 처우 감사 사절단은 1945년 1월 31일 서울 출발, 일본의 관계 요로에 감사의 인사를 하고 2월 21일 귀국했다.

이때까지, 일제 36년에 일본 국회의원이었던 자는 귀족원의 윤덕영, 중의원의 박춘금을 알 뿐이다. 이진호도 귀족원 의원을 했다고 하나 확실한 사정은 모르고, 윤덕영은 1942년 12월 20일 칙선 귀족원 의원이 되었다. 박춘금은 1937년의 제20회 중의원 의원 총선에서 7,915표로 당선(동경 제4구), 이선홍(李善洪)은 9,009표로 2위 낙선했다(대판 제4구). 신태악(辛泰嶽)이 1942년 4월의 중의원 총선에 출마했으나(대판 제4구) 선거법 위반 사건으로 문제가 일어났고, 관서(關西)에서 출마했다는 강경옥(康慶玉)에 관한 자세한 사정은 알지 못한다.

박춘금이 조직한 단체에 대화동맹과 대의당이 있었다. 대화동맹은 필승체제 확립과 내선일체의 촉진을 목표로 하는 동지적 결맹체로서, 첫째, 황도 공민 자질의 연성 향상. 둘째, 징병·근로·모략 방지에 중점을 둔 결전체제의 강화. 셋째, 내선 동포의 정신적 단결 촉진. 넷째, 증산·공출책의 완수 등을 운동 요목으로 하고 있었다. 1945년 2월 11일에 결성했는데 간부 명단은 다음과 같다.

위원장: 윤치호
이사: 강병순(姜柄順) 박춘금 손영목 이광수 이성근 조병상 진학문(秦學文) 외 일인 6명
심의원: 고원훈 김동진 김동환 김사연 김성진(金晟鎭) 김신석(金信錫) 노성석(盧聖錫) 박흥식 설의식 이승우 이원보 이충영(李忠榮) 이해용 장직상 정연기 하야시카와(林川〔趙?〕東植) 주요한 최정묵 최준집 외 일인 9명

대의당은 1945년 6월 24일 부민관에서 결성식을 거행했다. 이 당에 관해서『민족정기의 심판』은 "표면에서 비교적 평화적으로 사회 정책 부면

을 담당"한 대화동맹의 자매당으로, "이면에서 항일 반전 조선 민중 30만 명을 학살코자 직접적 행동을 취한 폭력 살인 단체"였다고 기술했으나, 필자로서 진부는 확인하지 못했다. 어쨌든 대의당은 해방 50일 전에 박춘금에 의해서 다음과 같은 강령으로 조직되었다.

① 오등은 먼저 공구수성(恐懼修省), 자기로 하여금 대의의 덕기(德器)가 될 것을 기함.
② 오등은 널리 동지를 구하여 대의에 순할 굳은 단결을 지을 것을 기함.
③ 오등은 황도본의에 기하여 국민 사상을 통일하여 이로써 전력 증강 및 국토 방위의 임에 다할 것을 기함.
④ 오등은 지도자가 아니고 국가에 대해서는 1병졸, 동포에 대해서는 1충복이 될 것을 기함.
⑤ 오등은 모든 비결전적 사상에 대하여서는 단연 이를 파쇄하여 필승 태세의 완벽을 기함.

대의당은 1945년 7월 24일 부민관에서 아세아민족 분격 대회를 개최했다. 이성근의 개회사, 이어서 좌장(座長) 와다나베(渡邊豊日子. 조선중요물자영단 이사장·일인)를 선출한 후 일만화(日滿華) 대표 5명과 박춘금의 강연, 다음은 제2부 순서로 남녀청년분격 웅변대회가 열릴 예정이었다.
그때, 개회 3시간이 경과한 오후 9시경, 폭탄 2개의 연달은 폭발로 대회장은 일순 수라장이 되고 말았다. 대의당원 1명이 현장에서 즉사했지만, 범인(?)은 헌병 경찰이 총출동을 했어도 오리무중이었다.
3주일 후 해방이 되면서 알려진 이름은 강윤국(康潤國)·류만수(柳萬秀)·조문기(趙文紀) 3인이었다. 항일 반세기 최후의 의거였던바, 이는 비단 박춘금 일당뿐 아니라 그 이전의 모든 친일 행위에 대해서도 똑같이 가해진 철퇴였다는 점에서 통쾌감을 금치 못하게 한다.
대의당은 일황이 항복 방송을 하던 그 순간까지 존속했다. 다음은 그 당의 간부 명단이다.

당수: 박춘금

위원: 고원훈 김동진 김동환 김민식 김사연 김신석 박흥식 손영목 신태악 이광수 이성근 이승우 이원보 이재갑(李在甲) 정연기 조병상 주요한 주?성

23 조선언론보국회

연합군이 이오섬(硫黃島)에까지 진격하자 일본은 본토 결전을 생각하기 시작했다. 최후의 1인까지 죽창으로 싸우기 위해서, 조선은 국민의용대가 결성(1945. 7. 8)되고, 의용병역법이 실시(1945. 6. 23)되었다. 국민의용대는 12~65세의 모든 남자와 12~45세의 모든 여자로 조직하며, 연합군의 본토 상륙에 대비한 발악적인 육탄 전투·방위 조직이었다.

전투대는 적의 상륙 또는 공정 부대의 강하(降下)에 있어서 일반 군대와 협력하고, 혹은 독력으로써 향토 직역을 지키고, 또 유격전을 하여 일반 군대의 작전을 용이케 한다. 그런데 전투대가 직접 전투를 하는 경우는 공격 정신을 발휘하여 육탄을 감행하더라도 적을 격멸할 기개를 가져야 한다.

이상이 전 민중을 대대·중대·소대·분대 안에 포섭했던 국민의용대의 전투대교령 중 한 조문이다. 이러한 본토 결전 작전 준비에 호응해서, 조선언론보국회는 1945년 6월 15일 언론총진격 대강연회를 열었다. 이성환·최린과 일인 2명이 「국민의용대에 대하여」 등의 연제로 강연했으며, 박남규(朴南圭)·박인덕·이정섭·이창수(李昌洙)·최백순(崔白洵)·쓰루야마(鶴山〔金?〕斗憲) 외 일인 12명이 시내 18개 극장의 막간을 이용해서 강연했다. 이어서 언론보국회는 1945년 7월 4일 경성일보, 매일신보 공동 주최로 본토결전부민대회를 열었다. 최린의 개회사, 최재서의 낭독으로 "우

리 본토에는 황군과 꼭 한 몸이 되고 있는 1억의 국민의용대가 있다. ……아등은 맹세코 적을 만리의 외에 격양하여 승리의 환성이 울릴 때까지 우리들의 진군은 멈추지 않을 것이다"라는 선언문을 채택하고 연설·황민 시 낭독 등의 식순을 진행시켰다.

언론보국회는 또 1945년 7월 20일부터 전선 40개 중요 도시에 언론인 25명을 파견해서「본토 결전과 국민의용대 대강연회」를 열게 했다.「미·영의 야망과 동아의 운명」「본토 결전과 국민의용대의 사명」등의 연제로 강연한 인사는 김팔봉·박남규·옥선진(玉璿珍)·이성환·이창수·인정식(印貞植)·정인익(鄭寅翼)·차재정(車載貞)·최백순·최재서·쓰루야마(鶴山〔金?〕斗憲)·현영섭(玄永燮)과 일인 12명이다.

이렇게 본토 결전을 외친 언론보국회는 1945년 6월 8일 탄생했다. 강령은 첫째, 조국(肇國)의 대정신을 현양하고 성전 완수에 매진함. 둘째, 내선일체의 이상을 구현하고 대동아 건설에 정진함. 셋째, 언론의 총력을 결집하고 사상전에 감투함이다. 다음은 언론보국회의 임원 명단이다.

회장: 최린
사무국장: 정인익
상무이사: 이성환 최재서 외 일인 5명
이사: 김팔봉 김활란 박인덕 신태악 류광열(柳光烈) 최백윤(崔白潤) 쓰루야마(鶴山〔金?〕斗憲) 외 일인 2명
고문: 윤치호 이성근 외 일인 7명
참여: 이종욱(李鍾郁) 김동진 박희도 신흥우(申興雨) 안인식 이영준(李榮俊) 주요한 함상훈 외 일인 11명
평의원: 박남규 호시노(星野相河〔?〕) 송금선 옥선진 유진오 이원영 이윤종(李允鍾) 이정섭 이창수 이충영 차재정 외 일인 3명
명예회원: 송진우 안재홍 여운형 유억겸 이광수 이승우 이종린 장덕수 최남선 홍명희(洪命熹) 외 일인 16명

24 개인적 친일 및 낙수

이상에서 언급하지 못한 개인 행위를 큰 것만 추려서 기록하겠다.

고한승(高漢承): 창씨명은 다카야마(高山 淸)이다. 일본대학 출신이며 개성경방단 부단장·개성부회 의원·중추원 참의를 했고 송도항공기 주식회사를 설립해서 취체역 사장에 취임했다.

김갑순: 창씨명은 가나이(金正甲淳)다. 공주 태생이며 한말에 감영(監營) 이속(吏屬)·중추원 의관(議官)·충남 봉세관(捧稅官)을 거쳐서 1902년 부여군수로 퇴관했다. 이후 개간·매립·수리 사업과 자동차 운수업, 유성온천주식회사 취체역, 중추원 참의를 수차 중임했고 역대 총독 열전각을 건립하고 역대 총독의 사진을 안치했다.

박남규(朴南圭): 창씨명은 오도모(大朝實臣)이며, 의사 출신이다. 총독 우가키(宇垣一成)의 가당(家黨) 격인 친일 거두로 전해지는 사람. 내선일체실천사 사장으로 월간『내선일체』(內鮮一體: 일문)를 발간했다.

박흥식: 창씨는 하지 않았다. 실업계의 거두로 일제 말엽에 조선비행기 주식회사를 설립, 대표로 취임했다.

방의석: 북청 출신. 함남 운수업계의 제1인자, 함흥택시·공흥(共興)자동차 등을 경영했다. 함남도회 부의장·참의 등 역임. 함흥에 북선교통회사를 설립하고 교통보국에 힘썼다.

배정자(裵貞子): 이토(伊藤博文)의 수양딸인데 태평양전쟁 무렵에는 여자정신대 100여 명을 모집해서 남방 최전선으로 보냈다고 한다.

손영목(孫永穆): 밀양 출신. 경남 서기로 출발. 지사·참의를 두루 섭렵하고 만주척식공사 이사, 총력연맹 이사 겸 징병후원사업부장, 국민동원총진회 이사 등을 한 거물.

신용욱: 창씨명은 마하라(眞原勝平)다. 고창 출신이며 일본 동아비행전문을 마친 1등 비행사. 조선항공회사를 설립, 사장에 취임했으며 전쟁 중 약 1년간 해군 수송 업무에 종사했다. 조선항공공업회사를 설립하고 항공기 수리 작업도 했다.

이병길: 이완용의 차남 이항구(李恒九. 상속자)의 큰아들, 즉 이완용의 직계 장손이다. 후작으로 조선귀족회 이사·중추원 칙임참의 등 역임.

이석규: 창씨명은 다이토(大東碩圭). 일진회장 이용구(李容九)의 장남이다. 시천교를 대동일진회로 개편했다. 1939년 11월 11일 박문사에서 흑룡회와 함께「일한합병 공로자 감사 위령제」라는 것을 지냈다.

이날의 참석자는 이화사(李華師. 이용구 처)·이석규·이현규(李顯圭. 이용구 아들)·윤덕영·이광수·정광조(鄭廣朝)·최린·한상용을 비롯한 100여 명. 이들은 김옥균·박영효·송병준·이완용·이용구와 가쓰라(桂 太郞)·이토(伊藤博文)·데라우치(寺內正毅)를 소위 '일한합병 공로자'로 감사 추모하면서 위령제를 지내는 어처구니없는 망발을 범했다.

이성환: 창씨명은 야스오키(安興晟煥)다. 학무국장 시오하라(鹽原時二郞. 1937. 7~1941. 3)의 측근자로서 사설 참모 격이었다고 한다. 총력 진영의 온갖 요직을 섭렵했고 국민동지회 간부·국민동원총진회 이사장 등을 했다.

이영개: 대일본흥아회 조선지부 고문. 이 단체는 육군대장 마쓰이(松井)가 1945년 7월 17일에 조직했으며, 부지부장 김을한(金乙漢), 고문 이성근·이영개(李英介)·한상용 등이다. 이영개는 금강항공주식회사 대표이자 고한승(高漢承)의 송도항공기 회사에도 관계했다.

다음, 언급하지 못한 단체명을 기록하겠다(괄호 안은 책임자 또는 간부).

경성연합청년단·경성음악협회·경성흥행협회·국민동원총진회(李晟煥)·국민동지회(李聖根)·국민연극연구소(咸大勳)·국민정신문화연구소(李泳根)·국민항공단·국민협회·국민훈련후원회(孫弘遠)·극단 고협(高協: 沈影)·극단 국민좌(朴源喆)·극예술협회(柳致眞)·극단 노동좌(老童座)·극단 성군(星群: 徐一星)·극단 아랑(阿娘: 黃徹)·극단 연극호·극단 예원좌(藝苑座: 金肇星)·극단 청춘좌(崔象德)·극단 태양·극단 호화선(豪華船)·극단 황금좌(成光顯)· 극단 홍아(興亞)· 기계화국방협회본부· 내선문화학회· 내선일체(월간· 朴南圭)· 대동민우회(車載貞)· 대동아미술협회· 대일본국민교육회 조선지회(支會: 成一鏞)· 대일본무용연맹(趙澤元)· 대화세계(大和世界: 월간)· 대화숙(大和塾)· 대화(大和)악단· 덕화여숙(德化女塾: 朴仁德)· 동민회(同民會)· 동진(同進)협회· 동학(東學)연합회· 만주연예협회· 경성출장소(李創用＝廣山創用)· 매신(每新)교화선전차대· 매일신보사 이동극단(移動劇團)· 반도가극단· 방송출판협회· 배영(排英)국민동지회· 백악회(白岳會)· 사상국방협회· 선만(鮮滿)개척민협의회· 소도회(昭道會)· 시중회(時中會: 崔麟)· 신불출만담보국단(申不出)· 악극단 라미라(羅美羅)· 악극단 만타(萬朶)· 악극단 신향(新響: 孫收人)· 애국부인회 조선본부· 예능(藝能)문화연맹· 일독(日獨)문화협회(姜世馨)· 일본기독교청년회 조선연합회· 조선교육회· 조선국방항공단· 조선국방화학협회· 조선국방협회· 조선담우회(談友會)· 조선문화영화주식회사· 조선미술가협회· 조선미술보국회· 조선방공(防共)협회· 조선보국회· 조선보육(保育)연맹(獨孤璇· 任永信· 車士百)· 조선사진보국회· 조선사진협회· 조선상공신문사· 조선서도(書道)보국회· 조선신문사· 조선신문회· 조선악극단· 조선연극문화협회(金寬洙＝岸本寬)· 조선영화계발(啓發)협회· 조선영화주식회사· 조선영화협회· 조선예능(藝能)봉사대· 조선이주(移住)협회· 조선인보도(保導)위원회· 조선춘추회· 조선출판협회· 조선학생애국연맹· 종교단체연합회· 종교보국회· 정학회(正學會: 玄永燮)· 조선연합청년단· 청년동진회(同進會)· 태양(월간: 徐椿)· 태평양연예대· 한구(漢口)조선인회· 현대극장(柳致眞)· 협화회(協和會)· 홍보정신대(弘報挺身隊)· 황도선양회· 황도조선연구위원회(張赫宙)· 황도학회(申鳳祚＝辛島純)· 황도회(李英介)· 홍아(興亞)동맹조선문제간담회.

25 우리를 분노하게 하는 것

서론에서 필자는 친일파도 희생자라고 말했다. 군대와 결탁한 총독부의 무한대한 권력 밑에서, 황도조선을 외치지 않는다는 것은 사실상 불가능에 가까운 일이었다. 살기 위해서라는 말을 어느 누가 한 귀로 흘리겠는가? 이리하여 민족 앞에 죄인이 되어 버린 소위 친일파들은 물론 일제 통치의 참담한 제물일 수도 있는 것이다.

그러나 개중에는 살기 위해서 어쩔 수 없었다는 변명이 통할 수 없는 경우도 있었다. 조선어 전폐를 주장한 자가 있었는데, 그것도 총독이 시켜서 한 일인가? 이완용 추도회도 아닌 '일한합병 공로자 감사 위령제'를 안 지내면 고등계 형사가 잡아갔는가? 창씨만 해도 그렇다. 일제가 극성이야 떨었지만, 최씨가 평범하게 '가야마(佳山) 상'이 되었다고 해서 배급 통장을 빼앗기지는 않았다. 그런데 팔굉일우를 따서 마쓰무라 고이치(松村紘一)가 되는가 하면, 후지산(富士山)과 정한론자(征韓論者) 사이고(西鄉隆盛)의 이름을 따서 후지야마 다카모리(富士山隆盛. 崔志煥)로 창씨개명한 경시 출신인 참의 나리도 있었다. 선거법 위반까지 해 가면서 도회·부회 혹은 중의원에 출마한 사람도 있었는데, 그 선거법 위반도 일제가 탄압해서 한 일인가?

황민화를 위한 탄압은 남녀노소와 유명·무명의 구별이 없이 누구나가 똑같이 당하던 악몽이었다. 그런데 한 예로 변호사 신태익(申泰益)은 1939년 5월 28일 함흥공회당에서 베풀어진 전국경제조사기관연합회 시찰단 일행 40명의 환영회 석상에서 내선일체 및 시국을 비방하는 불온한 언동을 했기 때문에 1939년 7월 3일 변호사회의 제명 결정으로 변호사 자격을 상실했다. 이와 반대되는 케이스가 같은 변호사인 이×적(李×迪)인데, 그는 1937년 4월 이후 신의주 사상범보호관찰심사회 위원을 3차나 중임했던 사람이다. 동족에 대해서 보호관찰에 붙이는 여부를 심사하면서, 정작 이×적 자신은 소위 비상시국을 외면했던지, 도박죄 50원 벌금의 확정 판결 끝에 1942년 1월 19일 변호사 정직 1년, 물론 보호관찰심사위원의 감투도 떨어져 버렸다.

이 상반된 두 케이스에서 우리는 한국인으로서 혼의 깊이의 차이를 읽는 것이다. 만절(晚節)을 보고 초심(初心)을 안다는 말이 있지만, 탄압 때문에 훼절했다는 것은 기실 최초부터 절개가 없었다는 자기 합리화의 변명이 아닐까? 이 변절자들은 더러는 이른바 과잉 충성으로 '고쿠고' 상용령에 대해서 조선어 사용의 전폐를 말한다. 확인된 바는 아니지만, 황국신민의 서사도 '가미다나'도 실은 한국인의 착상이었다는 얘기도 있다.

이들 중 해방 후에 근신하는 자도 있었다. 예를 들면 김대우(金大羽)는 『황국신민』의 서사가 재가되던 1937년 10월 2일 현재 학무국 사회교육과장이었기 때문에 항간에서는 "서사를 김대우가 만들었다"는 말도 있었다. 전북·경북 지사까지 한 김대우는 해방 후 관계(官系)에 발을 끊었다. 노령 탓이겠지만, 한편으로는 과거를 뉘우치고 나서기를 거절했다는 말이 들리고 있었다.

반면에, 대동아문학자대회에 출석했던 모씨가 해방 후 일본과의 국제회담에도 출석한 적이 있었다. 그들이 다른 어느 나라와 회담한다고 해도 전비(前非)로써 논란하고 싶지는 않지만, 일본과의 회담만은 문제가 달라진다. 그네들의 친일 시대의 상전·동료들이 일본 측 대표로 참가했을 때 실리적 대등한 회담에 지장은 없을까? 그보다도, 서론에서 말했듯이, 총련 참사였던 B씨는 일본에서 체질적인 권력의 아부자라는 욕을 먹고 돌아왔다. 소위 구보타(久保田) 망언 같은 종류는 두말할 필요도 없이 저네들의 턱없는 우월감·상전 의식의 죄이지만, 깨끗하지 못했던 사람을 일본에 대표로 보내곤 했던 우리 풍토에도 문제의 일단은 있었던 것이다.

그런가 하면 일제 때의 황민·일어 작품이 우리말로 수정·개작되어서 신장개업을 한 경우도 있었다. 조선예술상을 수상한 『정열의 서』에 실렸던 「제1과 제1장」, 『신시대』지에 「산의 휴식」(山の憩ひ)이란 표제로 발표되었던 「제신제」(諸神祭) 및 홍콩이 함락될 때 일본인 잔류민들의 이야기가 「13일의 금요일」이란 영화의 줄거리로 둔갑해 버린 같은 작가의 「한월」(寒月. 국민문학 1942. 2), 1942년의 국민극 경연 대회에서 작품상을 받은

「대추나무」, 1943년 4월호 국민문학지에 일어로 실렸던 「맹진사댁 경사」(孟進士邸の慶事) 등이다. 이런 작품을 신장개업하다니 언어도단, 국민을 우롱함이 여기에서 또 더하겠는가? 하물며 어느 작품은 TV 방영까지 수차했으니 이거야말로 방송국의 비상식이 아닐 수 없다.

   이보다 더한 것으로, 일제하의 친일 행위를 독립운동으로 날조 강변한 인물이 있었다. 독립투사 밀고를 애국 행위라고 말한 반민특위 시절의 이(李)모, 또 근래에는 친일 동아연맹을 지하 독립 단체라고 날조 강변한 김(金)모 등……. 하기야 일제의 서교(西橋)·망원정(望遠町) 총대가 반민특위 부위원장으로 변신을 감행하던 그 무렵이다. 이리하여 친일은 과거의 한낱 '현상'으로 은멸——아니, 지금도 군데군데 그 망령들의 웃음소리가 들리고 있는 것이다.

   이들에게서는 과거의 친일을 참회하는 단 한 장의 성명서도 없었다. 해방 이후 헤아릴 수도 없었던 것이 체제가 바뀔 때마다 쏟아져 나왔던 구체제 정당의 탈당 성명서인데……. 어쩔 수 없었던 상처라고 이해는 한다. 하지만 이대로 역사적인 비판마저 결여되는 한 후세에 대해서 민족정기를 증명할 길이 없다는, 이 또한 우리에게 주어진 어쩔 수 없는 숙제가 되는 것이다.

임종국
시인·문학평론가이며 친일파 연구에 몰두했던 역사학자. 주요 저서로 『친일문학론』『실록 친일파』『한국문학의 사회사』『일제침략과 친일파』 등이 있다.

"분단이 국가의 형태로 변하면 한반도의 분단의 현실 자체가 개개인의 사생활 및 공동생활 속에 하나의 억압 구조로서 내실화하게 된다. 이것은 민족 실존의 허상이며 자유의 파괴이며 동시에 영원한 분단으로의 함정이지, 민족통일에의 전 단계가 아니다. 그래서 백범은 한사코 두 개의 한국을 반대했던 것이다."

● 백기완

3

김구의 사상과 행동의 재조명	백기완
이승만 노선의 재검토	김도현
8·15를 전후한 여운형의 정치 활동	이동화

김구의 사상과 행동의 재조명

백기완

1 몰이해에 대한 반론

"황소 백 마리가 와서 나를 끌어당겨도 우리 동포끼리 담판하여 통일 독립을 쟁취하고자 하는 나의 결심은 한 치도 무너뜨릴 수 없다"고 남북 협상 반대 시위대 앞에서 산악 같은 신념을 내보이던 백범(白凡) 김구(金九)가 백주에 총탄으로 참살당한 지 어언 반세기가 지났다. 백범의 침몰로 말미암아 평화적이며 또한 양성적 의미의 민족의 자주통일 독립운동은 사실상 좌절되고 말았는데도 불구하고 백범에 대한 왜곡된 이해 또는 몰이해가 아직까지 난무하고 있는 것은 기가 막힌 사실이다. 우선 백범을 기념하는 커다란 동상이 남산 꼭대기에 자리 잡고 있으며 해마다 그가 참살당한 날에는 예외 없이 추모제를 한다. 또한 요즈음의 고등학교 교과서엔 「나의 소원」이라는 유명한 백범의 말씀을 새겨 넣고 있을 정도로 백범에 대한 추모는 보편화된 느낌이다. 하지만 백범의 전생애를 통한 피나는 싸움의 내력을 더듬어 볼 때에 이것은 사악한 간지가 농하는 위장된 추모가 아닌가 하는 의심을 씻을 길이 없을 것 같다.

백범은 한마디로 누구인가. 여러 말 할 것 없이 그는 태어나서부터 돌아가실 때까지 전생애를 일본 제국주의와 싸운 항일 투사였음을 기억해야 한다. 그래서 그에 대한 추모란, 그의 뜻이 이 역사적 현실에 실현된 부분에 대한 실천적 계승과 평가라는 뜻이 있을 때에만 제값을 차지하는 것이다.

그러나 백범이 가신 지 반세기가 지난 오늘날 한일 관계는 연간 무역 역조가 날로 심화되고 있는 사실이 웅변하듯이 구조적인 불평등 관계다. 따라서 이러한 물질적 관계는 분단된 한반도와 일본 열도의 안보를 동일시하는 군사적 관계로의 발전을 불가피하게 하고 있을 가능성이 있음은 누구도 부인하지 못하게 되었다. 그 단적인 증거로 제2차 세계대전 이후 최초로, 1979년 7월 일본의 군사 책임자가 내한한 이래 한일 관계는 계속 밀착되어 가고 있다. 백범은 일찍이 이렇게 갈파했다.

> 과거에 있어서 전쟁을 애호한 자는 파시스트 강도군(强盜群)밖에 없었다. 지금에 있어서도 전쟁이 폭발되기만 기다리고 있는 자는 파시스트 강도 일본뿐일 것이다. 그것은 그놈들이 전쟁만 나면 저희들이 다시 살아날 수 있다고 믿는 까닭이다.
>
> 1948년 2월 13일[1]

여기서 우리가 놓칠 수 없는 대목은 백범이 일찍부터 제2차 세계대전 전의 일본과 제2차 세계대전 이후의 일본을 동질의 것으로 파악하고 있는 점이다. 따라서 "지금에 있어서도 전쟁이 폭발되기만 기다리고 있는 자는 파시스트 강도 일본뿐일 것이다. 그것은 그놈들이 전쟁만 나면 저희들이 다시 살아날 수 있다고 믿는 까닭이다"라고 선언한 것은 과거의 일본은 일본 제국주의의 자기모순에 의하여 전쟁을 직접 도발했지만, 제2차 세계대전 이후의 일본은 전쟁 도발의 구조적 잠재 요인으로 존재하고 따라서 일본이야말로 전쟁이 아니면 자기 존립을 지속할 수도 전쟁의 잿더미로부터 부흥할 수도 없다는 것을 명쾌하게 지적한 것이다.

이것은 오늘날 일본의 역사적 존재, 이러한 일본의 복잡다단한 제국주의적 성격에 대한 인식 논리를 그의 전생애를 통한 항일 투쟁 경험을 통해

한마디로 농축한, 고도의 논리적 인식이 직관화된 교훈이라고 할 것이다. 이 교훈은 백범의 교훈이자 동시에 오랫동안 외침에 맞서 싸운 우리 민중의 흔들릴 수 없는 지혜요 행동 강령이다. 오늘날도 참다운 이 땅의 민중이 이 지혜와 행동 강령으로 싸우고 있음은 유구한 민족사의 합리적인 발전 과정이 입증하고 있지 않은가. 그러나 사태가 이러함에도 불구하고 백범을 한갓 추모 대상으로 섬기고자 하는 것은, 이를 어설피 이야기하면 백범의 참모습에 대한 왜곡이라고 지적할 수 있을 것이요, 또 이를 곧바로 지적하면 백범에 대한 제2의 타살이라고 할 것이다.

이와 같이 백범에 대한 요즈음의 추모 행사는 오랫동안 민중이 터득한 지혜를 거역하고, 따라서 '긴밀한 한일 관계'라는 일찍이 반도적 조건하에서는 한 번도 경험한 바 없는 반역사적 현실을 호도하는 노리개로 이용되고 있는 것과 함께 아주 첫판부터 백범에 대한 인식을 잘못하고 있는 측면이 있음을 상기해야 할 것 같다.

이것은 백범의 항일 투쟁 노선과 그의 자주평화통일 노선에 대한 부정적 견해다. 물론 백범의 항일 투쟁 노선은 그대로 그의 일생을 관통한 명제이긴 했지만, 거기에도 항일 투쟁의 전략과 전술 그리고 방법과 사상적 지향점에서 참으로 민중적이 못 되는 부분과 한계가 있었던 것이 사실이고, 따라서 8·15 후 그의 투쟁 노선에 많은 문제점이 있는 것 또한 사실이다. 하지만 여기서 문제 삼고자 하는 것은, 그 비참하기 이를 데 없었던 반제국주의 항일 민족 투쟁 시기에 그야말로 창백한 지식인으로서 물 위에 떠다니는 기름처럼 비록 자기 자신이 싸우지는 못하나 반드시 해방의 그 날은 올 거라며 일제 때 유행하던 이른바 시국론에 머물러 있던 사람들이 백범을 다만 역사 발전의 합법칙적인 방법론에 입각하여 평하려 드는 고압적 자세다.

또한 필자가 바로 이 시각에도 이 땅에서 숨 쉬고 사는 어느 지식인으로부터 들은 사실이거니와 백범의 자주평화통일 노선은 사실상 과오와 불철저로 일관했다는 지적이었다. 물론 필자는 이런 말을 들었을 때 즉각적으로 이론적 반론을 펴내려 들지는 않았다. 왜냐하면 8·15 이후 백범의 노선을 굽이치는 반외세 민족 투쟁사에 투영했을 때에는 심상하지 않은 문제점들이 걸러질 수 있기 때문이다. 그러나 참으로 백범의 자주통일 노선을 올바로 평가하기 위하여서는 백범을 평가하려는 그 자신이 8·15 이후부터 오늘날까지 이어지는 민족자주통일 운동의 주체적 맥락 속에 하나의 실천의 주체로서 뛰어들어 있지 않으면 안 된다. 그 싸움의 현장은 물론 이 각박한 분단의 현실이다. 분단을 최고의 가치로 조직화한 현상과 질서이다. 분단된 현실을 안정화하려는 물질적 관계들과 분단 장치를 철저화하려는 국내외의 물리적 작폐들 내지 분단을 둘러싸고 어느새 굳어져 버린 현상 유지 정책, 그 속에서 몸부림치는 생명들의 저항을 분단의 안정화에 대립하는 것으로 억제하는, 이 참담하게 황폐된 자유의 영역이 곧 실천하는 주체의 싸움터다. 여기서 백범처럼 생명을 내대고 싸우는 자라야만 감히 백범을 말할 수 있는 것이다.

그러나 필자가 아는 그는 백범처럼 생명을 내대기는커녕 촌치의 실천도 없이 역사의 필연적인 발전 지향만 믿으며 분단을 방벽으로 하여 분단 상황 속에서 합법적 지위를 구가하고 있는 이가 아닌가. 또 백범은 항일 투쟁 당시 몸에 박힌 총탄을 평생 그대로 지니고 있으면서도 한 번도 그 아픔을 내색하지 않았거늘, 백범을 평하는 그는 자식 놈이 감기만 들어도 싸우는 역사의 현장을 외면하고 한낮에 집으로 달려가야 하는, 사실상 분단의 현실에 통합된 소시민이 아닌가. 그러한 이가 백범을 함부로 평함은 백범에 대한 정당한 평가가 아니라 무모한 배신에 속할 뿐이며, 따라서 역사의 진행과 함께 한없이 발전하는 민중의 역사에 대한 신뢰의 포기로 형해화된 인식 논리가 가져다주는 파국적 허무주의라고 할 수밖에 없다.

이 파국적 허무주의로는 백범의 실체를 올바로 조명할 수도 또는 제대로 부각할 수도 없다. 바로 그렇기 때문에 오늘날 백범을 이 각박한 분단의 현실 속에서 다시 조명하는 의미란, 민족자주통일의 화신인 백범의 너울을 쓰고 백범의 노선과는 정반대로 분단의 현실을 더욱 죄는 사람들의 정체를 규명하는 작업의 뜻과 함께, 민족사 발전에 기여하는 통일 논의 그리고 민족 통일의 실체란 과연 어떠한 것이어야 하는가를 제시하는 작업의 하나가 되어야만 의의가 있을 것이다.

2 항일 노선과 그 반성

주지하는 바와 같이 백범은 1876년 7월 11일에 세상에 태어나서 1949년 6월 26일 분열주의자의 하수인에게 무참히 저격됨으로써 불행하게도 민족자주통일을 위한 싸움의 문턱에서 쓰러지고 말았다. 이 파란만장한 일생은 그대로가 우리 민족의 근대사를 전부 포괄한다. 백범이 세상에 태어나던 1870년대로 말하면, 일본 제국주의의 출발 기점이라고 할 수 있는 1853년, 동경만에 침입한 미국 군함 페리호에 굴복하던 치욕을 한민족에게 강요하던 시기였다. 또 백범이 값진 생명을 빼앗기던 1949년은 한민족에 대한 일제의 직접적 지배는 끝났으나 또 다른 외세에 의한 조국 분단이 국내적으로는 남과 북에 각기 이념상으로 상반하는 정부의 수립으로 귀결되고, 이로써 국제적으로는 강대국이 주도하는 냉전의 전략 단위로서 부각되던 시기였다. 이것은 우리에게 그대로 침략과 항쟁, 그리고 해방과 좌절, 그리고 또 항쟁의 내력이었다.

그의 일생은 그야말로 싸움으로 이해하지 않고는 별다른 길이 또 있을 수 없다. 우리의 근대사를 보면 숱한 열혈아가 반침략 전쟁에서 몸을 일으켰으나, 끝 간 데까지 가지를 못하고 중도에서 혹은 회의하고 혹은 한 가정의 안일 때문에 전선으로 향하던 말머리를 돌린 실례가 많았다. 하지만 오직 백범만은 싸우는 숱한 민중과 함께 곧바로 나아갔다.

백범의 일생을 특징짓는 묏덩어리는 제1기 동학혁명기, 제2기 중국에 망명하여 임시정부를 거점으로 하는 항일 무장 유격전 시기, 그리고 제3기 8·15 이후 귀국하여 조국 분단의 강요에 저항하여 싸운 반외세 통일 운동 시기 등으로 헤아릴 수 있다.

여기에서 8·15 이후 민족 분열을 강요하는 외세와 맞서 싸운 그의 민족자주통일 노선은 민족 혁명가로서 그의 성장의 본질과 따라서 그의 투쟁의 성과와 한계, 그리고 인간됨과 민족 혁명 사상의 발전을 집중적으로 표현한 것이니, 아직도 분단 현실 속에서 신음하는 우리들로서는 당연히 그의 민족자주통일 노선을 분석·평가·논의의 중심 대상으로 삼아야 할 것이나 그 모든 것이 동학에서 몸을 일으켜 계속된 항일 투쟁의 연면성에서 이어지고 발전된 것이므로 그의 민족자주통일 노선을 총체적으로 이해하려면 그의 투쟁의 제1기와 제2기를 빼놓을 수가 없을 것이다.

이런 점에서 백범을 생각하면 우리 근대사엔 백범 외에도 항일 민족 투사로서 평가되어야 할 지도층이 여럿 있었다. 하지만 백범처럼 동학에서 몸을 일으켜 8·15 이후까지 민족의 역사와 함께 싸운 이는 드물지 않을까 한다. 이와 같이 백범이 동학에서 몸을 일으킨 점은 그의 초기 사상을 평할 때 가장 주목할 점이 된다.

우리 근대사에서 자생적인 근대화의 기점이라고도 할 동학은, 보는 이의 역사적 입장에 따라 어느 정도 차이는 있겠으나 두 개의 얼굴을 가진 하나의 지향이라 할 수 있다. 하나는 19세기 중엽을 전후해서 조선 왕조는 내부의 격심한 부패와 자생적인 자본주의의 맹아 태동으로 왕조의 사회·경제적 기반인 봉건 질서에 동요가 일어났고, 이러한 체제의 동요와 민심의 동요를 틈타 구미 제국주의의 침략에 앞서 기독교가 밀려 들어왔는데 이에 대한 정서적 대응으로서 일종의 민족 종교 형태의 동학이 일어났다. 그러나 이것은 동요하는 봉건 질서와 점증하는 구미 제국주의의 침략에 대응한 위기의식에 대한 형식적 반응일 뿐 봉건적 질곡을 스스로 극복하려는 민중의 혁명적 의식은 날로 고조되었고 동시에 구미 제국주의의 침략 세력 앞에 무기력했던 당시 봉건 왕조에 대한 불신은 반(反)봉건의 혁명 의지를 전 민중적으로 팽배시켰다. 이러한 위기에 대한 정서적 반응과 혁명적 대응이 동학에서 두 개의 얼굴이다. 그러나 그 두 개 얼굴은 결국 하나의 지향으로 통일될 수밖에 없었으니 반봉건에 대한 혁명적 요구와 간악한 제국주의의 침략에 대한 저항을 종교적 대응 관계만으로는 도저히 충족할 수 없었기 때문이다.

이리하여 폭발한 것이 1894년의 동학혁명이며 이때 백범은 황해도 해주 접주로 싸웠다. 그러나 동학혁명이 청나라와 일본의 개입이라는 역사적 한계에 부닥쳐 동학혁명의 수령인 녹두 전봉준은 공주 효봉산에서, 그리고 백범은 황해도 구월산에서 처참하게 패퇴한다. 그러나 이 패배를 경험으로 백범은 두 개의 민중적 본질을 부여받게 되었다. 일찍이 백범은 그의 아버지가 중환에 들어 신음하실 때 자기 살을 베어 입에 넣어 드리고 그래도 병환에 차도가 없자 또 한 점을 떼내려다가 그만 아픔을 참지 못해 중단한 것을 자기 효심의 부족으로 자탄하리만치 봉건적 가족주의 윤리관에 깊이 빠져 있었다. 그런데 동학에 몸담으면서부터는 민중의 역사 발전과 함께 그의 인식과 사상을 발전시켜 가는 인간상으로 변했다는 것이 그 하나요, 또 하나는 항일·반제 투사로서 무장하게 되었다는 것이다. 백범이 동학혁명에서 참패한 그다음 해부터 전국에서 의병이 일어날 즈음 백범은 비록 병사를 잃은 소년 장군(접주)이었으나 동학에서 불붙여 온 적개심으로 왜놈 장교를 맨손으로 때려잡는 의기의 남아로 폭발한 것이 그것이다.[2]

여기서 백범이 왜놈 장교를 맨손으로 때려눕히고 그의 칼을 빼앗아 그 가슴에 꽂고 거기서 흘러나오는 피를 빨아 먹은 사건은 너무나 유명한 것이다. 필자는 어릴 적 『백범일지』에서 이 대목을 읽고서는 크게 놀랐던 적이 있었는데, 지금 이 순간 이 백지를 그 당시 전율할 정도의 이야기로 메우자니 어딘가 멈칫거려지고 섬뜩한 느낌마저 든다. 그러나 이것은 우리의 전통적인 민중의 성향이 아닌 반민중적 문화 경험의 파리한 자기 노출에 지나지 않는다.

우리 민중의 참다운 복수심이 적의 피를 직접 빨지 않으면 도저히 성에 차지 않았다는 사실은 비단 백범 개인에게만 해당하지는 않았다. 그것은 차라리 온 민중적 성향이었다는 사실을 입증할 문화사적 실질이 얼마든지 있음을 기억해야 한다. 우리의 전통문화인 탈춤의 전투적 춤사위가 그것이며, 안중근의 동지이며 항일 투사인 우덕순(禹德淳)의 「복수가」에서는 일본 제국주의를 향하여 "네뿐인 줄 아지 마라. 너의 동포 오천만을 보난 대로 내 손으로 죽이리라"[3]고 공공연히 외쳐 대고 있을 정도다. 물론 이때 이와 같은 전투적 복수의 대상인 적의 존재란 지배 계층의 권력 갈등 차원에서 창출된 허구의 적대적 존재가 아니다. 민중이 자기 경험에 의하여 파악되는 자기 존재에 대한 가해자가 되지 않으면 안 된다. 그렇기 때문에 이러한 적극적 복수심에는 폭력으로서 합목적성이 있으며, 따라서 민중 자신의 진보의 기본적인 동인에 해당한다.

그러나 젊은 날 백범의 이와 같은 적극적 항일 투쟁 노선은 부정과 긍정의 양면성을 갖고 있었다. 그것은 적극적 복수심의 전개라는 측면에서는 민중적이었으나 민중의 보편적인 염원을 조직화한 것이 아니라 항일 의병 투쟁이 고조되던 그 당시에 한낱 일개 개인의 적극 항일 투쟁으로 시종했다는 것은 젊은 날 백범의 항일 의식의 한계였으며 백범 의식의 발전이란 이러한 자기 의식의 문제점으로 제기되고 있었다.

3 임시정부와 무장 유격전

백범은 일본군 장교 쓰치다(土田讓亮)를 도살한 사건으로 투옥되어 사형선고를 받았다가 교묘한 술수로 탈옥에 성공한다(1898. 3. 9). 이때 백범의 필생의 동지 김주경과 관계는 우리 근대사에서 최고의 차원을 장악하리만치 파란만장한 열혈인들의 동지애로서 기록된다. 그 후 백범은 한때 마곡사에 몸을 숨기기도 했으나 몇 해를 전전한 끝에 황해도에서 문화 교육 사업에 투신했다가 다시 안명근(安明根)사건으로 투옥되었고 옥을 나온 후로는 상해 망명길에 오른다(1919). 여기서부터 백범은 그의 항일 노선의 제2기에 해당하는 상해임시정부 시기를 맞는다.

주지하는 바와 같이, 상해임정은 3·1봉기 이후 일제의 식민지 지배 강화로 국내 투쟁을 계속할 수 없었던 부르주아 계층에 속하는 이들이 상해에 망명하여 세운 임시정부였다. 이와 같이 임시정부란 부르주아 계층의 자기 근거지 상실의 필연적 귀결이라는 기본적인 성격에서 벗어난 것은 아니더라도 당시 내외 정세로 보아 상당한 타당성을 갖고 있었다고 평가

된다.

 첫째, 3·1봉기 이래 더욱 강화된 식민지 착취로 말미암아 제국주의 침략의 잔인성을 자각한 소작인·근로자·학생 등 이른바 근대적 사회층이 국내 투쟁의 주도권을 장악하는 단계에 돌입했다. 그러나 그네들의 민족의식은 아직도 성숙되는 과정에 있었고 그렇기 때문에 그네들의 의식을 통합하고 격려할 근대적 의미의 민족적 동질성의 고취가 요청되었는데, 임시정부는 국권의 지속성을 과시한 점에서 국내 세력의 성장과 민족의식의 고취에 도움을 주었다.

 둘째, 한일합방은 주권의 박탈임과 동시에 한민족의 대외 신장력에 대한 파괴였다. 이리하여 당시는 제1차 세계대전이 종식됨에 따라서 반제·반식민지 투쟁이 어느 때보다도 고조되던 시기이므로 이런 세계적 반제·반식민지 전선과 연결될 효과적인 형식과 방법이 제기되어야 할 역사적 시점에 있었다. 바로 임시정부는 이러한 세계사의 진운에 부합했다. 예컨대 중국의 혁명가 손문(孫文)이 이끄는 광동 비상정부와 러시아 혁명 정권의 임시정부에 대한 지원이 이 점을 입증하고 있었다고 하겠다.

 그러나 모든 인간 해방 투쟁이 그러하지만 특히 민족 해방 투쟁의 경우, 식민지 상황이라는 전선의 현장을 잃었을 때엔 해방 투쟁의 질량이 쇠잔하는 것은 말할 것도 없고 결국에는 참담한 파국을 면치 못하는 것이다. 애초부터 국내 지반을 빼앗겼던 인사들이 주축이던 임시정부는 날이 갈수록 이 점을 드러내고 있었다. 특히 이승만 등의 분파주의와 비주체적 독립 노선은 임정의 마지막 기강마저 흔들어 놓았고 안창호 등의 수양주의 노선은 그 소박한 본의와는 달리 식민지 현장에서 벌어지는 격렬한 투쟁을 수용하지 못하게 했다.

 당시는 1920년대 말, 일본 자본주의의 경제 불황에 의한 손실을 식민지에서 보상하려는 가혹한 착취와 일제의 대륙 침공을 앞두고 한국을 병참기지화하려는 식민지 질서의 강화는, 여기에 따른 피해 대중의 양적 확대와 함께 피해 민중의 격분을 사게 됨으로써 모든 국내 투쟁이 전투화하는 단계로 돌입한 사태였다. 국내 도처에서 벌어지는 소작 쟁의, 광주학생봉기와 6·10만세 사건, 노동자에 의한 원산총파업 쟁의, 그리고 한만 국경 지대에서 벌어지는 독립군의 무력 항쟁 등 삼천리 천하가 온통 불바다가 되고 있을 즈음에도 임정은 낡은 파쟁과 권위주의에만 안주하고 있었다. 이 파국의 절망에서 백범은 들고일어났던 것이다.

1926년 6월 임시정부의 국무령에 취임한 백범은 즉각적으로 임시정부를 항일 무장 유격전의 본거지로서 근본적으로 개편해 갔다. 1922년 여운형 등과 조직한 한국노병회(韓國勞兵會) 활동의 부실을 통감한 백범은 나석주 등과 1927년 의열단을 강화했으며, 1932년에는 윤봉길·이봉창·백정기 의사와 같이 본격적인 항일 무장 유격전을 힘차게 일으킴으로써 모든 국내외 투쟁이 전투화해 가는 물결을 더욱 크게 일으켰다. 따라서 백범은 국외에서의 유격전이 국내 저항의 진원, 즉 일제에 대한 피해 대중의 보편적 염원에 접점을 이루고자 1931년 생산 수단의 국유화(토지)를 골격으로 하는 균등 사회 건설의 이상인 삼균 제도의 건국 원칙을 천명했다. 물론 여기에는 이상주의적 환상이 있긴 했지만 이로써 백범은 빈사 상태에 빠져 있었던 임시정부를 국내 피해 대중의 기대치로 끌어올리려고 했다.

이와 같이 백범에 의하여 새롭게 지도된 임시정부의 노선은 여러 가지로 긍정해야 할 점이 있었다. 그러나 무장 유격전 노선은 몇 가지 점에서 문제시되어야만 했다.

첫째, 백범의 무장 유격전이 독특한 항일 투쟁 방법의 개발인 것만은 틀림없었다. 하지만 무장 유격전이란 본시 적의 심장부 파괴라는 특수 임무 수행과 교착된 전선의 돌파, 특히 대중 봉기를 촉매하는 데 의의가 더해질 수 있는데, 백범의 무장 노선은 지나치게 파상적인 유격 활동에 의존하고 있었다. 따라서 모든 항일 운동을 무장 테러 유격전이라는 편협한 틀 속에 얽어매는 인상을 주었다는 점이다. 이것은 필시 백범이 젊은 날 치하포에서 일제 장교를 맨손으로 때려잡던 혁명적 개인주의 체질과 사고방식이 백범이 이미 노년기에 접어든 1930년대까지 흔쾌하게 극복되지 못하고 있었다는 것을 의미했다. 따라서 국내 지반을 상실한 임시정부 요원들의 한계 표시였다고 평가할 수 있지 않을까 한다.

둘째, 백범의 1930년대 무장 유격전을 1930년대 우리 독립 투쟁의 전반적 상황에 투영했을 때엔 어떤 평가를 할 수 있을까 하는 것이다. 한마디로 백범의 무장 유격전은 항일·반제 민족 전선에서 하나의 전략 단위로 평가할 수는 있어도 주체적 맥락의 경지에까지는 이르지 못했다고 할 것이다. 왜냐하면 1930년대 식민지적 상황은 식민지적 갈등, 즉 일본 제국주의의 식민지 지배와 피압박 상태에 있었던 우리 민족과의 대립·모순이 그 어느 때보다도 첨예화하여 피압박 민족의 실체인 농민, 노동자 그리고 의식 대중인 학생층이 주동이 된 광주학생봉기, 6·10만세, 원산총파업, 그리고 무장한 소작 쟁의가 일고 있었으며 한만 국경 지대에서는 1920년대 이래로 조직적인 무장 항쟁이 끊임없이 전개되고 있었기 때문이다.

제국주의의 식민지 지배란 제국주의 구조의 핵심인 자본의 끊임없는 자기 증식 운동에 지나지 않는다. 자본은 자본의 자기 운동 법칙에 따라 자본을 장악한 사람마저 자본의 자기 증식 운동에 종속시키며, 모든 사람, 모든 물질, 모든 사회를 자본의 자기 운동 법칙 속에서 역사의 비주체적 존재 양식으로 소외시킨다. 따라서 인간은 이 소외로부터 자기를 찾으려는 싸움을 전개하는 것이 필연적이지만 자본의 증식 운동이 이러한 사람들의 자기 생존의 기본 욕구와 정당한 발전 지향마저 자본의 자기 증식 운동 법칙에 흡수 통합하지 않으면 자본 자체가 파탄하고 만다. 여기서 자본의 자기 증식 운동 법칙의 최고 발전 형태인 제국주의는 군사화하지만——그래서 식민지 지배 전쟁이 불가피하지만——식민지 지배는 날이 갈수록 철저화하고 모든 식민지 지배 대상을 군사적으로 조직화한다. 이러한 식민지 지배 양식의 비인간화는 불가피하게 식민지에 대한 한갓 저항이랄까, 몸부림 같은 것을 역사 진행의 주체적 맥락으로 수용하지 못하게 한다. 따라서 모든 반항의 최고 형태를 요구한다. 그것은 곧 식민지 지배의 군사적인 조직에 대항할 저항의 조직화, 조직된 저항의 전면적 전투화를 의미한다. 1930년대로 접어들던 당시는 바로 항일 민족 해방 전선의 이러한 전환을 요구했기로 백범의 장엄한 애국 무장 유격전은 좀더 높은 차원으로 발전했어야만 했던 것이다.

 좌우간 1940년대로 접어들면서 임시정부에서 백범의 지위는 더욱 확고해진다. 그것은 백범이 임정에서 중요한 자리를 차지하면서부터 임정을 임정이 가졌던 임정 수립 초기의 권위 즉 국권의 동일성 내지 지속성의 유지라는 낡은 의제(擬制)와 법통 의식의 틀에서 탈피시켜 무장 유격전의 본거지로 전환함으로써 비로소 1930년대가 요구하는 항일 민족 해방 전선에서의 전략적 지위를 획득케 한 데 대한 정당한 응보였다.

 그러나 일제는 1941년 드디어 태평양전쟁을 일으킴으로써 항일 민족 해방 전선을 둘러싼 세계정세는 일변하고 말았다. 세계의 모든 피압박 민족이 우리 우군이 되는 밝은 전망이 제시되었다. 반면 이것은 동시에 우리의 항일 민족 해방 투쟁이 단순히 일제를 쳐부수고 나라를 찾는 데만 머무를 것이 아니라 세계 혁명의 성격을 띠지 않으면 안 된다는 문제가 제시되었다. 따라서 항일 민족 해방 전선에서 일대 전기를 요구했다.

 첫째, 모든 항일 전선의 본격화와 함께 적의 심장부인 국내에서 전면적 유격전의 전개가 필요했다. 왜냐하면 일제는 1931년부터 대륙 침공에 나섰다가 1941년에 다시 태평양전쟁을 일으킴으로써 주력 전선이 이분화되었고 따라서 국내에서는 식민지 착취가 가중되어 우리 민족 대중의 불만이 고조되는 조건이 형성되었고 그러면서도 적의 병력은 분산되어 있어 사실상 군사적 공백이 이루어지고 있었기 때문이다. 이것은 40여 년 동안 받아 온 일제의 식민지 지배를 우리 힘으로 벗어날 수 있는 절호의 기회였다. 따라서 이러한 조건의 성숙은 동학혁명의 명제인 반제·반봉건의 씨앗을 일찍부터 배태한 백범의 의식과 그의 항일 투쟁 노선에 대한 일대 시련이요 도전이었다.

 둘째, 일제에 의한 태평양전쟁의 도발은 백범을 비롯한 모든 임정 요인에게 중일전쟁 당시 항일 투쟁의 개념과 범주를 청산할 것을 요구하는 것이나 다름없었다. 임정의 중일전쟁 당시 항일 투쟁 개념이란 다름이 아니라 중국국민당 정권과 임정과의 관계다. 임정이 중국 상해를 활동 거점으로 삼으면서부터 임정과 국민당 정권의 관계는 여하간 항일 전선에 보탬

이 된 바 있다. 그러므로 양자 사이의 관계는 객관적으로 보아 우리의 항일 투쟁에 유익했던 것이 사실이다. 그러나 국민당 정권의 혹심한 부패는 나날이 중국 국민의 지지 기반을 잃어 가고 있었다. 따라서 중국 국민의 항일 의식은 곧 중국의 종국적인 혁명이라는 명제와 동질의 것으로 발전해 가는 반면, 국민당 정부의 항일 의식은 일제로부터 국민당의 이익, 즉 국민당 정권의 이익을 지킨다는 목표로 축소되어 가고 있는 징후가 농후했다. 이는 중국혁명의 본질에 대한 배반일 뿐만 아니라 항일 전쟁을 함께 수행해 나가야 할 한·중 양국민의 항일 통일 전선에서의 실질적 이탈이나 다를 바 없었다. 그렇기 때문에 임정에서 중일전쟁 당시 항일 개념을 파기 내지 청산한다는 의미는 임정 자체를 중국에서 탈출시킨다는 것이 아니라 중국 안에서 중국 국민과 함께 직접 항일 전투에 참가한다는 것이다.

셋째, 일제에 의한 태평양전쟁 도발은 일본, 독일, 이탈리아 등 당시 추축 국가들에 대항하는 반파쇼 통일 전선을 형성하게 했는데, 이러한 통일 전선을 우리의 항일 투쟁에 창조적으로 적용하는 문제가 제기되고 있음과 동시에 그 통일 전선이 자본주의 국가를 대표하는 미국과 공산 세력을 대표하는 소련의 동맹이니만치 종전 후에 제기될 양대 세력의 대립, 즉 양대 세력에 의한 세계 분할의 필연성을 예측하고 여기에 대처할 국내 항일 세력의 대단결, 통합을 모색해야 한다는 문제 등이 제기되었다.

이러한 과제를 앞에 놓고 일평생을 일제와 싸운 백범은 어떻게 대처했을까. 우선 전술한 첫째의 과제에 대응한 듯, 백범이 이끄는 임시정부는 1941년 12월 9일 바로 일제가 전단을 일으킨 그다음 날, 다음과 같이 즉각적으로 대일 선전을 포고했다.

우리는 3천만 한국 인민과 정부를 대표하여 삼가 중·영·미·가·호·화·오 기타 제국의 대일전이 일본을 격패케 하고 동아를 재건하는 가장 유효한 수단이 됨을 축하하여 자에 특히 다음과 같이 설명하노라.
1. 한국민 전 인민은 현재 이미 반침략 전선에 참가하였으니 한 개의

전투 단위로서 추축국에 선전한다.(중략)

대한민국 23년 12월 9일
대한민국 임시정부[4]

이 선전에 이어서 1942년 7월 임시정부와 중국국민당 정권 사이에는 한국광복군 설립에 관한 협정이 성립되어 대일 선전포고에 따른 임정의 전투 태세를 보여 주었다.[5]

그러나 이것은 어디까지나 중국에 자리 잡은 임정의 공식 선언에 불과했다. 따라서 1942년에 성립된 광복군 설립안은 일제가 패망하던 바로 그 해(1945)에야 발효되는 과정 속에서[6] 오로지 광복군 훈련에만 열중하다가 8·15해방을 맞았을 뿐 백범의 전래 유격 전술은 국내에서 불을 댕기지는 못했다.

한편 민족 해방을 주체적으로 맞으려는 몽양 여운형이 국내에서 건국동맹과 농민동맹을 비밀리에 결성하여 대일 무력 항쟁도 불사하리라는 전략을 세웠다. 이에 따라 전국 도처에서 특히 경기도 가평 일대와 황해도 은율 일대에서는 애국 청년들이 비밀리에 사제 무기를 만들고 무장 항쟁의 준비를 착착 진행하고 있었다.

목은 마르고 가슴은 찢어지고 게다가 물마저 빼앗겨 목숨이 넘어가는 상황, 그것은 마치 댕기기만 하면 삽시에 불바다가 될 그러한 극한적 조건이었다. 그러나 국내에서도 해외에 있는 백범도 실지로 불을 댕기는 실행은 못하고 오늘내일하며 준비만 하다가 본격적인 국내 유격전을 전개해 보지 못한 채 8·15해방을 맞으며, "올 것이 너무 일찍 왔구나" 하고 땅을 치고 우는 정도였다.[7]

다음 백범의 이러한 실패는 중국에서 백범 실패의 연속이었으며, 그 연속된 자신의 실패에 대한 탄식이나 매한가지였다. 즉 백범은 중국에서 중국국민당 정권과의 관계 속에서 광복군의 성장만 기다릴 것이 아니라 광복군의 질과 양에 개의하지 말고 중국 국민과 함께 항일 전선에 직접적으로 뛰어들었어야만 했던 것이다. 만약 그리만 되었으면 백범은 우리의 항일 의식과 거의 동질의 것으로 중국 국민의 항일 의식의 본질, 즉 혁명 의식을 동시에 체험하여 그것을 우리 국내 유격전에 창조적으로 적용했을는지도 모를 일이다. 그러나 국민당 정권과 관계 속에서 광복군을 육성만 하려다가 중국 국민의 싸움 현장을 같이하지 못하는 바람에 중국인의 싸움 현장도 잃고 조국에서의 싸움 현장도 동시에 잃어 이른바 연합국에 의한 타율의 해방을 맞고야 말았다.

끝으로 반파쇼 통일 전선을 모범으로 한, 한국 내 항일 세력의 통합과 종전 이후 연합국에 의한 세계 분할에 대처하는 문제인데 이 점에서는 백범의 노력을 상당히 평가해야 할 것이다.

당초 항일 투쟁에 가담하는 백범의 기본 태도는 심부름꾼의 자세였다. 상놈의 신분을 감추지 않으려는 백범이라는 호가 그러하고 임시정부에 가담하는 기본 동기가 그러했다. 백범이 1930년대로 접어들면서부터 맹렬한 무장 유격전을 전개하려 할 때 그러한 무장 투쟁에 가담할 살신성인의 동지를 수없이 규합할 수 있었던 것은 백범의 이러한 인간적 본질이 가져다 준 결과라고 해도 지나친 말이 아니다. 열화 같은 열정, 인간적 성실성, 한번 정하면 흔들릴 줄 모르는 신념과 결단력, 여기에다 깊고 뜨거운 인간애와 애국심은 금세기 최고의 관용과 양보, 포용과 통일의 주체다운 면모가 있었다.

1935년의 오당통일회의, 이동녕·이시영 등과 한국국민당 결성, 1937년 임시정부 외곽 단체를 연합하여 한국 광복 전선을 형성한 것, 1938년 조선혁명당·한독당·한국국민당의 통합 운동, 1940년 광복 전선과 민족 전선 통합 등을 맹렬히 전개한 것도 백범이 주도한 것이다. 물론 이러한 세력들의 통합이 과연 어떤 가치가 있겠느냐는 반문이 성립할 수 있을 것이고, 또한 그들은 단순한 해외 망명 세력일 뿐 국내 지반과 연계가 전적으로 애매하니 항일 전선의 양적 확대 외에 무슨 효용이 있었겠느냐는 반문도 있을 수 있을 것이다. 하지만 그 당시 전반적으로 위급한 단계로 돌입하던 식민지 상황하에서 그나마도 임정을 정점으로 한 이와 같은 통합 노력은 어느 모로든지 필요했던 것이며 이는 전적으로 백범의 인간됨과 애국심의 작용이라고 평가해야 한다. 그러나 그 당시 참으로 필요했던 통합 대상은 국내외의 광범위한 각계각층을 대표하는 항일 세력, 그중에서도 무장 항일 세력을 중점 대상으로 삼았어야 했다는 것이다. 따라서 그 통합 방법도 임정을 정점으로 할 것이 아니라 항일·반제라는 기본 목표에 입각하여 형식상으로는 연합, 내용상으로는 통일을 가져다주는 신축성의 모형을 지향했어야 했다.

만약 이것만 실행할 수 있었다면 그것은 유럽과 중국 사람들이 선행한 반파쇼 통일 전선 형식보다 훨씬 월등한 통일의 모형이 되었을 것이며, 또 그 힘에 의한 자주적인 방법으로 조국 해방 전략을 수행하여 종전 후에 강대국에 따른 세계 분할 계획을 예측했을 것은 물론 그 분할 계획의 한반도 귀결(38선)을 막고 자주·통일·독립 쟁취의 기틀을 마련할 수 있었을 것이다.

더구나 이러한 통합 운동을 위한 국내외의 조건은 얼마든지 제시되어 있었다. 우선 국내에서는 일제가 그들의 침략 전쟁 수행을 위해서 소수의 친일파, 민족 반역자만을 제외하고는 전 민족을 가혹한 착취와 징발의 대상으로 하고 있어 이에 대한 저항감이 폭발 직전에 있었다. 또한 임정 외에도 세계 도처에서 무장 항일 세력이 활약하고 있었고 이들의 당면 목표, 기본적 이념은 하나같이 항일·반제 투쟁의 승리였다. 이 최후 승리를 향한 전 민족적 또는 전인적 노력의 바탕을 이루는 동질성은 모든 통합 운동의 정당성을 부여하고도 남았다. 그러나 백범은 그의 항일·반제 민족 투쟁 사상 가장 중차대한 이 과제를 수행하지 못했다.

왜 못했을까. 여기서 우리는 관용과 통일의 주체로서 백범이라는 개인과 백범이 자리하고 있었던 항일 투쟁의 구체적 기반의 갈등을 헤아리는 지혜를 동원해야 할 줄 안다. 즉 백범이 자리하고 있었던 중국 그중에서도 중국국민당 정권과 관계는 그것대로 임정 존립의 한 조건을 이루고 있었으나, 그 조건이 바로 관용과 통일의 주체로서 백범의 시야와 활동 범위에 제약을 주었고, 따라서 임정 자체의 구성 인자와 전통적 분위기도 동학에서 몸을 일으킨 본질을 올바로 발전시킬 토양은 못 되었다. 또한 백범이 자리하고 있는 이러한 조건들은 항일이라는 당면 목표에서 백범의 의식을 단순화하고 항일 노선에 대힌 신조를 민중 항쟁의 실제에서보다는 임정 요인과 관계에서 다지려는 지조주의로 흐르게 한 경향이 있었다. 이것은 백범의 불찰이자 항일 전선과 항일 투쟁의 내실의 커다란 손실이었다. 아니 분단의 해방으로 귀결된 8·15의 비극을 주체적으로 막지 못한 모든 항일 세력, 모든 항일 투쟁의 뼈아픈 반성의 차원으로 지금껏 남아 있는 것이다.

4 민족 해방, 좌절과 다시 일어남

1945년 8월 15일, 기어코 일본 제국주의는 스스로의 모순에 의하여 야기한 태평양전쟁에서 패망하고 말았다. 일본 제국주의의 성장 과정이 한반도 침략과 한국민의 희생으로 이루어졌고 따라서 우리 근대사의 참다운 줄기는 이들 일본 제국주의와의 싸움이었으니 일본 제국주의의 패망은 곧 우리 민족의 항일·반제 투쟁의 승리요, 세계사 전진의 혁혁한 성과를 우리 민족이 쟁취한 것이었다. 그러나 당시 항일·반제 투쟁의 우군이었던 미국과 소련의 군대가 38선을 경계로 하여 진주하는 괴이한 현상이 벌어진 것은 잘 아는 일이다. 우리에게도 임시정부의 광복군이 있었고 또한 우리 민족으로 구성된 여타 무장 군대가 있었으므로, 마땅히 일제가 패망하고 해방된 조국 땅엔 우리 군대가 진주해야 할 것인데도 불구하고 미국과 소련의 군대가 진주하게 되었다는 것은 무엇을 의미했을까.

역사상 미국이 한반도에 간섭하기 시작한 것은 1860년대부터인 것으로 알려져 있다. 그런데 이렇게 유구한 간섭의 역사를 더듬으면 미국이 한국에 이익을 가져다준 실례는 최소한 8·15 전까지는 한 번도 없었다. 병인양요로 통칭되던 때엔 미국은 한반도에 대한 명백한 침략자로 등장했다. 또한 한일합방이 사실상 미국 극동 정책의 소산이라는 것은 새삼스럽게 사실(史實)을 들어 설명할 필요조차 없는 것이 아닌가. 그런데 미국은 자국의 이익에 따라 일본 제국주의를 한반도에 올려놓았다가 또다시 일본을 밀어내고 스스로 한반도 위에 자기 군대를 올려놓았다. 그것도 오랫동안 극동 진출의 야망을 갖고 있는 소련과 합작해서 38선을 경계로 해서 군대를 진주했다. 이것은 그 당시 우리 민족에게 무엇을 의미했던가. 우리에게 과연 이익을 주자는 것인가 아니면 미국이 또다시 일제의 대타자로 나타났다는 것인가.

대단히 까다로운 문제인 듯했으나 백범에게는 아주 선명한 해답으로 나타났다. 즉 해외 망명 생활 30년 만에 그리던 조국 땅에 돌아오려는 백범에게 당시 미국은 임정 간판을 앞세우고는 환국할 수 없다고 했다. 무슨 말인가? 첫 번째, 임시정부의 법통을 인정할 수가 없다는 것이다. 두 번째로는 항일·반제 투쟁 당시 우리 민족의 승리의 기득권을 전연 인정하지 않겠다는 것이다. 끝으로 한국 문제는 어디까지나 일본 제국주의의 식민지 상태로서 문제이지 자주적인 해방 차원이 아니라는 것이다. 다시 말하면 한민족의 독립의 연속성이나 자율성을 인정할 수 없다는 것이다.

물론 그 당시 임시정부가 식민지 상황하에 있었던 한민족 각계각층의 저항 투쟁을 총체적으로 대변하고 있었다고는 할 수 없었다. 하지만 임정의 법통은 우리 민족 항일 투쟁 선상의 최소한 전략 단위로서 수용되고 있던 것만은 틀림없었다. 따라서 그 법통에 대한 평가 그리고 그 기능을 8·15 후의 민족사 전진에 수렴하는 문제는 어디까지나 우리 민족의 자결권에 속하는 문제였지 외세가 간섭할 문제는 분명히 아니었다. 사리가 이러함에도 임정의 간판을 떼라 말하는 것은 임정에 대한 간섭이었을 뿐만 아니라 한국민 전체에 대한 부당한 간섭이었다. 바로 여기에서 백범은 미·소에 의한 조국 분할의 깊은 사연과 미국의 세계 전략 전개 과정을 헤아리는 날카롭고 포괄적인 관찰이 필요했다. 그러나 8·15 이후 백범이 당한 이 최초의 시련, 이 가장 중차대한 시련에 직면해서 백범의 판단과 대응이 석연치 않았던 것은 참으로 억울한 일이다.

백범은 미국의 강요에 의하여 임정의 옷을 벗고 조국에 돌아온 이후 이른바 임정 환국 환영 대회에서 다음과 같이 말하고 있다.

지금 우리 국토를 구분 점령하고 있는 미·소 양 군대는 우리 민족을 해방해 준 은혜 깊은 우군입니다. 우리는 반드시 그들을 잘 협조하여 왜적의 잔재 세력을 철저히 숙청하는 동시에 그들이 회국(回國)하는 날까지 모든 편리와 수요를 제공해야 합니다.[8]

백범의 이 말씀 중에서 "미·소 양 군대는 우리 민족을 해방해 준 은혜 깊은 우군" 운운한 것은 어떤 전략적 발언이거나 혹은 외교적인 언사로서 이해할 수 있다. 미국이 비록 임정의 옷을 강제로 벗기기는 했지만 우리의 주적이었던 일본을 몰아낸 해방 우군이니 "그들이 돌아가는 날까지 모든 편리와 수요를 제공해야 한다"고 능히 말할 수는 있다. 하지만 "그들이 돌아가는 날까지" 하고 미군의 한반도 진주를 수동적으로 이해하려고 했던 이러한 언사는 백범의 해방 직후 인식 논리 즉 외세에 의한 조국 분단의 실태를 정확히 파악하지 못하고 있었던 단적인 증거다. 그것은 38선에 의한 조국 분단이 미국의 내재적 요구가 규정한 세계 전략이라는 것을 구체적으로 이해하지 못했다는 말로 되풀이될 수 있겠다.

미국의 내재적 요구란 무엇인가. 태평양전쟁은 일제가 먼저 전단을 일으킨 것은 사실이다. 하지만 강대국 상호 간의 전쟁이 각기 강대국의 자기 모순 극대화 과정에서 부닥치는 어쩔 수 없는 충돌이라는 것은 근대사회과학이 논리적으로 입증한 중심 과제의 하나다. 전쟁과 그 발단에 대한 인식을 이와 같이 강대국 상호 간의 구조적 모순 관계에서 구하려 할 때, 전쟁 이후의 모든 전략, 그 모든 전략에 의해 결정되는 세계의 재편성도 전쟁과 전후라는 한 사회 체제의 주기적 운동 법칙에 지나지 않음을 알 수 있는 것이다.

제2차 세계대전 중 미국은 국민총생산력의 3분의 1을 군사 관계와 군사비에 충당하고 있었다. 미국의 군인 출신 대통령인 아이젠하워가 대통령 퇴임 당시(1961)에 개탄한 이른바 군·산 복합 체제의 맹점이 아이젠하워가 한창 제2차 세계대전 중 야전장에서 피투성이로 싸우고 있을 때 이미 극도에 달해 있었다는 증거다. 이것을 아이젠하워는 그 당시에는 제대로 모르다가 전후에 대통령직을 거친 다음에야 깨달은 셈이다. 좌우간 이러한 미국의 사회·경제적 요인이 그것도 제2차 세계대전 중 적에 의한 폭격은 고사하고 총 한 방 맞지 않고 고스란히 남게 되었으니, 이렇게 군사화된 경제의 지속적인 생산력과 체제를 소화해 줄 유효 수요 창출이라는 과제를 전후 세계 전략의 기본으로 삼지 않을 수 없었다.

이러한 내재적 요구가 세계 분할을 유도했으며(얄타 밀약) 세계 분할의 또 한편인 소련을 대상으로 가상 전쟁이라는 유효 수요를 창출해 갔다. 미국에서 필요악이란 바로 이것을 말하는 것이다. 따라서 세계적 규모로는 냉전 시대의 개막이요 그 냉전 구조가 한반도에서는 두 강대국에 의한 한반도 분할로 귀결되었으니, 이것이 정확히 말해 38선이었다. 38선을 기점으로 한 미국의 냉전 논리는 한반도 점령 정책에서 가차없이 노출되었다.

맨 처음에는 미군정 포고령 제1호로 나타났다. 미군정 포고령 제1호는 "한반도에 있는 일본 사람에 대해서는 한국 사람은 하나도 손대서는 안 된다"는 대목이 특히 주목되었다.[9] 한반도에 있는 일본 사람들이란 누구인가. 일제 침략자였다. 그것도 단순한 침략자가 아니라 한반도에 있는 모든 재산을 침략 전쟁에 동원하고 전 한민족을 대상으로 전시 체제, 징용, 징병, 정신대, 심지어는 초등학교 어린이들까지 강제 동원하던 침략의 촉수들이다. 또한 이들이 차지한 재산은 남한 전 재산의 80퍼센트를 넘고 있었다. 애당초 총과 칼만 차고 쳐들어온 그들이 이런 정도의 재산을 빼앗았다면 그 과정에서 우리의 싸움은 얼마나 처절했겠으며 희생 또한 얼마나 컸겠는가. 그런데 이들에게 손대지 말라는 것은 일본을 내세워 북방 세력을 견제한다는 전통적인 미국의 극동 전략이 언젠가는 다시 가동할 것이라는 예시였으며 38선 이남은 이러한 전략의 범위 내에 들어간다는 포고나 다름없었다.

또 하나는 미군정의 국내 항일 세력 탄압으로 나타났다. 일제 식민지하에서 꾸준히 항일 투쟁을 지도해 온 몽양 여운형을 필두로 한, 이미 세상에 표출된 민족주의 세력과 똑같은 민족 세력이면서도 지하에서 활동하고 있는 두 세력이었다. 그러나 중요한 인물은 역시 몽양이었다. 왜냐하면 몽양은 이미 표출된 세력이었기 때문에 그만큼 활동에 제약이 있었으며 그러면서도 1944년경부터 지하 조직인 농민동맹과 건국동맹을 조직해서 싸웠고 특히 그의 대중적 영향력은 대단했다.

이와 같이 몽양 외에 지하 민족 세력이 또 있긴 했으나 참다운 지하 조직의 역사적 가치는, 적이 결정적으로 후퇴할 시기(일제 말)에 총을 들고 나와 조직적인 유격전을 벌여 대중에 대한 신망을 얻고 동시에 항일 운동의 적극적 지위를 과시함에서 획득될 수 있음에도 불구하고, 그들은 일제 말 투옥된 애국 투사의 80퍼센트 이상을 점령한다는 소극적 기록만 남겼을 뿐 역사의 중한 소임은 다하지 못했다. 그러나 참으로 몽양을 평가해야 할 기준은 그가 민족 해방을 주체적으로 맞기 위하여 8·15 직후 건국준비위원회를 조직한 것이었으나 미군정은 건준을 가차없이 해체시키고 말았다.

이는 무엇을 의미했는가? 8·15 이후에 새로운 체제를 구성함에서 국내의 모든 자율적인 운동을 미군정에 종속시키든가 그리되지 않으면 철저히 차단하겠다는 것이다. 다시 말하면 냉전의 기본 구조로서 분단을 받아들이지 않을 가능성이 있는 세력은 첫판부터 고개를 들지 못하게 하겠다는 것이다. 이는 미군정 포고령 제1호와 밀접한 연관하에 자행된 것으로서 해외 세력으로서는 임시정부, 그리고 국내에서는 몽양을 정점으로 한 건준을 차단한 정치적 공백 위에 친일 부화뇌동 세력을 채우자는 속셈이었다. 여기서 그 총수로서 이승만이 태동한 근거가 있었다.

이 때문에 백범은 일찍이 건준의 해체에서 국내 세력과 상관관계만을 의식할 것이 아니라 분단을 매개로 한 미국의 세계 전략을 정확히 파악하고 거기에 대응할 자세, 그리고 애당초부터 미국에 의한 조국의 위임 통치론자로서 이승만의 본질을 신속히 규정, 대응할 필요가 있었다. 그러나 백범이 이 점에서 석연하지 않았던 것은 지금 생각하더라도 땅을 치며 통곡하고 싶을 정도로 애석한 일이었다. 사실 이때부터 백범은 이승만 일파에게 참혹한 변을 당하고 있었던 거나 다름없었다.

5 탁치 문제와 백범

해방 이후 백범 앞에 들이닥친 제2의 도전은 신탁 통치 문제였다. 신탁 통치 문제는 1945년 12월 28일 모스크바 3상회의에서 한국의 통일·독립을 가져다줄 목적으로 결의된 것으로 통일·독립의 유예 기간으로서 미·소가 5년 동안 위임 통치를 한다는 것을 골자로 하고 있었다. 이와 같이 3상회의 결의안의 명목은 위임 통치이나 실질 내용에서는 아직 냉전 구조가 확정되기 전인 그 당시 국제 정세 변화 가능성의 한 면을 찌른 것으로서, 분단 상태로서가 아닌 전 한반도에 대한 위임 통치였다. 이는 독일의 경우와는 달리 점령군 정책이 이중화의 여지를 보인 것이다. 즉 독일에서는 조건, 그리고 특히 게르만 민족의 통합을 반대하는 유럽 민족들의 역사적 경험에 따라 독일의 분단을 유럽 정세 안정의 발판으로 하려 했기 때문에 어떤 형태의 통일정부도 고려될 수가 없었다. 오스트리아의 중립화는 이러한 구상의 한 단면에 속한다.

그러나 한국의 경우 위임 통치라는 이름하에서도 분단의 장벽은 넘어설 수 있다는 선택의 문제가 제시된 것이다. 물론 위임 통치 제의를 우리가 받아들이든 받아들이지 않든 강대국들이 자기들의 내재적 요구에 따라 움켜쥔 38선을 쉽사리 내놓을 턱이 없었다는 사정은 여전했다. 그러나 바로 그렇기 때문에 여기서는 신탁에 대한 찬반 문제보다는 냉전 구조의 실질을 정확히 인식하고 그 속에서 민족의 통일적 이익을 찾는 것이 최선의 길임은 두말할 여지가 없었다. 다시 말하면 강대국의 한반도 분할이란 종전 후 또 다른 전쟁 상태 즉 냉전 질서 편성의 서막으로 단행된 것이라면, 어떻게 이에 대응해 나가야만 우리 민족을 이 냉전 구조의 희생으로부터 구해 내고 끝내는 통일·독립을 쟁취할까 하는 문제였다.

이야기를 전진시키면 반탁을 하든 찬탁을 하든 그것의 기본 성격이 이 땅에 다시 들어온 외세를 물리치고 외세에 의한 조국 분단을 막는 작업이 아니면 아무런 의미가 없다는 것을 이 탁치안은 제시하고 있는 거나 다름 없었다. 그러나 이 탁치안은 우리의 자주 통일·독립이라는 우리 민중 속에 뿌리 깊이 박힌 염원, 다시 말하여 5천 년 왕조사를 통해서 한 번도 나라의 주권이나 민족의 자율성을 빼앗긴 실례가 없었다는 역사적 확신에 입각한 자주독립 염원, 그리고 8·15 직후 전 민중적으로 팽배한 해방의 기쁨과 건국의 흥분 등과는 교묘히 상반하는 문제점이 있었다.

그래서 만약 이 탁치안에 대응하는 우리 민족의 의사가 단일화되지 않으면 그것이 찬탁이 되었든 반탁이 되었든 당시 미·소 양군의 전략적 대상이 될 가능성이 충분히 있었다. 왜냐하면 38선에 의한 조국 분단의 기본 성격은 근본적으로 강대국의 내재적 요구가 규정한 전후 세계 전략(냉전적 전쟁 상태의 유지)의 일환이었기 때문에 내재적 요건이 혁명적으로 변하지 않는 한 강대국에 의한 세계 전략이 변할 리 없고 따라서 세계 전략이 변하지 않는 한 전후적인 전쟁 상태, 즉 냉전 구조의 제일선으로 획정한 38선이 우리의 자주적인 싸움으로 극복되도록 용인하지는 않을 것이다.

여기에서 애국자가 선택해야 할 길은 '탁치 문제'를 앞에 놓고 어떤 일이 있어도 민족의 분열을 막는 것이었다. 따라서 탁치안을 앞에 놓고 이에 대하여 흑백논리로 빠져 들어간다는 것이 조국 분단을 강요하는 외세의 함정이라는 것을, 38선 획정의 기본 논리에 따라 터득해야 하는 것이다. 항일·반제 투쟁의 역사적 경륜이 필요한 상황이란 바로 이를 두고 한 말이었다. 그런데 이 중차대한 고빗길에서 백범은 모스크바 3상회의에서 결정한 탁치안에 대한 전면적 반대 입장으로 기울었다.

백범은 일평생을 나라의 독립을 쟁취하기 위하여 싸운 애국자다. 따라서 그의 입장은 "네 소원이 무엇이냐"고 물으면 "내 소원은 첫째도 둘째도 그리고 셋째도 나라의 완전 자주독립"이라고 대답할 것임을 신조로 하는 분이었으므로 그의 이러한 신념 그리고 격렬한 독립주의 노선은 형식 논리로 보아도 이러한 탁치안과 일치될 리가 없었다. 그러나 백범이 반탁의 입장을 취함으로써 그의 애국적 자의식 속엔 탁치 반대 의사가 외세의 간섭에 대한 저항으로 느껴졌겠으나 외세를 배척하는 또 하나의 방법인 외세를 이용하는 전략은 잃어버린 셈이 되었다. 따라서 가장 뼈아픈 치명타는 일찍부터 관용과 포용, 통일의 주체로서 백범이 탁치안을 놓고 담당해야 할 과제, 즉 탁치안을 앞에 둔 모든 항일 세력의 단합을 도모할 지반을 스스로 파괴한 결과를 가져오고 있었다.

물론 백범의 신조는 단 하루의 탁치도 용인할 수가 없으니 반탁의 기치 아래 모이면 되지 않느냐 하는 것이었다. 그러나 반탁 운동의 핵심적 기수는 이승만이었다. 이승만의 반탁은 그 근본 동기가 백범의 직선적인 반외세 투쟁의 성격과는 전연 달랐다. 하지만 반탁이란 구호는 이승만의 일생을 관통하는, 그의 실지 생존 과정에서는 도저히 획득할 수 없는 대중적인 호소력을 지닌 것이었다. 말하자면 그는 해외 망명 생활을 했다고 하나 독립운동은커녕 미국에 의한 한국의 위임 통치를 주장한 적이 있는 사람이었으며, 이 때문에 상해임정에서도 축출될 정도로 항일 운동 전선에서는 대중의 인기가 없던 사람이다. 이승만은 이러한 자기 허구를 누구보다도 잘 아는지라 반탁이라는 구호가 손에 잡히자 누구보다도 광적으로 기승을 부렸다.

하지만 그가 반탁 운동에 가담하는 명분 뒤엔 해방 후 그의 일관된 정치 논리가 착착 진행되고 있었다. 해방 후 그의 정치 논리의 기본 구조는 8·15 이후 분단을 우리 민족의 통일적 발전에 대한 파괴로 보지 않고 그것대로 수용할 전진 기지로 보는 미국의 군정적 입장이었다. 그렇기 때문에 그의 정치 행각은 미군정의 틀을 이어받으려는 이른바 분단 수용주의 노선이었음이 그의 활동에서 속속 나타나고 있었다.

첫째, 그는 해방 후 환국하면서 그 첫마디가 민족의 대동단결이었다. 이때 대동단결의 중심 대상이 각계각층의 항일·반제 투쟁 세력임은 두말할 여지가 없겠다. 그러나 이승만은 입으로만 대동단결을 운운하면서 백범처럼 좌우 합작 운동의 실제에 뛰어들어 본 적이 한 번도 없었다. 이것은 그의 항일 노선에 대한 그 자신의 도덕적 확신의 결여를 반영하는 것이었으며, 바로 그렇기 때문에 그가 치켜든 대동단결론은 궁극적으로 민족 통일의 동질성을 확보할 그야말로 항일 세력의 통합이 아니라 분단된 조건하에서만 자기 생존을 구할 수 있는 친일파, 민족 반역자, 그리고 정치권력에만 눈이 어두운 분열주의자들만 거두어들이자는 것이었다.

둘째, 이승만의 항일 세력 형해화를 위한 노력이다. 크게 보아 이 땅의 항일 세력은 국내에서의 비타협 민족 세력과 해외에서 돌아온 항일 무장 세력이다. 이미 이들에 대한 미군정의 탄압은 전술한 바와 같이 임정의 해체와 건준의 파괴로 나타났지만, 친일 관료의 재등장(군정 참여), 그리고 남한 재산 80퍼센트에 육박하는 물질적 토대를 이들 관료와 연관된 분자들에게만 나누어 줌으로써 친일파나 또는 군정 세력이 아닌 어떠한 세력도 해방된 민중 속에 뿌리를 내릴 수 없게 했다. 이것은 기본적으로 미국의 점령 정책이었으며 동시에 목전의 정치권력만 장악하려는 이승만의 전략이었다.

이승만의 반탁 운동 전략은 바로 이러한 자기 운동 원리를 밀고 나가자는 것이었다. 그 단적인 증거로 백범이 한창 반탁 운동의 미몽과 좌우 합작을 통한 민족의 통일로 민족 진로의 방향을 잡으려던 시기인 1946년 6월 3일 한국의 남단 정읍에서 "단독정부 수립은 불가피하다"[10]는 폭탄적인 선언을 해 버린 것으로 뒷받침되었으며, 이러한 이승만의 발언은 또 이 발언이 있기 한 달 전 "미군정 당국은 남조선만에 의하여 조선 정부 수립에 착수했다"는 미국연합통신사(AP) 보도(1946. 4. 6)가 뒷받침하듯이 미국의 점령 정책이라는 사실이 폭로되던 시기였다.

이것으로써 백범의 반탁 전술은 누구에게 무엇을 위하여 어떻게 효용되고 있었다는 사실이 명명백백히 입증되었다. 따라서 백범을 비롯한 모든 항일 민족 세력은 이승만의 정읍 발언을 고비로 민족 통일 전략을 다시 조정할 필요가 있었으며, 또한 백범에게는 당장에 이승만과 결별해야 할 것은 물론 더 나아가서는 이승만의 분열주의 노선에 대해 호된 반격을 가해야 할 단계였다. 이 계기는 또 어떠한 독립도 완전한 것이 아니면 받아들일 수 없다는 우리 민중의 역사 감각에서 점화되어 타고 있는 민중의 불길을 전 민족 통일의 열정 속으로 수렴할 천재일우의 기회로 주어진 거나 다름없었다. 그러나 백범은 이와 같이 해방 후 가장 중차대한 고빗길에서 석연치 못했다. 이승만의 정읍 발언이 있은 지 석 달 만에 좌우 합작을(이것은 미군정이 종용한 바도 있다) 종시 지지할 것이라는 백범의 성명 한 장으로도 명백했다.

  1. 좌우 합작의 목적은 민족 통일에 있고 민족 통일의 목적은 독립 자주의 정권을 수립함에 있는 것이다. 그러므로 나는 좌우 합작 공작의 성공을 위하여 시종 지지하고 협조한 것이다.(중략)
  3. 나는 신탁 통치를 철두철미 반대하는 바이어니와 좌우 합작 원칙 작성에 몸소 노력한 김규식 박사도 장래 임시정부 수립 후에 신탁을 반대할 수 있다는 것을 세상에 해석하여 주었다. 그러므로 7원칙 중에 신탁 반대의 표시가 없다고 해서 신탁에 대한 점이 모호하다고 볼 수는 없다.(하략)[11]

그러니까 백범 반탁 투쟁의 궁극적 목적이 항일 세력의 통합으로 외세에 의한 분단을 극복하는 데 있음을 이 성명 한 장으로 재확인하고 있으면서도, 백범이 갖는 대중적 영향력은 반탁 전선을 빙자하여 단독정부를 수립하려는 이승만의 계략권, 즉 분단의 함정에서 완전히 벗어나지 못하고 있었다는 것을 입증하고 있었다. 이것은 백범을 고쳐 생각해도 해방 이래 백범이 걸어간 길의 또 한 번의 실패였다.

6 두 개의 한국 반대 투쟁

그러나 이것으로써 백범의 애국자로서 입장과 주장이 벽에 부닥친 것은 아니었다. 과연 백범만이 애국자구나 하는 기가 막힌 탄사가 아니 나올 수 없을 정도로 그의 전 생애에서 마지막을 장식하는 싸움은 자못 눈물겨운 것이었다. 이는 백범이 해방 후 최초로 맞은 시련 즉 미군에 의한 임정의 해체, 그리고 탁치 문제에 이어서 마지막으로는 단독정부 수립의 음모와 싸우는 통일 노력으로 직결된다.

　백범의 통일 노력과 달리 단정 수립의 역풍이 강하게 몰아치던 1947년 및 1948년은 국내외 상황이 급선회를 긋고 있었다. 미국이 이른바 트루먼 독트린과 마셜 원조안으로 냉전 전선을 유지하려는 정책의 테두리를 잡은 것은 널리 알려졌다. 그러나 전쟁에서 돌아온 장병과 400여 만 명의 실업자 증대, 전시 산업으로부터 평화 산업으로 전환해야만 하는 산업의 재편성과 통화 팽창이 미국 내의 심각한 불안의 변수로 작용하게 됨에 따라 대소 전면전이 불가피하다는 허구 조작으로 다시 경제에서 유효 수요를 창출하고 또 사회 불안의 변수인 평화 운동과 노동 운동을 억압할 양으로 이른바 매카시즘 선풍이 불기 시작했다.

　특히 1948년경 극동에서 중국 공산혁명의 성공으로 미국은 일본의 군수 재벌 해체와 진범 세력의 견제라는 종래의 일본 민주화 계획을 수정하여 군수 재벌과 전범자 집단(자민당)의 재건을 통해서 일본의 반공 방파제화를 공식으로 들고 나왔다(미육군 장관 로열의 발언). 이에 따라서 소련의 동구권에 대한 지배권은 거의 패권주의로 흘렀고, 모든 혁명 전선의 소련화 또는 소련 귀속을 노리는 국가주의적 좌경화가 벌어졌다.

　한편 우리 국내에서는 이러한 국제 정세의 아류적 현상이 벌어졌다. 예컨대 이승만의 허울 좋은 대동단결론의 거짓을 폭로하려고 하면 그것은 곧 미국식 매카시즘의 대상이 되는 적색으로 몰리는 것이며, 따라서 탁치를 에워싼 찬반 흑백논리에서 창조적 입장에 서려고 하면 이를 반역자로 몰았다. 그래서 백범이 반탁의 명분으로 이승만과 연결되는 한 그는 이승만의 우군이었지만 만약 반탁의 진의가 외세 배격 또는 항일 세력의 단결을 의미했을 때엔 그는 영락없이 냉전 논리의 중핵인 적색이었다. 이리하여 단정을 반대하고 통일된 독립정부만을 가져오려는 백범의 노선을 이승만은 소련의 앞잡이로 몰고 갔다. 그것도 백범의 애국 항일 노선에 대립되었던 친일파들이 감히 사나운 발톱을 들이대며 백범을 할퀴기 시작했다.

이를테면 백범의 단정 반대 운동에 대한 이런 모략이 연일 터져 나왔다. 남북 회담이 열릴 무렵의 일이었다.

…… 저 남북 협상이란 무엇입니까. 남에서의 주동자는 홍명희, 김규식, 김구의 3씨인데 그들이 북에 가서 얻어 온 것이 무엇입니까. 신탁 통치 조항이 포함되었기 때문에 우리 민족이 수년간 결사 반대하여서 격파한 모스크바 3상회의 결정을 다시 얻어 오지 않았습니까. …… 그러나 홍명희, 김규식, 김구 등의 제씨가 그와 같은 행동을 취하는 것은 이상한 일이라고 생각할 사람이 있을는지 알 수 없지만 홍명희 씨는 본래 조선공산당이었고, 김규식 씨 역시 공산당 당원이었으니 그 태도가 공산당과 동일한 것은 필연의 귀결로 볼 수 있는 바이고 김구 씨는 한독당의 토지 정책이 국유를 원칙으로 한다는 점에 있어서 그 경제 정책이 공산당과 통할 가능성이 있는 데다가……(1948년 5월 1일 한민당 성명)[12]

그러니 백범은 공산당이라는 논법이었다. 이에 대하여 백범은 다음과 같이 언명했다.

…… 미군 주둔의 연장을 자기네의 생명 연장으로 인식하는 무지 몰지각한 도배들은 국가·민족의 이익을 염두에 두지도 아니하고 박테리아가 태양을 싫어함이나 다름이 없이 통일정부 수립을 두려워하는 것이다. …… 그런데 불행히도 미군정의 앞잡이로 인정을 받는 한민당의 영도하에 있는 소위 한협(韓協)은 나의 의견서에 대하여 대망소오(大妄小悟)한 듯이 비애국적·비신사적 태도로써 원칙도 없고 조리도 없이 후욕(詬辱)만 가하였다. 한민당의 후설(喉舌)이 되어 있는 『동아일보』는 임영신이란 여자의 이름까지 빌려 가지고 나를 모욕하였다.[13]

명쾌한 언어로 된 백범의 이 성명이 뜻하는 것으로 보아 그때 백범에 대립되는 적은 단순히 한민당이 아니었다. 아니 그것은 그 한민당의 전신인 친일 지주 세력 및 해방 후 모든 분열주의와 그것이 떠받들고 있는 미군정 체제를 포괄하고 있음을 알 수 있겠다. 좌우간 이러한 공방전으로 말미암아 외세에 의한 조국 분단의 현실은 비로소 국내 세력의 민족 노선의 쟁점으로 드러난 셈이 되었다. 따라서 그것은 백범의 생애로 보아 그의 마지막 싸움이자 항일전보다 더 격렬한 대결이었다.

그렇다면 그때 백범의 사상적 지향과 전략적 목표는 무엇이었을까. 그것은 셋으로 요약된다. ①군사 통치의 배격 ②반외세·반제국주의 투쟁 ③두 개의 한국 반대, 즉 통일의 쟁취 등이다. 여기에서 군사 통치라 함은 직접적으로 미·소 양군에 의한 점령군 통치를 지칭한다. 그러나 이 뜻의 진원을 캐면 미·소에 의한 세계 분할과 그 분할 전략을 규정한 강대국의 자기 생존 논리로서 동서 냉전의 이원론적 이데올로기다. 따라서 그 이데올로기의 사회·경제적 배경이 되는 군사화된 경제 그것의 밖으로의 표현인 일체의 군사 통치를 배격하자는 것이다.

백범의 이러한 논지는 "미·소 양군은 철퇴하라"[14]는 딱부러진 말로 적시되었으며, 이 점에서 백범의 노선은 제2차 세계대전 이후 동서 냉전에 대립한 최초의 아시아적 표현의 하나였고, 따라서 그의 품격은 이승만 정도가 왈가왈부할 차원이 아니라 새로운 세계 질서의 태동이라는 측면에서만 올바른 평가를 가져다줄 수 있다.

둘째로, 백범의 통일을 위한 싸움은 그대로가 반제국주의 투쟁이라는 세계사적 차원을 장악하고 있었다. 앞에서 인용한 바도 있지만, 백범은 "과거에 있어서 전쟁을 애호한 자는 파시스트 강도군밖에 없었다. 지금에 있어서도 전쟁이 폭발되기만 기다리고 있는 자는 파시스트 강도 일본뿐이다"라고 할 만치 일본이 전쟁에서 패했으나 미국에 의한 일본 점령 정책은 일본의 제국주의 구조를 근본적으로 개조하고 있는 것이 아니라는 정확한 견해를 갖고 있었다. 하지만 백범은 이러한 인식 논리를 미국과 소련에 적용하지는 못하고 있었다. 아니 그러한 인식 논리를 갖고 있다고 하더라도 그들을 해방 우군이라고 믿는 바람에 정확한 논리에 앞서 동맹자라는 현실적 이해와 심정적 파악이 조국을 두 동강 낸 강대 세력을 적으로 설정하지 못하게 하고 있었다. 이것이 앞에서 지적한 바처럼 민족 해방 이래 백범의 의식을 점한 혼돈이었다.

그러나 단정 반대 전선에 임하는 백범의 태도는 달랐다. 미국이 강요한 조국의 분단을 단독정부 수립으로 귀결하려는 명백한 증거에 의하여 미국을 파시스트 강도 일본과 동일한 성질이라는 확고한 신념을 갖고 싸웠다. 따라서 소련이 단정의 옹호로 우리 민족의 통일적 발전의 계기를 박탈하고 있는 한 미국과 똑같은 침략자로 의식했다. 이러한 생각이 원래 백범의 항일 의식 저변에 자리하고 있었다는 것을 입증할 자료는 이러하다.

…… 과연 무엇을 가리켜 좌라고 하며 우라 하며 또 누구를 가리켜 애국자라고 하고 반역자라 하는가. …… 그러나 나의 흉중에는 좌니 우니 하는 것은 개념조차 없다. …… 건국 강령의 요소에 있어서는 좌니 우니 하는 것은 문제도 되지 않는다. …… 인류 5천 년 역사를 통하여 봉건적 악폐에 시달려 온 우리로서야 누가 또 압박자와 착취자와의 집단체인 제국주의와 자본주의를 동경하고 구가할 것이냐? 조국의 완전한 독립과 동포의 진정한 자유를 위하여서는 삼천만이 단결하여 일로 매진할 뿐이다.……[15]

이것은 당시 조선공산당 서기국에서 「분단 책임자를 추방하라」[16]는 성명으로 백범을 공격한 데 대한 백범의 반응이다. 여기서 "좌니 우니 하는 것은 개념조차 없다"는 것은 무엇을 뜻하고자 함인가. 형식 논리에 따르면 이 점을 가지고 백범을 모호한 사상적 방랑자로 규정할 수도 있겠다. 그러나 "봉건적 악폐에 시달려 온 우리로서야 누가 또 압박자와 착취자의 집단체인 제국주의와 자본주의를 동경하고 구가할 것이냐"는 말은 형식 논리로서는 미치지 못하는 자생적인 진보 지향이 있음을 헤아릴 수 있게 한다. 즉 백범은 동학에서 몸을 일으켜 항일 투쟁으로 이어진 생애를 살았다. 다시 말하면 반봉건·반제 투쟁으로 일관된 것이니 이를 관념적인 이원론으로 개념 규정하지 말라는 강한 항변이었다.

이러한 백범의 사상적 본질이 단독정부 수립을 목전에 둔 중대한 고빗길에서 터져 나왔으니, 우리 민족의 통일적 발전과는 일치할 수 없는 일체의 외세, 일본 제국주의와 여타 제국주의는 모두 물러가라는 것이다. 이리하여 백범의 단정 반대 투쟁은 그의 군정 반대 투쟁과 함께 동서 양극 질서에 반기를 든 선도적인 민족 투쟁으로 기록되었다.

끝으로 그의 단정 반대론은 도대체 무엇으로 집중했던가? 한마디로 말해서 두 개의 한국 반대였다. 그러면 왜 두 개의 한국을 반대했던가?

첫째, 남과 북에 각기 단독정부가 들어서면 그것도 독립이라고 할지 모르지만 그것은 명백히 말해서 원래가 우리의 자의로 이루어진 것이 아닌 분단을 합법화하는 것이다. 이것은 반도적 조건하에 자기 삶을 마련했던 우리 민족 사상 처음 있는 일이다. 따라서 분단의 합법화는 반도적 조건하에서 수천 년을 살아온 우리 민족의 진정한 의사가 아니기 때문에 물론 일시적인 편법이긴 하지만(당시의 명분) 분단의 합법화는, 곧 민족의 자주통일 운동을 합법적으로 적대시할 조건으로 변한다고 판단했다. 조국의 분단이 기본적으로 외세가 자행했다는 사실을 누구도 부인할 수 없다면 통일만이 우리 민족의 진보다. 따라서 동서 양극 질서가 영원 불변, 절대적 진리가 아닌 바엔 동서 양극 질서에의 귀속을 합법화하여 통일의 열망이나 노력을 적대시하게 되면 분단의 합법화는 곧 민족사의 진보 그리고 세계사의 진보와 대립된다. 그렇다면 분단의 합법화는 도대체 누구를 위한 정치란 말인가. 불문가지로 분열주의자들의 이익에 속한다. 이 때문에 백범은 "나는 통일된 조국을 건설하려다가 38선을 베고 쓰러질지언정 일신의 구차한 안일을 취하여 단독정부를 세우는 데 협력하지 아니하겠다"[17]면서 단독정부 수립은 분열주의자들의 자기 이익을 위한 정권 수립임을 명백히 했다.

둘째, 두 개의 한국이 들어선다는 것은 동서 양극 질서의 기조가 되고 있는 강대국 이데올로기가 내재화하는 것이며 따라서 그 양극 이데올로기를 국가적 차원에서 보장하는 것이다. 이것은 우리의 자생적인 진보 지향을 당치도 않은 이분법으로 퇴화시키자는 것이며 이렇게 되면 우리의 정신 구조는 맹랑한 흑백논리가 지배하게 되고 따라서 사회 전체가 양극 세력권에 편입되는 것을 막는 데 무력해진다. 다시 말해 민족의 자율성은 없어지고 동서 양극 세력의 냉전 또는 열전의 노리개가 될 수밖에 없다. 이것은 한반도의 끊임없는 전쟁 상태를 말하는 것이다.

전쟁은 누가 원하는가? 백범은 "전쟁이 일어나기만을 기다리는 것은 파시스트 강도 일본뿐이다"고 일찍이 갈파했다. 아니 "일본은 전쟁이 아니고서는 다시 일어날 수 없다"고 일찍이 백범이 말할 것처럼 한반도의 끊임없는 전쟁 상태는 민족의 자멸을 의미하는 것이라는 점에서 백범은 "동포여 단결할지어다" "남북의 분열을 연장시키는 것은 전 민족을 사갱(死坑)에 넣는 극악·극흉의 위험일 것이다"[18]라고 외치며 단독정부를 반대했다.

셋째, 설사 단독정부가 그 당시 우리 민족이 처한 역사적 한계라고 치자. 그러나 그렇다고 해서 우리가 받아들일 근거가 있는가? 백범은 백번 죽어도 단독정부는 받아들일 수 없다고 했다.

백범은 단독정부 반대 입장을 우리의 구체적 생활 근거에서 찾았다. 그 당시 한국의 경제 사정은 식민지 종속 경제의 파행적 구조로 남아 있긴 했으나 한반도가 하나의 경제권으로 존속되고 그 기초 위에 하나의 정부만 들어서면 우리 민족 전체가 평화롭고 균등하게 잘살 수 있다는 확고한 신념이 있었다. 38선 이북에는 중요 지하자원의 90퍼센트가 매장되어 있고 경제 부흥의 핵심인 자주 자족적 동력원인 수력발전 시설의 100퍼센트, 중요 공업의 90퍼센트가 있었다. 그러나 이남에는 경공업 시설과 쌀 생산을 주요 부분으로 하는 1차 산업밖에 없었다. 이 때문에 남북 분단이 고착되면 민족 공동체의 물질적 기초는 파탄된다. 그렇게 되면 무엇이 남는가. 분단 속에서라도 살아야 한다는 문제가 남는다. 그러나 살 만한 조건이 분단으로 인하여 파괴되었으니 경제 건설을 위한 자본과 기술 그리고 자원을 밖에서 구하게 되는 경제 구조의 예속화·외연화가 이루어져 분단의 물질적 토대만 강화된다. 따라서 분단 조건이 필수적으로 몰고 오는 경제의 예속화·외연화는 민족 경제와 민족 경제의 실체인 민족 대중과 충돌하면서 그 위기의 안정을 요구하고 그것은 곧 분단 체제의 경제적 귀결이 된다. 말하자면 분단이 국가 형태로 변하면 한반도의 사회·경제적인 조건으로 비추어 분단의 현실 자체가 개개인의 사생활 및 공동생활 속에 하나의 억압 구조로서 내실화하게 된다. 이것은 민족 실존의 허상이며 자유의 파괴이며 동시에 영원한 분단으로의 함정이지, 민족 통일에의 전(前) 단계가 아니다. 그래서 백범은 한사코 두 개의 한국을 반대했던 것이다.

1948년 백범은 두 개의 한국 반대 투쟁에 마지막으로 뛰어든 심경을 김두봉에게 보낸 편지에 이렇게 적고 있다.

> 1944년 연안에서 주신 혜찰을 배독한 이후 미구에 고국을 찾아오게 되었나이다. 그때에 있어서야 누가 한 나라 하늘 밑에서 3, 4년의 긴 세월을 경과하면서도 서로 대면하지 못할 것을 뜻했으리까. 아아, 이것이 우리에게는 해방이라 합니다. 이 가운데 묻혀 있는 쓰라리고 서러운 사정을 말하면 피차에 열루(熱淚)만 방타(滂沱)할 뿐이니 차라리 일컫지 아니하는 편이 훨씬 좋을 것입니다. …… 인형이여, 지금 이곳에는 38선 이남·이북을 별개국으로 생각하는 사람이 많습니다. …… 남이 일시적으로 분할해 놓은 조국을 우리가 우리의 관념이나 행동으로 영원히 분할해 놓을 필요야 있겠습니까.
>
> 인형이여, 우리가 우리의 몸을 반쪽에 넘길지언정 허리가 끊어진 조국이야 어찌 차마 더 보겠나이까. 가련한 동포들의 유리개걸하는 꼴이야 어찌 차마 더 보겠나이까.……[19]

해방된 조국에 돌아왔으나 "이 가운데 묻혀 있는 쓰라리고 서러운 사정" "피차에 열루만 방타할 뿐"인 현실, "38선 이남·이북을 별개의 나라라고 생각하는 사람이 많다"는 사연, "남이 분할해 놓은 것을 우리가 우리의 관념과 행동으로 영원히 분할하려는" 기가 막힌 반역 등 이것은 마치 오늘의 현실을 강타하고 있는 것 같다. 그러나 여기에 백범 사상의 백미가 있다는 것을 놓쳐서는 안 될 줄 안다. 그것은 우리가 몸을 반쪽에 넘길지언정 허리가 끊어진 조국을 그냥 내버려 둘 수 없다는 대목이다. 경거망동한 혹자는 이를 민족허무주의의 소산이라고 할지 모르겠다. 그러나 만약 그러한 견해가 있다면 그것은 강대국의 세력권 정치가 자기 위장 전술로 내놓은 세계주의(자유세계)의 환상에 빠진 민족 반역자들의 망발이다.

그러면 무슨 뜻인가. 분단된 나라가 아니라 통일된 나라를 쟁취하려는 진정한 애국심, 그리고 참다운 인간의 양심은 어디까지나 하나라는 것이다. 아니 항일·반제 세력은 하나로 뭉쳐야 한다는 것이다. 하나는 하나일 때 그 생존과 생존의 발전이 있는 것이지 둘로 나뉘면 죽는다는 것이다. 따라서 민족 통일의 대원칙을 놓고서는 이를 권력 투쟁의 대상으로 삼아서는 절대 안 된다는 것이다. 통일는 네가 이기고 내가 지는 문제가 아니니 모든 양심 세력은 다투어 나서서 어떤 방법을 써서라도 두 개의 한국이 하나 되도록 해야 한다는 것이다. 통일만이 민족사의 전진이라는 대원칙을 제시한 것이다. 그는 이 위대한 원칙을 제시함으로써 비참한 죽음을 당했고, 따라서 그 죽음으로써 그는 오늘에 다시 살고 있음을 필자는 확신한다.

백기완
시인·작가. 농민, 빈민, 녹화운동에 주력해 백범사상연구소 창립. 통일문제연구소장 역임. 주요 저서로 『자주고름 입에 물고 옥색치마 휘날리며』 『나도 한때 사랑을 해본 놈 아니오』 『백기완의 통일이야기』 『장산곶매 이야기』 등이 있다.

주

1) 김구, 『백범어록』, p. 139.
2) 김구, 『백범일지』, pp. 78~86.
3) 『항일민족시집』, p. 100.
4) 『도왜실기』, pp. 51~52.
5) 『한국독립운동사』, 제5권, p. 67.
6) 『임시정부문서진람』, p. 527.
7) 김구, 『백범일지』, p. 348.
8) 김구, 『백범어록』, p 49. 1945년 12월 19일.
9) 「남조선 민중 각위에 고함」, 『광복 30년 중요 자료집』, p. 22.
10) 김구, 『백범어록』, p. 89.
11) 김구, 『백범어록』, p. 80. 1946년 9월 3일.
12) 백기완, 『항일민족론』, p. 176.
13) 김구, 「삼천만 동포에게 읍고함」, 『백범어록』, pp. 140~142.
14) 같은 책, p. 142.
15) 같은 책, pp. 75~76.
16) 같은 책, 1946년 7월 1일.
17) 같은 책, p. 144.
18) 같은 책, p. 175.
19) 같은 책, pp. 148~150.

이승만 노선의 재검토

민족 통일 사관의 입지에서

김도현

1 분단과 통일 운동의 시대

우리 민족의 역사라는 입지(立地)에서 볼 때, 우리가 살고 있는 오늘 이 시대의 가장 기본적인 역사적 사실은 민족이 남과 북에서 서로 다른 국가적 조직을 이루어 대립하고 있으며, 그 가운데서 이 분단 대립을 극복하려는 통일 운동이 있었다는 사실일 것이다. 언제인가 통일이 이루어져 통일 민족국가가 서는 날, 지금의 이 시대를 '남북 이국시대' '분단과 통일 운동의 시대' 또는 그 무엇이라고 부르든 위에 말한 사실이 역사적 기본 성격을 이룰 것임은 틀림없다.

우리 민족은 지난날에도 몇 개 국가로 나뉘어 대립하던 시절이 없지 않았으니 삼국시대와 같은 것이 그 예다. 그러나 오늘의 분단·대립과는 다른 역사적 성격을 가졌다. 즉 경제·사회·문화적 내용이나 역사적 발전 단계까지 상이하게 대립한 것은 아니었다. 역사가가 '삼국시대' '왕조 중심의 귀족 사회' '고대국가의 형성 시대' '봉건 사회' 등 무엇이라 이름하든 하나의 시대 구분 속에 다루고 있음이 그를 말한다.

그러나 오늘날의 분단·대립은 크게 보아 ① 군사·정치·경제·사회·문화적 내용과 역사적 발전 단계가 서로 다르며, 서로가 자기에 의해 극복되어야 한다고 주장하고 ② 이러한 분단·대립이 외세와 세계사적 발전 단계에 연결되어 있다. 이 시대의 기본 뼈대를 만든 계기를 내부에서 찾는다면 한반도 남북에서 각기 다른 국가적 정치 조직을 성립시키고 대결을 강화해 온 것이며, 한편에서는 이를 민족사적 모순으로 받아들이고 극복을 위한 통일 운동을 벌인 것이라고 할 것이다. 이 양면 가운데 어느 편이 전진적인 것이고 어느 것이 반민족적인 것인가는 민족사의 흐름에 따라 판가름 날 일이지만, 지금이라도 통일민족국가를 지향하는 쪽에서 본다면 대답은 자명하다. 그러므로 이 시대의 인물과 사태를 민족사적 입장에서 평가한다면 결국 '분단과 통일' 그 어느 측면에서 어떤 역할을 했는가를 기준으로 해야 할 것이다.

91세의 긴 생애를 산 이승만도 역사적 기준에서 본다면 결국 '분단과 통일' 그 어느 편에서 어떤 역할을 했나를 따져야 할 것이며, 그밖의 다양한 평가는 민족사적 의미와는 별개의 것이 될 것이다. 한반도 남쪽에서 오늘 이 시대의 기본 성격의 양면 가운데 한 면인 분단을 만든 가장 결정적 계기는 이승만과 그 지지자들이 정치적 지배력을 확립한 것이다. 그러므로 이승만은 한반도 남쪽에서 오늘 이 시대를 형성함에 가장 큰 역할을 한 인물이다.

이승만의 생애는 다음 몇 단계로 나누어 볼 수 있다. 첫째, 병자수호조약 체결 한 해 전인 1875년 3월 26일 황해도 평산군 능내(陵內)동 이경선(李敬善)과 김해 김 씨 사이의 6대 독자로 태어나 19세까지 전통적 교육을 받는 시기. 둘째, 1894년 배재학당에 입학, 영어를 배우는 것으로 시작하여 개화의 물결과 접하고 독립협회에 참가, 7년의 옥고를 겪으며 사회적 생애를 시작하여 민족사적 사건과 연관을 맺기 시작한 시기. 셋째, 1904년 장로교란 종교를 갖고 독립 호소의 밀사로 미국에 건너가 프린스턴대학 등에서 수학하며 박사 학위를 받고 일생의 생활 내용이 될 '외교'와 '정치 술수'를 익히고 빠져드는 시기. 넷째, 1919년 3·1운동의 결과로 생긴 임시정부의 임시 대통령, 구미위원 부위원장 또는 한국위원회 위원장의 직함으로 특유의 외교 활동을 하며 임정에서 탄핵을 받기도 하고 분열을 일으키기도 한 시기. 다섯째, 1945년 해방과 함께 귀국하여 남한 단독정부 수립을 추진, 1948년 초대 대통령에 취임하여 분단 체제를 확립한 시기. 여섯째, 1950년 전쟁을 거치면서 분단 체제를 더욱 강화하며 독재로 질주하다가 1960년 4월혁명으로 실각, 1965년 7월 19일 하와이에서 사망, 유해로 귀국하는 시기.

여기에서 다룰 시기는 주로 다섯 번째로, 이승만 개인의 성향 또는 독립운동 과정을 통해 이 시기에 분단 체제를 만들고 강화했음을 살피지 않을 수 없다.

2 외교·분열·친미주의

이승만은 자타가 공인하는 '외교' 제일주의자다. 그의 독립운동 기간 중 유일무이한 독립운동의 수단과 전략은 호소를 통한 외교 활동이다. 1904년 도미하여 한미우호조약을 발동해서 미국이 일제의 한국 침략을 막아줄 것을 탄원하는 것을 시작으로 한 그의 대미 외교 활동은 1960년 하와이 망명을 위한 입국 사증을 얻는 것까지 장장 56년에 걸친 것이지만, 그 노력에 비하여 성과는 실로 미미한 것이었다.

그는 첫 외교 활동에서 헤이(John Hay) 국무 장관, 태프트(R.A. Taft) 국방 장관, 루스벨트 대통령을 만났지만, 태프트는 그를 만난 길로 동경으로 건너가 태프트-가쓰라(桂) 밀약에 서명함으로써 한국의 모살에 도장을 찍었고, 루스벨트는 이승만의 진정서를 접수하지 않았다. 그는 또 자기를 '한국 독립의 구세주'라고 치켜세웠다는 윌슨(T.W. Wilson) 미국 대통령으로부터 "이승만에게 여권을 발부하면 일본인들 가운데 불안감을 일으키게 될 뿐 아니라 이로 인하여 일본의 세력과 협조를 기함으로써 동양 평화의 기초를 안전하게 하려는 계획을 방해하는 결과가 될 것"이라는 이유에서 1919년 파리강화회의에 가기 위해 신청한 여권을 거절당하는 실망을 맛보기도 한다. 그는 또 1921년 워싱턴에서 열린 군축회의에 옵서버 자격으로라도 참석하려 했지만 좌절당하고, 이때 역사가 웰스(H.G. Wells)를 만나 의기투합했다고 하는데, 웰스는 1956년판 『세계사 개설』에서 "남한에서는 이승만이라는 독재적인 민족주의 혁명가인 노인이 대통령에 뽑혔다"고 쓰고 있다.

1941년 미국과 일본이 교전 상태에 들어간 뒤 중경임시정부의 성명서와 대일 선전포고를 전하려 했지만 역시 묵살당하고, 협조를 부탁한 질레트 상원의원에게서 "우리는 일본의 격분을 사는 아무 행동도 취할 수 없다……. 이러한 관점에 대해서는 우리와 동감일 줄 안다"는 국무성의 태도를 전달받는다. 임시정부를 승인해 달라는 그의 요청은 번번이 묵살당했는데, 1945년 6월 8일에도 미국무 차관 그류(J.C. Grew)는 "한국 임시정부는 한국 내 어느 지역도 통치한 적이 없으며 따라서 오늘날 한국 인민의 대표로 볼 수 없다"는 성명을 낸다. 1943년 카이로회담에서 한국 문제를 제기한 것은 미국이 아니라 중국의 장개석이었다.

이처럼 그의 대미 외교 활동은 실질적으로 한국의 독립운동에는 아무런 성과를 거두지 못했으며 격렬한 비판까지 불러일으킨 것이다. 신채호는 「조선혁명선언」에서 "최근 3·1운동에 일반 인사의 평화회의 국제연맹에 대한 과신의 선전이 도리어 2천만 민중의 분용전진의 의기를 타소(打消)하는 매개가 될 뿐이다"라고 비판하고 있다. 이승만은 만주와 중국에서의 무장 항일 운동에 무지했으며, 국내에서 발전한 계속적인 민중의 저항에 대한 인식이 없었다.

이승만은 이러한 자신의 외교제일주의를 위해서, 미국 내에서 무장 독립군의 양성에 심혈을 기울이며 자기를 하와이에 초청해 준 박용만(朴容萬)과 다투고, 실력 양성을 애쓰는 안창호와 불화하고, 침체한 독립운동에 활력을 준 김구의 테러 행위를 비난했으며, 이청천 등의 무장 유격 행동도 비판했다. 이승만은 프린스턴대학에서 국제법을 배운 뒤 "국제법이란 없다"는 것을 배우기 위해 살았다고 익살을 부리며 월사금이 반환되기를 기대했다고 하는데, 미국의 외교가 한국민에 대한 동정보다 제국주의적 이익에 지배되고 있다는 사실을 깨닫지 못한 것이 오히려 이상하다고 하겠다. 그리고 이승만 외교의 일생에 걸친 헛수고를 두고 오늘날까지 '외교에는 귀신'이란 말이 그에게 적용되고 있는 것 또한 이상한 일이다. 해방 후만 하더라도 대미 의존 외에는 아무런 국제적 지위를 얻지 못한 것이 그의 외교의 전부였다. 이승만은 또 "세계의 분쟁을 일으키는 조화를 가진 사람으로 알려졌다"는 평가를 받고 있었으며,[1] 재미 교포 사회와 독립운동 사이를 분열시키는 데 중요한 역할을 했다.

이승만은 1913년 하와이로 갔는데 그 뒤 25년의 그곳 생활은 분쟁으로 보낸 것이라는 평을 받을 만큼 교포 사회를 분열시켰다. 앞에 말한 것처럼 박용만·안창호와 불화하고, 나중에는 재미한족연합회와 대립하고 자기를 대미외교위원으로 뽑아 주고 함께 국방봉사원으로 뽑힌 한길수(韓吉洙)를 공산당으로 몰기도 한다. 그는 또 임정 수립 뒤 대통령 직제가 없음에도 대통령이라고 자처함으로써 주의를 받았으나 "내가 대통령 명의로 한국 사정을 발표한 까닭에 지금 대통령 명칭을 변경하지 못하겠오. …… 떠들지 마시오"라고 대답하여 헌법을 고치게 했다. 그는 또 국무총리 이동휘(李東輝)가 소련의 원조를 받았다고 공산주의자로 몰고 국무위원제를 '러시아의 공산당 제도인 까닭에' 반대했다. 대한민국 독립운동 과정에서의 합작은 중국·미국·소련 등 모두가 권유한 바였지만 실현되지 못했는데, 이에는 이승만의 상당한 영향이 있다. 이승만의 하와이 시절에 대해 김원용(金源容)의 『재미한인 50년사』에는 이렇게 쓰여 있다.

> 그는 문필을 가지고는 민주주의를 구가하면서 뒤에서는 실정과 여론을 무시하고 입으로는 도덕이나 미사여구를 늘어놓으면서, 행동 면에서는 폭력단의 보스로 몽둥이를 휘두르며 동포들을 폭력으로 억누르고, 민족의 단결을 외치면서 실제로는 파벌을 조장하는 선봉장 노릇을 하고 있다. 그는 자기를 단체나 조직의 장으로 받들지 않으면 반드시 그 조직을 파괴하거나 분열시키는 놀라운 재능을 갖고 있다.

리처드 알렌은 그의 재미 시절을 이렇게 말한다.

그의 수학과 여행은 미국과 유럽의 정치사상을 섭취하는 기회가 되었다. 하와이에 있는 망명 결사 내부의 혹심한 파쟁을 통해서 그는 음모와 암살을 무기로 하는 정치 집단에서의 생존 수단을 체득하였다. 내부적인 정쟁만 배웠지 문명적인 정치 경륜을 배우지 못했다는 것은 그의 불행이었다.

이승만의 또 하나 성향인 친미주의는 친미라기보다는 미국인보다 더욱 철저히 미국의 이익을 대변하는 그런 것이었다. 올리버는 이렇게 썼다.

이 박사가 미국 역사의 한 부분이 된 것은 그가 미국에서 교육을 받았고 그곳에서 40년 동안 살았기 때문만은 아니다. …… 그것은 이 박사의 정치적·사회적 사고방식이 미국화되었기 때문도 아니다. 이 박사는 주로 미국의 입장에서 문제를 고찰하는 것을 피할 수 없었으며 동시에 미국의 공식 정권과 여론에 관련성을 갖지 않고는 1904년 이래 한 번도 세계 혹은 한국 문제를 생각한 일이 없을 만큼 미국과 밀접하게 제휴하여 왔다. …… 이 박사는 태평양 지역에 있어서 미국의 운명과 기본적인 관련성을 가지고 왔으며, 미국이 극동 정책을 등한히 하였기 때문에 나중에 혼이 난, 극동 정책의 지침을 제공하였다. 이 박사는 아시아의 공산화 방지를 위해서 불요불굴의 투쟁을 함으로써 미국과 유엔에 대하여 장기적 침략 음모를 미연에 정지시키는 기회를 주었던 것이다.

이승만은 1904년 헤이 미국무 장관에게 "우리 한국 사람은 각하께서 중국을 위해 하신 것과 같이 한국을 위해 힘써 주시기를 간절히 바라고 있습니다"라고 한다. 헤이의 문호 개방 정책은 일본의 대륙 진출 억제를 의도하고 있었지만 중국의 독립 보장을 위한 것은 아니었다. 1931년 일본의 대륙 침략이 본격화하자 그는 "일본의 아시아 대륙에 대한 침략의 길을 막기 위해서는 그 방벽으로서 한국의 독립이 다시 이루어져야 한다"고 주장한다. 1940년에 쓴 『일본 내막기』에서 이승만은 "여러분은 극동에 있어서의 외인 거주지를 포기해야만 할 것이다. 여러분은 사업 투자, 선교 사업, 대학, 병원 등 기타 모든 시설을 잃어버려야만 하는 것이다. 여러분은 그래도 이것이 우리와는 무관한 것이기 때문에 한국인이나 만주인이나 중국인에게 이것을 처리하도록 내맡길 심산인가?"라고 말한다. 또 그는 1942년, 임시정부 승인을 촉구하며 더 이상 지연시킨다면 한반도에 공산주의 국가를 세우는 결과를 가져올 것이라고 경고했으며, 한국 문제가 전후 미·소 회담에서 다루어질 것이란 것을 알고는 미국무성 내에 공산당 세력이 얼마나 강하게 침투되었나를 의심하지 않는다고 했다.

해방 뒤 1947년에는 남한 단독선거를 추진하며 자기는 미국과 한국의 이익이 동일하므로 양국의 이익을 위하여 투쟁하고 있다고 친구에게 편지를 썼다고 한다. 이승만은 한국에 와 있던 군정 관리들이나 미국무성이 자기보다 미국의 이익을 더 모르고 덜 위하고 있다는 것을 확신한 것 같다. 군정 시기를 통해 사사건건 하지와 싸우고 한국전쟁 시에는 반공 포로를 석방하는 등 미국과 때때로 충돌한 것은 친미에 대한 확신의 소산이 아닌가 한다. 그를 두고 '친미' 혹은 '반미'라고 의론이 있기도 하지만 더욱 근본적으로는 미국적 입지에서 한국을 보았는지도 모르겠다.

이승만을 두고 '그래도 민주주의자'라고도 하고 '권위주의자' '전체주의자'라고도 하는데, 그는 3·1운동의 결과로 생긴 임시정부의 임시 대통령을 지냈고, 대한민국의 초대 대통령을 지낸 말하자면 한반도에서 가장 크게 민주주의·공화주의의 덕을 현실적으로 본 사람이다. 그럼에도 그의 민주주의 이념이 철저하지 못했음은 사실이다. 해방 뒤 그리고 집권한 뒤의 독재적 정치나 제2인자로 자리를 굳히고 있는 이기붕의 아들을 관행을 무릅쓰고 양자로 삼은 일은 민주주의자·공화주의자로서도 불철저하다는 것을 말할 나위 없이 증언하지만, 그는 역사적으로 가장 진보적 역할을 할 때인 독립협회 시절에도 공화주의자가 못 되었다.

독립협회는 군주권의 제한, 열강의 이권 강탈 반대 등 진보적 주장을 펴기도 하고 "군대 양성의 목적은 외국군의 침략을 막기보다 동학이나 의병 같은 토비나 진정시키면 된다"[2]는 식의 반동적 한계를 가지기도 했는데, 이승만은 독립협회에서 과격한 진보파의 한 사람으로 활동하다가 7년간의 옥고를 치르면서 『독립정신』이란 저서를 집필했다. 그 가운데서 이승만은 "일반적으로 말해서 국가라는 것은 여러 사람들이 모여서 여러 가지 일을 토의하는 하나의 의회와도 같다"고 하면서도 "신민은 군주에게 존경을 가지고 한편 올바른 원칙에 따라 봉사하고 지혜로운 말로 건의해야 한다. 군주는 덕을 가지고 신민을 다스려야 하며 이렇게 함으로써 신민이 마음으로부터 복종하도록 해야만 하는 것이다"라고 말하며 역시 공화주의자가 되지 못하고 있음을 드러낸다.

이승만의 가장 높이 평가할 점은 불요불굴의 항일 태도일 것이다. 이승만은 1908년 미국의 한 집회에서 이렇게 설명했다.

> 정치가들은 오늘날 흔히 일본은 한국으로서는 너무나 강적이므로 그의 독립을 성공리에 투쟁, 달성하는 것은 너무나 어려운 일이고 그렇기 때문에 한국의 독립이란 희망은 영원히 가 버린 것이라고 말하고 있다. 그러나 이것은 단순한 외면적 관찰이며 우리의 과거 역사, 지리적 표현 또는 종족적인 면을 자세히 연구해 보면 우리는 4천 년 이상이나 특이점과 결백성을 유지하여 왔던 것이다. 어떠한 국가도 이 모든 것을 지구상으로부터 말살해 버릴 수는 없는 것이다.

독립협회의 옛 동지들 대부분이 신체제에 굴복했고 이 박사의 옛 친구인 선교사들이 한국에 대한 일본의 통치를 묵인했음에도 불구하고 또 그의 감각이 자극받고 이성이 충동받았음에도 불구하고 한국의 독립은 정당한 것이며 광복은 불가피하다는 자신의 확고부동한 신념을 버릴 수 없었으며 또 버리지 않을 것이다.[3] 이러한 자세를 그는 일생 동안 지켰다.

이승만은 1953년 『일본 내막기』의 국역판을 내면서 그 서문에서 "미국인들은 지금도 이것을 알지 못하고 일인들의 아첨을 좋아하며 뇌물 주는데 속아서 일본을 부강하게 만들지 않으면 소련으로 넘어가리란 몽매한 의론으로 재무장하기와 재확장하기에 전력을 다하여 심지어는 우리들에게 일본과 친선해 나가기를 권하고 있다"고 지적하고 있다.

이승만은 한국전쟁 중 맥아더가 일본군의 전선 투입을 권고하자 "만약 일본군이 우리를 지도하겠다면서 상륙해 오면 국군은 일본군과 싸울 것이다. 국군도 제대로 훈련만 시키면 이길 수 있다"[4]고 말했다. 이승만의 일본에 대한 이러한 태도는 앞으로도 한국과 일본의 관계에 중요한 의미를 가질 것이다.

결국 이승만은 항일 운동가였음에 틀림없지만, 민족사의 진보에 대해서는 너무나 인식이 부족했다.

3 정략만을 품고 온 귀국

1945년 8월 15일, 이승만은 미주에서 해방을 맞았다. 그러나 그 감격의 순간을 어떻게 맞았는지에 대해서는 거의 알려지지 않고 있다. 40년 이상을 해방과 독립을 명분과 수단으로 살아온 그가 막상 이 감격의 소식을 언제 어떻게 받아들였는지가 알려지지 않고 있다는 것은 기이한 느낌이 드는 일이다. 김구가 자못 감동적으로 『백범일지』에 기록하고 있는 것과는 대조를 이룬다.

어떻든 해방 소식을 접한 이승만이 귀국을 서두르는 것은 당연하지만 그 이유는 사뭇 정략적인 면이 있었다. 즉 그는 중국에 있는 임시정부가 먼저 귀국할 것을 두려워했다. 특히 중국의 외교부장 송자문이 중경의 김규식, 김약산(金若山), 조소앙에게 한국 내에서의 특권을 주기 위해 미국무성과 협상하려 한다고 생각하고, 이들이 먼저 입국하여 세력을 확고히 할 때까지는 자기를 미국에 붙들어 둘지도 모른다고 생각하고 초조해 있었다.[5]

이승만은 귀국을 서둘렀지만 미국 내에서의 까다로운 절차 때문에 2개월이나 지연되었다. 이것을 들어 일부에서는 이승만이 미국 정책의 대역자가 아니라는 반증으로 삼기도 한다. 또 일부에서는 한반도에 관하여 미국의 점령 정책이 확고하게 서 있지 않은 단계에서 이승만처럼 강렬한 인물을 귀국시키는 것은 미국으로서는 쉽사리 판단할 수 없는 일이었을 것이라고 말하기도 한다. 어떻든 귀국이 지연되고 있는 동안 "선전도 지위도 필요 없으니 귀국만 시켜 달라"고 여행 허가와 비행기 편을 구하는 것 외에는 특별한 활동은 없었다.

한편 그 두어 달 전 루스벨트 대통령의 부인을 방문하여 한국에 관한 원조 문제를 거론하고 대통령에게 전해 달라고 했지만 서신으로 받은 답장에는 대통령의 대답은 언급되어 있지 않았다고 한다.

이승만은 10월 4일에야 워싱턴을 떠나 도중에 14일 동경에 도착, 맥아더 그리고 정무 협의차 그곳에 온 하지 사령관을 만난 뒤 16일 오후 5시 서울에 도착하여 하지가 주선해 준 조선호텔에 묵었다. 이승만의 귀국 사실은 처음에는 공개되지 않았지만 곧 알려지게 되었고 이튿날 하지의 입회 아래 귀국 기자회견을 연다. 이어 귀국 방송도 있었다. 이 자리에서 이승만은 미국이 한국의 독립을 돕고 동정하고 있으며, 협동 단결이 필요하고, 38선 문제는 알지 못했다는 것 등을 언급했다. "33년 만에 처음으로 그리운 고국에 돌아오니 감개무량합니다……"로 시작하는 회견이나 "……일본에서 한국까지 오면서 보니 맥아더 대장, 하지 중장, 아널드 소장 모두가 우리들의 동정자이었습니다. 그분들이 말하기를 한인이 차차 배워 가며 자치 자립할 능력을 얻을 수 있다고 했습니다. …… 이 기회를 잃지 말기를 바라는 바입니다"라고 끝나는 이승만의 귀국 첫 연설은 감격이나 세계관이나 경륜과 같은 것은 표출되지 않은 정략만이 깔린 그런 것이었다. 다만 아직껏 감격에 들떠 있던 국민들이 실망을 가져오고야 말 냉정한 분석이 없었던 것이 그에게는 다행이라면 다행이었을 것이다. 그러나 모든 것 위에 군림하려는 정략만은 짙게 깔려 있었다.

이승만은 1942년 '미국의 소리' 방송에 동원되어 단파 방송으로 국내에 수신되기도 했는데, 이것은 그를 내세우자는 제의가 있자 미육군성 관리가 "당신은 한국인들이 그를 얼마나 알고 있다고 생각하십니까"라는 반문이 있었다는 정도의 평가 아래 행하여진 것인지는 모르지만, 그의 성가를 높이는 데는 상당한 도움이 되었을 것이다. 어떻든 그의 이 반공·반일 이

외에 무이념 외교와 무정견은 참으로 놀랄 만한 것이다.

그는 1920년 상해에 임시 대통령의 자격으로 가게 되는데, 이때 "내가 오늘 이곳에 온 것은 많은 금전이나 대방략을 가지고 온 것이 아니라 이곳에서 일하시는 여러분에게 감사하고자 하는 재미 동포의 소식을 가지고 왔습니다"라고 인사를 한다. 과연 그는 독립운동을 위한 아무 전략도 없었고, 호소에 의한 외교 이외에는 아무것도 가지지 못했다. 그럼에도 이승만은 당시 상당한 성가를 얻고 있었으며 그 자신은 이것을 이용하여 명실공히 국부로 군림하려는 내심을 갖고 있었음이 분명하다.

이승만이 귀국하기 전부터 건국준비위원회가 발전한 소위 조선인민공화국은 그를 위해 주석 자리를 비워 놓고 있었고, 박헌영의 조선공산당조차 당수 교섭을 했으며, 한국민주당 등 보수 계열이 그를 학수고대한 것은 말할 것도 없다. 이승만은 이 많은 것 가운데 어느 것도 선택하지 않았으며, 또 어느 것도 거절하지 않았다.

이승만은 인민공화국의 주석 추대를 받고 협조를 표명하고 신중히 고려하겠다고 하다가 11월 7일에 와서야 거부를 분명히 한다. 그는 또 이런 발언도 서슴지 않았다. "나는 공산당에 대하여 호감을 가지고 있는 사람입니다. 그 주의에 대하여도 찬성하므로 우리나라의 경제 정책을 세울 때 공산주의를 채용할 점이 많이 있습니다."[6] 이러한 이승만의 정략적 태도는 김구나 여운형의 태도와는 사뭇 다른 것이다.

여운형은 "인민공화국이 붉다고 보는데……"라는 기자의 질문에 이렇게 답한다.

포복절도할 일이다. …… 저 영국을 보라. 전승의 공로자인 처칠이 물러나고 노동당이 집권했다. 그러나 노동당은 결코 적색이 아니다. 영국 내각에 공산당은 3인밖에 없다. 노동자·농민 및 일반 대중을 참으로 위하는 것이 공산주의냐? 만일 그렇다면 나는 공산주의자가 되어도 좋다. 나는 노동 대중을 위하여 여생을 바치고 싶다. 우익이 만일 반동적 탄압을 한다면 공산주의 혁명을 촉진시키는 결과로 될 것이다. 나는 공산주

의를 겁내지 않는다.[7]

　나의 흉중에는 좌니 우니 하는 것은 개념조차 없다. 건국 강령의 요소에 있어서는 좌니 우니 하는 것은 문제도 되지 않는다. …… 인류 5천 년 역사를 통하여 봉건적 작폐에 시달려 온 우리로서야 누가 또다시 압박자와 착취자와의 집단체인 제국주의와 자본주의를 동경하고 구가할 것이냐. 좌니 우니 하는 것은 민족 자멸의 근원이 될지니 생각할수록 오중이 찢어지는 듯하다.(김구)[8]

　민족의 통일과 대중을 위해서라면 그 무엇도 용해할 수 있다는 태도가 김구와 여운형의 태도라면 권력 획득을 위해서라면 그 무슨 태도라도 꾸밀 수 있다는 것이 이승만의 태도였던 것이다.
　이승만의 반공은 워낙 유명한 것이지만 해방 전부터도 민족 운동을 해칠 만큼 지나친 것이었다. 그는 1942년 중경 임시정부가 김규식·장건상·황학수 등을 국무위원으로 받아들이고 김원봉 등이 광복군에 참여하자, 김구에게 "공산주의자를 받아들이지 말라"고 권고하고 큰 싸움을 걸었을 정도였다. 또 1943년 태평양회의에 나온 중국 외교부장 송자문이 한길수 등 재미한족협회와 연합할 것을 권고하는 것을 공산주의를 격려한다고 거절했다. 이러한 그가 필요할 때는 그렇게 변신했던 것이다.

4 세력 기반의 구축

　이승만은 귀국 후 곧 정치 단체의 범연합 기구 성격의 독립촉성중앙협의회의 조직을 종용, 10월 23일에는 회장으로 선출되고 11월 2일에는 결성대회를 한다. 독촉중앙협의회는 처음 한민당, 국민당, 건준, 공산당 등이 망라되어 참여했다가 건준과 공산당이 떨어져 나가고 한민당이 주축이 되지만 결국 국내적 기반이 없었던 이승만의 기간 조직이 된다.

1945년 8월 15일, 해방을 맞자 한발 앞서 엔도(遠藤) 일본 정무총감으로부터 일본인 보호를 조건으로 치안 유지권을 인수받은 여운형은 건국준비위원회를 전국적으로 조직하고 9월 6일에는 이를 조선인민공화국으로 발전시킨다. 한편 해방을 맞을 적극적인 대책을 못 갖고 있었던 송진우 등 보수 세력은 건준 중심의 급격한 팽창에 불안을 느껴 건준과 인공 타도를 목적의 전면에 내세우며 한국민주당을 조직, 9월 16일에 결성하고 임시정부 봉대(奉戴)를 명분 삼아 인공과 맞선다. 10월에 정당·사회단체 등록을 받았을 때 대소 정당이 200개를 넘었다. 이것은 왕성한 정치 의욕을 반영하는 것만큼 혼란의 가중 또한 노출하는 것이었다. 따라서 정당 통일 간담회, 정당 통일 기성회 등이 정당 통일 운동을 하고 있던 참이기도 한데 이승만은 이러한 기회를 자기를 위한 통일 기구로 유도하려 했던 것이다.

　독립촉성중앙협의회는 「연합국과 아메리카 민중에게 보내는 결의문」을 채택하는데 이를 구실로 공산당, 건준 등은 이탈하고 마침내 독촉중앙협의회는 한민당을 중심으로 한 이승만의 기본 조직이 되었던 것이다.

　한편 이때 나타난 박헌영 중심의 공산당의 반응 또한 주의할 만한 것이다. 즉 공산당은 "우리 조선을 양단한 것은 우리들이 자취한 것이 아니요, 열국이 강행한 것을 자에 선명 아니 할 수 없다"는 문구를 부당하다고 지적하고 나섰다. 당시 공산당의 이러한 현실 인식은 후일 이승만의 「공산당에 대한 나의 입장」이란 방송에서 "한국은 지금 우리 형편으로 공산당을 원치 않는 것을 우리는 세계 각국에 대하여 선언합니다. 기왕에도 재삼 말하거니와 우리가 공산주의를 원치 않는 것이 아니라 공산당 극렬파의 파괴주의를 원치 않는 것입니다. …… 이 분자들은 노국(露國)을 저희 조국이라 부른다니 과연 이것이 사실이라면 우리의 요구하는 바는 이 사람들이 한국을 떠나서 저희 조국으로 돌아가서 저희 나라를 충성스럽게 섬기라고 하고 싶습니다"[9]라고 말할 수 있는 바탕을 제공한 일면이 있기도 한 것이다. 한편 11월 7일에는 인민공화국 주석에 취임할 것을 공식으로 거부하고 임시정부에만 복종한다고 밝혔다. 이로써 이승만은 공산당과 건준 등 이른바 좌익과 결별하고 임정 및 한민당의 지지 위에서 대권을 잡으려 노력하는 것이다.

한편 기선을 건준에 뺏긴 한민당의 처지에서 보면 이승만 지지와 임정 봉대는 가장 뚜렷한 명분이 되고 이를 업고 대권에 접근하려는 것 또한 가장 합리적인 것이었다. 건준 계열이 '인민공화국'의 국가 행세를 하려는 문제를 두고 이를 강력히 규제하려는 군정과 티격태격하는 동안, 한민당은 조병옥 경무부장, 유억겸 학무부장 등 군정의 요직에 참여하고 금융·실업계 등에도 실질적인 지배력을 뻗친다. 이에는 일제하에도 보호받아 온 김성수 계열의 기업과 토지 자본이 밑받침된 것은 물론이다. 또한 이때까지도 경제적·행정적 실권을 쥐고 있는 친일 및 부일 세력을 혹은 끌어들이고 혹은 덜미를 잡고 혹은 보호함으로써 실질적 여당이 되고 있었다. 한민당은 귀국한 이승만에게 돈암장이란 저택을 마련해 주고 정치 자금을 제공했으니, 철저 반공이란 측면에서도 국내 기반이 없는 이승만이 한민당과 밀착해 가는 것은 당연했다.

한편 친일·부일 세력도 한민당을 통해 이승만의 그늘에서 보신을 꾀하게 된다. 이북에서는 소련군의 진주와 함께 독립운동가를 중심으로 한 인민위원회가 조직되고 9월 14일에는 농지개혁, 일본인 소유 공장의 한인 노동자 및 기술자에 의한 관리, 친일분자의 숙청 등이 포함된 정책이 발표·집행됨으로써 친일 세력은 발붙일 곳이 없게 되었지만,[10] 남한에서는 미군의 진주가 늦었고 9월 9일 맥아더 사령부 포고 1호 2조가 일제 관료와 공공 기관원의 지위를 그대로 보장하고 며칠이나마 아베 총독을 유임시키고 일본 군대에 치안을 맡기고 국장들은 해임 뒤에도 행정 고문으로 남아 있게 함으로써 친일 세력을 보호했던 것이다. 그리고 한민당은 수뇌에 일제 협력자가 있기도 했지만 친일 반민족 행위자에 대한 응징을 정강 속에 포함시키지 않은, 해방 직후로서는 희귀한 정당이기도 한 것이다. 실제 친일분자의 돈은 한민당을 통해 이승만의 정치자금으로 제공되었다. 이렇게 연결된 친일 세력과 이승만의 관제는 건국 뒤까지 계속되었을 뿐 아니라 이승만 지지의 핵심 세력이 되었다. 이승만은 그 뒤 대통령 자격으로 반공구국총궐기대회라는 반민법 성토 집회에서 축사까지 했다.

어떻든 이렇게 하여 이승만 지지의 국내 기반이 형성되어 가고 있었다. 한편 여운형계의 건준은 임정이나 해외 독립운동 세력에 대하여 한민당과는 다른 견해를 갖고 있었다. 즉 "나는 모든 해외 정권을 환영한다. 현재 중경 외에도 두 파가 더 있다. 연안에도 시베리아에도 정당이 있어서 5개 정부가 있는 셈이다. 따라서 한 정부만 지지한다는 것은 해외 동지를 분규시킬 따름인 것이다."[11] 독립운동사를 현실적으로 개관한다면 이것은 충분히 근거 있는 태도이기도 한 것이다.

한편 11월 23일 김구를 비롯한 임정 요원들이 귀국하자 이승만은 주미외교위원회 위원장으로 임정의 국무회의에도 한 차례 참석하는 등 우호적 관계를 유지한다.

5 신탁 주장 전력의 반탁

1945년 12월 28일, 모스크바 3상회의가 한국에 대한 5년간의 4개국 신탁 통치를 카이로선언의 '적절한 절차'의 내용으로 결정했다는 소식이 전해지자 국내 정국은 격랑이 인다. 가장 격렬한 반응을 보인 것은 김구의 임정으로 즉각 "독립운동의 새 출발"로 이를 반대할 것을 선언한다. 이승만은 역시 신탁 반대를 주장하지만 이 기회에 공산 계열을 제외한 독촉중앙협의회를 신탁 반대의 중심 조직으로 육성할 것을 기도한다. 그리고 군정에 대해서도 마찰을 일으키지 않았는데 이러한 태도는 한민당과 비슷했다. 공산당 등 좌익계는 처음에는 반탁을 주장했다가 찬탁으로 태도를 바꾸었다고 하는데, 모스크바협정의 '신탁'에 대한 해석으로 우익들이 오해하고 있다고 주장한다.

사실 모스크바협정을 처음 전한 12월 28일 워싱턴발 합동통신은 사실을 정확히 전달할 것이 아니었다. 남한에서는 이미 그 전해 10월 미극동국장 빈센트(J.C. Vincent)가 한국의 신탁 통치를 언급하고 있어 민감한 반응을 불러올 분위기였기 때문에, '신탁'이 '독립'과 대립된다는 이해의 여지가 있는 한 독립을 갈구해 온, 민족의 대중 감정을 촉발할 소지를 갖고 있는 것은 사실이었다. 그러나 모스크바 3상회의의 결정은 장차 수립할 한국 임시정부와 한국의 정당·사회단체의 의견을 존중할 것을 강조하고 임시정부(상해나 중경 임정은 아님)와 협의한 뒤 신탁에 관한 합의를 이루도록 되어 있는데 그 원문은 충분히 검토되지 못했다.[12]

어떻든 이 문제를 계기로 좌우익은 완전히 갈라선다. 김구가 임시정부를 주동으로 신탁 통치 반대 국민총동원위원회를 구성하고 임정 일부에서는 이 기회에 주권 선언을 해야 한다는 강경 주장이 나오는데, 이승만의 태도는 이보다는 냉정했지만 역시 반탁의 반응을 보였다. 송진우 등 한민당도 이 점에서는 이승만과 같았다. 송진우의 신중한 반탁 주장에 임정 계열은 분노했다는데, 송진우는 12월 30일 암살을 당하고 만다.

한민당 당수 송진우의 죽음에 이승만이 크게 충격을 받았다고 하는데 송진우는 1925년 하와이에서 범태평양회의가 열리는 동안 이승만을 만났고 이때 이승만은 "고하(古下)가 옆에 있어 나를 도와주었으면 좋겠소. 회의가 끝나더라도 여기 머물러 나와 같이 일합시다"라고 말했다. 표면에 나서지 않는 김성수를 대신한 한민당의 당수 송진우의 위치는 매우 중요했고, 이승만이 귀국하자 한민당 총재 취임을 간청하기도 하고 비서를 천거해 주기도 했으며, 이승만의 정치자금은 물론 사생활까지 도왔다. 또 조병옥 등을 군정에 참여하게 하여 한민당의 세력 확장에 결정적 역할을 하고 있었다.

어떻든 반탁 운동을 계기로 좌우익이 갈라서고, 대중 활동의 전면에 나서 이를 주도하려는 임정 계열에 대한 이승만의 암암리의 견제가 나타나고, 한민당과 임정의 관계가 냉각되는 대신, 이승만과 한민당은 더욱 밀착한다. 임정을 중심으로 한 반탁 운동은 비상정치회의의 소집과 비상정치회의에 대한 과도정부 수립 주장으로 발전한다. 이승만은 1월 7일 반탁의 태도를 다시 한번 밝힌다.

탁치가 강요된다면 열국의 종속 민족으로 우리에 대한 생사여탈의 권을 타인에게 맡겨 놓은 격이 될 것이니 어찌 우리의 발전과 행복한 장래를 기필할 수 있겠습니까. 뿐만 아니라 연합 4국의 이해와 주장은 결코 완전 일치된 것이 아니며 또 장래에 여하한 파탄이 발생치 않는다고 보장할 수 없을 것이니 그 주장이 배치되며 그 파탄이 증장할 때마다 그 원인이 어디에 있는지 어느덧 우리나라에 반향하여 전쟁을 강화하고 혼란을 작성하며 우리 반도는 열국 상쟁의 수라장으로 화할 염려가 있습니다.

"신탁을 다른 민족에게 종속되어 생사여탈의 권리를 맡겨 놓는 것"으로 해석하는 것은 3·1운동 뒤 윌슨 대통령에게 한국의 신탁 통치를 청원하여 물의를 일으켰던 장본인으로서는 의도적 과장의 면이 있었을 것이다. 신탁 통치 문제에 대해 이처럼 의론이 분분하자 1946년 1월 25일 슈티코프 소련 대표는 '신탁'의 제안자가 소련이 아닌 미국이란 타스통신 보도를 공개한다. 반탁 세력이 이 문제를 반소 감정으로 몰아가는 데 대한 대응이었다. 스탈린도 이 문제에 관련, 미군정 장관 때문에 소련만이 신탁 통치를 주장한 것으로 한국 신문이 보도한 것을 해리먼 미대사에게 나무라고 미·소 관계가 한국에서 좋은 출발을 하지 못했다고 생각한다고 말했다. 탁치 문제는 미·소 관계가 한반도에서 악화된 결정적 계기였다. 이승만은 다시 14일 성명을 내고 "중앙협의회가 전 민족을 대표한 기관으로 애국 동포를 집중하여 통일을 이루었다"고 선언하고 "공산당은 친일분자처럼 대우하겠다"고 선언한다.

비상정치회의는 공산당·인민당, 이북의 독립동맹을 제외하여 일단 좌우익이 갈라서는데, 중앙협의회라는 독자 조직을 가지고 있는 이승만으로서는 굳이 반가운 일은 아니었다. 그러나 그가 중심이 되는 한 굳이 마다할 것도 아니어서 비상국민회의로 이름을 고치게 하고 영수로 추대되어 2월 1일 개막한다. 비상국민회의는 최고정무위원을 구성하게 되는데, 과도 정부 수립을 준비한다는 대목이 미군정과 마찰을 일으키기도 했으나 결국 이승만을 통하여 군정과 협조할 수 있는 군정의 자문 기관이 된다. 비상국민회의는 임정의 법통을 받은 건국준비회의로 자처하는 것이다. 그 구성의 핵심은 이승만의 절대적인 영향력이 있는 중앙협의회의 한민당 인사로 되어 있고, 좌익의 불참을 이유로 임정 내의 김원봉 등도 탈퇴한다. 결국 비상국민회의 최고정무위원회는 미·소공동위원회의 협의 대상이 될 수 있는 우익 측의 대표 기관이 된다. 그리고 이름도 남조선대한민국 대표 민주의원이 되어 미군정 자문 기관으로 2월 14일 의장에 이승만, 부의장에 김구·김규식으로 하여 발족한다. 민주의원 또는 비상국민회의 최고정무위원회의 성격을 건국 준비 기구로 보려는 이승만과 단순한 자문 기구로 보려는 군정의 견해 차이는 이승만과 군정의 마찰을 빚기도 한다.

한편 민주의원의 구성을 계기로 좌익 측은 민주주의 민족 전선(여운형·박헌영·허헌·김원봉·백남운)을 결성하여 우익과는 결별한다.

6 냉전 구조의 전개

모스크바협정을 추진하기 위한 미·소공동위원회는 1946년 1월 초부터 예비 접촉을 하기 시작하여 3월 20일에는 개막을 하는데, 이에 대하여 미군정은 국무성의 양해하에 우익의 대표 기구로 민주의원을 생각하고 있었던 것이다.

미국과 소련은 제2차 세계대전을 통하여 연합을 이루었지만 1945년 전후 처리를 두고는 이미 대치를 보이기 시작했으며 이것은 가장 극적으로 한반도 분할 점령에서 표현되었고, 이후 미·소공동위원회의 발전을 통해 냉전 구조를 전개하고 있었다.

미·소공동위원회는 첫날 회의에서부터 이러한 조짐을 표면화하기 시작했다. 소련 대표 슈티코프는 "소련의 목적은 조선이 소련을 침범하는 근거 기지가 되지 않는 우호적 민주국가가 되게 함에 있다"고 연설하고, 미국 대표는 미국의 의도는 "비록 아무리 잘 조직되어 있고 아무리 정력적으로 정치 활동을 할지라도 소수파의 한국 지배를 저지함에 있다"고 말했다. 이러한 대치를 보이면서 구체적으로는 "앞으로 수립될 민주임시정부는 모스크바 3상회의의 결정을 지지하는 각 민주주의적 정당과 사회단체를 망라한 대중 단결의 토대 위에서 창설되어야 한다"고 소련은 반탁 세력의 배제를 주장한 한편, 미국 측은 "모든 한국인은 자유롭게 그들의 의사를 표명할 수 있고 공위는 어떤 정치·사회 단체로부터도 그들의 의견을 원한다면 들어야 한다"고 주장하여 협의 대상부터 정면으로 맞섰다. 이렇게 회의가 진전되지 못하다가, 4월 18일 5호 성명으로 일단 모든 단체가 참여하도록 되어 진정되는 듯했는데, 5월 8일 무기 휴회로 들어가고 만다.

이러한 정세 아래서 이승만은 미·소공위가 열리기 직전 민주의원 의장직을 물러났다가 4월 10일 복직하면서 지방 여행을 다닌다. 이것은 또한 하지의 요청이었다고 하는데, 이것은 생각하건대 하지나 미국 측의 다음과 같은 내심이 있음 직도 하다. 즉 소련과의 협의가 순조로우면 소련 측도 수락할 수 있는 김규식을 내세우며, 순조롭지 못하면 이승만을 내세운다. 또는 당초부터 소련과의 협의가 순조롭지 못할 것을 예상하고 아예 소련 측이 수락하지 못할 이승만을 뒤로 물러앉혀 책임을 면하게 하고 실력을 갖추어 미국이 의도하는 정권을 맡을 수 있게 하고, 표면으로는 김규식을 내세워 소련과 협상에 성의를 보이는 것처럼 하게 한다.

"군정은 이승만을 싫어했고 김규식에게 정권을 맡기려 했다"는 일반적인 평가가 오히려 피상적인 것이고 후자의 가능성을 배제할 수 없는 것은 다음과 같은 이유에서다. 하지는 공산주의자의 참여 없는 과도정권의 성립 가능성을 비친 바 있고, 이승만은 진작부터 이에 대비했으며, 미·소공위에 앞서 하지는 이승만과 장시간 회담했고 맥아더를 방문했으며 그 뒤 이승만의 지방 여행을 권고했다고 한다. 또 바로 이 기간 중에 비록 미국 발신 기사이기는 하지만 즉각 미국과 미군정이 부인한 다음과 같은 보도가 있었다.

미점령 당국은 남조선만에 한하여 조선 정부 수립에 착수했다 한다. …… 조선의 미군정 당국은 남조선 정부 수립 계획에 있어서 미국인은 고문 격으로 참여하여 전면적으로 지도하고 조선 문제는 조선인에게 일임되리라 한다. 또 일부 정보에 의하면 민주의원 의장을 사임한 이승만 박사는 재차 출마하여 남조선 정부의 주석이 되리라 하는데 미 측이 남조선 정부 수립안을 제의한 중요 원인은 다음과 같다. ①소련 측이 정치적 이유로 미·소 공동위원회를 천연시키려고 하는 것. ②미군의 복원 계획으로 조선 미군정 당국의 미군 장교급이 축차 귀국하여 그 수가 희소하여지는 것.[13]

이런 보도에 대하여 김구는 "천만 의외의 정보다. …… 우리는 오직 남북통일과 좌우 협조로 된 자주독립국가 완성을 기원하며 끝까지 노력할 뿐이다"라고 반응을 보인 데 대하여, 이승만은 "사실이 아니기를 바라고 아직 나의 의견을 발표하고자 아니한다"[14]라고 말하고 있다. 이승만은 이미 "중앙협의회 조직 이후로 공산분자와 협동되기를 노력하다가 시일을 허비하였으나 이것은 사실상 될 수 없는 것을 알고도 성의를 다한 것입니다……"[15]라고 하여 공산주의자와의 협상 같은 것은 애초부터 진심이 없었다는 것을 밝히고 있다. 또 이승만은 지방 여행 중 계속 공산주의자에 대한 비난과 정권 수립의 시급성을 강조하고 있었다. 6월 3일에는 마침내 정읍에서 "우리는 무기 휴회된 공위가 재개될 기색도 보이지 않으며 통일 정부를 고대하나 여의케 되지 않으니 남방만이라도 임시정부 혹은 위원회 같은 것을 조직하여 38선 이북에서 소련이 철퇴하도록 세계 공론에 호소하여야 할 것입니다"라고 남한 단독정부의 수립 가능성을 공개하는 것이다. 이승만은 그 뒤 자기 중심 조직인 '민족총사령부'라고 하는 민족통일 총본부를 조직, 총재에 취임한다.

이승만은 이로부터 남한 단독정권 수립 운동에 본격적으로 나서게 된다. 이승만은 당초부터 남북 분단이라는 사태에 대하여 반공 이외에는 아무런 대책도 갖고 있지 않고 노력도 없었다. 남한의 공산주의자에 대한 그의 태도는 앞서 본 대로이지만 북에 있는 공산주의자들, 예컨대 실권을 잡은 김일성, 연안 독립동맹의 김두봉·김무정 등의 존재에 대하여는 고려조차 있은 흔적이 별로 없다. 이것은 다른 독립운동가들과는 다른 독특한 점이기도 하다. 군정은 그 뒤 김규식·여운형을 앞세워 좌우 합작 운동을 지원하는데, 이것은 당시 국무성의 세계적 정책이었다고는 하나 정세에 따라서는 언제나 변할 수 있는 그런 것이었다.

이승만은 처음부터 좌우 합작에 참여를 거부했지만 김규식에게는 열심히 권유했다. 김규식은 권유하는 이승만에게 "지금 당신이 나를 나무 위에 올려놓고 뒤에는 또 떨어뜨릴 것이며 그 뒤 짓밟을 것을 알지만, 나의 모든 것을 희생하겠다. 내가 희생된 다음에 당신이 올라서시오"라고도 했으며, 후일 김규식은 이승만에게 "좌우 합작은 당신이 시킨 일인데 왜 내가 정적이냐"[16]고도 말했다고 한다. 이승만은 좌우 합작이 미국무성의 정책이라고 김규식을 설득하려 했지만, 스스로는 그것을 믿지 않은 것 같다. 좌우 합작은 1946년 5월 시작되어 여운형이 두 차례 평양을 다녀오는 등 정력적 노력을 하지만 12월 4일 여운형이 정계 은퇴를 선언하고 1947년 7월에 저격당하면서 실패로 끝난다.

그러나 이 결과 남조선과도입법의원이 창설되고 김규식이 의장이 되어 12월 12일 개원된다. 그리고 이 동안 군정에 의하여 좌익의 활동은 '파괴 활동'으로 강력히 규제된다.

7 단독정부 수립 호소

이승만은 1946년 12월 4일 도미하여 예의 '독립 외교'를 벌이는데, 이것은 "다년간 주장한 바와 같이 이승만 박사는 또다시 독립에 대한 유일의 가능한 방도는 미국 국민의 후의에 호소하는 데 있다"[17]는 그의 지론에 따른 것이다.

이승만은 이듬해 4월까지 미국에 머물면서 남한 단독정부 수립을 촉구하는 외교 활동을 벌인다. 이 기간 동안은 미국 정부 내부에서도 남한 단독정부 수립 쪽으로 확고하게 기울어진다. 점령국 관계를 담당하고 있는 존 힐더링은 맥아더와 가까웠으며 이승만에 호의를 갖고 있었고 개인적으로는 남한 단독정부가 서야 한다고 생각하고 있었던 사람이다. 또 힐더링은 소련이 남한에 대한 침략을 감행할 목적으로 북한에 50만 군대를 편성하고 있다고 발표하기도 한다. 더구나 1947년 초, 미국은 국무성 초대 정책기획위원장 조지 캐넌의 봉쇄 정책 이론을 채택, 적극적인 대소련 봉쇄 정책으로 전환함으로써 그나마 유지되던 미·소 협조 체제는 붕괴되고 트루먼 독트린(1947. 3. 12), 마셜 계획(6. 5) 등으로 구체적으로 미·소 대립 관계로 발전했다. 트루먼 독트린은 그리스와 터키의 반공 세력을 위해 군사 경제 원조를 제공하고 세계의 다른 국가에도 이런 지원을 할 것을 선언했으며, 마셜은 한국에서 소련의 비협조를 비난하고 남한에 독자적 계획을 추진할 용의를 밝혔는데, 미국 언론은 이를 단독정부 수립이라 밝혔다. 소련은 이것을 위협으로 받아들였고 스탈린은 이에 대항하는 코민포름을 창설했던 것이다.

이처럼 미·소가 냉전 체제의 골격을 결정적으로 갖추어 가는 동안에 미국에 있던 이승만은 미의회의 극단적인 반공주의 의원들과 언론을 상대로 남한 단독정부 수립의 필요성을 역설하고, 존 스태커스·올리버·제롬 윌리엄스·굿펠로·임병직·임영신 등을 불러 놓고 전략을 숙의했다. 결국 미국이 대소 관계의 악화에서 필연적으로 남한 단독정부 수립의 필요성을 느끼고 있는 시점에서 이승만은 한국민을 대표한다는 이름으로 이것을 주장해 주었다. 또한 이승만은 "미국무성 내의 일부 분자는 조선에 독립을 부여한다는 미 측의 언약 실천을 방해하고 있는 것 같다"고 말하고 "하지 중장은 좌익에 호의를 가지고 있으며 남조선 미군정 당국은 조선의 공산당 건설과 이에 대한 원조 노력을 계속하고 있다"고 몰아치고 있다(1. 25). 그리고 그는 국내 지지자들에게 수시로 전문을 보내면서 자기 위치를 과시했는데, 이러한 미국 정책 전환이 확실해지자 이것을 자기의 외교적 성과로 삼기를 잊지 않았다.

그러나 이때도 이승만의 귀국을 재촉한 것은 반탁 운동을 통해서 대중 운동의 주도권을 김구가 장악하지 않을까 하는 조바심이었다. 김구는 2월 하순 이승만에게 "임시정부의 주권을 선포할 시기가 도래했다"는 요지의 전보를 칠 만큼 조직을 정비하여 독립정부를 선포할 기세였다. 그리고 그 과정 중 이승만계의 배은희(裵恩希)가 테러를 맞을 만큼 알력도 없지 않았다. 이승만은 동경에서 맥아더와 만나고 중국을 거쳐 장개석과 회담한 뒤 4월 21일 귀국했다. 이승만은 곧 환영 대회에서 다음과 같이 연설했다.

금번 도미 외교에 있어 우리가 성취한 것이 있다면 그것은 첫째, 세계 정세의 변천에 따라 트루먼 대통령의 대국회 연설을 계기로 미국 정책이 전환된 까닭이며, 둘째, 우리 동포가 이같이 핏덩이로 뭉친 까닭입니다. 남한에 있어서 총선거가 지연되고 미군정이 실패한 것은 하지 중장이 공산파와의 합작을 고집하였던 때문입니다. 나는 좌우 합작의 성공을 믿지 않았습니다. 그러나 현재는 미국 정책이 공산주의와의 합작을 단념하였으므로 캄캄하던 우리의 길은 열렸습니다. 우리 동포는 한데 뭉치어 임시 입법의원으로 하여금 총선거 법안을 급속히 제정케 하여 남북통일을 위한 남한과도정권을 수립해야 합니다. 그리고 이를 유엔에 참가시킴으로써 우리는 자유로운 입장에서 소련과 절충하여 남북통일을 꾀하지 않으면 안 됩니다. 그리고 미정책의 전환에 따라 우리가 미군정과 합작해서 우리 문제를 해결할 수 있게 되었으니 우리는 이제 대한임정의 법통을 고집할 필요가 없으며 이 문제를 보류해 두어야 할 것입니다. 그리고 김규식 박사도 이제는 합작을 단념하고 나와 같이 보조를 취할 것을 결정하였습니다.

이 연설은 분명히 남한 단독정부 수립의 뜻을 밝히고 통일을 위한 노력의 포기를 말하고 있으며, 김구 노선의 무의미와 김규식의 실패를 말하고 있다. 그는 5월 8일 다시 과도정부의 조속한 수립을 위해 임정의 법통 같은 것은 말할 것이 못 된다고 하고 있다. 이때 임정은 상당히 독자적인 채비를 하고 있어 하지가 "남조선에는 한 개의 정부밖에 없다"는 성명을 낼 정도였다. 또 이승만은 거듭 입법의원이 선거법을 제정할 것을 촉구한다.

그런데 5월 21일부터는 이승만의 예상과 달리 미·소공동위원회가 다시 열렸다. 이승만은 김구와 함께 공위에 참가 조건을 제시했는데 이것은 실질적으로 공위를 반대한 것이었다. 조건이란 첫째, 신탁을 삭제하든지 신탁의 의미가 보통 해석과 다르다는 것을 밝히고, 둘째, 미·소 양국이 목적하는 민주주의가 미국식 민주주의인지 소련식 민주주의인지를 밝히되 두 정체의 혼합은 있을 수 없다고 했다.

이승만의 의견과 달리 중간파들은 공위 참가를 수락했으며, 이승만을 받들던 한민당까지 참가를 결정했다. 한민당은 "우리의 영도자 이승만 박사가 주장하는 총선거에 의한 통일정부 수립을 공위 내부에서 관철하고자 한다"는 것이 명분이었지만 군정에 깊이 관여하고 있던 한민당으로서는 공위가 잘될 때의 정권 참가를 노린 것이었을 것이다. 이것을 이승만은 몹시 나쁘게 생각했다고 한다. 자기를 받들고는 있지만 전적으로 자기 사람은 될 수 없다는 것이 한민당임을 이때에 깨달았을지 모른다.

공위는 다시 지지부진하게 되었고 미군정에 의한 공산 계열의 단속이 심해지자 이를 계기로 8월에 결렬되고, 미국 측의 4대국 협상안도 이루어지지 못하자, 미국은 소련과의 직접 협상을 포기하고 9월 17일 한국 문제를 유엔에 상정시켰다. 이동안 군정에 의한 대대적인 좌익 검거가 있었다.

7월, 이른바 탁치정부 수립을 반대하고 자율정부를 수립해야 한다는 주장으로 열린 한국민족대표자대회(회장 배은희)는 속히 총선거를 실시하자는 이승만계와 임정 법통을 주장하는 임정계로 갈라지는데, 8월 26일에는 총선거 대책위원회(위원장 신익희)를 조직하여 지방 조직까지도 갖춤으로써 이승만의 총선거 추진은 결정적인 것이 된다. 이승만은 "나는 남한만이라도 총선거를 행하여 국회를 세워 이 국권 회복의 토대가 생겨서 남북통일을 역도(力圖)할 수 있는 유일한 방식으로 믿는 터이므로 누구나 이 주의와 위반되는 이가 있다면 나는 합동만을 위하여 이 주의를 포기할 수는 없는 것입니다"라고 밝힌다. 그리고 이승만 지지의 애국단체 대표회의는 총선거를 촉구하면서 공산당과 함께 좌우 합작파와 임정까지 규탄한다.

유엔에서 한국 문제가 조만간 결론에 도달할 즈음인 11월 4일 이승만은 다시 성명을 낸다.

> 우방들이 우리를 도와서 남북한총선거를 행하려 할지라도 우리 정부 대표가 있어서 협조해야만 우리 민의대로 해결할 수 있을 것이며 불연이면 유엔위원단이 남북총선거를 감시한다 하여도 소련이 불응하면 그 결과는 남북총선거로 귀결될 뿐이니 결국은 시일만 허비하게 될 것이며, 설령 유엔의 결의대로 국회가 구성되고 정부가 수립되더라도 파괴분자들이 이에 참가하여 파괴를 일삼을 터이니 진정한 주권 회복은 무망한 일입니다. 그리고 유엔의 제 우방의 대표들은 우리 민의에 따라 해결하기를 주장하므로 정부를 조속히 수립하기 위해서 남한의 총선거 시행을 위하여 일의(一意) 노력하면 우리 동권 회복은 곧 실현될 것입니다.[18]

이 성명에서 주의할 일은 이승만은 실상 유엔의 결정 여하에 관계없이 남한총선을 주장하고 있었을 뿐 아니라, 유엔의 결정이라 할지라도 그가 파괴분자라고 규정하는 세력은 정권에 참여시키지 않겠다는 것이다. 파괴분자란 공산주의, 좌익 또는 자기의 반대자를 의미할 것이다. 그리고 이러한 전 기간을 통해 이승만은 하지에게 김규식을 앞세운 좌우 합작을 추진하는 위화론자이고 총선을 지연시키고 있다고 격렬히 비난했다.

8 남한 단독정부의 수립

11월 5일 유엔정치위원회는 한국 전역에서 총선거를 실시할 것과 이를 감시하기 위해 유엔한국감시위원단을 9개국으로 구성하자는 안을 소련 대표가 퇴장한 가운데 가결하고 14일에는 총회에서 46 대 0으로 통과시켰다. 유엔한위는 1948년 1월 12일부터 서울에서 활동을 시작했다. 미군정이 협조적인 데 반해서, 소련 당국은 38선 이북에 들어오는 것을 허락하지 않았다. 한위는 이승만·김구·김규식·조만식·김성수·김두봉·박헌영·김일성을 협의 대상으로 선정했는데, 이승만·김구·김규식·김성수가 협의에 응했다. 이승만과 김성수는 남한 단독선거를 주장했고, 김구와 김규식은 미·소 양 외국군의 철수와 남북 요인 회담을 한 뒤 통일정부를 수립해야 한다고 주장했다. 김구의 이런 주장에 대하여 이승만의 영향 아래 있던 한협(한민당 주축의 한국독립정부수립 대책위원회), 여자국민당(임영신), 독촉국민회 등은 "소련 대표의 주장과 꼭 일치한 것으로서 …… 우리는 금후에는 김구 씨를 조선 민족의 지도자로는 보지 못할 것이고 크레믈린궁의 한 신자라고 규정하지 않을 수 없음을 유감으로 생각한다"고 비난했다. 김구는 2월 10일 「3천만 동포에 읍고함」이라는 비장한 성명 속에서 "미군정의 난익(卵翼)하에서 육성된 그들은(한민당을 말함) 이로써 선거를 독점하도록 배치하고"라고 선거 추진의 실질적 주동 세력인 한민당을 규탄하고 남한의 단선단정이 현실적이라고 주장하는 것은 매국매족의 일진회식 현실주의이므로 38선을 베고 쓰러질지언정 단독정부를 세우는 데는 협력할 수 없다고 단선 주장을 반박한다.

이로써 남한 단독정권 수립을 추진하는 이승만·한민당 세력과 이를 저지하려는 통일정권 수립 세력 사이는 돌이킬 수 없게 벌어진다. 한국 문제가 모스크바 3상회의와 그 결과로 나온 미·소공동위원회에 의해 다루어질 때만 해도 미·소가 이미 대립적 입장을 확실히 한 때이기는 했지만, 한국민의 노력 여하에 따라서는 미·소 간의 타결점이 전무한 것도 아닌 상태로 보였다. 그리고 3상회의 결정 자체도 한국민의 역할에 상당한 비중을 기대하고 있었다. 그러나 미국의 주도에 의해 문제가 유엔으로 넘어간 단계에서는 남한에서의 선거는 기정사실로 미국에 의해 추진되고 있었다. 이것은 악화되는 미·소 관계와 중국에서의 국공 내전 전면적 확대, 그리고 국민당 정권의 패색에 영향받은 바 컸을 것이다.

이러한 미국의 정책을 가장 열렬하고 확고하게 실현할 세력은 남한에서 한민당이었을 것이며, 이승만은 미국이 이러한 정책을 확고히 하기 전부터 또 미군정이나 하지와 사사건건 다투면서까지 한 걸음 앞서 주장해 온

바였다. 다만 이렇게 수립된 정권이 자기에게 오지 않을 수 있는 가능성을 조바심으로 불안해했을 뿐이다. 이러한 점에서 이승만은 김규식을 '군정의 후원을 받는 중간파'로 보고 공산분자가 다시 활동하게 하는 세력이라고 몰고 있는 것이다.

이승만은 모윤숙 등을 시켜 유엔한위를 설득시켜 이승만을 국민적 지도자로 부각하고 단독선거를 추진하는 쪽으로 한위의 보고서를 작성하도록 노력한다. 미국의 절대적 영향 아래 있던 당시 유엔은 2월 26일 소총회에서 유엔한위가 임무를 수행할 수 있는 지역, 곧 남한에서 총회 결의대로 선거를 실행하도록 하자는 미국안을 통과시킨다.

이승만은 승리감에 도취했고 3·1절에는 중앙정부수립결의안 통과 축하 국민 대회가 열렸다. 선거일은 5월 10일로 결정되고 이승만은 3월 30일 총선거추진위원회(최고위원 신익희, 李允榮, 明濟世, 이청천)를 조직하여 선거 참여 운동을 전개하고 군정도 선거 공보 활동을 전개한다.

단독선거를 거부한 김구·김규식은 이북의 김두봉·김일성에게 편지를 보내 "남이 일시적으로 분할해 놓은 조국을 우리가 우리의 관념이나 행동으로 영원히 분할할 필요야 있겠는가"[19] 하고 남북 지도자의 합석을 제의한다. 또 김구는 "유엔한위가 북한에 입경하겠다는 서한 한 통을 보낸 것 외에는 하등의 성의가 없었고, 북한에 인민공화국이 수립되었다는 미국인이 만든 요언(謠言)이 분열 공작에 효과를 내었으며, 중국 대표가 남한의 단선을 주장해서 한국을 재할하는 데 노력할 것은 몽상도 못했으며, 소련만에 의존하는 인민공화국을 건설하는 것이 조국을 분열하는 반역자라 규정하면서 자기 자신이 남한 단정을 수립하려 한다면 무엇이라고 하겠는가"[20] 하고 단선을 새로운 반역으로 규정하려 한다. 그리고 유엔소총회의 결의를 "첫째, 일국 신탁의 실시. 둘째, 38선의 합법화. 셋째, 동족상잔을 만드는 것"[21]이라고 공격한다.

4월 18일에는 남북 협상을 지지하는 저명문화인 108명이 서명한 성명이 있었고, 백범 등은 4월 19일 북행, 22일부터 남북 정당사회단체 연석회의에 참석한다. 남북 협상을 마친 김구 등은 이를 평해 "양군 철퇴 후 전국 정치회의를 소집하여 통일적 임시정부를 조직하는 전국 총선거를 거쳐서 헌법을 제정하고 정식 통일정부를 수립할 것을 약속함으로써 우리 민족 통일의 기초를 전정(奠定)하였다"[22]고 평가했지만, 이승만은 "대세에 몽매하다는 조소를 면키 어려울 것"이라고 일언지하에 넘겨 버렸다.

제주도를 제외한 남한 전역에서 실시된 선거에는 948명이 입후보했고 전체 등록유권자의 95퍼센트가 투표에 참가했다고 주장되는 가운데 198명의 국회의원이 선출되었다. 그러나 김규식 등의 통일 세력은 선거를 보이콧했다.

국회는 5월 31일 개원, 이승만을 의장에 선출하고, 7월 12일 헌법을 제정, 17일 공포한 뒤, 7월 20일 대통령에 이승만을 선출했다. 이승만은 처음 국회의원 선거에도 "나는 원래 출마할 의사를 갖고 있지 않았지만 국민들이 서면으로 구두로 권고하기에 거부하기가 미안스러워 비로소 승낙을 하고 입후보를 했다"고 밝히고 있다. 이승만은 동대문구에서 출마하여 무투표 당선되었다. 함께 입후보했다가 등록이 취소된 최능진(崔能鎭)은 나중에 정부 전복 혐의로 구속되었다가 6·25 때 출감, 정전(停戰) 운동을 하다 1951년 사형당했다.

대통령에 당선, 8월 초 조각을 완료하고 8월 15일 정부 수립을 선포하기까지 이승만은 몇 가지 정치적 술수를 행한다. 그 하나는 헌법 제정 과정에서 애초에 스스로 동의했던 내각 책임제 헌법을 완강한 고집으로 대통령 중심제로 바꾸는 것이다. 이승만의 주장으로는 국왕이 없는 처지에 구태여 내각 책임제를 할 필요가 없다는 것이며 또 미국식 제도에 낯익어 있기 때문이라고는 하지만, 당시 이승만을 도와 단독선거를 치르는 데 가장 큰 공을 세우고 실질적인 여당을 형성하고 준비 내각까지 짜고 있던 한민당이 정권에 참여하는 것을 막고자 함이었을 것이다. 이것은 또 국무총리 지명에서 예측을 뒤엎고 김성수 대신 이윤영을 지명한 것에서 명백히 보여지며, 이 대통령의 첫 조치가 국회의 동의를 얻지 못함으로써 이승만과 한민당의 새로운 투쟁이 시작된다.

2년 뒤 이승만은 국회의 대통령 선출권을 박탈하는 개헌을 강행하여 또한 차례 한민당을 꺾지만 계속 넓은 의미의 집권층 내부에서는 한민당 계열과 투쟁하게 되고, 미국 시절부터 다투어 왔던 안창호의 흥사단 계열의 도전을 받게 되며, 집권층 외부에서는 단독선거 반대 통일 세력의 도전을 받게 된다. 이승만은 백범 암살(1949. 6. 26)과 조봉암(曺奉岩) 제거로 통일 세력의 정권에 대한 도전을 피할 수 있게 되었고, 술수와 탄압으로 한민당계를 주축으로 한 야당의 공격을 계속 이겼지만, 결국 1960년 학생을 선봉으로 한 국민적 연합 세력과 미국의 지지가 끝남에 따라 실권하고 말았다. 어떻든 이렇게 하여 남한에서 유엔과 미국의 승인을 받은 정부가 수립되었다.

한편 북한에서는 8월 25일 최고인민회의 대의원 선거가 실시되었고 9월 3일 북한 헌법을 채택, 9월 9일 정부 수립을 선포하고 소련은 이 정부를 승인했다. 이로써 한반도에는 두 개의 실질적 정부가 수립되고 분단 체제가 고정화되고 통일을 위한 노력은 남북한에서 법적 규제 대상이 되고 만다.

이승만은 초대 국회에서 북한 동포를 위해 100석의 의석을 남겨 놓는 등 통일의 명분은 버리지 않았지만, 북한 정권과는 어떤 협상도 있을 수 없으며 대한민국은 무력으로라도 북한에 대한 주권을 회복할 권리가 있음을 선언했다. 이러한 노선은 끝까지 변경되지 않았다. 그리고 1950년 비극적인 6·25가 발발함으로 해서 분단 체제가 더욱 강화되었음은 물론이다.

한편 분단 체제의 유지·강화는 정치·군사적 및 경제적 외세 의존을 제기하지 않을 수 없다. 이것은 평생의 독립운동가를 자처한 그에게는 가장 받아들이기 어려운 역설일 것이다. 그는 이렇게 말한다.

> 여하튼 우리는 외적의 침략을 막기 위한 이곳 군대의 유지를 미국에 의뢰하거나 간청을 원하지는 않을 작정으로 있다. 미국인들은 첫째로 도의적인 의무감과, 둘째로는 자신의 안전보장을 위하는 견지에서 한국에 있어서 미국의 이해관계를 옹호할 결심을 지어야 한다.(1947. 7. 5)[23]

그는 미국의 군사적·정치적 도움을 받는 것은 간청할 일이 아니라 미국이 당연히 해야 할 일로 생각하고 있는 것이다. 이승만은 또 "미국의 원조를 받지 않고는 우리는 피폐하고 양단된 우리나라 경제 재건을 원할 수가 없는 것이다"(1949. 4)라고 말한다.[24] 이승만에게서 기이한 것 중 하나가 경제 정책이 없었다는 것이라고 평론가들은 지적하는데(李烈模)[25] 미국에서 원조를 얻는다는 것이 아마도 유일한 정책이었을 것이다.

결국 민족 내부의 분단 체제는 민족 외부로의 외세 의존으로 결과되지 않을 수 없다는 것은 논리적·현실적으로 너무나 당연한 귀결이며 이승만에 의해 극적으로 증언되기도 한다. 이와 같은 분단 체제의 확립·강화에도 불구하고 명분상 통일은 부정할 수 없는 것이며, 백범의 표현대로 분열이 강화될수록 통일 열망도 시간과 함께 성장할 것이었다. 다만 이승만은 협상 배제·무력 통일 이외에 일체의 통일 운동을 용납하지 않았다. 그러나 이러한 통일론은 1972년 7·4성명으로 공식적으로 부정되었다고 해야 할 것이다.

9 민족 운동사상의 위치

해방 과정이 새로운 외세에 의한 분단 점령 과정이었던 우리의 전후사에서 이승만의 집권 과정을 보면 '역사에 있어서 이성의 간지(奸知)'라는 말을 절감하게 된다. 이승만은 사사건건 미국과 부닥치면서까지 더욱 철저히 미국의 이익과 세계사적 양극 냉전 체제를 한반도에서 추구했다. 이승만은 미국 정책의 구체적 실천자인 하지를 '오산의 천재'라고 몰면서 스스로가 '거짓 선지자'가 되어 한반도에서 냉전 체제의 전개를 오히려 미국에 재촉한다(하지는 이승만을 간접적으로 지칭하여 "유수한 정치 지도자와 거짓 선지자들은 자기네의 개인적 세력과 이익을 얻기 위하여 대중을 그릇 인도하지 않나 하고 나는 생각합니다"라고 하면서「완전 독립한 민주주의 정부를 진실로 희망하는 참된 애국자로 사욕 없는 분에게만

드리는 말씀」이란 제목의 성명을 낸 바 있다). 또 한국전쟁의 정전을 그토록 이승만이 반대한 데 대하여 유엔사령관이었던 클라크는 "역사는 이승만 대통령이 한국전쟁을 끝까지 계속할 것을 주장한 것이 더한층 정당하였다는 것을 증명해 줄 것이다"라고 말했다. 세계사가 한 시대의 모순을 전개하기 위해서 이처럼 헌신적이고 유능한 대행자를 만나기는 쉽지 않을 것이다.

이제 우리는 이승만이 남한에서 집권함으로써 이러한 역사적 역할을 하게 한 요인은 무엇이었을까를 생각해 보지 않을 수 없다.

첫째, 미·소 양극의 냉전 체제는 한반도에서도 전개될 것을 요구했고, 이것은 바로 이승만이 미국과 싸우면서까지 주장한 바를 남한에서 실현하는 것이었다. 이승만은 한반도의 분단을 민족사적 입지에서 거부해야 할 부정적인 것으로서가 아니라 권력을 잡을 긍정적인 기회로 받아들였다. 따라서 이러한 이승만이 압도적인 힘을 가진 미국에 의하여 개인적인 문제점에도 불구하고 유력한 대행자로 등장된 것은 물론이었다.

둘째, 이승만은 실질적인 행정력과 경제력을 갖춘 한민당과 친일 세력을 자기 기반으로 만들기에 일단 성공했다.

셋째, 그의 경쟁자 중 38선 이북의 인물과 세력은 38선으로 제외되었으며, 남한의 박헌영 등 공산 세력은 북쪽으로 넘어가 스스로 물러났으며, 김구·김규식·김창숙 등은 선거에 참여하지 않음으로써 미국의 눈 밖에 나고 또 권력의 기회에서 비켜났다. 그리고 여운형·송진우 등은 암살당하여 제거되었다. 나중에 김구 역시 제거되어 권좌에 대한 불안을 덜었으며 조봉암도 사라진다.

넷째, 한민당, 친일파 그리고 일부 지도층에 있던 인사들의 열등감이 이승만을 치켜세우는 데 심리적 바탕이 되었을 것이다. 일제하의 범죄적 친일 행위는 열등의식으로 작용했을 것이며, 미국에서 학위를 받고 독립운동으로 해외에서 명성을 얻은 이승만은 이러한 열등의식을 보상해 줄 인물로 당연히 등장할 수 있다. 이러한 요인으로 집권한 이승만은 정치적 분단 체제를 성립시킨 데 그치지 않고 경제·사회·문화적 내용까지 반민주적·외세 의존적·전근대적인 것으로 만들어 갔다. 분단은 곧 정치·군사적일 뿐 아니라 경제·문화·사회적인 것이 되었다. 그리고 그 분단은 분단된 현상에 그치지 않고 정체되거나 올바르지 않은 방향으로 악화되었다.

역사는 발전한다고 해서 모든 집권자와 모든 사태가 긍정적으로 평가될 수는 없다. 민족사의 큰 흐름에 일치하는 방향이었는가, 역행하는 방향이었는가를 따져 보아야 한다. 민족 통일 사관에 선다면 분단은 분명히 부정적인 것이다. 그리고 일제하의 항일 운동이 민족 운동으로서 근대화라는 발전 단계를 부정할 때 그 의의가 반감했지만, 분단 체제 아래에서도 통일 운동은 분단 극복뿐 아니라 민족사의 진보라는 양면성이 있을 때 민족 운동으로 평가될 수 있다. 이승만은 항일 운동에서 민족 사회의 근대화 측면을 무시하여 민족 운동가로서 가치가 반감되었고, 분단 체제를 성립·강화하고 민족 사회의 진보와 역행했기에 민족 운동에서는 부정되어야 할 것이다.

그러므로 그의 '위대했던 시절의 편린' 운운하는 평가는 모두 민족사적 관점을 벗어난 것이다. 이승만 체제의 연장 아래에서 살고 있는 오늘, 이승만을 비판할 수 있는 모든 자료가 발굴·발표될 수 없는 것이 사실이다. 오늘 우리는 어떻든 분단 체제에 관계하고 있다. 이승만 체제는 4·19로서 극복된 것이 아니며 민족사의 진보라는 방향에서 통일이 이루어질 때 비로소 극복될 것이다.

김도현
서울대 정치학과 졸업. 영남일보 논설위원, 문화체육부 차관 역임. 현재 (사)민족정기회 사무총장이며 디지털사상계 대표. 주요 저서로 『미국을 움직인 책들』 『1950년대의 인식』 『한일협정의 재검토』 『백범어록』 등이 있다.

주

1) 올리버, 『이승만 박사전』.
2) 『독립신문』, 1897년 5월 25일자 논설.
3) 올리버, 앞의 책.
4) 『신아일보』, 1965년 7월 31일자, 孫元一 회고.
5) 올리버, 앞의 책.
6) 『매일신문』, 1945년 10월 26일자.
7) 呂運弘, 『몽양 여운형』.
8) 『동아일보』, 1946년 7월 7일자.
9) 『서울신문』, 1945년 12월 21일자.
10) 중앙선관위, 『대한민국정당사』.
11) 여운홍, 앞의 책.
12) 이정식, 『김규식의 생애』.
13) 『동아일보』, 1946년 4월 7일자.
14) 『동아일보』, 1946년 4월 9일자.
15) 『동아일보』, 1946년 1월 19일자.
16) 이정식, 앞의 책.
17) 올리버, 앞의 책.
18) 『동아일보』, 1947년 11월 6일자.
19) 백범사상연구소, 『백범어록』.
20) 같은 책, 3·10 안도산 선생 애도문.
21) 3·18 독촉전국대표자대회에 보낸 글월.
22) 『동아일보』, 1948년 5월 8일자.
23) 올리버, 앞의 책.
24) 같은 책.
25) 『신동아』, 1965년 9월호.

8·15를 전후한 여운형의 정치 활동

이동화

1 제1차 투옥

몽양 여운형은 1929년 5월 상해의 복단대학(復旦大學) 축구팀을 인솔하고 말레이시아, 자바, 수마트라, 필리핀 등지를 순회한 일이 있었다. 그때 몽양의 여행 목적은 단순히 축구팀의 인솔만을 위한 것이 아니며 이들 피압박 민족의 지도자들과 광범위하게 접촉함으로써 광동에서 개최될 피압박 민족 대회를 준비하기 위한 것이었다. 몽양은 가는 곳마다 아시아 여러 민족의 독립운동을 고취·격려했다. 예컨대 마닐라에서는 그를 위하여 베풀어진 환영회 석상에서 그는 "아시아의 피압박 민족들은 그들 자신의 해방을 위하여 서로 단결, 공동 투쟁을 전개함으로써 외래 제국주의 세력을 구축하고 민족 독립을 쟁취하지 않으면 안 된다"고 역설했다. 그다음 날 이에 관한 기사가 그곳의 여러 신문에 대서특필되자 일본 총영사는 마닐라 경찰 당국에 여운형의 체포를 요구했다. 그 이유는 그가 공산주의를 선전했다는 것이다. 이에 마닐라 당국은 몽양을 중국청년회관에 억류해놓고서 그의 여권까지 빼앗았다. 이때 중국영사관, 화상총회, 필리핀 법조계, 신문기자회 등이 연합하여 여운형은 국제공산당에 의해 파견된 것이 아니고 필리핀체육회와 화상총회의 초청으로 중국 학생축구팀을 인솔하고 온 것이라고 강경히 항의했다. 그러자 그곳 경찰서장은 일본인 측의 요구 때문에 그렇게 되었다고 용서를 빌면서 손해를 보상할 용의도 있다는 내용의 편지와 함께 여권을 돌려주었다.

남양 여행에서 돌아온 조금 뒤인 어느 날 몽양은 야구 구경을 하기 위해 상해 경마장으로 갔다. 한창 구경에 열중하고 있던 중 일본 경찰 한 명이 다가와서 갑자기 시비를 걸었다. 자연히 실랑이가 벌어졌고, 그러자 여기저기서 일경의 무리가 모여들었다. 10여 분가량 옥신각신하고 있을 때 영국조계 경찰관이 달려왔다. 일경들은 몽양을 강도라고 부르면서 체포할 것을 주장했다. 마침내 몽양은 영국 경찰에 끌려 신사로(新四路)경찰서로 갔다. 취조가 시작되었을 때 몽양은 "나는 혁명가다"라고 말했으며 영국 경찰은 처음에는 일본 경찰에 넘기지 않겠노라고 말했지만 이튿날 새벽에 일본영사관으로 넘기고 말았다.

이리하여 몽양 여운형은 상해로부터 일본 나가사키를 거쳐 서울로 호송되었다. 약 1년이란 짧지 않은 예심 기간이 경과한 후, 1930년 4월 10일 초심 공판이 경성지방법원에서 개시되었다. 초심과 복심에서 다 같이 3년 징역을 선고받은 몽양은 서대문형무소에서 대전으로 이감되었다. 몽양은 거기서 영어의 생활을 계속한 후 약간의 형기를 남겨 놓은 채 1932년 7월 27일 가출옥으로 출감했다.

여기서 필자가 가깝지도 않은 과거의 일인 몽양의 제1차 투옥에 관하여 이러한 서술을 시도한 이유는 그의 이 제1차 투옥이 다음에 말할 제2차 투옥과 함께 민족의 지도자로서 몽양의 활동 및 업적과 관련해서 중대한 의의를 갖기 때문이다.

2 몽양의 동경행

몽양이 사장으로 있던 『조선중앙일보』(朝鮮中央日報)는 1936년 7월 5일 강제 폐간을 당했는데, 이것은 제11회 베를린 올림픽대회에서 손기정선수가 마라톤에서 우승한 후 일어난 소위 일장기 말소 사건이 계기가 된 때문이었다.

신문사를 물러난 몽양은 서울에 머물며 내외 정세의 추이를 관망하면서 새로운 사업과 운동을 구상하고 있었다. 이 무렵에 총독부 당국은 친일파들과 야합하여 회유, 위협 등 갖가지 수단으로 몽양을 '대정익찬운동'(大政翼贊運動) 또는 '황민화 운동'의 제일선으로 끌어내리려 했지만 그는 완강히 이를 거부했다. 그러자 그들은 용산의 조선군 사령부로 하여금 몽양에게 강한 압력을 가하게끔 했다.

당시 조선군 참모였던 일본군 소좌 정훈(鄭勳)이 몽양을 찾아와 백방으로 설득을 시도했지만 실패로 끝나자 그들은 몽양을 조선군 참모부로 호출했다. 그 자리에는 기타(喜多), 쇼신(小愼) 두 소좌와 함께 정훈 소좌도 동석하고 있었다. 이 자리에서 그들은 온화한 태도로 "당신은 중국 사정에 밝고 또 왕정위(汪精衛)와 친분이 두터우니 대륙으로 가서 왕정위 정권을 도우면서 일·중 친선에 협력해 주기 바란다"고 했다. 이 말을 들은 몽양이 "나는 중국을 떠난 지도 이미 오래이며 지금은 모든 정세가 많이 변했기 때문에 내가 간다고 하더라도 별로 효과를 거두지 못할 것"이라고 간접적으로 거절하자 기타는 자기가 곧 중국으로 가게 되어 있다고 말하면서 몽양이 꼭 동행해 줄 것을 간청했다. 이에 몽양이 "이러한 중대 문제는 중앙정부와 상의하여 결정을 하여야 옳지, 여기서 간단히 경솔하게 결정할 수는 없지 않느냐"고 반대를 하자 기타는 "정말 그렇다"고 하면서 자기가 육군성 병무국장 다나카(田中隆吉) 소장에게 연락을 할 터이니 조속히 동경으로 가서 정부와 군부의 요인들을 만나 보도록 하라고 간곡히 권하는 것이었다.

이리하여 몽양은 동경을 방문하게 되었는데, 이것은 1919년 겨울에 상해에서 동경을 방문한 것에 이은 두 번째 방문이었다. 이때 몽양의 심중에는 별도의 목적이 숨어 있었던 것이다. 첫째는, 일본의 정치적 중추신경인 동경에 머무름으로써 국제 정세를 더욱 빠르고 정확하게 파악하기 위해서였고, 둘째는, 일본의 거물급 정객들과 접촉함으로써 그들로 하여금 조선과 조선인에 대한 인식을 새롭게 하기 위해서였고, 셋째는, 일본 정부의 각료급 및 기타 고위층과 접촉함으로써 경찰 당국의 이목을 현란하게 하여 어떤 중대 사건이 일어났을 때 그들이 제멋대로 사건 처리를 못하게 하기 위해서였으며, 넷째로는, 동경에 있는 유학생 중에 뜻있는 우수한 청년들을 규합·조직하여 앞날에 대비하기 위해서였다. 그 결과 몽양은 동경에 머무르는 동안 정치인, 학자, 언론계 및 종교계 지도자 등 많은 인사와 적지 않은 수의 우리 유학생들을 만날 수가 있었다.

몽양이 다나카 소장을 처음 만난 것은 1940년 3월이었다. 몽양을 맞은 다나카는, 몽양이 중경으로 가서 장개석 총통을 만나고 또 남경에 있는 왕정위도 만나서 일본의 '진의'를 해명함으로써 일·중 평화 실현에 힘써 줄 것을 간청했다. 그러면서 운동비로 2천만 원을 제공하겠다고 말하자 몽양은 웃으면서 "내가 만일 그 돈을 조선의 독립을 위해 사용한다면 어떻게 하겠느냐"고 말하고는 일본의 대중국 정책의 과오를 지적하는 동시에 이와 같은 그릇된 정책으로서는 중국과 화평을 실현할 수 없다고 단언함으로써 다나카의 제의와 요청을 거부했다. "그러면 선생은 동경에서 무엇을 하겠는가"라는 다나카의 물음에 몽양은 "나는 여기서 일본을 연구하려고 하는데 좋은 학자를 만나지 못하고 있다"고 대답했다. 다나카는 그 자리에서 오카와(大川周明)에게 전화를 걸고 편지를 써서 몽양을 소개했다. 이리하여 몽양은 저명한 학자이고 일본의 우익 정치 운동의 이론적 지도자이며 일본군 청년 장교들 사이에 신망이 높았던 오카와와 친교를 맺게 되었다.

3 오카와 슈메이와 교제

몽양이 다나카를 두 번째 만난 것은 1941년 8월로 독·소 개전(開戰)이 있은 직후였다. 당시 일본은 이미 일·소 중립조약을 체결하고 있었음에도 불구하고 일·소 전쟁이 곧 일어날 듯한 분위기였다. 8월 어느 날 몽양은 다나카의 만찬 초청을 받았는데 그때 오카와도 동석했다. 그 자리에서 다나카는 "연말 이전에 독일이 모스크바를 점령할 것이고 일본은 바이칼호까지 진출할 것이다. 그렇게 되면 우랄산 서쪽은 독일이 차지하고 그 동쪽은 모두 일본이 차지할 것이다. 선생은 애매한 태도를 버리고 일본과 협력하여야 한다. 조선에 돌아가시거든 대대적으로 선전하여 주시기 바란다"고 대기염을 토했다. 그러자 몽양이 "일본은 소련을 과소평가한다. 군사력은 독일 측이 우세하다고 하겠지만 전체적인 전쟁 능력에 있어서는 소련이 우세하다고 볼 수가 있다. 독일과 소련 간의 전쟁은 반드시 장기전으로 전개될 것이니 일본은 경솔하게 움직여서는 안 된다. 일본은 적어도 모스크바가 함락된 뒤에나 거사를 할 터이면 하는 것이 좋을 것이다"라고 말했다. 그러자 동석했던 오카와도 "여 선생의 말씀이 일리가 있으니 그대(다나카)는 참모 회의에 직언하여 충분히 이를 참고하게끔 하라"고 조언하기까지 했다.

이때 몽양은 만일에라도 일·소 전쟁이 발발한다면 항일적 색채가 있는 모든 국내 동지에게 큰 위험이 닥쳐올 것을 우려하면서 대소 개전이 일본에 이롭지 못하리라는 점을 역설했던 것이다. 그렇지 않아도 국내에서는 이미 그 전해인 1940년 12월 박헌영계 좌익 세력이 주동이 된 항일 지하 조직에 대한 검거가 개시되었고, 그다음 해 8월에는 이 지하 조직에 대한 대량 검거가 재개되어 경성제대 및 동경제대의 관계자를 비롯한 수백 명의 지식인이 피체되어 투옥되었다. 이 항일 지하 운동에는 몽양계 좌파의 일부 동지들이 직접 참가하고 있었다는 사실에 비추어 볼 때 그의 이와 같은 노파심과 배려는 충분한 근거가 있었던 것이다.

그 후 몽양은 오카와를 자주 만날 수가 있었으며 이들 두 사람은 서로 의견을 같이하는 점이 적지 않았고, 특히 중국 문제에 대해서는 대체로 의견이 일치할 정도였다. 원래 극우 진영에 속해 있던 오카와는 동경제대의 인도철학과 출신이면서도 법학 박사 학위를 갖고 있었으며, 일본 정계 및 학계에서 뚜렷한 존재로 되어 있었다. 그는 5·15 반란사건의 이론적 지도자였으며 육군대학 교수이기도 했다. 자기 의사를 표현할 수 있을 정도의 영어 실력을 갖고 있던 그는 통역 없이도 몽양과 대화를 할 수 있었다. 보수 정당정치와 관료정치의 부패상에 실망하고 분개한 그는 군사 쿠데타에 의한 '위로부터의 혁명'이나 정치 개혁을 꿈꾸고 있었으며, 일·중 전쟁을 반대하고 중·일 친선을 주장하고 있었다. 그는 일본의 대중국 정책이 졸렬하다는 점, 군국주의 일본의 동양에서의 난폭한 독선적 행동이 종국에는 실패하고 말리라는 점에 관해서 몽양과 의견을 같이하고 있었다. 오카와는 몽양의 인격과 식견에 감복하여 그를 진심으로 존경하게 되었다. 그와 동시에 그는 언제나 위험에 노출되어 있던 몽양의 신변에 대해서도 적지 않은 배려를 하게 되었음이 사실이다. 따라서 일제 말기에 몽양은 총독부 당국의 혹심한 압박을 피해 전후 수년간을 동경에서 보낼 수 있었던 것이다.

4 고노에 후미마로와 회견

몽양은 또한 귀족 출신의 유력한 정치가인 고노에(近衛文麿)를 만났다. 이 회견은 오카와의 주선에 따른 것이었다. 1940년 3월 15일 고노에로부터 동경회관에서 만나고 싶다는 연락이 왔을 때 몽양은 몸이 불편하다는 구실로 회견을 3일 후로 연기했다. 당시 고노에는 고위 정치가였으므로 사상, 정견 등은 물론 성격, 취미 등에 이르기까지 그에 대한 예비 지식을 가질 필요가 있다고 몽양은 느꼈기 때문이었다.

몽양은 고노에에 관한 서적을 구하여 탐독하는 한편 유학생들 중에서 그에 관한 지식을 가진 청년들을 불러 질문하는 등 상당한 준비를 갖춘 후 회견장인 동경회관으로 갔다. 서로 인사를 나눈 후 고노에는 "나는 중국과 전쟁을 할 의사가 없었다. 남경이 함락된 후 즉시 독일 대사를 통하여 원칙을 제시했지만 장개석은 이를 수락하지 않고 한구(漢口)로 갔다. 그러므로 뜻을 이룰 수가 없었다"고 말하는 것이었다.

이에 대하여 몽양은 다음과 같이 말했다.

그러한 모호한 원칙으로는 중국인을 설득할 수 없을 것이다. 중국인들은 당신의 이른바 3원칙 즉 첫째, 선린 외교는 이를 굴복 강요 외교로, 둘째, 공동 방위는 이를 중국 대륙에서의 일본군의 영구 주둔 계획으로, 셋째, 경제 제휴는 이를 일본에 의한 중국 시장 독점 의도로 해석할 것이다. 만일에 일본이 진정으로 중국을 원조할 것을 원하고 또 선린이 될 것을 원하면, 당신이 직접 장개석을 만나 흉금을 터놓고 이야기해 봄이 좋을 것이다. 그렇게 하면 혹은 저들이 일본의 입장을 이해할 수도 있을 것이다. 독일 대사를 통하여 장개석에게 메시지를 전달했다는 말씀이지만 일본과 중국 간의 갈등과 오해는 외국인을 통한 메시지의 전달 정도로는 풀리기가 어려울 것이 틀림없지 않은가?

고노에는 화제를 돌려 "왕정위는 훌륭한 사람"이라고 칭찬을 했다. 이를 받아 몽양이 "왕정위는 오래전부터 잘 아는 친구이고, 그는 개인적으로 훌륭한 사람이다. 그러나 이제 그는 중국 대중과 유리된 사람이 되어 버렸으니 난국을 수습할 만한 힘이 그에게 있을 리 만무하다"고 잘라 말하니, 고노에는 자기도 불안한 마음이 없지 않지만 다른 도리가 없다고 탄식하듯 말했다. 잠깐 동안 침묵이 흐른 뒤에 고노에는 말을 이어 "일·중 사변은 양국의 큰 불행이며 속히 화평이 이루어지기를 바란다. 선생이 나서서이 화평 공작에 힘써 주셨으면 좋겠다"고 했다. 이에 대하여 몽양은 "여운형이 가 보았댔자 아무런 효과도 거두지 못할 것이다. 당신 자신이 가면 효과가 있을 것이다. 당신이 간다고 하면 그것은 국가적으로도 개인적으로도 아무런 손실이 될 수 없을 뿐 아니라 도리어 대국으로서의 금도(襟度)를 보임으로써 큰 성과를 거둘 수도 있을 것이다"라고 역설했다. 그러자 고노에는 "내가 지금 총리가 아니며 책임자가 아니니 다음 기회에 다시 만나서 상의하자"고 말했으며, 이로써 두 지도자의 회견은 막을 내렸다.

몽양이 고노에와 회견한 사실을 전해 들은 전 조선총독 우가키(宇垣一成)는 몽양에게 사람을 보내어 면담을 요청했다. 몽양과 구면인 그는 몽양의 인격과 식견을 높이 평가하고 있었다. 몽양과 대좌한 우가키는 먼저 "고노에 공과 무엇을 이야기했느냐?"고 물었다. 몽양으로부터 고노에와 면담한 내용을 듣고 난 우가키는 천천히 입을 열었다.

"고노에 공이 대명을 받고서 나에게 외상 취임을 청했을 때 나는 나의 외교 방침을 이행할 것을 조건으로 하여 그것을 수락했다. 그러므로 나는 취임 즉시 중경에 있는 장개석에게 일·중 양국은 상호 간의 문제를 전쟁으로 해결할 것이 아니라 우리가 서로 만나서 평화적으로 해결하도록 하자는 내용의 편지를 보냈더니 그로부터 공상희(孔祥熙)를 대표로 보내겠다는 회답이 왔다. 이리하여 회담 장소는 상해와 나가사키 간의 해상 군함으로 정하고 회담 개최를 위한 모든 절차를 준비하고 있었다. 물론 이것은 고노에 수상과의 상의하에 진행된 일이었다. 그러나 이 일을 추진하는 도중 현지, 즉 화북에 주둔하고 있는 일본군의 맹렬한 반대로 말미암아 이 계획은 실현 불가능하게 되었다. 그러므로 나는 곧 사임하고 수상에게도 사임할 것을 권고했었는데 얼마 후 그도 수상직을 내놓았다. 전쟁의 승패는 누구도 예언할 수가 없다. 실로 일본 제국은 바야흐로 존망의 위기에 처해 있다. 이 중대한 난국을 수습하기 위하여 혹시 고노에 공이 또 한 번 나서게 될지도 모른다. 그때에는 선생이 민족적 감정을 초월하여 협력하여 주시기 바란다."

우가키는 감개 어린 어조로 이야기를 끝맺었다.

5 제2차 투옥

1943년 12월 21일 밤, 몽양은 고이소(小磯國昭) 총독과 회견을 마치고 나오다 총독 관저 앞에서 경성헌병대로 연행되어 갔다. 이것이 말하자면 몽양의 제2차 투옥이었다.

1943년경에 몽양은 장기간 동경에 체류하고 있었다. 그 이면에는 서울에서의 시달림을 피하기 위해서라고 하는 소극적인 이유뿐 아니라, 그곳의 우리 유학생들을 지도·조직화하는 한편 국제 정세의 추이를 신속 정확히 파악함으로써 앞으로 올 그날을 능동적으로 대비하려는 적극적인 목적도 있었다.

그런데 당시 조선총독 고이소는 조선의 민심 수습을 위한 도움을 얻고자 몽양에게 전보를 보내 서울로 돌아오게 했다. 몽양의 귀국을 알리는 자택으로 보낸 전보를 헌병대에서 가로챘다. 헌병대원이 하관까지 출장하여 그곳에서 몽양을 발견하고 서울까지 따라왔으며, 그날 밤에 그를 검거하게 되었던 것이다.

이 사건이 일어난 경위는 대략 이러하다. 그해 여름에 몽양이 서울 자택에 머물러 있을 때 마침 오랜 친구인 이재형(李載馨), 오건영(吳建泳) 두 목사와 만나 이야기를 나누던 중 1942년 4월 18일 최초로 미국 공군이 동경을 폭격하던 광경과 머지않아 일제가 패망할 것이라는 말을 주고받았다. 이 말을 오건영이 자기 아들에게 전하고 그의 아들이 이를 다시 자기 친구에게 이야기함으로써 널리 유포되었으며, 마침내는 일본 헌병대에서도 알게 되었다. 헌병대는 두 목사와 이 말을 전하고 들은 여러 청년을 모조리 검거하여 우선 이들을 송청해 놓고는 몽양이 서울로 돌아오기를 기다리고 있었던 것이다.

4월 21일과 22일에 걸쳐 몽양의 계씨인 근농(槿儂) 여운홍(呂運弘)과 그의 장남으로 당시 규슈제대(九州帝大) 학생이었던 성구(聲九)를 비롯하여 여씨 문중의 여러 사람이 검거·투옥되었는데, 이들은 모두 2, 3주 후에 석방되었지만 몽양은 송청 기소되어 공판을 받게 되었다. 이리하여 몽양은 1943년 6월에 '유언비어'라는 죄명으로 1년형에 3년 집행유예를 선고받고 출옥했다. 강건한 신체의 소유자인 몽양의 건강도 이 무렵부터 상당히 악화되고 있었다.

그 당시 고이소 총독이 몽양을 서울로 부른 중요 이유는 조선의 민심을 수습하기 위해서는 청년들, 특히 지식 청년들과 학생층의 신망과 지지를 받고 있던 몽양을 내세워 청년 운동을 전개하는 것이 좋으리라고 생각하고 그의 이러한 구상을 실천에 옮겨 보려는 데 있었던 것이다. 몽양이 출옥한 후에도 고이소는 그를 여러 차례 만났는데, 그 목적이 몽양으로 하여금 청년 운동을 책임지게 하고 또 이를 적극 추진하게 하려는 데 있었음은 물론이다.

전쟁의 형편과 전반적인 국제 정세가 점점 더 일제에 불리하게 기울어짐에 따라 한국인, 특히 애국지사들에 대한 감시와 압력은 더욱 심해져 갔다. 이러한 상황에서 고이소의 강경한 요구를 정면으로 거부한다는 것이 다소 무모하다고 생각한 몽양은 이 곤경에서 벗어나기 위한 계략으로서 "내가 추천하는 청년 20여 명으로 운동을 시작하되 그들에게 자유를 주고 경찰의 간섭이 없도록 하여 준다면 나 자신도 협조를 하여 볼 생각이다"라고 말했다. 이 말에 귀가 솔깃한 고이소는 계획서를 제출하도록 요구했으며, 몽양은 고경흠(高景欽)을 비롯한 몇몇 청년으로 하여금 계획서를 작성·제출하게 했다. 그러나 이 서류는 법무국과 경찰국에서 맹렬한 반대에 부닥쳤는데, 특히 정무총감 다나카 다케오(田中武雄)는 "여운형에게 청년 운동을 맡기려는 것은 무모할 뿐 아니라 대단히 위험한 일이다"라고 극력 반대했다. 결국 고이소의 청년 단결성 계획은 일본인 관료들뿐 아니라 일본 거류민단의 반대에 부닥쳐 철회되지 않을 수 없었다. 이리하여 몽양에게도 처치 곤란한 두통거리가 될 뻔했던 청년 운동 추진 문제는 저절로 해소가 된 셈이었다.

6 조선건국동맹의 결성

몽양은 동경에 머무는 동안 와세다대학의 여경구(呂駉九)와 장봉휘(張鳳輝)를 비롯하여 동경농대의 이정구(李貞求), 메이지대학의 김사헌(金思憲), 호세이(法政)대학의 강효석(姜孝錫), 중앙대학의 이창덕(李昌德)과 그밖에 노동층에서 이인규(李仁奎), 여국현(呂國鉉) 등을 자주 만나 직접 지도 교육했으며 또 그들이 각각 동지를 얻어 그 수가 수백 명에 이르렀다. 몽양은 그들과 때때로 등산이나 임수(臨水)를 해 가며 지식과 의견을 교환하고 국제 정세도 토의하면서 동지애와 단결심을 키우고 있었다.

그러던 중 몽양의 제2차 투옥으로 이들과 연락이 끊어졌고, 그 사이에 어떤 이는 귀국하고 어떤 이는 사망도 하고 해서 몽양의 계획은 일단 좌절된 셈이었는데, 그는 출옥 후 다시 이들을 규합하기 시작했다. 몽양은 향리에서 은거하면서 앞날에 대비하기 위한 본격적인 활동을 전개했다. 박승환(朴承煥)을 만주군관학교로 보내어 그곳을 중심으로 만주에 있는 군사나 청년을 규합하게 했고, 이영선(李永善)을 북경으로 파견하여 주로 연안과 연락을 취하면서 수시로 귀국하여 그곳의 정황을 보고하게 했고, 이상백(李相伯)을 와세다대학 파견 연구원으로 북경에 보내어 중국을 순회하면서 대륙 정세를 보고하게 했다. 또 최근우(崔謹愚)로 하여금 만주 협화회(協和會)에 상임하게 하여 그곳 사정을 살피게 하고 필요할 때는 자유로이 본국을 출입하며 연락을 취하게 했다. 국내에서는 조동우(趙東祐), 이임수(李林洙) 등이 연락 책임을 지고 동지 규합을 위해 노력했다.

이리하여 1944년 8월에는 이들 동지를 총규합함으로써 비밀 결사를 조직했는데, 이 항일 지하 조직체가 조선건국동맹이었다. 8월 10일, 몽양이 주동이 되어 조동우, 현우현(玄又玄), 황운(黃雲), 이석구(李錫玖), 김진우(金鎭宇) 등 노장 독립운동가들이 제2차 세계대전의 종전을 예견하면서 서울 시내 경운동 삼광의원에 모여 일제의 패망과 이에 따를 조국 광복에 대비할 목적으로 조선건국동맹을 조직한 것이다.

이날 위원장에 추대된 몽양은 "우리는 이미 늙은 사람들이니 명예나 지위 같은 것은 생각하지 말고 스스로 거름이 됩시다. 이렇게 해서 모든 책임과 영예를 청년들에게 돌리는 것이 우리의 임무일 것입니다"라고 인사말을 했다. 이들은 일체의 조직 활동을 비밀히 하고 불언(不言), 불문(不文), 불명(不名)의 삼대 철칙을 엄수할 것을 결정했다. 이와 동시에 희생이 불가피할 경우에는 우선 자기만을 희생함으로써 연루로 말미암은 피해를 방지할 것과 민족적 양심분자만을 규합하기로 하되 공장, 학교, 회사 등에 세포조직을 만들 것 등을 결정했다.

그 후 이걸영(李傑榮), 최병철(崔秉喆), 이여성(李如星), 김세용(金世

鎔), 이상백, 김문갑(金文甲), 이만규(李萬珪), 이수목(李秀穆), 정재철(鄭載轍), 허규(許珪), 박승환 등이 위원장의 추천으로 대거 추가 가맹하고 전국적으로 동맹체를 확대 강화한 결과 다음 해 여름경에는 약 1만 명의 맹원을 헤아리게 되었다.

매주 토요일에는 정기 중앙위원회가 열렸다. 그해 10월에는 내무·외무·재무 3부의 부서 담당과 3개조 강령이 결정 채택되었다. 전국적인 세포조직을 위하여 도별로 책임위원이 선정되었다. 그리고 중간 간부로부터 지방 간부에 이르기까지 각자의 책임 부서와 명단을 극비로 하고 최고 책임자인 몽양만이 전체 활동 상황을 파악할 수 있게 했다.

또한 몽양은 은거하고 있던 농촌 지역을 중심으로 농민과 노동자를 포섭하여 1944년 10월 8일 경기도 용문산에서 농민동맹을 조직하고, 이로 하여금 건국동맹을 위한 보조 활동을 하게 했다. 그 중심인물은 중앙에 여운형, 양주에 김용기(金容基), 양평에 이장호(李章浩)·최용근(崔龍根)·문선룡(文宣龍)·권중훈(權重勳)·신재익(申在翼)·최용순(崔龍淳), 여주에 신홍진(辛弘鎭), 고양에 박성복(朴性復), 홍천에 주한점(朱翰漸) 등 13인이었다. 그리고 그 활동 범위는 노동자·농민의 권익 투쟁은 물론이고, 조국 해방을 위한 여러 가지 형태의 투쟁, 즉 식량 공출 및 기타 군수 물자의 운반 방해, 청장년의 징용·징병 기피의 선동 및 방조, 그리고 징용·징병의 근거 서류인 호적부 등을 멸실하기 위한 재판소 및 기타 지방 관공서의 방화 및 파괴 계획 등등에 걸친 광범위한 것이다.

그러나 농민동맹은 조직된 지가 일천했기 때문에 실제 활동 지역은 대체로 양평, 여주, 이천, 광주, 홍천, 양양 등지에 국한되어 있었다.

7 해외 연락 활동과 항일 무력전의 준비

태평양작전에서 후퇴를 거듭하는 등 일본의 패색이 점차 짙어지자 몽양과 건국동맹의 최고 간부들은 항일 군사 행동을 준비할 시기가 온 것으로 판단했다. 몽양은 만주군관학교에 파견되어 있던 박승환을 양주 봉안(奉安)으로 불러 군대 편성과 유격대 조직에 관한 계획을 토의했다. 이러한 계획은 시기, 지리적 조건, 인적 및 물적 조건 등등을 종합적으로 고찰하여 세워야 할 것이지만 건국동맹의 간부들은 이 점을 염두에 두면서 우선 만주에 유격대를 조직하여 백두산을 넘어 국내로 진입시킬 계획을 세운 것이다. 그와 동시에 당시 연안에 있던 조선의용군 사령관 무정(武亭 또는 武丁)으로 하여금 만주의 전 유격대를 총지휘하게 함이 좋으리라는 점에 대체적인 의견 일치를 보았다.

이러한 결정이 있은 후 몽양은 이영선을 북지(北支) 방면 연락 책임자로, 신국(申國)을 상해 방면 책임자로 정하는 한편, 이상백을 북경에 파견하여 연안과 북경 방면의 연락을 맡게 했다. 그해 12월에는 중국 요현(遼縣)으로부터 무정의 연락원이 북경에 도착하여 이영선 및 이상백과 수차 회견하면서 연안과 요현 방면의 정세를 보고했다. 이 연락원은 이 두 사람에게서 들은 국내 정세에 대한 정보를 다시 연안에 전달했다. 이리하여 국내의 건국동맹과 연안의 독립연맹은 항일 공동 투쟁을 수행하게 되었다.

1945년 5월 말 몽양은 조동우, 김세용과 협의한 후 연안의 독립동맹 군대인 조선의용군과 협동 작전을 전개하기 위해 박승환에게 메시지를 휴대시켜 건국동맹 대표로서 연안에 파견했다. 그리고 5월경 몽양은 중경임시정부에 국내 정세를 전달하고 그쪽과 항일 협동 전선을 형성하기 위해 최근우를 파견했는데 그는 북경까지 갔지만 중경으로 넘어가는 데 실패했다. 6월에는 연안독립동맹으로부터 8월 29일 연안에서 개최 예정인 국치(國恥)기념대회에서의 국내외 정세 보고에 필요한 자료와 전람회 출품에 관한 청탁서가 건국동맹으로 왔다. 몽양은 김세용, 김기용(金騏鎔), 이여성 등에게 정세 보고서, 출품 도안·통계 숫자집 등을 작성시켜 이를 박승환의 부인 김순자(金順子)에게 맡겼다. 김순자는 위험을 무릅쓰고 이를 북경의 이영선에게 전달했고 그는 이를 다시 연안으로 보냈던 것이다.

전쟁이 막바지에 접어들고 시국이 긴박해짐에 따라 건국동맹원들과 농민동맹원들은 몽양의 영도하에 일제의 전력을 약화시키고 그들의 패망을 촉진하기 위한 활동을 여러 분야에 걸쳐 한층 적극화하고 있었다.

1945년 3월에 접어들면서 베를린이 포위되고 일본의 오키나와가 함락의 위기에 처했을 무렵, 민족 해방을 위한 군사 조직의 필요성과 후방 교란을 위한 노농군(勞農軍) 편성 문제가 간부들 사이에서 논의된 끝에 조동우, 이석구, 이걸영은 비동맹원인 최원택(崔元澤), 정재달(鄭載達), 이승엽(李承燁) 등과 군사위원회를 조직했다. 그리고 최용달(崔容達), 이강국(李康國), 박문규(朴文圭) 등도 몽양의 권고에 따라 건맹 활동에 협력하게 되었다. 이처럼 건맹 활동에 협력한 인사들 중에는 정식 맹원이 아닌 사람도 많았으며 좌익 출신들도 적지 않게 있었다.

8 중·일 화평 공작과 몽양의 중국행 문제

1940년 3월 몽양이 동경에 갔을 무렵, 육군성 병무국장인 다나카와 유력한 정치가인 고노에가 다 같이 몽양에게 "일·중 화평을 위해서 힘써 달라"고 요청한 일이 있었다는 것은 이미 언급한 바와 같다. 그런데 1945년경에 접어든 후 정무총감 엔도도 몽양에게 일본을 위하여 중국으로 가서 활동해 줄 것을 부탁했다. 그는 전 총독 고이소로부터 "여운형이 중국에 가서 활동을 하면 큰 효과를 거둘 수 있으리라"는 말을 들은 바 있었기 때문이다.

이와 관련해서 어떤 이는 엔도와 몽양이 팔당에서 함께 "배를 타고 놀았다"(浮舟遊於八堂)는 중상 기사를 여러 번 썼다. 그러나 이것은 사실과 다르다. 엔도가 봉안으로 몽양을 방문한 일이 한 번 있기는 했지만, 그것은 몽양에게 중국행을 권하기 위한 것이었다. 그때 엔도는 몽양에게 중국으로 가서 중·일 화평을 위해 우선 중경정부와 교섭하되, 그것이 여의치 않을 경우에는 연안으로 가서 팔로군 당국과 접촉하여 일본과 팔로군 간의 국지적 화평이라도 실현해 달라고 부탁했다.

엔도의 의견에 따르면 팔로군과 일본군 사이의 정전(停戰)과 화평이 이루어지기만 한다면 소련은 일·소 중립조약을 충실히 지키면서 일본에 대하여 호의적 태도를 취하게 될 것이고, 그때에는 일본의 국제적 입장은 훨씬 더 유리해질 수 있으리라는 것이었다. 이에 대하여 몽양은 "대일 전쟁을 수행함에 있어서는 국·공은 계속 합작할 것이고 일본이 양자의 분리를 꾀할지라도 성공할 가능성은 희박할 것이며, 만일 일본이 국·공의 분열을 획책하다 실패할 경우에는 도리어 전체 중국 인민의 분노를 격발하는 결과가 되기 쉽기 때문에 일본은 중국 전체를 상대로 하는 입장에서 중·일 화평을 모색하든가 그렇지 않으면 소련을 중국으로부터 완전히 분리시키기 위한 노력을 계속하는 것이 좋을 성싶다"고 말했다.

몽양은 이어서 말하기를 "고이소 총독 당시 경험한 바도 있고 해서 나는 일본 중앙정부와 현지 군사령부와 그리고 조선총독부 사이에 의견 일치를 본 연후에 이 일을 추진하는 것이 좋지 않을까 하는 생각이 든다. 만일 이들 삼자 간의 의견이 합치되고 내가 자유롭게 행동할 수가 있다고 하면 여러 전문가와 함께 현지를 시찰한 후에 다시 상의하고 싶다"고 했다. 그러자 엔도는 일본 정부와 북지 파견군의 양해와 동의를 얻었노라고 하면서, 북지 파견군 사령관으로부터 연락이 있는 즉시로 출발할 것을 몽양에게 권고했다.

그러나 당시 몽양은 쉽게 이 땅을 떠날 수 없는 처지에 놓여 있었다. 왜냐하면 그 무렵에 지하 운동을 하고 있던 동지들이 잇달아 검거되기 시작하여 그대로 간다면 건국동맹이 조만간 붕괴의 위기에 부닥치게 될 염려도 없지 않았기 때문이었다. 그 반면 이 기회를 이용하여 몽양과 그를 수행하는 동지들이 북경을 거쳐 연안으로 가고, 거기서 미군의 일본 상륙에 호응할 국내의 항일 민중 봉기를 예견하면서 연안의 조선의용군과 만주에 산재한 독립군을 연합하여 과감한 항일 무력전을 전개하고, 그럼으로써 우리의 민족 독립을 실력으로 전취한다는 것도 생각할 수 있는 일이었고 또 당연히 시도할 만한 일이었음이 틀림없다.

몽양은 이 문제를 놓고 숙고를 거듭하는 한편 측근 동지들과 의견 교환을 하기로 했다. 그 결과 동지들은 토의를 거듭한 뒤에 몽양의 중국행, 좀 더 정확히는 연안행을 찬성하는 데 의견 일치를 보았다. 그 당시 몽양 측근의 동지들은 첫째로, 그가 국내에 머물러 있는다면 포악한 일제의 최후 발악으로 말미암아 어떠한 변을 당하게 될지도 모른다는 점을 우려했던 것이며, 둘째로, 만일에 몽양이 중국에서 탈출하게 된다면 연안과 만주에서 조직되고 훈련될 우리의 군대를 가지고서 반파시즘 연합국의 지원 아래 항일 무력전을 성공적으로 수행할 가능성이 없지 않다고 느꼈으며, 셋째로, 국제적인 반일 연합 세력과 긴밀한 제휴를 함으로써 우리의 민족 해방이 촉진될 수 있으며 몽양의 자유로운 국외 활동은 이와 같은 제휴 협력을 가일층 강화하는 데 이바지할 수 있으리라고 믿었던 것이다.

　이리해서 몽양은 국내에 머물면서 건국동맹 운동을 계속할 것이냐 아니면 국외로 탈출하는 것을 택할 것이냐의 문제를 놓고 동지들의 의견을 들어 보면서 여러 날 심사숙고했다. 결국 그는 후자를 택하기로 결정한 후 엔도의 권고를 따라 북지군 사령관으로부터 연락이 오기를 기다렸다.

　몽양의 중국행을 재촉하기 위하여 당시 북지군 사령관인 다카하시(高橋)가 서울에 올 예정이었고 그 선발대로 마나베(眞鍋)가 이미 와 있었다. 그러나 뜻밖에도 8월 6일 히로시마에, 뒤이어 나가사키에 원자탄이 투하됨으로써 일제는 8월 15일 무조건 항복을 하지 않을 수 없게 되고 제2차 세계대전도 막을 내리게 되었다. 몽양의 중국행 계획은 일본이 적어도 1년 이상 전쟁을 더 계속할 수 있으리라는 생각에 의한 것이었는데, 원자탄의 가공할 위력으로 말미암아 일제의 항복이 의외로 빨라진 것이었다. 그러나 일제의 항복과 8·15해방을 눈앞에 두고 건국동맹은 수난과 재건의 진통을 겪지 않을 수 없었다.

　건국동맹은 비밀회의 장소를 부단히 옮기고 있었다. 유사시에는 다수 동지가 집결하게 될 것을 예상하고 조동우, 현우현 등은 식량 반입으로 분망했다. 그리고 몽양은 급변하는 정세에 대응하기 위해 건국동맹 전국대표자대회를 긴급 소집할 준비를 서두르고 있을 무렵, 친일파 거두 박춘금(朴春琴) 등이 친일 궐기대회를 개최하고 있던 부민관에 폭탄이 던져진 사건, 함남에서 공산주의자들의 비밀 결사 관계로 정재달 등 여러 명이 체포된 사건 등이 계기가 되어 전국 형사대가 서울로 집결했다. 이들이 시내 각처에서 수색 작업을 벌이던 중인 8월 4일 새벽에 관철동 밀회장에서 이걸영, 황운, 이석구, 조동우 등이 체포되었다. 간부들은 일부 피신했지만, 수사망은 전국적으로 뻗쳐 지방 간부를 비롯한 많은 맹원이 체포 투옥됨으로써 동맹은 그 기능이 마비되어 중대 위기에 직면하게 되었다.

몽양은 체포를 면했지만 일경의 엄중한 감시를 피할 길이 없었다. 그러나 이러한 감시 아래에서도 그는 동맹 재건 사업에 착수하여 중앙 간부진에 최종우, 김세용, 이여성, 이상백, 김기용, 이만규 등을 선출했다. 연맹의 조직은 종적으로도 횡적으로도 유대가 없이 개별적으로만 과업을 지시받았기 때문에 재건 간부들은 초기 창업 간부들의 사업과 활동을 거의 모르고 있었다. 몽양은 이여성과 김세용에게 국호와 국기의 창안을 지시하고 이만규에게는 독립선언문의 기초를 위촉했지만 과업을 맡은 간부들끼리도 누구에게 무엇이 맡겨졌는지 모르고 지내는 일이 없지 않았다.

1945년 7월 초순의 어느 날 저녁에 필자는 계동의 몽양 댁에 들렀는데, 그때 몽양은 북지 주둔 일본군 사령관 다카하시로부터 연락이 있는 대로 연안으로 떠날 준비가 되어 있다고 한 후 "이 동지! 국제 정세를 이론적으로 분석하고 앞날을 전망하는 그런 글을 하나 써 봐 주시오"라고 말하는 것이었다. 필자는 "네, 알았습니다. 수일 중에 하나 써 보겠습니다" 하고 대답했다. 3일 후에 필자는 「현하 국제 정세에 대한 분석과 전망」이라는 제목으로 쓴 70매 정도의 초고를 몽양에게 전했는데, 그 내용의 일부를 더듬어 보면 다음과 같다.

① 제2차 세계대전에 대한 성격 규정. 이 전쟁이 자본주의 열강 간의 전쟁으로서 개시되었다는 점에 착안한다면 그것은 일종의 제국주의 전쟁으로서 규정될 수도 없지 않겠지만 미·영·프 등 자본주의 진영과 독·이·일 등 국제 파시즘 진영 간의 전쟁이라는 의미에서는 처음부터 반파시즘적·민주주의적 성격을 띠는 것이었으며, 특히 소련이 이 전쟁에 끌려들어 미국과 함께 주동적 역할을 수행하게 됨으로써 진보적·해방 전쟁적 성격은

한층 뚜렷해지지 않을 수 없었다.

② 소비에트 공산주의와 나치즘 내지 파시즘은 독재 체제라는 점에서 많은 공통성을 갖는다고 할 수 있지만, 사상적 본질과 역사적 역할과 사회적 기반이라는 점에서는 큰 차이점을 갖고 있으며 전자는 자유화·민주화의 방향으로 성격 변화를 할 수 있으며 또 하고 있지만 후자의 경우는 그 성격상 이러한 변질이 전연 불가능하다.

③ 제2차 세계대전에서의 국제 민주 진영의 승리는 이미 결정적이라고 할 수 있는데, 이 대전의 종막을 고하게 되면 그의 진보적·해방 전쟁적 성격으로 말미암아 우리 한민족을 비롯한 많은 피압박 민족은 식민주의적 억압에서 해방되어 자주적·민주적 발전의 길을 걷게 될 것이며 인류 사회 전체에 걸쳐 근로 민중의 복지 증진을 위한 진보적인 사회 개혁이 점차로 또 광범히 실시되게 될 것이다.

④ 반파시즘 전쟁인 제2차 세계대전에서 미·영·프 등 서방 민주국가들과 긴밀한 협력을 했던 귀중한 경험과 이 대전이 끝난 후 전체 인류 사회를 팽배히 휩쓸게 될 거센 민주적 조류의 덕택으로 소비에트 공산주의의 민주화 과정은 점차로 촉진될 것이고, 서방 자본주의 국가들은 이 대전에서의 쓰라린 경험과 공산주의 소련으로부터의 자극과 충격의 덕택으로 자기 수정적인 사회 개혁을 광범히 실시하지 않을 수 없게 될 것이며, 이리하여 동서 양대 진영은 민주적인 역사적·사회적 대변혁의 방향에서 점차로 상호 접근을 하게 될 것이다.

⑤ 미·영을 중심으로 하는 서방 자본주의 진영과 소련 사이의 제휴 협력 관계는 전쟁 중은 물론이고 종전 후에도 장기간 유지될 것이다.

공동의 강적에 대항하기 위해 동맹 협력 관계에 들어갔던 국가들이 그들의 공동 노력에 의해 공동의 적이 타도되었을 때 어제의 동맹 관계를 깨고 다시 대립적·적대적 관계로 이행한다는 것은 인류 역사상에서 부단히 산견(散見)되어 온 사실이다. 그러므로 공동의 적인 파시스트 동맹 3국 즉 독·이·일이 타도되었을 때, 미·영과 소련의 관계가 다시 대립적 형태를 취하게 된다는 것은 충분히 가능한 일이라고 할 수 있다. 그럼에도 불구하고 우리는 미·영과 소련 사이의 협력 관계는 종전 이후에도 계속 유지되리라고 생각하는데 그 이유는 다음과 같다.

첫째, 처참한 장기전을 공동으로 수행하고 나서 전쟁이 끝나자마자 동맹국들이 다시 적대 관계로 옮아간다는 것은 인간 정의에 어긋나는 일일 뿐 아니라 여러 분야에 걸친 협력 관계의 계속적인 유지야말로 쌍방에 다 같이 정신적·물질적 이익을 가져다줄 터이기 때문이다.

둘째, 위에서 지적한 바와 같이 서방의 자본주의 국가들과 소련은 불가피한 자기 수정적 노력에 의하여——민주적·역사적·사회적 대변혁의 방향에서——상호 접근을 하지 않을 수 없기 때문이다.

셋째, 이 대전에서 가장 큰 인적·물적 손실을 입은 소련은 전후의 복구 사업을 신속하고 성공적으로 추진하기 위해 미국으로부터 대대적인 경제적·기술적 원조가 필요 불가결할 것이며, 따라서 무엇보다도 미국과 협력 관계를 유지할 필요가 있기 때문이다.

⑥ 위에서 말한 바와 같이 미·영 등 서방 국가들과 소련 사이의 협력 관계는 긴밀한 것이며, 파시즘 동맹 3국의 완전 패배는 이미 결정적이기 때문에 중경이나 연안에 대한 일본의 평화 노력이나 소련을 서방 진영에서 분리하려는 일본의 외교적 시도는 다 같이 성공할 가능성이 전연 없다고 하지 않으면 안 된다.

국제 정세에 관한 이 졸고를 읽고 나서 몽양은 "대체적으로 나는 동감이오. 상당히 낙관적이고 희망적이신데……. 그러나 전후가 문제이지. 대전이 끝난 뒤의 미·소 관계가 역시 문제일 것 같지" 하고 소감을 말했다. 이에 대해 필자는 "그리 염려하실 것 없습니다. 미·소 관계도 괜찮을 것입니다"라고 응답할 수밖에 없었다.

이와 같은 전망은 대체적으로 당시 몽양과 그의 측근 동지들이 공통적으로 갖고 있었던 견해라고 할 수가 있다. 그리고 미·소 간의 협력 관계, 동서 양대 진영 간의 협조 관계가 종전 이후에도 그대로 유지될 수 있으리라고 보았던 우리들의 희망적 관점이 8·15 당시 몽양계 정치 세력의 동향과 형태를 결정하는 면에서 상당히 큰 작용을 했으리라는 것은 쉽게 짐작할 수 있는 일이다. 이 점과 관련하여 필자 자신은 실로 송구스러운 마음을 금할 길 없지마는, 요컨대 당시 우리들은 스탈린과 스탈린주의, 스탈린적 정책을 올바로 파악하지 못했으며 소비에트 공산주의, 즉 국제 공산주의의 성격 변화와 민주화 문제에 대하여 너무도 성급한 판단을 내리고 있었음이 또한 사실이다.

9 해방 전날 정무총감 엔도와 회담

8월 15일 아침, 시내 각처에는 "금일 정오 중대 방송, 1억 국민 필청(必聽)"이라는 벽보들이 나붙었는데, 평소에 정치적 관심을 갖고 있던 지식층은 그것이 '일본의 항복'을 알리는 방송이 아닐까 하는 추측을 할 수 있었다. 정오에 일본 천황 히로히토는 떨리는 목소리로 역사적인 라디오 방송을 했다. 뒤이은 방송 해설과 신문사의 벽보에 의해 일제가 무조건 항복을 했다는 것이 뚜렷이 밝혀졌다. 히로히토의 방송이 끝나자 민족 해방의 복받치는 감격으로 서울의 온 거리는 완전히 흥분과 환호의 도가니로 변해 버렸다. 심훈(沈薰)이 "그날이 오며는 삼각산이 일어나 더덩실 춤이라도 추고 한강물이 뒤집혀 용솟음칠 그날이"라고 읊었던 바로 그날이 온 것이다.

해방 전날인 14일 초저녁에는 용산 조선군 참모부 소속의 어떤 한국인 장교가 몽양 댁을 찾아와서 다음 날인 15일 정오에 있을 일본 천황의 방송은 일본의 무조건 항복을 알리게 될 것이라고 말해 주었다. 이로부터 몇 시간 후에는 조선총독부 정무총감인 엔도가 몽양에게 사람을 보내어 15일 아침 8시에 자기 관저로 와 주도록 요청했다.

몽양은 14일 밤늦게 찾아온 계씨 여운홍과 옆집에 살던 홍증식(洪增植)에게 "우리가 일생을 두고 원하고 투쟁하던 조국 해방은 왔다. 내일 할 일을 의논하자"고 하고는 신문 경험이 있는 홍증식에게는 매일신보사를 접수하고 수백만 장의 호외를 찍어 모든 국민에게 해방의 기쁨을 알릴 것을,

그리고 계씨인 근농에게는 방송국을 접수하여 우리말은 물론이고 영어로도 방송을 하여 '전 세계 인민에게 조선의 독립을 알릴 것'을 지시했다.

15일 아침 몽양이 엔도를 찾아가자 그는 몽양에게 "일본은 패배했소. 금명일 중에 이것이 공식으로 발표될 것이오. 당신은 치안을 맡아 주시오. 이제부터는 우리의 생명이 당신에게 달려 있소"라고 말했다. 이에 대해 몽양은 아래와 같은 다섯 가지 조건을 제시했다.

첫째, 전 조선의 정치범·경제범을 즉시 석방하라.
둘째, 조선의 수도인 경성의 3개월(8, 9, 10월)분 식량을 확보하라.
셋째, 치안 유지와 건설 사업에 아무런 간섭도 하지 말라.
넷째, 조선의 추진력인 학생들의 훈련과 청년의 조직화에 간섭을 하지 말라.
다섯째, 조선 내 각 사업장에 있는 일본 노무자들을 우리의 건설 사업에 협력시키라.

물론 엔도는 이러한 조건들을 주저 없이 수락했다. 이리하여 몽양은 과도적 기간의 질서 유지와 국가 권력의 순조로운 이양을 위한 중대 책임을 지게 되었던 것이다.

그런데 한민당계의 일부 인사는 8·15 당시 고하(古下) 송진우가 '시국을 담당해 달라는 총독부 당국의 요청을 거절'하고 뒤이어 낭산(浪山) 김준연(金俊淵) 또한 동일한 요청을 물리친 뒤에 몽양 여운형은 일본인들의 이와 같은 요청을 '기다렸다는 듯이 즉석에서 응낙'했다고 되풀이해서 주장한 바가 있다.

김준연은 그의 저서 『독립노선』(獨立路線)에서 쓰기를, 8월 13일 총독부 보안과장 이소자키(磯崎), 사무관 하라다(原田), 조선군 참모 가미자키(神崎) 등이 본정(本町)의 모 일본인 사택에서 송진우와 회담을 하게 되었는데 그 자리에서 이소자키 등은 "형세가 급박 중대하다"는 것을 말하면서 고하의 협조를 요청했지만 고하는 "응종(應從)하지 않고 반취(伴醉)하고 일본의 필승을 말하고 그 자리를 피하여 버렸다"고 한다. 다음 날 아침에 경기도지사 이쿠다(生由) 등은 다시 고하에게 '적극적으로 권'하여 보았지만 고하는 '여전히 거절하고 응하지 아니했다'고 한다. 그리고 고하와의 회견 결과가 여의치 않자 이쿠다 지사는 바로 그날 김준연과도 면담했는데, 이에 대하여 김준연은 말하기를 "그들이 무조건 항복에 관한 의사를 표시하지 않은 이상 물론 그 눈치를 보일 수도 없는 것이고 그들이 듣기 좋게 위안될 만한 말을 하여 주고" 헤어지게 되었다. 헤어질 때 이쿠다가 송진우를 만났는가를 묻고 "그러면 송진우 씨와의 의견이 동일하냐?"고 하기에 "그렇다"고 대답했다고 한다.

 이상과 같은 김준연의 설명을 냉철하게 음미해 본다면, 일본인들과 고하 또는 낭산과의 면담이 과연 낭산의 주장과 같이 '치안 담당'이나 '시국 담당'을 위촉할 목적을 갖는 것이었을까 하는 의문을 갖지 않을 수 없을 것이다. 건국준비위원회에 대한 온건하고 공정한 하나의 '재조명'을 시도한 논문 「8·15 직후의 정치 현상」(『창작과비평』, 1977년 겨울호)에서 김대상(金大商) 씨는 역시 이러한 의문을 다음과 같이 제기하고 있다. "김준연과의 이 면담이 치안 담당에 대한 위촉 교섭이었는지 시국에 대한 의견 청취였는지 다소 의문을 남긴다. 김준연의 말대로 위촉 교섭이었다면 일본이 곧 항복한다는 표명을 전제하지 않으면 안 되는데 이쿠다 지사는 이에 언급하지 않았기 때문이다."

 만일에 낭산이 주장하는 바와 같이 총독부 당국이 '치안 담당'이나 '시국 담당'을 고하 송진우에게 위촉하려는 생각이 강했다면 그와 같은 중대한 정치적 임무를 총독부 과장급이나 도지사급에 맡기지 않고 적어도 한 번쯤은 총독 또는 정무총감 자신이 고하를 만나——그의 '응종' 여하를 막론하고——직접 담판을 해 보려고 했을 것이 당연하지 않은가.

 실제로 당시 정무총감 엔도는 총독부가 치안 담당을 위촉하기 위해 송진우와 교섭했다는 설이나 주장을 완전히 부인하고 있다. 즉 엔도는 『국제타임스』와 회견(1957. 8. 13)에서 "우리는 무정부 상태를 우려하여 여 씨에게 치안 대책을 위촉했을 뿐 정권 이양 교섭은 하지 않았다. 송 씨에게는 전쟁이 끝나기 전 여러 번 협력을 요청했지만 거부당했기 때문에 그와는 다시 교섭하지 않았다"고 말하고 있다.

이 문제와 관련하여 해방 당시 조선총독부 조사과장이었으며 해방 후에는 심계원장(審計院長)을 지낸 바 있는 최하영(崔夏永)이 신뢰할 만한 증언을 하고 있다. 최하영은 『월간중앙』 1968년 8월호에 실린 「정무총감 한인과장을 호출하다」에서 다음과 같은 요지의 말을 하고 있다. 8월 11일 정무총감 엔도가 최하영을 불러 "전쟁의 귀추를 어떻게 생각하느냐?"고 물었다. 예기하지 않던 질문을 받은 그는 그 당시 모든 사람이 '호신용'으로 쓰고 있던 말대로 "필승의 신념만 견지하여 나간다면 어떻게든 타개가 될 것입니다" 하고 대답했다. 그러자 엔도는 "그런 형식적 얘기를 들으려고 자네를 부른 것이 아니고 인간으로서 자네의 진심을 한번 들어 보려고 부른 걸세. 심중에 있는 그대로 얘기해 보게"라고 말하는 것이었다. 그래서 그는 잠시 후 입을 열어 "1월 14일 회의──이 회의에서 비로소 조선군 사령부 참모장 이하라(井原) 중장은 태평양전쟁의 불리한 상황과 아울러 일본의 패전 임박을 보고했었다──에서 대본영의 방침을 같이 들은 바와 같이 금년 중이나 내년 봄에는 종전되는 것이 아니겠습니까? 지금 내가 맡은 행정을 통해 볼지라도 전쟁은 오래 지탱할 수 없을 것 같습니다. 총감께서는 여기에 대하여 대처하는 방법을 구상하시는 것이 좋겠습니다"라고 말했다. 엔도는 "그러면 근본 방침을 어떻게 하는 것이 좋으냐"고 다시 물었다. 이때 최하영은 전쟁이 끝난 직후에는 일본인과 조선인 사이에 충돌이 일어나고 유혈 사태까지 벌어질 염려가 있으니 이것을 피해야 할 것이라고 말하고 "카이로회담의 내용과 같이 전쟁이 종결되면 조선은 해방이 된다고 합니다. 해방이 무슨 뜻인지는 잘 모르지만 전쟁이 끝나면 일본인과 조선인은 헤어지는 것이 아닙니까? 그렇다면 조선인과 일본인 사이의 불필요한 유혈 사태는 방지해야 합니다. 해방이 되면 일본인은 조선인에게 잘 건국해 나가라고 하고 조선인은 일본인에게 잘 건너가라고 인사하는 장면을 만들어야 되지 않겠습니까? 이런 장면을 만들기 위해 총독부의 방침을 180도 전환해야 합니다. 여태까지의 일본인 위주의 조선 통치 방침을 내일부터라도 조선인 위주로 바꾸고 일본인은 여기에서 오는 어느 정도의 불리를 감수해야 합니다. 이것을 최고 방침으로 한다면 다른 문제들은 자연히 풀릴 것이 아니겠습니까"라고 대답했다. 엔도는 그의 말을 다 듣고 나서 약간 흥분한 듯한 어조로 "본관은 오늘 이 자리에서 비로소 인간으로서 진심으로 우러나오는 말을 들었다. 나도 그런 생각을 갖고 있네. 어제부터 민족 지도자 세 사람을 개별적으로 만나 의견을 들었는데 최후까지 초토 전술을 써서라도 일본인과 생사를 같이하겠다는 말을 하더군. 그 말은 도저히 진심에서 나온 것으로는 들리지 않았지. 일본이 전쟁에 지는 것은 뻔한 일인데 어떻게 조선에서 초토 작전을 펼 수 있겠는가"라고 말했다. 이로써 약 한 시간에 걸친 두 사람의 면담은 끝났는데, 때마침 시계는 오전 11시 반을 가리키고 있었다고 한다.

같은 날 정오가 되자 이시히로(西廣) 경무국장으로부터 최 과장에게 긴요한 얘기가 있으니 점심을 같이하자고 하는 연락이 왔다. 그는 경무국장을 비롯하여 경무국의 과장 네 사람과 자리를 같이하게 되었다. 점심을 들면서 경무국장은 "오늘 정무총감께서 최 과장과 중대한 얘기를 하셨다구요. 방금 총감으로부터 명령을 받았는데, 그 구체적인 방법에 대해서 최 과장과 의논을 하라는 거요"라고 말을 꺼내고는 "통치권을 조선인에게 어느 정도 이양한다고 할 때 과연 누구에게 이양하는 것이 좋을까? 최 과장이 그 중간 역할을 맡아 주셨으면 좋겠소"라고 말했다. 이와 같이 '중간 역할'을 부탁받는다는 것은 그로서는 뜻밖의 일이었다. 그래서 "정무총감께서 묻기에 심중에 있는 것을 그대로 정직하게 말씀드렸을 뿐이지 구체적으로 통치권을 누구에게 인계한다든가 나 자신이 중간 역할을 맡는다든가 하는 문제는 생각해 본 일이 없습니다. 중간 역할을 맡을 수 있는 적당한 사람이 한 사람 생각납니다마는 그이가 지금 국내에 있는지 의문입니다" 하고 대답했다. 그 사람이 누구냐고 국장이 다시 묻자 그는 "박석윤(朴錫胤) 씨 같은 사람이 적당한 인물 중의 한 사람이 아닌가 생각합니다"라고 대답했다. 그러자 국장은 "그 사람 그저께 상해 추방이 해제되어 돌아와 있소"라고 말하는 것이었다.

박석윤은 동경제대 법학부 출신으로 최하영보다 10년쯤 선배였다. 그는 일정하에서 주폴란드 만주국 총영사 등을 역임한 바 있는 소위 친일파 거두 중 한 사람이었지만 일제 말기에는 독립운동과도 관련을 가졌다고 하며, 당시에는 자기의 과거에 대한 일종의 속죄 의식을 가지고 조국과 겨레에 도움이 되기 위한 '견마지로'(犬馬之勞)를 아끼지 않았음이 사실이다. 박석윤이 서울에 돌아와 있다는 말을 듣자마자 최하영은 "그러면 박석윤 씨를 추천하니 그를 통해서 교섭을 해 보십시오. 저로서는 더 할 얘기가 없습니다"라고 말함으로써 국장과의 면담을 끝냈다. 이리하여 그는 자신에게 지워졌던 일종의 독특한 책무, 즉 '중간 역할'을 올바로 수행할 수도 있었던 것이다.

최하영은 박석윤과는 잘 아는 사이였으며 일제 말기에 접어들면서부터는 그가 몽양과 접촉하고 있었던 사실도 파악하고 있었을 것이다. 그러므로 최하영에 의한 박석윤의 추천은 말하자면 간접적인 방법에 의한 몽양의 추천으로도 해석될 수 있을 것이다. 이리하여 최하영이 말하듯이 "그 후 박석윤은 몽양을 설득하여 건준이 조선의 치안권을 이양받게끔 했던 것이다."

최하영의 수기를 너무 장황하게 살펴본 듯한 느낌이 없지 않다. 그러나 그의 거짓 없는 이 수기는 '치안 담당'이나 '정권 이양' 문제를 중심으로 하는 8·15 당시의 '정치 현상'을 올바로 이해·평가하는 데 많은 도움이 될 수도 있을 것이다.

10 조선건국준비위원회의 결성과 확충

8월 15일 아침 엔도 정무총감과 면담을 마치고 돌아온 몽양은 본격적인 활동을 개시했다. 그날 저녁에 그는 안재홍(安在鴻)을 비롯한 건국동맹원들을 중심으로 조선건국준비위원회를 조직했다. 17일에는 제1차 부서 결정을 완료하는 동시에 '치안의 확보, 건국 사업을 위한 민족 총역량의 일

원화, 교통·통신·금융 및 식량 대책의 강구' 등이 건준의 설립 목적이라는 의미의 담화를 발표함으로써 국민 대중에게 건준의 성격과 임무를 이해시키려고 했다. 그리고 건준에서 자연 발생적으로 조직된 치안유지회들을 건준 지부로 개편 체계화한 결과 그해 8월 말까지 전국을 통하여 145개소의 건준 지부가 설치됨에 이르렀다. 이것은 물론 건준에 대한 국민 대중의 지지와 기대가 컸음을 증명하는 사실이다. 몽양은 건맹과 건준의 유기적 연계를 한층 긴밀히 하고 아울러 건준을 확충 강화하기 위해 건맹의 일부 간부들을 건준으로 보내기로 하고 8월 22일 건준의 중앙 기구를 12부 1국으로 개편했다. 이어서 국민 대중에게 건준의 목적과 성격, 그 진로를 명시하기 위해 25일에는 선언과 강령을 발표했다. 확충된 중앙집행위원회의 부서는 다음과 같다.

위 원 장: 여운형
부위원장: 안재홍
총 무 부: 최근우
조 직 부: 정백(鄭栢), 윤형식(尹亨植)
선 전 부: 권태석(權泰錫), 홍기문(洪起文)
재 정 부: 이규갑(李奎甲), 정순용(鄭珣容)
식 량 부: 김교영(金敎英), 이광(李珖)
문 화 부: 이여성, 함상훈(咸尙勳)
치 안 부: 최용달, 유석현(劉錫鉉), 장권, 정의식(鄭宜植)
교 통 부: 이승복(李昇馥), 권태휘(權泰彙)
건 설 부: 이강국, 양재하(梁在廈)
기 획 부: 김준연, 박문규
후 생 부: 이용설(李容卨), 이의식(李義植)
조 사 부: 최익한(崔益翰), 김약수(金若水)
서 기 국: 고경흠, 이동화(李東華), 이상도(李相燾), 최성환(崔星煥), 정화준(鄭和濬)

그리고 건준 선언문의 주요 내용은 다음과 같다.

우리의 당면 과제는 완전 독립과 진정한 민주주의의 확립을 위하여 노력하는 데 있다. …… 국내의 진보적 민주주의 세력은 통일 전선의 결성을 갈망하고 있으니 이러한 사회적 요구에 의하여 우리의 건국준비위원회는 결성된 것이다. …… 그동안 해외에서 조선 해방 운동에 헌신하여 온 혁명 투사들과 특히 그 지도적 집결체에 대하여는 적당한 방법에 의하여 전심적(全心的)으로 이를 맞이하여야 할 것은 물론이다. 그리하여 조선 전 민족의 총의를 대표하여 그의 이익을 보호할 만한 완전한 새 정권이 수립되어야 하며 이러한 새 정권이 수립되기까지의 일시적 과도기에 있어서 본회는 조선의 치안을 자주적으로 유지하며 한 걸음 더 나아가서 조선의 완전한 독립국가 조직을 실현하기 위하여 새 정권을 수립하는 한 개의 산파적 사명을 다하려는 의도에서 다음과 같은 강령을 내세운다.
1. 우리는 완전한 독립국가의 건설을 기함.
2. 우리는 전 민족의 정치적·사회적 기본 욕구를 실현할 수 있는 민주 정권의 수립을 기함.
3. 우리는 일시적 과도기에 있어서 국내 질서를 자주적으로 유지하며 대중 생활의 확보를 기함.

이 선언의 내용에 비추어 본다면 건준은 새로운 완전한 정부의 수립을 위해 산파적 역할을 담당하는 과도적 조직체이며, 따라서 건준은 "과거에 일본 제국주의와 결탁하여 민족적 죄악을 범했던 반민족적 반동 세력"만을 제외하고는 각계각층의 정치적·사회적 지도자들은 모두 망라하지 않으면 안 될 터였다. 몽양은 일찍부터 사회적으로 지도적 위치에 있는 저명한 인사들과 자주 접촉하면서 의사소통과 동지적 결속을 꾀했는데, 특히 조만식, 안재홍, 허헌 등은 유사시에는 언제나 제휴·합작이 가능하리라고 생각하고 있었다. 특히 안재홍과는 수시로 긴밀한 접촉이 있었다. 한편 조만식도 몽양과는 계속 연락이 있었으며 해방을 맞이하자 몽양은 곧 사람을 보내 그의 상경을 재촉했다. 조만식은 평양의 일이 중대하여 떠날 수가 없지만 모든 일에 협력을 아끼지 않겠다는 회신을 보내왔던 것이다. 건강이 좋지 않았던 허헌도 나중에 건준 부위원장으로 추대되어 몽양과 함께 일할 수 있었다.

이처럼 유력한 지도급 인사들이 대부분 몽양과 견해를 같이하고 또 협력을 다짐하고 있었지만 고하 송진우만은 협력을 완강히 거부했다. 해방 당일인 8월 15일 오후에 이여성이 그를 만나 몽양과의 협력을 권유한 바 있었으며, 그 후 몽양 자신이 그를 원서동 자택으로 찾아가서 함께 일할 것을 요청한 일도 있었다. 그때 몽양은 "내가 착수하는 일에 잘못이 있다고 그대가 생각한다면 서로 의논해서 고치도록 하겠고 또 우리들 사이에 다소의 견해차가 있다 하더라도 건국이라는 국가적 대사를 위해서 허심탄회하게 합심 협력하자"고 간곡히 말했다. 이에 대하여 그는 "경거망동하지 말아야 하며 중경임시정부를 지지해야 한다"고 주장함으로써 끝내 몽양의 협력 요청을 거부했던 것이다. 그러나 그 후에도 몽양은 "대동단결을 위해서 나의 성의를 다해 보겠다"고 하면서 고하와의 합작을 위한 노력을 계속했지만 결국은 아무런 성과도 거둘 수가 없었던 것이다.

그러면 고하가 몽양의 합작 요청을 끝끝내 거부한 이유는 무엇이었을까. 그 이유로서는 여러 가지를 들 수가 있겠지만은 여기서는 간추려서 서너 가지만 들어 보려고 한다.

첫째로, 본래 자부심과 자신이 강한 고하는 자기 자신이 운동의 주도권을 잡아야 한다고 생각했을 터이지만 몽양이 준비해 놓은 또는 조직해 놓은 단체에 뒤늦게 참가함으로써는 자신이 주도적 지위를 차지할 수 없으리라고 느껴졌기 때문이었을 것이다.

둘째로, 건준에는 이미 많은 좌익계 사람들이 자리 잡고 있었기 때문에 그가 여기에 참가할 경우 그 내부에서 강대한 발언권을 행사하고 이 조직체를 자신이 희망하는 방향으로 이끌어 간다는 것은 사실상 불가능하리라고 생각되었기 때문이었을 것이다.

셋째로, 자신은 초연한 입장에 서 있다가 국내에 이렇다 할 세력 기반을 갖고 있지 못한 중경임시정부와 해외 정치 세력이 귀국함을 기다려 이들과 합작을 시도하면서 새 정부의 수립 과정에서 자신이 주도적 역할을 담당할 수도 있으리라고 판단되었기 때문이었을 것이다.

그 당시 몽양은 광범한 국민 대중의 지지를 받았으며, 특히 청년과 학생층의 지지와 애호를 받고 있었다. 그러나 그가 좌우익의 중간에 끼어 여러 가지로 고통을 당했음도 또한 사실이다. 당시 우익 진영 인사들의 완고하고 고루한 생각은 좌익계 투사들의 과격한 소아병적인 사상과는 너무도 동떨어져 있었으며, 따라서 이들 양자가 화합할 가능성은 거의 전무했다고 할 수 있다. 심지어는 좌우 양쪽 인사들은 개인적으로도 상종하기를 꺼렸으며 이들 상호 간의 불신과 의구와 혐오는 그렇듯 강했기 때문에 양쪽의 원만한 제휴·합작이란 사실상 불가능했던 것이다.

11 건국치안대의 조직과 8·16 연설

해방의 기쁨으로 말미암아 흥분된 사회 분위기는 필연적으로 치안의 문란을 초래했으며 따라서 치안 회복과 유지는 긴급한 과제가 되지 않을 수 없었다. 몽양은 당시 YMCA 체육부 간사이고 유도 사범으로서 많은 동지와 부하를 가지고 있던 장권으로 하여금 치안대를 조직하게 했다. 장권은 16일 오후 체육계 인사들을 휘문중학교 강당에 모이게 하여 건국치안대를 조직했다. 그는 청년 학생 2천여 명을 동원, 서울의 치안 확보를 위하여 노력하게 하는 한편 지역별 및 직장별 치안대를 조직하여 각각 그곳의 치안을 유지케 하고, 또 중요 자재 및 기관들과 특수 수원지 등을 보호하게 했으며, 전기 회사 및 철도국과 연락하여 교통 원활화를 위해서도 노력했다.

건국 치안대의 기구와 부서는 다음과 같다.

    대장: 장권

사무국장: 정상윤(丁相允) 총무부장: 송병무(宋秉武)
경제부장: 한국영(韓國永) 경리부장: 석진경(石鎭慶)
정보부장: 김규엽(金圭燁) 동원부장: 이경석(李景錫)
학도동원본부장: 이규현(李圭鉉) 직업동원본부장: 정학룡(鄭學龍)
지역동원본부장: 조영하(趙瑛河) 운수부장: 이용운(李龍雲)
건설대장: 김영병(金永秉) 공작대장: 김구영(金龜永)
구호대장: 김성진(金晟鎭) 소방대장: 방영두(方泳斗)
감찰대장: 안태경(安台慶) 선전대장: 박용칠(朴容七)
전령대장: 이원영(李元永)

이와 같이 갑자기 조직된 치안대는 불비한 점도 많았지만 심한 중상과 모략 때문에 여러 가지 난관과 애로에 부닥쳤다.

그리고 미군의 진주가 연기를 거듭하는 동안 일본인들은 생명이 보호됨을 고마워하기는커녕 도리어 많은 물자를 소각하고 파괴하고 밀매하여 경제적 교란을 꾀함으로써 우리의 건국 사업에 해를 끼쳤을 뿐 아니라 무기를 친일파들에게 분배하여 치안 유지를 방해하기까지 했다. 그러나 치안대는 이러한 난관에도 불구하고 치안 유지에 최선을 다함으로써 맡은 바 책임을 수행해 나갔다. 그러던 중 그해 9월 2일에는 건국준비위원회에 편입되었으며, 장권은 그 책임자로서 계속 활동했다.

8월 16일 오전 9시, 몽양은 이강국·최용달과 함께 사상보호관찰소장 나가사키(長崎祐三)와 경성지검의 백윤화(白允和) 검사를 데리고 서대문형무소로 가서 사상범 및 경제범의 석방에 입회했다. 몽양은 형무소 대강당에 집합한 석방자들에게 그동안의 노고를 위로하고 조선 민족이 해방되었다는 사실을 알리는 동시에 민족의 장래를 위해 경거망동을 삼가줄 것을 당부했다. 그 길로 몽양 일행은 마포형무소에서의 정치범 석방에도 입회를 했다.

바로 이날 독립문에서 형무소에 이르는 큰길에는 혁명 동지들을 환영하는 플래카드를 든 군중들의 물결이 넘쳐흐르고 있었다. 서대문 거리에서는 트럭, 승용차, 전차 등에 빽빽하게 탄 시민들과 거리를 메운 시민들이 급조한 태극기를 흔들면서 "해방 만세! 독립 만세!"를 외쳤다. 이리하여 정치범들을 선두로 하는 감격의 대행진이 종로로, 동대문으로 굽이쳐 흘렀다.

한편 여러 지방형무소에는 정치범들을 15일에 석방하라는 석방 지휘서가 이미 발송되었으며 이에 따라 석방이 이루어졌음은 물론이다. 8월 16일 아침부터 건준 본부가 있는 계동을 향하여 학생·시민들이 몰려오기 시작했다. 만 명에 가까운 이들 군중은 휘문중학교 운동장에 모여 몽양의 얼굴이라도 보겠다고 아우성을 쳤다. 그렇듯 바쁜 사이에도 오후 1시경 몽양은 박수를 받으면서 군중들 앞에 나타나 웅변을 토했다.

몽양은 엔도 정무총감과 회견한 전말을 설명한 후 "이제 우리 민족은 새 역사의 제1보를 내딛게 되었다. 우리는 지난날의 아프고 쓰라린 것들을 이 자리에서 잊어버리고 이제부터 이 땅에다 합리적이고 이상적인 낙원을 건설하여야 한다. …… 백두산 밑에서 자라난 우리 민족의 위대한 힘을 인류의 새 역사와 새 문화 건설에 바치자"고 외쳤다. 그리고 그는 "백기를 들고 물러가는 일본인들에게 아량을 보이자"고 설득하는 것을 잊지 않았다.

한편 이날 오후 3시 건준 부위원장인 민세 안재홍은 「해내(海內) 해외의 삼천만 동포에게 고함」이라는 제목의 방송 연설을 했다. 이 연설은 경위대(警衛隊)와 정규병의 편성, 식량의 확보, 통화 및 물가의 안정, 정치범의 석방 등 여러 문제와 친일파 문제를 다루고 있었다. 그것은 오후 3시, 6시, 9시 등 3회에 걸쳐 방송되었는데, 이를 청취한 일반 국민은 흡사 조선 독립이 이루어져 새 정부의 정책 발표를 듣는 듯한 인상을 받을 수도 있었던 것이다.

12 건준의 내분과 해체

건국준비위원회는 몽양의 건국동맹을 중심으로 하는 사회주의 세력, 안재홍을 중심으로 하는 민족주의 세력, 이영(李英)·최익한·정백 등을 중심으로 하는 장안파 공산주의 세력, 그리고 박헌영·이강국·최영달 등을 중심으로 하는 재건파 공산주의 세력 등이 몽양을 중심으로 집결되었던 하나의 연합 전선적인 정치 단체였다.

앞에서 언급한 바와 같이, 건준 발족에 즈음하여 몽양은 우익 진영의 유력한 지도자인 고하 송진우와 합작을 꾀한 바 있었지만 거부당했다. 그 결과 자연히 건준 내부에서 좌익 계열의 비중은 커졌으며 건준 자체가 우익 인사들의 눈에는 '좌경적으로 독주'하는 것같이 보였다. 그러자 김병로(金炳魯), 백관수(白寬洙), 이인(李仁), 박명환(朴明煥) 등 우익 민족 진영의 인사들은 건준의 '좌경 독주'를 그대로 둘 것이 아니라 건준에 대거 합세하여 이를 개조하여야 하고 거족적 입장에서 건국 대책을 강구하지 않으면 안 된다고 주장했다.

이리하여 김병로, 백관수, 유억겸 등이 안재홍 건준 부위원장(그 당시 몽양은 테러를 당하여 치료 중이었기 때문에 부위원장이 위원장 직무를 대행하고 있었음)을 비롯한 건준 간부진과 수삼차 회합 상의한 끝에 '건국 유지자(有志者) 대회'를 소집하여 건준을 '전 국민의 총의에 의한 조직체'로 확대 발전시킬 것을 합의하고 일단은 대회에 참가할 각계 인사의 명단과 대회 소집 일자까지 결정했다. 그러나 이 계획은 건준 내부 좌익 계열의 맹렬한 반대와 방해로 말미암아 결국 실패로 끝나지 않을 수 없었다.

우익 계열 인사들로부터 우유부단하다는 비판과 비난을 받아 왔던 민세 안재홍의 입장은 건준 개조 계획이 이와 같이 파탄됨으로써 한층 난처하게 되지 않을 수 없었다. 그뿐 아니라 민세의 불만을 좀더 크게 만들 만한 또 하나의 사실이 있었다. 그 당시 유억겸과 강낙원(姜樂遠)이 별도로 치안을 위한 보안대를 조직하고 건준 치안대와 합류할 것을 요구해 오자 민세는 이를 승낙했는데, 이들이 들어올 경우 장권의 지휘 아래에 있는 치안대와 불가피하게 충돌하게 될 것을 염려한 몽양은 이를 거절하지 않을 수 없었다는 사실이 곧 그것이다. 그러자 민세는 건준 부위원장직을 사퇴하고 독자적으로 국민당을 창립하는 동시에 건준과는 완전히 손을 끊게 되었다.

이 무렵에 건준 내부에서는 또 하나의 혼란이 일어났다. 건준의 주요 간부들인 고경흠, 정백, 윤형식 등이 위원장인 몽양의 승낙이나 다른 간부들과의 상의도 없이 8월 20일 휘문중학교 강당에 모여 건국준비위원회 경성지부란 것을 조직하고 위원 15명까지 선출했다는 사실이 그것이다. 이것은 위원장으로서도 용인할 수 없는 일이었지만, 간부 전체가 이를 맹렬히 반대했기 때문에 한동안 혼란이 계속되었다.

이리하여 건준 내부의 혼란과 내분이 여실히 드러나고, 내외의 좌우익으로부터 호된 비판과 비난을 받게 되자 몽양은 8월 31일 밤에 긴급 집행위원회를 소집하고 사의를 표명했다. 이에 따라 안재홍 부위원장과 각 부 간부들도 내분의 책임을 지고 총사퇴했다. 며칠 후인 9월 4일, 확대위원회에서 정·부위원장의 유임이 결정되고 허헌이 또 한 명의 부위원장으로 추가 선출되었다. 그러나 안재홍은 다시 사퇴를 단행하여 건준을 떠나고 말았던 것이다. 그리고 이날의 결의에 따라 중앙집행위원회가 개편되었는데, 집행위원 가운데 10여 명이 물러나고 10여 명이 새로 선임되었던 것이다.

그러나 건준의 부서가 개편된 지 불과 이틀 후인 9월 6일 저녁, 소위 인민공화국이 수립됨으로써 건준은 그다음 날 '발전적 해체'를 하지 않을 수 없었다. 이리하여 조선건국준비위원회는 불과 20일이라는 짧은, 그러나 다사다난했던 생애를 끝마치고 말았다.

아무튼 건준은 구성원들의 다양한 정치적 성향 때문에, 특히 공산주의자들의 극좌적 행동으로 말미암아 적지 않은 과오를 범했으며, 말기에는 인민공화국의 조직 선포로 많은 물의를 일으켰음은 사실이다. 그러나 인민공화국은 건준의 단순한 연장으로 보아서는 안 되며 '인공' 이전의 건준과 공산주의자적 책략의 산물인 '인공'과는 완전히 구별되지 않으면 안될 것이다. 이와 동시에 건준이 범한 과오를 과오로서 인정하여야 할 터이지마는 그럼에도 불구하고 우리는 무정부 상태에서 건준이 수행한 적극적인 역할과 기여는 긍정적으로 정당하게 평가하지 않으면 안 될 것이다. 리처드 라우터백은 그의 저서 『한국 미군정사』에서 미군 상륙 후 1년간의 유력한 정치가는 우익 진영의 이승만·김구, 중간 우파의 김규식, 중간 좌파의 여운형, 좌익 진영의 박헌영이었다고 말하고 있다. 또 이승만과 김구의 정치 활동이 활기를 띠게 된 후에도 몽양은 앞에서 든 어느 누구보다도 더 많은 지지자를 가지고 있었기 때문에 미군정청은 몽양을 설득하여 공산주의자들과 결별케 하고 반공 정당들과 제휴시킬 목적으로 많은 노력을 기울였다는 사실을 밝히고 있다. 요컨대 미군정청에서도 몽양을 공산주의자로는 보지 않고 중도 좌파 세력의 지도자로 보고 있었던 것이다.

지나치게 단순화된 표현이라는 느낌이 없지 않지만 중경임정 국무위원으로서 귀국한 후 몽양과 같은 정치 노선을 걸은 바 있는 장건상(張建相)은 몽양의 정치 노선을 '좌도 우도 아닌 민족주의적 중간 노선'으로 규정하는 동시에 그것은 당시 상황 아래에서는 타당한 것이었다고 술회한 바 있다.

13 조선인민공화국의 수립

9월 6일 오후 7시에 돌연 '전국인민대표자대회'가 경기여고 강당에서 열려 인민위원 55명과 후보위원 20명 그리고 고문 12명이 선출되었다. 이것은 미리 준비되었던 일도 아니었으며 몽양으로서 진심으로 마음 내키는 일도 아니었다. 이것은 박헌영을 중심으로 하는 일부 공산주의자들이 꾸며낸 일종의 정치극이었다고 말할 수 있다. 9월 8일 미군이 인천에 상륙한다는 정보를 입수한 그들은 '인민공화국'을 선포하고 수립하여 놓으면 미군이 입성한 후에 일종의 '기정사실'로서 인정될 수 있을 것이고, 만일 인정되지 않을 경우에는 인민공화국이라는 국가적 조직을 이용하여 과감한 항쟁을 시도할 수 있으리라는 심산이었던 것이다.

인민위원에 선출된 후 몽양은 참석자들에게 다음과 같이 말했다.

갑자기 인민대표회의를 개최하게 된 데 대하여 여러분에게 미리 알리지 못한 것을 나는 사과한다. 그러나 지금은 건국을 위한 비상시이니 비상조치로서 이렇게 할 수밖에 없었다. …… 연합군의 진주가 금명간 있을 것이므로 그들과 절충할 인민 총회의 집결체가 있어야 할 것이며 그 집결체를 위한 준비 공작으로서 급히 전국대표자대회를 개최하지 않으면 안 되었다. …… 한편 이제부터 우리의 사업은 외국인을 상대로 한 것이다. 우리는 곧 두 분의 손님(미국·소련)을 맞이하게 될 것이며, 그때는 여러 가지 난처한 일이 많을 것이다. 그러나 그 어느 때임을 막론하고 과거 백 년 동안 우리의 치욕이요 통폐였던 사대사상은 단호히 이를 버려야 한다.

그 후 조선인민공화국이라는 칭호가 큰 말썽거리로 되기도 했지만, 이것은 공산 측이나 건맹 측의 원래 복안은 아니었다. 대회 주최 측의 복안은 '조선민주공화국'으로 되어 있었음에도 불구하고 좌익 계열이 다수 참가하고 있던 회의 현장에서 어떤 대의원이 '인민공화국'이라는 호칭의 타당성을 열렬히 주장했고 이를 찬성·지지하는 의견이 장내 분위기를 지배하게 되었기 때문에 나라의 실정과 부합하지도 않고 도리어 정치적 역효과를 가져올 수도 있는 이 회의에서 상정 통과된 '조선인민공화국 임시조직법'(일종의 헌법)은 결코 인민공화국 헌법의 유형에 속하는 것이 아니라, 자본주의 국가의 민주주의 헌법을 본뜬 것이었다. 이 점으로 미루어 볼지라도 적어도 호칭에 관한 한 그들이 당초에는 '인민공화국'이 아닌 '민주공화국'을 염두에 두고 있었다는 사실을 어렵지 않게 짐작할 수 있다.

인민공화국을 수립함에 몽양은 능동적이 아니고 수동적이었다. 이와 같은 과격하고 급진적인 정치 행태는 그의 성품과는 맞지 않는 것이었기 때문이다. 그럼에도 불구하고 그는 이 대회의 사회를 맡아보았고 격려사까지 했던 것이다. 그러면 무엇이 몽양으로 하여금 이와 같은 태도를 취하지 않을 수 없게 했는가. 공산 진영의 지도자 박헌영이 계동의 자택으로 몽양을 찾아와 뒷방에서 밀의를 하는 것이 목격된 것은 전국인민대표자대회가 열리기 불과 수일 전의 일이었다. 이때 인민공화국 수립 문제에 관해 몽양은 박헌영에게 설득당했을 것이 틀림없다고 느껴지는 바이지만, 10월 1일 인민공화국 수립 경위에 관한 『매일신보』 기자의 질문에 대하여 몽양이 응답한 답변 내용을 음미·검토함으로써 우리는 그 당시 몽양이 아래와 같은 정세 판단을 하고 있었을 것으로 추찰할 수가 있다.

① 일본이 항복을 한 이상 일본인은 곧 조선에서의 일반 행정과 치안으로부터 손을 떼게 될 것이다.

② 소련군의 뒤를 이어 미군도 국내로 들어오게 되고 이와 동시에 연합적 대표들이 경성으로 모이게 될 것인데 그렇게 되면 그들은 한반도 문제를 어느 정도 공동으로 처리하게 될 가능성이 있다.

③ 전기 사항들은 조속히 실현될 가능성이 있다.

④ 소련군이 먼저 북한에 들어와서 하고 있는 바와 똑같이 남한에 들어온 미군도 행정의 일체를 조선인에게 넘겨줄 가능성이 없지 않다.

즉 그는 위와 같이 희망적 관측을 하고 있었을 것이다. 그리고 대체로 이런 정세 판단에 입각하여 몽양은 과도정부 수립을 계획했을 것이다. 몽양은 기자의 질문에 "혁명가는 먼저 정부를 조직하고 뒤에 가서 인민의 승인을 받을 수가 있다. 급격한 변화가 있을 과도기에 비상조치로서 생긴 것이 인민공화국이다. …… 혁명기에는 혁명 단체가 조각을 하는 것이고 인민이 조각을 하는 것이 아님은 손문(孫文)을 보더라도 알 수 있는 일이다"라고 한 후, 이 기자회견의 마지막 부분에서 "나는 공산주의자를 겁내지 않는다. 그러나 급진적 사회 이론을 나는 정당하다고 보지 않는다"라고 말했다. 그리고 나서 몽양은 민주적 지도자로서 자신의 입장에서 "갈라지면 넘어지고 뭉치면 일어선다. 그리고 사대주의와 배외 사상은 절대로 배격하여야 한다"고 주장했던 것이다.

위의 설명에 의해서도 인민공화국을 수립함에 몽양의 동기와 이념과 목적을 어느 정도 이해할 수 있지 않을까 한다. 어떻든 간에 몽양의 계씨인 여운홍에 따르면 조선인민공화국 수립 공작은 몽양의 '정치 생활 중 가장 큰 실책'이었으며, "이때부터 몽양은 극좌 극렬분자들의 음모에 완전히 휩쓸리고 말았던 것"이라고 한다.

  9월 7일 저녁 제2차 테러를 당한 몽양은 심호섭(沈浩燮) 박사에게 응급 치료를 받은 후 그의 시골 집이 있는 가평으로 내려가서 치료와 정양을 하고 있었다. 따라서 몽양은 다음 날에 열린 인민공화국 제1차 중앙위원회에 참석할 수가 없었다. 이 회의에서는 인민공화국의 부서 결정을 정·부 위원장에게 일임하고 1주일 후에 이를 발표하기로 결정했다. 그 후 9월 14일 열린 중앙위원회에서는 2인의 대표를 뽑아 위원장에게 보내고 그의 지시에 따라 부서 책임자를 확인하기로 하고 일단 휴회했다. 그날 오후 4시에 회의가 속개되자 곧 부서 책임자 명단이 발표되었다. 그러나 사실 2인의 대표는 위원장을 찾아가지 않았으며, 위원장의 승인을 얻었다는 그들의 말은 거짓이었다. 그때 몽양은 이 사실을 모르고 있었을 뿐 아니라 부서 책임자의 명단 발표를 보류하려고 생각하고 있었다. 그 이유는 첫째로, 미군정 당국의 양해를 얻지 못하면 그들과 충돌이 불가피할 터이기 때문에 중요한 여러 부서의 인물 배치는 신중을 기해야 할 것이었기 때문이며, 둘째는, 여러 정치 세력 간의 가급적 원활한 협조를 이룩할 수 있기 위해서도 적재적소에 가장 합리적인 인물 배치를 하는 것이 무엇보다도 필요한 일이었기 때문이다.

  이 명단 발표를 계기로 하여 미군정 당국은 점점 더 큰 의구심을 가지고 인민공화국을 대하게 되었음이 사실이다. 또 국내와 해외의 저명한 민족 진영 지도자들의 명의를 임의로 도용했다는 맹렬한 비난을 초래하기도 했던 것이다.

  마침내 10월 10일 미군정청의 아널드 군정장관은 "38도선 이남의 조선 땅에는 미군 정부가 있을 뿐이고 그 외에 다른 정부는 존재할 수 없다. 그 행위는 불온당하다. 만일 이러한 고관대작을 참칭하는 자들이 흥행 가치조차 의심할 만한 괴뢰극을 하는 배우라면 그들은 즉시 이 극을 폐막하여야 할 것이다……"라는 내용의 성명서를 발표함으로써 인공을 부인하는 태도를 명백히 했다. 이어서 16일에는 하지 주한 미군사령관의 인공 부인 성명이 나왔다. 그 원인 및 책임이 어디에 있든 간에 미군정의 이러한 냉소적이고 모욕적인 태도 표명은 몽양에게는 하나의 민족적 치욕으로 느껴지지 않을 수 없었다. 이리하여 극렬 공산 집단의 경박 미숙한 계략, 즉 몽양을 선두에 내세우고 여러 민족 진영 지도자들의 명의를 이용하면서 실질적으로는 좌익 일변도의 인민공화국을 수립하여 이를 기정사실화하려던 기도는 결국 완전한 실패로 끝나지 않을 수 없었다. 여기서 중앙인민위원회의 부서와 명단을 살펴보면 다음과 같다.

주석: 이승만 부주석: 여운형
국무총리: 허헌
내무부장: 김구(임시대리 허헌) 대리: 조동우, 김계림(金桂林)
외무부장: 김규식 대리: 최근우, 강진
재무부장: 조만식 대리: 박문규, 강병도(姜炳度)
군사부장: 김원봉 대리: 김세용
경제부장: 하필원(河弼源) 대리: 김형선(金炯善), 정태식(鄭泰植)
농림부장: 강기덕(康基德) 대리: 유축운(柳丑運), 이광
보건부장: 이만규 대리: 이정윤(李廷允), 김점권(金占權)
교통부장: 홍남표 대리: 이순근(李舜根), 정종근(鄭鍾根)
보안부장: 최용달 대리: 무정(武丁), 이기석(李基錫)
사법부장: 김병로(임시대리 허헌) 대리: 이승엽, 정진태(政鎭泰)
문교부장: 김성수 대리: 김태준(金台俊), 김기전(金起田)
선전부장: 이관술(李觀述) 대리: 이여성, 서중석(徐重錫)
체신부장: 신익희(임시대리 이강구)대리: 김철수(金綴洙), 조두원
노동부장: 이주상(李冑相) 대리: 김상혁(金相赫), 이순금(李順今)
서기장: 이강국 대리: 최성환
법제국장: 최익한 대리: 김용암(金龍岩)

기획부장: 정백   대리: 안기성(安基成)

14 조선인민당—근로인민당의 발족

1945년 11월 12일 창립된 인민당은, 몽양을 중심으로 하는 건국동맹 세력을 모체로 하고 고려국민동맹, 인민동지회, 일오회(一五會) 등의 단체를 흡수함으로써 이루어졌던 것이다. 인민당의 지도 이념을 한마디로 요약한다면 '진정한 민주주의' 또는 진보적인 민주주의, 환언하면 넓은 의미에서의 민주적 사회주의였다고 말할 수 있을 것이다.

한국민주당이 자본가 계급과 지주 계급을 대표한 계급 정당이었고, 조선공산당이 노동자 계급의 전위로 자처하는 계급 정당이었다고 한다면, 인민당은 노동자·농민·근로 인텔리·양심적 자본가 등 전체 근로 국민 대중을 대표하는 대중적 국민 정당을 지향하고 있었다.

인민당의 강령은 "조선 민족의 총역량을 집결하여 진정한 민주주의 국가의 건설을 기"하고 "진보적인 민족문화를 건설하여 인류 문화 향상에 공헌함을 기"한다고 했다. 이와 같이 이념과 성격이 뚜렷했음에도 불구하고 인민당에는 과거에 건맹과 건준에 참여했던 공산 계열이 그대로 남아 있었을 뿐만 아니라 많은 좌익분자가 새로 침투하여 온 결과로 이 당은 마침내 좌경적 방향으로 기울어 갔다. 당내의 극좌분자들은 당수의 의사와 어긋나는 담화를 제멋대로 발표했을 뿐 아니라 때로는 좌경적인 행동까지 서슴지 않았던 것이다.

1946년 제1차 미·소공위가 휴회로 들어간 후 북한공산당의 강제 지령에 의해 인민당의 비(非)여운형계(48인파)는 공산당(간부파) 및 신민당(합동추진파)과 합동하여 남조선노동당을 결성했다. 이에 몽양은 신민당 위원장 백남운 및 공산당대회파 책임비서 강진(姜進)과 공동 명의로 '좌우 합작을 지지'하고 '입법기관 설치를 반대'한다는 3당 합동결정서를 발표하고 11월 12일 사회노동당을 조직했다. 그러나 남조선노동당이 폭력적 투쟁 노선을 택하여 남한 도처에서 폭력 행위와 파괴 활동을 자행하게 되자 사회노동당은 좌우의 협공을 받아 큰 활동을 하지 못한 채 1947년 2월 27일, 전국대회에서 해체 결의를 하고 말았다.

그 이틀 뒤인 29일 몽양을 중심으로 하는 구인민당계, 즉 이만규·이여성·이상백 등 31인파가 주동이 되어 인민당 재건준비위원회를 조직했지만 사로당(社勞黨) 해체파가 이에 대한 이의를 제기했기 때문에 3월 11일 이를 해체하고 신당 조직위원회를 구성할 것과 구인민당, 신민당, 근로대중당(姜舜), 해방동맹(중경에서 김성숙·백건웅 등이 조직) 등을 흡수, 새로운 혁신 정당을 결성하기로 합의했다.

그러나 인민당 재건파와 사로당 해체파 사이의 신당 노선에 관한 의견 대립으로 말미암아 진통은 오래 계속되었다. 사로당 해체파는 그전의 사로당 노선을 신당 노선으로 삼고서 중간당이나 제3당이 아닌 제1당(계급 정당)으로서 남로당과 정면으로 대립 투쟁하자고 주장했음에 반하여 인민당 재건파는 계급 정당을 지양하고 대중적 국민 정당으로서 새 정당을 조직하되 민전(民戰)에는 적극 참여하여 남로당을 견제하면서 이 통일전선체를 개조하고 재건하자고 역설했다. 양측의 주장은 좀처럼 조정이 되지 못하다가 결국 몽양을 중심으로 준비위원회가 구성됨에 이르러 선언 및 강령의 초안이 작성되고 당명은 근로인민당으로 결정되었다. 그런데 그 후 발표된 강령은 구인민당의 그것과 대동소이한 것이었다.

제2차 미·소공위의 개최를 계기로 좌우 합작 운동이 재개되고 있던 무렵인 1947년 5월 24일 천도교 강당에서는 "노동자, 농민, 근로 인텔리 등 세 층의 결속을 공고히 하여 조선의 민주 과업 완수에 진력할 것"을 사명으로 하는 근로인민당의 결당대회가 열렸다. 이 대회에서 결정된 부서의 일부는 다음과 같다.

위원장: 여운형
부위원장: 백남운, 이영, 장건상

중앙상임위원: 여운형, 장건상, 백남운, 이영, 이여성, 이상백, 문갑송
(文甲松), 이만규, 정백, 이은우(李殷雨) 외 21명
사무국장: 문갑송
조직국장: 이만규
선전국장: 장건상

이와 같이 진영을 정비한 근민당은 당 정치 노선 문제를 둘러싸고 당내 투쟁이 다시 격화되어 가던 중 7월 19일 몽양이 흉탄에 맞아 돌연 서거하게 되자 새로운 혼란이 일어났다. 이리하여 사로계(社勞系) 간부들은 제일선에서 퇴진하고 위원장 대리에 장건상, 사무국장에 이임수, 조직국장에 김성숙(金星淑), 선전국장에 조한용(趙漢用) 등이 임명됨으로써 인민당계가 새로이 주도권을 장악하게 되었다. 그러나 원래 근민당의 구심점은 몽양이었다. 몽양의 급서로 구심점을 잃은 근민당은 조만간 와해될 운명에 있었던 것이다.

15 좌우 합작 운동의 전개

1946년 3월에 열렸던 미·소공위는 소위 '협의 대상' 문제로 말미암아 난항을 거듭했으며, 이 문제를 에워싼 미·소 간의 의견 대립은 좀처럼 조정되지 않았기 때문에 회의는 결국 결렬 위기를 맞이하게 되었다. 이와 동시에 국내의 정치적 혼란과 좌우익의 대립은 한층 격심해졌다. 이 무렵 몽양은 미·소공위의 진행 상황을 주시하고 있었는데, 회의의 결렬이 확실해지자 몽양은 하나의 사후 대책을 긴급히 강구하지 않을 수 없었으니 좌우 합작의 추진이 그것이다. 그 이유는 이러한 것이었다. 즉 당시 정세 아래에서는 미군정과 대립하여서는 아무 일도 할 수 없는 것이 분명했을 뿐 아니라, 어떠한 방법에 의해서든 간에 첨예화한 좌우익의 대립을 완화해 정치적 안정을 이룩해야 할 간절한 필요를 느끼고 있던 미군

정도 좌우 합작을 환영하지 않을 수 없는 처지에 있었다. 또 당시와 같이 격화된 좌우익 대립 상황하에서는 한국의 통일은 이루어질 수 없을 것이 명백했으므로 몽양은 양극단을 제외한 좌우익 세력을 총망라하여 통일 민주정부 수립을 위한 기초를 닦아야 하리라고 생각했기 때문이었던 것이다.

제1차 미·소공동위원회가 결렬되자 몽양은 통일정부를 수립하기 위한 유일의 방법으로써 중간 세력, 즉 중간적 좌우 양파 세력을 주축으로 하여 ―소수의 양 극렬 세력을 제외하고― 좌우 양익 세력의 광범위한 협력을 얻을 것을 생각했던 것이다. 이리하여 몽양은 중간 우파이고 그의 친근한 동지였던 김규식과 이 문제를 상의했으며, 그 결과 1946년 6월 6일 민주의원을 대표하여 김규식과 원세훈(元世勳), 그리고 민전(民戰)을 대표하여 여운형과 허헌 등 네 지도자가 첫 회합을 하게 되었다. 6월 14일의 제2차 회합에서는 3개 원칙에 합의를 보고 이를 발표했는데, 그 내용은 다음과 같은 것이었다.

1. 대내 문제: 부르주아 민주주의 공화국을 수립한다.
2. 대외 문제: 선린 우호 정책을 수립한다.
3. 참가 대상: 좌우를 막론하고 진정한 애국자 또는 혁명가는 이를 제외하지 않는다.

좌우 합작 3원칙이 발표되자 당시 비상국민회의 부의장이었던 최동오(崔東旿)는 이를 환영하면서 좌우 합작의 긴급성을 역설했지만, 반대로 이승만과 김구는 민족통일본부라는 것을 급조함으로써 이에 대한 반대 의사를 표명했다.

그러나 6월 30일 덕수궁에서 열린 회합에는 아널드 군정 장관이 참석하여 회의는 진전을 보였으며, 7월 1일에는 "김·여 양씨의 합작 회담을 적극 지지하고 그 성공을 기원하는 바"라고 하는 하지 사령관의 성명이 나왔다. 이어서 이승만도 기자회견을 열어 그 자신도 하지의 성명을 지지하노라고 말함으로써 좌우 합작에 대한 환영 의사를 간접적으로 표시했던 것인데 이와 같은 그의 의사 표시는 아마도 하지의 권고에 의해서였을 것이고 그의 진의는 아니었을 것이다.

이처럼 좌우 합작 문제는 당시 우리나라 정계에 많은 충격을 주었지만 특히 한민당은 이에 대한 찬반 논의로 말미암아 당내 의견이 갈라져 이를 찬성 지지하는 원세훈, 박명환, 송남헌(宋南憲) 등 중요 간부 16명이 먼저 탈당하고 뒤이어서 이약수, 이순탁(李順鐸), 김병로 등 당 중진을 비롯한 270여 명이 탈당함으로써 거의 붕괴 상태에 빠졌던 것이다. 한편 합작을 위한 노력은 꾸준히 계속되었으며 7월 13일에는 여운형, 허헌, 백남운, 이강국, 성주식(成周寔) 등이 좌 측 대표로서 참가하여 장시간 토의한 결과 양측은 거의 완전한 합의점에 도달했다. 그리고 7월 21일에는 아래와 같은 합의 사항이 공동 명의로 발표됨으로써 좌우 합작 기구가 정식으로 성립했다.

1. 회의는 매주 2회 연다.
2. 회의 장소는 덕수궁으로 한다.
3. 의장은 김규식·여운형 양씨로 한다.
4. 미·소 양측에서 각각 연락장교 1명씩을 파견할 것을 요청한다.

이리하여 제1차 회의가 7월 25일에 정식으로 열렸는데 여기에는 허헌을 제외한 양측 대표 전원이 출석했다. 소련 측 연락장교는 나오지 않았지만 미국 측에서는 버치 중위가 옵서버로 참석했다. 이날 회의에서는 회의 진행에 관한 일반적인 사항과 앞으로의 방향 등을 토의했다. 그리고 8월 2일에 열린 제2차 회의에서는 양측이 준비한 합작 원칙들만이 교환되었다.

이때 좌 측이 제출한 '좌우 합작의 좌 측 5원칙'은 3상회의 결정을 지지하고 미·소공위의 속개를 요구하고 민주주의 임시정부 수립에 매진할 것(제1항), 토지개혁(무상몰수, 무상분여)과 중요산업 국유화 등을 단행할 것(제2항), 친일파·민족 반역자·친파쇼·반동 거두를 완전히 배제하고 투옥된 민주주의 우국지사의 즉각 석방을 실현할 것(제3항), 남조선에서도 정권을 군정으로부터 인민의 자치 기관인 인민위원회에 이양하도록 기도할 것(제4항), 군정 고문 기관 또는 입헌 기관 창설에 반대할 것(제5항) 등을 내용으로 하는 것이었다. 이 소위 좌 측 5원칙은 많은 물의를 빚었는데, 특히 정권을 인민위원회로 이양한다는 제4항은 가장 큰 말썽을 일으키지 않을 수 없었다.

이에 뒤이어 우 측이 제출한 '좌우 합작의 우 측 8원칙'의 내용은 미·소 공위의 재개를 촉구하고, 남북 좌우의 합작으로 임정을 수립하며, 그 후 6개월 이내에 전국적 보통 선거에 의한 국회를 소집하고, 그 후 3개월 이내에 정식 정부를 수립하여 신탁 통치, 민족 반역자 처리 및 기타 새 국가 건설과 관련된 여러 가지 문제를 적의(適宜)하게 처리하자고 하는 온건하고 상식적인 것이었다. 그러나 좌 측에서는 우 측의 이 합작 8원칙을 가리켜 "이승만식의 구태의연하고 무원칙한 원칙"이라고 비난했다. 공산당은 표면상으로는 합작 원칙을 가지고 따지면서 이를 문제 삼는 척하면서도 사실인즉 합작 운동에 참여할 생각이 전연 없었다.

이 무렵, 즉 7월 29일에 평양에서 공산당과 신민당이 합당하여 북조선노동당으로서 발족을 하자 인민당에 들어와 있던 공산당 프락치들은 '3당 합당'을 주장함으로써 당을 분열시켰다. 그리고 이를 반대하는 몽양은 좌우 합작의 열렬한 지지자인 공산당의 강진 및 신민당의 백남운 등과 함께 사회노동당을 조직함으로써 좌우 합작의 기반을 구축하려고 했다.

이때 인민당이 두 조각으로 분열되었을 뿐 아니라 공산당에서도 합당 문제와 좌우 합작 문제로 큰 내분이 일어나 강진, 김철수, 이정윤, 서중석, 김근(金槿), 문갑송 등 6명의 중앙위원이 출당(黜黨)을 당했고 이들과 동조했던 40여 명이 또한 제명을 당했다는 것은 좌우 합작에 대한 찬반 문제 때문에 한민당에서 일어났던 같은 종류의 내분과 아울러 실로 주목할 만한 사실이다.

16 좌우 합작 7원칙의 결정

이 무렵 좌익계의 주요 인물들이 많이 검거되는 등 정치적 혼란이 커지고 좌우 합작 공작이 정체 상태에 빠지게 되자 몽양은 새로운 타개책을 모색하기 위하여 9월 22일 북한으로 갔다가 10월 1일 귀경했다. 몽양은 귀경 즉시로 김규식, 장건상, 박건웅, 버치 중위 등과 간담회를 하고 북한 방문 결과에 대한 자신의 소신을 밝힘으로써 정체된 합작 운동에 새 희망을 불어넣었다. 이리하여 10월 4일에 열린 회합에서 좌우 양측 대표들은 얼마 전에 발표되었던 좌 측의 5원칙과 우 측의 8원칙을 절충함으로써 합작 7원칙을 결정했다. 그리고 이 좌우 합작 7원칙의 초안은 민주의원과 인민당 확대위원회의 승인을 얻은 후 10월 10일, 좌우합작위원회가 하지 중장에게 보내는 새로운 입법 기구 수립에 관한 건의 사항과 함께, 합작위원회 비서국을 통해 발표되었는데 그 합작 7원칙은 아래와 같다.

1. 3상회의 결정에 의해 남북을 통한 좌우 합작으로 민주주의의 임시 정부를 수립할 것.
2. 미·소공위의 속개를 요청할 것.
3. 토지개혁에 있어서 몰수, 유조건(有條件) 몰수, 체감매상(遞減買上) 등으로 토지를 농민에게 무상분여하며 중요 산업을 국유화하며 민생 문제 등을 급속히 처리할 것.
4. 친일파·민족 반역자를 처리할 조례를 본 합작위원회에서 입법 기구에 제안하여 이를 심의 결정 실시케 할 것.
5. 남북을 통하여 검거된 정치 운동자들을 석방시키는 동시에 남북 좌우의 일체 테러 행동을 즉시 제지하게끔 노력할 것.
6. 입법 기구에 대하여서는 일체 그 기능과 구성, 운영 방법 등을 본 합작위원회에서 연구 입안하여 이를 적극 실시하도록 노력할 것.
7. 전국적으로 언론, 집회, 결사, 출판, 교통, 투표 등의 자유가 절대 보장되도록 노력할 것.

이상의 7원칙과 입법 기구에 관한 요망 사항에 대하여 하지 중장은 10월 10일 성명을 발표했는데, 그는 이 성명 가운데서 "…… 조선 민족의 완전 통일을 위하여 노력하시는 여러분의 애국열에 극진한 예찬을 드립니다. …… 앞으로 조직될 입법 기관은 귀중한 조선 민중의 대표 기관으로 되어 누구나 다 같이 열망하는 2대 목표, 즉 조선 통일과 조선 독립 달성에 큰 공헌을 하게 되기를 나는 조선 애국자들과 더불어 진심으로 축원하는 바입니다"라고 말했다. 하지 장군의 이 성명은 극좌와 극우의 극렬 세력을 제외하고 중간적 좌우파 세력을 육성하여 장차 수립될 민주주의 임시정부의 핵심 세력으로 삼으려고 하는 미군정 당국의 기본 방침을 암시하고 있었다고도 해석될 수 있다.

한편 이 7대 원칙이 발표되자 다수의 중간 정당들은 이에 대한 지지 성명을 냈지만 극좌와 극우의 양 세력은 이를 맹렬히 반대했다. 해방 초기에 극좌 세력이라 함은 박헌영의 조선공산당을 가리키는 것이었으며, 극우 세력이라 함은 대체로 이승만을 추종하는 세력과 한민당 우파를 가리키는 것이었다. 극단적으로 상이한 성격을 갖는 이들 양 세력이 한국 정치사상에 남긴 족적은 서로 유사한 바가 없지 않다. 이들 좌우 극렬 세력은 좌우 합작 운동과 미·소공위에 대하여 다 같이 부정적 태도와 파괴적 행동을 취했다.

인민공화국 수립을 힐책하고, 중경임시정부 지지를 명분으로 내세웠던 한국민주당 보수파는 남한 단독정부 수립을 기본 정책으로 삼는 이승만 노선으로 접근하면서 미·소공위 사업의 성공을 적극 방해했다. 그들은 또 좌우합작위원회가 발표한 합작 7원칙이 토착 지주들의 이익과 상치한다는 이유로 이를 극구 비난했을 뿐 아니라 좌우 합작 운동에 대한 적극적 파괴 공작까지를 서슴지 않았다.

좌우 합작 7원칙 2항의 합의를 따라서 1946년 10월 18일 좌우합작위원회는 휴회되었던 "미·소공동위원회의 즉속(卽速) 속개를 전 민중의 요망을 대표하여 미·소 양국 주둔군 사령관과 각국 정부에 요청한다"는 성명을 발표했다.

이와 같이 두 영수인 여운형과 김규식을 중심으로 하는 좌우 합작 운동은 적극 추진되었으며 미·소공위의 재개를 위한 노력도 꾸준히 계속되었다. 이리하여 1947년 5월에 미·소공위가 다시 열리게 되었던 것이다.

17 몽양의 인도행 문제

1947년 3월의 일이었다. 몽양은 영남 일대에 걸친 순회 강연을 하게 되어 대구 달성공원에서 제1차 강연회를 끝내고 그곳 유지들이 마련한 환영회에 참석하고 있었다. 이때 뜻밖에도, 랭던 미국 공사로부터 장거리 전화가 걸려 왔는데, 인도에서 열리는 국제회의의 한국 대표단 단장으로 몽양을 추천하여 그대로 결정이 되었으니 곧 상경하라는 것이었다. 몽양은 해방 전부터 랭던과는 친숙한 사이였고 그를 전적으로 신뢰하고 있었다. 그리고 인도 수상 네루(P.J. Nehru)는 그가 평소에 존경해 마지않던 인물이어서 몽양은 언제나 그를 만나 흉금을 터놓고 이야기할 수 있는 기회를 기다리고도 있었다. 그러므로 그는 랭던의 제의를 쾌히 수락하는 동시에 부산에서 열기로 되어 있던 강연회를 취소하고 곧 상경했다.

몽양의 상경과 동시에 그의 인도행 계획이 전해지자 좌익 전체가 이를 맹렬히 반대했을 뿐만 아니라 우익 진영에서도 반대와 이론이 분분히 일어났다. 우익 측이 반대한 이유는 이렇게 추찰할 수가 있을 것이다. 즉 그들은 몽양과 미군정이 서로 접근하는 것을 경계하고 시기하고 또 두려워했다. 만일에 몽양이 인도에서 열리는 국제회의에 가는 길에 워싱턴까지 들러 미국 정부 요로의 인사들을 만나 보고 그들의 지지를 받게 된다면 그가 귀국 후 이 나라 정치 무대에서 확고부동한 주도적 지위를 차지하게 되리라고 그들은 추측했을 것이다. 그리고 좌익 측의 주장은 몽양을 국제회의에 보내려고 하는 것이 다름 아닌 미군정이기 때문에 명분상으로 보아 절대로 가서는 안 된다는 것이었다. 그러나 그들이 몽양의 인도행을 필사적으로 저지하려고 한 좀더 큰 이유는 그러한 명분론에 있었던 것이 아니라, 만일에 중간적 양파를 중심으로 하는 좌우 합작 세력이 정치적 주도권을 장악하게 될 때에는 그들의 스탈린적 정책 노선이 전면적 파탄을 당할 수 있으리라 예감하고 또 우려하지 않을 수 없었다는 사실에 있었던 것이다. 아무튼 그들은 매일같이 사람을 몽양에게 보내어 울고불고 야단법석을 피우게 했으며, 한편으로는 만일에 몽양이 기어코 가려고 한다면 폭력을 써서라도 이를 꼭 저지하고야 말 터라고 위협했다. 몽양으로서는 실로 난처한 일이 아닐 수 없었다.

며칠을 두고 심사숙고한 끝에 몽양은 결국 가지 않기로 결정했다. 물론 그로서는 실로 고통스러운 일이 아닐 수 없었다. 첫째로, 한번 작정했던 일을 번복한다는 것은 그 자신의 자존심과 위신이 허락하지 않는 일이었다. 그뿐 아니라 랭던에 대한 우정과 신의를 생각해서라도 그래서는 안 될 일이었으며 또 호의를 베풀어 준 미군정에 대한 일종의 배신으로도 보일 수가 있었다. 그 위에 몽양 자신은 인도에 가고 싶은 생각이 간절했다. 그러나 이러한 모든 이유에도 불구하고 몽양은 무엇보다도 당의 결정을 따르지 않을 수 없었는데, 그를 당수로 추대하고 있던 근로인민당이 당 기구를 통하여 그의 인도행을 반대하는 공식 결의를 했기 때문인 것이다.

바로 이 무렵에 몽양의 계동 자택에 대한, 보다 정확히는 몽양 거실에 대한 폭파 사건이 일어났는데, 그 범인이 잡히지 않았기 때문에 확실한 것은 알 수 없었지만 몽양의 계씨 여운홍에 따르면 "당시의 여러 가지 상황을 종합 검토하여 볼 때 이것은 몽양의 인도행을 저지하기 위한 좌익 측의 소행이 아니었던가 하고 추찰된다"는 것이다. 한편 김두한(金斗漢)은 그 자신이 폭탄을 넣어 폭파시켰다는 것을 누차 공언한 바 있었지만, 그의 말을 그대로 믿으려는 사람이 결코 많지 않음도 사실이다.

만일에 몽양이 다년간 교분이 있었던 랭던의 주선과 종용에 따라 그리고 자신이 일단 결심했던 그대로 인도를 방문하여 네루 수상과 충분한 의견 교환을 한 후 미군정 당국의 요청에 따라 귀로에 워싱턴에 들러 미국의 유력한 정치인들과 면담을 끝내고 귀국하여 좌우 합작 운동을 현실 정치적 의미에서의 논리적 귀결점으로까지 성공적으로 이끌어 갈 수가 있었더라면 민족과 조국의 운명은 적지 않게 달라질 수도 있지 않았을까 하는 것이 오늘날까지도 필자가 변함없이 갖고 있는 생각이다.

18 5·10 총선거와 협상파 정치인들의 과오

미·소 양군의 현지 당국자 사이에 있었던 공위 재개 교섭이 진척되고, 마셜 미국무 장관과 몰로토프 소련 외상 간의 서신 교환을 통한 의견 접근이 이루어져 1947년 5월 21일 미·소공위가 재개됨에 이르렀는데, 미·소공위를 성공적으로 추진해 통일임시민주정부의 수립을 조속히 실현하기 위하여 중간파 세력들을 더욱 광범히 또 강력히 결집할 필요가 있었다.

그러므로 1947년 6월 15일 우사(尤史) 김규식, 여운형, 안재홍, 원세훈, 홍명희, 정구영(鄭求瑛) 등 100여 명의 인사들은 보광동에 있는 민규식(閔奎植)의 별장에 집합하여 시국대책협의회를 결성했다. 그들은 중간파 세력의 기반을 공고히 할 목적으로 우익 진영 단체들에 대한 강력한 흡수 공작을 전개했다. 그리고 그들은 유교, 불교, 천도교 등 종교 단체와 노동 단체 등을 비롯한 사회 각계각층을 망라함으로써 좌우합작위원회를 확대 강화하려고 기도했다. 이와 동시에 이들 중간파 합작 세력은, 공위 파괴를 위하여 양면 작전을 수행하면서 남한에서의 단정 수립을 획책하는 우익 정치 세력과 대립 항쟁을 전개하게 되었다. 그러나 이와 같은 투쟁의 전개 과정에서 합작위원회의 좌 측 주석이며 근로인민당 당수인 몽양은 마침내 극악무도한 테러를 당하여 이승을 떠나고 말았다. 이와 같은 몽양의 돌연한 타계가 좌우 합작 운동과 통일·독립 민주국가 건설 작업에 지대한 타격을 주지 않을 수 없었음은 물론이다.

소위 협의 대상 선정 문제로 해서 제2차 미·소공위가 실패로 끝남과 동시에 1947년 가을에 미국은 한국 문제를 유엔으로 옮겨 갔으며, 마침내 유엔소총회는 "유엔한위(韓委)가 임무를 수행할 수 있는 가능 지역에서 총선거를 실시한다"는 결의를 채택했고 이에 따라 남한 지역에서 5·10선거가 실시되게 되었다. 따라서 이해 12월에는 중간파 세력의 대동단결을 목적으로 하는 민족자주연맹이 결성되는 동시에 좌우합작위원회는 발전적 해체를 했다. 그리고 5·10단선을 앞두고 1948년 4월 평양에서 소위 전 조선 정당·사회단체 대표자회의가 열렸으며, 이 회의에는 민련(民聯)을 중심으로 하는 남한의 중간파 정치인들이 대거 참석했다.

5·10선거가 실시되게 되자 백범과 우사를 비롯하여 상기 연석회의에 참가했던 중간파 정치인들은 '명분'을 중시하는 입장에서 이 선거를 전면적으로 보이콧했다. 그럼으로써 그들은 이승만을 선두로 하는 이 나라 보수 세력에 큰 정치적 이득을 안겨 주었다.

무릇 정치란 것은 결코 관념의 유희가 아니고 구체적 행동이다. 그런데 협상파 정치인들은 5·10총선거에 대하여 적극적이고 현실 타당적인 행동을 취하는 대신에 소극적·관념적인 명분론을 크게 내세웠다. 이것은 큰 과오가 아닐 수 없었음은 물론이다. 왜냐하면 5·10총선거는 단순한 양심과 지조 또는 명분과 위신의 문제가 아니었으며, 어디까지나 우리 민족의 운명과 직결된 중대한 현실 정치적 문제였기 때문이다.

현실 정치적 의미에서 5·10선거가 불가피하게 된 이상, 협상파 정치인들은 대담하게 노선 전환을 감행하고 적극적 계획에 의해 이 선거에 대거 참가하여야만 옳았을 일이었다. 그리고 이 경우에는 그들은 '남북 협상'을 단념하든가 그렇지 않으면 협상 일자를 앞당겨서 5·10총선거 참여에 지장이 없게 할 필요가 있었을 것이다. 만일에 그들이 이와 같이 현실 타당적으로 행동할 수가 있었더라면 아마도 그들은 이 선거에서 승리하여 대한민국 국회에서 과반수 의석을 차지할 수 있었을 것이며, 따라서 민족의 정치적 운명을 그들 수중에 장악할 수도 있었을 것이다.

여기서 한 가지 부기할 것은 좌우합작위원회가 조직될 때 미군정과 몽양 및 우사 두 분의 중간에 서서 막후교섭을 담당한 사람이 있었다는 사실이다. 미국인 레나드 버치 중위가 바로 그 사람이었다. 그는 원래 하버

드대학 출신의 변호사였다. 1945년 말에 한국으로 부임해 온 그는 곧 하지 사령관의 고문이 되어 그의 발표문을 작성하고 각종 회의에도 참석하게 됨으로써 군정 내에서 큰 발언권을 가지게 되었으며, 마침내 중요한 정치적 막후 인물로서 등장하게 되었던 것이다. 그는 당시 한국 내에서 일어나는 모든 일을 검토 분석하여 하지에게 보고하는 동시에 때로는 그의 의견을 첨부하기도 했다. 물론 그는 공산당을 싫어했지만 이에 못지 않게 극우파를 미워했기 때문에 자연히 몽양이나 우사와는 아주 친밀하게 지내게 되었다. 그리고 접촉을 계속하는 동안 몽양에 대한 그의 우정과 존경심은 더욱 강해졌다. 그는 당시의 정치적 혼란을 극복하고 통일 정부를 수립하기 위한 방안으로서 좌우 합작을 구상하고 또 이를 실현하기 위해 노력하는 몽양의 입장을 충분히 이해했을 뿐 아니라 우사와 몽양을 매일같이 방문하는 한편 하지를 설복시켜 그로 하여금 좌우 합작을 찬동 지지하게끔 했다. 그뿐 아니라 과도입법의원을 성립시켜 새 나라의 기초를 만듦으로써 그 자신이 한국 건국의 한 공로자가 되어 보려는 생각도 품고 있었던 것 같다. 그러나 그 후 얼마 안 되어 불행히도 몽양은 흉탄에 쓰러지고, 우사와 다른 중간파 유력 인사들은 그의 의견과 달리 남북 협상을 위해 월북했으며, 이에 뒤이어 유엔 감시하에서 남한만의 단독정부가 수립되게 되자 그는 아는 사람들에게 작별 인사도 하지 않고 홀로 초연히 이 땅을 떠나고 말았다. 이와 같이 비록 그의 활동 기간은 짧았고 또 그 자신의 포부와 뜻을 이루지는 못했지만 군정 초기 그의 활동, 특히 좌우 합작과 과도입법의원 수립을 위한 노력과 공헌은 실로 컸다.

19 테러와 순국

1947년 7월 19일 몽양은 미국으로 떠나는 김용중(金龍中)을 찾아 작별 인사를 나눈 후 계동의 자택으로 돌아오는 도중 서울 시내 혜화동 로터리에서 흉한의 저격을 받아 마침내 불귀의 객이 되고 말았다. 위대한 애국자 몽양 여운형은 마침내 반동적 테러리즘에 희생되었던 것이다.

물론 몽양의 정적들은 오래전부터 그를 증오하고 그의 세력을 꺾으려고 여러 가지로 노력해 왔지만, 이때에 이러한 사건이 일어난 직접적 원인은 아마도 미·소공위가 성공을 거두어 과도정부가 수립될 때에는 극우나 극좌가 아닌 중간 세력을 대표하여 미·소 양측을 조화시키며 정부를 힘 있게 이끌어 나갈 제일의 인물로서 중간 좌파의 지도자인 여운형이 손꼽혔다는 사실에 있었을 것이다.

원래 정치는 위험하고 영웅의 말로는 비장하다고 하거니와 사실상 많은 혁명가·정치인·영웅·열사가 자살하거나 피살되어 비명에 죽어 간 것이 역사상의 기록이다. 일제의 폭정에 항거하다가 쓰러진 유명·무명의 수많은 애국자! 한일합방으로 시작되는 우리나라의 최근세사는 이들 애국자들의 피로 쓰인 역사다. 마찬가지로 세계 정치사는 이들 애국자·지사·혁명가 및 반항아의 투쟁사, 즉 피로 쓰인 기록이라고도 말할 수 있다. 이렇듯 몽양 여운형도 민족사의 한 장을 피로써 기록하는 결과가 되었다. 몽양은 만주, 시베리아, 상해, 그리고 남양 각지를 여행할 때에도 많은 위험과 고난을 겪었고, 직접 생명을 위협하는 테러를 당한 일도 실로 여러 번 있었다. 몽양의 죽음이 나라와 겨레의 불행과 슬픔을 뜻하는 하나의 큰 참사였음은 물론이다. 그리고 이와 같은 참사는 해방 직후 정치적·사회적 혼란의 산물이었던 동시에, 당시 일부 정치인들의 왜곡된 생리 및 심리가 가져온 추악·불미한 결과이기도 했다.

이동화
건국동맹에 참여하는 등 광복 후 민주사회주의 운동에 전념한 혁신계열의 대표적 정치가·학자. 경북대와 성균관대 정치학과 교수 역임. 번역서로 『볼셰비즘 정치이론의 비판』이 있다.

"농지개혁의 성과를 부정적으로 평가하는 것은
그것이 토지 문제를 근본적으로 해결하지 못했기 때문이며
소작농을 영세·소농 지배적인 자작농으로 바꾸는 역할을 했을 뿐
농업과 농민을 '열려진 질서'에로 유도할 수 없었기 때문이다."

●유인호

4

해방 후 농지개혁의 전개 과정과 성격 | 유인호
미군정 경제의 역사적 성격 | 이종훈

해방 후 농지개혁의 전개 과정과 성격
농지개혁의 토지 제도사적 의의
유인호

1 농지개혁의 배경

농지개혁 이전 농업의 상황

우리나라 농민은 오랜 역사적 과정에 걸쳐 너무나 가난하게 살아왔다. 가령 조선조 500년간의 봉건 사회만 보더라도 "농민은 최고 지주인 국가의 농노로서 그리고 적지 않은 부분이 사적(私的) 지주의 예농(隷農)으로서 일층 가혹한 생산 조건하에 긴박(緊縛)되어"[1] 있었으며 오랜 중세 사회를 통하여 농업 생산력의 발전은 거의 인정할 수 없는 미미한 것에 지나지 않았다. 이것은 봉건적 토지 소유 제도의 결과였다. 또한 가혹한 부역 노동, 그리고 생존을 위협하는 경제 외적 강제에 의한 공물 및 조세로서의 수탈로 말미암아 생산력은 정체하지 않을 수 없었으며 인구 증가도 거의 정체 상태에 머물러 있었다.

농민의 이러한 처참한 생존의 연속과 달리 지배 계급은 구중궁궐에 묻혀 향락의 연속사를 점철했다. 이것이 우리나라의 봉건사요, 세계의 봉건사인 것이다. 그리고 지배 계급은 향락권을 유지하고 확대하기 위하여 한층 더 가혹한 수탈을 감행하지 않을 수 없게 된다. 이것은 프랑스의 루이조(朝)가 그러했고, 러시아의 차르조가 그러했으며, 또한 우리나라의 조선조가 그러했다. 가령 구한말에 정부가 토지 제도의 개혁을 시도한 바 있지만, 그것은 봉건적 압박에 의하여 정체된 농업의 생산력을 개방하는 데 그 목적이 있는 것이 아니고 어디까지나 지배 체제를 유지하고 보강하기 위한 세제(稅制)의 근대적인 수립을 단행하는 데[2] 그 목적이 있었다.

그리하여 우리나라는 자본주의적 발전을 개시함과 동시에 제국주의화한 일본에 의하여 식민지로서 강제 인수되었다. 일본 제국주의는 이 땅에 대한 인수식도 채 마련하기 전에 "식민지 착취의 기초 공작 과정으로서 토지 조사 사업에 착수하였다. 그리고 이것을 토대로 하여 조세 제도도 근대화하였다."[3] 이와 같이 토지 조사 사업은 일본 제국주의가 식민지를 착취하기 위하여 선행해야만 될 필요조건이었으며 이 나라의 농민 생활과 농업 생산력을 향상시키는 데 그 목적을 두었던 것은 아니다. 그러므로 토지 조사 사업의 결과는 구래의 수조권자가 그대로 토지 소유권자가 되었으며 종래의 실질적 토지 점유자이며 또한 경작자였던 대부분의 농민은 토지 점유권을 상실하고 지주와 경작에 대한 계약을 맺는 소작 농민으로 전신되었다. 이와 같이 일본 제국주의는 이 땅에 봉건적 착취 제도를 강화함으로써 보다 급속하게 제국주의적 발전을 할 수 있었다. 그리고 일본 제국주의는 스스로 지주화하여 이 땅의 토착 지주와 뜻을 같이하는 면으로 농업 개혁을 단행했다.

일본 독점 자본의 본원적 축적의 기초 공작 과정으로서 이루어진 토지 조사 사업이 농업 생산력의 '개방'을 약속할 수 없음은 당연하며 이것은 토지 조사 사업이 끝난 2년 후인 1920년에 시작하여 1934년에 중지된 일본 제국주의가 추진한 산미 증식 계획 기간 중에 경지면적의 증대가 거의 없었다는 것을(표 1, 2 참조. 자료에 따라 약간의 숫자적 불일치가 발견되므로 여기서는 두 가지 자료를 들기로 했다) 보더라도 알 수 있다. 즉 토지 조사 사업 이후 16년간의 경지면적은 그들에게 유리한 자료에서 보더라도 438만 정보에서 450만 정보로 늘어났음에 불과하다. 이것은 비율로 약 3퍼센트 증가를 나타내는 것에 지나지 않는다.

그리고 이 기간에 농업 생산력이 거의 변화 없는 상태에 있었다는 것은

표 1   1919년에서 1935년까지 경지면적의 변동

(단위: 1,000정보)

	총경지면적	답	전
1919	4,324.7	1,543.1	2,781.6
1920	4,322.0	1,543.7	2,778.3
1921	4,322.5	1,543.7	2,778.8
1922	4,317.5	1,545.1	2,772.2
1923	4,320.9	1,549.5	2,771.4
1924	4,322.2	1,544.0	2,768.2
1925	4,348.4	1,563.7	2,784.6
1926	4,379.0	1,574.2	2,804.8
1927	4,387.7	1,587.1	2,800.7
1928	4,391.4	1,598.2	2,793.2
1929	4,392.2	1,608.9	2,783.2
1930	4,388.7	1,617.7	2,771.0
1931	4,384.5	1,629.0	2,755.5
1932	4,390.4	1,647.0	2,743.4
1933	4,411.8	1,660.3	2,751.5
1934	4,431.6	1,671.4	2,760.2
1935	4,432.2	1,681.3	2,750.9

자료: 농림부 농지국, 「우리나라의 농지제도」('농지개혁사' 편찬용 참고자료), 1962년, 경지면적 및 이용 상황표에서 작성.
※ 화전은 불포함.

표 2   1919년에서 1935년까지 경지면적의 변동

(단위: 1,000정보)

	경지면적	답	전	화전
1919	4,380.5	1,546.6	2,834.9	140.5
1935	4,500.1	1,703.2	2,796.9	417.7

자료: 조선은행 조사부, 『조선경제연보』, 1948년.
※ 연차별 조선 농가 경지면적표에서 작성한 것임(경지면적에는 화전 불포함).

표 3   1918~1934년 미곡 생산고   (단위: 1,000석)

연도	생산고	연도	생산고
1918	15,294	1927	17,299
1919	12,708	1928	13,512
1920	14,882	1929	13,702
1921	14,324	1930	19,181
1922	15,014	1931	15,873
1923	15,175	1932	16,346
1924	13,219	1933	18,193
1925	14,773	1934	16,717
1926	15,301		

자료: 『조선농업발달사』(상)

미곡 생산고의 증대가 거의 없었다는 것을(표 3) 보더라도 알 수 있다(물론 부분적인 생산력의 증대마저 부인하는 것은 아니지만 그것은 전체 농업의 생산력을 증대시킬 수 있는 요인이 못 되었다). 즉 1918년과 1934년을 대비해 볼 때 중간중간에 기복은 있다 하더라도 16년간의 총증가율은

표 4   1910~1935년 일인(日人) 농가 호수의 변화

	총호수	농가 총호수	일인 농가 호수
1910	2,804,103	2,336,326	2,132
1911	2,879,870	2,380,210	2,960
1912	2,959,968	2,433,609	4,383
1913	3,045,586	2,533,044	7,613
1914	3,121,781	2,590,237	8,632
1915	3,117,962	2,626,021	9,573
1920	3,292,979	2,270,729	10,210
1925	3,609,624	2,742,703	9,470
1930	3,821,564	2,869,957	10,505
1935	4,142,976	3,066,489	8,419

자료: 농림부 농지국, 앞의 책, 동표에서 작성.

약 9퍼센트에 지나지 않는다.

또한 일본 제국주의 치하 농민 생활의 궁핍상은 한층 더 가중되었으며 이것은 여러 가지 자료에서 알 수 있다. 특히 일본인 농가 호수의 급증(표 4)과 토지 소유 상황(표 5)으로서도 증명되며, 그뿐만 아니라 토지 조사 사업 후 소작 면적 및 소작인의 누진(표 6, 7)과 화전 면적이 급증(표 8)했다는 것만이 아니고, 거기에다 조세에 의한 강제 수탈과 미곡의 기아 수출(표 9)로서도 알 수 있다. 한편 경영의 영세성은 1940년의 경우 1정보 미

표 5　　　　　　　　토지 면적별 민족별 소유 상황

	1정보 미만		100정보 이상	
	조선인	일본인	조선인	일본인
1921	2,282,936	26,318	426	490
1927	2,609,246	36,722	335	553

자료: 일본 자본주의 발달사 강좌,『식민정책사』, p. 26.

표 6　　　　　　　1914년 이후 소작 면적의 변화　　　(단위: 1,000정보)

	자작 면적	소작 면적		자작 면적	소작 면적
1914	1,421.1	1,627.0	1925	2,149.6	2,198.7
1915	1,509.3	1,661.3	1930	1,948.9	1,439.7
1918	2,152.5	2,189.6	1935	1,892.9	2,539.4
1920	2,126.6	2,195.1	1938	1,867.1	2,569.7

자료: 농림부 농지국, 앞의 책, 동표에서 작성.

표 7　　　　　　　　지주 및 소작인 백분율

소작인	1913	35%(전체 농가의)
	1935	51
	1941	54
지주	1914	2
	1929	4

자료: 조선은행 조사부,『조선경제연보』, 1948년.

표 8 화전 면적의 변화 (단위: 1,000정보)

연도	면적	연도	면적
1919	140.5	1933	366.6
1920	128.0	1935	417.7
1925	153.2	1938	442.0
1930	180.7		

자료: 농림부 농지국, 앞의 책, 동표에서 작성.

표 9 미곡 수출고 (단위: 1,000석)

연도	수출고	연도	수출고
1910	770	1929	5,791
1914	1,332	1930	5,170
1918	2,250	1931	9,030
1922	3,210	1932	9,506
1925	4,758	1933	7,988
1927	6,470	1934	9,931
1928	7,021	1935	9,025

자료: 1.『조선농업발달사』(상).
　　　2. 재무부 세관국.

표 10 소작 계약에 있어서의 구두 계약의 비율

	구두 계약	소작 증서		구두 계약	소작 증서
경기	89(%)	11(%)	강원	80(%)	20(%)
충북	78	22	황해	80	20
충남	66	34	평남	84	16
전북	26	74	평북	96	4
전남	40	60	함남	93	7
경북	70	30	함북	99	1
경남	51	49	평균	73	27

자료: 조선총독부,『조선소작관습』.

만의 농가가 전체 농가의 72.1퍼센트가 되었으며, 그들이 경작하는 총경지 면적은 전체 경지면적의 10.4퍼센트에 불과하고, 소작 계약에서도 지주가 일방적으로 취소할 수 있는 구두 계약이 73퍼센트(표 10)를 점하고 있으며 그 결과 소작료는 지주의 요구가 관철되어 고율이 되지 않을 수 없었다.[4]

이상의 검토에서도 알 수 있는 바와 같이, 우리나라 농업은 장구한 기간에 걸쳐 농업 생산력의 발전을 초래할 수 있는 조건을 갖추지 못한 상태에서 재생산을 반복할 뿐이다.[5] 그리고 토지 조사 사업 이후에도 이 상태에는 아무런 변화도 일어나지 않았다. 이 점은 농업 생산력의 물질적 토대의 한 부분을 구성하는 '생산 용구' 면에도 확인되는 부문이다. 즉 1900년대 이후의 농가에서 사용한 농업에서의 중요한 생산 용구가 거의 개량되지 않은 과거 유산을 그대로 사용함으로써 농업 생산이 전개되었다는 것[6]은 농업 생산력 정체를 농업 기술 면에서 증명하는 것이라 하겠다.

더욱이 이러한 봉건적 관계는 8·15해방 이후에도 기본적으로는 변화되지 않고 지속되고 있었다. 여기에서는 1945년 말 현재의 몇 가지 자료에서 '농업의 상황'을 보기로 하겠다. 먼저 농지 소유 관계는 일제하의 상태를 그대로 답습함으로써 지주와 소작인의 관계가 지속되고 있었다. 이것은 표 11에서 보는 바와 같이 남한의 총경지면적의 63.4퍼센트가 소작지였으

표 11 남한의 토지 소유 상황(1945년 말) (단위: 1만 정보)

구분	답	전	계
농경지	128(100.0)	104(100.0)	232(100.0)
소작지	89(70.0)	58(56.0)	147(63.0)
전 일인 소유	18	5	23
조선인 지주 소유	71	53	124
5정보 이상 소유 지주	43	14	57
5정보 이하 소유 지주 15만 호	28	39	67
자작지(100만 농민)	39(30.0)	46(44.0)	85(37.0)

자료: 조선은행조사부, 『조선경제연보』, pp. 1~29.

표 12   소유 형태별 농가 호수의 분포   (1945년 말)

구분	농가 호수	구성비
자작농	284,509	13.8(%)
자소작 및 소자작농	716,080	34.6
소작농	1,009,604	48.9
불경작 자농가	55,284	2.7
계	2,065,477	100.0

자료: 조선은행 조사부, 『조선경제연보』, 1948, pp. 1~28

표 13   소유 형태별로 본 규모별 농가 호수   (1945년 말)

구분	10정보 이상	10~5 정보	5~3 정보	3~2 정보	2~1 정보	1~0.5 정보	0.5정보 미만	토지 불경작 농가	계
자작	75	936	7,231	23,048	64,079	92,543	98,912	…	286,824
자소작	49	1,188	8,653	30,534	87,433	111,653	100,323	…	339,833
소자작	45	1,089	8,198	30,583	94,402	126,768	116,591	…	377,676
소작	73	2,186	17,349	70,406	213,529	340,222	360,979	…	1,004,744
계	242	5,399	41,431	154,571	459,443	671,186	676,805	56,400	2,065,477

자료: 조선은행 조사부, 『조선경제연보』, 1948, pp. 1~31.

며, 농가 호수에서는 표 12에서 보는 바처럼 총호수 206만 5,477호 중 완전 소작농이 100만 9,604호인 데 비하여 완전 자작농의 수는 28만4,509호에 지나지 않는다. 그리고 71만 6,080호가 '반소작' 상태에 있다는 것도 알 수 있다.

즉 13.8퍼센트의 자작농에 대해 소작농이 48.9퍼센트이고 반소작농이 34.6퍼센트나 된다는 것은 농지 소유 면에서 볼 수 있는 봉건적 관계의 실상이라 하겠다. 그리고 또한 소유 형태를 규모별로 보면(표 13) 한층 더 그 특성(영세 상태에서 수탈)을 알 수 있다.

이렇듯 우리나라 농업은 생산력을 발전시킬 수 있는 제도적·기술적인 요건을 갖추지 못한 상태에서 선조 대대로 이어받은 원시적인 생산 용구에 의존한 '생업'을 지속할 뿐이었다. 이것이 농지개혁 이전까지 우리나라 농업의 일반적인 사정이다. 즉 조선조 봉건 시대에서 일제 침략의 전 기간에 걸쳐 이어져 온 '봉건적 생산 방식'에 의한 농민의 수탈, 이것이 우리나라 농업의 실상이다.

농지개혁의 요망

장구한 기간에 걸친 봉건 제도 그리고 일본 제국주의 치하에서의 비인도적인 고율의 소작료 중압에서 해방될 수 있는 유일한 방법은 봉건적 토지 지배 관계를 단절하는 것이다. 즉 토지에 대한 봉건적 지배를 농민적 지배로 전환하는 것이며, 이것은 다름 아닌 '농민적 토지 소유'를 이룩하는 것이라 하겠다. 이러한 토지 제도를 개혁하고자 하는 요망은 이미 일제 치하에서도 제창되었으나, 농민에 대한 봉건적 수탈을 토대로 하여 번영한 일본 독점 자본이 이러한 요망을 수락할 수는 없었다. 그리하여 토지 제도를 개혁하고자 하는 요구는 해방과 더불어 가장 중요한 농업 문제로서 대두하게 되었던 것이다.

그러면 종래 우리나라 농지 제도의 중심 문제는 무엇이었던가. 그것은 중소 자작농의 몰락, 대지주(일본인 지주를 포함한)의 토지 겸병, 그리고 소작농의 대지주 예속이라는 문제였다. 이러한 현상이 발생하는 원인은 첫째로, 영세 경영이 대부분이라는 것. 둘째로, 농지의 대부분은 소작지였으며 더욱이 소작 관계가 매우 불합리했다는 것. 셋째로, 일본 제국주의 치하에서 그들의 대륙 침략을 위한 가혹한 농민 수탈의 한 방법인 협상 가격차. 넷째로, 조세 공과금·공출 등 강제적 수탈이 중소농에 가중했다는 것을 들 수 있다.

이와 같은 중압의 근원이 되고 있는 토지 제도를 개혁하려는 요구가 해방과 더불어 농민적 요구로서 제기되는 것은 당연한 일이라 하겠다. 특히 당시 국제 정세나 국내 정치 정황이나 그리고 사회 사정에서 볼 때 토지개혁 문제는 그제야 누구도 그것의 당위성을 부정할 수는 없게 되었다. 즉 국제적 정황인 제2차 세계대전에서 연합국의 승리와 그에 따른 식민지 해방은 이 지역 농민들로 하여금 농지 소유와 자립적 영농 의욕을 고취하는 계기가 되었다.

제2차 세계대전 후 각 지역에서의 토지 제도 개혁 요구와 우리나라에서의 요구와는 몇 가지 점에서 다른 요인이 작용했음을 볼 수 있다. 즉 우리나라에서 토지개혁 요구는 크게 두 가지 국면에서 볼 수 있다.

첫 번째는, 내재적 요구의 국면이다. 이것은 다른 여러 지역에서 볼 수 있는 것과 같은 차원에서 생각할 수 있는 것이다. 즉 앞에서 본 표 11, 12에서도 알 수 있듯이 지주적 토지 소유 관계가 초래하는 경제 외적 강제를 단절함으로써 농민에 의한 농지의 소유를 이룩하고 그리하여 자립적 영농에 의한 농업 생산력의 발전을 기하려는 농업 내부에서 나타나는 자연적 요구가 그것이다. 이러한 농민적 요구는 당연히 농민적 측면에서 충족되어야만 하는 것이었다.[7]

일제의 수탈이 이들 농민에게 가중했던 것에 비례하여 농민의 토지개혁 요구가 강렬하게 나타나는 것도 당연한 것이라 하겠다. 이러한 토지개혁 요구는 비단 농민의 요구로서만 당연시될 것이 아니라 우리나라가 자립 경제를 이룩하고 국민 경제를 급속히 발전시켜 나가는 데에도 필요 불가결의 과제로 제기되는 국민적 요구로 받아들여져야만 하는 것이었다. 즉 국민 경제적 측면에서 볼 때 정체된 농업과 농촌이 국민 경제의 공업화를 위하여 적극적인 역할을 하기 위해서는 먼저 그 자체의 개혁에 의한 발전이 이루어지지 않으면 안 된다. 그러기 위해서는 무엇보다도 농지의 봉건적 소유를 극복하는 것이 가장 선행되어야 할 과제이며 그리하여 농법의 변혁이 수반되어야 하는 것이다. 그 결과로 광대한 농촌 시장이 국민 경제의 공업화를 위하여 개방되어야 하는 것이다. 그리고 농업은 이 과정에서 스스로 새로운 경제 질서를 창출해야 하며 그러한 새로운 근대적 경제 질서의 확립과 비농업 부문의 급속한 발전이 일체가 되어 국민 경제의 자주·자립을 이룩하게 되어야 한다. 당시의 경제적 사정에서 보아 토지개혁이 불가피했던 요인을 농협중앙회에서 간행한 『한국농정 20년사』에서는 다음과 같이 말하고 있다.

첫째, 한일합병 후 약 40년간을 지배하여 왔던 기생·부재 지주제는 이미 위에서도 시사한 바와 같이 농업 생산력 위축, 투자 수준의 저하, 소작쟁의의 빈발에 구조적 원인이 되어 왔다.

둘째, 1947년의 농림부 조사에 따르면, 농가 총호수 200여 만 호 가운데 자작농은 그 16퍼센트에 해당하는 약 36만 호에 불과하고 자기 농지가 전혀 없는 소작농이 총농가의 42퍼센트인 90여 만 호이며 나머지는 자소작농이거나 소자작농으로서, 이와 같은 토지 소유의 지주·소작 관계가 경제적으로는 물론 경제 외적 강제에 의해 농촌 경제 및 농촌 사회의 근대화를 저해하여 왔다.

셋째, 워낙 농가의 호당 평균 경작면적이 영세한 데다 해방과 더불어 38선 이북 동포의 월남과 해외 동포의 귀환이 남한 인구의 격증을 가져옴으로써 농지 소유의 영세화를 더욱 가중하여 농지 분배의 불합리성을 가일층 노정했으므로 그 시정이 요망되었다.[8]

이상에서 우리는 토지개혁에 대한 내재적 요구를 몇 가지 측면에서 살펴보았다. 이러한 피점령지의 농민적 요구는 미국무성의 대전 후 점령 지역에 대한 경제 정책의 중요한 문제점으로 받아들여져 점령 지역 경제 정책의 중요 부분을 이루게 되었다. 그리하여 우리나라에서도 토지개혁 문제는 미군정하 경제 정책의 중요 과제로 취급되어 추진되었다. 즉 후진 지역에서 공통적인 문제로 제기되는 토지개혁을 위하여 미국무성은 남한에서 점령 정책 초기부터 이 문제를 취급하기 시작했다.[9] 이러한 여러 가지 이유에서 남한에서도 토지개혁 요구는 크게 제기되었으며 여기에 더하여 몇 가지 다른 국면에서 볼 수 있는 요인이 작용하여 일부 지주층의 의식적인 반대에도 불구하고 이 문제는 그대로 넘길 수 없는 불가피한 과제가 되고 말았다.

다음으로 토지개혁 요구를 고조화한 또 하나의 국면을 보기로 하자. 그것은 다름 아닌 한반도 양분에서 오는 정치 체제의 차이에서 빚어지는 결과적 현상이다. 즉 1946년 3월 5일에 공포되어 3월 말까지 분배 완료된 북한의 토지개혁이 그것이다. 북한의 토지개혁은 그것이 설사 남한 정치 체제하에서는 수용될 수 없는 것이라 하더라도 남한 농민의 토지개혁에 대한 요구에 큰 작용을 한 것은 틀림없다. 표 12에서 보는 바와 같이 100만 호를 넘는 완전 소작농과 72만 호에 가까운 반소작농의 농지에 대한 '절대적 갈망'은 정치 이념을 초월한 당위적 요구인 것이다. 그리고 미군정 당국자도 토지개혁을 위한 제반 구상을 이미 1946년 2월에 하고 있었으며 또한 미군정의 1945년 10월 5일자 미군정 법령 제9호[10])에 의한 소작료 조정 등은 농민들로 하여금 토지개혁의 실시를 당연한 요구로서 제기할 수 있게 하는 것이었다. 이러한 여건 조성하에서 북한의 토지개혁이 미친 영향은 거의 절대적이라 하지 않을 수 없다. 그뿐이랴. 정치 이념을 달리하는 정치 단체가 북한의 토지개혁을 농민들에게 선전하고 농민들로 하여금 이 문제를 위한 정치 행동에 참여하게 하는 상황은 미군정에 커다란 사회 문제로 받아들여지게 했던 것이다.

해방 후의 정치적·경제적·사회적 문제 중에서도 토지개혁에 대한 처리는 이처럼 시급한 과제로서 등장했으나 이것의 실시가 지연됨으로써 농업 문제를 더욱 어렵게 만들고 말았다. 그 대표적인 것을 우리는 남한에서 토지개혁이 거론되고 난 이후 그것의 실시에 이르는 약 5년간에 나타난 토지 방매를 들 수 있다. 그리하여 농민의 농지개혁에 대한 요구는 사실상 그 본질에서 변질을 보게 되는 것이며, 그럴수록 북한의 토지개혁에서 원칙은 그것의 정치적 의도가 어떠하거나 남한 농민으로 하여금 하나의 '방향'으로 생각하게 하는 것이었다.[11])

이상에서 우리는 토지개혁에 대한 '요망'을 두 가지 국면에서 보았다. '외적 요인'에 해당하는 북한의 토지개혁에 의한 영향이 특히 지적되는 것은 그 지역이 '다른 나라'로서 인식되지 않았을 뿐만 아니라 동일 경제권으로 받아들여졌던 당시로서는 어느 한 지역의 큰 변화가 다른 한쪽에 크게 작용할 수밖에 없었기 때문이다. 그러므로 우리는 '외적 요인'이라 하더라도 일본이나 기타 다른 국가에서 실시되었던 농지개혁에 의한 영향과 비교할 수 없는 점을 북한의 토지개혁에 의한 영향에서 받고 있는 것이다.

더욱이 정치 이념의 차에서 연유되는 '개혁'의 차이마저도 어떤 면에서는 가볍게 고려되고 '동일성'이 강하게 작용하게 상호 영향을 미치는 것이라 하겠다.

북한의 토지개혁

우리나라 농지개혁을 촉구하는 '결정적 작용'을 했을 뿐만 아니라 농지개혁법의 제정·공포에 이르는 장기간의 논의에서 언제나 떠나지 않고 영향을 미쳤던 북한의 토지개혁을 간단히 검토하기로 하자.

배경

1946년 3월 5일을 기하여 북한 전역에서 실시된 토지개혁은 '무상몰수·무상분배'의 원칙에서 이루어졌으며 이것은 제2차 세계대전 후의 동독을 비롯한 동부유럽 여러 나라에서 실시된 토지개혁이나 중국의 중공(中共)지배 지역에서 실시된 토지개혁과 같은 성격의 것이라 하겠다. 이러한 토지개혁이 북한에서 실시되게 된 배경을 몇 가지 점에서 검토한 후에 그 내용을 분석하기로 하겠다.

먼저 북한에서 토지개혁이 이루어지기 전의 토지 소유 관계가 어떠했는가를 보자. 1943년 말 현재의 통계를 토대로 하여 볼 때,[12] 38도선 이북의 총경지면적은 198만 2,431정보로서 이것은 대체로 산악 지대와 고원이며 그리고 전작 지대가 주를 이루고 있다. 즉 논에 비하여 밭이 큰 비중을 점하며 또한 화전이 많은 부분을 차지하고 있었다(표 14 참조). 총경지면적 중 지주 소유 면적은 115만 4,838정보이며 이것은 총경지의 58.2퍼센트에 해당하는 것이다.[13] 이것을 다시 논과 밭으로 나누어 보면 논은 72.4퍼센트, 밭은 53.8퍼센트가 지주 소유로 되어 있었다.

이렇듯 북한의 토지 소유 관계에서 볼 수 있는 것은 논의 약 4분의 3과 밭의 반 이상이 전 농가 호수의 4퍼센트에 불과한 지주에게 소유되어 있었다는 사실이다. 즉 북한에서도 토지 소유의 지주적인 집중이 설사 그 평균치에서는 남한에 비하여 낮은 숫자라고 하더라도 지주적 토지 소유가

표 14　　　　　　　화전민 경지면적 및 호수의 도별 상황　　　　　　(1943년)

	면적(정)	호수	인구
경기	4,667	6,392	27,513
충북	1,451	2,966	13,913
충남	8	291	1,409
전북	750	2,464	11,850
전남	385	390	1,487
경북	2,002	5,242	23,832
경남	—	—	—
황해	21,633	26,205	98,903
평남	37,830	17,672	96,908
평북	107,441	48,601	254,658
강원	63,706	67,502	361,443
함남	118,591	55,742	342,456
함북	14,054	14,489	79,972
총계	372,518	247,956	1,314,344

자료: 조선은행 조사부, 『조선경제연보』, 1948, pp. 1~32.
※ 화전민은 화전만을 경작하는 농민과 숙전을 병경하는 농민으로 구성되어 있다.

지배적인 관계를 형성하고 있었다는 것을 알 수 있다.

다음으로 북한의 농민 구성을 보면 다음과 같다. 완전 자작농의 수는 전 농가 호수의 약 25퍼센트를 점하는 25만 1,261호이고, 반자작농(자작 겸 소작과 소작 겸 자작을 합한 것)은 30만 9,143호로서 30.8퍼센트를 점하며, 완전 소작농의 수는 43만 5,789호로서 전체 농가 호수의 43.4퍼센트를 점하는 압도적인 부분을 나타내고 있다. 그외에 농촌 고용자의 호수가 8,316호이고 지주의 수는 4만 6,134호를 가리키고 있다.

이와 같이 북한에서 토지개혁 이전의 농민 구성은 그 압도적인 부분을 차지하고 있는 것이 완전 소작농이며 반소작농까지 합하여 보면 그 비중은 전 농가의 4분의 3에 이른다. 우리가 앞에서 남한의 토지 소유와 농민 구성에서 보았던(표 11) 각 구성비와 비교하면 북한의 자작농이 높은 비

표 15   농가 구성 비율표   (1943년 말 현재)

	북한		전국	
	호수	비율	호수	비율
자작농	251,261	25.00(%)	536,098	17.6(%)
자작 겸 소작농	164,724	16.39	485,414	15.98
소작 겸 자작농	144,419	14.37	499,001	16.38
소작농	435,789	43.38	1,481,357	48.63
농촌 고용자	8,316	0.95	44,231	1.83

자료: 앞의 『조선경제연보』.

율을 나타내고 있다고 하더라도[14] 자작농은 겨우 25퍼센트에 지나지 않는다. 그리고 이것은 당시 전국(남북을 합한)의 평균치와 비교하면 표 15와 같다.

표 15에서 파악할 수 있는 것은 첫째로, 자작농의 비율이 북한은 25퍼센트인 데 비하여 전국 평균은 17.6퍼센트라는 점이다. 둘째로 소작농에서는 북한이 43.38퍼센트인 데 비하여 전국 평균은 48.63퍼센트를 나타내고 있다. 또한 농촌 고용자에서는 전국 평균의 절반에 지나지 않는다. 이와 같이 농촌 사회의 계급 분화상과 토지 소유의 지주적 집중화가 남한에 비하여 북한에서는 비교적 미약했다는 것을 볼 수 있다. 물론 이러한 '미약' 상이 봉건적 토지 소유에서 남과 북의 차를 나타내게 하는 것은 아니다. 다만 그것은 봉건적 수탈의 지역적 특성에 따른 강도의 차를 가리키는 것에 지나지 않는다.

이상에서 본 바와 같은 토지 소유 관계와 농민 구성이라는 물질적 여건하에서 북한의 토지개혁은 실시되었다. 그리고 그 방향은 사회주의 집단농의 건설이라는 긴 안목에서의 단계적 개혁으로 파악되는 것이다. 즉 농민적 토지 소유의 철저한 실시를 기반으로 하여 협동 농장 건설에 이르는 기간에 몇 단계 변혁을 수반함으로써 그 목적을 이룩하게 되는 것이었다. 이것은 농민적 토지 소유라는 '과도기성'을 사회주의 집단농의 방향으로 극복하는 것이다.

북한 토지개혁법의 내용

여기서는 북한의 토지개혁법을 검토함으로써 토지개혁의 내용을 보기로 하겠다.[15] '북조선임시인민위원회'가 17개조의 '북조선토지개혁법'을 제정해서 공포한 것은 1946년 3월 5일이며 6개장 24개항의 '세칙'이 발표된 것은 3월 6일이다. 이리하여 토지 분배 사업을 완료한 것은 3월 말일이다.

이렇듯 북한에서 토지개혁은 해방 직후에 전격적으로 실시되었음을 볼 수 있다. 이와 같은 전격적인 실시는 지주로 하여금 토지 방매 등 여러 가지 술법에 의한 권리 유지 수단을 강구할 기회를 주지 않았다는 것만이 아니고 농민들의 토지 소유욕을 충족함으로써 사회주의 체제 형성의 물질적 토대를 시급히 구축한다는 것이기도 하다. 이러한 근본 의도를 가진 토지개혁의 목적을 토지개혁법 제1조에서는 농업 생산과 농촌 생활의 관계들을 근본적으로 혁신하고, 모든 토지를 직접 경작자에게 분배함과 동시에 농민으로 하여금 자주적인 농업 경영을 할 수 있는 길을 열어 주는 데 있다고 한다. 즉 "북조선의 토지개혁은 역사적 또는 경제적 필요성에서 이루어진 것이며, 이 과업의 중점은 일본인 토지 소유와 조선인 지주들의 토지 소유 및 소작제를 철폐하고 토지 이용권은 경작하는 자에게 주게 되었으며 북조선에서 농업 제도는 지주에게 예속되지 않은 농민 경영에 의거"한다는 것이다.

그리고 몰수하는 토지에 대한 제2조의 규정은 일본인 토지는 무상몰수하여 농민에게 분배한다는 것이다. 그리하여 일본의 잔재를 근본적으로 제거함으로써 과거의 '노예사'에 종막을 고한다는 것이다. 구체적으로는 첫째로 일본 정부·일본인 및 일본인 단체가 소유한 토지, 둘째로 조선 인민에 대한 반역자, 조선 인민의 이익에 방해를 주며 일본 제국주의의 정치 기관에 적극 협력한 자의 소유 토지 및 일본 압박하에서 조선이 해방될 때에 자기 지방에서 도주한 자의 소유 토지는 전부 몰수한다는 것이다. 또한 제3조에서는 조선인 지주들에 의한 소작제를 철폐하고 토지 이용권을 직접 경작하는 자에게 준다는 것이다. 즉 몰수한 토지를 무상으로 농민의 소유로 분여하되 그것은 첫째로 한 농가에 5정보 이상 소유한 조선인 지주의 소유지, 둘째는 자경(自耕)하지 않고 전부를 소작으로 주는 소유자의 토지, 셋째로 면적에 관계 없이 계속적으로 소작 주는 소유자의 토지, 넷째로 5정보 이상을 소유한 종교 기관의 소유 토지를 몰수한다는 것이다. 이것은 농민에 대한 봉건적 착취의 관계를 근본적으로 제거한다는 것이다.

한편 이러한 5정보 이상의 소유지 몰수에서 제외되는 특전 부분이 있다. 그것은 첫째, 학교, 과학연구소, 병원 등지의 소유지. 둘째, 북조선인민위원회의 특별한 결정으로 조선의 자유와 독립을 위하여 반일본 침략 전쟁에서 공로 있는 자들과 그 가족에 속하는 토지 및 조선 민족문화 발전에 특별한 공로가 있는 자들과 그 가족에 속하는 토지는 몰수에서 제외되고 있는 것이다.

다음으로 분배에 관한 조항을 보면, 분배 대상을 직접 생산자에게 분여한다는 것이다. 분여에서 순위는 첫째, 고용자, 무토지농민, 토지가 적은 농민. 둘째, 자기 노력으로 자경하려는 지주들은 농민들과 같은 권리로서 토지를 분여받되 다만 종래 거주하던 군이 아닌 타군에서 토지를 분여받는다는 것이다.

또한 몰수한 전 토지는 농민에게 무상으로 영원한 소유가 될 수 있도록 양여한다(제5조)는 것이며, 더욱이 분여된 토지는 어떠한 방식으로도 매매, 소작, 저당 등을 금지한다는 것이다. 이것은 농업 내부에서 봉건적 수탈 관계가 부활될 수 있는 소지를 그 원천에서 제거한다는 것이며, 고리대적 요소마저도 그 근원을 제거한다는 것이다.

북한의 토지개혁에서 볼 수 있는 것은 토지에 대한 개혁만이 아니고 농업에서 생산 수단 전체의 봉건적 소유 관계를 개혁한다는 것이다. 즉 지주의 토지를 몰수하는 데 그치지 않고 지주가 소유한 축력, 농기구, 주택 외 일체 건축물, 대지 등도 몰수한다는 것이다. 몰수한 생산 수단은 인민위원회가 처리하되 고용자·무토지 농민에게 분여되며 몰수된 일체의 건물은 학교·병원·기타 사회 기관의 이용으로 넘긴다는 것이다. 이것은 몇 가지 의미를 가진다.

표 16   몰수된 토지

1. 전 일본인 소유지	100,504(정보)
2. 5정보 이상 지주의 초과 소유지	287,196
3. 부재지주의 토지	539,419
4. 5정보 이상 소유한 단체의 초과 소유지	148,550
5. 기타	21,683
몰수 토지 총면적	963,657

자료: 앞의 『조선경제연보』, pp. 1~375 참조.
※ 합계의 숫자와 각각의 숫자의 불일치 원인은 불명.

첫째로, 고용자와 무토지 농민이 토지를 분여받았다 하여 그것만으로 구(舊)지주와 관계를 단절할 수 있는 것은 아니다. 왜냐하면 축력이나 농기구가 여전히 봉건적인 구지주에게 소유되어 있다면 그것만으로도 구지주는 농민을 지배할 수 있기 때문이다. 그러므로 새로이 토지를 소유하게 된 고용자나 무토지 농민에게 '자주적인 농업 경영'을 지속하게 하기 위해서는 이러한 토지 이외의 생산수단에 의한 종속 가능성을 제거해야 될 뿐만 아니라 그것을 소유할 수 있도록 하여야만 되는 것이라 하겠다.

둘째로는, 구지주 계급의 물질적 토대를 완전히 제거함으로써 '농업 생산과 농촌 생활의 관계를 근본적으로 혁신'한다는 목적을 달성할 수 있다고 판단되는 점이다. 그리하여 구지배 관계의 근절에 의한 농업 생산력의 향상과 직접적 생산자의 자주적인 발전을 기하려는 것이라 하겠다.

또한 이상과 같은 경작 토지와 그 생산수단만이 아니고 과수원과 산림에 대해서도 같은 방식의 개혁을 단행했다. 즉 일본 정부·일본인·일본인 단체가 소유하는 모든 과수원과 기타 과목도 몰수하여 도인민위원회에 맡기며, 또한 토지를 몰수당한 조선인 지주 소유인 과수원·기타 과목도 몰수하여 도인민위원회에 보유하게 한다는 것이다. 특히 농민들이 소유한 소규모 산림을 제외한 전 산림을 몰수하여 북조선임시인민위원회에 넘기도록 되어 있다. 그리고 토지를 몰수당한 소유자에게 소속되었던 모든 관개 시설을 몰수하고 북조선임시인민위원회의 처리에 위임하도록 되어

있다.

그러면 이상과 같은 초강경의 토지개혁을 실시하는 주체는 어떻게 규정하고 있는가. 동법 제15조에 따르면 농민 자신에게 맡겨져 있다. 즉 이 토지개혁은 북조선임시인민위원회의 지도하에서 실시되지만 직접적인 담당자는 소작인들의 총회에서 선출된 농림위원으로 되어 있다. 그러므로 그것의 추진은 지주의 추방으로 나타날 수밖에 없는 것이다. 여기에 새로운 사회 문제가 제기되는 것은 당연하다 하겠다.

토지 분배의 내용

토지 분배는 1946년 3월 5일에 시작하여 3월 말일에 완료했고, 동년 6월 20일까지는 약 72만 호의 농가에 95만여 정보의 토지소유증명서가 교부되었다. 그리하여 북한의 농촌에서는 일제 잔재와 봉건적인 관계가 사라지고 농민들은 평균 호당 1.5정보의 토지를 소유하게 되었던 것이다.

여기에서 우리는 무상으로 몰수된 토지의 면적과 그것의 분배 내용을 보기로 하자. 먼저 몰수된 토지의 면적은 각각 다음 표와 같다. 표 16에서 보는 바와 같이 몰수 토지의 반 이상이 부재지주의 토지이며 총몰수 면적은 토지개혁 당시의 북한 내 총경지면적의 45퍼센트에 이른다고 한다. 이와 같은 면적의 토지가 완전히 무상으로 몰수된 것이다.

다음으로 분배 내용을 종별로 보면 표 17과 같다. 즉 총분배 농가의 60퍼센트 이상이 무토지 농민에게 분여되었다는 것이다. 이와 같은 많은 분여지가 무상으로 분배된 것이다. 그리고 인민위원회가 보유한 1만 1,601정보는 주로 농업시험장이나 기타 농업 개량에 사용되는 토지라고 한다. 한편 분여받은 농가의 총호수는 68만을 넘는 숫자이며 무토지 농민이 60퍼센트에 가까운 압도적인 비중을 점하고 있다.

이상에서 본 바와 같이, 몰수된 토지는 각 농가에 분여되었다. 그러면 분여 기준은 무엇인가. 동법의 세칙에서 보면 "분여의 기준은 각 농가의 가족 인원수와 아울러 그 가족 내의 노동 능력의 실수를 조사하여 다음과

표 17 분여 내용

분여 대상	분여 면적	분여 농가 호수
1. 농촌 고용자	23,304(정보)	15,544(호)
2. 무토지 농민	583,304	407,307
3. 토지가 적은 농민	236,039	255,998
4. 타군에서 이주해 온 자경하려는 지주	9,621	3,092
분여 토지 총면적	952,056	681,941
인민위원회 보유지	11,601	

자료: 앞의 『조선경제연보』에서 작성.
※ 합계의 숫자와 각각의 숫자의 불일치 원인은 불명.

표 18 기준 점수표

남	18~60(세)	1(점)
여	18~50	1
청년	15~17	0.7
소년	10~14	0.4
소아	9 이하	0.1
남	61 이상	0.3
여	51 이상	0.3

자료: 앞의 『조선경제연보』, pp. 1~376 참조.

같은 점수제에 의거하여 실시한다"고 되어 있다. 이 점수제와 병행하여 토지의 질을 고려했음은 물론이다. 또한 분배하는 지역의 범위는 부락 단위로 되어 있으며 종전의 경작 지역을 주로 하고 행정 구역과는 무관하게 했다. 이것은 행정 구역과 경제 단위와는 반드시 일치되는 것이 아니므로 경제성에 중점을 두게 한 것이라 하겠다. 한편 경작 토지 이외의 농업용 생산수단의 몰수 상황은 다음과 같다.

1. 농업 건축물을 몰수당한 지주 호수 4,751호
2. 몰수된 건축물 수 13,370동

3. 몰수된 축우 4,583두

4. 몰수된 말 146두

5. 일본인 소유 과수원 2,073정보

6. 조선인 불로(不勞)지주 소유 과수원 5,103정보

7. 산림 3,432,986정보

8. 관개 시설 1,165개소

9. 위와 같은 몽리(蒙利) 면적 50,502정보

이상에서 우리는 북한에서 실시된 토지개혁의 모습을 살펴보았다. 여기에서 우리가 얻을 수 있는 것은 첫째는, 북한에서는 농업 생산의 여건이 크게 변모되었다는 점이고, 둘째는, 오랜 기간에 걸쳐 농업의 발전을 제약하고 있었던 봉건적인 토지 소유 관계가 일단 종말을 보게 되었다는 점이며, 셋째는, 농업 생산력을 바꾸어 놓을 수 있는 농민적 토지 소유가 마련되었다는 점이다. 즉 토지개혁의 결과로 농민적 토지 소유라는 한계성 내에서나마 농업의 발전과 농민 생활의 향상을 초래할 수 있는 물질적 토대가 일단은 마련되었다. 그러나 이러한 북한의 토지개혁은 저들의 사회주의 논리에 따라 초강경으로 급속하게 추진되었다는 점에서 한계성이나 부작용이 적지 않았던 것이 사실이고, 따라서 북한의 토지개혁에 대해서는 여러 각도에서 상이하게 평가할 수 있겠다.

아무튼 이러한 토지개혁은, 봉건적인 토지 소유가 북한에서보다 가중된 상태에 있었던 남한 농민에게 미치는 영향이 크지 않을 수 없었다.

지주들의 거부반응과 토지 방매

기정사실화하는 농지개혁

토지개혁에 대한 내재적 요구와 아울러 외적 영향은 남한에서 토지개혁을 피할 수 없는 것으로 만들었다. 당시 상황에서 지주 계층은 토지 개혁이 결과적으로 스스로의 봉건적 토지 소유에 따른 제반 관계를 근본에서

부터 부정하는 것임에도 불구하고, 봉건적인 토지 소유에 근거 지어짐으로써 형성되고 있었던 소작 관계의 지속을 정면에서 주장할 수는 없었던 것이다. 즉 그들은 그들의 봉건적 수탈을 비호하여 주던 일본 제국주의의 이 나라 농민에 대한 봉건적 수탈이라는 커다란 '보호 기구'를 잃었을 뿐만 아니라 미군정의 잇따른 조치들[16]은 그들의 물질적 토대인 토지 소유의 봉건적 지배 관계를 부정하는 방향으로 전개되고 있었던 것이다.

특히 미군정은 군정 실시와 더불어 '최고 소작료 결정의 건'을 '국가비상사태포고'(1945. 10. 5)로서 할 만큼 이 문제를 중시하고 있었다. 더욱이 미국무성과 군정 당사자들의 공통적인 생각은 이 나라의 소작료는 세계에서도 그 예를 볼 수 없을 만큼 높다는 것을 잘 알고 있었으므로(이것은 여러 가지 자료에서 파악될 수 있다) 제1차적으로 소작료의 최고 한도를 3·1제로 결정하고 또한 소작 계약의 일방적인 해제를 무효로 하는 엄한 법령을 "조선국가비상사태의 존재를 자에 포고함"(제1조)이라고 하여 공포했던 것이다. 그리고 이 법령은 "토지개혁의 전주로서의 커다란 의의를 가지고 있는 것이다"[17]라고 평가되리만큼 이 나라 사회에 커다란 충격을 주었을 뿐만 아니라 절대다수를 점하는 농민에게는 장구한 기간에 걸쳐 이어져 오고 있던 농노적 예속 상태에서 해방될 수 있다는 가능성을 심게 했던 것이다.

그리하여 1946년 2월에는 미군정 장관 직속의 토지개혁법안 기초위원회가 설치됨으로써 토지개혁 준비는 본격화되는 인상을 주었으며, 1947년 5월에는 번스(Bunce)안이라고 불리는 '남조선토지개혁법초안'이 제시되고 또한 1947년 12월 19일에는 남조선과도입법의원 산업노동위원회를 통과한 '남조선토지개혁법안'이 입법의원 본회의에 상정됨으로써 토지개혁은 이루어지는 것으로 생각되었다.

한편 이러한 군정 당국의 노력과 병행하여 사회단체의 토지개혁에 대한 시안도 나오기 시작했다. 즉 당시 '남조선 전국농민총연맹'(전농)은 1945년 12월 결성 대회에서 다음과 같이 말했다.

토지개혁의 실천 문제를 먼저 일본 제국주의와 반민족적인 지주 및 대지주의 토지는 이를 몰수하여 농민에게 분배하기를 요구한다. 그리고 일반 조선인 지주의 소작료는 3·7제로 실시하기를 주장한다.[18]

그 후 '전농'은 1946년 2월 21일에 제2차 대회에서 통과시킨 '남조선 토지개혁법령초안'을 미군정청에 제출했다. 그리고 1947년의 미·소공동위원회에는 3개 사회단체의 토지개혁에 대한 '자문답신서'가 제출되었으며,[19] '임협'(臨協)안인 '유상몰수 유상분배'와 '시협'(時協)안인 '유상몰수 무상분배', 그리고 '민전'(民戰)안인 '무상몰수 무상분배' 등은 그 이후 토지개혁 논의의 3대 방향을 이루는 것이었다.

지주 계층의 지연책

이상과 같이 미군정의 방침에서나 사회단체의 요구에서 볼 때 토지개혁은 기정사실로서 받아들여지게 되었다. 그러면 지주 계층은 이러한 사태에 어떻게 대처했는가. 결코 그들은 방관하지 않았으며 그들대로 그들의 경제적 기반을 유지하기 위한 모든 방법을 활용했다. 이러한 지주 계층의 노력은 실로 토지를 농민에게 돌린다는 토지개혁 논의의 기본 정신과 배치되는 것이며, 지주 계층의 자기 유지를 위한 노력의 기간이 길면 길수록 토지개혁 효과는 감소되며, 나아가서는 그것의 기본 목표는 상실될 수도 있는 것이다. 그러므로 지주 계층은 무엇보다도 토지개혁을 지연시키는 과정에서 그들의 이익을 여러 가지 형태로 보호하고자 했다.

즉 구체적인 행동으로는[20] 토지개혁을 반대하는 방법을 취하거나(이것은 극히 드문 현상이었다), 아니면 토지개혁 논의가 장기화하는 과정에서 그들의 토지를 방매함으로써 토지개혁으로 인한 사실상의 피해에서 모면하고자 하는 것이다. 그리고 또 한 가지는 토지개혁의 입법 과정에서 법률 규정에 의하여 사실상 무의미한 토지개혁이 되게 하는 것이다.

우선 지주 계층의 노력은 토지개혁에 대한 논의가 토지개혁을 하는 것이 아니고 그 논의가 입법화되어야만 토지에 대한 개혁이 이루어지는 것이므로 미군정 당국으로 하여금 입법을 못하게 하는 것이었다. 가령 미군정 장관 직속 기관인 '토지개혁법안기초위원회'가 번스안으로 제시한 (1947. 5) 것만이 아니고 미군정 당국의 독촉하에 남조선과도입법의원 산업노동위원회를 통과한(1947. 12. 19) '남조선토지개혁법안'마저도 12월 23일에 본회의에 상정되자 입법의원의 중추 세력을 이루고 있던 지주 계층 출신 의원들의 "토지개혁은 중요한 문제이므로 정부 수립 후에 실시하는 것이 정당하다"21)는 반대에 부닥쳤을 뿐만 아니라 모든 술법에 의한 심의 지연책으로 말미암아 입법화되지 못하고 말았다. 더욱이 미군정 당국자의 몇 차례 독촉에도 불구하고 토지개혁법 제정 문제는 대한민국 정부 수립 이후로 미루어졌으며 이것은 다시 또 뒤로 돌려지게 되었다. 이 과정에 그들 반대 세력은 경제인 연합단체인 조선상공회의소의 지원까지도 받으면서22) 지주 계층의 이익을 위하여 노력했던 것이다. 이러한 지주 계층의 반대하는 태도를 『한국농정 20년사』에서는 다음과 같이 기록하고 있다.

…… 남한에 있어서의 농지개혁은 거의 불가피하였으며 그 필요성은 절실하였다는 데 별반 이론이 있을 수 없었지만, 그러나 현실적으로나 실제 면에 있어서는 다기다난한 많은 문제점이 내포되어 있었음은 숨길 수 없었다. 그러한 문제점 가운데 가장 우리의 주목을 끄는 것은, 첫째, 농지개혁 사업에 대한 일부의 반대 의견과 방해 공작 또는 신중론이 의식적이건 무의식적이건 농지개혁의 단행을 한동안 저지하는 결과를 초래하였으며, 둘째, 농지개혁 사업의 구체적 실천 방법에 있어서도 사상적 배경이 상치할 뿐만 아니라 법안 내용 및 각개 조항에 대한 견해차는 법제상 분분한 이견을 빚어내었던 것이다.23)

여기에서 볼 수 있는 것은 "남한에 있어서의 농지개혁은 거의 불가피했으며 …… 별반 이론이 있을 수 없었지만 …… 일부의 반대 의견과 방해 공작 또는 신중론이 …… 농지개혁의 단행을 한동안 저지하는 결과를 초

표 19   500석 추수 이상 대지주 도별 조사표

	지주 수			추수량(석)			면적(정보)		
	1943.6.	1943.12.	감소 인원	1943.6.	1946.12.	감소량	1943.6.	1946.12.	감소 면적
경기	244	206	38	363,567	282,342	81,225	31,479	23,611	7,868
충북	30	13	17	28,612	15,170	13,442	2,531	1,780	751
충남	288	90	198	314,674	95,509	219,165	24,774	9,297	15,477
전북	333	270	63	476,327	303,191	173,136	35,136	21,983	13,153
전남	271	220	51	354,919	253,880	101,039	31,660	20,667	10,993
경북	178	125	53	208,309	178,365	29,944	20,490	18,603	1,887
경남	244	151	93	327,004	171,270	155,734	23,870	17,606	6,264
강원	42	9	33	33,430	6,780	26,650	2,773	1,398	1,375
계	1,630	1,084	546	2,106,842	1,306,507	800,335	172,713	114,945	57,768

자료:『조선경제통계요람』(1949년)에 의거하여 작성했음.
농림부,『우리나라 농지제도』, 1962, p. 31 참조.

래"했다는 점이다. 이것은 다름 아닌 우리가 위에서 검토한 것처럼 지주 계층에 의한 의식적인 '방해 공작'에 지나지 않으며 설사 토지개혁이 이루어진다 하더라도 사실상 그것을 무의미한 것으로 만들게 하는 것이다.

심지어 대한민국 정부가 수립된 이후에도 토지개혁 문제는 국회의 중심 세력인 지주 이익을 옹호하는 '집단력'에 눌려[24] 지연을 거듭했을 뿐만 아니라 정작 입법화된 '농지개혁법'도 핵심이 흐려져 무방향의 형식적인 것이 되고 말았다.

아무튼 지주 계층의 토지개혁에 대한 조직적인 방해 공작과 지연책은 성공하여 남한에서 농지개혁법은 해방 후 약 5년의 세월을 넘긴 뒤에야 제정될 수 있었다. 그 후 민족적인 대비애인 6·25로 말미암아 대혼란에 휩쓸려 많은 난관을 겪으면서 겨우 1968년 3월 농지개혁 사업 정리에 관한 특별조치법의 공포로서 농지개혁 사업은 일단의 종결을 보게 되었던 것이다.

지주의 소작지 강매

토지개혁에 대한 지주의 '반작용'에서 가장 주목되는 것은 그들의 '소작지 강매' 현상이라 하겠다. 지주 계층이 조만간 실시되고야 말 토지개혁에 대비하는 가장 빠른 지름길은 그들의 소작지를 매도하는 것이었다. 그리하여 한편으로는 토지개혁의 실시를 지연시키고 다른 한편으로는 소작지 강매에 열중하게 되었다.

이와 같은 지주들의 소작지 강매 현상을 당시 기록에서 찾아보면 『동아일보』는 1947년 6월 3일자 기사에서 다음과 같이 전하고 있다. 즉 「토지혁명 앞두고 매매에 급급한 대지주의 토지」라는 제하에서 "조만간 실시되고야 말 토지개혁을 앞두고 남조선 내에서는 대지주들의 토지가 다투어 매매되고 있다"고 보도하고 있다. 그 결과 소작지의 많은 면적이 매도됨으로써 대지주의 소유 면적이 크게 줄어들었다는 것은 표 19에서 구체적으로 알 수 있다. 즉 연간 500석 이상의 소작료를 추수량에서는 210만 6,842석이던 것이 1946년 말 현재로는 각각 1,084명과 130만 6,507석으로 줄고 있다. 이것은 사람 수에서 33.5퍼센트, 추수량에서 34.2퍼센트의 감소를 뜻한다. 그리고 면적에서는 답·전 합계 17만 2,713정보의 33.4퍼센트가 감소된 11만 4,945정보다.

지주의 토지 강매 현상에 대하여 당시 농정 관계자의 농지개혁법 제정을 위한 여론조사(1948년 10월경)에서 얻은 증언[25]을 보면 다음과 같다.

> 당시 농촌에서는 농지개혁이 임박했다는 소문이 나돌아 농토를 강매하는 경향이 심했습니다. 지주들은 "당신이 부치고 있는 기름진 땅을 딴 사람에게 팔아야 할 모양인데 기왕이면 당신이 사 가라"는 식으로 소작인을 구슬려 댔고 세상 물정에 어두웠던 소작인들은 농우나 가재도구를 팔아 땅을 사는 사례가 많았던 것입니다.

이 관계자는 또 지주들의 토지 강매 술법에 대하여 공통적인 점을 이렇게 서술하고 있다.

정부에서 토지를 몰수해서 재분배를 할 것인데 그러면 기름진 땅을 뺏기고 만다. …… 이 땅을 사지 않으면 다른 사람에게 팔겠는데 그렇게 되면 당신은 개혁할 때에 배분받을 땅이 없게 된다.[26]

이런 식으로 소작인들을 '꾀며 혹은 위협'했던 것이라고 한다. 그리고 한 국회의원의 다음과 같은 발언에서도 그것의 심각성을 알 수 있다.

농림부에서 농지개혁에 관한 초안을 신문에 발표했기 때문에 지방에는 일부 악독한 지주들이 어떠한 행동을 하느냐 하면 12월 10일(1949) 현재로 토지를 사지 않으면 토지개혁을 하더라도 너희들은 토지를 한 마지기도 살 수 없다. …… 이렇게 해 가지고 제3자가 소작하고 있는 것을 자기 친지 혹은 돈 있는 사람에게 매도하는데, 첫째로, 만약 네가 돈이 없어서 못 산다면 딴 사람한테 팔아야겠다, 그러니 너희 소작권을 이동해야 한다, 이런 짓을 하고 있어요. 일부 선량한 소작인들은 앞으로 농지개혁이 된다 하더라도 이렇게 해서는 안 되겠다고 해서 소도 팔고 집도 팔고 의복도 팔아서 토지를 사는데, 또 토지를 사려는 사람이 많아서 토지값은 농지개혁이 발표되기 전에 대개 1만 원, 2만 원 하던 것이 지금은 4, 5만 원까지 올라갔습니다. 그러니 돈이 없어서 못 사게 되니까 일부 계약금을 내고 나머지 돈은 연 2할의 이자를 내고 …… 그렇게 되자 물가는 하락하고 토지 가격은 올라갔습니다. 물건을 사는 사람은 어떤 사람이냐, 지방의 지주입니다.[27]

우리가 앞에서 예로 든 농정 관계자의 말에서나 그리고 한 국회의원의 말에서 볼 수 있는 공통적인 것은 첫째로, 지주들의 토지 강매에 대한 다급성과 그들의 수법이 비슷하다는 점이고, 둘째는, 지주들의 위협에 눌려 소작인들은 농우나 기타 환금성 있는 모든 가재도구를 투매하여 토지를 구입했다는 점이다.

그러므로 이들 소작인이 설사 토지의 소유권만을 입수했다고 해도 다른 생산수단을 가지지 못한 상태에서 "소작인의 반노예화와 그 생활수준이 …… 번영과 안정"[28]을 약속할 수 있는 것이라고는 볼 수 없다. 오히려 "그럼으로써 전 단계에 볼 수 없었던 또 하나의 이질적 지대 문제는 우리 앞에 제시되었다"[29]고 하는 것이 옳을 것이다.

　이상과 같은 지주들의 토지 강매가 토지개혁을 허구화하고 만다는 것을 알면서도 의회의 '선량'들은 이것을 막을 수 있는 '방안'의 심의를 한사코 거부함으로써 의식적으로 지주에게 토지 방매 기회를 제공하고 있었던 것이다. 가령 대한민국 정부 수립 후에도 농지개혁을 위한 법의 제정은 지연되었고, 그럼으로써 지주의 토지 강매가 날로 심화되어 가는 것을 막기 위한(농지개혁법이 확정될 때까지 과도적 조치) 불과 2개 조항의 "농지개혁을 원활히 실시하기 위하여 일반 농지에 대해서 소작권의 이동을 막을 것과 그리고 소작권의 박탈을 금지할 것"을 제정하고자 하는 「농지개혁에 관한 임시조치법안」을 다수 세력의 힘으로써 심의마저 거부했던 것이다.

　　　…… 우리는 당시의 남조선 내 지주층에 있어서 은연중 토지 방매 운동이 전개되었던 사실을 주지하지 않을 수 없다. 그것은 결국 가까운 장래에 토지 소유에 대한 어떠한 변혁이 실현되리라는 것을 예측한 그들 지주의 취한 바 지대 확보를 위한 자기 방위의 행동이다.[30]

　그렇다고 하더라도 그 심각성은 "구태의연한 지주의 존속이 필연적으로 이 땅에 새로운 위기를 조성하는 바 없지 않았다"[31]고 보아야 할 것이다.
　농지개혁 이전의 농촌 사회에서 전개되고 있었던 농민 운동의 정치색이 모름지기 사회주의 정치 운동 집단에 의하여 이끌려 간 듯한 인상을 받는 것은, 남한에서 실시된 농지개혁의 '농민 부재성'에서도 찾아보아야 할 반성의 시기에 이르렀다고 할 수 있지 않을까. 가령 미군정 당국자가 정부 수립 이전에도 남조선과도입법의원에 대하여 수차에 걸쳐 '토지개혁법'의 조속한 제정을 촉구했을 뿐만 아니라 대한민국 정부 수립 이후에도 몇 차례에 걸쳐 건의했다는 것은 결코 그들의 의견이 지주 옹호 세력이 중심이 되어 있었던 의회의 의견에 못지않게 남한의 농업 문제를 정당하게 보고 있었다는 결론으로 받아들여질 수 있다. 그리고 우리가 뒤에서 보게 될 입법의원의 남조선토지개혁법안은 번스안이 그 골격을 이루는 것임을 고려할 때 해방 후 모처럼의 토지개혁에 대한 올바른(정도 문제이기는 하지만) "이러한 기운은 지주 출신의 의원을 중심으로 한 입법의원 내 대다수 우익의원들의 반대론에 부닥치고 말았다"[32]는 사실들은 당시 농민의 정치색이 형성되는 하나의 바탕이 되었다고 볼 수 있지 않을까.

이렇듯 지주의 토지 강매는 농지개혁을 앞두고 있었던 당시에는 중대한 문제가 되지 않을 수 없었다. 그리하여 정부는 지주에 대해서는 아무런 제재도 가하지 못하고 일반 농민으로 하여금 "깊이 주의하라"는 담화문을 발표하게 되었다.

> 각처의 보고를 듣건대 어떤 지주들이 소작인들을 꾀며 혹은 위협해서 농지를 사사로이 매매하는 폐단이 있다 하니 일반 농민들은 이러한 지주의 악질적인 의도가 표시될 때는 조금도 동요치 말고 정부에서 공포되는 대로 적당히 조치되기만 기다릴 것이다. 만일 위협이 있으면 즉시 경찰에 알려서 보호를 받을 수 있으니 두려워하지 말고 법대로 준행해야 할 것이며 만일 법 외에 사사매매하는 일이 있다면 이것은 다 무효로 돌아갈 것이므로 일반 농가들은 이에 깊이 주의해야 할 것이다.[33]

이것은 만일 정부의 이러한 의도에 위배되는 농민은 그 행위가 무효가 된다는 것이다. 그러면 지주에게 지불한 대금은 어떻게 한다는 것이며 왜 지주에 대한 조치는 언급이 없는가에 대한 의문이 남게 된다.

이러한 정부의 미온적인 조치로써 지주의 토지 강매 운동이 중지될 수 있는 것은 아니다. 이미 헌법에서 농지개혁을 규정하고 있는 이상 지주 계층의 토지 강매는 심화될 수밖에 없었다. 이것은 다음의 표로서 그것의 전개 과정을 알 수 있다. 즉 농지개혁을 실시하기에 앞서 조사한 토지 소유 형태와 1945년 말의 그것을 비교해 봄으로써 우리는 지주의 토지 강매의

표 20 농지개혁 이전 소유 형태별 농가 호수 (1949년 6월)

	농가 호수	구성비
자작농	925,218	37.4%
소자작농	1,022,420	41.3%
소작농	526,195	21.3%
계	2,473,833	100.0

자료: 농림부, 「농가실태조사집계표」에 의함.

표 21 농지개혁 이전의 농가 실태 (1949년 6월)

	답(반보)	전(반보)	계(반보)	비율(%)
(1)총경지	12,365,590	8,340,184	20,705,774	100
순소작지	3,619,183	2,355,117	5,974,300	28
자소작지	6,963,629	5,435,516	12,403,145	60
귀속 농지	1,782,778	545,551	2,328,321	12
(2)요매상지	3,631,317	2,379,173	6,010,490	100
순소작지	3,619,183	2,255,117	5,974,300	98
3정보 이상지	12,134	24,056	56,190	2

자료: 농림부, 「농가실태조사집계표」에 의함.

한 면을 알 수 있을 뿐만 아니라 그것이 농지개혁에 미치게 될 영향도 생각해 볼 수 있다(농지개혁에 의한 총분배 농지는 약 47만 정보로서 1945년 말 현재 총소작 면적의 약 32퍼센트에 불과한 것이다. 그리고 1947년의 총소작 면적에 대해서는 33.5퍼센트이고 당시 요분배 예정지의 45.9퍼센트에 지나지 않는다).

표 20과 표 12를 비교해 보면 첫째로, 호수가 40만 호 이상이나 증가했다는 것을 알 수 있고,[34] 둘째는, 소작농이 반감한 반면(48.9%에서 21.3%로) 자작농의 비율은 13.8퍼센트에서 37.4퍼센트로 격증했다는 점이다. 물론 해방 직후의 통계 조사이니 그것의 오차를 감안한다 하더라도 3년 반의 변화로서는 너무나 큰 것이며 앞에서 본 표 19와 비교해 볼 때 토지 소

유 형태에 대이동이 이루어졌던 것만은 사실이다. 지주 계층이 그들의 봉건적 토대를 다른 형태로서 지속시키기 위한 작동 결과로서 나타난 토지 강매는 농민의 오랜 숙원인 토지개혁을 무내용한 것으로 만들고 마는 것이다.

이상에서 검토한 '지주들의 반작용'은 민족적 숙원으로 등장했던 토지개혁에 대한 갈망을 그 밑바닥에서 짓밟는 것이 되고 말았다. 그리고 나아가서는 오늘에 이르기까지 이어져 온 농민의 빈곤과 농업 생산력의 저위성 그리고 농촌 사회 몰락의 원천적 동인이 되는 것이다. 즉 농업 내부에서 농업의 발전이 일어날 수 있는 물질적 여력을 모름지기 상실당한 상태에서 농업 발전이란 너무나 비현실적인 기대라 하지 않을 수 없다.

2 해방 후 농지개혁의 논점

해방 직후의 논점

해방 후 남한에서 가장 중요한 경제적 과제로 제기된 것은 토지개혁 문제다. 그리고 토지 문제를 해결하기 위하여 제1차적으로 제시된 것이 다름 아닌 1945년 10월 5일에 미군정 법령 제9호로서 제정된 소작료의 '3·1제'다. 미군정은 그해 9월 9일 오후 4시, 당시 총독부에서 항복 조인식을 거행한 후 1개월도 못 되어 이 나라 토지 문제에 대한 제1차적 작업을 '소작인의 반노예화' 상태를 해결하는 데 두었던 것이다.

일제하 조선에서 농민에 대한 봉건적 착취가 얼마나 가혹한 것인가는 세계에서도 그 예를 보기 드문 고율의 소작료로 나타나고 있었으므로 이 문제의 해결이 선행되지 않고서는 "조선 인민에게 번영과 안정"을 기할 수도 없을 뿐 아니라 점령지 정책의 효과적인 실시도 기대할 수 없는 것으로 판단되었던 것이라 했다. 즉 미군정 당국은 이 나라 토지 문제 해결을 '소작료'에서 접근하기 시작했다. 우선 소작료율을 3·1제로 확정 짓고 이어서 토지 문제를 근본적으로 해결하기 위한 토지개혁으로 그 작업 방향은 서 있었다고 생각된다(물론 이 점에 대해서는 이론이 있을 수 있겠지만 필자는 몇 가지 근거에서 이와 같이 판단한다).

그리하여 군정 당국의 작업 계획은 연말에 있었던 사회단체의 '토지개혁에 대한 요구' 등도 감안되어 다음 해인 1946년 2월에는 군정 장관 직속으로 토지개혁법안 기초위원회의 설치로써 진행되었다. 당시 미군정 당국으로서는 미국무성의 '점령지에 있어서의 토지개혁의 조속한 실시'라는 방침을 받아들이지 않을 아무런 이유도 없는 것이라 하겠다.[35] 더욱이 '기초위'의 중심 인물인 번스, 앤더슨(Anderson) 그리고 키니(Kinney) 등은 그 후 남조선과도입법의원이 토지개혁 문제를 계속 지연시킬 때 수차에 걸쳐 독촉하는 점으로 보아 토지개혁 문제는 점령지 정책의 출발에서부터 스케줄로 짜여 있었다고 하겠다.

그뿐만 아니라 당시 농민들의 토지 소유 욕망은 대단했으며 이것이 사상적으로 크게 활용되고 있었던 점으로 보아 미군정으로서는 토지개혁을 지연할 아무런 근거가 없었던 것이다(이것은 어디까지나 해방 직후의 사정에서 성립되는 말이며 종국에 가서는 이 땅의 지주적 요구와 일체화되는 결과를 낳고 만다). 다만 미군정 당국자가 구상하던 토지개혁이 진정한 이 나라 농민이 갈망하는 토지 문제 해결의 방향과 일치되는 것인가에 대해서는 여러 가지 의문을 남기지만 아무튼 점령 정책 초기부터 이 문제를 적극적으로 추진한 것만은 사실로서 인정된다.

미군정의 소작료 대책을 단순한 소작료 문제로만 볼 것이 아니고 그것은 이 나라 토지 문제 해결의 근본이 될 토지개혁으로 이어질 '전주로서의 의의를 가지고 있는 것'으로 파악된다. 그러므로 우리는 해방 직후 '토지개혁에 관한 논점'의 단서를 미군정 법령 제9호의 '최고 소작료 결정의 건'에서 찾으며 그것이 설사 '전진적 방향의 토지개혁의 가능성'이라는 점에서는 여러 가지 의문점을 가진다 하더라도 토지개혁으로 이어져 갈 1차적 작업으로는 받아들일 수 있다.[36] 이는 다음에 검토한 전농(全農)의 몇 가지 요구에 대한 미군정의 수용 자세에서도 엿볼 수 있는 점이다. 우리는 미군정의 당초 토지 문제 해결을 위한 방향이 토지개혁으로 구상되고 있으며 그것을 위한 제1차 작업으로 소작료 문제를 제시했다고 본다.

한편 해방 직후 혼란 상태하에서나마 토지 문제 해결의 방향을 토지개혁으로 제기한 것을 볼 수 있다. 물론 여러 가지 정치적 색채를 띤 것이지만 토지개혁을 전면에 부각했다는 점에서는 큰 의의를 가지며 이 이후 토지 문제에 대한 논의의 중심적 과제가 될 것만은 부인할 수 없다. 즉 전농은 1945년 12월의 결성 대회에서 토지개혁의 실시와 소작료 3·7제[37]를 주장했으며 특히 토지개혁은 현단계에서 근본 과업이라고 했다. 그리고 다음 해인 1946년 2월 21일의 제2차 대회에서는 토지개혁에 관한 구체적인 안을 결정했으며 미군정청에 제출되기도 했다.

여기서는 당시 미군정청에 제출된 전농의 전문 18개조의 「남조선토지개혁법령초안」을 검토해 보기로 하겠다.[38] 이 법령 초안은 토지개혁의 기본 원칙에서나 목적에서 북한의 1946년 3월 5일자 「북조선토지개혁법」(17개조)과 많은 점에서 닮은 부분이 있다(세부적인 몇 가지 점에서는 다르지만). 이러한 동질성 문제에 대하여 전농에서는 결코 북한의 법령 자체의 기계적인 모방이 아니며, 그것은 토지 소유와 토지 소유 관계에서 중세기적·봉건적 유제를 청산하고 민주주의 경제 발전을 위한(제1조 제1항) 남북의 동일한 사회적·경제적 조건과 역사적 필요성에 귀결된 사실이라고 주장한다.

전농의 법령 초안에서 볼 수 있는 중요한 점 몇 가지를 보면 첫째로, 남한에서의 종래 지주 토지 소유 제도와 소작 제도를 청산함으로써 토지는 경작하는 농민이 직접 소유하게 한다는 것이며 그리하여 농업 제도를 토지가 지주에게 소유되지 않고 농민의 사유로서 개인 경리에 의거하도록 한다는 것이다.

둘째로, 이러한 농업 제도를 마련하기 위해서는 전 일본인 소유 토지와 반민족적 친일분자의 토지는 물론이고 일체의 조선인 지주 소유 또는 계속하여 소작을 주는 토지는 경작지와 과수원을 막론하고 이것을 무상으로 몰수하여 경작하는 농민에게 그 경작 노력과 가족 수에 기준하여 무상으로 분배한다는 것이다. 그리고 소작제가 재발될 수 있는 일체의 기본 조건을 소멸시킴으로써 봉건 유제를 일소한다는 것이다.

셋째로, 소작 제도는 어떠한 형태의 것이라 할지라도 이것을 금지하며 더욱이 국가로부터 분여받은 토지는 이것을 경작자로 하여금 영원히 사유시키기 위하여 그것의 매매나 저당을 금지한다는 것이다.

넷째로, 종전에 농민이 사유하고 있던 토지에 대해서는 그것에 대한 권리 행사(매매 또는 저당)에 변동이 없다는 것이다.

다섯째로, 산림은 농민들이 소유한 적은 면적을 제외한 일체를 국유화한다는 것이다(북한의 토지개혁법에서는 이 점에 대한 규정이 다르다).

여섯째로, 이러한 과업을 수행하기 위하여 민주주의 정당들과 사회단체의 대표로서 조직된 '남조선토지개혁실시위원회'가 구성되어야 하며 이 위원회는 미군정과 협력하여 토지개혁 사업을 실시하여야 한다고 한다.

일곱째로, 남한에서 토지개혁의 대상이 될 경지 면적을 147만 정보로 제시하고 있다(이것은 1945년 말의 남한 토지 소유 상태표에 나타나 있는 논과 밭을 합계한 소작지 면적이다).

여덟째로, 분여받을 농가의 수를 표 12의 206만 호와 당시 추산되고 있던 13만 명의 농촌고용자를 합한 219만 호로 제시하고 있으며, 그리하여 농가는 호당 평균 1 내지 1.5정보의 자기 소유 토지를 가지고 자유로이 영농할 수 있다고 한다.

이상과 같이 남한 인구의 7할 이상의 생명이 얽매여 있는 봉건적·일제 잔재적 토지 소유 관계는 무상몰수·무상분배의 토지개혁에 의해서만 급속히 해결될 문제라고 한다. 더욱이 이러한 토지개혁에 의한다고 하여 지주의 생활이 어떤 위협을 받는 것도 아니며 반대로 농민의 생활은 급격히 향상되어 그 결과로 농업 생산력은 비약적으로 발전될 수 있는 것이라고 주장한다.

전농의 법령 초안에서 볼 수 있는 것은 농경지만이 아니고 산림까지도 포함한 토지개혁이라는 점이며 그 원칙이 무상몰수·무상분배라는 것이다. 그리고 사업의 실시는 이른바 민주 세력으로 조직된 남조선토지개혁실시위원회와 미군정이 공동으로 전개한다는 것이다. 이러한 전농의 법령 초안이 당시 농촌 사회에 불길처럼 퍼져 갈 수 있었으며 또한 많은 농민들로부터 환영받을 수 있었다는 것은 표 12에서 본 바와 같이 86.2퍼센트의 농가가 완전 소작농(48.9%)이거나 자소작농(34.6%)이며 또한 불경작 농가(2.7%)로서 농지 소유를 갈망하고 있던 계층이기 때문이다. 더욱이 당시 사회 사정에서나 미군정의 기본 태도에서 보아 농민들은 능히 이 정도 요구는 할 수 있는 것으로 보아야 될 것이다.

이상에서 우리는 토지 문제에 대한 해방 직후의 논점을 개관했다. 즉 미군정 당국만이 아니고 사회단체 일각에서 토지 문제의 궁극적인 해결 방향이 그 원칙과 내용에서는 견해를 달리한다 하더라도 토지개혁으로 제시된 것은 농업 문제 해결을 올바르게 설정했다고 판단된다. 농업 문제 해결의 기본적 방향이 토지개혁으로 설정됨으로써 전 국민의 관심은 여기에 집중되지 않을 수 없게 되었다.

토지개혁의 3대 방안

남한에서 토지개혁에 대한 국민의 관심이 고조되고 또한 일본과 북한의 '개혁' 사실이 가세됨으로써 이제까지 토지개혁에 대하여 소극적인 태도로써 임하던 정치·사회 단체마저도 스스로의 안을 제시하지 않을 수 없게 되었다. 더욱이 1946년 1월 이후 개최되어 1947년 9월까지 지속되었던 미·소공동위원회(중단되기도 했지만)에서도 토지개혁 문제가 거론되어 각 사회단체의 자문을 받게 되었다.

이 자문에 대한 답신서에서 우리는 남한에서의 토지개혁에 대한 3대 방안을 찾아볼 수 있다. 즉 1947년 미·소공동위원회에 제출된 자문답신서는 토지개혁에 대한 각 단체의 정치적 입장을 뚜렷이 나타내고 있을 뿐만 아니라 토지개혁의 가장 중요한 핵심이 되는 토지 수용에 대해서는 정반대 의견을 나타내고 있다. 여기에서 우리는 당시 남한에서 논의되고 있었던 토지개혁의 3대 조류인 유상몰수·유상분배, 유상몰수·무상분배, 무상몰수·무상분배 등 세 가지 대립되는 방안에 접하게 된다. 그리하여 토지개혁에 대한 많은 논의의 핵심이 된 세 가지 원칙은 각자의 정치 세력을 이끄는 동력이 되었으며 사상적 대립의 토대가 되는 것이기도 했다. 다음에서 우리는 '3대 방안'을 차례로 검토하면서[39] 당시 토지개혁을 위한 논거를 밝히고자 한다.

임협안

먼저 유상몰수·유상분배의 원칙을 내용으로 하는 임협안의 골자를 몇 가지 점에서 보면 다음과 같다.

첫째로, 토지 이용과 소작제에 관한 대책을 다음과 같이 밝힌다. 일본 통치 시대에 있었던 토지 이용과 소작제에 관한 대책은 일본인 본위로 활용했던 토지 이용 방법이므로 이를 폐지하고 대신 조선 민족 본위의 국토 계획을 실시하여 토지를 개발 이용하되 농경지는 원칙적으로 농민 소유로 함으로써 종래의 소작제를 철폐한다.

둘째로, 토지 소유에 관한 정책으로는 ①토지는 농민에게 소유하게 하되 자작·자농의 원칙하에서 소유 면적의 최대한도(가령 1호당 5정보)를 정하고 처분에 대해서는 이를 제한하여 국가 또는 공공 기관의 허가를 받게 함으로써 토지 겸병의 폐해를 방지하게 한다. ②토지의 사유권을 인정하되 국가는 법령을 제정하여 매매 또는 저당권을 제한한다. ③토지를 국유화하여 무상으로 영구 사용권을 부여하게 되면[40] 농민에게 소유권을 인정하지 않는 것이 되므로 농민의 생산 의욕을 저감하는 것이 되어 농토 보존과 농업 생산력의 발달을 기하기 어려울 뿐만 아니라 농민을 영구히 농노화하는 것이며, 더욱이 무상몰수하는 경우에는[41] 사유재산제를 근본적으로 부인하는 것이므로 불가하다. ④농업 생산 및 기업을 장려하기 위하여 간석지, 개간지, 목축장, 과수원, 기타 국책 수행상 필요한 특수 농지 및 농작물 경영자에 한하여 상술한 소유 면적의 제한을 받지 않게 한다.

셋째로, 일본인이 소유했던 토지는 일본 국가, 개인, 단체 등을 막론하고 이를 전부 몰수하여 농민에게 분여할 토지의 대상으로 한다.

넷째로, 조선인 지주의 토지는 이를 국가에서 매수하여 소작인에게 분여하는 경우 지주에 대해서는 누진체감률에 의하여 보상하게 한다.

다섯째로, 소작인에 대한 토지 분여에서는, 소작인에게는 토지를 유상으로 분할하여 주되 매년 생산고의 4분의 1의 상환액을 정해진 기한 내에 변납하게 한다.

여섯째로, 기타 농업 생산의 부대시설에 대해서는, 관개 시설 및 그 사용에서 대규모 관개 사업은 국영으로 하고 소규모 사업은 농민의 자치 기관으로 하여금 경영하게 하되 후자는 국가의 계획과 감독하에 두며 경영비는 농민의 부담을 과중하지 않게 하기 위하여 일부를 국가 보조로 할 것 등으로 그 골자를 간추려 볼 수 있다.

시협안

다음으로 유상몰수·무상분배의 원칙을 핵심으로 하는 시협안의 골자를 몇 가지 점에서 보면 다음과 같다.

첫째로, 토지 이용과 소작제에 관한 대책으로서, 일본 통치 시대에 있었던 토지 이용과 소작제에 관한 대책은 일본 국책 본위의 모든 식민지 토지 정책 및 지주 본위의 모든 법령·제도는 이를 전부 폐기하고 대신 조선 민족 본위의 신토지 정책을 확립함과 아울러 농민 본위의 경작권을 확립한다.

둘째로, 토지 소유 정책으로서는 토지를 몰수, 유조건몰수, 체감매상하여 경자유전(耕者有田)의 원칙에 따라 무상으로 분배한다. 즉 ①토지를 농민에게 최고 한정 면적(가령 호당 최고 3정보)까지는 사유 경작시키되 자유처분권은 이를 제한하고 다만 매도·저당의 경우에 한하여 국가의 허가를 받거나 혹은 국가가 우선매상권을 보유하도록 한다. ②전항의 원칙에 따라 국가로부터 농민에게 토지가 분여될 때는 당연히 매도 혹은 저당권은 국가가 전항과 같이 제한한다. ③조선 경제의 현단계에서는 토지를 완전히 국유로 하여 농민에게는 영구사용권만을 부여하고 농민에게 토지의 소유권은 허락하지 않는다. ④토지 겸병 및 소작제의 폐해에 기인한 농업 생산력의 저해를 방지하고, 한편 농업의 발달 및 농민의 생활수준을 향상하기 위하여 현 조선의 실정에 비추어 볼 때 토지는 최고 한정 면적 이내에서 농가의 인구와 지종(地種) 및 지미(地味)를 고려한 공평한 점수제에 따라 분배를 하여 농민에게 경작권을 부여하되, 그 자유처분권 중 매도와 저당에서는 국가가 허가하며 혹은 국가가 그 우선권을 보유함으로써 토지 정책의 수행에 이바지하게 하고 부재지주의 소유는 불허하며, 적산 토지 기타 특수 토지(가령 몰수할 토지가 있는 경우)는 몰수하여 간석지·개간지와 함께 산업 생산을 장려함에 도움이 되도록 일정 기간 그 해당 토지의 소유 허가제를 경영하는 자에게 실시하고 또한 목축·과수 기타 국책 수행상 필요한 특수 농작물 경영자에게 그 토지 소유의 허가제를 일정한 기간 부여하되 그것의 자유처분권은 앞에서와 같이 제한한다.

셋째로, 일본인 소유 토지는 일본 정부·개인·단체 소속의 토지를 막론하고 이를 전부 몰수하여 농민에게 분여할 토지의 대상으로 한다.

넷째로, 조선인 지주 소유의 토지는 경작인에게 분배되어야 하며 수용 방법은 대·중 지주의 토지를 국가가 누진 체감의 방법에 따라 일정한 보상으로 매수한다.

다섯째로, 토지를 소작인에게 분배하는 데에는 경작인에게 무상으로 토지를 분배하되 연 2할의 현물세를 징수한다.

여섯째로, 관개 시설 활용에 대해서는, 관개 기관은 지역 농민의 자치 기관으로 하여금 경영하게 하되 국가의 계획과 감독하에 두고 경영 비용은 농민의 부담을 과중하게 하지 않기 위하여 일부분은 국고 보조로 할 것 등으로 그 요지를 간추릴 수 있다.

민전안

끝으로 무상몰수·무상분배를 원칙으로 하고 있는 민전안의 골자를 보면 다음과 같다.

첫째로, 토지 이용과 소작제에 관해서는, 일본 통치 시대에 있었던 토지 이용과 소작제에 관한 대책을 근본적으로 개혁하여 일체의 지주 토지 소유와 소작제를 철폐하고 토지의 소유 및 이용권을 농민이 가지게 함으로써 농업 제도를 토지가 지주에게 지배되지 않고 농민의 개인 소유로서 농민 경리에 의거하여야 한다는 것이다.

즉 ① 구체적으로는 일본 정부·일본인 법인 및 일본인의 소유 토지와 조선 인민의 적인 친일파·민족 반역자의 소유 토지, 농가 호당 5정보 이상 소유한 조선인 지주의 소유 토지, 자경하지 않고 전부를 소작 주는 소유 토지, 계속적으로 소작을 주는 전토지, 5정보 이상 소유한 사찰·향교·성당·승원 기타 종교 단체의 소유 토지 등은 그 전부를 무상으로 몰수하여 토지가 없는 농민과 토지가 적은 농민에게 그 가족 수와 노동력을 기준으로 무상분배하여 소유하도록 한다. 그리고 학교·과학 연구 기관 및 병원의 소유 토지와 조선 민족의 해방을 위하여 공로 있는 자 및 그의 가족과 조선의 민족문화 발전을 위하여 공로 있는 자 및 그의 가족의 소유 토지는 할양하지 않는다. ② 농민에게 분여되는 토지에 관계된 일반 부채 및 부담과 토지의 할양을 당하는 지주에 대한 농민의 부채는 이것을 일체 무효로 한다. ③ 농민에게 분배된 토지는 매매·저당·소작 등을 불허하며 기타의 토지에 있어서도 일체 소작을 금한다. ④ 일본 정부 소유 및 일본인 소유의 과수원 그리고 토지를 몰수당하는 조선인 지주 소유의 과수원은 몰수하여 국유 또는 지방행정기관의 처분에 위임한다. ⑤ 농민 소유의 소산림과 묘지에 속하는 산림을 제외한 전 산림을 몰수하여 국유로 한다. ⑥ 토지를 몰수당하는 지주 소유의 관개 시설을 몰수하여 국유로 한다.

둘째로, 토지 소유 정책으로는 ① 토지는 농민의 소유로 하되 소작을 주는 것을 금지하며 또한 국가에 의하여 분여받은 토지는 매매, 저당 등 자유처분을 금지하여야 한다. ② 일본 정부와 지주로부터 몰수한 토지는 농민의 사유로 하되 국가로부터 부여받을 때는 매도 및 저당을 금지하여야 한다. ③ 지주의 토지를 국유화하여 농민에게 무상으로 영구사용권을 부여함은 불가하다.

셋째로, 일본인이 소유했던 토지는 그 전부를 무상몰수하여 무상으로 농민에게 분여하여야 한다.

넷째로, 조선인 지주의 토지는 무상으로 몰수하여야 한다. 그 이유는 지주에 대한 보상금은 거액이 되므로 국가 재정으로는 부담하지 못하며 만일 국가 재정에서 지출한다면 정부의 산업·문화 기타의 부흥비와 건설비 지출이 불가능할 뿐만 아니라 최소한도의 정부 유지비도 지출 곤란한 상태가 되고, 더욱이 이것을 대중 과세에 의한 재원에서 구한다면 대중의 생활을 파탄시킬 만한 고율의 세금 징수를 하여야 할 것이므로 불가능하다. 혹은 토지를 분여받는 농민에게 지출케 한다면 농민이 부채 농민화하여 지주 토지의 농민 분여의 의미가 없어진다.

다섯째로, 토지의 분배 방법에서, 소작인에 대한 종래의 토지를 분여하는 것은 무상으로 하여야 한다. 그 이유로서는 일본 통치 시대의 이른바 자작농 창정사업(自作農創定事業)의 실패에서 볼 수 있듯이, 토지 분여를 필요로 하는 빈농은 유상일 경우 차입금을 마련하기 전에는 토지를 획득할 수 없으며 그러므로 유상분배로서는 토지개혁의 목적을 달성할 수 없기 때문이다.

여섯째는, 관개 시설 활용에 대해서는, 관개 시설은 공공성이 지대한 것이므로 국유화하고 사용을 농민에게 허용 또는 개방할 것 등으로 되어 있다.

이상에서 우리는 해방 후 토지개혁에 관한 세 가지 조류의 골자를 여섯 가지 문제점에 비추어 검토했다. 세 가지 안은 제각기 뚜렷한 정치적 의도를 내포하고 있다는 것을 알 수 있으며, 해방 후에 제기된 가장 중요한 토지 문제를 둘러싼 정치적 대립이 얼마나 심각하게 전개될 수 있는가에 대해서도 알 수 있다. 국민의 경제활동의 대부분이 토지 문제와 결부되어 이루어지고 있었으므로 토지 문제에 대한 근본적 대책이 되는 토지개혁안은 남녀노소를 초월한 국민적 관심사로서 그것의 귀추가 주목되지 않을 수 없었던 것이다.

더욱이 토지개혁이 세계적 추세로서 실시되고 있었던 일이고 보면 그것의 조속한 실시는 농민의 당연한 요구이며 또한 정치·사회 단체의 당면 목표가 될 수 있었을 뿐만 아니라 정부로서도 가장 긴박한 과제라 하지 않을 수 없었다.

입법의원의 토지개혁법안

해방 직후 미군정이 남한에서 토지개혁을 적극적으로 추진하고자 했다는 것은 이미 몇 가지 자료를 통해 검토한 바 있다. 이러한 미군정 당국의 의도와 달리 남한에서 토지개혁 문제는 지지부진한 상태에 있었고 1947년을 맞이하는 시점에 이르기까지 남조선과도입법의원의 토지개혁에 관한 입법 준비는 갖추어지지 않고 있었다.

미군정 관계자의 설득으로 드디어 1947년 초에 남조선과도입법의원 관계자와 미군정청 관계자 사이에 토지개혁에 관한 예비회담이 개최되고 이어서 수차에 걸친 회담의 결과로 남조선과도입법의원 산업노동위원회가 주동이 되어 남조선토지개혁법 초안의 기초에 정식으로 착수했다. 그리하여 1947년 5월에 성안된 남조선토지개혁법 초안을 중심으로 하여 토지개혁에 관한 한·미 소위원회를 구성하고 동 초안을 검토하는 비공식적인 작업이 진행되었다. 한편 이때에 남조선과도입법의원 산업노동위원회 자체에서도 별도 법안을 검토한 바 있었다. 동년 9월에는 미군정 당국의 정식 제의에 의거하여 한·미 간에 성안된 남조선토지개혁법 초안을 중심으로 하고 또한 산업노동위원회의 안을 참작하면서 수차에 걸친 수정을 거듭한 안(제4차 안)을 남조선과도입법의원에 상정할 준비를 갖추었다.

동년 12월 19일 산업노동위원회를 통과한(이때 미국무성으로부터 재차 토지개혁법안의 남조선과도입법의원 상정 권고도 있었다) 법안이 12월 23일을 기하여 입법의원 본회의에 전격적으로 상정되게 되었다(당시 입법의원은 연말 휴가의 박두를 이유로 휴회하려는 찰나에 있었다). 이때 남조선과도입법의원 본회의에 상정된 법안은 전문 27개조에 이르는 것이었으나 입법의원은 바로 연말 휴가에 들어감으로써 상정된 입안의 심의가 보류되었다가 다음 해인 1948년 1월 중순에 본회의가 재개됨으로써 심의에 착수되었다. 그러나 우익 측 대다수 의원의 사보타주와 보이콧 전략, 그리고 재적의원 3분의 2 이상이 출석하지 않는 등으로 본회는 유회되거나 법안 심의가 저해되었다.[42]

이 무렵 때마침 유엔에서 남조선에 대한 총선거 문제가 제기되자 입법의원의 분열은 격화되었으며 결국 5·10선거를 맞이하여 남조선과도입법 의원이 와해됨으로써 모처럼의 토지개혁법안은 완전히 유산되고 말았다. 이와 같은 상황에 이르자 미군정 당국은 입법의원의 강력한 반대[43]에도 불구하고 신한공사가 관리하고 있던 귀속 농지에 대한 유상분배에 착수했다. 즉 1948년 3월 22일에 미군정 법령 제173호에 의거하여 신한공사는 해체되고 새로 창립된 중앙토지행정처가 귀속 농지 처분에 관한 사무를 관장하기에 이르렀다.

여기에서 우리는 설사 유산되고 말았지만 미군정 당국과 입법의원의 공동 작품이라 할 수 있는 남조선토지개혁법안의 내용을 검토할 필요를 느낀다. 왜냐하면 그것이 당시 정부의 공식적인 입장을 밝힌 것이며 또한 우리는 거기에서 미군정의 토지개혁에 대한 의지를 변질된 것이나마 파악할 수 있다고 생각하기 때문이다.

남조선토지개혁법안은 27개조로 되어 있으며 공포일로부터 실시하기로 되어 있다. 이 법안의 내용 중 몇 가지 골자를 보면 다음과 같다.

첫째로, 이 토지개혁의 목적은 봉건적 토지 제도를 타파하고 민주 경제적 토지 제도를 수립하여 농민의 사회적 자유·자경·자작의 원칙에 의한 농가 경제의 자립, 농민 생활의 향상, 농촌 문화의 발전, 농업 생산력의 증진을 기도한다는 것이다. 그리고 이러한 목적을 수행하기 위하여 군정의 한 기관인 중앙토지개혁행정처를 설치하여 전권을 갖게 하고, 이 기관에 협력하는 기관으로 중앙에는 중앙토지개혁위원회를 두고, 지방에는 도·시·부·군·도(島)·읍·면·부락마다 지주 반수, 소작인 반수로 토지개혁위원회를 설치하여 토지개혁을 실시한다는 것이다.

둘째로, 토지수용에 대한 규정에서, 어떠한 토지를 몰수하여 농민에게 분배할 것인가 즉 몰수 대상 토지를 무상몰수토지와 유상몰수토지로 구분하고 있다. 무상몰수토지로는 전 일본인 소유 농토와 법률로서 정한 토지로 하고 있으며, 그외에는 모두 유상몰수한다는 것이다. 유상몰수에 포함되는 것은 농가가 아닌 지주의 토지, 5정보 이상의 토지 소유의 농가로서 그 초과 부분의 토지, 학교·병원·교회·사원·기타 공공 단체의 소유로 그 경작 능력에 적당한 면적을 초과한 토지 등으로 규정되어 있다. 그리고 5정보 이하의 농가 소유 토지와 과수를 주업으로 하는 농가의 과수원은 몰수 대상에서 제외되었다.

한편 농가에 대한 정의를 보면 농지를 직접 경작 또는 경영함을 주업으로 하는 가족 또는 단체원의 사회적 집단체를 농가라고 지칭한다. 그리고 본법 시행 당시 귀농을 지망하는 자로서 행정명령에 의하여 농가로 등록된 자도 농가로 인정한다고 되어 있다(농가에 대한 규정이 매우 애매하여 그것을 악용하게 되면 지주가 합법적으로 농가로 가장될 수 있게 되어 있다).

셋째로, 몰수한 토지의 분배 방법을 보면, 몰수된 국유 농지의 분배는 농가의 등급에 따르되 농가의 등급은 가족 수와 노동력, 그리고 그 농가의 경영 상태, 영농 시설, 과거 영노의 주(主)·종(從)·업(業) 관계 등을 기준으로 하여 결정한다(여기에서도 매우 애매한 면이 나타난다. 가령 경영 상태와 영농 시설을 기준으로 하게 되면 소작농은 그 등급의 하위에 속할 수밖에 없다는 결론이 나온다). 또한 분배 순위는 과거 농지를 경작한 현재의 소작인 농가, 농지 경영에 우량한 경험이 있는 농업 노동자, 해외에서 귀환한 농업자 등으로 되어 있으며 현 농가의 경작에 속하는 농지는 그 농가에 우선적으로 분배한다는 것이다.

넷째로, 토지 매수 가격을 보면, 지주로부터 매상하는 농지 가격은 1948년 이후 5개년간 또는 중앙토지개혁행정처가 결정한 기간에서 당해 농지의 연평균 생산고의 3배 이내에서 매수 농지의 면적을 기초로 한 체감률에 의하여 매상 지가를 결정한다는 것이다.

한편 토지를 매수당한 지주에게는 지가로 표현해 농지금고에서 발행하는 정부보증부 등록식 융통증권을 교부하며, 이 증권은 그 액면 가격을 미곡 또는 기타 농산물로 표시하고 그 보상은 15년간의 연부로 하며, 증권 소지자는 매년 증권에 기재된 농산물의 공정 가격의 15분의 1에 상당하는 화폐로써 상환을 받는다는 것이다(물가 변동에 따른 가치 하락을 완전히 지주에게 보상한다는 것이다). 더욱이 지주는 당시 농지 시세로도 정부에 매상시킬 수 있으며 또한 그 토지를 매수당하더라도 15년간은 그 토지 연 생산액의 15퍼센트 이상의 순수입을 확보할 수 있게 되어 있다(지주에게는 조금의 불이익도 없는 것이라 하겠다).

다섯째로, 농민에 대한 토지 분배 가격을 보면, 농민에 대한 토지 분배는 유상이다. 분배받은 토지 가격은 토지 소유자가 매상받은 가격과 동일하며 그 대금의 지불에서 농민은 매년 그해 생산량의 20퍼센트씩을 15년간 현물로 농지금고에 납입하여야 한다. 그리고 15년 이내로 그 토지 대금이 완납되어야만 처음으로 토지는 농민 소유가 되며 농민은 토지증권을 받게 된다는 것이다.

여섯째로, 토지개혁 후 토지 관리에 대해서는, 토지개혁을 실시한 후에는 원칙적으로 토지에 대한 자유처분권을 국가가 금지 또는 통제함으로써 소작 제도 재생을 방지하려는 것이다. 즉 토지의 자유 매매·증여·기타 처분·소작권 계약·기타 임대 계약 등을 목적으로 하는 일체의 담보권·지상권·선취 특권의 설정 행위를 금지하고 있다. 다만 농지의 교환, 정리, 병합, 지목류의 변경 등 불가피한 경우에 한하여 허가를 받아 이를 행한다는 것이다. 그리고 농지는 하나의 경제 단위로서 당해 농지를 경작하는 농가 소유이며 가산으로서 계상되고, 농가절가(農家絶家)·이농·전업의 경우에 그 농지의 처분은 우선매수권을 보유하는 중앙토지개혁행정처의 허가를 받아야 한다고 되어 있다.

이상에서 우리는 이른바 입법의원의 남조선토지개혁법안 내용을 검토했다. 즉 미군정 당국자의 독촉에 못 이겨 양자 간 합작품으로 보이는(미군정의 당초 핵심은 많은 변질을 보게 되었다고 하겠다) 이 법안은 어떤 면에서는 미·소공위에 제출되었던 임협안보다 더 지주에게 유리한 점이 있는 것으로 보인다.

물론 미군정 당국자의 남한 토지개혁에 대한 구상도 농민에게 유리한 방향이었다고는 생각하기 어렵지만(일본의 경우를 보더라도) 최소한 입법의원의 법안에서 볼 수 있는 지주 위주의 토지개혁은 아니었을 것이며, 또한 농촌의 민주화 작업도 감안한 구상이었을 것이다. 이와 같이 생각할 수 있는 이유로서는, 첫째로 당시 남한의 정치 정세가 미군정 당국의 의도와는 상당한 거리가 있었으며 이러한 거리를 해소하기 위해서라도 지주에게 일방적으로 유리한 법안 구상을 할 수는 없었다. 둘째로 입법의원의 기본 태도가 토지개혁을 하지 않으려는 점에 있음을 알고 미군정 당국은 구 일본인 소유 토지인 귀속 농지만이라도 분배해야 되겠다고 판단되어(입법의원의 강력한 반대에도) 5·10선거를 얼마 앞둔 그러한 시기에 분양 업무를 시작했다는 점이다.

이와 같이 해방 후 제시되었던 토지개혁에 관한 방안들은 어느 한 가지도 실천되지 못하고 말았다. 그 결과 토지 문제는 더욱더 복잡성을 띤 문제로서 농민과 농업을 괴롭히는 것이 되었다.

귀속 농지 배분의 문제

우리는 이미 앞의 몇 곳에서 남한의 토지 문제에 대한 미군정 당국의 태도를 보는 과정에서 귀속 농지 문제를 언급한 바 있다. 여기에서는 간단히 그 추이의 결론적인 검토에 그치기로 하겠다.

1946년 2월 21일 미군정 법령 제52호에 의하여 창립을 보게 된 신한공사는 과거 동양척식주식회사가 소유하던 일체의 재산을 인수하여 그 업무를 개시했다. 즉 법령 제52호 제4조에서 1945년 8월 9일 이후 동양척식주식회사가 소유하고 있던 조선 내 법인의 일본인 재산은 전부 신한공사에 귀속된다고 함으로써 악명 높던 일본인의 조선 농민에 대한 계통적인 수탈의 한 기관은 점령군에 의하여 접수되었다. 또한 1946년 5월 7일에 개정된 법령에서도 제4조 규정에는 아무런 변화가 없었다. 그 후 동척(동양척식주식회사)의 재산만이 아니라 기타 일본인 토지회사가 소유하고 있던 토지는 물론이고 개개 일본인 지주의 소유 토지와 일본인 소유 토지 전체를 관리하게 되었다.

그러므로 과거 동척이나 기타 일본인 지주가 징수하던 소작료를 신한공사가 징수하게 되었다. 물론 소작료율은 법령 제9호에 의한 3·1제의 적용이었다. 한편 신한공사가 관리하게 된 토지의 총면적은 1948년 2월 말 현재로 32만 4,464정보로서 그중 일반 농지(그 대부분이 조선인 농민이 소유하던 농토의 토질과 비교할 수 없을 정도로 비옥한 것이었다)가 28만 2,480정보이고 과수 및 뽕밭이 4,287정보이며 나머지 3만 7,697정보가 산림이었다.

앞에서 우리가 본 바와 같이, 남조선과도입법의원이 토지개혁을 지연시키자 미군정 당국자는 스스로 관리하고 있던 토지만이라도 토지를 소유하지 못한 소작 농민에게 전 일본인 소유 농지를 방매하여 소작 농민으로 하여금 자립적 농지 소유자가 되도록 협조하며 토지 소유권을 광범위하게 보급해 조선의 농업 발전을 기하는 임무를 담당(중앙토지행정처 설치에 관한 법령 제1조)하고자 1948년 3월 22일자 법령 제173호로서 귀속 농지의 분배에 착수했다.

이와 같은 귀속 농지 분배 정책에 대하여 입법의원에서는 크게 반대하기에 이르렀다. 그러나 군정 당국자는 입법의원 측의 반대에도 불구하고 6개소에 있었던 지방청의 지방망을 총동원하여 단시일 내에 그 관리 농지를 분배하는 작업을 개시했다. 그러나 분배 농지는 과수원, 대지, 목장을 제외한 논과 밭에 한했으며 분배에서 우선권은 신한공사 관리하에 농지를 경작하여 오던 소작인에게 준다는 원칙 아래에서 분배 사업은 단행되었다.

그리고 분배지에 대한 가격 평가 방법과 상환 방법은 다음과 같다. 농지 가격 사정은 당해 토지의 주생산물의 1년간 생산량의 3배 현물로서 지불하되 생산량 표준은 그 토지의 생산력 표준과 과거의 생산 업적에 의하여 결정한다고 되어 있다. 상환 방법은 1년 생산량의 100분의 20씩을 현물로써 15년간 상환하되 불가항력인 경우에는 연부 기간을 연장할 수 있도록 되어 있다. 이와 같이 하여 분배된 귀속 농지의 건수는 합계 72만 7,632건이고 분배 면적은 24만 5,554정보로서 그중 논이 18만 9,518정보이고 밭은 5만 6,036정보였다. 즉 일반 농지의 약 87퍼센트가 분배되게 되었다.

이러한 미군정 당국자의 분배 방식은 토지개혁에 대한 여러 가지 논의에 비추어 볼 때 그것이 가장 합리적인 방법이었는가에 대해서는 많은 논란의 대상이 되지 않을 수 없다. 이러한 점에서 미군정 당국자가 해방 직후부터 남한의 토지개혁에 열성적이었다 하더라도 거기에는 스스로 한계가 있었음을 알 수 있다. 또한 이러한 한계야말로 이 나라의 지주적 요구와 종국에 가서는 일체화되고 마는 점이라고 하겠다.

3 농지개혁법의 검토

농지개혁법의 제정

1948년 8월 15일 대한민국 정부가 수립됨으로써 정부는 헌법 제86조의 "농토는 농민에게 분배하며 그 분배의 방법, 소유의 한도, 소유권의 내용과 한계는 법률로서 정한다"[44)]는 규정에 따라 농지개혁을 위한 법안 작성에 착수하지 않으면 안 되었다. 이후 수개월이 지난 1948년 11월 22일 농림부에 의한 농지개혁법 시안(세칭 농림부 시안)이 발표되고, 이어서 1949년 1월 24일 국무회의에 상정되어 동년 2월 4일 국무회의를 통과한 농지개혁법안(정부안)은 5일 정식으로 국회에 제출되었으며 동년 3월 10일 국회 본회의에 상정되었다. 여기에서 정부안의 골자를 보면 다음과 같다.

1. 소작 제도의 폐지와 자경을 원칙으로 한다. 2. 원칙적으로 토지 소유권은 인정하나 그 처분권에 있어서는 특별한 경우를 제외하고는 제한을 가한다. 3. 농지의 매상 및 분배는 유상매수 유상분배로 한다. 4. 농지 매수 대금의 보상에는 감율제를 채용한다. 5. 한도 이내 농지는 매수 및 분배 대상에서 제외한다. 6. 매수 농지 대금 보상에 있어서는 유기간 기명식 지가증권(地價證券)을 교부하고 액면은 현곡석수(現穀石數)로 표시하되 당해 연도 농산물의 인정 가격에 의하여 산출한 금액으로 지불한다. 7. 농지 분배는 농가의 경작 능력·지질·지미 기타를 표준으로 하는 점수제에 의한다. 8. 분배받는 농지 대금의 상환은 매년 생산된 현물

을 일정 기간 내에 납입함을 원칙으로 한다.

국회에 제출된 정부안이 국회 본회의에 상정된 것은 한 달 이상이나 지난 3월 10일이며, 이 무렵 국회 산업위원회 농림분과위원회에서는 전년 12월 12일에 한 국회의원(이훈구)이 제출한 농지개혁법안을 비롯한 몇 개의 사안(私案. 대한농민총연맹의 토지개혁법안과 국회전문위원들의 안, 그리고 수원농대 교수단의 안 등)과 비공식적으로 제출되어 있었던 농림부 시안을 토대로 하여 독자적인 국회산업위원회안을 만들고 있었으며, 이 산업위원회안이 완성되어 정식으로 국회 본회의에 상정된 것은 정부안이 상정된 한 달 뒤였다. 본회의에 상정된 두 가지 안이 심의 과정에서 대조 검토되면서 광범한 수정이 이루어지고 더욱이 지주 이익을 대변하는 많은 국회의원에 의하여 그 핵심이 흐려지는 등 모순을 되풀이하다 겨우 1949년 4월 27일 전문 6장 28조의 농지개혁법은 국회 본회의에서 통과되게 되었다. 그리하여 동년 5월 2일 정부에 이송되었다.

이 농지개혁법은 여러 가지 문제점을 가지고 있었다. 첫째로, 국회 심의의 졸속으로 수정이 무원칙하게 가해진 나머지 법조문 사이에 커다란 모순이 있었다는 점이다. 가령 동법 제6조 제2항에서는 다년성 식물을 재배하는 농지는 무제한 소유할 수 있도록 규정하고 있으면서도 제8조 제4호에서는 과수원, 종묘포, 뽕밭 등 다년생 식물의 재배 농지의 소유 한도를 3정보로 하고 그 이상의 소유분은 매수한다는 규정이 그 하나의 예다. 사실 이러한 전후 모순된 규정을 고치지 않고서는 법의 시행을 위한 시행령이나 시행 세칙을 만들 수 없었다.

둘째로, 동법에서는 지가에 대한 보상을 15할로 정하고 수배(受配) 농지의 지가 상환은 12.5할로 규정하고 있다. 그리고 이 차액 2.5할은 지주에 대한 보상에서 적용하고 있는 체감률로 충당하기로 되어 있었다. 그러나 정부는 이 체감률만으로는 그 재원을 충당할 수 없을 뿐만 아니라 더욱이 동법 제5조 제7호에서 규정하고 있는 영세 농민과 소토지 소유 농민에 대한 농지 수매 대가의 2할을 국가가 보조한다는 것은 정부의 재정 사정으로는 감당하기 어렵다는 것이다. 이외에도 몇 가지 조항이 법 이론상 모순된다고 지적되고 있었다. 그에 따라 정부는 이 법에 거부권을 행사하게 되었다.

그 후 정부와 국회 간에 설왕설래의 과정을 겪은 다음 동년 6월 21일 시행할 수 없는 농지개혁법을 정부는 법률 제31호로서 공포했다. 한편 국회는 동년 7월 7일 이후 몇 가지 수정안을 토대로 시행하지도 못한 농지개혁법을 개정하는 지루한 지연 작전에 들어간다. 이 기간에 다시금 지주 이익을 대변하는 보상률 논의가 전개된다. 즉 15할로 정한 지난번의 그것과 달리 24할론이 산업위원회 수정안으로서 상정된다. 그리고 20할론도 상정되어 마치 지주 이익 증대 회의를 방불케 하는 심의가 계속된다. 이러한 심의 과정에 몇몇 의원의 강력한 15할 주장이 주효되고 또한 정부의 강력한 요구(15할 주장)도 감안되어 수정 작업 개시 약 7개월 후인 1950년 2월 2일에 농지개혁법 개정법률안을 통과시키게 되었다.

정부는 개정되어 돌아온 전문 6장 29조의 농지개혁법을 1950년 3월 10일 법률 제108호로서 공포하고, 이어서 3월 25일에 대통령령 제294호의 농지개혁법 시행령이 나오고, 동년 4월 28일에는 농지개혁법 시행 규칙이 농림부령 제18호로 발표됨으로써 1950년 5월에 들어와서 농민의 요구가 반영되지 못한 역사적인 농지개혁 사업이 시작되는 것이다.

농지개혁을 위한 오랜 논의와 과정에서 '토지개혁'이 강력히 요구되었다. 그러나 제정된 것은 산림에 대해서는 종전의 제도(봉건적 소유 관계하에 형성된 산림 소유)를 그대로 지키고 오직 농지에 해당하는 토지만을 대상으로 하는 것이었다.

농지개혁법의 분석

세계 농지개혁사에서 유례를 볼 수 없을 만큼 농민의 이익이 배제되고 오직 봉건적 지주의 기존 권리를 보상하는 데 주안을 두고 있는 우리나라 농지개혁법, 수천 년의 봉건적 수탈에서 농민을 해방시키는 데 근본적 의의를 두어야 하고 또한 피수탈자인 소작인들의 참여로 토지 소유 관계의 봉건성을 탈피해야 할 농지 제도의 개혁이 소작인의 참여를 배제한 기구에 의하여 실시된 우리나라 농지개혁, 이것을 우리는 농지개혁법의 내용을 검토함으로써 충분히 밝힐 수 있다. 우리나라 농지개혁의 역사적 의의는 다음에 고찰되므로 여기에서는 농지개혁법을 법조문에 중점을 두어 검토한다.

무엇보다 먼저 말할 수 있는 특징은 그것이 '유상몰수·유상분배'라는 원칙에 해당된다는 점이다. 그리고 어떻건 '경자유기전'(耕者有其田, 제1조)과 3정보 상한(제12조)을 줄거리로 하고 있다는 점이다.

첫째로, 농지개혁법은 그 목적을 다음과 같이 밝히고 있다. "본법은 헌법에 의거하여 농지를 농민에게 적절히 분배함으로써 농가 경제의 자립과 농업 생산력의 증진으로 인한 농민 생활의 향상 내지 국민 경제의 균형과 발전을 기함을 목적으로 한다."(제1조) 그리고 농민에게 적절히 분배할 농지란 "실제 경작에 사용하는 토지 형상에 의한다"(제2조)고 하고 전·답·과수원·잡종지 기타 등을 열거하고 있다. 또한 농민의 정의는 "가주(家主) 또는 동거 가족이 농경을 주업으로 하여 독립 생계를 영위하는 합법적 사회단위"라고 한다. 다시 말하면 농경을 주업으로 하는 합법적 사회 단위가 실제 경작에 사용되고 있는 농지를 적절히 분배받음으로써 농민 생활의 향상만이 아니라 국민 경제의 균형과 발전에 도움이 되게 한다는 것이 농지개혁의 목적이라는 것이 된다.

둘째로, 사업의 주체는 농지위원회라고 한다. 즉 "본법 운영을 원활히 하기 위하여 중앙·도·시·군·읍면·이동(里洞)에 농지위원회를 설치한다"(제4조)고 하고 농지위원회는 막대한 권한을 가지게 하고 있다. 가령 "수매 농지에 대한 평가는 정부에서 각 소재지 위원회의 의(議)를 경(經)하여 좌와 여히 정한다"(제7조)고 하여 4개항에 걸쳐 열거된 중요한 작업을 하게 되어 있으며 "농업 경영의 능률화 및 합리화"에 필요한 농지의 개량, 교환, 분합, 정리, 용도 변경 등의 조치는 소재지 위원회를 경유하여 정부가 신청을 받는다는 것이며(제21조), 농지개혁 실시에서 이해관계자 간의 이의는 소재지 농지위원회가 "재사"(再査)의 신청을 받는다는 것이며

(제22조), 제23조에서는 이의 신청 또는 항고를 받은 위원회는 이해 관계자를 불러 심사를 한다는 것으로 되어 있다.

이와 같이 농지위원회는 막대한 권한을 가진다. 그런데 이 위원회는 정부가 일방적으로 구성할 수 있게 되어 있다. 가령 농지위원회 규정 제3조는 각급 농지위의 위원장은 지방행정기관의 장으로 한다는 것과 위원은 "농지 사정을 숙지하며 학식과 명망 ……을 겸비한 관민 중에서 선임한다"고 규정함으로써 소작 농민의 참여를 완전히 배제하고 있다. 다만 이동 농지위에 한하여 위원을 "이동민의 호선으로 읍면장이 위촉한다"라고 되어 있으나 여기에는 이른바 지방 유지라는 구지주층이 참여하게 되었다.

이것은 우리가 앞에서 입법의원의 남조선토지개혁법안에서 볼 때 그 안에서마저도 토지개혁위원회는 지주 반수와 소작인 반수로 구성한다고 되어 있었다(각 반수로 하게 되더라도 위원회는 지주의 의사에 따라 운영되기 마련이다).

이렇듯 농지개혁 사업의 주체는 정부와 구지주층(단정적인 뜻이 아니고)이 주체가 되어 추진되었다. 다시 말하면 농지를 분배받을 입장의 사람을 제외한 "공정 무사한 인격자"(?)에 의하여 추진되었다. 개정 전의 법률 제31호로서 공포된 바 있었던 법에는 분배받을 농민의 참여 규정이 있었다.

셋째로, 매수 대상 농지에 대한 규정을 보면(제5조) 정부가 매수하는 농지는 ①농민 아닌 자의 농지 ②자경하지 않는 자의 농지 ③한도를 초과하는 부분의 농지 등으로 되어 있다. 그리고 매수하지 않은 농지는 학술 연구 등 특수한 경우의 농지 9개 항에서 열거된 것으로 되어 있다(제6조).

넷째로, 분배 대상 농가의 순위에 대해서는 "본법에 의하여 정부가 취득한 농지 및 별도 법령에 의하여 규정한 국유농지는 자경할 농가에 다음의 순위에 따라 분배 소유하게 한다"(제11조)고 하여 ①현재 당해 농지를 경작하는 농가 ②경작 능력에 비하여 과소한 농지를 경작하는 농가 ③농업 경영에 경험을 가진 순국열사의 유가족 ④영농 능력을 가진 피고용 농가 ⑤국외에서 귀환한 농가 등의 순위를 정하고 있다.

다섯째로, 분배받은 농지에 대한 소유 보존 대책으로서는 "분배받은 농지는 농가의 대표자 명의로 등록하고 가산으로 상속한다"(제15조)고 하고, 그 농지는 상환이 완료될 때까지 다음의 행위를 제한한다고 하여 ① 매매·증여 기타 소유의 처분 ② 저당권·지상권·선취 특권, 기타 담보권의 설정 등을 못하도록 되어 있다(제16조). 즉 상환이 가장 중요한 문제이며 상환 후에는 어떻게 되거나 알 바 없다는 것이다. 더욱이 제19조에서 "본법에 의하여 분배받지 않은 농지 및 상환을 완료한 농지는 소재지 관서의 증명을 얻어 당사자가 직접 매매할 수 있다고 규정하고 있는 것은 농지 개혁 후에는 토지 소유가 어떻게 되건(다시 지주화가 되거나 어떻게 되거나) 상관없다는 것이다. 요는 지주로 하여금 상환금을 받게만 하면 된다는 뜻이다. 한편 "농지는 소작 임대차 또는 위탁 경영 등 행위를 할 수 없다"(제17조)고 하고 있다. 이렇듯 분배받은 농지가 그 상환을 완료할 때까지는 그것의 이동을 금하는 규정을 엄격히 하고 있으면서도 상환이 완료된 후의 이동을 규제하는 아무런 조치가 마련되어 있지 않다.

여섯째로, 매수 농지에 대한 지가 결정에서는 "매수 농지에 대한 평가는 정부에서 각 소재지 위원회의 회의를 경유하여 다음과 같이 정한다"(제7

표 22   체감률료

보상 석 수		체감률	
75석까지		적용치 않음	
75(석 초과)	100(석까지)	75석 초과분의	3(%)
100	130	100	5
130	200	130	8
200	400	200	12
400	1,000	400	17
1,000	2,000	1,000	23
2,000	5,000	2,000	30
5,000	10,000	5,000	38
10,000		10,000	47

자료: 농림부.

조)고 하여 4개항을 열거하고 있다. 즉 ①각 시·읍·면별로 각 지목별 표준 농지를 선정하여 이의 평년작 주 생산량의 15할을 당해 토지 임대차 가격과 대비하여 당해 시·읍·면의 공통 배율을 정하고 이것에 의하여 동 지구 내 각 지번별의 보상액을 정한다. ②농지의 상황 변천 기타로 인하여 종전의 생산량 또는 임대차 가격에 의거하기 곤란한 농지는 인근 유사 농지에 준하거나 또는 기타 적당한 방법으로써 정한다. ③자영하지 아니하는 과수원·상전·종묘지 또는 기타 다년생 식물을 재배하는 농포와 제2조 제2항의 부속 시설은 시가에 의하여 별도로 사정한다. ④개간, 간척 기타 특수지에 대하여는 그 실정을 심사하여 특별 보상액을 첨가 작정한다고 하고 이어서 "전 각 호에서 정한 보상액은 다시 동일 피상자(被償者)의 총면적 및 가금고(價金高)에 의한 체감률을 적용한다"라고 되어 있다(체감률은 표 22 참조). 이렇듯 지가의 평가는 정부와 농지위원회가 사정하여 결정하되 평균작 주 생산량의 15할로 한다는 것이다.

일곱째로, 분배받은 농지에 대한 지가상환 방법(토지가의 지불 방법)에 대해서는 다음과 같이 되어 있다(제13조). 즉 ①상환액은 제7조에 의하여 결정한 당해 농지의 보상액과 동일하게 한다. ②상환은 5년간 균분연부(均分年賦)로 하고 매년 정부가 지정하는 현품 또는 대금을 정부에 납입하여야 한다. ③농가의 희망과 정부가 인정하는 사유에 따라서 일시 상환 또는 상환 기간을 신축(伸縮)할 수 있다고 하여 15할을 5년간에 지불해야 된다는 것이다.

여덟째로, 지주에 대한 지가 보상 방법에 대해서는 "보상은 다음의 방법에 의하여 정부는 피보상자 또는 그가 선정한 대표자에게 지가증권을 발급한다. 이 지가증권을 기업 자금에 사용할 때에는 정부는 융자의 보증을 한다"(제8조)고 하고 다음과 같이 구체적으로 밝힌다. 즉 ①증권 액면은 전조에서 결정된 보상액을 환산한 당년도 당해 농지 주 생산물 수량으로 표시한다. ②증권의 보상은 5년간 균분연부로 하여 매년 액면 농산물의 법정 가격으로 산출한 원화를 지급한다고 규정하고 있을 뿐만 아니라 제10조에서는 "본법에 의하여 농지를 매수당한 지주에게는 그 희망과 능

표 23　　　　　　　　　　　지가 보상 계층별표

구분	인원수	비율
50석 미만	143,056	84.2(%)
50~75	7,006	4.1
75~100	4,293	2.5
100~130	3,381	1.9
130~200	4,213	2.5
200~400	4,495	2.6
400~1,000	2,454	1.4
1,000~2,000	608	0.36
2,000~5,000	227	0.13
5,000~10,000	49	
10,000 이상	21	
계	169,803	100

자료: 한국은행, 『경제연감』, 1955년.

력 기타에 의하여 정부는 국가 경제 발전에 유조(有助)한 사업에 우선 참획케 알선할 수 있다"고 규정하고 있으며, 지주에게 더욱더 많은 이익을 주기 위하여 농지개혁법 시행령의 제31조에서는 "농지를 정부에 매수당한 지주는 정부가 보유하고 있는 공장, 광산, 선박, 어장, 양조장, 인쇄 공장, 도정 설비, 과수원, 종묘원, 상전, 양잠 설비, 죽림지, 하천 부지, 간석지, 개간지 등 그 희망과 능력에 의하여 농지 보상액에 비등한 사업체의 매수 또는 참획을 정부에 신청할 수 있다. 정부는 전기 규정에 의한 신청이 있을 때에는 적당한 사업체를 우선 알선하여야 한다"고 하여 정부는 많은 국유 재산 등 정부 능력을 다하여 구지주 계층의 안락한 생활을 보장해 주어야 한다는 것이다(다음에서 검토하겠지만 농지개혁은 누구를 위한 것이었는가를 명백히 알 수 있다. 그리고 지가 보상을 받는 지주의 계층별 상황을 표 23에서 알 수 있다).

　이상에서 우리는 6장 29조로 되어 있는 농지개혁법을 여덟 가지 관점에서 그 내용을 검토했다. 누구를 위한 농지개혁인가, 그리고 그 결과로 과연

제1조 목적에서 밝힌 농민 생활의 향상을 이룩하고 나아가서는 국민 경제의 균형과 발전에 이바지할 수 있다고 볼 수 있는가. 정부와 지주가 사업 주체로 되어 있고 농민의 농지 소유 보존에 대해서는 책임 규정이 없고, 오직 지주에 대한 보상 규정만이 엄격히 밝혀져 있는 것이 농지개혁법이며 또한 농지개혁 사업이었다.

이와 같은 내용의 농지개혁법임에도 불구하고 지주의 희생을 강요함으로써 농민은 농지를 소유할 수 있게 되었고 또한 그로 인하여 농민의 생활도 크게 향상되었다고 주장하는 식자(다음에서 검토된다)를 의심하지 않을 수 없다.

농지개혁 사업의 실시

정부는 농지개혁을 실시하기 위한 제반 준비에 착수했다. 먼저 농지개혁법 정부안을 작성한 후 1949년 6월 1일 현재의 실태를 농민들로 하여금 신고하도록 했다. 이 신고에 따르면 요매수 농지 면적은 논 36만 3,131.7정보와 밭 23만 7,917.3정보의 합계 69만 1,049정보(여기에는 귀속 농지 23만 2,832.1정보는 포함되지 않는다)로 밝혀졌다. "이것을 실지와 필지별 대지(對地) 조사를 하여 1949년 6월 21일 현재의 지주 소작인의 주소 성명 및 자·소작의 구별 귀속 농지 여부 등을 구별하면서 시정 기입하고 주요 재배 작물을 확인하여 실지와 부합되도록 하는 것이다."[45] 실지와 대조의 결과는 신고와 동일하다는 것으로 밝혀졌다.[46] 그리하여 분배 농지의 총면적이 확인되고 또한 법도 공포되어 1950년 5월부터 농지개혁 사업이 본격적으로 진행되었다.

즉 농토 없는(또는 적게 소유한) 농민이 분배받게 될 절대 면적은 신고 면적 약 60만 정보와 이미 분배가 진행되고 있던 전 일본인 소유의 귀속 농지 약 23만 정보(산림을 제외한 농경지)를 합한 83만 정보가 되는 것이며, 이것은 1949년 말 총경지면적(207만 정보)의 40퍼센트에 해당하는 것이다.

그러나 농지개혁 사업이 실시 단계에 들어갈 무렵 6·25전쟁이 발발하

표 24　　　　　　　　　수배 농가 호수 및 분배면적　　　　　　　　(1957년)

	수배 농가 호수	분배면적		
		밭	논	계
일반 농지	952,731	191,411.1	76,466.7	267,877.8
귀속 농지	596,801	160,998.6	41,145.2	202,143.8
계	1,549,532	352,409.7	117,611.9	470,021.6

자료: 농림부.
단위: 농지=정보, 농가=호수

여 농지개혁 사업은 일시 중단되었다가 수복 이후 재착수하게 되었다. 그 후 농지개혁 사업은 순조롭게 진행되어 농지 매수와 농지 분배가 일단락을 보게 된 1957년 말 현재의 농림부 집계를 보면 일반 농지와 귀속 농지를 합한 분배 면적과 분배를 받은 농가의 호수는 표 24와 같다. 즉 분배 총면적은 귀속 농지 20만여 정보와 일반 농지 약 27만 정보 합계 47만 정보가 되었으며 수배(受配) 농가 호수는 약 155만 호에 이르렀다(일본 농지 수배 호수 약 95만 호와 귀속 농지 수배 호수 약 60만 호). 이와 같이 하여 농민의 오랜 숙원이었던 농지개혁은 막을 내리게 되었다. 헌법 제86조에서 규정한 "농지는 농민에게 분배하고"라는 이념도 명목상 실현되게 되었다.

여기에서 우리는 분배 농지 면적 47만 정보에 대하여 간단히 언급하고 넘어가기로 하자. 그렇게도 갈망했던 농지개혁의 결과가 겨우 47만 정보의 농지 분배에 불과한 '성과'라면 이것은 너무나 모순된 농지개혁이라 하지 않을 수 없다. 우리가 앞에서 검토한 바와 같이 소작 면적과 요분배 농지 면적은 각각 147만 정보와 83만 정보였다. 이것이 47만 정보의 분배로 종말을 보았다고 하면 이것은 분명히 농지개혁 자체를 재평가하지 않으면 안 될 문제라 하겠다. 표 25에서 볼 수 있는 세 가지 시점의 토지 상황은 오랜 논의와 농민 요구가 어떠한 결과로서 나타났는가를 우리에게 가르쳐 주는 것이라 하겠다.

오랜 봉건적 수탈이 그 종말에 가서는 이민족과 합세되어 전개되었으며 이러한 상황에서 해방되기 위한 토지개혁의 요구가 이민족의 패주와 더불

표 25 소작지의 변화표 (단위: 1만 정보)

		A. 1945년 말의 소작지 총면적	B. 1949. 6. 21. 현재 분배 대상 면적	C. 1957년 말의 분배 실적	$\dfrac{C}{A}$	$\dfrac{C}{B}$
소작지 상황		147	83	47	32.0(%)	56.6(%)
소유자별	일본인	23	23	20.2	87.8	87.8
	조선인	124	60	26.8	21.6	44.6

자료: A=『조선경제연보』, 1948년; B=농림부; C=농림부 자료에 의거하여 작성한 것임.

어 불길처럼 일어났다. 그러나 5년간의 논의 기간의 결과로 이루어진 농지 개혁은 너무나 허무한 것이 되고 말았다. 즉 1945년 당시 조선인 지주 소유의 총소작지 124만 정보의 21.6퍼센트에 불과한 봉건적 토지 소유의 개혁(일본인 지주의 토지를 합한 것에 비하면 32퍼센트)이며, 1949년의 조사에서 확인된 국내 지주 소유의 요매수 농지 60만 정보의 44.6퍼센트에 지나지 않는 농지개혁(귀속 농지를 합한 것에 비하면 56.6퍼센트)인 것이다.

그러므로 우리나라 농지개혁은 그것이 토지 제도 면에서는 일단 봉건적 소유 관계를 개혁했다고 하겠지만(농민적 토지 소유의 확립) 그것이 농가 경제의 자립과 농업 생산력의 증진으로 인한 농민 생활의 향상 내지 국민 경제의 균형과 발전을 기할 수 있는 것(농지개혁법 제1조)이라 할 수는 없다.

4 농지개혁의 의의

농민적 토지 소유의 확립

농지개혁과 농민적 토지 소유

1950년의 우리나라 농지개혁의 의의와 성격을 분석한다는 것은 가장 절실한 현실적 요구인 것이다. 왜냐하면 오늘의 우리나라 농업 위기가 기본적으로는 토지 문제가 그 토대를 이루고 있기 때문이다. 오늘의 농지 제도를 마련하게 된 농지개혁의 의의를 밝히는 것이 중요한 과제가 된다는 것은 그것이 농업 위기의 토대가 되어 있는 토지 문제의 본질을 해명해 주는 것에 그치지 않고 토지 문제가 어떠한 모습으로 전개되어야 할 것인가에 대해서도 그 지향할 방향을 제시해 줄 수 있는 것이기 때문이다.[47]

농지개혁의 가장 큰 의의는 그것이 봉건적 및 반(半)봉건적인 지주적 토지 소유제를 '농민적 토지 소유'로 전환했다는 점이다. 지주적 토지 소유의 농지를 '농민에게 적절히 분배'함으로써 비로소 지주적 토지 지배에 따른 봉건적 관계가 배제되었으며, 광범한 영세·소농 지배적 상태의 농민에 의한 토지 소유가 확립되었다. 농지개혁 후의 토지 문제가 기본이 되어 나타나고 있는 농업 위기는 농민적 토지 소유가 그 전개 과정에서 국가독점적 자본의 기능에 의한 '피규정(被規定) 현상'으로 파악되어야 한다. 그러므로 현금의 농업 위기의 토지 국면을 중시하는 나머지 농지개혁이 농민적 토지 소유를 확립하게 되었다는 의의를 부정할 수는 없다.[48]

더욱이 농지개혁으로 인하여 종래의 토지 지배에서의 봉건적 관계가 배제된 것만은 사실이다. 농지개혁 이후에 영세·소농 지배적인 자작농의 빈곤이 농지개혁 이전과 다를 바 없이 진행되고 있는 것은 필자 역시 강조하는 바이지만 그렇다고 하여 빈곤한 면을 중시하는 나머지 토지 소유제의 지주적 봉건 관계가 배제되었다는 사실을 부정할 수 있는 것은 아니다.

농지개혁 이후 농민의 빈곤은 농지개혁 자체가 농민의 빈곤을 해결하기 위한 것이 아니고(농민적 토지 소유가 농민의 빈곤을 궁극적으로 해결할 수 있는 것은 아니다. 이 점에 대해서는 다시 검토된다), 단순히 "농지를 농민에게 적절히 분배"하지 않으면 안 되는 시대적 상황에서 이루어졌으며, 또한 '농민 부재' 상태에서 실시된 우리나라 농지개혁의 성격에서 보아(이 점은 다음의 '농지개혁의 농민 부재성'에서 구체적으로 검토된다) 처음부터 농민의 빈곤은 해결되기는커녕 더 가중될 요인을 내포하고 있었기 때문이다(분배 방식에서도 볼 수 있듯이). 그러므로 빈곤의 가중 현상으로서 농지개혁이 농민적 토지 소유를 확립하게 되었다는 의의를 부정할 수 있는 것은 아니다.

물론 필자의 "농지개혁이 농민적 토지 소유를 확립했다"는 주장, 그리고 현단계 농지 제도의 역사적 성격을 농민적 토지 소유라고 규정하는 데 대해서는 많은 이론이 있을 수 있을 것이며, 또한 우리나라와 비슷한 농지 제도하에 있는 일본의 경우 이 문제를 중심으로 한 '논쟁'이 20년의 세월에 걸쳐 전개되고 있음에도 불구하고 아직도 끝을 맺지 못하고 있다는 사실을 모르는 바 아니다.[49]

그러나 그 논쟁 과정에서 느껴지는 것은 한편으로는 농민적 토지 소유에 대한 고전적 규정이 지나치게 불변 개념으로 받아들여지고 있다는 점이고, 다른 한편으로는 일본의 특수한 역사적 조건에서 형성된 오늘의 농지 소유 현상을 무리하게 고전적 규정의 대상으로 파악했던 그 당시 모습에만 연결 지으려는 점이다. 그러므로 논쟁의 장기성과는 달리 커다란 진전을 보지 못하는 상태에서의 반복(물론 단순한 반복일 수는 없지만)이라는 인상을 받게 하는 것은 숨길 수 없다.

우리는 농지개혁 후 우리나라 농지 소유가 다름 아닌 봉건적 토지 소유제에서 근대적 토지 소유제로 이행하는 과도기적 성격의 농민적 토지 소유라고 규정한다. 설사 농민적 토지 소유의 고전적 형태인 서구의 그것과 세부적인 면에서(가령 독립 농민의 부유성에서나 또는 독립 농민의 규모 등) 차를 가진다 하더라도 유형으로서는 분할지 농민=농민적 토지 소유의 범주에서 벗어나는 것은 아니다.

그리고 필자의 견해에 대한 '다른 한편의 의견'은 우리나라 농지 소유에서 인정되는 농민적 토지 소유는 비단 1950년의 농지개혁에서 비롯되는 것이 아니고 일본 제국주의 치하에서부터 형성된 것이며, 그러므로 봉건적 토지 소유 관계가 농지개혁에 의하여 배제되었다는 것은 잘못일 뿐만 아니라 일제 치하의 광범한 자작농 현상을 부정하는 것이 되고 만다는 주장일 것이다. 이러한 견해에서 반론은 당연히 토지 조사 사업의 성격을 어떻게 규정할 것이며, 일제 통치 기간의 '토지 제도' 변화를 어떻게 인식할 것인가에 대해서도 우리의 견해와 커다란 차를 가지게 되는 것은 말할 것도 없다. 우리는 토지 조사 사업의 성격에 대해서는 이미 다른 곳에서 구체적으로 분석했으며,[50] 그것이 토지 소유에서 봉건적 관계를 재편성한 것에 불과하다는 것, 그리고 그로 인하여 일본 제국주의가 광범한 의미의 '본원적 축적'을 할 수 있었다는 것으로 그것의 성격을 규정했으므로 여기서는 더 이상 토지 조사 사업에 대해서는 언급하지 않기로 하고, 다만 일제 치하 토지 제도의 변화에 대해서는 후진국의 토지개혁의 일반적 상황을 검토하는 곳에서 다시 취급하기로 하겠다.

그러면 다시 다른 한편의 이견의 문제로 돌아가서 보건대, 그 주장은 일제 통치 기간에 자작농 모습의 농민적 토지 소유(과도기적 성격체)가 형성되고 있었다는 것이고, 심지어는 근대적 지주(자본제적 개념의 토지 소유)가 성립되고 있었으며 그러므로 농지개혁은 설사 그것이 '유상몰수'라고 하더라도 "반체제적 난점이 지목된다"고 할 정도로 우리의 견해와는 커다란 차이점이 있다는 것을 알 수 있다. 그 대표적인 견해를 김준보 교수의 주장에서 볼 수 있다.

김 교수는「농지개혁의 지대사적 의의」에서 농지개혁은 토지 소유에서의 봉건성 배제가 아니며 미군정 시에나 그 후 농지개혁에 대한 논의의 의도는 '정치적 효과'에 있었다는 것을 강조한다. 김 교수의 주장을 몇 가지 점에서 검토해 보기로 하자.

…… 1946년 3월 5일 북한에서 재빨리 '토지개혁'이 실시를 보게 되었고 남한의 정치적 및 경제적 위기는 고조되었다. 여기에 미군정의 이 방향에 대한 관심도는 당연히 적극화함으로써 이른바 경자유전의 원칙하에 곧 생산수단(토지)을 무산 농민이나 농업 노동자에 부여함으로써 중산 계급의 형성을 의도한 안정책을 취하였을 뿐이다. 그러면 위와 같은 농지개혁이 우리에게 던져 준 지대사적(地代史的) 의의는 과연 무엇인가? 첫째, 남한의 농지개혁이 자본주의 체제의 범주에서 박두한 사회적 위기를 모면하

려는 데 동기와 목적을 두고 있었다는 점에 있어서 '봉건적 토지 제도'를 타파한다는 것은 매우 한정된 의미를 갖는 표면상의 표방에 불과하다.[51]

김 교수의 주장에 따르면, 북한의 '토지개혁'에 자극을 받은 미군정이 무산 농민이나 농업 노동자를 경자유전의 원칙하에서 중간 계급으로 형성한다는 의도를 가지고 시행한 사회 안정책에 불과한 것이 농지개혁이며, 그러므로 남한의 농지개혁에서 '봉건적 토지 제도'를 타파한다는 것은 매우 한정된 의미를 가질 뿐 동기와 목적은 "자본주의 체제의 범주에서 박두한 사회적 위기를 모면"하는 것이라고 한다. 그렇다면 남한에서 토지개혁이 논의된 이후 농지개혁이 실시될 때까지 중요한 현상으로서 '지주의 소작지 강매' 문제는 무엇을 의미하는가.

지주의 농지 강매 현상에 대해서는 김 교수도 '농지개혁 직전의 토지 사정의 변모'를 취급하는 곳[52]에서 크게 강조하고 있다. 만일 봉건적 토지 제도의 극복, 즉 토지 문제의 기본적 해결 방안으로서 토지개혁의 요구가 당시 중요 과제가 아니라고 한다면 다른 의문점은 차치하고라도 '지주의 소작지 강매'의 대대적인 현상은 설명될 수 없다. 그리고 김 교수는 이어서 다음과 같이 말한다.

그럼에도 불구하고 농지개혁에 이르기까지의 소작 관계를 끝까지 봉건적 생산 관계로 보는 일부의 견해에 의하면 전기한 미국 측의 표방과도 같이 농지개혁이 바로 봉건적 토지 제도를 근대화하는 데 큰 기여를 하였다고 보고 있다. 이후 봉건적 소작제는 영구히 배제되고, 피지배적 소작 농민은 여기에 비로소 해방을 보게 되었으며, 반봉건적 농촌 사회에 근대화의 기반을 설정할 수 있게 되었다고 보는 것이 그들의 농지개혁에 돌리는 업적이다.[53]

여기에서 의문은 김 교수가 일제 치하에서부터 전개되어 온 소작 관계를 봉건적 생산 관계로서 볼 수 없다고 하는 점이고(이 점에 대한 김 교수의 주장은 다음에 다시 인용된다), 또한 농지개혁이 토지 제도의 근대화를 위한 것이라고 보는 점이다. '소작 관계'의 봉건성 여부는 다른 곳에서 보게 되므로 여기서는 피하기로 하고 '농지개혁과 토지 제도의 근대화' 문제만 보면, 농지개혁은 봉건적 토지 제도를 근대적(자본제적으로 생각하여도 좋다) 토지 제도로 전환하는 과도기적 성격체인 농민적 토지 소유를 확립한 것이지, 그것이 근대적 토지 제도를 이룩한 것은 아니었으며 또한 이룩할 수 있는 것도 아니다. 이것은 다른 여러 나라의 토지개혁에서도 볼 수 있는 점이며 제2차 세계대전 전의 대표적인 토지개혁의 성공 예로 드는 멕시코의 경우도 그러하다. 심지어는 제2차 세계대전 후의 사회주의 여러 나라의 토지개혁의 경우에도 그들 집권자들은 토지개혁의 목적을 봉건적 토지 소유를 농민적 토지 소유로 옮기는 것이었지 그들이 의도하는 집단농으로 곧바로 이끌어 가지는 않았으며 또한 그렇게 될 수도 없었다. 다만 그들은 농민적 토지 소유라는 과정을 통하여 사회주의 집단 농장제의 토지 소유로 유도했던 것이다(이 점은 다음에 검토할 중국의 '토지개혁'에서도 알 수 있다). 즉 봉건적 토지 소유가 곧바로 근대적 토지 소유로 옮겨질 수 있는 것이 아니며 과도기적 과정을 밟기 마련이다. 우리나라 농지개혁도 이와 같은 이론에서 볼 때 그것의 의의(농민적 토지 소유의 확립)를 알 수 있다. 그러나 김 교수의 주장은 더욱 강경하다.

······ 지금 만약 남한식의 농지개혁에 의해 비로소 봉건적 소작제가 해체되고 소작 농민의 자유화가 이루어진다는 위의 여러 견해를 그대로 따른다면 우리는 적어도 농지개혁 직전의 한국 농촌에는 자유적 소농과 반농노적 소작농이 병존하여 있었다는 기묘한 명제 위에 서게 된다. 더욱이 많은 자소작 농민이나 지주 겸 소작농에 있어서 자유적 측면과 농노적 측면을 겸유한다는 특이한 성격 규정에 도달할 수밖에 없는 필연적 논리이다.[54]

사실 우리는 하나의 토지 제도가 다른 모습으로 변질되는 과정에는 그 내용의 사정이 여러 형의 모습을 띠게 마련이며, 그 여러 형의 모습이 상호 작용하는 과정에서 어떤 지배적 형이 마련된다고 알고 있다. 이렇게 생각할 때 김 교수의 "자유적 소농과 반농노적 소작농이 병존하여 있었다는 기묘한 명제"라는 것은 오히려 변화를 앞둔 시대에는 당연한 현상으로 보아야 하지 않을까. 가령 우리가 조선조 말의 토지 소유 관계를 볼 때, 거기에는 토지 고유제적 형태(설사 그것이 매우 문란한 상태에 있었다 하더라도)가 지배적 토지 제도로 나타나지만 그외에도 여러 가지 형이 종속적 상태로 '병존'하고 있었다는 것은 사실이다. 그리고 또한 김 교수가 일제하에서부터 특히 3·1운동 이후부터 농지개혁에 이르기까지 농업에서의 '불변적 지배 조건'은 '소농 생산 관계'였다고 하며 이러한 점과 관련해서 농지개혁의 특성을 보아야 한다고 한다.

…… 일본 제국주의 그것 역시 한반도에 소농 생산 양식을 지속시켰다고 하더라도 봉건적 생산 관계를 고수할 수는 없었다. 적어도 3·1운동 이후 내면적 근대화의 변천을 소농 생산 관계에 가져왔다고 우리에게는 보여지며, 그것은 다름 아닌 해방 전후를 통하여 불변적 지배 조건 그것이다.

그렇다면 분명히 해방 직후의 농지개혁은 그 성격이 봉건적 소작 관계의 해체에 기본적 의미를 두는 것이 아니라, 일제하 노동자화하려는 소작농에 대해 생산수단인 토지를 부여함으로써 중산 계급의 형성에 의한 농촌 사회의 정치적 안정을 기함에 제1차적 동기를 두고 있었음에 틀림이 없다. 그리하여 그 시대적 의의는 이른바 반(反)봉건적 민주혁명으로서 해석될 수 없고, 8·15해방 후에 밀어닥친 사회적 위기에 대처함에 있었다는 것, 그리고 그 결과는 국가적 독점자본의 입장에서 볼 때 중간적 지대=이윤의 수취 계급인 지주를 배제하고 독점 자본과 소농 계급을 직결시키는 기구를 형성함에 실적을 가져왔다는 것, 이것이 곧 남한 농지개혁의 지대사적 본성이다. 물론 우리의 입장에서 본다 하더라도 농지개혁이 근대적 지주=자본가의 사유 토지를 비록 유상적이나마 강제 매수한다는 데 대해서는 반체제적 난점이 지목된다.[55]

이렇게 하여 우리들로 하여금 더욱 많은 의문을 가지게 한다. 물론 여러 가지 의문은 하나의 원천에서 파생되는 것이지만 먼저 일본 제국주의 침략자들은 이 땅에 소농 생산 양식은 지속시킬지언정 봉건적 생산 관계를 고수하지는 않는다고 한 점이다. 이 점은 우리가 이미 여러 곳에서 검토한 것처럼, 일본 제국주의 침략자들이(다른 나라의 식민지 지배에서도 마찬가지지만) 조선 농업의 지배와 조선 농민의 수탈을 위해서는 봉건적 방식을 지속하는 것이 더욱 유리한 것이며, 설사 변화를 필요로 한다 하더라도 그것을 수탈에 불리한 방향으로 이끌진 않는다(이 경우 조선인 지주의 이해와도 일치된다). 소농 생산 양식이라 하더라도 그것은 결코 봉건적 수탈 범주에서 독립된 자유로운 농민에 의한 것이라고는 할 수 없다고 볼 때 일제 통치 기간의 농업 생산의 성격은 봉건제적 토지 소유에 의해서 지배적으로 전개되어 왔다는 점에서 찾아야만 할 것이다.

그리고 농지개혁의 지대사적 의의를 반(反)봉건적 민주혁명으로는 해석할 수 없다고 한다면, 당시 토지개혁을 위한 농민의 요구가 설사 그것이 좌익적 정치 세력에 의하여 색칠되었다 하더라도 거기에서 발견될 수 있는 반봉건적 민주주의의 실현이라는 것을 빼고서는 그 요구의 '사회성'은 인정될 수 없을 것이다. 만일 그들의 요구에서 '사회성'을 제거하고 본다면 토지개혁에 대한 농민의 요구는 '완전한 정치 운동'으로만 규정지어져야 할 것이다.

그러나 앞에서 검토한 바와 같이, 농민의 토지개혁에 대한 요구는 반봉건적 운동으로서 시작되었을 뿐만 아니라 이러한 농민의 반봉건적 운동이 1945년 12월의 전농(全農) 결성 이후 그들에 의하여 재빨리 포착됨으로써 다른 방향의 '반봉건적 민주혁명'으로 이끌려 갔다는 사실을 알고 있다(사실 미군정이 그 초기부터 토지개혁의 필요성을 강조한 것이 이러한 농민의 반봉건적 운동 방향을 미군정의 의도에 맞도록 유도하기 위한 것이었다는 것은 충분히 알 수 있다. 이러한 미국무성의 전후 점령지 정책이 성공한 예를 우리는 일본의 농지개혁에서 볼 수 있다).

다음으로 '중간적 지대'(이윤을 수취하는 지주라고 김 교수는 정의하고 있다) 개념에 관한 논리성에 대해서는, 필자 역시 새로이 문제를 전개할 때는 필자 나름의 '신개념'을 도입하여 설명하는 경우가 많으므로 김 교수의 '지대사적 근대화 분석'을 '학계에 제시된 새로운 시도'로서 중시하므로 구태여 그것에 대한 의문을 제기하지는 않겠다. 어차피 학계에서 많은 논의가 이루어질 부분이므로.

아무튼 김 교수는 농지개혁 이전에 이미 근대적 지주=자본가의 사유 토지가 형성되었다는 것을 주장한다. 그 결과 농지개혁은 근대적 지주(자본제적 생산 양식하의 지주)의 농지를 강제 매입했다는 결론에 도달하고 말았다. 즉 농지개혁이 봉건적 토지 소유를 극복한 점이 아니고 근대적 토지 소유를 다시금 교란했다는 '반체제적 난점'을 가져왔다는 것이다. 그러나 이 점은 우리에게 받아들여지지 않을 뿐만 아니라 근대적 토지 제도를 '개혁'한다는 것의 역사적 의미를 찾을 길 없다. 이러한 우리들의 의문은 김 교수 자신의 사고에서도 결코 불식되지 못한 나머지 다음과 같은 말로써 이 문제(농지개혁의 지대사적 의의)의 결론 부분에서 제시하고 있다.

> 어쨌든 농지개혁이 소작 관계의 해소로 인한 지주 제도의 배제, 자작 관계의 보편적 설정을 보게 하였음은 중요한 진전이거니와 우리는 해방 전부터 이어 온 지대의 이윤화 현상이 여기에 본질적으로 변동되었다고 볼 수 없다.[56]

물론 김 교수는 "소작 관계의 해소로 인한 지주 제도의 배제"를 우리가 일반적으로 사용하고 있는 개념과는 다른 의미에서 사용한 것인지는 모르지만 이 문맥에서 우리가 받아들이는 것은 봉건적 지주 제도 이외의 아무것도 아니다. 그러므로 농지개혁은 봉건적 지주 제도의 배제를 의미한다는 것이 된다.

이상에서 우리는 김 교수의 소론을 몇 가지 점에서 검토하면서 필자의 견해를 대체로 밝혔다고 생각한다. 그리고 다음에서 분석할 문제와 관련되는 부분은 남겼으나 이것은 우리가 그것만을 별도로 취급하지 않더라도 전체적인 전개 과정에서 충분히 해명될 것이다.

후진제국의 상황과 한국

우리들의 문제를 더욱 구체적으로 파악하기 위하여 제국주의 수탈의 대상이 되었던 식민지의 일반적인 상황과 연결을 지으면서 검토해 보기로 하자.

후진 지역의 농업의 생산 관계는 그 경영의 성격이나 규모에서 그리고 기술의 발전 정도, 상품화의 범위 등에서 다양한 차이점을 가지고 있지만 거기에서 토지 소유의 성격은 봉건적·반(半)봉건적인 기반을 토대로 하고 있다는 점에서 일치된다. 이것은 아시아에서 광범하게 이루어지고 있는 지주 소유지를 세분하여 경작하는 소작 제도에서나, 라틴 아메리카나 아프리카에서 많이 볼 수 있는 토지에 긴박된 농민의 부역적 노동에 의한 대경영에서 공통적으로 볼 수 있는 점이다. 유럽에서와 같은 전형적인 봉건 제도와는 그 발생을 달리하지만 경작 농민의 전 잉여 생산물이 직접 토지 소유자의 수중으로 들어가는 착취 형태에서 보아 봉건제라고 규정하는 것이다.

유럽적인 전형적 봉건제와 크게 다른 점은, 과거 식민지였던 이들 지역의 봉건적 생산 관계는 대체로 특수한 아시아적 공동체의 유제를 기초로 하여 제국주의의 정치적·경제적 지배하에서 그들의 수탈 체제의 구조적 부분으로서 성립하고 있다는 점이다. 따라서 이들 지역의 봉건제 발전 정도는 그 내부에서 매우 다양하지만(가령 어떤 곳은 봉건제의 초기 단계이며, 또 어떤 곳은 제국주의의 경제적 지배와 결부되어 세계시장에까지 상품·화폐 관계의 요소들을 침투시키는 정도의 발전 과정에 있는 상태) 그 다양성이 동시 존재함으로써 상호 보완되어, 제국주의 수탈 체제의 일환으로서 특수한 식민지적·봉건적 생산 관계를 굳히고 있었다.

이러한 특수한 수탈 체제하에서 식민지 농민에 대한 착취는 과중되며 그럼으로써 그들 농민의 가치 축적은 불가능하게 되고, 그 결과 생산력의 발달은 지지부진한 상태에서 멈추게 된다. 이 점은 전형적인 봉건적 생산 관계하에서의 생산력 발달 가능성과는 매우 다른 점이다.

전형적인 서구에서의 봉건제 해체 과정, 즉 봉건적 생산 관계의 규제를 완전히 청산하고 자본제 생산의 기초를 창출하는 작업으로서 농업 혁명의 내용은, 봉건적 토지 소유에 대립되는 자유로운 농민적 토지 소유를 확립하고 그럼으로써 한편에서는 생산 수단의 자본제적 집중이 이루어지고 다른 한편에서는 자유로운 노동자 계급의 창출(봉건적인 신분의 구속과 보잘것없는 생산 수단으로부터의 이탈이라는 이중의 의미에서 해방된 자유 노동자)이라는 양극 분해의 기초 조건을 마련하는 데 있었다.[57] 이러한 점에서 비로소 농민을 일체의 봉건적 구속과 부담에서 해방하고 그들의 자유로운 토지 소유에 대한 요구를 만족시키는 것이 농업 혁명의 주 내용이었다.

이러한 서구의 사정과 달리 제국주의 수탈의 대상이 되었던 식민지에서는 제국주의의 정치적·경제적 지배가, 식민지의 폐쇄적인 자연 경제 자체의 내부에서 이것을 타파할 자생적인 생산력의 발전과 창조적 요인의 성숙을 기다리지 않고 이것을 밖으로부터 파괴하는 작용을 가했다. 이러한 '위로부터의 작용'과 외부로부터의 근대적 원칙의 적용, 그리고 상품·화폐 관계의 침투는 이들 지역의 폐쇄적 경제에 대하여 일정한 파괴력을 발휘했다. 그러나 그것은 새로운 생산 관계 창출의 기축이 되는 자유로운 소농민 토지 소유=소상품 생산을 마련하는 바 없이 다른 모습으로, 즉 제국주의의 정치적·경제적 지배하에서 봉건적 토지 소유를 재편성하는 데 멈추었다.[58]

그리고 이 경우 제국주의 공업 제품 수출(식민지에 대하여)과 토산농산물 원료의 매입은 도시 수공업을 거의 파멸시킴과 동시에 농민의 수공업에 대해서도 일정한 파괴 작업을 하게 된다. 그러나 그것은 농촌에서의 농업과 수공업의 분리가 아닐 뿐만 아니라 새로운 발전을 수반하지 않는 농촌 파괴에 지나지 않는 것이다. 또한 제국주의의 경제적 지배와 때를 같이하여 화폐의 유통 범위도 확대되고 고리대 자본과 상인 자본도 놀라운 속도로 비대화하며 화폐 자본도 축적되지만, 그들은 농민으로부터 토지에 대한 권리를 박탈하여 스스로 '새로운 기생자'가 됨으로써 결국은 봉건적 토지 소유를 확대 강화하는 것뿐이었다.[59] 제국주의는 그들의 지배 경험에서 보아 식민지에서 낡은 경제 관계를 급속히 파괴하는 것이 식민지 지배에서 오히려 불리한 영향을 미친다는 것을 알고 있으며, 그럼으로써 그들은 낡은 봉건적 토지 소유 관계의 유지와 재편성을 '위에서부터' 적극적으로 지지했던 것이다.

그 후 자본주의가 독점 자본의 단계에 접어들면서 제국주의적 자본 수출이 강화되고 그 결과 식민지의 원료 산업을 발전시키는 단계에서도 이 관계(봉건적 토지 소유 관계의 유지와 재편성)는 기본적으로 변화하지 않는다. 즉 식민지에 대한 거대한 자본 투하는 식민지의 봉건적·반(半)봉건적 하부 구조를 토대로 하여 그 봉건적 구속하에 놓여 있는 저렴한 노동력을 이용함으로써 본국 시장을 위한 생산을 하게 되는 것이며 식민지 경제의 내부 구조에 대하여 새로운 변혁의 요인을 초래하는 것은 아니었다. 이와 같은 직접적 자본 투하에 의한 원료 산업의 확보와 그것을 토대로 한 양국(종주국과 식민지) 간의 제품과 원료의 교환을 기초로 한 무역 구조의 수립에 의하여 제국주의의 수탈 체제는 완성되는 것이며, 봉건적·반봉건적 토지 소유는 그 근본적 토대를 형성하는 것이다. 이러한 제국주의 지배로 형성된 특수한 식민지적·봉건적 생산 관계는 오늘날 후진국 농업의 위기적 상태를 초래한 근본적 원인인 것이다.

여기서 후진국 농업의 위기적 상황을 간단히 살펴보기로 하자. 오늘날 후진국에서 농업 경영의 양상은 대략 다음과 같이 구분될 것이다. 대체적인 관점에서 보아, 대토지 소유에 의한 대규모 경영과 그리고 그것을 다수의 토지로 구분하여 영세한 소경영(또는 소작 경영)으로 농경하는 두 가지로 구분된다.

전자는 일반적으로 보아서 수출용 농산물 또는 목축 생산물에 충당되고, 후자는 대체로 자급적 식량 생산에 충당되고 있다(아시아에서는 수출용 원료도 농민의 영세 경영에 의하여 생산되는 경우가 많다). 두 가지 양상을 지역적으로 확정한다는 것은 어렵지만 대체적인 경향에서 볼 때, 아시아 여러 나라에서는 외국 자본에 의한 '농장'을 제외하고는 대토지 경영이 적으며 대신 영세한 농민 경영이 압도적인 비중을 점하고 있다. 이와 달리 라틴 아메리카에서는 대토지 경영이 광범위하게 이루어지고 있으며 이것이 가경지의 태반을 점하고 있는 나라도 적지 않다(이것은 아프리카에서도 볼 수 있다).

가령 콜롬비아의 경우, 이들 대토지 경영이 평야 지대의 양호한 가경지 대부분을 점령함으로써 농민은 산간의 경사지로 쫓겨 거기에서 영세한 토지를 경작하는 자급 농업을 영위하고 있다는 것이 크게 문제되었다.[60] 이와 거의 같은 현상은 아프리카의 케냐에서도 나타났었다. 대토지 소유자가 농민의 토지를 박탈한 가장 심한 예는 20세기 초두 혁명 직전의 멕시코에서 볼 수 있다. 거기에는 대토지 소유자가 모든 농민의 토지를 병합함으로써 전국의 농민이 '부역 농민'으로 화해버렸다.[61]

이렇듯 대토지 경영은 일부의 농장 경영을 제외하고는 대체로 심한 조방(粗放) 농업이므로 농업 생산성은 매우 낮다. 더욱이 노동력의 대부분은 자급에도 미달하는 소토지를 분여받은 농민에 의하여 제공되고 있다. 또한 영세한 주민들의 농업에서도 생산성의 저위는 다를 바 없다. 그리하여 농민은 대부분 그 빈곤이 극도에 달해 있으며 무거운 부채를 짊어진 '채무 노예화'되는 경향이 크게 나타나고 있음이 밝혀지고 있다.

아시아 대부분의 나라에서는 이와 같은 빈곤한 영세 농민에 의한 농경이 태반을 점하고 있으며 여기에서는 가경지의 절대량에 대한 농촌 인구의 비율이 높으므로 그 영세성은 한층 더 심하다. 아시아에서나 라틴 아메리카에서나 아프리카에서나 다 같이 주민을 위한 식량 생산 대부분이 기술 수준이 매우 낮은 빈곤한 영세 농민 경영에 의하여 이루어짐으로써 전체적인 식량 생산은 정체하고 이따금 국내 자급마저 불가능하여 외국으로부터 식량을 수입하지 않으면 안 된다는 것은 오늘날 후진국(주로 제국주의 수탈하에 있었던 나라들) 농업이 가지고 있는 모순의 위기적 상태를 단적으로 표현한 것이라 하겠다.

이와 같은 봉건적·반봉건적 토지 소유하에 있는 후진국 농업의 모순과 위기적 상태는 해를 거듭할수록 심화되는 경향이 있다. 한편 제2차 세계대전 후 과거의 식민지가 연이어 독립을 획득하게 되고 그들이 경제적 자립을 신독립국의 중요한 과제로 제기하게 되자 여기서 제1차적으로 부닥치는 문제가 다름 아닌 낡은 봉건적 토지 소유 관계를 타파하지 않으면 안 된다는 점이었다. 즉 토지개혁 문제가 거의 예외 없이 제기되는 경제적 과제였다.[62] 더욱이 '토지개혁'의 요구는 단순한 소작료의 적정화라든가 농업금융기관의 설치 등 토지개혁의 본질을 흐리게 하는 그러한 요구로서가 아니고 '봉건적 토지 소유의 배제'에 그 중요 과제가 놓이게 되었던 것이다. 봉건적 토지 소유의 배제에 의한 '농민적 토지 소유'의 확립이야말로 진실한 해결을 위한 출발점으로 받아들여졌으며 우리의 경우도 예외는 아니다.

즉 1945년의 해방과 더불어 토지 문제 해결의 제1차적 작업으로 제시된 것이 다름 아닌 "봉건적 토지 제도를 타파하고 민주 경제적 토지 제도를 수립하여 농민의 사회적 자유, 자경 자작의 원칙에 의한 농가 경제의 자립, 농민 생활의 향상, 농촌 문화의 발전, 농업 생산력의 증진을 기도한다"[63]는 것이었다. 다시 말하면 봉건적 토지 소유를 배제하고 농민적 토지 소유를 이룩한다는 것이다. 이러한 농민 요구(설사 그것이 농민의 요구를 충분히 충족하는 것은 아니라 하더라도)를 실천하기 위한 토지개혁이 국민적 과제가 되고 그럼으로써 국제 경제의 균형 있는 발전에 연결하고자 했던 것이다. 이것은 비단 우리나라에서만 제기되는 것이 아니고 앞에서 본 바와 같이 과거 식민지였던 대부분의 나라에서 제기되는 동일한 과제인 것이다.

우리는 앞에서 농지개혁이 농민적 토지 소유를 확립하게 되었다는 점, 그리고 이것을 더욱 구체적으로 파악하기 위하여 제국주의 수탈의 대상이 되었던 식민지의 일반적 상황에서 농민적 토지 소유의 확립을 위한 토지개혁이 요구되는 측면을 보았다. 여기서는 중국에서 실시된 토지개혁의 성격을 봄으로써 필자의 견해(농지개혁은 농민적 토지 소유를 확립한 것이라는 점)를 다지고자 한다.

중국의 토지개혁은 그들의 이른바 '해방전쟁'이 오랜 기간에 걸쳐 전개되었으므로 구체적인 토지개혁의 실시도 그 해방전쟁 과정에서 몇 단계로 구분해 보아야 옳을 것이다. 가령 1928년의 '중화소유애 공화국 토지법'(中華蘇維埃共和國土地法, 井岡山, 1928년 12월)에서 볼 수 있는 토지개혁의 원칙과 1931년의 '중화소유애 공화국 헌법 대강' 제6조에서 규정한 (1931년 12월 江西省 瑞金에서 개최된 '중화공농병소유애 제1차 전국대회'에서 통과된 헌법 대강) 토지개혁의 원칙, 그리고 1946년의 '5·4지시', 1947년 9월의 '토지법 대강', 1950년 6월의 '토지개혁법' 등에서 볼 수 있는 토지개혁의 원칙은 다 같이 "봉건적·반(半)봉건적인 토지 소유제를 폐지하고 농민적 토지 소유제를 실시"한다는 것이 '토지개혁의 기본 임무'가 되어 있다 하더라도 구체적인 내용에서는 차이가 있음을 알 수 있다. 우리는 여기에서 그 전체에 걸친 내용 면의 차이점을 분석하는 것이 아니고 제2차 세계대전 후의 세 단계에서 명시된 목적에서 그것의 성격을 보고자 한다.

1946년 5월의 '5·4지시'는 그 내용이 "봉건적·지주적 토지 소유제를 폐지하고 농민적 토지 소유제를 실현하는 데 있다"는 것이다. 그리고 5월 4일의 '지시'에 따라 동월 18일에 있었던 중국공산당 화중분국(華中分國)의 "토지 정책에 관한 당중앙위원회의 5·4 신결정 지시를 철저히 하자"의 제1항에서는 다음과 같이 말하고 있다.

> 중앙위원회의 토지 정책의 새로운 지시의 기본 정신은 해방 후의 토지 문제를 해결하는 데 있다. 해방구 내에 잔존하는 봉건적 토지 소유제를 취소하고, 봉건적 착취를 절멸하여 '경자유기전'(耕耂有基田)을 실현하는 데 있다. 모든 방법에 의하여 광범한 농민에게 지주의 수중에 있는 토지를 농민의 수중으로 옮김으로써, 농민을 봉건적 토지 관계에서 해방시키는 데 있다는 것을 이해하지 않으면 안 된다.[64]

여기서 알 수 있는 것은 그 목적이 봉건적 토지 소유제의 폐지와 경자유전의 실현이라는 점이다. 이것은 다름 아닌 오랜 기간에 걸친 봉건적 수탈로부터 농민을 해방시킨다는 것이며, 농민의 해방은 봉건적 토지 지배 관계로부터 해방됨으로써 비로소 이루어진다는 것이기도 하다.

1947년 9월의 '중국토지법 대강'은 동월 13일 중국공산당 중앙위원회가 하북성 평산현 서백파촌에서 전국토지회의를 소집하여 제정한 것이며 동년 10월 10일의 쌍십절을 기하여 공포되었다. 이 토지법 대강은 중국공산당의 토지 정책에 관한 결정이며 다음에 보게 되는 중화인민공화국 토지개혁법과 달리 정부에 의하여 발표된 법령이 아니다. 그러나 이 대강이 공포되자 각 변구(邊區) 정부는 이것을 승인하여 그것의 실시를 공포하는 절차를 밟았다(그러므로 각 지구에 따라 약간 차이가 있음을 본다). 토지법 대강에서는 목적을 다음과 같이 말하고 있다(16개조).

봉건적·반봉건적 착취의 토지 제도를 폐지하고 경작자가 그 밭을 가지는 토지 제도를 실시한다(제1조).
모든 지주의 토지 소유권을 폐지한다(제2조).
모든 사당·묘우(廟宇)·사원·학교·기관 및 단체의 토지 소유권을 폐지한다(제3조).
토지개혁 전에 향촌에서 생겼던 모든 채무를 폐기한다(제5조).
향촌농민대회 및 그 선출한 위원회, 향촌의 무토지·소지(少地)의 농민이 조직한 빈농단 대회 및 그 선출한 위원회, 구, 현, 성 등의 각급 농민 대표 대회 및 그 선출한 위원회를 토지 제도 개혁의 합법적 집행기관으로 한다(제5조).[65]

여기서는 봉건적 착취의 토지 제도를 폐지하고 경자유전의 원칙을 실현하는 것만이 아니고 농민이 지주 또는 부농에게 지고 있는 일체의 채무까지도 폐지한다는 것이 앞에서 본 '5·4지시'에서의 그것과 크게 다른 점이라 하겠다.

끝으로 1950년 6월의 중화인민공화국 토지개혁법은 동월 30일 중앙인민정부 위원회에서 공포된 것이며 토지법 대강에 대신하여 이른바 신해방구에서 토지개혁의 기본법으로서 등장하는 것이다. 토지개혁법은 제1조에서 다음과 같이 규정하고 있다(전문 40개조).

봉건적 착취를 일삼는 지주적 토지 소유제를 폐지하고 농민적 토지 소유제를 실시함으로써 농촌의 생산력을 해방하고 농업 생산을 발전시켜 신중국의 공업화를 위한 길을 연다.[66]

여기서 볼 수 있는 것은 토지개혁을 농업과 농민의 문제에만 직결하지 않고 공업화를 위하여 길을 열어 주는 방향으로 유도한다는 점이다. 더욱이 토지개혁법이 채택된 1950년 6월 14일의 중국인민정치협상회의 제1계 전국위원회 제2차 회의의 '토지개혁 문제에 관한 보고' 중에서 유소기(劉少奇)는 다음과 같이 보고했다.

중국의 공업화는 반드시 국내의 광대한 농촌 시장에 의존하지 않으면 안 된다. 철저한 토지개혁이 없었더라면 신중국의 공업화를 실현할 수는 없다. 이것은 너무나 명백한 원칙이며 더 이상의 해석이 필요하지 않다.

이것은 토지개혁과 공업화는 연결되어야 한다는 것이다. 그리고 이어서 토지개혁의 기본 목적을 다음과 같이 명시하고 있다.

토지개혁의 기본 목적은 단순히 곤궁한 농민을 구제하기 위하여 하는 것이 아니고 농촌의 생산력을 지주 계급의 봉건 토지 소유제의 속박에서 해방하여 농업 생산의 발전에 기여케 함으로써 신중국의 공업화를 위하여 길을 열게 하는 데 있다. 농업 생산이 대대적으로 발전하고, 신중국의 공업화가 실현되고 중국의 인민의 생활수준이 높아지고, 그리고 끝으로 사회주의로 향하는 발전의 과정에서만 농민의 곤궁 문제가 비로소 최종적으로 해결되는 것이다. 한낱 토지개혁을 실행한다는 것만으로써는 다만 농민의 곤궁 문제가 부분적으로 해결될 뿐이며 농민의 일체의 곤궁 문제를 해결할 수는 없다.[67]

이상에서 우리는 중국의 토지개혁의 성격을 보았다. 그것은 토지 소유 제도 면에서 봉건성의 극복과 농민적 토지 소유의 실현이라는 것이 핵심을 이룬다.

농지개혁의 농민 부재성

토지 제도를 개혁하고자 하는 요구는 농업과 농민의 측면에서 제기되는 문제이지 지주의 측면에서 제기되는 문제가 아니다. 그리고 비농업 분야에서 그것이 요망된다 하더라도 그것은 그들의 1차적 요구로서 제기되는 것이 아니고 그들의 위치를 보강하는 데 농업과 농민의 성장 및 향상이 영향을 주게 된다는 간접적인 이유에서 요망될 뿐이다. 그러므로 토지 제도를 개혁하고자 하는 요구의 직접적 이해 당사자는 농민이며 농민의 이러한 토지 제도 개혁 요구와 대립되는 입장에 놓이는 것은 말할 것도 없이 지주 계층이다.

즉 기존 토지 제도를 변혁함으로써 그들의 사회적·경제적 지위를 향상할 수 있다고 생각하는 농민과 기존 토지 제도를 고수함으로써 그들의 사회적·경제적·문화적 지위를 유지하려고 하는 지주 계급의 힘의 대결로써 좌우되는 것이 토지 제도의 개혁 운동이다. 이미 생산력의 발전을 질곡 상태에 이르게 한 봉건적 토지 제도를 더 이상 유지해서는 안 된다는 인식(농민들의 생활 실천에서 인식)이 강하면 강할수록 토지 제도 개혁의 요구는 크게 제기될 것이며, 이와 함께 농민들의 토지 제도 개혁의 요구를 막기 위한 지주들의 단결력에 의한 '활동'과 기존 사회 기구들의 동원에 의한 저지 노력도 크게 나타나게 마련이다.

그리하여 농민들의 개혁 요구와 지주들의 저지 노력은 '힘의 원리'로서 귀결 지어지고 만다. 이것의 사례를 우리는 역사에서 많이 보고 있다. 가령

1789년 프랑스 시민혁명에서 있었던 '농민 승리'의 예가 있는가 하면 일제 치하 조선 농민의 '패배'의 예도 있다(일제 치하의 광범한 소작 쟁의는 넓은 의미의 토지 제도 개혁의 요구이며 또한 일제 말기의 토지 개혁 요구는 바로 그 생생한 예가 된다).

이렇듯 원칙론에서 볼 때 토지 제도 개혁 문제는 봉건적 지주층과 그들에게 예속된 농민들 사이에서 전개되는 직접적인 생활 투쟁인 것이다. 한편 제2차 세계대전 후의 사정에서 보면 지주 계급의 종래 '활동'과 '저지 노력'은 이제야 한계점에 달했을 뿐만 아니라 '사회 기구'의 활용에도 제한을 받지 않으면 안 될 상태에 이르렀다. 이러한 상황 변화는 대전을 사이에 두고 내재적으로 그 요인이 성숙한 경우도 있고 외부적 영향으로 일어난 경우도 있다. 더욱이 대전 후 세계가 두 개의 정치 판도로 크게 나누어지면서 이 '상황 변화'는 더욱더 광범하게 나타나게 되었다.

그리하여 이제야 봉건적 토지 소유를 토대로 하여 안주할 수 있었던 지주 계급은 종래 방식으로는 자기 유지가 불가능하다는 것을 인식하게 되며 상황 변화에 능동적으로 대처할 수 있는 방법을 모색할 수밖에 없었다. 그들은 상황 변화에 대한 그들 나름의 능동적 대처의 결과가 설사 그들의 기반을 완전히 부정하는 것이 되고 만다 하더라도 순순히 그들의 봉건적 토지 지배 관계를 완전히 포기하지는 않는다. 어떻게 하든지 간에 그것을 유지하기 위한 노력이 필사적인 행동으로 전개될 수밖에 없다. 토지 지배 관계의 봉건성은 포기하더라도 그것을 다른 방식으로 유지하려는 노력으로도 나타난다. '사회 기구들'을 가능한 한 최대 범위에서 활용하면서 그들은 그들의 물질적 기반의 질적 변화를 시도하게 된다. 그리하여 농민들의 토지개혁 요구에 대하여는 정면충돌을 피하기도 하면서 이른바 그들의 '근대화 작업'(봉건적 지주의 근대적 산업자본가로 자태 전환)을 전개하게 된다.

'생활 투쟁'의 다른 한쪽인 농민들의 경우는 경제 외적 강제의 토대인 봉건적 토지 제도로부터의 해방이야말로 그들의 '곤궁사'를 풀어 주는 열쇠라고 생각하게 되며 더욱이 제2차 세계대전 후 '상황 변화'는 그들로 하여금 그들을 지주에 의한 예속에서 해방시켜 줄 절호의 기회로서 받아들이게 된다. 그리하여 농민들의 '생활 투쟁'으로서 토지 제도의 봉건성을 극복하기 위해 요구하는 운동은 크게 고조될 수밖에 없다. 토지개혁을 위한 농민 운동이 농민들의 과제에 그치지 않고 비농업 분야에까지 확대될 수 있다는 것은, 앞에서도 언급한 바와 같이 그들 비농업 분야에서는 토지개혁이 그들의 1차적 과제는 아니라 할지라도 그들의 경제적 활동을 보강하기 위하여 농업과 농민의 성장 및 향상이 크게 영향을 미치기 때문이라 하겠다.

이러한 사정은 토지개혁을 위한 요구가 농민들과 비농업 분야(특히 중소 상공 분야를 포함한 하위층)의 단결된 사회 운동으로 나타나게 하는 토대가 되는 것이다. 즉 토지개혁은 농민들에 대한 직접적인 경제적 과제가 될 뿐만 아니라 비농업 분야에서도 결코 그것을 경시할 수 없는 경제적 과제(설사 1차적인 것은 아니라 할지라도)로 제기되게 되는 것이며, 여기에 양지의 경제적 이해의 일치점의 한 부분이 발견되는 것이다.

이와 같은 원칙론에서 볼 수 있는 지주층과 농민층의 상반된 요구는 결국 상호 간의 '힘의 원리'가 결정짓는 것이지만, 제2차 세계대전 후의 사정에서 볼 때 많은 지역에서는 여전히 사회 기구들의 활동이 지주층 우위 원칙에 의하여 전개됨으로써 토지 제도 개혁을 위한 농민의 요구는 매우 한정적인 성과를 거둘 수 있는 것에 지나지 않았다. 즉 많은 지역에서 주민들(거의 소작 상태의 농민으로 대표되는)의 토지 제도의 봉건적 지배 관계를 극복하기 위한 불길 같은 토지개혁 요구가 그 핵심이 흐려지거나 또는 상당히 변질된 모습의 개혁으로 끝나는 경우가 많았다. 그 결과 이들 지역의 농업 경제는 여전히 부진 상태를 면하지 못하고 있을 뿐만 아니라, 농업의 부진은 그 나라 국민 경제를 전체적으로 부진 상태에 머무르게 하는 기본적 동인이 되어 있다.

이상에서 본 바와 같이, 토지개혁은 그것을 요구하는 농민과 원하지 않는 지주의 대립 산물이다. 그러므로 토지개혁의 실시는 이 양자의 '힘'의 발휘 과정이라고도 하겠다(힘의 발휘가 반드시 폭력적·격돌적 모습으로

만 나타나는 것은 아니다). 원칙적으로는 양자의 요구가 사회적 평가를 거쳐 토지개혁 실시 전 과정에 반영되어야 한다. 그뿐만 아니라 개혁 원칙의 설정, 법제화 과정, 사업 실시 주체 선정, 사업 집행 과정의 평가 등 전 분야에 걸쳐 토지개혁을 요구하는 농민의 참여가 있어야 한다. 왜냐하면 토지개혁을 하게 되는 것 자체가 토지 소유 관계의 봉건적인 모순을 극복하기 위한 것이며, 또한 봉건적 토지 소유에 의하여 예속되어 온 농노적 상태의 농민을 해방하기 위한 것이 그 제1차적 목적이 되어 있기 때문이다. 즉 농민의 참여는 불가피한 것이다.

그러면 우리나라 농지개혁에서 이 문제가 어떻게 나타났는가, 해방과 동시에 농민의 절규로써 제기된 토지개혁 요구, 그것의 실현이 1950년의 농지개혁으로써 이루어졌다고 한다면 과연 농민의 참여가 보장되는 과정에서 농지개혁 사업은 전개되었는가를 묻지 않을 수 없다. 농민의 절규가 없었던들 농지개혁 문제는 일어나지 않는다고 할 때 농지개혁에서 농민의 참여 문제는 명백히 밝혀져야만 될 성질의 과제다.

즉 기존 제도를 변혁하고자 하는 주체가 변혁 사업에 어떻게 결부되느냐에 따라 그 '변혁'의 전 성격은 결정지어지기 때문이다. 우리나라 농지개혁의 전 성격은 농지개혁을 요구했던 농민이 그 개혁 사업에 어떻게 연결지어졌는가를 봄으로써 알 수 있다. 만일 변혁을 원천적으로 반대하는 계층이 변혁을 갈망하는 계층의 요구를 받아서 대행했다면 그것은 형식상 변화는 가져올지언정 본래 목적은 달성할 수 없다.[68] 그뿐만 아니라 형식상의 변화도 매우 제한적인 의미를 가질 뿐이다.

우리나라 농지개혁 사업의 전 과정은 이해 상반자의 한쪽에 의해서만 일방적으로 이루어졌다. 토지 소유의 봉건적 지배 관계를 유지함으로써 지위를 보장할 수 있었던 지주 계층의 이익을 전면적으로 보장하는 견해에 주도되어 실시된 것이 우리나라 농지개혁이다. 그러므로 우리나라 농지개혁은 농업에서 새로운 경제 질서(과도기적·농민적 토지 소유가 지양되어야 할 방향)를 구현할 수 있는 방향도 제시할 수 없는 것이 되었으며, 또한 전체적인 국민 경제의 고도화(=공업화)와 연결지어지지도 않는 매

우 폐쇄적인 농민적 토지 소유를 확립하는 데 그쳤던 것이다.[69]

우리는 몇 가지 측면에서 '농지개혁의 농민 부재성'을 확인할 수 있다.[70] 첫째로, 농지개혁법 제정 과정의 논란을 봄으로써 알 수 있다. 먼저 토지개혁에 대한 구체적인 요구가 나온 지 4년이 되어서야 법 제정 작업을 하면서도 일관된 반대 세력의 음모로 늦추어지는 모습을 당시 국회 속기록에서 볼 수 있다. 즉 J의원은 다음과 같이 산업위원회(이 위원회 속에 농림분과위원회가 있었다)를 지배하고 있던 지주 옹호 세력을 규탄하고 있다.

…… 우리 국회가 성립된 후 가장 많은 동포들이 주시하고 기대하고 내려온 법률안이 무슨 법률보다도 농지개혁법안인 줄 압니다. …… 대체 이 농지개혁법안으로 말하자면 우리 국회 자체가 이 법률안을 속히 상정시켜야만 될 터인데 정부에서 이 법률안이 나오기까지 이때까지 지연되었으며 정부에서 법률안이 나와 가지고도 아직도 이 법률안이 상정되지 않은 채 지방자치법이니 또는 국가공무원법 등등의 법률안이 또 이 자리에 나왔습니다. …… 이 방대한 두 법률안을 통과시킨 다음에 농지개혁법안을 통과시킬 수 있느냐는 것입니다.

농민들이 여기에 대해서 의심을 가지고 불안한 가운데 있습니다. …… 산업위원 가운데는 이 산업위원회 자체가 이 법률안에 대해서 무성의하다는 것을 폭로하여 저에게 말해 주는 의원이 많이 있습니다. …… 산업위원회가 100여 일이 경과하도록 이 법률안을 쥐고 뭉개는 이유가 어디 있습니까. [71]

이러한 국회에서의 지연 작전이 전개되는 동안 지주들에 의한 소작지 강매는 성행했으며 국회의 지연 전술을 막기 위한 농민의 요구는 반영되지 않았다. 그리고 J의원은 다음 날 다시금 이 문제(지연책에 대한)를 언급하면서 다음과 같이 폭로하고 있다.

…… 저는 국회 안의 공기를 대강 짐작하고 있습니다. 어떤 국회의원

들의 말에 의하면 "지금 어느 때인데 농지개혁법안을 통과시키려고 애를 쓰느냐"고 해서 대단히 걱정하는 분들이 많이 있는 것을 저는 압니다. 어떻든지 농지개혁법안을 지연시키려 하는 음모가 있다는 것을 저는 잘 알고 있습니다. 지주들이 이 문제를 반대하느라고 모든 수작을 하고 있습니다.[72]

가령 이 인용문에 따르면 지주들이 반대하기 위하여 국회의원을 동원하여 모든 수작을 전개하고 있다는 것이다.
다음으로 농지개혁법안 심의에서 쟁점의 하나가 되었던 지주에 대한 매수지 보상의 비율 문제 부분에서 농민 부재성을 구체적으로 볼 수 있다. 이 문제에 대한 Y의원과 R의원의 발언은 다음과 같다.

…… 나는 농지개혁법을 읽는 가운데 어떤 소감을 얻었는고 하니 이 농지개혁법을 지주의 토지 처분법으로 만드는 것이 오히려 제목상 타당하다고 생각합니다. 특히 비율을 30할로 한다면 지금 시가의 배 이상의 가격으로 보는 것입니다.[73]

…… 정부에서는 20할 10년불로 한다고 한 것을 신성한 우리 국회산업위원회에서 30할로 한다고 하는 것은 우리 전 민중이 용서할 도리가 없다고 봅니다. …… 진실로 우리 농민이 원하는 법안을 우리 국회에서 토의해야 우리가 농민의 대표로 나온바 국회의원으로서의 가치가 있단 말이에요.[74]

Y의원의 이른바 '지주의 토지 처분법'이라는 비유에서도 알 수 있고 또한 R의원의 "우리 농민이 원하는 법안을 우리 국회에서 토의해야 된다"고 하는 말에서도 알 수 있듯이 농지개혁법안은 너무나 농민의 토지개혁 요구와는 거리가 멀 뿐만 아니라 농민의 이익을 배제한 채 시가의 2배 가격으로 지주에게 매수 농지를 보상해 주겠다는 것이다. 만일 농민의 요구가

조금이라도 반영될 수 있는 것이었다면 이러한 반농민적 쟁점은 전개되지 못할 것이다.

또 한 가지 심각한 발언을 C의원으로부터 들을 수 있다. 즉 농업 부분의 발전 필요성을 강조했다는 점에서 큰 의의를 발견할 수 있다.

> 농민의 상환은 적어도 10할 5년 이내로 수정하지 않으면 안 되리라고 본인은 주장합니다. …… 대한민국의 대통령 관사나 국무위원의 주택에 비가 새고 풀이 나고 하여도 대한민국은 망하지는 않지만 불쌍한 농민 대중의 지붕에 물이 새고 풀이 난다고 하면 우리 대한민국은 망한다고 하는 것을 우리가 알아야 할 것입니다.[75]

사실 농업 분야의 발전이 국민 경제 발전의 토대가 된다는 것을 우리는 작금의 우리나라 현실에서 다시금 알 수 있다.

여기에서 예를 든 몇 의원의 발언과 달리 대다수 국회의원의 태도는 다음과 같았다. 당시 한민당 계열에 속하는 의원 60명은 다음과 같은 공동 주장을 했다.

> 농지개혁은 소작인은 물론 지주에게까지도 손해 없이 소유 관계의 재편성을 기함을 목적으로 하는 것이므로 농지를 매수당한 지주에게는 상당한 보상과 적당한 보호를 하여 산업 자본가로 전향하여 민족자본을 육성시켜 국가 경제 발전에 기여하도록 함이 타당하다. 지가보상률은 최선은 못 되나 30할 10년이 적당하다.[76]

이와 같은 농민 부재 상태에서 지주의 '모든 수단'만이 난무하는 가운데서 농지개혁법은 제정되었으며, 그 제1조 목적에서 아무리 아름답게(?) 표현된들 그것으로써 본질이 감추어지는 것은 아니다.

둘째로, 제정된 농지개혁법에서 규정한 농지개혁 사업을 실시하는 주체에 관한 점을 보면 우리가 이미 본 것처럼 개혁 사업 추진에서 농지개혁을 필요로 하는 농민(소작농이 주가 되는)이 완전히 배제되어 있다는 것을 알 수 있다. 해방 직후부터 토지개혁 문제가 불합리한 봉건적 농업 생산의 토대를 개혁하고자 하는 농민의 절규로써 제창되어 1950년에 이르러 농지개혁법으로 결실되었다면, 사업 추진의 주체가 이들 농민에 의해서만 이루어질 수 없다 하더라도 마땅히 그들은 사업 추진 주체의 중요한 위치를 차지하지 않으면 안 된다. 그러나 실제로는 토지개혁을 갈망하던 농민이 제외되고 반대로 지주 이익을 대변하는 세력에 의하여 이루어진 것이다.

여기서 우리는 다시금 우리나라 농지개혁은 그것을 필요로 한 계층에 의하여 이루어진 것이 아니라는 것, 그리고 그것의 전 성격이 토지개혁을 싫어하는 지주들에게 맞도록 되어 있다는 점을 명백히 알 수 있다.

더욱이 우리가 밝힌 바 있는 지주에 대한 보상은 '지가 보상'에 그치지 않고 모든 국유 재산의 분배를 강요할 수 있는 정도로 보상의 범위를 확대하고 있다.[77] 이와 같은 지주 보호 방책이 규정될 수 있었다는 것은 농민의 부재에서만 가능한 것이라 하겠다. 이러한 지주 보호 조치와는 반대로 분배받은 농지를 가난한 소작농이었던 그들이 소유의 보존을 할 수 있는 조치는 강구되지 않고 있다. 거기에다 1951년부터 실시된「임시토지수득세」에 의한 "전시 인플레이션을 생산 농민에게 전가시키는 방편"[78]이 의식적으로 전개되자 농민의 농지 보유는 설사 '상환 완료'가 되지 못함으로써 그것의 매각은 할 수 없다 하더라도 농민은 채무 가중으로 인하여 소작농 시대에 못지않은 고난의 생활로 되돌아갈 수밖에 없었다.

즉 농지개혁이 있은 지 불과 20년 만에 전 농가의 34퍼센트가 다시금 소작농 형태의 농민으로 되돌아갔다는 1970년의 농업 센서스 보고는 다름 아닌 농지개혁 자체가 농민으로 하여금 농지의 보존을 할 수 있도록 되어 있지 않았기 때문이다. 지주 보호에 역점이 놓이는 대신 농민을 방치하게 된 농민 부재의 농지개혁이 초래한 또 하나의 국면이다.

셋째로, 농민에 의하여 토지개혁 문제가 제기되고 그리고 미군정에 의하여 뒷받침됨으로써 남한의 농지개혁은 움직일 수 없는 과제가 되었다.

그러나 그것의 실현은 5년을 기다려야만 했다. 이 과정은 우리가 이미 본 것처럼 지주들에 의한 '반작용'이 이루어지는 기간이었다. 이러한 지주들의 반작용으로서 소작지 강매에 대해서는 충분한 조치를 강구할 수 있는 기회가 얼마든지 있었다. 즉 임시적인 법적 규정으로서 농지의 이동을 동결하는 것으로써 충분하다. 그러나 반대로 이러한 이동을 조장이나 하듯 방치했을 뿐만 아니라 공공연하게 거래되는 농지 이동 기회만을 연장시키듯 입법 조치는 늦어지고만 있었다. 심지어는 국회에서 농지개혁법안 심의가 지연되자 우선 지주에 의한 소작지 강매를 막고자 제출된 농지개혁에 관한 임시조치법안(2개조)의 본회의 상정마저도 '다수의 지주 세력'에 의하여 봉쇄되는 상황이었다. 여기 또 하나의 농민 부재 농지개혁의 국면을 확인할 수 있다.

우리나라 농지개혁의 농민 부재성은 농지개혁의 원칙 설정에서 시작하여 사업 시행 과정의 평가에 이르는 전 과정에 걸쳐 관철되어 있는 기본적 특성이다. 다시 말하면 우리나라 농지개혁은 그것을 원하는 사람의 입장은 무시되고 그것을 근본적으로 반대하지 않으면 안 되는 사회적·경제적 입장에 있는 사람들에 의하여 이루어졌음에도 불구하고 '농민을 위한 농지개혁'이라고 불렸다.

우리나라 '농지개혁의 농민 부재성'을 결론 맺으면서 해방 후 우리나라 산업 경제의 10년을 정리한 한국산업은행의 『한국산업경제 10년사』에서 밝힌 '농지개혁의 성과'에 대한 평가 부분의 다음과 같은 조심성 있는 구절을 인용함으로써 필자의 견해를 다지고자 한다. 즉 "…… 농지개혁이 시기와 방법에 있어 농민 입장에서 본다면 만전을 기한 것이 못 된다는 것을 입증하는 것이다"[79]라고 표현함으로써 농지개혁이 '농민 입장'을 기하지 못했다는 것을 밝히고 있다. 이것이 어떤 개인의 평가가 아니고 한국산업은행이 『한국산업경제 10년사』에서 내리고 있는 농지개혁의 성과에 대한 평가이고 보면 그것은 부정될 수 없는 사실임을 다시금 확인할 수 있다.

농지개혁 성과론의 검토

헌법에 의거하여 농지를 농민에게 적절히 분배함으로써 한편으로는 농가 경제의 자립과 농업 생산력의 증진으로 인한 농민 생활의 향상을 기하고 다른 한편으로는 국민 경제의 균형과 발전을 기함을 목적으로 한다고 하는 농지개혁법에 따라 실시된 농지개혁은 과연 어떤 성과를 나타내게 되었는가.

농지개혁의 성과에 대한 대다수 견해는 부정적이다. 즉 농지개혁은 매우 한정된 '역사적 의의'가 인정될 뿐 전체적으로는 그것이 설정한 목적을 이룩하지 못했을 뿐만 아니라, 농민의 빈곤과 농업 생산의 정체성을 그대로 온존하는 것이 되고 말았다는 것이다. 농지개혁의 성과에 대하여 이와 같은 평가가 대다수 견해를 이루고 있다는 것은 농지개혁의 '성격'에서 보아 당연한 귀결이라 하겠다.

그러면 여기서 먼저 '매우 한정된 역사적 의의'로서 인정하는 측면을 보기로 하자. 필자는 그것을 농민적 토지 소유를 확립하는 수속에 지나지 않는다고 했다. 그리고『한국산업경제 10년사』에서는 다음과 같이 말하면서 설사 한정된 역사적 의의를 가짐에 지나지 않더라도 그것을 과소평가 해서는 안 된다는 것이다.

> 그러나 농지의 분배 면적이 종전 소작지에 비하여 과소했다는 사실에도 불구하고 …… 일체의 소작 제도가 법적으로 완전히 청산되었다는 것은 한국 농업에 있어 획기적인 사실로서 그 의의는 결코 과소평가할 수 없는 것이다. 이로써 오랜 기간 농민을 빈곤에 몰아넣던 반봉건적 고율 소작료에서 농민이 해방된 것이니 타 조건이 구비된다면 농업 증산, 농가 경제 향상의 기반이 확립될 것이다.[80]

과거 우리나라 농업의 지배적 상태였던 소작 제도가 법적으로 청산되었다는 점이 획기적인 평가 부분이라는 것이다. 그리고 동『10년사』는 '농지개혁의 성과'의 결론에서 다시 다음과 같이 말함으로써 농지개혁의 의의를 매우 한정적인 것으로 평가하고 있다.

…… 농지개혁 사업에 의하여 …… 역사상 처음으로 경자유전의 대과업의 완수를 보게 된 것이다. …… 농민을 반봉건적 고율의 소작료 납부하에 단순 재생산조차 곤란할 지경으로 수탈하던 반봉건적 토지 소유 제도를 타파하고 농민으로 하여금 독립 자영농으로 …… 유도하였다는 점에서 농지개혁이 가지는 역사적 의의는 결코 경시할 수 없는 것이다. ……
그러나 서상(敍上)한 바 농지개혁의 의의가 제대로 현실화하였다고 단정하기 곤란한 면이 불선(不尠)한 것이다.[81]

한편 이 인용문에서도 알 수 있듯이 농지개혁을 '반봉건적 토지 소유 제도를 타파'함으로써 농민을 고율 소작료의 수탈로부터 해방시키는 것으로 받아들이고 있다.[82]
다음으로 최종식 교수는 농지개혁을 반봉건적 토지 소유 형태인 기생지주제를 분쇄하는 수속이었다고 하고, 그것이 초래한 토지 제도사적 의의는 인정되나 그 이외의 성과는 인정되지 않는다고 한다.[83]

…… 농지개혁이 창설한 토지 소유 제도가 역사적으로 어떤 단계의 소유 형태에 속하는 것인가. …… 앞서 말한 바와 같이 자작농적 토지 소유제인 것이며, 분할지적 농민적 토지 소유 형태에 해당한다.[84]

최 교수의 견해는 농지개혁이 봉건적 토지 소유를 분쇄하는 수속이며 그 결과 농민적 토지 소유를 이룩하는 수속에 지나지 않는다는 것이다.
김준보 교수는 농지개혁의 실패점을 더없이 신랄하게 지적한다.

…… 농지개혁법이 내세웠던 …… 목적은 거의 공염불이 된 셈이다. 그뿐만 아니라 얼마 안 가서 분배받은 소농에 있어서 토지 소유를 지속할 수 없어 내밀히 방매하는 사태, 즉 소작농의 재생 현상이 상당한 비중으로 도처에 나타나게 되었다. 다만 성질상 우리는 그에 관한 정확한 계수를 포촉할 수 없을 따름이다. …… 어쨌든 농지개혁이 완결을 보기

에 앞서 소작농의 재생을 보게 되었다는 현실은 비록 이론 면에서 예상된 일이라 할지라도 중대한 역현상이 아닐 수 없다.[85]

여기에서 농지개혁이 처음부터 이론적으로 소작 현상을 재생할 것임을 예상할 수 있었다고 한 점은, 농지개혁의 성과가 처음부터 인정하기 어려운 것이라는 점을 말하는 것이다. 아무튼 농지개혁의 목적이 이루어지지 못했다는 것을 재생하는 소작 현상에서 파악한다는 것은 오늘의 농업 위기의 정확한 인식이라 하지 않을 수 없다.

이상과 같이 농지개혁의 성과에 대한 대부분의 견해는 부정적이다. 그러나 여기서 우리는 농지개혁의 성과를 전시(6·25전쟁) 군량미 조달에 이바지했고 또한 전시의 악성 인플레를 억제하는 데 공헌했다고 하는 납득하기 어려운(성립될 수 없는) 견해를 소개함으로써 각도가 어긋난 평가의 예를 보기로 하겠다. 한국토지경제연구소의 『한국농지제도연구보고서』(1966)에 따르면, 보고서의 결론인 '농지개혁의 평가'에서 다음과 같이 주장하고 있다.

> 15년 전에 실시한 바 있는 농지개혁은 봉건 제도가 지배적이었고 공산주의 사상이 침투하고 있었던 당시의 농촌에 사회·정치적 안정을 가져오는 데 절대적인 기여를 했다고 하겠다. …… 사실상 한국 농촌에 뿌리박고 있던 봉건 제도를 제거하고 정치적으로나 사회적으로 한국 농촌 사회 근대화의 기초를 마련해 준 점은 더없이 다행이라 하겠다. 더욱 우발적인 일이기는 했으나 한국동란 시의 수배(受配) 농가로부터의 상환곡으로 군량미의 국내 조달을 가능케 하였고 전시 경제의 암적 존재인 악성 인플레를 억제하는 데 커다란 공헌을 하였던 점도 농지개혁의 한 간접적인 혜택으로 돌리지 않을 수 없다.[86]

이것은 농지개혁의 평가라고는 할 수 없다. 농업의 희생은 비농업 분야의 사태 변화에 따라 당연히 있어야 된다는 것이다. 첫째로, 농지개혁이 당시 농촌에 사회적·정치적 안정을 가져오는 데 절대적인 기여를 했다고 하는 것은 바꾸어 말하면 농지개혁 주체자의 정치적 의도를 실현했다는 것이고, 둘째로, 악성 인플레를 억제하는 데 공헌했다는 것은 인플레에 의한 가치 이동(농민으로부터)의 결과로 농촌의 피폐가 가중되었지만 그것은 비농업 부분(도시 매판 자본을 주로 한)을 위하여 당연히 부담해야 될 농민의 의무라는 것이 되고 만다. 이것을 어떻게 농지개혁의 성과라고 하겠는가. 이러한 목적을 망각한 '평가'가 '연구' 기관의 '보고서'로서 정부에 제출되고 그것을 농업 정책 입안의 참고 자료로 했다면 이것은 1970년의 농업 센서스에 나타난 현상을 가속화하는 작용밖에 하지 않았을 것이다.[87]

농지개혁의 성과를 거의가 부정적으로 평가하는 것은 그것이 토지 문제를 근본적으로 해결하지 못했기 때문이며(실은 그와 같은 의도가 처음부터 없었고 또한 지연 과정에서 토지 문제는 더 복잡한 상태를 만들고 말았다) 그럼으로써 그것은 소작농을 영세·소농 지배적인 자작농으로 바꾸는 역할을 했을 뿐 농업과 농민을 '열려진 질서'로 유도할 수 없었기 때문이다. 더욱이 농지개혁은 농촌의 민주화에도 기여하지 못함으로써 농민의 민주적 운동에 대해서마저 반작용의 기능을 하는 수도 있는 것이다. 이렇듯 농지개혁은 "봉건적 토지 소유제를 분쇄하는 수속"의 역할을 함으로써 영세·소농 지배적인 농민적 토지 소유를 이룩했을 뿐 농촌 피폐의 요인은 제거하지 못했다.

이것은 1970년의 농업 센서스가 가리키는 바와 같이 역사적 '역현상'으로서 스스로 '성격'을 나타내었으며, 이러한 역현상이야말로 농지개혁 이후에 대두한 토지 문제의 집약적 표현이다. 우리는 오늘의 우리나라 '농업 위기'를 이러한 역현상적 토지 문제에서 찾고자 하며 이것은 다름 아닌 농민적 토지 소유의 전개 과정의 위기인 것이다.

필자가, 우리나라 농업의 모순을 해결하기 위해서 '농지 문제'로부터 접근할 수밖에 없다고 한 것은 바로 이러한 이유 때문이다. 그리고 오늘의 '농업 위기'가 농지 제도에 그 근원을 가지는 것이므로 오늘의 농지 제도인 농민적 토지 소유를 마련하게 되는 과정을 분석하고 또한 그 성격을 검토하는 것이 곧 농업 위기를 극복할 수 있는 논리의 발견이 된다는 관점에서 필자는 이 연구를 시도한 것이다.

유인호
전 중앙대 경제학과 교수. 주요 저서로『한국경제의 실상과 허상』『민중경제론』『한일경제 100년의 현장』『민족경제의 발전과 왜곡』등이 있다.

주

1) 최호진, 『한국경제사개론』(보문각, 1962), pp. 200~201.
2) 조기준·오덕영, 『한국경제사』(법문사, 1962), p. 328. "이조 말기에 정부에서는 세제의 근대적인 수립을 단행하기 위하여 토지 제도의 근대화를 기도한 바 있었다. 즉 1894년에 각 영아문에 속하였던 토지(屯田·驛田·목장지)를 탁지부에 귀속시키고 정리를 부분적으로 실시하다가 정변으로 말미암아 개혁은 중도에 좌절되고 말았다."
3) 최호진, 앞의 책, p. 340.
4) "…… 소작인들이란 죽지 못해 사는 것이었을 것이니 이들에게 어찌 농업의 개선이나 향상의 의욕이 있었을 것인가? 따라서 농사의 경제적 발전이란 꿈에도 생각할 수 없는 것이었다. …… 소작인의 비참한 실정에 비하여 지주의 상태는 어떠했던가? 지주의 태반은 …… 토지를 관리인에게 맡겨 놓고 자신은 도회지에서 평안히 좌식하면서 영화를 누렸다. 그리고 자신의 귀한 처지를 옛날의 왕에게 비교하는 자까지 있었다."(농림부 농지국, 『우리나라의 농지제도』, p. 17)
5) 농업 변혁의 두 가지 국면인 토지 제도의 변혁이나 농법의 변혁이 없었다는 것은 농업 생산력을 한자리에 머물게 하는 기본적 동인이라 하겠다.
6) 조기준, 『한국경제사』(일신사, 1962), pp. 334~335 참조.
7) 토지개혁에 대한 농민적 요구는 극히 보수적인 일부 지주 계층에 의하여 갖가지 수법으로 방해되었을 뿐만 아니라 심지어는 토지개혁 자체마저도 부정하려는 움직임을 보였다.
8) 농협중앙회, 『한국농정 20년사』(1965), p. 91.
9) 미국무성은 1946년 2월에 남한의 토지개혁에 관한 정책을 세운 바가 있으며, 일본인 적산 농지의 처분안을 주축으로 하는 토지개혁을 제의한 바 있었다. 그 실례로는 The Proposed Ordinance for Sale of Japanese Agriculture Property, South of 38 North Latitude(as drafted by State Department Economic Mission Feb.1946)를 들 수 있다(농협중앙회, 앞의 책, p. 91 참조).
10) 미군정은 집권과 더불어 재빨리 비상사태를 선포하고 소작료의 최고 한도를 결정 공포함으로써(3·1제) 이 나라의 가장 중요한 농업 문제에 대처하기 시작했다. 미군정 법령 제9호의 제1조는 다음과 같다.
"현행 계약에 의하여 소작인이 그 田地에 대하여 지불하는 가혹한 소작료 및 이

율과 그 결과로 소작인의 반노예화와 그 생활수준이 군정청의 목적 수준의 이하에 在한 이유로 조선 국가비상사태의 존재를 자에 포고함. 군정청이 실시할 수준은 조선 인민에게 번영과 안정에 기여하는 수준이다."
11) 이 점에 대하여서 한국토지경제연구소의 『한국농지제도연구보고서』(1966)는 "…… 북한에서 단행된 토지개혁은 우리나라의 농지개혁을 촉구하는 외부적 요인으로 등장하였다"(p. 35)라고 하고 있다.
  그리고 『한국농정 20년사』도 …… 북한의 토지개혁 단행은 우리나라 농지개혁을 촉구시키는 외래적 요인으로서 결정적인 작용을 하였다"(p. 91)라고 한다.
12) 조선은행 조사부, 『조선경제연보』(1948), pp. 1~375 참조.
13) 화전 면적 약 36만 정보를 제한 총경지면적의 지주 소유 비율은 71퍼센트에 달한다.
14) 북한의 자작농의 비율이 남한의 그것보다 높다는 것은 조선조 봉건 권력 구조에서 물려받은 역사적 유산의 하나이기도 한 것이다.
15) 「토지개혁 문제」, 조선은행 조사부, 앞의 책 참조.
16) 제2차 세계대전 직후 미국무성 점령지 정책의 중요 부분을 차지하고 있었던 것이 점령 지역에서의 전근대적 경제 관계의 극복이었다. 그러므로 우리나라에서도 점령 정책의 초기부터 토지 정책의 방향을 '개혁'이라는 방법으로 택했으며, 농민을 봉건적 예속 관계에서 해방시키고자 했던 것이다. 즉 점령 지역을 근대적 경제 관계에 놓음으로써 점령국의 정치적·경제적 목적에 연결 짓고자 시도했던 것이다.
17) 조선은행 조사부, 앞의 책, pp. 1~345.
18) 같은 책, pp. 1~345.
19) 3개 안에 대해서는 '2. 해방 후 농지개혁의 논점'에서 구체적으로 검토된다.
20) 지주 계층의 조직적인 반대 운동의 실례를 다음의 기사로써 알 수 있다. 즉 『서울신문』은 1949년 1월 23일자에서 「시대를 역행하는 군상, 지주 권익 옹호 토지개혁을 반대」라는 제하에서 다음과 같이 보도하고 있다. "마산 시내의 권 모를 비롯한 지주 수 명은 정부에서 추진하고 있는 토지개혁법을 반대할 목적으로 작년 1월 말경 대한민국 지주권익옹호동맹을 조직하고 한편 정부의 동 법안을 반대하는 반박 선전문을 작성하여 비밀리에 일반 지주들에게 배부하는 동시에 고성, 통영, 대구 등지에까지 유세대를 파견하여 각 지방 지주들로 하여금 동 단체에 합류할 것을 선동하여 오던 것이 탄로 났다."
21) 『남조선과도입법의원 자료집』 참조.
22) 이 당시 조선상공회의소는 딘 군정 장관에게 토지개혁을 늦추기 위한 다음과 같은

건의문을 제출하고 있다. 즉 "입법의원은 과도적 군정에 불과하므로 항구적인 중대 법안을 제정할 수 없으며 토지개혁은 군정 당국이나 제3국이 관여할 성질의 것이 아니고 오로지 우리 정부가 수립된 후 우리의 손으로 해결해야 한다"는 요지의 건 의문을 제출함으로써 토지개혁에 대하여 반대 세력의 입장임을 뚜렷이 하고 있다.
23) 농협중앙회, 앞의 책, p. 9.
24) 당시의 국회회의록은 이 사정을 너무나 적나라하게 가리키고 있으며 '지주 이 익을 옹호하기 위한 농지개혁'이라는 말까지도 회의록에서 찾아볼 수 있을 만 큼 그것의 '비농민성'을 나타내고 있다. 이 점은 『동아일보』의 「비화·농지개혁」 (1974년 4월 20일부터 20회에 걸친 연재)에서도 잘 부각되고 있다.
25) 「비화·농지개혁」, 제5회, 『동아일보』 참조.
26) 같은 기사, 제7회 참조.
27) 제2회 국회 속기록, 제15호. 이 점은 김준보 교수의 『한국자본주의사 연구』, II(일 조각, 1974), p. 198을 참조했다.
28) 1945년 10월 5일, 미군정 법령 제9호 제1호.
29) 김준보, 앞의 책, p. 197.
30) 같은 책, p. 197.
31) 같은 책.
32) 농협중앙회, 앞의 책, p. 92.
33) 「비화·농지개혁」, 제7회, 『동아일보』 참조.
34) 해외에서 돌아오고 북한에서 월남함으로써 농촌 인구만이 아니고 전체 인구가 크게 증가했다.
35) 일본에 대한 미국의 점령지 정책에서도 '농민을 노예적 상태에서 해방시키기 위 하여' 1946년에 '농지개혁'과 '농촌의 민주화 정책'이 추진되었다. 물론 미군정 에 의한 농지개혁과 민주화 정책은 농촌에서의 농민 운동이 혁명적 방향으로 진 행될 수 있는 가능성을 사전에 방향 전환하는 작용을 하는 것이었다는 비판적 견 해도 있다.
36) 당시 미군정의 시책이 세부에 걸쳐 일관성을 가진 것이라고는 볼 수 없다. 가령 10월 5일에 소작료의 3·1제가 결정되어 법령으로 공포되었으며, 제2조에서는 모든 농업 생산에 부수되는 물건의 사용료도 3·1제의 원칙을 적용한다고 했음 에도 불구하고 11월 10일자 농무부령 제1호 '소작료에 관한 건'의 제2조 나항에 서는 농업 부대시설물의 사용료를 과거에 계약된 상태로 한다고 했다. 이렇듯 무

원칙한 면이 발견되지만, 점령 정책의 기본 방향으로서 국무성의 시책으로 나타나는 중요한 문제들에 대해서 반드시 그렇다고만 할 수는 없다. 점령지에서의 토지개혁 등 주요 시책마저 무원칙하게 바꿔지는 것이라고는 보지 않는다. 다만 현지 시행자에 따라 약간의 차이는 생기겠지만.

37) 전농의 3·7제와 미군정의 3·1제의 차이점은, 3·1제에서는 총생산량에 적용되므로 2모작에 대해서도 적용되는 것이었으나, 3·7제는 이것이 부당하다는 것이다. 그 후 1946년 5월 미군정의 농무부장은 전농의 주장을 받아들여 2모작에 대해서는 이를 적용하지 않는다는 정식 담화가 발표됨으로써 양자 간의 근본적 차이점은 해소되고 다만 소작료의 물납(미군정의 주장)과 금납(전농의 주장)의 차이로 좁혀지게 되었다.

38) 전농의 법령 초안의 검토를 위한 자료는『새한민보』3, 5, 13호와『조선경제』제2권 제4호 및 조선은행 조사부, 앞의 책을 참고했다.

39) 3대 방안에 대한 자료는 새한민보사 발행「임시정부 수립 대강」과 주 38에서 열거한 자료에 의거했음.

40), 41) 토지 국유화 문제와 무상몰수 문제는 시협안과 민전안의 핵심을 이루는 부분이다. 더욱이 토지 국유화론은 오늘에도 이따금 주장되고 있는 문제다.

42) 농협중앙회, 앞의 책, p. 93 참조.

43) 이 당시 입법의원 측의 주장은, 토지개혁이란 농촌 경제의 민주적 재건에 그 목적이 있는 만큼 일반 농지를 제외하고 적산 농지만의 재분배를 단행한다는 것은 토지개혁의 근본 정신에 배치될 뿐만 아니라 매우 불공평한 결과를 초래할 것이며 또한 기술적으로도 진행 절차상 여러 가지 난점이 많다는 것을 앞세우고 반대했다. 그리고 이와 같은 이유로 입법의원에서는 미군정 당국으로 하여금 귀속 농지의 분배를 못하게 종용하고 있었다.

44) 우리들은 제헌국회 입후보자들 모두가 '토지는 농민에게, 공장은 노동자에게'라는 선거 구호를 외쳤던 사실을 알고 있다. 말할 것도 없이 유권자의 절대다수를 차지하고 있었던 소작농들의 지지를 얻지 못하고서는 당선이 불가능했기 때문이다. 그들은 다음에 농지개혁법의 심의를 할 때 그 본성을 노골적으로 나타냈지만 당선을 위하여 처음부터 '대중 기만'을 하지 않으면 안 되었다.
1948년 7월 12일에 통과된 헌법을 보더라도 제86조에 이어 제89조에서 "농지를 수용할 때는 제15조 3항의 규정(공공 필요에 의하여 국민의 재산권을 수용, 사용 또는 제한함은 법률의 정하는 바에 의하여 상당한 보상을 지급함으로써 행한다)

을 준용한다"고 규정했다. 대한민국 정부가 실시할 농지개혁의 대원칙이 지주에게 '상당한 보상을 지급'하는 '유상수매'로 헌법에 의해 확정됨으로써, 앞의 '해방 후 농지개혁의 논점'에서 제시된 여러 가지 논란은 더 이상 제기되지 않았다고 생각한다. 물론 '무상몰수'를 주장하던 논객의 대부분은 선거를 보이콧했다는 점에도 '무상몰수'가 제기될 수 없었겠지만.

45) 농림부 농지국,「우리나라의 농지 제도」(농지개혁사 편찬용 참고 자료. 1962년 2월), p. 49.
46) 이 신고를 토대로 한 요수매 대상 면적이라는 것의 신빙도는 매우 의심스럽다. 왜냐하면 첫째로, 실지와 부합되도록 하는 것이라고 한 것에서도 알 수 있듯이 신고를 그대로 인정하는 것이었다. 둘째는, 농림부의 농가 실태 조사집계표의 부기에서 "본 집계표는 치안 관계로 조사 불능한 5개 군 외 수개 면을 추가 계산하였음"이라고 밝히고 있는 것처럼 오차도 크다고 보아야 되기 때문이다.

그리고 이러한 경우 대체로 지주에 유리한 추산을 하게 된다는 것은 충분히 생각할 수 있다(지방 유지의 말에 따르기 마련이므로).

47) 토지 문제 해결의 근본적 방향은 농업 협업화에서 찾아야 한다는 것이 필자의 견해다.
48) 사회 현상의 발전 과정을 볼 때 어떤 역사적 '정재'(定在, Da Sein)가 그 후 전개에서 반드시 발전적 현상으로서만 그 모습을 나타내는 것은 아니다. 역전과 전진 과정이 발전 현상으로서 파악되는 것이다. 그러므로 역사적인 '정재' 규정으로서 농민적 토지 소유의 의의는 그 후의 역전 현상으로서 부정될 수 있다.
49) 이 논쟁의 초점에 대해서는 최종식,『농업정책론』(일조각, 1968), pp. 80~82 참조.
50) 유인호,『한국농지제도의 연구』(백문당, 1974), 제1편 참조.
51) 김준보, 앞의 책, p. 208.
52) 같은 책, pp. 198~200.
53) 같은 책, pp. 208~209.
54) 같은 책, p. 209.
55) 같은 책, pp. 210~221.
56) 같은 책, p. 211.
57) 이러한 양극 분해 과정에서 농업과 수공업은 분리되고 공업에서는 메뉴팩처의 전개가 이루어지며 농업에서는 소차지(小借地) 농업 자본가의 발생이라는 형태로서 봉건제 체내에 새로운 생산 관계의 맹아 형태가 확대되어 간다. 이것은 낡은

생산 관계의 파괴와 새로운 생산 관계의 창출이 동시에 병행하여 진행되는 과정이지만, 새로운 생산 관계를 창출하는 기축이 되는 것은 봉건적 토지 소유의 구속을 타파하고 성장하는 자유로운 농민적 토지 소유=소상품 생산의 전개다.

58) 필자가 토지 조사 사업에 대하여 많은 학자가 그것을 '근대적 토지 제도의 형성'이라고 보는데 대하여 반대하는 것은 그것이 결코 토지 제도를 근대화하는 것이 아니며 다만 봉건적 토지 소유를 침략자의 지배와 수탈에 알맞도록 재편한 것에 지나지 않는다고 보기 때문이다.

59) 이 점에 대한 하나의 사례를 우리나라에서 보면, 토지 조사 사업의 진행과 더불어 일본 제국주의 침략자들 중 고리대금업자로서 영업을 시작한 자는 그 후 대다수가 지주로 탈바꿈했다는 사실을 다음의 인용문으로도 알 수 있다. 즉 "일본인으로서 조선에서 토지를 소유하게 된 것은 매매라는 거래를 통하여 소유권을 취득한 자는 매우 적고 대개는 貸金(고리대금업자의 자금)의 저당으로서 그 원리금의 반제 불능의 결과로 지상수확물의 수납권을 보유하게 되었다"(大阪상업회의소,『한국산업시찰보고서』)고 한다. 다시 말하면 일본인이 조선에서 지주가 된 것은 대금업을 함으로써 이루어졌다는 것이다.

그리고 일본 高松市에 본점을 두고 있었던 '한국권농주식회사'도 대금업과 동시에 농업 경영(봉건적 지주로서 소작제 활용)을 영위하고 있었다(통감부 시대) (山邊健太郎,『일본 통치하의 조선』, pp. 37~39 참조). 이것은 비단 우리나라에서만 흔히 볼 수 있는 것이 아니고 제국주의 수탈하에 있었던 많은 식민지에서 볼 수 있는 광범한 현상이다.

60) 1952년의「세계은행 보고」에서 이 문제가 지적된 바 있다.

61) 1910년의 혁명의 결과로 생긴 1917년의 헌법에 따라 토지개혁을 단행함으로써 이 상태는 완화되었다.

62) 일본 동양경제신보사,『현대자본주의강좌』, 제5권(1959) 참조.

63) 입법의원의「토지개혁법안」제1조.

64) 동아경제조사국,『支那ソヴィエト運動の研究』(1934) 및 アジア經濟硏究所,『中國の土地改革』(1962) 참조.

65) アジア經濟硏究所, 앞의 책, pp. 46~47.

66) 村松祐次稿,「中國の土地改革と工業化」,『경제연구』제4권 제4호(1953) 참조.

67) 같은 논문 참조.

68) 미군정 당국마저 그 본래의 의도는 어떠하거나 간에 남한의 토지개혁의 목적을

'봉건적 토지 제도의 타파'에 두었는데도 불구하고 농지개혁법에서는 이러한 구절을 찾아볼 수 없다.

69) 이와 같은 결과를 맺게 된 근본 원인도 농지개혁을 어떻게 하면 지주들의 이익이 될 수 있게 하느냐에 주 관심이 있었기 때문이다.
70) 농민 부재성을 법 제정 과정, 법 내용에서 규정한 사업 추진 주체 및 농민의 농지 소유 보존책, 지주에 의한 소작지 강매 방지책 미강구라는 점에서만 보기로 했다.
71) 『국회 회의록』, 1949년 2월 14일자.
72) 같은 책, 1949년 2월 15일자. 그리고 지주 계층에 의한 지연 정책이 심하게 전개되었다는 것을 우리는 앞의 '지주 계층의 지연책'에서 본 바 있다.
73) 같은 책, 1949년 3월 12일자.
74) 같은책.
75) 같은 책, 1949년 3월 12일자.
76) 같은 책, 1949년 9월 12일자.
77) 농지개혁법 제8, 10조, 동 시행령 제31조, 농지위원회 규칙 제8조 참조.
78) 김준보, 앞의 책, p. 212.
79) 한국산업은행, 『한국산업경제 10년사』(1955), p. 57.
80) 같은 책, p. 57.
81) 같은 책, p. 61.
82) 농지개혁법의 기본 성격과 달리 모두가 그것을 봉건적 수탈 관계의 단절로 받아들이는 것은 토지 제도를 개혁코자 한 농민의 근본적 요구가 그러한 것이었기 때문이며 그것을 법의 조문과 달리 무의식적으로 표현한 것이라고밖에 할 수 없다.
83) 이 점에 대한 최 교수의 견해는 일본에서의 농지개혁의 성과 분석에 대한 이론적 '쟁점'을 소개하는 곳에서 우리나라의 문제에 대한 평가를 간접적으로 하고 있다. 다음 본문에서 인용하는 최 교수의 저서 pp. 80~84 참조.
84) 최종식, 『농업정책론』(일조각, 1968), p. 80.
85) 김준보, 앞의 책, p. 26.
86) 한국토지경제연구소, 『한국농지제도연구보고서』(1966), p. 210.
87) 이 보고서는 "농지개혁이 이룩하지 못했던 결함"을 다섯 가지로 열거하고 있으나 모두 지엽적인 것에 불과하다.

미군정 경제의 역사적 성격

이종훈

1 미군정의 성격과 남북 분단의 국제 정치학

제1차 세계대전은 한편으로는 자본주의의 새로운 중심 국가로서 미국을, 다른 한편에서는 사회주의의 소련을 탄생시켰다.[1] 그러나 제2차 세계대전은 양 체제 사이에 융화할 수 없는 두 영역 사이의 대립을 가져왔던 것이고 이 양자 간의 대립이 표면화된 것은 1947년 소련의 세력 팽창에 대항하기 위한 트루먼 독트린의 이른바 '봉쇄 정책'(Containment)으로부터이며 이것이 바로 '냉전'의 발단이 되었던 것이다. 한편 1950년의 한국전쟁을 계기로 미국은 공산주의자와는 어떠한 타협적인 해결도 불가능하다는 판단하에 종래의 소극적인 봉쇄 정책을 대신한 좀더 적극적인 정책으로서 '보복 정책'을 택했다.[2] 그리고 공산주의 진영에서도 소련을 중심으로 한 코메콘(COMECON)이 설립되고, 그 후에는 나토(NATO)에 대항하기 위한 바르샤바조약기구가 체결됨에 따라 드디어 전후 양대 진영의 대립은 격화되기 시작했다.

이러한 전후 양대 진영의 대립이라고 하는 새로운 국제 관계의 와중에서 8·15 해방, 나아가서는 전후 시대가 시작되었고, 이들 관계가 한국을 규정하면서 그 역사적인 특수성을 가져왔다고 할 수 있다.

이 점에 관하여 우선 두 가지 문제를 제시할 수 있다. 첫째는, 말할 필요도 없이 전후 양대 진영의 대립이 한국 분단의 직접적 요인이 되었다는 것이고, 둘째는, 이러한 국제 관계가 있었던 만큼 전후 한국의 민주화개혁이 미군정청의 점령 정책이라고 하는 테두리 안에서3) 전개되었다고 하는 것이 바로 그것이다.

첫째의 경우를 보면, 해방으로 인하여 종래 한국 경제의 식민지성이 일단 없어졌다고는 하지만, 그것이 가지고 있었던 종속성이나 분단에 의한 지역적 편재성이 해방으로 말미암아 오히려 표면화되었던 것이다.4) 둘째의 경우를 보면, 미국이 한국 점령에 대하여 구체적인 준비를 하지 못했기 때문에 결국은 군사적 편의주의에 그쳤고 현상 유지에 급급했던 것이다. 우리 과제는 해방 이후 한국 경제에 관한 것이지만 해방 후 한국을 결정적으로 규정했던 국제 관계를 도외시하고는 그 내용을 설명할 수 없기 때문에 이들에 관하여 다소 살펴볼 필요가 있다.

먼저 미군의 대한(對韓) 점령 정책에 대하여 살펴보기로 하자. 이를 위해서는 해방 직후, 즉 점령 초기5) 미국의 대한 정책의 기본 방침을 제시한 두 개의 정책 문서인 「맥아더 포고」와 「초기 기본 지령」을 검토하지 않으면 안 된다.

대한 정책의 기본 방침은 이미 전쟁 중에 연합국의 전후 처리에 관한 국제 회담——카이로선언, 포츠담회담, 얄타회담——에서부터 구상되었다고 볼 수 있으나, 그 정책의 결정 및 실행은 미국에 의해서 행해졌다. 특히 미국의 대한 점령 정책은 한국에 상륙한 하지 장군의 미육군 24사단의 독자적인 정책에 의한 것이라고 하기보다는 미국 정부, 그중에서도 국무성 및 국방성과 동경의 극동군최고사령관(SCAP) 맥아더 장군의 지시에 의한 것이라고 할 수 있다.

한국은 일본 제국의 일부로서 우리의 적국이다. 따라서 항복 조건에 복종하지 않으면 안 된다. 그리고 적어도 초기에 있어서의 대한 점령 정책은 일본의 행정기관을 통하여 실시할 필요가 있다. 이 기간 중 우리

(미국)는 일본 측의 통치기구——조선총독부——를 한국에 있어서 합법 정부(lawful government)로 인정한다. 한국인들이 자주독립을 희망하고 있지만 이 점에 관해서 연합국의 정책은 내가 알고 있는 한 아직도 형성되어 있지 않다.[6]

위의 하지의 지령에서와 같이 전후에 한국은 독립국으로서가 아니라 미국의 군점령 정책의 대상지로서 패전국 일본과 같은 범주에 속해 있었다. 이 같은 연합국의 대한 정책은 1945년 이전의 미국을 중심으로 한 국제회담에서 구상되었음에는 틀림없으나 그 회담이 연합국 수뇌의 정치적인 성격의 회담이었던만큼, 그 구체적인 것은 전후의 미·소 대립하에서 전략적으로 결정되었을 것이다. 이렇게 말할 수 있는 근거는, 무엇보다도 카이로 선언에서 한국의 독립 형태가 막연했다고는 하지만 그래도 일단 독립을 약속했음에도 불구하고 미·소가 군사적 편의주의에 입각하여 한국을 분할 점령한 사실에 있다.

물론 연합국, 이 중에서도 미국이 한국을 처음부터 분할 점령하려고 하지 않았다는 데는 이론의 여지가 없다. 즉 38도선이 구체화된 것은 소련의 대일 참전에서부터라고 하기보다는 전황의 급변——예상외의 관동군 패주와 소련군의 급격한 진격——에 따라 북한에 진주할지도 모를 소련군을 견제하기 위한 잠정적 조치로서 미국이 군사적 경계선을 고려한 때부터라고 할 수 있다. 따라서 한국의 분할 점령은 소련군의 북한 진주가 예상되면서부터,[7] 적어도 한국 영토의 반이라도 구제해야겠다고 하는 긴박감에서 미국이 조급히 취한 조치라고 생각된다.

이렇게 생각할 때 분할 점령의 구상이 구체화된 시기는 포츠담회담이 진행 중인 때라고 할 수 있다. 마셜 장군이 작전부장 헐(John E. Hull) 장군에게 한반도 진주 계획의 준비를 명령하고 소위 '헐 계획'이 결정된 것이 포츠담회담 종료 후인 8월 10일에서 15일 사이였기 때문이다.[8] 이러한 사실로 미루어 볼 때 포츠담회담이 바로 한국의 분할 점령을 결정했다고까지는 할 수 없으나 그것과 어떤 관계를 가지고 있다고는 말할 수 있을 것이다. 여하튼 다음에서 구체적으로 지적하겠지만 한국을 신탁 통치[9] 하게 될 때까지의 잠정적인 조치로서 분할 점령이 간단히 결정되었을 것이다.

한국이 해방 지역이 아니고 패전국인 일본과 같은 점령 지역의 범주 내에 들어갔다고 하는 것도 문제점이지만, 더욱 불행한 사실은 미국의 대한 정책이 일본에 대한 점령 정책과 달리 기본적으로는 '신탁 통치', 그리고 잠정적으로는 '분할 점령'이라고 하는 임기응변적인 양면성을 가지고 있었다는 점이다. 특히 분할 점령이 미·소의 잠정적 전략에 의한 것이라고 하더라도 이들 간의 타협이 실패할 경우에 그 분할 점령이 고정화될 가능성을 처음부터 내포하고 있었으며 결국은 그렇게 되고 말았던 것이다.

그런데 사실 '신탁 통치안'은 해방 이전 미국의 대한국관(對韓國觀)에서 유래되고 있다. 즉 루스벨트 대통령은, 한국은 자치 능력이 없다고 하는 전제하에 열강의 세력 각축장으로서 한국이 지니고 있는 특수성을 정치적으로 고려했던 것이다. 소련 혹은 중국의 어느 쪽 한 나라에 의한 한국 지배를 저지하는 한편 일종의 완충 지역화를 미국은 목표로 하고 있었다. 그러던 것이 얄타회담 이후, 특히 트루먼 정권하에서는 소련의 대일 참독 지배를 저지하기 위하여 신탁 통치 방법이 고려되었다고 할 수 있다. 이와 같이 미국의 대한 정책의 경우는 대소 전략의 발상에서 신탁 통치안이 생겼던 것이며, 이것을 탄생시키기 위한 준비 작업으로 잠정적인 분할 점령이 실시되었음에 틀림없을 것이다.

우리는 이러한 국제 정세나 미국의 대한 정책에 대하여 상술할 필요는 없으나 한국의 해방이라고 하는 역사적 전환점을 정확히 인식하지 않으면 식민지 체제의 해체로부터 국민 경제의 형성에 이르기까지 우리의 과제를 해명할 수 없다. 왜냐하면 국민 경제의 출발점 혹은 식민지 경제의 귀결점은 모두 8월 15일 해방의 역사적 성격에 의하여 일단 규정되기 때문이다.

해방 직후 미군정청의 점령 정책을 논할 때, 먼저 그 정책의 결정 기구 및 과정을 명백히 하지 않으면 안 된다. 물론 미국 정부는 점령 정책에 관하여 기본 방침만을 지령할 뿐 구체적인 것은 현지 사령관이 그 지령의 범위 내에서 시정(施政)하는 체계로 되어 있다.[10] 이것은 또 정치적인 차원에서보다는 군사적인 차원에서 행하여진 것이 많았다. 예를 들면, 맥아더 최고사령관은 현지의 하지 중장의 보고를 받을 때 "어떠한 조치를 취할 것인가에 대해서는 귀관이 최선이라고 생각하는 판단에 맡긴다. 나는 귀관에 유효한 조언을 할 수 있을 만큼 현지의 정황을 알고 있지 않다"[11]고 언명했다. 명령 계통은 분명히 있었지만 정책의 책임 소재나 가치 판단이 결여되어 있었다. 다시 말해 미국의 대한 점령 정책과 현지 미군정청의 정책 사이에는 틈이 생길 가능성이 많았던 것이다.

미국의 대한 점령 정책을 결정할 수 있는 권한을 가진 기관으로서는 3성조정위원회(三省調整委員會, SWNCC)와 그 하부 기관인 극동소위원회가 있었다. 여기에서 결정된 정책이 바로 미국 정부의 극동 정책이 되었던 것이다. 정부 결정의 순서를 보면, 먼저 정부 문서의 기초는 이 극동소위원회의 임무로 되어 있고 문서 기초에서 정치적인 문제에 관해서는 국무성의, 군사적인 문제에 관해서는 통합참모본부(JCS)의 의견을 참작하게 되어 있다. 기초된 문서는 3성조종위원회의 승인을 얻어서 국무장관을 경유하여 대통령에게 상신된다. 대통령의 승인을 얻은 정책 문서는 백악관의 지시에 따라 동경의 극동군 최고사령관에게 보내지며 여기에서 다시 서울의 미군정청(U. S. Military Government in Korea)에 전달되는 체계로 되어 있었다. 이와 같은 과정을 거쳐 최초로 결정된 정책 문서가 바로 대한(對韓) 「초기 기본 지령」이었던 것이다.

1945년 9월 7일 하지 중장을 사령관으로 한 미육군 24사단이 인천에 상륙하여 맥아더 총사령관의 포고 제1호를 공포함으로써 미군정청의 점령 통치가 시작되었다.[12] 이 포고는 미군정청의 구체적인 대한 정책이 실시될 때까지 응급조치적 또는 군사적인 성격을 강하게 띠고 있었다. 이 포고 제1호는 그 전문에서, "본관 휘하의 전승군은 일본의 천황·정부 및 대본영의 명에 의하여 서명된 항복 문서상의 지역을 점령한다. 점령의 목적이 항복 문서 조항의 이행과 한국인의 인권 및 종교상의 권리 보호에 있다는 것을 한국인은 깊이 인식하여야 한다"는 것을 선언했다.

그리고 그 제1조에서는 "한국의 북위 38도선 이남의 지역 및 그 주민에 대한 행정권은 당분간 본관의 권한하에 둔다"고 규정했다. 제2조서에는 "정부 및 공공 단체의 전 직원은 별도 명령이 있을 때까지 종래의 직무에 종사하지 않으면 안 된다." 또 제3조에서는 "점령군에 대한 반항 운동 및 질서를 교란하는 자는 엄벌에 처한다"고 규정하고 있다.

즉「맥아더 포고」제1호의 내용을 요약하면, 첫째, 미·소가 한국을 분할 점령하고 38도선 이남에서는 미국의 군점령 통치가 행하여진다. 둘째, 안정을 위하여 현상 유지를 원칙으로 한다. 셋째, 포고 제2호에 상세히 규정한 바와 같이 미국의 군점령 통치의 유일 합법성에 관한 법적 조치 등으로 되어 있다. 이와 같은 포고에 의한 군점령 통치가 구체적인 대한 정책이 결정될 때까지의 잠정적 또는 군사적 조치라고는 하지만, 오히려 이것에 의하여 한국의 전후가 전개되었기 때문에 그 의미에서 그것은 한국의 해방을 규정하지 않을 수 없는 중요한 요인이라고 할 수 있다.

미국의 이러한 포고 정치의 성격을 검토할 때 먼저 미점령군의 한국 상륙 이전의 기본 자세에 관해서 살펴볼 필요가 있다. 미점령군의 대한 점령 정책에 관한 구상을 나타낸 것으로서 상륙 이전의 것은 1945년 9월 2일의 하지 포고 및 9월 6일의 해리스-엔도(遠藤)회담이 있으며, 이들의 내용은「맥아더 포고」의 내용을 뒷받침하여 주는 것이라고 할 수 있다. 하지 포고는 9월 2일 미군기로 살포되었다. 이 전단에서 밝힌 미군의 점령 목적은, 한국을 민주주의 제도하에 둠과 동시에 국민의 질서 유지를 실현하는데 있다, 국가 조직의 개선은 하루아침에 이루어지는 것이 아니고 어떠한 개혁도 서서히 추진되어야 한다, 민중에 대한 포고 및 명령은 현존하는 여러 관청을 통하여 공포한다 등으로 되어 있었다.

한편 해리스-엔도 회담에서 해리스 장군은, 한국에 대한 군정 실시 여하에 대해서는 무엇이라고 확언할 수 없지만 한국을 종래와 같이 조선총독부 총독·총감의 총괄하에 두고 미군사령관은 그 행정을 관리 감독할 작정이다. 따라서 미군사령관은 총독에게 행정의 대강을 지령하고 구체적인 안건에 대해서는 총독에게 결정권을 부여하는 것으로 생각한다고 말했다.[13]

이와 같은 두 가지 내용은 말할 필요도 없이 미국의 대한 점령 정책의 준비가 전혀 없었다고 하는 것을 설명하여 주고 있으며 단지 현상 유지를 위하여 종래의 식민지 체제를 적당히 관리하려고 한 것에 지나지 않았다고 하는 것을 보여 주고 있다. 따라서 한국의 독립 또는 해방이라고 하는 것은 어디까지나 우리가 일방적으로 해석한 것이라고 할 수 있다. 단지 미국의 대한 점령에서 무준비성이나 잠정성에도 불구하고 한편에서 소련의 적화 음모를 저지하려는 기본적인 전략이 일관되게 고수되었다. 바꾸어 말하면 미국으로서는 분명한 대한 정책이라고 하는 것은 없었으나 대한 전략이라고 하는 것은 분명히 있었으며, 한국 내부 식민지 체제의 해체라고 하는 의미의 해방이라고 하기보다는 소련의 공산주의 위협을 먼저 저지한다는 의미의 해방이었다고 할 수 있다.

일반적으로 식민지 체제와 그로 말미암은 모순이 해방에 의하여 자동적으로 해결될 수 있는 것이라고 생각하거나, 또는 반대로 미국의 식민지적인 점령 통치의 결과로 본래의 해방을 맞이하지 못했다고 주장하기 쉽다. 그러나 이것은 한국에서 해방의 역사적인 특수성을 이해하지 못한 데서, 나아가서는 전후의 미·소 대립이라고 하는 새로운 국제 정세의 특수성을 알지 못한 데서 생기는 착오에 지나지 않는다고 할 수 있다. 해방 4개월 후에 한국 신탁 통치안이 결정되었고 그리고 미·소공동위원회가 개최되었으나 바로 실패한 것이 이를 입증한다. 당초부터 불가능한 미·소의 타결이었던 만큼 한국의 분단이 고정화되었고 일찍이 미·소 냉전이 전개되던 것이다. 따라서 한국의 해방이라고 하는 것은 미·소의 극동 전략이라고 하는 차원에서만 중요시되었다고 하지 않을 수 없다.

아무튼 점령 초기 미국의 대한 점령 정책의 기본 방침은「맥아더 포고」가 그것이었으나, 10월 이후에는 3성조정위원회의 대한「초기 기본 지령」

이 기본 방침이 되었다. 이것은 미국 정부의 대한 점령 정책에 관한 기본 방침의 대강(大綱)을 처음으로 천명한 것이었던만큼 중요성이 있는 것이라고 생각된다. 이 대한「초기 기본 지령」은 연합국에 의한 신탁 통치가 성립될 때까지 초기 미군정청의 기본 정책——주로 정치·경제·재정——및 미점령군 사령관의 권한에 관한 것을 규정한 것이다. 이 가운데서 미군의 대한 점령 목적에 관하여 다음과 같은 사항이 지적되었다.

미국의 대한 점령 정책의 궁극적인 목적은 한국이 유엔의 책임 있는 구성원으로서 손색이 없고 견실한 독립국가를 건설할 수 있는 조건을 조성하는 데 있다. 이에 대한 당면 과제로서는 일본의 항복 조건이 한국에서 엄격히 이행되어야 할 것이며 '조선군'의 항복 접수 그리고 건전한 한국 경제의 발전을 기하는 데 있다[14]고 한 점이다. 여기에서 우리가 주목하여야 할 것은 대한 점령 정책에서 처음으로 한국의 정치 체제 및 경제 체제에 대하여 명백히 태도를 표명했다는 점이다.

그러나 이와 같이 한국의 장래에 대하여 그 전망을 명백히 하면서도 종래의 식민지 통치 기구, 인원, 법령 등을 그대로 답습했다고 하는 데에 미국의 대한 점령 정책의 한계성이 있는 것이다. "본관이 일본의 통치 기구를 그대로 이용하고 있는 것은 그것이 현재로서는 아주 효과적인 행정 운영의 방편이기 때문"이라고 하지 사령관은 언명했지만,[15] 이것이야말로 미국의 대한 점령의 기본 정책(견실한 독립국가의 건설 및 건전한 한국 경제의 확립)이라고 하는 것이 결국은 군사적인 현상 유지를 중요한 전제로 하고 있었음을 설명하여 주는 것이다.

이 때문에 우리는 미군정청의 대한 경제 정책을 분석하는 데 지금까지 설명한 미국의 대한 점령 정책의 특수성 및 한계성을 충분히 고려하지 않으면 안 된다. 미국의 대한 점령 정책이 얼핏 보면 상당히 이질적인 정책이며 이것을 외부 권력에 의하여 추진된 것이라고 보기 쉽다. 그렇긴 하나 이 이질성만이 눈에 띄어 그 역사적인 의의까지도 잃어버려서는 안 될 것이다.[16]

특히 뒤에서 구체적으로 설명하겠지만 맥아더 극동군 최고사령관의 같은 점령 통치를 받았던 일본과 한국에서 그 정책과 그로 말미암은 결과에 큰 차이가 있었다는 것을 간과해서는 안 된다. 즉 패전국인 일본에서는 미군정이 구일본 정부를 통한 간접 통치 방법에 의하여 실시되었는 데 반하여, 한국은 미군정청의 간접 통치 방법에 의하여 군정이 실시되었다고 하는 사실이다.[17] 그럼에도 불구하고 미국의 점령 정책에서 일본의 경우에는 미군에 의한 강력한 민주화 개혁이 이루어졌고, 반대로 한국의 경우에는 그것이 그렇게 강력히 추진되지 못하고 대소 전략적인 차원에서 이루어졌던 것이다.

여하튼 해방에 의한 식민지 체제의 단절이라고 하는 것과 미군정청의 현상 유지라고 하는 것이 상호 모순된 것이지만 이것이 한국의 국민 경제 형성에 중요한 전제 조건이 되었던 것이다. 따라서 이하에서는 미군정청의 경제 정책, 특히 농업, 공업, 무역 등의 정책에 관하여 구체적으로 살펴봄으로써 그 전제 조건의 성격을 명백히 하고자 한다.

2 미군정 농업 정책의 전개와 성격

귀속 농지의 분배

미군정청의 경제 정책이 구체적으로 전개된 것은 1945년 9월 25일 군정 법령 제2호에 입각하여 종래의 일본인 재산을 접수하고 관리하는 것으로 시작되었다. 일본인 재산 접수의 경우에는 군정 법령 제33호 '일본인 재산 취득에 관한 건'에 입각하여, 그리고 그 재산 관리의 경우에는 동령 제52호 '신한공사의 설립'[18]에 의하여 행하여졌다. 당시 일본인 재산이 한국에서 총재산의 80퍼센트 이상을 차지하고 있었던 만큼,[19] 나아가서 그것이 식민지 경제의 유산이었던 만큼 그것의 접수 및 관리라고 하는 것이 한국 경제에 미친 영향의 중대성에 대해서는 재론할 필요가 없다.

이러한 막대한 재산을 미군정청이 즉시 접수하고 관리했던 것에 대하여 부정적으로 보는 견해도 없지 않지만,[20] 이는 해방의 역사적 성격을 이해하지 못함을 스스로 폭로한 것이라고 할 수 있다. 해방 후 무질서와 혼란 속에서 미군정청의 일부 무책임한 관리 및 보존 때문에 귀속 재산을 둘러싼 사회악이 조성되어 건국 초창기의 일대 오점이 되었던 것도 사실이었다.[21] 그렇다고 해서 미군정청의 귀속 재산 접수 및 관리가 바로 공업 생산을 정지시키고 농지개혁을 방치했다고는 할 수 없다.

귀속 재산의 접수 및 관리에 대한 미군정청의 가장 대표적인 정책은 귀속 농지의 분배, 즉 농지개혁이라고 할 수 있다.

미군정청의 농업 정책은 10월 5일 군정 법령 제9호 '최고 소작료 결정의 건'[22]에 의하여 소작료의 '3·1제'를 공포하고 종래의 식민지적인 지주적 토지 소유제에 의한 고율 소작료의 상한을 제한한 것으로 시작되었다. 물론 이것은 악명 높은 고율 소작료를 가능하게 한 종래의 지주적 토지 소유제를 완전히 해체한 것이 아니고, 그 결과라고 할 수 있는 소작료의 수준만을 제한한 것이었다. 그러나 그것은 한국에서는 처음 있었던 소작료에 대한 제한 조치였다.

자본주의가 제국주의 단계에 들어감에 따라서 지주가 점점 쇠퇴하기 시작하고 자작농이 증대하여 간다고 하는, 자본주의의 일반적 경향이 일본에서는 바로 제1차 세계대전 후 나타나기 시작했다. 특히 중·일 전쟁 이후에는 전쟁 말기를 제외하면 소작농의 감소가 현저하게 나타났고 소작료 감소, 소작권 안정이라는 점에서도 상당한 개선이 보였다.[23] 일본 농업의 경우에는 이와 같이 일본 자본주의의 발전에 따라, 특히 정부가 사회 정책적인 농민 보호 정책을 실시한 결과로 지주적 토지 소유제가 이미 서서히 해체되어 갔다. 이에 반하여 당시 한국 농업은 그와는 반대로 지주적 토지 소유제가 점점 증가했고, 특히 일본 국내의 식량 확보를 위하여 소작료 인상이나 미곡 공출제가 강화되면서 식민지적인 수탈이 강화되고 있었다.

이 때문에 한국의 경우, 비록 해방 후에 와서야 겨우 고율 소작료의 제한 정도가 이루어졌다고 하더라도 그것은 충분한 의의가 있다고 할 수 있는 것이다. 단지 일본의 경우에는 패전 후 농지개혁이 다른 '민주화' 정책과 같이 미점령군의 지령을 받아서 행하여진 것이 아니고, 오히려 그 이전에 일본 정부 자신의 발의로써 먼저 착수되었던 것이다.[24] 그러나 한국의 경우에는 후에 실시한 농지개혁은 물론이고 고율 소작료의 제한마저도 미군정청에 의하여 처음으로 실시되었다고 하는 데 차이점이 있다. 미군정청의 고율 소작료에 대한 제한 조치가 종래의 지주적 토지 소유제를 전제로 한 간접적인 대책에 지나지 않았다고 하는 한계성이 있다고는 하지만, 그것은 1932년 총독부의 「조선 소작 조정령」이나 1934년 「조선 농지령」과는 비교할 수 없을 정도의 '민주화' 정책이었다.

'3·1제' 소작료는 소작인의 경제적 지위를 높임과 동시에 종래의 토지주·소작농 관계의 대립을 완화해 농업 생산의 증대를 기한다고 하는 방침에 입각한 것으로 다음 세 가지로 내용을 요약할 수 있다.

첫째, 소작료는 총수확물의 3분의 1을 초과할 수 없다. 둘째, 현존 소작권의 유효 기간에 대하여 지주의 일방적인 소작 계약의 해제는 무효로 한다. 셋째, 3분의 1의 소작료를 초과하는 신규 소작 계약은 불법이다 등이 그것이다. 이와 같은 내용으로 실시되었던 고율 소작료에 대한 제한 조치는 일부 지주 측의 반발을 야기함으로써 예상했던 성과를 거두지는 못했다.

한편 미군정청에 의한 소작료의 3·1제 실시령이 공포된 직후, 소위 전국농민총연맹[25]이 결성되어 이에 의하여 농지개혁 문제가 한국에서 처음으로 거론되기 시작했다. 그 취지를 보면 다음과 같다. 즉 일제와 반민족적 지주 및 대지주의 토지를 몰수하여 농민에게 분배할 것을 요구했고, 농지개혁 사업의 현단계에서 최대 문제가 되고 있는 소작료를 3·7제로 실시함으로써 소작료의 개선책을 제시했다. 그 내용은 첫째, 소작료는 원칙적으로 금납으로 할 것. 둘째, 지주 측이 주장하고 있는 간평(看坪) 계량, 검사제, 운반 및 정미 등은 실질적으로 소작료를 인상하게 되는 것이기 때문에 이를 배격한다. 셋째, 소작료에서 총생산량의 3분의 1이라고 하는 것은 2모작에도 적용될 우려가 있기 때문에 이것을 반대한다[26]는 것이었다. 이와 같은 소위 전국농민총연맹의 농지개혁에 대한 주장 및 소작료의 제한에 대한 주장을 보면 미군정청의 그것과 대동소이한 성격의 것이라고 할 수 있다. 단지 소작료의 물납과 금납이라고 하는 점에서 차이가 있을 뿐이다.

그러나 미군정청이 소작료의 최고 한도를 제한한 것만으로서는 농촌의 민주화는 물론이고, 해방 직후 한국 농업이 내포하고 있었던 문제들을 해결할 수 없었다. 종래 장기간에 걸친 지주·소작농 관계에 의한 식민지적 착취로 말미암아, 대부분 국민이 빈곤의 극한 상태에 처해 있었고, 이러한 상황 속에서 소작료를 단지 양적으로만 제한하는 것은 문제의 근본적인 해결이라고는 생각되지 않는다.[27] 더욱이 소작 농민의 토지 소유욕이 강한 것과 관련하여, 국내의 정치적 불안이 고조되어 갔기 때문에 좀더 적극적인 대책이 필요했다. 아울러 1946년 3월 5일 발포된 북한의 소위 무상몰수·무상분배라고 하는 정치적 의미가 강한 토지개혁이 한국 농지개혁의 시급성에 영향을 미쳤던 것도 부정할 수 없다.

나아가서 이러한 국내의 정치적·사회적 요인뿐만 아니라 가장 중요한 경제적 요인이 있었다. 그것은 농업 생산의 급격한 정체와 더불어 인구의 급격한 증가에 의한 식량난을 해결하기 위하여 농지개혁이 필요했던 것이다. 즉 식량을 증산하기 위하여 당장 비료나 기타의 생산 자재가 거의 없었던 당시 상황하에서는 '농민의 증산 의욕'[28]에 호소하는 방법 이외에는 도리가 없었다. 더욱이 순전히 손노동에 의존한 당시 한국 농업의 경우, 이 '의욕'에 호소하는 것만이 최선의 방법이었으며, 그러기 위해서는 결국 소작 농민에게 토지를 제공하는 길밖에 없는 것이다. 다시 말해, 전 국민의 80퍼센트 이상을 차지하고 있던 농민에게 토지를 제공한다고 하는 농민적 토지 소유제를 확립하지 않으면 안 되었다. 이것이 요컨대 해방 직후의 사회적 대혼란, 그중에서도 정치적 불안을 해결할 수 있는 유일한 방법이기도 했다. 이렇게 생각할 때 한국에서 농지개혁의 필요성이나 그 역사적 역할은 스스로 명백하여지는 것이다.

선진자본국가에서는 자본주의의 발전 단계에 따라, 특히 제국주의 단계에 중화학 공업의 발전에 따른 농민층 분해의 변형이 나타나, '중농 표준

화경향'(中農標準化傾向)과 동시에 자작농이 이미 확대되어 가기 때문에 농지개혁이 그 적극적인 의의를 띠지 못한다. 그러나 한국의 경우에는 종래의 식민지적 수탈이 자본주의 발전과 농업의 관계를 차단해 오히려 소작농의 비대화만 가져왔었다. 따라서 소작제를 해체한다고 하는 것은 해방 후 농지개혁에 전적으로 맡겨진 중대한 임무라고 할 수 있었다. 이와 같은 상황 때문에 농지개혁을 해방의 심벌처럼 생각하는 경향이 강했다. 따라서 농지개혁의 구체적인 방법에 관하여서도 여러 가지 주장과 의견이 대립하기 시작했고 이것이 당시 사회적 혼란을 더욱 조장했던 것이다. 그 주장을 대별하여 보면 유상몰수·유상분배, 유상몰수·무상분배, 무상몰수·무상분배 등으로 나눌 수 있으며, 그 내용과 비판에 대해서는 다음으로 미루기로 한다.

이 같은 여건하에 있었기 때문에 미군정청은 고율 소작료의 제한 조치만이 아니고 농업 민주화 정책의 일환으로서 농지개혁을 실시하지 않을 수 없었다. 더욱이 북한이 토지개혁을 실시함으로써 공산 정권을 공고히 하려는 데 자극을 받았으며 아울러 국내의 정치적 불안의 고조를 고려, 농민을 안정시키기 위하여서도 실시하지 않을 수 없었던 것이다. 나아가서 해방 후 한국의 경우에는 일본보다 공산주의의 위협이 강했다는 점과 종래에 가혹한 식민지적 착취가 행해졌기 때문에 과격하고도 신속한 농지개혁을 주장하는 자도 없지 않아, 해방 후 민주화 개혁이 일본보다 정치적 색채를 강하게 띠지 않을 수 없었다.

일본의 경우를 보자. 전후 민주화에 대하여 연합국은, 일본이 태평양 전쟁과 같은 침략 전쟁을 시작한 것은 일본 국민의 의사가 아니고 군벌을 중심으로 한 구지배 계급의 책임이라고 판단했다. 따라서 전쟁의 화근을 없애기 위하여서는 이러한 구지배 체제를 해체하고 일본을 '민주적' 국가로 건설하지 않으면 안 되었다. 이 경우 연합국은 많은 일본인이 생각하고 있었던 것 이상으로 지주제의 존재를 중대시하고 있었다. 왜냐하면 그들의 견해에 따르면, 일본 병사의 중심을 이루고 있는 것은 농촌의 자제들이며 또한 사관들도 농촌 출신이 많았다. 따라서 일본 군벌의 성격은 일본의 농촌 상황에 의하여 규정되는 면이 강하기 때문에 농촌의 민주화 개혁이야말로 군벌의 화근을 단절할 수 있는 것이라고 생각했기 때문이다.[29]

바꾸어 말하면, 일본의 침략 전쟁을 담당했던 군벌을 해체하려고 하는 미점령군의 당연하고도 강력한 정책 방침이 있었기 때문에 일본의 민주화, 특히 농지개혁이 철저하고도 급속히 실시되지 않을 수 없었다. 그러나 한국의 경우를 보면 미군정청은 농지개혁을 실시함에서 일본에서와 같이 군벌 해체의 전초 작업으로서 지주 계급을 급속하고도 철저하게 해체해야 할 이유나 사명이 없었던 것이다. 또한 미군정청으로서는 어느 정도 안정 세력으로서 지배 계층——예를 들면 지주 계급——은 있는 편이 좋을 것이다. 만일 농지개혁을 보다 철저하게 실시함으로써 농촌 사회 즉 한국이 불안하게 된다면 오히려 하지 않는 것만 못하다고 생각했을 것이다.

예를 들어 일본의 경우에는, 미점령군으로부터 농지개혁의 지령을 받기 전에 미리 일본 정부가 그 입안·추진을 서둘렀고 여기에 미점령군의 군벌 해체의 일환으로서 개혁 강도가 추가되어 좀더 강력히 추진되었기 때문에 이러한 개혁에 대하여 국내에서 큰 저항을 받지 않았다.[30] 이에 반하여, 한국의 경우에는 최고 소작료의 제한 조치에 대한 지주 측 저항이 있었음은 물론이고, 과도정부 입법의원이 농지개혁법의 성안마저도 하지 않았고 오히려 미군정청이 성안한 토지개혁법 초안까지도 유회 전술로 저지했던 것이다.

미군정청에 의하여 구성된 과도정부 입법의원이 미군정청의 개혁안을 통과시키지 않았다고 하는 것은 주목하여야 할 사실이다. 이것은 당시 한국에서 지주 세력이 아주 강했다고 하는 것을 보여 주는 것이라고 하기보다는, 오히려 미군정청의 농지개혁에 대한 적극적인 의도가 없었다고 하는 것을 뜻한 것이라고 할 수 있다. 이와 같이 생각할 때, 미점령군의 똑같은 민주화 정책의 일환으로서 농지개혁이라고는 하지만 한국과 일본 사이에는 그 뉘앙스가 다르다고 할 수 있으며 결국 양국의 농지개혁 실시 과정이나 그 결과에 상당한 차이를 가져오게 되었다고 할 수 있다.

미군정청에 의하여 성안되고 실시된 농지개혁을 검토하는 데 먼저 그 개혁을 필연화한 몇 가지 객관적 사실을 정리하여 둘 필요가 있다. 즉 표 1과 표 2에서 알 수 있는 바와 같이, 1945년 말 한국의 총농가 호수는 206만 5천 호였고 총경지면적은 232만 정보로서 1호당 평균 경지면적은 1.12정보였다. 이것을 자소작별로 보면 농가 호수에서는 자작농이 13.8퍼센트, 자소작농이 34.6퍼센트, 소작농이 48.9퍼센트, 기타 화전민 및 피고용자가 2.7퍼센트를 각각 점하고 있었다. 그리고 경작지 면적에서는 자작지가 37퍼센트, 소작지가 63퍼센트로 되어 있어 소작농 및 소작지가 압도적인 비중을 자치하고 있었다.

한편 1945년 말의 소작농과 소작지의 전체에 대한 비율이 1942년의 그 것을 상회하고 있다. 이 같은 사실은 패전 직전에 일본이 식민지 농업의 수탈을 강화한 결과에 의한 것이다. 또한 이것은 소작제가 땅이 비옥한 남한의 답지대에 집중적으로 이루어졌었는데 남북 분단 후 남한만을 조사한 통계에 의한 결과로 그렇게 많아졌던 것이다.

여하튼 해방 직후 한국의 농지 소유제는 식민지 시대의 지주·소작농 관계를 그대로 답습하고 있었다.[31] 따라서 농지개혁은 해방의 제일 중요한 과제였으며 나아가서 그것을 보다 강력하게 요구하게 되었던 것이라고 할 수 있다. 즉 국내에서는 농지개혁의 구체적인 방법에 대하여 각 정당 및 사회단체 간에 여러 가지 주장이 대립하여[32] 정치적인 문제로 등장했다.

이와 같은 상황에서 미군정청은 1946년 2월 농지개혁에 관한 기본 정책 수립에 착수했다. 먼저 미군정청은 종래의 일본인 재산을 군정청의 특수 기관으로 설립한 신한공사에 귀속시키고 귀속 농지만의 처분을 중심으로 한 농지개혁안을 구상했다. 그리고 1947년에는 임시로 수립된 과도정부 입법의원과 함께 한국에서의 전면적인 농지개혁에 관한 예비회의를 행하여 개혁에 대한 적극적인 태도를 보이기 시작했다. 동년 5월 동 입법의원도 한국토지개혁법안의 기초에 겨우 착수했으나 다수 의원의 소극적인 태

표 1 해방 전후의 경영 형태별 농가 호수 (단위: 1,000호, %)

연도	자작농	자소작농	소작농	기타	계
1943	536	846	1,481	183	3,046
	17.6	27.8	48.6	6.0	100.0
1944	277	692	981	43	1,992
	13.9	34.7	49.2	2.2	100.0
1945	285	716	1,010	55	2,065
	13.8	34.6	48.9	2.7	100.0
1946	337	810	924	66	2,137
	15.8	37.9	43.2	3.1	100.0

자료: 조선은행 조사부, 『조선경제연감』, 1948, pp. 28~29.
※ ① 기타에는 순 화전민과 피고용자가 포함되어 있다.
※ ② 1944년 이후의 숫자는 남한만의 것이다.

표 2 1942년과 1945년의 자소작별 경지면적 (단위: 1,000정보, %)

연도		자작지	소작지	계
1942	답	567	1,200	1,767
		(32)	(68)	(100)
	전	1,299	1,410	2,709
		(48)	(52)	(100)
	계	1,866	2,610	4,476
		(42)	(58)	(100)
1945	답	390	890	1,280
		(30)	(70)	(100)
	전	460	580	1,040
		(44)	(56)	(100)
	계	850	1,470	2,320
		(37)	(63)	(100)

자료: 조선은행 조사부, 『조선경제연감』, 1948, pp. 27~36.
※ 1942년의 면적은 남북한의 합계이고 1945년의 경우는 남한만의 것이다.

도 때문에 성안마저 하지 못했다. 따라서 미군정청은 동년 9월 스스로 한국토지개혁법 초안을 작성하고 이 안을 중심으로 입법의원 산업노동위원회의 안을 참고로 하여 4차에 걸친 수정을 행했다. 그리고 동년 12월 19일 이 안을 입법의원의 동 위원회에서 통과시켜 12월 23일 입법의원 본회의에 상정시켰다.

농지개혁의 한계성

이 한국토지개혁법안은 요컨대 '유상몰수 유상분배'의 원칙에 입각한 것이며, 한국 정부가 수립된 후 농지개혁법의 원형이 되었다. 그러나 처음으로 성안된 이 토지개혁법안은 입법의원에 상정되었지만, 농지개혁은 한국 정부가 수립된 후 자주적으로 실시하여야 한다는 구실로써 본회의가 유회되었기 때문에 미군정청이 모처럼 구상했던 개혁법안은 무산되고 전면적인 토지개혁은 실시되지 못했다.[33]

따라서 한국에서 농지개혁은, 그 최후의 유일한 방법으로서 종래 일본인 소유지였던 귀속 농지만의 개혁으로 되지 않을 수 없었다. 전면적인 농지개혁의 법적 조치에 실패한 미군정청으로서는 국내외적인 정세로 보아 부분적인 농지개혁만이라도 실시하지 않을 수 없었다. 따라서 여기서부터 농지개혁의 기본적인 취지와는 다른 방향의 길을 걷기 시작했다. 왜냐하면 당국이 일반 농지를 제외한 신한공사의 소관으로 되어 있는 귀속 농지만의 농지개혁을 결정하고 1948년 3월 22일 군정 법령 제173호 중앙토지행정처 설치령을 공포하여 귀속 농지만의 분배 사업을 착수했기 때문이다.

이와 같은 농지개혁의 변질 과정은 그 나름대로 의의를 가지면서 그 특수성을 나타내게 되었다. 왜냐하면 그 내용은 어쨌든 간에 개혁이 해방 3년이 지난 후에야 겨우 실시되었으며, 또 그것이 부분적인 개혁만으로 되지 않을 수 없었다고 하는 것, 특히 그것마저도 우리 손에 의해서가 아니고 외부 세력에 의해서 겨우 가능하게 되었다고 하는 것, 더욱이 한국인으로 구성된 입법의원이 그것마저도 끈질기게 저지했다고 하는 것 등 세 가지 특성이 있기 때문이다. 이와 같은 사실은 단지 농지개혁에서만이 아니고 해방 후 한국에서 민주화 개혁의 한계성을 나타내는 것이라고도 볼 수 있다.

이상과 같이 한국에서는 부분적인 농지개혁만이 겨우 실시되었으나 일본에서는 농지개혁이 빠르게도 1945년 11월 22일 각의에서 결정되었고 제89의회에 그 법안인 농지조정개정법률안(農地調整改正法律案)이 제출되었다. 이미 전쟁 중에 선출된 의원으로 구성된 의회였던 만큼 이것에 대한 반대가 없었던 것은 아니었으나, 곧 맥아더 총사령관의 농민해방지령이 발표되었기 때문에 의회도 정부의 원안에 다소 수정을 가하여 12월 28일 이 법률안을 성립시켰던 것이다. 이것이 소위 제1차 농지개혁안이며 그 개요는 다음과 같다.[34]

① 부재지주가 소유하고 있었던 소작지, 재촌(在村)지주가 소유하고 있었던 소작지 중에서 평균 5정보를 초과하는 부분(추계 약 100만 정보)을 5개년간에 소작인의 희망에 따라 개방한다. ② 물납소작료를 금납으로 한다. 환산의 기준은 쌀 1석은 75원(圓), 대맥 1석은 24원 30전으로 한다. ③ 소작지의 몰수는 시정촌농지위원회(市町村農地委員會)의 승인을 요하는 것으로 하고 그 승인의 요건을 엄중히 제한한다. ④ 지주, 자작, 소작 각 5명의 계층별로 선출된 위원과 지사가 임명한 3명의 중립위원으로 구성하는 시정촌농지위원회를 조직하고 여기에 광범한 권한을 부여한다. 요컨대 자작농 창설 사업의 확대, 소작료의 금납 저율화, 소작권의 강화 등이 그 주요 내용인 것이다. 그러나 이 안은 아주 불철저한 것이라고 하여 사령부가 승인하지 않았고 보다 철저한 안을 만들 것을 일본 정부에 명령했다.[35]

이같이 일본의 농지개혁안은 일본 정부 자신에 의하여 착수되었고 여기에 미점령군의 점령 정책의 목표가 추가되어 구체화되었다. 여기서 우리가 강조하지 않으면 안 될 것은 개혁의 주도권을 일본 자신이 가지고 있었다고 하는 것은 물론이고, 그것보다도 더욱 주목할 것은 이러한 주도권을 가능하게 만든 일본 국내의 경제적인 요인이다. 즉 일본 자본주의의 발전에 따라 이미 농지개혁을 반대할 수 있는 지주 세력이 점차 약해졌다고 하는 사실이다.

다시 말하면 앞에서도 지적했던 바와 같이 독점 자본주의 단계에 들어와서 일본은 이미 자작농을 중심으로 한 중농(中農) 표준화 경향이 나타났고 이것은 곧 농지개혁을 실시한 결과와 거의 동일한 경향을 보였던 것이다. 요컨대 일본의 경우 농지개혁이 전후에 갑자기 나타난 것이 아니고 전전으로부터 개혁에 대한 움직임이 있었기에 일본 정부의 독자적인 개혁안이 가능하게 되었으며, 나아가서 패전 전에 대지주가 거의 없어졌기 때문에 개혁에 대한 반대가 약했다고 하지 않으면 안 된다. 더욱이 일본 국내에서 정치권력과 개혁의 관계를 보면, 일본은 1931년 만주사변 이후에 중화학 공업이 급격히 발전함에 따라 독점 자본의 거대화와 더불어 농업 부문이 상대적으로 저하되었기 때문에 농업에 대한 강력한 정책을 실시할 수가 있었다.

다시 말하면 농지개혁에 도달하기까지 장기간에 걸쳐 그것에 접근하려는 전사(前史)가 있었다고 하는 사실을 잊어서는 안 된다. 법률에 의하여 지주·소작농 관계를 조정하려는 많은 소작 입법이 있었던 것이다. 즉 이미 1884년 '흥업 의견'(興業意見) 중에서 "소작 조령을 발포할 것"이라고 하는 항목이 있었다. 그리고 1887년에는 농상무성(農商務省)에서 소작 조령 초안을 작성했고, 1921년에는 소작 법안을 작성했다. 또한 1937년에는 자작농 창설유지보조조성규칙(自作農創設維持補助助成規則) 및 농지 조성법에 입각한 자작농 창설이라고 하는 적극적인 농지 정책을 전개했고, 1939년에는 소작료 통제령을 발포하여 지주·소작농 관계의 대립을 완화했던 것이다.[36]

그러나 한국의 경우에는 농지개혁에 도달할 때까지 이것에 접근하려는 긴 전사가 없었다. 그리고 귀속 농지의 분배가 일본의 제1차 개혁안과 대동소이한 내용을 지니고 있는 것이었지만 그 안이 일본보다 아주 늦게 성안되었던 것, 그것마저도 자주적으로 한 것이 아니란 것 등이 다른 점이다. 이렇게 한국은 그 자본주의 발전의 미숙 때문에 농지개혁이 성숙되지 못했고 특히 식민지 지배로 말미암아 그 개혁이 방해되어 왔던 것이다. 즉 지주·소작농 관계의 철저화에 따른 소작농의 빈곤이 농지개혁의 객관적인 필연성을 강하게 하면서도 그것이 식민지 정책으로 말미암아 저지되어 왔기 때문에 해방 후로 미루어졌던 것이다.

하여튼 해방 후 미군정하의 한국은 자본주의가 충분히 발전되지 못했기 때문에, 제2, 3차 산업의 자본가로서 국내 지배 계층이 거의 없었다. 지배 계층이 있었다고 한다면 그것은 거의 전부 농업에서 지주 계급이었기 때문에 해방 후 구성된 입법의원도 그 영향을 받지 않을 수 없었다. 일본에서는 대지주가 이미 없어졌으나, 한국에서는 대지주의 정치적 발언권이 계속 강하게 작용했다고 할 수 있다. 이같이 양국에서는 자본주의 발전 단계의 차이에 따라서 농지개혁 과정이 서로 다른 방향으로 추진되었다고 볼 수 있다.

그러면 여기에서 귀속 농지만의 분배라고 하는 부분적인 개혁 내용에 대하여 구체적으로 살펴보기로 하자. 먼저 농지개혁의 대상이 되었던 신한공사의 귀속 농지에 대하여 살펴볼 필요가 있다. 귀속 농지는 1945년 10월 5일 군정 법령 제9호에 의하여 소작료를 3·1제로 한 지주·소작농 관계하에서 신한공사가 잠정적으로 관리하고 있었다. 신한공사의 연간 수입은 약 15억 원이었으며 그중 소작료 수입이 약 13억 6천만 원으로 90퍼센트를 차지하고 있었다.[37] 이와 같은 사실을 고려할 때 이 방대한 귀속 농지를 소작인에게 분배한다고 하는 것은 미군정청에 대하여서는 물론이고 당시 농민들에게도 중대한 관심사였을 것이다. 미군정청은 1946년 3월 8일에 "중견 자작농 육성과 일본인 토지의 불하로써 소작농의 3할을 일본인의 착취로부터 해방시킨다"고 하는 성명을 발표하고 귀속 농지의 분배에 착수했다.[38]

귀속 농지는 표 3에 나타난 바와 같이 전체 경지면적의 13.4퍼센트를 차지하고 있고 그 경작 호수는 전체 농가 호수의 27퍼센트를 차지하고 있었다. 한편 이러한 귀속 농지는 한국의 비옥한 답작 지대에 집중되어 있었다. 이것은 곧 식민지 시대의 지주-소작 관계가 지역적으로 편재되어 있었음

표 3   신한공사 관리의 경지면적 및 농가 호수

지점명·도별	농가 호수			경지면적		
	전국	신한공사	%	전국	신한공사	%
서울·경기	280,349(戶)	45,009(戶)	16	396,027(町)	33,648(町)	9
강원	121,897	3,147	4	141,924	1,978	1
대전·충북	133,224	25,040	19	143,434	9,740	7
충남	231,303	72,271	31	230,579	33,634	17
대구·경북	342,718	49,959	15	363,919	20,840	6
부산·경남	292,734	80,271	27	260,367	36,664	14
이리·전북	241,478	104,070	43	240,027	68,271	28
목포·전남	412,774	172,300	42	320,865	75,683	24
합계	2,065,477	554,067	27	2,102,162	282,480	13.4

자료: 山田三郎, 앞의 책, p. 268.

을 보여 주는 것이라고 할 수 있다. 예를 들면 전라북도의 경우 전체 농가 호수의 43퍼센트, 그리고 전체 경지면적의 28퍼센트를 귀속 농가와 귀속 농지가 차지하고 있었다.

해방 직전에 일본인이 소유하고 있었던 농지 면적에 대한 통계 숫자는 극히 유동적이다. 왜냐하면 패전 직전 전국(戰局)이 급변하여 감에 따라 내밀히 일본인의 토지 처분이 성행했기 때문에 많은 부분의 소작지가 해방 직전에 이미 일본인으로부터 떨어져 나왔던 것이다. 따라서 위의 숫자는 식민지 시대에 조사한 소작지보다 어느 정도 적게 나타난 것이라고 할 수 있다. 여하튼 귀속 농지의 면적은 답·전 합하여 전부 약 40만 정보로 추산되었으며, 그중에서 남한만의 것이 약 25만 정보 내지 30만 정보로 추산되었다.[39] 표 3의 통계 숫자도 이에 근사한 숫자다.

그러면 귀속 농지 분배에서 지가에 대하여 살펴보기로 하자. 농지 가격의 사정은 그 농지의 1년간 생산물의 3배로 한다, 1년간의 생산물이라고 하는 것은 그 농지의 생산력 표준과 종래의 생산 실적에 의하여 결정한다, 지가의 지불 방법은 1년간 생산량의 20퍼센트씩 15년간 현물 상환으로 한다 등의 내용으로 된 분배 방법은 전에 입법의원에 상정되었다가 유회로 성립되지 못한 농지개혁안, 즉 유상몰수 유상분배안과 거의 같은 내용의 것이었다.

이러한 귀속 농지의 분배는 결국 전체 농지의 11.6퍼센트에 지나지 않았기 때문에 부분적인 농지개혁을 실시한 것에 지나지 않지만 그 나름대로 의의가 있다고 하는 것은 부정할 수 없다. 앞에서도 언급했지만 농지개혁의 원형이 되었기 때문이다. 또한 1910년 일본에 의하여 근대적 토지 소유 제도가 확립되고 지주적 토지 소유제에 의한 식민지적 수탈이 강행된 이래 이것이 처음 있었던 민주적 토지 소유제의 시도라고 할 수 있기 때문이다.

한국에서 제1차 개혁이라고 할 수 있는 귀속 농지민의 분배로 시작된 이 농지개혁은 표 4에서 알 수 있는 바와 같이 산림은 물론이고 부지(敷地) 3,343정보, 과수원 5,617정보, 뽕밭 1,670정보, 기타 1만 3,245정보 등을 제외한 26만 8,619정보, 즉 전체 귀속 농지의 95.1퍼센트를 대상으로 했다. 그러나 분배의 실적은 24만 5,554정보였기 때문에 결국 전체 귀속농지의 86.9퍼센트, 그리고 대상으로 한 농지의 91.4퍼센트가 72만 7,632호의 소작 농민에게 분배되었던 것이다. 이것은 1945년 현재 총경지면적의 겨우 11.6퍼센트, 그리고 당시 소작지의 겨우 16.7퍼센트에 지나지 않는

표 4 귀속 농지 분배 상황 (단위: 1정보)

구분	답	전	계
관 리 면 적	205,988	62,631	268,619
	(100.0)	(100.0)	(100.0)
분 배 면 적	189,518	56,036	245,554
	(92.0)	(89.4)	(91.4)
분 배 건 수	727,632(호)		
지 가 총 액	8,529,070		

자료: 농림부 통계에서 작성.
※ 관리 면적은 1948년 2월 말 현재의 것이다. 분배 면적은 1952년 2월 말 현재의 것이다.

것이다. 따라서 남겨진 대부분의 소작지와 자작지 일부에 대한 농지개혁은 한국 정부가 수립된 후로 넘겨지게 되었던 것이다.

따라서 제1차 농지개혁은 그 내용상의 불철저성은 고사하고라도 극히 일부의 소작지만을 대상으로 한 임기응변적 조치에 지나지 않았던 것이다. 일본의 경우를 보면 제1차 농지개혁안이 극히 불철저한 것이라고 하여 결국은 1946년 5월에 영국안을 골자로 하는 권고안이 만들어졌고 일본정부는 이것에 의하여 입법 조치를 하지 않을 수 없게 되었다. 이렇게 하여 동년 9월의 제90의회에 농조법 개정법안과 자작농 창설 특별조치법안이 성안 제출되고 10월 11일에 이 안이 무수정으로 통과되었던 것이다.[40] 이같이 일본에서는 사령부의 주도권하에서 제2차 개혁안이 패전 약 1년 후에 성립되었다. 따라서 한국의 그것과는 아주 대조적인 것이라고 할 수 있다.

한편 대만의 농지개혁의 경우에는 뒤에서 구체적으로 설명을 하겠지만 민심 안정과 대륙 반공(大陸反攻)이라고 하는 국시하에서 1949년 4월 14일 대만성 사유경지조차방법(臺灣省私有耕地租借方法)의 행정명령으로서 개혁안이 등장했다. 이것은 주로 소작료 제한에 의하여 소작농의 불만을 완화한다고 하는 소위 375감조조례(減租條例)였기 때문에 경작권을 확립하기에는 불충분한 것이었다. 따라서 1951년에는 제1차 개혁이라고도 할 수 있는 공유지 불하가 실시되었고, 2년 후에는 경자유기전조례(耕者有其田條例)에 따라 지주로부터 토지를 몰수하여 소작농에게 매도한다고 하는 제2차 자작농 창설사업이 실시되었다.[41]

이와 같이 대만의 경우에는 농지개혁의 내용은 여하간에 그 과정이 한국과 거의 같은 길을 걸어왔다. 즉 양국 다 같이 일본의 같은 식민지였던 것은 물론이고 해방 후에 먼저 소작료 제한 조치부터 시작했으며, 다음으로 부분적인 농지개혁이 실시되었던 것이다. 그러나 대만의 경우에는 소작료 제한에서나 부분적인 농지개혁에서나 그것이 모두 자주 정부의 손에 의하여 실시되었는데, 유독 한국의 경우에는 그것이 모두 미군정청의 손에 의하여 실시되었던 것이다. 특히 한국에서는 근대적 토지 소유제의 확립마저도 1910년에 총독부의 토지조사 사업에 의하여 지주적 토지 소유제로서 전개되었다. 결국 한국의 경우에는 지주적 토지 소유제와 농민적 토지 소유제가 모두 외부 세력에 의하여 실시되었던 것이다. 요컨대 한국의 농지 개혁이 일본과 대만의 그것과는 다른 조건하에서 실시되었기 때문에 자연히 그 특수성을 지니게 되었고 더욱이 미군정청에 의하여 부분적인 개혁이 이루어졌다고 하는 데에 그 한계성이 있는 것이다.

3 미군정 공업 정책의 전개와 성격

귀속 재산의 접수와 관리

해방 직후 미군정하의 한국 공업은 어떻게 전개되었던가. 이 문제에 대한 해답을 찾기 위해서는 먼저 두 가지 시각에 입각하여 한국 공업의 전개 과정을 관찰하여야 할 것이다.

첫째, 식민지 시대 특히 1930년대의 한국 공업은 군부와 신흥 재벌이 결탁하여 중화학 공업을 급속히 발전시켰고, 대륙 침략을 위한 병참 기지적인 군사 공업으로 발전시킴으로써 변질되었다. 그러나 이것은 지역적 편재 및 공업 상호 간의 비계열화를 가져온 식민지적인 공업에 지나지 않았다. 결국 해방으로 말미암아 이러한 모순이 표면화되었고 더욱이 남북 분단으로 말미암아 그 모순——주로 지역적 편재에 의한 것——이 한층 심화되었던 것이다.

둘째, 미군정청의 대한 정책은 앞에서 살핀 바와 같이 구체적인 준비가 전혀 없는 단지 현상 유지를 위한 잠정 조치에 지나지 않았고, 이러한 현상 유지 정책 속에 대소련 견제라고 하는 기본 전략이 있어 그 범위 내에서 대한 정책이 추진되었다.

이러한 점들 때문에 대한 정책은 일본에 대한 그것과는 다른 특수성을 가지게 되었다. 즉 대일 정책은 같은 민주화 정책이었지만 전술했던 바와 같이 군국주의의 부활을 방지하기 위하여 좀더 적극적으로 실시되었던 것이다. 그러나 한국에 대하여서는 전승국으로서 점령 정책이 있을 수 없었으며, 만일 있었다고 하면 당시 '조선군'의 무장 해제와 한국의 독립을 추진하는 것이 그것이었다고 할 수 있다. 대한 정책은 단지 현상 유지에 급급했고 민주화를 전개하는 데서도 소극적인 방법을 택했던 것이다. 이 때문에 양국에 대한 미점령군의 전후 민주 개혁이 내용 면에서는 대동소이한 것이었음에도 불구하고 성격 면에서는 큰 차이점이 있었다는 것을 전제로 하지 않으면 안 된다. 이러한 점들을 전제로 하고 해방 후 한국 공업에 대하여 살펴보기로 하자.

1945년 미점령군은 진주와 동시에 연합국의 '전후 적산 처리의 기본 원칙'——실물배상주의(實物賠償主義)——에 입각하여 동년 9월 25일 군정 법령 제2호 '패전국 소속 재산의 동결 및 이전 제한의 건'을 공포했다. 이에 따라서 종래 일본인의 모든 재산을 동결하고 그 재산의 매매취득에 관한 권리 행사를 금지했던 것이다. 또한 12월 12일에는 군정 법령 제33호 '재한국(在韓國) 일본인 재산의 권리 귀속에 관한 건'[42]을 공포하고 재산 관리 사무를 개시했다.

이와 같이 미군정청은 한편으로는 귀속 재산을 접수하고 또 한편으로는 그 재산을 관리하는 것에 의해서 해방 후 공업 정책을 전개했다. 이 중에서 귀속 재산의 관리는 관재령(管財令) 제1호 제11조로 관재 행정의 예규를 정함으로써 구체화되었다. 나아가 미군정 법령 제8호 '관방외사과(官房外事課) 및 재산관리과의 설치'에 입각하여 중앙관재기관이 창설되었고, 1946년 4월에는 동 법령 제73호 '도재산관리처(道財産管理處)의 직무 권한에 관한 건'에 입각하여 지방관재기관이 설치되었다.[43] 따라서 일본인 재산은 1946년부터 미군정청의 관리하에 들어갔고 이러한 상황에서 생산 및 유통이 이루어졌다.

식민지 경제의 유산을 단지 과도기적으로 관리한 것에 지나지 않았지만 그 귀속 재산 자체가 막대한 재산이었던 만큼, 또한 그것을 하나의 기관이 총괄적으로 관리하면서 후에 불하했던 만큼 그것이 한국 경제의 방향 설정에 결정적 영향을 미친 요인이 되었다고 하지 않을 수 없다. 그리고 미군정청이 귀속 재산을 관리함에 일부 무책임한 태도와 소극적인 자세 때문에 그것은 단지 보존되는 데 그쳤고, 더욱이 해방 직후 사회적 대혼란이 작용하여 모든 공업 생산은 격감하기 시작했다. 이런 현상은 식민지적 유산의 당연한 결과로써 나타난 것이며, 미군정청의 귀속 재산의 접수 및 관리만으로는 도저히 해결할 수 없는 성질의 것이라고도 할 것이다.

그리하여 미군정청은 1948년 7월 12일 군정 법령 제210호 '일본 정부에 의하여 적산으로 동결된 재산의 해제'에 입각하여 연합국민의 재산을 반환하는 것을 계기로 하여 귀속 재산의 불하를 개시했다. 미군정청은 우선 재산소청위원회를 설치하고 한국인의 사유재산임을 확인하는 업무를 시작했다. 이러한 과정을 거쳐서 미군정청은 귀속 재산의 불하를 개시했으며 그 실적은 표 5와 같다.

표 5 　　　　　　　　미군정 시대와 귀속 재산 불하 실적

구분	건수	계약고(원)
기업체	513	8,476,859
부동산	839	5,214,679
기타	916	2,823,267
계	2,268	16,514,805

자료: 재무부, 「재정금융의 회고」, 『건국10주년업적』, 1958, p. 121.

이와 같이 미군정청은 공업에 대한 점령 정책에서 제1단계라고 할 수 있는 귀속 재산의 접수 및 관리로부터 제2단계로 넘어가 귀속 재산의 불하를 착수했지만 그것은 일관성이 없는 정책이었다. 다시 말해 미군정의 공업 정책은 농업 정책——주로 귀속 농지 분배——과는 다른 의미의 민주화라고 하지 않을 수 없다. 소작 농민에게 농지를 제공한다고 하는 지주적 토지 소유제의 해체가 민주화 정책이라고 하는 데 대해서는 누구도 부정할 수 없다. 그러나 공업에서 거대한 기업을 연고주의[44)]에 입각하여 개인에게 시가보다도 아주 낮은 가격으로 더욱이 그것도 장기 연부라고 하는

아주 유리한 조건으로 불하한 것이다. 따라서 그것이 공업의 민주화 정책이라고 하기는 어렵다. 즉 해방 후에 동일한 식민지 유산인 농업과 공업에서 귀속 재산이 서로 다른 방향으로 처리되었다는 것이다.

그러나 이러한 농공 간의 모순된 정책만을 강조함으로써 전체적인 방향을 간과해서는 안 될 것이다. 전술했던 바와 같이 농업의 경우에는 귀속 농지의 분배가 당시로서는 식량을 증산하는 데 유일한 방법이었고 이것이 반공 체제의 방편이 되었다고 할 수 있다. 동시에 공업의 경우에는 당시로서는 생산의 증대가 급선무였으나, 소극적인 귀속 재산의 관리만으로는 도저히 증산이 불가능했기 때문에 생산할 수 있는 체제를 준비하지 않으면 안 되었다. 즉 반공 체제를 구축하기 위하여 자유 경제의 확립, 즉 한국 자본주의 경제의 담당자를 만들어 내기 위한 조치로서 귀속 재산의 불하가 추진되었다고 생각할 수 있다. 이렇게 생각할 때 미군정청의 점령 정책에서 부분적으로는 다소 모순이 있었다고 하지만 전체적으로는 일관된 기본 전략이 있었다고 할 수 있다.

이 점에 대하여서는, 미국의 대일 점령 정책, 그중에서도 재벌의 해체 조치와 비교하여 보면 보다 명백히 나타난다. 즉 ① 각 재벌의 본사 및 미쓰이물산(三井物産), 미쓰비시상사(三菱商社)의 양사를 해체하고 기타 재벌계 회사의 보유 주식을 공개하며 지주(持株)를 통한 재벌 지배 기구를 분산할 것. ② 재벌의 지배자였던 일족 및 유력한 관리자층의 지주(持株)를 방출하고 이것을 대중 주주에게 이양함과 동시에 그들이 회사 경영에 관여하는 것을 금지할 것. ③ 집중도가 아주 높은 기업──주로 재벌계 기업──을 몇 개로 분할하여 경제력의 과도한 집중을 배제할 것 등이다.[45] 요컨대 일반적으로 말하면 독점체의 해체 조치와 독점 행위의 금지 조치를 점령군이 명령한 것이다. 이와 같이 일본의 경우에는 재벌이라고 하는 일족 지배적인 폐쇄적 거대 기업 집단을 해체하고 적정 규모의 기업을 재편성한다고 하는 공업에서의 전후 민주화 개혁이 전개되었던 것이다.

이러한 일본의 재벌 해체 조치가 오늘날의 독금법(獨禁法)이나 재벌의 부활 문제와 어떠한 관계가 있는가는 별도로 하더라도, 그것이 전후 일본 자본주의 성숙에 미친 역할은 무시할 수 없다. 왜냐하면 재벌 해체가 단지 독점체 일반의 해체가 아니고 소수 특권적 가족이 경제의 주요 부분을 지배하는 체제가 일본 국내에서의 경제적 불평등을 심화하고 나아가서 이것이 일본의 침략주의를 팽창시켰기 때문에 군국주의의 부활을 저지하기 위하여서도, 또는 일본의 민주주의 혁명을 위해서도 불가결한 것이기 때문이다.[46]

이에 반하여 한국에서는 거대 기업의 불하에 의하여 빨리도 재벌이 형성되었다. 더욱이 그 불하가 혈연이나 지연을 중요시한 연고주의에 입각하여 실시되었기 때문에 일족 지배적인 독점체를 공고히 하기 시작했다. 즉 일본에서는 재벌이 해체되고 한국에서는 재벌이 형성된다고 하는 이질적인 전후 민주화 개혁이 전개되었다고 볼 수 있다.

우리는 여기에서 미군정청의 귀속 재산에 대한 정책을 구체적으로 살펴볼 필요가 있다. 한마디로 대한 점령 통치를 실시함에 미군정청은 종래의 총독부를 그대로 두고 이것을 적당히 감독하려고 했기 때문에 귀속 재산의 접수·관리 및 불하도 결국은 식민지적 유산의 연속하에서 행해졌다고 볼 수 있다.

예를 들면 1945년 9월 20일에 성립된 미군정청의 기구·조직은 총독부의 그것을 거의 답습한 것이었다. 당시 엔도 정무총감 및 각 국장이 해임되었다고는 하지만 행정 고문으로서 그대로 남아 있었다.[47] 특히 "모든 법률 및 총독부가 발표하여 법률적 효력을 가진 규칙·명령·고시·기타 문서로서, 1945년 8월 9일까지 실시 중인 것은 그간에 이미 폐지된 것을 제외하고는 미군정청이 특수명령으로 폐지할 때까지 그 효력을 존속시킨다"[48]라고 한 것과 같이 일반 행정도 구총독부 법령으로 실행했다. 단지 이러한 상황에 대하여 한국인이 강력히 반대했기 때문에 9월 12일 아베 총독이 사임되고 그 대신 아널드 소장이 군정 장관으로 취임하고 10월 5일에는 11명의 한국인이 그의 고문으로서 위촉되었던 것뿐이다.

이렇게 제도적으로나 행정적으로 애매한 성격을 띠고 있었던 초기 미군정청에 의하여 귀속 재산에 대한 정책이 시작된 것이다. 다만 국민 생활과 직접적인 관계가 있는 중요 산업 시설 15사에 대하여서만은 미군이 진주하는 즉시 직접 관리하기로 하여 9월 14일부터 접수하기 시작했다.[49] 그러나 중요 산업 시설 15사의 접수 및 관리가 현상 유지라고 하는 미군정청의 기본적인 대한 점령 정책의 범위 내에서 실시되었던 데에 문제점이 있었던 것이다. 이것은 무엇보다도 9월 7일 태평양 미육군 총사령부 포고 제3호 '통화'(通貨) 제1조 「한국의 주민에게 고함」[50]에서의 통화 정책을 변경한 내용을 보면 바로 알 수 있다.

즉 「태평양 미육군 총사령관의 명으로 포고함」의 제3호 제1조에서 "미 군표를 발행하여 법화(法貨)로서 통용시킨다"고 포고했음에도 불구하고, 9월 16일 미점령군은 아널드 군정 장관의 명으로 "미 군표는 사용하지 않는다. 통화는 조선은행권만으로 한다. 단지 50전 이하의 일본은행 보조화(50전, 10전, 5전)의 사용은 허가한다"는 내용을 발표했다. 이와 같은 조치는 말할 필요도 없이 당시 최소한의 변화로 현상을 그대로 유지하려는 방침에서 유래한 것이었다고 할 수 있다.

그러나 이러한 조치는 해방 전후 조선총독부의 악성 인플레 정책을 그대로 인정하게 되는 결과를 가져왔다. 특히 총독부가 해방 직후—8월 15일부터 9월 7일까지—조선은행권을 남발한 행위를 승인하게 되었기 때문에 그것은 결국 당시 악성 인플레의 책임 소재를 애매하게 만들었던 것이다.

미점령군의 현상 유지 정책은 어디까지나 잠정적인 것이었으며 단지 안정을 제일로 하려는 기본 방침의 한 수단에 지나지 않았다. 그러나 문제는 그 수단에 의하여 식민지 체제 및 일부의 무책임한 귀속 재산 관리가 정당화되었다는 데 있다. 예를 들면 미점령군의 진주와 동시에 제일 먼저 행해진 조선은행의 접수 작업에서는 단지 보관하고 있었던 지금(地金)·은(銀, 300만 원)에 대하여 장부를 조회하는 정도에 그치고 말았다. 그리고 조선은행권의 발행 제도, 특히 조선은행권의 발행 준비로서 금·은·지금 이외에 일본은행권으로 대체했던 것에 대해서도, 또는 대출 방법, 인플레 대책

등에 대하여 단지 간단한 질문이 있었던 정도였다.51)

이 같은 처사는 적산을 접수하는 것이라고 하기보다는 차라리 상관이 업무의 사정을 청취하는 방법이라고 할 수 있다. 더욱이 미점령군의 대한 점령 정책의 기본 방침인 포고의 실시가 "조선은행권은 긴 역사를 가지고 있는 통화이며 만일 군표를 발행하면 당연히 군표와 조선은행권의 교환 비율이 발생하여 혼란하게 되므로 조선은행권만을 사용하는 것이 좋다고 생각한다"52)고 한 호시노(星野) 조선은행 부총재의 의견을 받아들여 갑자기 통화 정책을 변경하고 말았다. 즉 미점령군은 준비하여 온 미 군표(약 3억 5천만 달러)를 조선은행의 금고 속에 넣고 사용하지 않기로 하고 조선은행권만 통화로서 인정했던 것이다.

이렇게 하여 9월 30일 조선은행은 그 역사 덕택으로 미군정청의 사실상의 중앙은행으로 되었고, 국내의 9개 지점을 그 관리하에 두었던 것이다. 그리고 10월에 들어와서야 다른 은행, 즉 조선식산은행을 비롯하여 조선상업은행, 조선저축은행, 조선금융조합연합회, 조선무진주식회사 등이 접수되었지만, 일부 일본인 이사가 그대로 유임된 예도 있었다. 한편 일본의 각 은행, 즉 미쓰와(三和)은행, 데이고쿠(帝國)은행, 야스다(安田)은행 등의 한국 지점은 겨우 12월에 들어와서야 접수되었던 것이다.

미군정청이 금융기관을 접수했다고는 하지만, 조선은행권을 법화로서 인정한 것이나 그 접수 시기가 늦었다고 하는 것, 또한 일본인 이사가 유임된 것 등으로 인하여 해방 직후 통화 남발로 인한 악성 인플레의 책임이 모호해졌다는 데에도 문제점이 있다. 예를 들면 총독부의 각 국이 아베 총독의 지시에 따라 통화 남발을 조장하고 돈은 고급 관리들 사이에 분배되었으며 '우호적'인 한국인의 매수를 통하여 쌀, 기타 재화로 바꾸어 일본행 밀수선에 선적되었던 것이다.53)

1943년 현재, 한국 원화의 유통량은 10억 원 이했으나, 전쟁 말기에는 4배 이상으로 늘어났고, 1945년 9월까지는 8배 이상으로 격증했다. 특히 해방 직후 1개월간에 유통 지폐가 무려 2배 이상으로 증가했다. 미점령군이 일본에서는 악성 인플레를 방지하기 위하여 노력하고 있었으나 이와는 반대로 당시 한국에서는 그 노력은 고사하고 오히려 대륙에서 일본인이 약탈한 수십 억 원에 달하는 통화——조선은행권, 대만은행권, 요코하마정은행권(橫浜正銀行券), 일본은행권 등——의 덤핑 시장이 되고 말았다.[54] 해방 전에도 이미 소련의 대일 참전에 따라 전황이 급변했기 때문에 만주로부터 거액의 송금이 이루어졌고 국내 일본인이 은행에서 대규모로 예금을 인출했기 때문에 해방 직전에 이미 놀랄 만한 통화 팽창이 이루어졌으며 총독부 수뇌의 고의적인 통화 방출이 자행되었다.[55]

요컨대 「한국의 주민에게 고함」이라고 하는 세 가지 포고가 발포되었음에도 불구하고 경제에 관한 조치에 시기가 명기되어 있지 않았고 또한 재정에 관한 포고가 없었던 것을 총독부가 고의적으로 이용했던 것이다. 바꾸어 말하면 미군정청이 대한 경제 정책에 관한 구체적인 방침을 가지고 있지 않았기 때문에 시행착오만을 반복했고 현상 유지마저도 잘되지 못했던 것이라고 할 수 있다.

한편 미점령군의 포고 제1호 및 제3호에 대한 법적인 해석에서 총독부는 그 애매한 점을 잘 이용하여 귀속 재산을 접수하기 이전에 이미 대부분의 동산을 처분했다. 그리고 부동산의 경우에도 중요 산업 시설 이외의 것은 미점령군이 도착하기 전후에 처분했다. 더욱이 미군정 법령 제33호 '재한국 일본인 재산의 권리 귀속에 관한 건'의 효력이 12월 12일로서 발효되기 이전에 이미 뇌물과 불법행위 그리고 문서위조 등을 자행하여 소유권을 양도한 것도 많았다. 이러한 점에서 미점령군의 귀속 재산 접수 및 관리가 해방 후 민주화 개혁의 시작이라고는 하지만 초기에는 단지 귀속 재산의 소유권을 형식적으로 이전하는 데 그치고 만 조치라고 할 수 있다.

그리고 태평양 미육군 총사령관의 포고 제1호 「한국의 주민에게 고함」은 제4조에서 "주민의 소유권은 이것을 존중함"이라고 명기(明記)했다.[56] 이 점에 관하여 9월 11일 하지 사령관은 총독부의 수뇌에 대하여, 그리고 아널드 군정 장관은 9월 16일 호즈미(穗積) 서울 일본인세화회(日本人世

話會) 회장과 회견하는 자리에서 이 포고의 "한국의 주민에는 일본인도 포함된다"라고 언명했다. 이와 같은 미점령군의 견해는 말할 필요도 없이 구체적인 대한 점령 정책이 준비될 때까지의 잠정적인 것이지만 이 포고의 법적 근거만을 강조한 일본인들은 재산의 소유권을 행사하려고 반동적인 행위를 일삼았던 것이다.

특히 진주 직후 미점령군은 중요 산업 시설만을 접수하여 직접 관리하고 일반의 일본인 재산에 대해서는 어떠한 조치도 취하지 않았다. 따라서 법적으로는 일단 그것이 일본인들의 재산이 될지 모르지만 그렇다고 해서 그것을 일본인 마음대로 처분할 수 있다는 법적 근거는 없는 것이다. 그렇다고 미점령군은 일본인의 시설이나 재산을 한국인이 마음대로 점유하는 것을 법적으로 허가하지도 않았기 때문에 일본인이 재산권을 주장할 때, 될 수 있는 대로 그 재산권을 보호하려 했지만, 이것도 앞에서와 같이 잠정적인 조치에 지나지 않은 것이다.

한국인의 점유 행위나 그 소유권을 인정하지 않고 일본인의 재산권을 보호했다고 해서 그 기득권을 인정한 것은 아니다. 이것은 단지 한국에서 유일 합법적인 정치권력이 미점령군에 있다고 하는 것을 보여 주는 것에 지나지 않는다. 여기에서 문제가 되는 것은 재산 소유권의 소재가 아니고 종래의 식민지 체제 위에서 군림하려고 한 미점령군의 정치적인 자세가 그것이며, 이것을 될 수 있는 한 충분히 이용하려고 한 총독부라고 하는 식민지 권력의 최후 발버둥질이 그것이라고 할 수 있다. 그리고 이러한 발버둥질이 해방에 따른 식민지적 유산의 단절보다는 그 연속을 가져온 요인으로서 강력히 작용했다고 하는 점이다. 이러한 환경 속에서 귀속 재산의 접수 및 관리 그리고 불하가 행해졌던 것이다.

귀속 재산의 운영과 공업화

미점령군은 진주 직후, 소위 '포고 통치'를 기초로 했고 9월 20일에는 미군정청을 설립하고 동시에 구체적인 정책을 실시하기 시작했다. 특히 문제가 되었던 일본인 재산에 대하여 미군정청은 그 정책 방침을 명백히 했다. 즉 미군정청은 법령 제2호 '적산에 관한 건'을 공포하고[57] 적산의 양도 수속에 관한 사항을 발표했다. 이에 따라서 식민지 체제의 해체 그리고 민주화 개혁에 대한 윤곽이 다소 명백해졌다. 그 내용은 요컨대 종래 일본인의 모든 재산을 동결하고 그 매매 및 처분에서 미군정청의 법령에 따라야 한다는 것이었다. 즉 종래의 국공유 재산의 처분이 8월 9일 이후 금지되었고, 일본인의 사유 재산 매매에서도 특정한 수속에 의하지 않으면 안 된다고 하는 것이 명시되었다. 더욱이 9월 28일에는 "일본 육해군의 재산은 미국의 소유에 귀속된다"라고 하는 것을 천명했고, "미국 또는 연합국의 승인을 받은 자만이 해당 재산을 소유할 수 있다"라고 하는 법령 제4호를 발표했다. 이와 같이 하여 미군정청은 일본인 기업 중에서 42개사 공장의 접수를 끝냈다고 10월 9일 아널드 군정 장관 명의로 밝혔다.

그리고 10월 11일 미군정청은 일본인 재산의 양도에 대해서, 한국인이 일본인 재산을 구입하는 것은 허가하지만 그 매매는 9월 25일부의 미군정 법령 제2호에 의하여야 한다고 하는 것을 내용으로 한 '일본인 재산 양도 수속'을 발표했다. 즉 아널드 군정 장관은 다음과 같이 언명했다. "현재 50만 일본인이 귀국을 희망하고 있으나 이들 일본인들의 재산 매매는 법령 제2호 제3조에 의하지 않으면 안 된다. 만일 일본인의 재산 매매가 완료되지 않았을 경우에는 미군정청이 이를 접수한다." 또한 "적국 소유 재산은 미군정청이 접수하고 그것을 적당한 한국인에게 관리시킨다"고 했다.

이상과 같은 사실로서도 알 수 있는 바와 같이 그것은 미군정청이 귀속 재산의 접수 및 관리 방법에 대하여 처음으로 밝힌 구체적인 방침이었지만, 그것이 결국은 일본인 재산의 개인적인 매매 행위를 암암리에 조장하게 된 것이라고 볼 수 있다. 왜냐하면 당시 일본인 재산의 매매를 둘러싸고 한편에서 소위 '우호적'인 한국인들 사이에 연고권 주장이 치열해졌고, 또 한편에서는 일본인의 경우 총독부의 합법성이 다소 인정되었기 때문에 패전의 의미를 망각한 반동적 행위, 즉 자기 재산의 일시적인 관리자를 정하려고 하는 행위가 일어났기 때문이다.

그러나 10월 23일 미군정청이 '일본인 재산의 양도에 관한 제1항'을 발표했기 때문에 일본인 재산의 소유권 문제가 명백히 정하여지게 되었다. 즉 "총독부가 소유하고 있었던 재산은 미군정청의 재산으로 한다. 따라서 미군정청 이외의 자가 이 재산을 사용 및 관리하는 것은 위법이다. 어떠한 자를 막론하고 불법으로 취득한 재산을 사용하고 있는 자는 그 사실을 당해 재산 소재지에 가까운 미군정청 관리에게 신고하고 재산의 관리를 미군정청 관리에게 이양하지 않으면 안 된다"라고 명기했다.

특히 일본인의 사유 재산을 취득하는 데 대해서는 다음 세 가지 점을 명백히 했다. ① 한국인은 일본인의 사유 재산을 합법적으로 구입할 수 있다. 다만 미군정청이 제정한 약간의 규정에 따르지 않으면 안 된다. ② 일본인의 사유 재산을 구입할 때는 적당한 가격을 지불하지 않으면 안 된다. ③ 일본인의 사유 재산에 대한 지불금은 근처의 은행 또는 우편국에서 미군정청 재산 관리관의 구좌에 예입하지 않으면 안 된다.[58] 또한 "한국인이 개개의 일본인이 소유하고 있는 주택, 재고 상품, 토지 등을 구입 대차할 때는 일반명령 제3조의 규정에 따라 세 가지 수속을 하지 않으면 안 된다"고 하는 '일본인 재산의 양도에 관한 제3항'을 발표했다.[59]

그외에 10월 30일에는 일본인이 소유하고 있던 토지·건물, 기업 재산, 공장, 광산 등의 대규모 재산의 양도에 관한 규정으로서 '일본인 재산의 양도에 관한 제4항'을 발표했다. 이렇게 하여 종래 일본인의 모든 재산이 미군정청에 의하여 접수·관리되게 되었다. 그러나 접수·관리라고는 하지만 중요 산업 시설을 제외한 일본인의 사유 재산은 매매 행위를 통하여 양도되었고 그것이 법적으로 그대로 인정되었다. 여기에서 우리가 주목하지 않으면 안 될 것은 법령에 의하여 매매 수속을 취한 것은 그렇다고 하고 당시 통화가 종래의 조선은행권이었기 때문에 법령에 따라 계좌에 예치하지 않고 그대로 현금 거래된 것이 적지 않았다고 하는 사실인 것이다.

이러한 사실은 귀속 재산을 접수·관리·불하한다고 하는 공업에서의 점령 정책이, 귀속 농지 분배라고 하는 농업에서의 점령 정책보다는 훨씬 미온적이며 불철저한 개혁이었다고 하는 것을 입증하고 있다. 즉 농지 분배에서는 미군정청이 직접 개입하여 전부를 무상몰수하여 유상으로 분배했다. 그러나 농지 이외의 일본인 재산의 경우에는 앞에서 설명했던 바와 같이 간접적인 개입에 지나지 않았고, 사실상 매매 행위에 의하여 소유권이 이전되었다. 다시 말하면 국가의 수입과는 관계없이 당사자들 간의 현금 거래에 의하여 귀속 재산이 처리되었다고 할 수 있다. 여하튼 공업에서의 점령 정책은 식민지적 유산을 강하게 남겼다고 할 수 있다.

특히 일본 정부는 11월 20일 미점령군 사령부에 대하여 '한국 재류 일본인의 생명·재산의 보호'에 관하여 정식으로 요청까지 했다. 즉 "한국 재류 희망의 일본인의 안주를 가능하게 하여 줄 것은 물론 일반 일본인의 생명과 재산을 보호함에 있어서 미군정청의 호의적인 배려를 도모할 수 있게 귀사령관의 알선을 요망한다"고 하면서 세 가지 요망 사항을 제출했다.[60] 이러한 요청 행위는 일본이 무조건 항복——내용상으로는 조건부 항복——했음에도 불구하고 과거 식민지 지배국으로서 성격을 그대로 드러낸 행위와 이것을 인정하려고 한 미군정청의 소극적인 점령 정책에서 유래된 것이라고 할 수 있다.

예를 들면 미군정청은 처음에는 "가령 적산이라 하여도 그것이 사유 재산이면 존중한다"라고 하는 국제법을 준수한다는 방침에서 국공유 재산만을 접수하고 일본인의 사유 재산의 소유권을 보호했다. 이 때문에 그 사유 재산의 개인적 매매 및 처분을 둘러싸고 부정과 경쟁이 치열해졌고, 나아가서는 일본인의 재산권 주장과 이에 대한 한국인의 반발이 치열해져 당시 사회적 대혼란을 조장했다.

이러한 결과로 미군정청은 일본인의 재산에 대하여 좀더 적극적인 조치를 취하지 않을 수 없었다. 즉 12월 6일에 미군정 법령 제33호를 공포했던 것이다. 그때까지는 일본인의 사유 재산을 보호하고 그 양도 및 매매의 법적 수속마저 인정했는데, 이 법령 제33호에 의하여 그 사유 재산의 소유권을 무효로 하고 양도의 수속마저 무효로 했다. 따라서 그때까지 미군정청이 인정한 매매 계약에 따라 한국인과 거래한 것이 이 법령에 의하여 무효로 되고 말았다.

그것은 그렇다 하더라도 이를 계기로 하여 미군정청은 "일본인의 기업체 및 금융기관을 적당한 한국인 경영자에게 양도하고, 자산은 장래 한국 정부에 이관하며 미군정청이 이를 보관한다"[61])는 방침을 발표하고 귀속 재산의 접수 및 관리에 대한 보다 적극적인 조치를 취하기 시작했다. 그중에서 부동산의 경우, 농지·과수원 및 종래 동양척식주식회사가 소유하고 있었던 전 재산과 동 회사가 관리하고 있었던 법인 재산 등은 모두 신한공사의 관리하에 들어갔고, 주택 및 점포 등은 소재지의 은행 관리로 되었다. 그외에 임야는 미군정청의 농무국 산림과, 어업권은 동 농상국, 문화적 물품은 동 광공국 특허과의 관리하에 들어갔다.

이상과 같이 시행착오를 거쳐서 미군정청의 귀속 재산에 대한 적극적인 접수 및 관리가 비로소 실시되었던 것이다. 그러나 이것은 종래의 식민지 경제 체제를 해체하는 데 근본적인 조치가 되지 못하고 단지 그 체제의 변형적인 잔존을 가져오게 되었다. 이러한 점에서 점령 정책은 그 한계성을 나타냈으며 해방이라고 하는 역사적 발전 속에 식민지성을 강하게 남기게 했다고 할 수 있다.

이상에서 미군정청의 귀속 재산에 대한 접수 및 관리 과정에 관하여 설명했으나 여기에서는 이 과정을 염두에 두고 당시 중요 산업 그중에서도 면 공업과 화학비료 공업의 관리에 대하여 살펴보기로 하자. 여기에서 면 공업과 화학비료 공업만을 제시한 것은 그것이 당시로서는 대표적인 산업이었다고 하는 점에서만이 아니고 식민지 시대는 물론 한국 정부 수립 후에도 그것이 중요한 산업이었기 때문이다. 또한 이들 공업은 농업과 직접적인 관계를 가지고 있었는데 남북 분단에 의하여 이들이 결정적인 타격을 받아 생산이 거의 중단되었기 때문에, 미군정청의 공업 정책에서도 제일 중요한 대상이 되었다. 이 때문에 이들 산업에 대한 정책에서 귀속 재산의 관리 조치만으로는 근본 문제를 해결할 수 없다는 것을 알고, 한편으로 미군정청의 대한 경제 원조라고 하는 점령 정책의 제2단계가 전개되었다.

해방 당시 제조업 부분의 94퍼센트가 일본 자본, 그리고 기술자의 80퍼센트가 일본인이었다. 이러한 상태였기 때문에 해방으로 말미암아 생산이 격감된 것은 당연한 결과라고 할 수 있다. 3년 후인 1948년에 들어와서도 1941년에 비하여 기업체 수는 60퍼센트, 고용자 수는 70퍼센트, 생산액은 83퍼센트가 각각 감소했다. 특히 남북 분단에 의하여 중화학 공업의 북한 편재가 표면화되었기 때문에 한국에 남겨진 중화학 공업은 생산액이 20퍼센트에 지나지 않았고, 전 공업의 생산액도 40퍼센트 정도에 지나지 않았다. 그뿐만 아니라 지하자원의 경우, 남한은 전력이 8퍼센트, 철광이 0.1퍼센트, 석탄이 0.3퍼센트밖에 생산되지 못했다.[62]

그런데 미군정청의 접수·관리의 대상이 되었던 중요 공장——당시 한국의 대공장——은 조선이연(朝鮮理硏) 인천공장, 장항제련소, 삼화제철소, 대한중공업, 조선기계제작소, 지포전기 인천공장, 북삼화학공사 등 약간의 비료 공장과 대부분 면방직 공장이었다. 따라서 미군정청이 중요 산업 시설을 접수하여 관리했다고는 하지만, 그것은 주로 면방직 공장과 화학비료 공장의 접수 및 관리라고 할 수 있다.

먼저 면방직 공장의 접수 및 관리에 대하여 살펴보기로 하자. 면방직 공업에 대하여서도 예외 없이 중요 산업 시설로서 접수하여 미군정청이 임명한 관리자가 직접 관리하게 되었다. 그러나 관리자는 있었지만 일본인 기술자가 전부 귀국했기 때문에 공장 운영이나 조업이 불가능하게 되었고 무엇보다도 기술 습득이나 기술 훈련부터 시작하지 않으면 안 될 상태였다. 이 때문에 일본인 기술자의 귀국 연기를 요청하지 않을 수 없는 곤경에 빠지기도 했다.[63] 이러한 곤경은 면방직 공업에만 국한된 것이 아니고 당시 한국 공업에서 전반적인 현상이었으며 식민지성의 유산이기도 했다. 면방직 공업의 경우 표 6에 나타난 바와 같이 생산 시설의 약 10퍼센트에 지나지 않는 경성방직과 송고실업(松高實業)만이 소위 민족 기업으로서 미군정청의 관리를 면하게 되었고 기타 기업은 전부 접수·관리되어

표 6   1945년 8월 15일 당시의 면 공업

공장별	설치 시설	
	방적기(錘)	직기(臺)
종연방직(광주)	35,104	1,440
〃 (서울)	48,320	1,525
동양방적(인천)	35,088	1,292
〃 (서울)	45,328	1,440
조선방직(부산)	40,000	1,264
경성방직*(서울)	25,600	896
대화방적(창동)	—	150
조선면화(목포)	—	86
송고실업*(개성)	—	130
대일본방직(서울)	—	417
조선제마(인천)	4,480	—
군시방적(대구)	19,928	—
소계	253,848	8,640
소속 불명확	—	—
합계	253,848	8,640

자료: 대한방직협회, 『방협20년사』, p. 130.
*는 비관리 기업체다.

버렸다.

 미군정청은 관리 기업을 재건하기 위하여 1946년 6월 상공부에 면방 공업 운영부를 설치하고 그 부흥을 적극적으로 지원하기 시작했다. 그러나 기술자 부족이나 임명된 관리자의 경영 능력의 부족 때문에 거의 그 성과를 올리지 못했다. 특히 국내의 원면 생산이 급격히 감소되고 스트라이크가 연발하여 기계 설비의 유지마저 어려워졌다. 즉 1946년 말의 생산 규모는 방적기 25만 추, 직기 8,145대에 지나지 않았으며, 생산액에서는 1939년의 40퍼센트 정도에 지나지 않았다.[64]

 미군정청이 면방직 공업을 적극적으로 관리하여 재건하려고 노력했음에도 불구하고, 1946년 말 면방직 공업의 조업률은 38퍼센트로 절반 이하에 그쳤다.[65] 따라서 면방직 공업의 부흥이라고 하는 것이 미군정청의 관리만으로는 어쩔 수 없게 되었기 때문에 한편으로는 귀속 기업체를 불하하고 또 한편으로는 원면의 원조를 시작했던 것이다.

원조의 경우 설비 자금은 말할 것도 없고 운전 자금의 확보마저 불가능한 당시 면방직 공업에 대하여 값싼 원면의 배급이 면 업계의 사활 문제가 되었던 만큼 그 배급을 둘러싼 치열한 경쟁은 극에 달하기도 했다.

따라서 주요 면방직 기업을 중심으로 한 대한방직협회가 1947년 7월에 창립되었고[66] 이 협회가 업계를 대표하여 미군정청 당국과 협조하여 원면의 도입·배급, 그리고 면방직 공업의 부흥 계획에서 중추적인 역할을 하게 되었다. 특히 원면 배급에서는 동 협회가 작성한 배급 시안[67]을 기초로 하여 상공부가 원면을 각 기업에 할당했다. 그 시안이 원면 배급의 기초가 되었다고는 하지만, 사실상 미군정청 당국과 정치적 유착이 강하게 작용했던 것도 부정할 수 없다. 왜냐하면 원면 배급에서 미군정청의 직접적인 관리 기업체가 되었던 동양면화(東洋綿花)가 사전에 원단을 구입·보관하고 다른 각 기업은 동양면화로부터 구입하기로 되어 있었기 때문에 여러 가지 부작용이 생겼다.[68]

미국 점령지 구제 기금(Government Appropriation Relief in Occupied Areas: GARIOA) 원조는 주지하는 바와 같이 점령 지역의 사회 안정을 기하기 위한 구제 원조였으며 주로 당시 악성 인플레를 진정시키기 위한 무상 물자 원조였다. 따라서 이 원조는 먼저 팽창된 통화량을 흡수하는 것이 목적이기 때문에 그 원조 물자를 될 수 있는 한 싼값, 즉 원가와 약간의 수수료만으로 제공했는데 원면의 경우에도 예외는 아니었다. 특히 원조 원면의 대금을 지불할 경우에는 그 원면으로 생산한 제품의 판매 대금으로 충당하고, 또한 대금 지불 기간을 원면 구입 후 3개월 이내라고 하는 유리한 조건이 주어졌다. 이러한 GARIOA 원조에 의한 원면의 도입은 1948년 말까지 6,431표(俵)에 달했다.

이와 같이 유리한 조건이 주어졌기 때문에 미군정청하의 관리 기업이 어느 정도 재건되어 가기 시작했다. 즉 미군정청의 귀속 재산에 대한 접수 관리가 당시의 악조건하에서는 큰 성과를 거두지 못했으나 위와 같은 원조가 제공되었기 때문에 처음으로 공업의 재건이 가능하게 되었다. 이러한 의미에서 미군정청의 점령 정책은 귀속 재산의 접수→관리→불하→원조라고 하는 방향으로 이행되면서 겨우 안정을 찾기 시작했다.

물론 원조의 효과에 대해서는, 그 파급 효과도 문제시하지 않으면 안 된다. 이것은 면방직 공업에만 국한된 문제는 아니지만 특히 원면 원조의 경우는 국산 면의 가격을 훨씬 하회하는 싼 가격——1파운드당 30원——으로 배급되었기 때문에 국내의 면화 생산에 결정적인 타격을 주었다. 원면의 가격을 몇 번이고 개정했지만 인플레를 억제하기 위한 물자 원조로서 원면이 도입되었던 만큼, 그것이 저렴한 가격이었다고 하는 점에서 하등의 변화가 없었다.[69]

다음으로 화학비료 공장의 접수 관리의 경우는 어떠했는지를 살펴보기로 하자. 이것은 화학비료 공장만이 아닌 당시 중화학 공업 전반에 대한 미군정청의 접수·관리의 일환으로서 행해졌다. 주지하는 바와 같이 중화학 공업이라고는 하지만 당시 그것은 거의 화학비료 공업을 뜻하는 것이었다. 그런데 이 화학비료 공업은 해방 전후를 불문하고 한국의 농업 생산과 밀접한 관계를 가지고 있었던 만큼 그 생산의 재개는 미군정 당국으로서도 긴급한 과제였다.

그러나 당시 한국의 화학비료는 생산의 90퍼센트 이상을 차지하고 있었던 흥남질소비료 공장이 북한에 속했기 때문에 극히 소규모 공장에 의하여 겨우 생산되었을 뿐이었다. 즉 한국에는 삼척산업 삼척공장, 조선화학비료 인천공장, 왕자제지 목포공장 등 세 개 공장만이 남아 있었으며 이들 공장의 연생산 능력은 전부 4만 2천 톤으로서 흥남질소비료 공장의 연생산 능력 70만 톤의 6퍼센트에 지나지 않았다.[70] 이와 같은 극소 규모의 화학비료 공장이 귀속 재산으로서 미군정청에 의하여 접수·관리되었던 것이다.

미군정청이 화학비료 공장을 접수하여 관리하고 있었다고는 하지만 당시 사회적 대혼란이나 전력난, 그리고 기술자 부족으로 말미암아 대부분

공장이 휴업 상태에 있었다. 1946년에 들어와서 미군정청의 관리하에 겨우 3,603톤의 비료를 생산했지만 이것은 1935년에서 1944년까지의 10년간 평균 생산 실적 55만 8,134톤의 겨우 0.6퍼센트에 지나지 않았다.[71] 이렇게 해방 전 비료 생산 실적의 1퍼센트도 생산할 수 없었던 원인은 미군정청이 관리를 잘못했던 탓이라고 하기보다는 남북 분단에 의한 것이라고 할 수 있다. 여기에 더하여 일본인 기술자의 귀국에 따라 기술자가 부족하게 된 것도 원인이라고 할 수 있다. 즉 1944년 현재 화학비료 공업을 포함한 전 중화학 공업의 기술자 총 수가 약 2천 명이었는데 그중에서 한국인 기술자는 겨우 12퍼센트에 지나지 않았다.[72] 미군정청의 화학비료 공장 관리에 대한 시비는, 여하튼 비료 부족을 빨리 해결하기 위하여 미군정청은 결국 제일 효과적인 방법인 완제품 원조라고 하는 비료 원조를 실시했던 것이다.

예를 들면 구제 원조인 GARIOA 원조 중에서 비료가 중요 물자로 포함되어서 많은 양이 도입되었다. 1946년에서 1947년에는 31만 톤, 그리고 1948년에는 46만 톤[73]이라고 하는 당시 국내 생산 능력의 약 10배, 그리고 생산 실적의 약 100배의 비료가 도입되었다. 그리고 한국 정부가 수립된 후에도 정부 보유 달러로서 비료를 도입했지만, 이것은 전체의 10퍼센트에 지나지 않았고 대부분을 원조 자금으로 도입했던 것이다. 한편 화학비료 공장의 건설은 1950년대 후반에 겨우 시작되었다. 따라서 미군정청이 화학비료 공장을 접수·관리했다고 하는 것은 결국 국내에서 비료를 생산할 수 있는 토대를 만들었다고 하기보다는 차라리 원조 자금에 의한 비료 도입의 준비 과정이었다고 할 수 있다.

미군정청은 한편으로 원조 물자를 직접 도입하여 국내의 물자 수급을 조절하면서 또 한편으로는 군정 법령 제90호 '경제 통제'에 입각하여 군정 장관의 보좌 기관으로서 중앙경제위원회와 중앙물가행정처를 설치하고 국내의 경제 통제 및 가격 통제를 실시했다.[74] 이와 같은 사실은 종래 귀속 재산의 접수·관리라고 하는 소극적인 정책으로부터 원조와 통제라고 하는 보다 적극적인 2단계 조치의 정책으로 전환한 것을 보여 주는 것이라고 할 수 있다. 바꾸어 말하면 미군정청은 해방이라고 하는 식민 체제의 단절성이 가져온 경제적인 모순을 원조로써 해결하려고 했던 것이다.

이러한 의미에서 원조는 경제 안정의 요인이 되었고 원조가 이 요인으로서 역할을 다하는 한 한국 경제는 안정되어 갈 수 있었던 것이다. 물론 이 원조에 의한 안정에 문제점이 있는 것은 말할 필요도 없다. 국민 생활에 쓰이는 필수품을 원조 물자로 충당하려고 했기 때문에, 국내에서 여러 가지 악조건을 무릅쓰고 생산을 해도, 갈수록 손해를 보게 되어 있었다.[75] 국민 경제라는 입장에서 볼 때, 미군정청의 중요 산업 시설에 대한 관리라고 하는 것이 그 기업의 생산이나 경영을 관리한 것이라기보다는 오히려 그 기업의 보존 관리에만 그쳤다고 할 수 있다. 즉 원조 경제 관리하에서의 관리로는 국내 생산을 가능하게 하는 기능을 처음부터 수행할 수 없었다.

따라서 미군정청은 한편으로 적극적인 원조를 제공하면서도 다른 한편으로는 관리 기업체를 불하하기 시작했다. 이러한 귀속 재산의 불하가 앞에서 설명한 바와 같이 한국 자본주의의 담당자를 만들어 냈다는 역사적인 의의를 지니고 있다. 그러나 그것이 주로 식민지 시대의 연고자—소위 '우호적'인 한국인—와 미군정청 시대의 관리자 등에게 우선적으로 불하되었기 때문에 결국은 귀속 재산의 접수 및 관리 자체가 불하 방향을 결정하게 되었다고도 할 수 있다. 이와 같은 과정을 거쳐서, 즉 귀속 재산의 불하와 원조의 제공이라고 하는 미군정청의 대한 정책에 따라서 한국의 공업화가 시작되었던 것이며 그로 말미암아 빨리 독점화·의존화의 길로 전개되었다고 할 수 있다.

4 미군정 무역 정책의 전개와 성격

미군정 무역의 성격

주지하는 바와 같이 식민지 무역은 한마디로 표현하여 침략 전쟁을 수행하기 위한 역내(域內) 통제 무역이었다. 일본은 전쟁으로 말미암아 제3국과의 무역이 차단되었기 때문에 전쟁 물자를 역내에서 조달하지 않으면 안 되었고 이를 위하여 결국 식민지를 비관세의 약탈 무역 대상지로 삼았다.

이러한 역할을 다하여 온 한국은 해방을 맞이하여 곧 두 가지 문제점에 직면하게 되었다. 첫째, 해방과 동시에 역내 무역이 전면적으로 불가능하게 되었고 그렇다고 이것에 대신하여 제3국과 무역이 바로 전개될 상태도 아니었다. 둘째는, 해방에 따른 국내 경제의 급격한 변화가 대외 관계에 심한 불안을 가져왔다는 점 등이 그것이다.

이 같은 무역에서의 심한 단절성이 당시 국내 경제 불안의 한 요인이 되었기 때문에, 이런 의미에서 무역은 국내 경제를 대외적으로 외측(外側)에서 규정한 것이라고 할 수 있다. 그러나 국내 경제를 대외적으로 나타내는 무역은 당시의 경우 막대한 원조를 도입했기 때문에 그 지위가 상대적으로 저하되어 무역이 국내 경제를 결정적으로 규정할 수 있는 요인이었다고는 볼 수 없다. 다시 말하면 무역 면에서 단절성이 국내 경제의 단절성 ──해방으로 말미암은 것──을 한층 심화했다고는 할 수 없다. 오히려 해방 후 무역이 원조 무역으로 전환됨에 따라 이것에 의하여 일단은 국내 경제가 안정되기 시작했다.

해방 직후 무역은 말할 필요도 없이 미군정청의 점령 정책에 의하여 전개되었지만 점령 초기의 경우 무역에 관한 구체적인 정책은 없었다. 다만 태평양 미육군 총사령부의 포고 제3호 제3조 '통화의 수출입 금지'라고 하는 조항 중에서 "지폐·화폐 및 채권의 수출입을 포함한 대외 금융 거래는 허가가 없는 한 전부 금지한다"라고 규정했을 뿐이다. 물론 이것은 통화에 관한 대외 관계를 금지한 것이지만 넓은 의미에서는 통화의 대외 거래는 무역의 결과로서, 국제 수지상 문제이기 때문에 '허가 없는 무역을 금지한다'고 하는 의미를 내포하고 있다고 할 수 있다. 그러나 당시로서는 이것이 무역 결과로서 대외 금융 거래라고 하기보다는 오히려 출국하는 일본인의 통화 지출과 귀국하는 한국인의 통화 지입을 규제하는 포고였다.

한편 미군정청이 무역 정책을 처음 실시한 것은 1945년 9월 25일 미군정 법령 제2호 '적산에 관한 건'의 공포로부터다. 물론 이것이 구체적인 무역 정책이라고는 할 수 없지만, 그 제1조에서 "수출입 기타의 취급 및 권리, 권력, 특권의 행사는 이 법령에 규정된 것 이외에는 금지한다"고 규정했다. 이에 대하여 생각하여 볼 때 초기 미군정청의 무역 정책은 일단 준비 단계에 있었다고 할 수 있다. 여기에서 규정하고 있는 수출입을 금지한다고 하는 것이 무역 그 자체에 대한 규정이라고 하기보다는 '적산에 관한 건'의 일부로서 취급되었고 따라서 일본인 재산의 접수 및 관리를 할 수 있는 법적 조치의 범위 내에서 무역을 규정했던 것에 지나지 않는다고 볼 수 있다.

그리하여 미군정청의 무역 정책은 무역에 관한 것은 물론, 대외 경제 관계를 일절 금지하는 것으로 시작되었다. 당시 사회적 대혼란 특히 악성 인플레에 의한 광란 물가를 억제하기 위하여는 국내 경제를 통제──주로 가격 통제──하지 않으면 안 되었고 아울러 무역에 대하여서도 통제 정책을 일단 실시하지 않으면 안 되었다. 즉 한편에서는 긴급 물자──주로 식료품──를 수입하기 위하여 미군정청의 관영 무역이 개시되었고 다른 한편에서는 국내의 물자 수급이 균형을 기하기 위하여 민간 무역의 통제가 시작된 것이다.

예를 들면 해방 직후 약 1년간 미군정청이 무역을 통제했다고는 하지만 GARIOA 원조로써 비료나 원면을 도입했고, 식량만 보더라도 1946년에는 17만 7,587톤, 1947년에는 41만 555톤을 도입했다. 이와 같이 당시 무역이 원조를 전제로 한 무역이라고 하는 점을 잊어서는 안 될 것이다.

특히 1946년 5월 15일 미군정청은 한국의 건전한 경제 발전을 기하기 위하여 필요한 물자를 본국──미국──에 청구했으며, 수입품의 대금 결제는 우선 미국 정부가 대불하고 그 해결을 이후로 미룬다[76)]고 한 아널드 군정 정관의 언명과 같이, 미군정하의 한국 무역은 미군정청의 관영 무역으로 전개되었던 것이며 특히 이것은 원조 무역으로서 시작되었다. 또한 원조에 의한 물자는 민간 물자 배급 계획에 의하여 물자영단이 이것을 배급한다고 하는 식으로 되어 있었다. 그리고 당시 미군정청은 일단 관영 무역과 민간 무역으로 나누어 무역 정책을 실시했으나 어디까지나 전자를 중심으로 한 정책이 실시되었음은 말할 필요도 없다.

그러면 1946년 미군정청이 처음으로 무역에 대한 구체적인 방침을 공포한 군정 법령 제39호 대외 무역 규칙에[77] 대하여 검토하여 보기로 하자. 이것의 주요한 내용은 한국과 기타 지역의 화물 및 재산 등의 운수에서 군정 장관 또는 그 대행 기관의 허가를 받지 않으면 안 되며, 그 허가 없이는 일체의 대외 거래 행위를 금지한다고 되어 있었다. 즉 동 법령의 제1항에서는 무역의 허가제를 규정하고 있으며, 제2항에서는 무역업자의 면허제를 규정하고 있다. 그리고 제4항에서는 무역의 지정 항구 및 공항 이외의 입출입을 금지하고 있으며, 제5항에서는 무허가 무역의 처리에 관하여, 제6항에서는 무역 수단에 관하여 규정하고 있다. 결국 대외 무역 규칙에 의하여 허가와 면허를 전제로 한 통제 무역이 전개되었던 것이다.

미군정청은 이상과 같은 법령 제39호를 공포하고 나서부터 무역에 대하여 적극적인 자세를 취하기 시작했다. 그리고 또한 이 법령 제39호를 기초로 하여 동년 7월 4일에는 군정 법령 제93호 외국과의 교역 통제를 공포하여 구체적인 무역 정책을 개시했다. 군정 법령 제93호는 전문 9항목으로 구성되어 있는데 그 주요한 내용은 다음과 같다. 즉 대외 무역은 전부 미군정청의 통제하에 둠과 동시에 허가 없는 일체의 동산 및 부동산은 물론이고 채권의 대외 거래도 제한한다(제1조). 한국에서 개인 또는 정부 및 그 대행 기관의 대외적인 채권·채무 그리고 기타 재산의 소유 혹은 관리에 대한 보고를 의무화한다(제2조)[78] 등이었다.

이러한 미군정청의 통제 무역은 1947년 과도정부 입법의원의 성립에 따라 법령 제149호 대외무역규칙이 공포되었기 때문에 좀더 구체화되었다. 이 법령 제149호에 의하여 군정 법령 제39호 및 제93호가 각각 폐지되고 무역에 관한 법령 및 규칙이 발전적으로 정비되었다. 더욱이 과도정부 상무부는 부령 제1호 외국무역규칙을 공포하여 그전의 제149호를 보완했다. 이러한 일련의 법령 개정 및 폐지를 통하여 통제 무역의 정책 기반이 공고히 되기 시작했다. 특히 외국무역규칙에는 외국 무역을 통제하기 위하여 수입하거나 수출하는 모든 물품에 대하여 면허를 요한다는 무역의

면허제를 규정했다.[79]

이와 같이 미군정 시기 무역은 국내 경제의 안정을 기하기 위한 통제 무역이었다. 더욱이 통제 무역의 초기에는 종래의 일본인 재산의 접수 및 관리라고 하는 초기 점령 정책의 일환으로서만 실시되었으나 후기에는 악성 인플레의 억제라고 하는 국내 경제 안정을 위한 적극적인 통제 무역으로 전환되었다. 즉 이러한 통제 무역을 실시하는 중에서도 원조에 의한 긴급 물자의 도입이 관영 무역으로서 전개되었던 것이다. 따라서 미군정 시기의 무역은 통제 무역이라고는 하지만 사실상 원조 무역의 성격을 강하게 지니고 있었다고 할 수 있다.

이 같은 미군정청의 통제 무역은 1930년대의 식민지 통제 무역과는 그 목적을 달리하고 있다. 주지하는 바와 같이, 일제하 식민지 통제 무역은 침략 전쟁에 필요한 물자를 조달하기 위한 식민지 수탈로서 시작되었다. 따라서 그 결과로서 물가가 폭등했으나 이것을 경제 전반의 통제로서 철저하게 억제했다. 이것과는 대조적으로 미군정청의 통제 무역은 식민지적 유산으로서 생긴 국내 경제의 불안, 그중에서도 특히 광란 물가를 억제하기 위하여 물가 수급의 균형을 유지하려고 했던 통제 무역이었다. 요컨대 미군정청의 통제 무역은 국내 경제의 안정을 기하기 위한 정책 수단으로서 전개되었다. 그런데 미군정청의 대한 점령 정책 중에서 유독 무역에 대하여서만 통제 정책이 실시되었다고 하여 이것이 일견 이질적인 정책으로 보이나, 실제로는 원조 무역이 중심이 되어 있었기 때문에 통제 무역이 당시의 대외 관계를 전반적으로 통제했다고는 할 수 없다.

미군정의 무역 정책

미군정청은 통제 무역을 실시하면서 두 개의 정책 수단, 즉 직접 통제와 간접 통제 방법을 사용했는데 이 중에서도 국내의 경제 안정을 하루빨리 달성하기 위하여 강력한 직접 통제 수단을 많이 활용했다. 즉 무역을 면허제로 한 것이나 물물교환제를 법제화한 것이 그 예다.

먼저 무역의 면허제는 무역업자의 난립을 방지함으로써 무역에 대한 직접 통제 효과를 얻기 위하여 업자의 능력과 자격을 엄격히 심사하고 소정의 조건을 갖춘 자에 한하여 면허증을 발부한 제도였다. 즉 무역의 양을 통제하거나 가격을 통제하는 것보다 더 강력한 조치로서 무역 자체를 제한했던 것이다. 구체적으로는 그것이 상무부령 제1호 외국무역규칙 제4조 '면허의 조건'[80])에 입각하여 실시되었다. 1947년 8월까지 영업 면허증이 교부된 무역업자의 수는 한국인 528명, 중국인 15명에 달했다.[81]) 따라서 이 543명만이 무역을 할 수 있게 되었던 것이다. 그러나 이 제도의 실시가 한편으로 무역을 특권화하는 결과를 가져왔고, 또 한편으로는 면허업자와 정치권력의 유착으로 말미암아 통제 무역을 실시하려는 당초의 의의를 짓밟는 부작용을 발생시켰기 때문에 얼마 가지 못하여 폐지되고 말았다. 이것에 대신하여 등장한 것이 수출입 무역의 허가제다. 이 제도는 법령이나 규칙에 따라 소정의 서류만 제출하면 허가하여 주는 제도로서, 면허제에 비교하면 상당히 자유스러운 제도라고 할 수 있다.

다음으로 물물교환 제도는 무역을 통하여 외국 자본이 잠식하는 것을 방지하려는 목적으로 채택된 무역 방법이다. 이 방법은 미군정청 당국이 해방 직후의 만성적인 수입 초과에 의한 국제수지 적자를 장차 수립될 한국 정부에 이월하지 않기 위하여 실시한 것이었다. 또한 외국 자본에 의하여 한국이 다시 식민지화되는 것을 방지하기 위하여서도 채택한 방법이었다. 그러나 이 방법을 실시한 좀더 직접적인 목적은 당시의 광란 물가를 억제하려는 데 있었다. 그러나 이 물물교환 방법에 의하여 수입된 물품이 오히려 국내의 광란 물가 때문에 일반 시장에서 당초의 시장 가격보다도 몇 배나 더 비싼 가격으로 매매되는 예가 많았다.

이와 같은 사실은 수출입을 제한함으로써 국내의 경제 안정을 유지하여 보려고 한 정책의 한계성을 보여 주는 것이며, 광란 물가가 무역의 불균형에서만 기인하지 않는다는 것을 설명하여 주고 있다. 따라서 면허제나 물물교환제는 무역 정책 수단으로서 의미가 이미 사라졌다고 할 수 있다. 그러나 미군정하 무역이 물물교환제에 의한 무역이었고, 1947년부터는 이것이 법제화되어 무역 정책으로서 어느 정도 효과를 얻은 것도 사실이었다.

표 7 수출입 물자 종별 허가 목록표 (1947년 9월 1일부)

수출품	1) 해산물: 한천, 자채, 건어, 어간 2) 과　실: 사과, 배, 밤, 송실 3) 광　물: 몰리브덴, 망간, 코발트, 도토, 자토, 활석, 흑연, 아연광, 녹주, 석(石), 형석, 석필석, 석면 4) 수예품: 나전칠기, 초자기, 자수, 공예품, 도자기 5) 생　사: 본사 6) 모 피 7) 구(釦) 8) 인삼
수입품	1) 미곡, 곡물, 소맥분 2) 생고무 3) 면화(綿絲, 綿織物) 4) 비료 5) 석유, 석유가공품 6) 원피 7) 성냥 원료 8) 전구 원료 9) 식물유 10) 재목, 제재품 11) 마닐라마 12) 신문 용지 13) 펄프 14) 종이 15) 석탄, 해탄 16) 석(錫), 알루미늄 17) 철판 18) 원모 19) 탄소묵 20) 염(鹽) 21) 공업용화학품 22) 면제품 23) 모제품 24) 농업용 종자 25) 염료 26) 돌용초자 27) 시멘트 28) 수공용침 29) 전기용품, 기구 30) 화물자동차 31) 의약품

자료: 조선은행 조사부, 『조선경제연감』, 1948, I, p. 121.

표 8 수출입 물자 가격의 사정 기준표

수　출	수　입
1) 가격(수입지 도매 가격)………　A	1) 시가(수출지 도매 가격)…………　A
2) 수입지원가=A÷(1+10%)……　B	2) 운임 및 적재비 톤당 109HK달러…　B
3) 보험료 및 손모비공제액=B(1+7%)	3) 보험료 및 손모료(A+B)×7%……　C
………………………………………　C	4) 간접비: 시가(A)의 15%…………　D
4) 운임공제액=C − 100HK달러……D	5) 이윤(A+B+C+D)×20%………　E
5) 원화환산=D×70………………	6) 한국 각 항구 CIF 가격
………한국 각 항구 FOB 가격	=(A+B+C+D+E)×70

자료: 조선은행 조사부, 앞의 책, I, p. 122.
　　　HK달러=홍콩달러, 1HK달러=70원

표 9 　　　　　　　　　상품별 수출 구성(민간 무역)　　　　　　　(단위: %)

품목	1946년	1947년	1948년
선어 및 동제품	62.8	29.7	52.1
제관 및 기타 어(魚)	16.4	—	—
해초류	—	—	16.4
원광물	—	12.5	—
비철금속광	—	4.4	6.5
동식물성 원료	—	9.0	9.5
의약품 및 약제품	—	19.4	7.4
가공품	6.6	14.8	—
기타	14.2	10.2	8.1

자료: 한국산업은행 조사부,『한국산업경제 10년사』, 1956, p. 1042.

표 10 　　　　　　소비재 및 생산재의 수입 구성(민간 무역)　　　　　(단위: %)

구성	1946년	1947년	1948년
소비재	58.3	69.1	74.1
원료 및 생산재	14.7	30.9	25.9
계	100.0	100.0	100.0

자료: 한국산업은행 조사부, 앞의 책, 1956, p. 1044.

　이외에 무역에 대한 직접 통제 방법으로서 미군정청은 수출입 품목의 통제를 실시했다. 즉 국내 산업을 재건하고 광란 물가를 진정시키기 위하여 국내 물자의 수급 사정을 고려하여 무역을 품목별로 조정할 수 있게 수출입 품목의 통제를 일단 수출 허가 품목, 수출 장려 품목, 수출 금지 품목 등 세 가지로 나누어 통제를 구체화했다. 이러한 분류의 기준은 국내 산업 및 국민 생활에 필요 불가결한 물자만을 수입한다고 하는 것, 그리고 국내 물자의 수급 균형상 문제가 되지 않는 물자만을 수출한다고 하는 것으로 되어 있다.

　이 기준에 입각하여 미군정청은 수출입 물자의 허가 목록을 발표했다. 따라서 이들 품목이 당시 수출입 무역의 범위 내지 대상이 되었고 그 내용은 표 7에서와 같다. 즉 수출 허가 품목의 경우에는 수산물, 과실류, 광물 등 주로 제1차 산업품으로 되어 있으며, 수입 허가 품목의 경우에는 식량, 비료, 공업용 원료, 생활 필수품 등으로 되어 있다. 즉 허가함에 있어서, 제1차 산업품의 수출과 긴급 물자의 수입이라고 하는 패턴을 취했다. 바꾸어 말하면 미군정청은 비관세 장벽, 특히 포지티브 리스트[82]에 의하여 직접 통제 무역을 실시했다고 볼 수 있다.

더욱이 미군정청은 수출 품목의 통제를 실시함과 동시에 상무부령 제55호 수출입품명가격조정위원회를 공포하여[83] 이 위원회가 수출입품의 가격을 조정한다고 하는 가격 통제를 병행했다. 그리고 이 위원회는 먼저 수입 물자를 최긴급 물자, 긴급 물자, 준긴급 물자 등 세 종류로 구분하고 이들 각각의 가격과 이윤의 한계를 명시한 표 8과 같은 수출입 물자의 가격 사정 기준표를 발표했다. 따라서 이 기준에 입각하여 전체 수출입 품목의 가격이 통제되었다. 수출입 물자의 가격을 사정하면서 운임 및 적재비의 경우에는 하물에 따라 중량톤 혹은 용적톤을 적용하여 계산했다. 그리고 수입 물자의 이윤에서 최긴급 물자의 경우에는 긴급 물자의 이윤에 10퍼센트를 가산하고, 준긴급 물자의 경우에는 10퍼센트를 감산하여 결정했다. 수출 물자의 이윤의 경우에는 상무부 소정의 특별 장려품에 한하여 이상의 기준 이윤에 10퍼센트를 가산하여 결정했다.[84] 이와 같이 수출입 품목의 가격과 이윤을 일률적으로 결정하고 이것에 입각하여 통제를 실시했던 것이다.

그런데 상품별의 수출 구성을 보면 표 9와 같이 연도별로 다소 변동이 있다고는 하지만 수산물이 압도적인 비중을 차지하고 있다. 즉 1946년의 경우 79.2퍼센트, 1947년의 경우 29.7퍼센트, 그리고 1948년의 경우 68.5퍼센트가 수산물로 되어 있다. 그리고 의약품과 동식물성 원료가 제2위를 차지하고 있다. 따라서 당시 수출입 무역에서는 수산물과 원료를 중심으로 한 제1차 산업품이 지배적인 품목이었다. 한편 수입 무역에서 상품 구성은 연도별로 심한 변동을 보이고 있는데 이것은 국내 경제 상태가 불안정한 데 기인한다고 할 수 있다. 수입 상품의 구성을 보면 표 10에서 알 수 있는 바와 같이 주로 소비재가 중심이 되어 있으며 특히 1947년의 경우 약 2 대 1, 1948년의 경우 약 3 대 1로 소비재 중심의 수입으로 되어 있다.

그러면 무역 정책의 정상적인 정책 수단이라고 할 수 있다는 관세 정책에 대하여 살펴보기로 하자. 주지하는 바와 같이 미군정청이 초기에는 무역을 금지하거나 통제했기 때문에 관세 정책의 필요성이 없었다. 특히 한국의 경우 해방 직후에는 물론이고 전쟁 말기에도 식민지 통제 무역이 실시되었기 때문에 관세는 이미 없었던 것이다. 즉 식민지에 통제 무역을 강화했기 때문에 1943년 12월 18일에 이미 전국의 세관을 폐지했다. 연합국이 대일 경제 봉쇄를 강화했으므로 식민지의 대외 무역 ─ 역외 무역 ─ 이 거의 불가능했기 때문에, 또한 일본이 점령한 지역에서 군사적인 교통망을 확대할 필요가 있었기 때문에, 종래 세관이 교통행정기관으로 이용되었던 것이다. 이에 따라 세관이 종래의 총무부 재무국에서 교통국으로 이관되었고, 동시에 세무과 관세계도 운수과 부두계로 개칭 이관되어 그것이 군사 목적으로 이용되었다. 이와 같은 사실은 전시하에서는 세관 행정보다는 교통 행정이 중요성을 갖는다는 일본 군부의 압력에 의한 것이었다.

그런데 해방 직후에는 수출입 무역이 전부 금지되었음에도 불구하고 당시의 사회적 대혼란, 특히 악성 인플레에 의한 광란 물가가 계속되었기 때문에 한편에서는 밀무역이 성행하기 시작했다. 특히 지리적 조건 때문에, 또 당시 일본에서 식량 부족이 심했기 때문에 대일 밀무역이 성행했다. 한국으로부터의 밀수출품은 주로 미곡 등 식료품이었고, 일본으로부터의 밀수입품은 주로 화장품, 의류, 의약, 기계 부속품 등의 공산품이 많았다.[85] 당시로서는 모든 수출입 무역이 금지되어 있었던 만큼 이러한 밀무역품은 상당한 양에 달했다. 따라서 그것이 밀무역에 의한 것이라고는 하지만 국내 경제에 미친 영향도 무시할 수 없었다.

이러한 사정으로 말미암아 미군정청은 1946년 대외 무역 규칙을 공포하고 허가제 무역을 실시했던 것이다. 따라서 관세 정책은 국내의 물가를 안정시킨다고 하는 입장에서 우선 밀무역을 단속하는 것으로 시작하지 않을 수 없었다. 즉 밀무역 감시선을 증배하고 밀무역의 단속기동대를 편성·강화한다고 하는 세관 행정의 확립으로부터 관세 정책을 개시했던 것이다.

이러한 관점에서 미군정청은 세관 행정의 필요성을 인정하여 1946년 2월 종래의 부두계를 폐지하고 세관 행정의 중앙 기구로서 해무과를 신설함과 동시에 이것을 교통국의 해사부에 전속시켰다. 한편 지방의 기구로서는 종래의 부두국을 해무청으로 개칭하고 또한 동년 4월에는 중앙의 해무과를 재무부에 이동시켜 세관과로 개칭했다. 그리고 지방의 해무청을 세관이라고 개칭함으로써 일단 관세에 관한 행정 조직 및 기구가 정비되었던 것이다. 이러한 일련의 조치에 의하여 결국은 3년 전의 총독부 행정 기구——전시 체제로서 관세계가 부두계로 개칭되기 이전——로 환원, 부활된 셈이 되고 말았다.

다시 말하면 해방 직후의 미군정청에 의한 관세 업무의 개시라고 하는 것은 총독부 시대의 관세 행정 조직을 겨우 부활시킨 정도라고 할 수 있으며, 관세 자주권은 물론이고 행정 자주권의 확립마저도 사실상 무리였던 것이다. 즉 식민지 시대의 법령인 구관세법, 관세정률법(關稅定率法), 보세창고법, 보세공장법, 그리고 '관세의 한국에 있어서 특례에 관한 법률' 및 기타 관세 법규 등이 그대로 적용되었다. 바꾸어 말하면 해방 직후 단지 16명의 한국인 세관원이 세관 행정 및 사무를 담당하게 되었을 뿐,[86] 세관에 관한 법규는 국가 총동원 체제 이전의 것으로 환원된 데 지나지 않았다. 그리고 해방 이후에도 그 법규는 1948년 한국 정부에 의하여 관세법이 제정 공포될 때까지 약 3년간 적용되었던 것이다. 물론 구관세법을 부분적으로는 다소 개정하여 적용했지만 전반적으로는 1926년에 일제가 제정했던 구관세법이 법적 근거가 되었다.

한편 세관 업무는 주로 밀무역을 단속하거나 아니면 귀환 일인의 재산 반출과 휴대품을 조사하고, 그리고 귀국하는 한국인의 재산 반입이나 휴대품을 조사하는 등의 업무에 한정되어 있었다. 해방 직후의 이러한 대혼란기에 20년 전에 제정된 구관세법을 그대로 적용한다는 것은 당초부터 무리였다. 특히 해방 이후 관세 자주권을 확립하기 위해서도 관세법은 개정되지 않으면 안 되었으나 이렇게 부분적인 개정에 그치고 말았던 것은 미군정청 관세 정책의 한계성을 보여 주는 것이라고 하지 않을 수 없다.

당시 미군정청의 각 부처에는 미국인 부처장과 한국인 부처장이 있었으며, 그 밑에 각 국·과장을 두고, 그 이외에도 각각의 소관 사무에 관한 전문적 지식을 가진 미국인 고문관을 배치함으로써 소위 고문관 제도를 창설했다. 세관과에는 미육군 중위 오타비(Otavy)가 담당책임자로서 임명되었고, 그 고문관으로서는 미국인 스미스(Grof Smith)와 브래터리(Bratery) 등 두 사람이 임명되었다. 따라서 미군정청의 관세 정책은 일제의 식민지 관세법을 그 법적 근거로 하고 미국인과 그 고문관에 의하여 실시되었다. 그 후 군정 법령 제39호 대외 무역 규칙의 공포 이후에 와서 겨우 해방 직후의 격변하는 한국 경제에 대응하기 이해 관세법을 개정하기 시작했다.

즉 해방 직후의 악성 인플레하에서 종래의 종량세(從量稅)를 그대로 적용한다는 것이 난센스라는 것을 알고 관세법 개정에 착수했다. 또한 앞에서 지적한 바와 같이 밀무역, 특히 조직적이며 집단적인 밀무역의 대규모화를 방지하기 위해서도 먼저 관세법을 개정하고 강화하지 않을 수 없었다. 이러한 필요에서 미군정청은 3년 동안 3회에 걸쳐서 관세법을 개정했는데 이 개정이야말로 미군정청 관세 정책의 기본 방침을 보여 주는 것이기 때문에 이것을 구체적으로 살펴볼 필요가 있다.

먼저 관세법의 제1차 개정은 1946년 10월, 법령 제116호에 입각하여 관세정률법 중 수입세율의 전면적인 인하를 내용으로 한 것이었다. 제2차 개정은 1948년 4월, 법령 제177호에 의한 종가 1할 균일 관세의 채택과 식량에 대한 수입세의 면세 조치를 내용으로 한 것이었다. 제3차 개정은 동년 7월, 법령 제211호에 의한 보세창고법 및 관세법의 개정이 그것이다. 이들은 모두 구관세법의 부분적인 개정에 지나지 않았으나 이것이 곧 미군정청 관세 정책의 법적 근거가 되었음은 말할 필요도 없다.

제1차 개정인 법령 제116호 '관세법의 개정'의 내용을 보면 다음과 같다. 본령은 한국의 무역을 조장하기 위하여 현행 수입세율을 인하하고 밀수출입을 방지하기 위하여 통보자 및 단속 직원에 대하여 상여를 규정하는 것을 목적으로 한다(제1조). 외국으로부터 수입되는 물품에 대해서는 현행 밀수세법에 입각하여 관세를 부과한다. 단 어떠한 경우에도 과세액은 수입 물품 가격의 1할을 초과할 수 없다.[87] 재무부 장관은 하기 각 호에 해당하는 자에 대하여 탈세 물품(벌금 또는 밀수품) 가격의 2할 5분을 초과하지 않는 한도 내에서 상여금을 부과할 수 있다(제4조). 본령에 저촉되는 모든 법령은 이것을 폐기한다(제5조)[88] 등으로 되어 있다.

미군정청은 이와 같이 해방 직후의 생산 위축에 의한 광란 물가를 진정하기 위하여 한편으로 무역을 확대하면서 또 한편으로는 밀무역을 방지하기 위한 수단으로서 수입관세율의 전면적인 인하와 밀수 통보자 및 그 검거에 대하여 상여 제도를 법제화한다고 하는 내용의 관세법을 개정했다.

그러나 개정된 수입관세율이 어떠한 경우에도 1할을 초과할 수 없다고 되어 있는데, 이것은 식민지 시대 구관세율이 최저 5분에서 최고 10할이었던 것과 비교하여 볼 때 현저하게 낮은 수준의 관세율이었다. 더욱이 당시 악성 인플레에 의한 광란 물가를 고려한다면 그러한 수준의 관세율은 사실상 무관세 상태라고 해도 지나친 말이 아니다. 왜냐하면 앞에서도 설명한 바와 같이 광란 물가가 계속되고 있는 가운데, 종래 총독부가 통제 경제를 추진하기 위하여 제정한 종량세——당시 관세율의 약 60퍼센트가 종량세였다——를 그대로 적용했기 때문이다.

예를 들면 수입관세율을 전면적으로 인하한 위에 종량세를 그대로 적용했기 때문에 1946년의 경우 평균 관세부담률이 사실상 8리(厘) 3모(毛) 정도로 되어[89] 사상 최저의 관세율이 되었다고 할 수 있다. 관세법의 개정 목적이 무역량을 확대하여 국내 물자의 수급을 균형시키는 데 있었다고는 하지만, 그 이유만으로 관세율을 대폭적으로 인하했다고 하는 것은 관세의 정책적 의의를 약화하는 결과가 되는 것이다. 낮은 수준의 관세율로써는 관세 본래의 목적인 국내 산업의 보호나 재정 수입의 확대를 기한다고 하는 기능이 마비되기 때문이며, 그것은 단지 국내 경제의 일시적인 안정을 위한 수단으로 전락하고 말기 때문이다.

제2차 개정은 1948년 4월에 이루어졌는데, 법령 제177호와 제184호를 공포하여 인플레에서는 그 기능이 이미 상실되었던 종량세를 폐지하고 이에 대신하여 1할 균일의 종가세를 실시하는 것을 내용으로 하고 있다. 즉 법령 제177호의 내용은 다음과 같다. 외국으로부터 수입하는 모든 물품에 대한 관세는 일률적으로 종가 1할로 한다(제2조). 현행 법규에 규정되어 있는 면세품에 추가하여 주요 식료품에 대해서는 수입세를 면제한다(제3조).[90] 이와 같이 종래의 종량세를 종가세로 개정했기 때문에 제1차 개정의 것보다는 개선된 것이라고 할 수 있다. 그러나 종가세를 적용하는 데 일률적으로 1할의 수입세를 부과했기 때문에 국내 산업을 보호한다는 면에서는 그렇게 큰 효과를 가져오지 못했다. 또한 개정을 했다고는 하지만 면세 품목이 대폭적으로 늘어났기 때문에 그 효과도 크게 기대할 수 없는 것이 되고 말았다.

한편 법령 제184호의 시행에 따라 세관 관계의 수수료 및 톤세를 무려 50배로 각각 인상했다. 이에 따라 관세 수입이 다소 증가한 것은 사실이지만 1944년을 기준으로 한 1946년의 물가지수만을 보더라도 무려 92배로 상승했기 때문에 수수료의 50배 인상이라고 하는 것도 비현실적인 조치에 지나지 않았다.

제3차 개정은 1948년 7월 한국 정부가 수립되기 직전에 법령 제211호에 의하여 밀무역 방지의 일환으로 실시되었다. 즉 한국이 수입하는 화물은 최초 저장 기일로부터 6개월 이내에 보세창고로부터 반출되지 않으면 안 된다. 저장 또는 보관된 화물로서 법정 기간을 초과한 것은 과도정부에 위임한 것으로 간주하고 세관장이 이를 접수한다. 그 소유자에 대해서는 중앙물가행정처 또는 세관의 감정에 의하여 결정된 가격 또는 경쟁 가격에서 그 화물의 미납 관세, 창고료, 기타 수수료 등을 공제한 잔액을 지불한다(제2, 3조). 이와 같이 법령 제211호는 보세창고 및 보세지역 내의 화물을 장치할 수 있는 기간의 단축과 장치 기관을 경과한 화물의 처분 및

표 11   미군정기의 세입액과 관세 수입액   (단위: 100만 원)

구분	1946년	1947년	1948년
세출(A)	11,800	19,445	35,119
세입(B)	8,013	15,435	25,558
조세 수입(C)	722	3,600	5,058
($\frac{C}{B}$)	(9.0%)	(23.3%)	(20.0%)
관세 수입(D)	14	279	1,558
($\frac{D}{C}$)	(1.9%)	(7.7%)	(30.8%)

자료:『한국산업경제 10년사』, p. 359.

우선매수제를 규정했다. 당시 중국인이 경영하고 있었던 인천세관 보세창고에서는 저장 기간이 법적으로 애매했던 것을 이용하여 밀무역이 성행했다. 이것을 방지하기 위하여 이러한 조치가 공포되었던 것이다.

이상과 같이 3회에 걸친 관세법의 개정이 실시되었는데 이것은 어디까지나 최소한도의 부분적 개정에 지나지 않았고 식민지 시대의 관세법이 일반적으로 적용되었던 것이다. 더욱이 부분적인 개정이 있었다고는 하지만 이것으로는 국내 산업을 보호할 수 없었고 단지 인플레를 억제하기 위한 보조적인 수단으로 이용되기만 했다. 또한 당시 미군정 무역이 통제 무역이었기 때문에 무역량이 적을 수밖에 없었다. 따라서 관세를 조절함으로써——주로 인하 조치——국내의 물자 수급을 균형시켜 악성 인플레에 의한 광란 물가를 진정시킨다고 하는 정책 효과도 그렇게 기대할 수 없었다. 그러므로 미군정청의 관세 정책은 본질적으로 현상 유지라고 하는 점령 정책의 일환에 지나지 않았다. 이렇게 볼 때 무역 면에서도 현상 유지가 중요시되었고 그 범위 내에서 관세 정책이 전개되었던 것이라고 하지 않을 수 없다.

한편 관세가 국내 산업의 보호라는 면에서 큰 효과가 없었던 것은 물론이고 표 11에서와 같이 재정 관세로서 효과도 적었다. 즉 국가 세입과 조세 수입 속에서 차지하고 있는 관세 수입의 비중은 다음과 같다. 먼저 세입 총액과 관세 수입의 관계를 보면 1946년의 경우 세입 총액이 80억

1,300만 원이었는데, 이 중에서 관세 수입은 1,400만 원으로서 그 비율이 겨우 0.17퍼센트에 지나지 않았다. 1947년의 경우에도 그 비율은 1.8퍼센트, 그리고 1948년에는 종가 1할 균일의 관세를 실시했기 때문에 다소 증가하여 6.1퍼센트로 되었다. 이와 같이 매년 관세 수입이 급격히 늘어나고는 있지만 그 구성비에서는 큰 증가율을 보여 주지 못하고 있다.

조세 수입과 관세 수입의 관계를 보면 그 구성비에서 1946년의 경우에는 1.9퍼센트, 1947년의 경우에는 7.7퍼센트, 그리고 1948년의 경우에는 급격히 증가하여 30.8퍼센트로 되어 있다. 1948년의 관세 수입이 조세 수입의 약 3분의 1로 되었다고 하는 것은 언뜻 재정 관세의 효과를 보여 주는 증거라고 할지 몰라도 실제는 그렇지 않다. 즉 종래 식민지 재정 구조의 특수성으로서 세입 총액의 대부분이 조세 수입에 의존하지 않았고 독점자본에는 부담이 적은 간접세적 성격을 띠고 있는 영업 수입에 의존했다. 따라서 조세 수입이 상대적으로 적었으며, 그 결과로서 관세 수입의 비중이 크게 나타났던 것에 지나지 않았다.

요컨대 미군정청은 관세 정책에서 본래 두 개의 관세 효과를 충분히 발휘하지 못했으며, 단지 국가 총동원 체제 이전 식민지 관세 제도로 환원시키는 데 급급했다. 그리고 국내의 대인플레 정책의 수단으로서 효과도 적었으며, 단지 현상 유지라고 하는 점령 정책에 입각한 관세 정책을 전개했다고 할 수 있다. 이것은 결국 미군정청의 무역 정책이 실패한 것이라고 하는 측면보다는, 국내 경제를 안정시키기 위하여 효과적인 완제품의 도입이라고 하는 원조 무역에 대외 정책의 중점을 두었던 결과라고 할 수 있다.

이종훈
중앙대 경제학과 졸업. 동경대 경제학 박사. 중앙대 교수·부총장·총장. 경실련 공동대표 역임. 현재 중앙대 명예교수이며 덕성여대 이사장. 『한국경제론』 외 많은 저서와 논문이 있다.

주

1) 大內力, 『日本經濟論』 上(1976), p. 239.
2) 川田侃, 『國際關係槪論』(1969), p. 159.
3) E. Grant Meade, *American Military Government in Korea*, p. 52.
4) D.W. Conde, *Untold History of Modern Korea*(1966), 3 vols, p. 37.
5) 여기에서 초기라고 하는 것은 1945년 9월 7일 미군의 인천 상륙으로부터 같은 해 12월 모스크바 3상회의에 의한 한국 신탁 통치안이 채택될 때까지의 4개월을 의미한다.
6) 미육군 24사단의 先遣隊長 해리스 준장에 대한 하지 사령관의 당면 정책에 관한 명령이다. George M. McCune, *Korea Today*(1966), p. 48.
7) 8월 15일 해방 이전에 소련군이 북한에 진주했느냐에 대해서는 의문점이 많다. 왜냐하면 해방 전 다른 나라보다도 최후까지 서울에 재류하고 있었던 소련영사관의 존재도 고려하지 않으면 안 되기 때문이다.
8) George M. McCune, 앞의 책 참조.
9) 신탁 통치는 1945년 12월 모스크바 3상회의에서 한국의 점령 통치 방안으로서 결정되었다.
10) 예를 들면 미점령군의 점령 초기 4개월간 하지 사령관이 맥아더 최고사령관으로부터 문서 형식으로 받은 명령은 일본군(조선군) 12만 명의 무장 해제에 관한 것뿐이었다.
11) D.W. Conde, 앞의 책, p. 40.
12) 같은 책, p. 76.
13) 森田芳夫, 『朝鮮終戰の記錄』(1967), p. 273.
14) 같은 책, p. 291.
15) Conde, 앞의 책, p. 41.
16) 「課題と視角」, 東京大學 社會科學硏究所 編, 『戰後改革』, I(1974), p. 9.
17) 「國際環境」, 같은 책, II, pp. 25~127.
18) 新韓公社는 동양척식주식회사가 소유하고 있었던 전 재산 및 종래 일본인의 법인재산을 관리할 목적으로 미군정청이 설립한 특수회사다(군정 법령 제52호 제4조). 그 후 管財令 제3호 '接受農地에 관한 건'에 입각하여 "1945년 9월 25일부로 미군정청의 소유로 된 전체 농지"의 보존·이용 및 관리를 책임진 기관이었

다.(김준보,『농업경제학서설』, p. 268)
19) 山田三郎 編,『韓國工業化の課題』(1967), p. 268.
20) 같은 책, p. 269.
21) 재무부,「재정금융의 회고」,『건국 10주년 업적』(1958) 참조.
22) 군정 법령 제9호 제1조에서는 국가비상사태를 선포하고, 제2조에서는 최고 소작료를 설정했다. 즉 "농지에 있어서는 소작인과 지주 사이의 현존하는 계약·협약 또는 약속은 그 성질을 불문하고 본령의 효력 발생에 따라 개정한다. 따라서 농지와 재산의 점유 및 사용에 있어서의 소작료는 자연인·법인을 불문하고 또는 현물·현금을 불문하고 총액의 3분의 1을 초과할 수 없다"고 되어 있다.
23) 大內力,『農業史』(1960), p. 341.
24) 같은 책, p. 344.
25) 여기에서 '소위'라고 말한 것은 '전국농민총연맹'이라고 하는 단체가 실제로 전국적으로 조직된 단체인가에 대해서 의문점이 있고 또한 이것이 소작 농민의 자발적인 조직에 의한 단체라고는 볼 수 없는 점이 있기 때문이다.
26) 서울대학교 상과대학,『經濟學論集』, 제9권, p. 94 참조.
27) 농업은행,『農業年鑑』(1958), p. 13.
28) 東京大學 社會科學硏究所 編, 앞의 책, p. 39.
29) 大內力, 앞의 책, p. 342.
30) 東京大學 社會科學硏究所 編, 앞의 책, p. 38.
31) 농업은행, 앞의 책, p. 13.
32) 조선은행 조사부,『조선경제연감』, I(1948), pp. 345~346.
33) 농림부,『건국 10주년 농림행정개관』(1958), p. 126.
34) 大內力, 앞의 책, pp. 344~345.
35) 같은 책, p. 346.
36) 같은 책, pp. 253~257.
37) 1947년 4월 1일부터 1948년 3월 31일까지의 신한공사의 연간 수입액이다.
38) 조선은행 조사부, 앞의 책, III, p. 8.
39) 김준보,「금융자본주의하의 영세농의 성격」, 서울대학교 논문집, p. 250.
40) 大內力, 앞의 책, p. 345.
41) アジア 經濟硏究所,『臺灣の農地改革』(1966, 調査硏究部, No. 40-23), p. 13.
42) 군정 법령 제33호 '재한국 일본인 재산의 권리 귀속에 관한 건' 제1조, 제2조는

다음과 같다. "1945년 8월 9일 이후 일본 정부, 그 기관 또는 국민, 회사, 단체, 조합, 기타 기관이 조직한 단체가 직접 또는 간접으로 전부 또는 일부를 소유 또는 관리하는 금·은·백금·통화·증권·은행 채권 및 유가 증권 그리고 본 군정청의 관할 내에 존재하는 모든 종류의 재산 및 그 수입에 대한 소유권은 1945년 9월 25일부로 군정청이 취득하고 모든 재산의 전부를 소유한다. 어떠한 자를 불문하고 군정청의 허가 없이는 모든 재산을 침입하거나 점유하거나 또는 이전시키거나 가치를 훼손시키는 것은 불법으로 한다. 재한국 미국육군사령관의 지시에 따라, 미군정청, 미국육군소장 A. 아널드."

43) 재무부, 앞의 책, p. 120.
44) 같은 책, p. 121.
45) 東京大學 社會科學硏究所 編, 앞의 책, pp. 22~23.
46) 같은 책, p. 30.
47) 森田芳夫, 앞의 책, p. 291.
48) 미군정청 법령 제21호.
49) 森田芳夫, 앞의 책, p. 293.
50) 같은 책, p. 286.
51) 같은 책, p. 295.
52) 같은 책, p. 295.
53) Conde, 앞의 책, p. 186.
54) 같은 책, p. 194.
55) Meade, 앞의 책, p. 115.
56) 森田芳夫, 앞의 책, p. 928.
57) 미군정청 법령 제2호 '적산에 관한 건' 제1조는 다음과 같다. "1945년 8월 9일 이후 일본·독일·이탈리아·불가리아·루마니아·헝가리·태국 등 제국의 정부 혹은 그 대행 기관, 또는 그 국민, 회사, 단체, 조합, 기타 기관 또는 당해 정부 등이 조직 또는 조정하는 기관이 직접 또는 간접으로 또는 전부 혹은 일부를 소유하거나 관리하고 있는 금·은·백금·통화·증권·예금·채권, 유가 증권 기타의 재산을 매매, 취득, 이동, 지불, 인출, 처분, 수입, 수출, 기타의 취급 및 권리, 권력, 특권의 행사는 이 법령에 규정한 것 이외에는 이것을 금지한다."
58) 森田芳夫, 앞의 책, p. 933.
59) ① 재산 소유자인 일본인 및 양수인이 서명날인한 정식 매매계약서 1통 및 양자

서명의 사본 3통을 작성할 것.
　　　② 3통의 계약서 사본 중에서 1통은 등기우편으로 군정청의 재산관리관에게 송부할 것.
　　　③ 재산의 양도에 따른 지불 대금은 재산 소유자인 일본인에게 직접 지불하지 않고 근처의 은행 또는 우편국의 재산관리관의 특별구좌에 振替할 것.
60) 세 가지의 요망 사항은 다음과 같다.
60) ① 재한국 일본인의 구제 자금 송부를 허가하여 줄 것.
60) ② 한국인의 불법행위로부터 일본인의 생명과 재산을 보호하여 줄 것.
60) ③ 일본인의 잔류 재산을 보호하여 줄 것.
61) 森田芳夫, 앞의 책, p. 945.
62) 조선식산은행,『조사월보』, 제46호(1948), p. 10.
63) 대한방직협회,『紡協 20년사』, p. 457.
64) 조선식산은행, 앞의 책, p. 11.
65) 대한방직협회, 앞의 책, p. 458.
66) 같은 책, p. 181.
67) GARIOA 원조로 도입된 원면을 상공부가 면직 업계에 배급했는데 그 배급의 기준을 업계를 대표하여 대한방직협회가 작성했다. 그 배급 시안의 골자는 다음과 같다. 과거 3개월간 원면의 소비 실적, 설비 규모, 운전 가능 설비 등을 기준으로 하여 여기에 원료의 보존 상황을 고려하여 각 기업에의 배급량 및 배급 우선순위를 결정했다.
68) 成昌煥,『한국경제론』(1959), p. 61.
69) 대한방직협회, 앞의 책, p. 46.
70) 충주비료주식회사,『忠肥 10년사』, p. 64; 농협중앙회,『비료총람』, p. 110.
71) 농협중앙회, 앞의 책, p. 108
72) 黃炳晙,『한국의 공업경제』(1966), p. 55.
73) 농협중앙회, 앞의 책, p. 128.
74) 미군정청 법령 제90호 제4조, 조선은행 조사부, 앞의 책, II, p. 50.
75) 조선은행 조사부, 앞의 책, I, p. 134
76) 같은 책, I, p. 119.
77) 같은 책, I, p. 120.
78) 같은 책, II, p. 50.

79) 商務部部令 제1호, '외국무역규칙'의 제3조, 조선은행 조사부, 앞의 책, II, p. 78.
80) 면허는 ①무역국이 작성한 수출입표에 기재된 품목이어야 한다. ②수출입 물품의 가격은 상무부의 사정에 의한 통제 가격을 초과할 수 없다.
81) 한국무역협회, 『한국무역사』(1972), p. 219.
82) 小宮隆太郎·天野明弘, 『國際經濟學』(1972), p. 253.
83) 수출입품가격사정위원회는 상무부장의 자문 기구로서 정부 측 위원 10명, 민간 측 위원 10명으로 구성되어 있다. 동 위원회는 기준검사분과위원회, 화학약품기계분과위원회, 의류분과위원회, 농산물 및 수산물분과위원회, 광물분과위원회 등 5개 분과위원회로 나뉘어 분과별로 수출입품의 가격을 사정했다.
84) 한국무역협회, 앞의 책, p. 222.
85) 한국관세협회, 『한국관세사』(1969), p. 194.
86) 같은 책, p. 196.
87) ①在韓國美陸軍, 미군정청, 기타 행정 기관, 보조 기관이 官公用으로 수입하는 물품과 ②재한국 연합국 육군 군인, 군속 또는 그 가족이 공사용으로 수입하는 물품의 수입세를 면제한다(제2조).
88) 조선은행 조사부, 앞의 책, II, p. 60.
89) 한국관세협회, 앞의 책, p. 201.
90) 같은 책, p. 202.

"일본이 항복한 이후 형무소 문이 열려 수만 명의 정치범이 쏟아져 나오는데 유감스럽게도 문학인의 얼굴은 보이지 않았다. 문학인의 옥고는 3·1운동에 연루된 육당, 만해, 김동인, 염상섭, 그리고 심훈 등이 있었으나 일제하의 저항 문학은 카프 검거와 해체 및 전향으로 대단원의 막을 내렸다고 할 수 있다."

● 임헌영

5

| 소설을 통해 본 해방 직후의 사회상 | 염무웅 |
| 해방 후 한국 문학의 양상 | 임헌영 |

소설을 통해 본 해방 직후의 사회상

염무웅

1 머리말

각계각층에서 '8·15해방'을 기념하는 행사가 자못 요란하게 거행되고 있다. 나이 든 분이면 누구나 그날의 감격을 이야기하는 자리에 한몫 빠지고 싶어 하지 않을 터이나, 필자로서는 원체 어린 나이에 겪었던 일이라 몇 토막의 희미한 영상으로밖에 기억되지 않는다. 따라서 개인적으로는 이날을 맞이했다 해서 무슨 뭉클한 감회가 일어나는 것도 아니다. 우리와 비슷한 연배나 우리보다 나이 어린 사람들에게 8·15는 생애의 현장에서 주체적으로 체험된 실감의 덩어리가 아니고 간접적으로 이해된 역사의 한 매듭일 뿐이다.

그러나 사람의 삶을 규정짓는 것은 그가 당대에 경험한 사건들만이 아니다. 우리의 수많은 개별적 경험은 하나하나 무관하게 동떨어져 있는 것이 아니라 사회적·역사적으로 서로 얽혀 있는 커다란 연쇄의 불가분한 부분들이다. 사람이 이성을 가지고 사람답게 살려고 하는 노력의 제일보가 바로 자기 삶을 올바르게 이해하는 것이라고 한다면, 이것은 필연적으로 개인적 생존의 테두리를 지어 주는 사회와 역사에 대한 이해에 이르지 않을 수 없을 것이다. 문학 역시 그것이 인간 활동의 하나인 한에서 예외일 수 없다. 그것이 작가의 고도로 개인적인 경험과 사상의 산물임은 부정될 수 없지만, 진실한 작품은 그러한 개인적 경험과 사상의 사회적 기초를 전형적으로 반영하지 않을 수 없다. 이렇게 생각해 볼 때 8·15는 그것이 우리 각자에게 어떤 형태로 경험되었든 간에 모든 한국인의 오늘 이러한 삶이 있게 한 하나의 역사적 시발점으로 막중한 현실적 의의를 가진다 하겠으며, 문학작품이 이를 어떻게 받아들였던가 하는 점은 역사의 이해를 위해서만이 아니라 현재의 이해를 위해서도 중요한 관심의 대상이 된다고 하겠다. 필자는 이런 관점에서 해방 직후 발표되었던 몇몇 작품을 분석하여 당시의 문학적·사회적 문제의식을 살펴보려고 한다.

2 해방의 감격

8·15를 맞이한 우리 민족의 첫 반응은 무엇보다도 그 무조건적 환희에 있었다. 악질적 친일분자를 제외한 우리 민족 전원은 이 기막힌 소식에 접하여 저절로 우러나오는 기쁨을 억누를 수 없었다.

> 아이도 뛰며 만세
> 어른도 뛰며 만세
> 개 짖는 소리 닭 우는 소리까지
> 만세 만세
> 산천도 빛이 나고
> 초목도 빛이 나고
> 해까지도 새 빛이 난 듯
> 유난히 명랑하다.[1)]

이처럼 단순 소박한 탄성이 울려 나오는 데 대하여 우리는 그 문학적 상상력의 평면성을 탓할 겨를이 없다. 이것은 환희와 감격 자체의 직접적 토로서, 우리의 자연 발생적 공감을 즉각적으로 유발한다. 물론 여기에서 해방이 기쁘다고 하는 것은 그 말이 좋아서가 아니라 해방이 우리 생활에 가져올 실제적 결과가 좋을 것으로 기대되기 때문이다. 원래 해방이란 억압과 속박으로부터 풀려나 자유로워지는 것이다. 즉 흔히 말하는 대로 일제 36년의 식민지 쇠사슬에서 풀려날 것이기 때문에 기쁘고 감격스러운 것이다. 그러면 식민지 쇠사슬의 구체적 내용은 어떤 것이었던가? 우리 민족에게 한없는 고통을 주었던 식민지적 질곡의 내용은 무엇인가? 다음과 같은 장면에서는 이것이 좀더 구체적으로 묘사되고 있다.

지금 조선 천지는 다 그럴 것처럼 이 동네에도 남녀노소 할 것 없이 집 안에 앉았는 사람은 없다. 사람이란 있는 대로 밖으로 몰려나와 혹은 뒷집 토방마루에 혹은 마을 앞 큰 나무 밑에 이렇게 떼를 짓고 패를 지어서는 제가끔 좋아라고 떠든다.
"인제 무시기구 무시기구 병정 안 나가게 됐으니 좋다. 그 간나새끼들이 저이 쌈에 누길 내세우는 게야. 백판 남의 자식들을 다려다 생목숨을 끊을라구, 쌍간나새끼들."
"야, 선냇집 큰아들이랑 수채동집 창수랑 병정 나갔든 게 오겠구나. 이 동네서 모두 몇이나 나갔능가?"
"야듧이 나갔는데 만주로 다섯이 가고 그담엔 아직두 라남부대(羅南部隊)에 있다드라. 그 새끼들이 집으루 오느라구 눈을 허옇게 뒤집어 썼겠다."2)

여기 묘사되어 있는 것처럼 8·15해방은 일제 식민지 지배에 의한 생명의 위협으로부터 벗어나는 것이었다. 자기 아들딸이, 부모 형제가, 무엇보다 자기 자신이 죽을 뻔하다가 죽음의 고비에서 풀려나는 것이었다. 인간의 모든 욕망과 활동은 요컨대 살자는 데로 귀착되는 법인데, 자칫 죽을 뻔한 목숨이 살아나게 되었으니 이보다 더 기쁜 일이 있을 수 있겠는가.
여기에서 죽는다고 하는 말은 결코 어떤 정신적인 혹은 비유적인 뜻에서 쓰인 것이 아니다. 정치적 탄압과 경제적 수탈에 의한 일제의 간접 살인은 이미 오래전에 시작되어 그들 식민지 정책의 변함없는 본질로 되어오고 있었던 터이나, 1930년대의 군국주의화 과정에서 이것은 한국인에 대한 직접적인 살인 정책으로 노골화되기에 이르렀던 것이다. 이 정책의 근간을 이루는 것은 제국주의 침략 전쟁을 위한 병력 동원과 전시 경제의 가동을 위한 노동력 동원이었다.

일제는 1938년 2월 '육군특별지원병'이란 것을 공포하고 동년 4월부터 이를 시행, 지원제라는 미명하에 강제로 우리 청년들을 자기네 침략 전쟁에 끌어가기 시작했다. 이 제도에 의해서만도 1938년에 400여 명, 1939년에 600여 명, 1940년에 3천여 명, 1941년에 3,200여 명, 1942년에 4천여 명, 1943년에 6,300여 명 등 모두 1만 7,600여 명이 끌려갔다.[3] 남한 지역의 소모전이 치열해지고 패색이 보이기 시작하던 1943년 일제는 조선 청년에 대한 전반적인 징집을 하기로 결정하고 8월부터 개정된 병역법을 시행하여 10월 1일부터 두 달 동안 적령 장정의 계출을 받았다. 그리하여 일제는 이듬해 4월부터 8월까지 전국 각지에서 병사구 단위로 징병 검사를 실시, 20여 만 명의 장정에 대해 90퍼센트 이상을 합격시키고 동년 9월 1일부터 1945년 5월까지에 걸쳐 이들을 차례로 군문에 입영시켰다.[4]

한편 1943년 10월에는 조선인 학도병 지원령을 실시하여 4천여 명의 청년 학생들을 전장에 끌어갔고, 1944년 4월에는 '해군특별지원병'이라는 이름으로 3천 명을 끌어갔다. 이 병력 동원 이외에도 일제는 1941년 9월부터 1945년까지 15만이 넘은 군속(軍速)을 끌어갔는데, "이들 군속들은 군인보다 가혹한 조건하에서 각종의 작업과 경비 등을 담당했으며, 그중에는 직접 전투에 참가하여 사망한 자가 많았다"[5]는 것이다. 이렇게 해서 일제는 불과 4, 5년 사이에 40만에 가까운 우리 청년들을 군인, 군속 등의 전투 요원으로 동원해 갔는데,[6] 이 중 약 15만 명은 1953년 현재까지 귀환하지 않고 있어 사망한 것으로 간주되고 있다.

이러한 병력 동원과 아울러 일본 제국주의자들은 우리 민중에 대한 대규모적인 노동력 동원을 실시했다. 그들은 징용 및 관 알선이라는 수단으로 1939년부터 1945년까지 72만이 넘는 노무자들을 동원하여 일본 본토·사할린·남양에 있는 탄광(342,620명), 금속공업소(67,350명), 토목공사장(108,644명) 및 각종 공장(206,073명)으로 보내어 무자비한 노동 착취를 감행했다.[7] 이것은 외지로 끌려 나간 노력 동원이고, 한국 내에서 동원된 노동력 수는 1938년부터 1945년 사이에 무려 460만에 달하고 있다. 이렇게 끌려 나간 노무자들 중 상당수는 도망치다가 처형되거나 작업 중에 사고로 죽거나 굶고 병들어 죽는 등 실로 비참한 최후를 마쳤을 것으로 추측되지만, 이에 관한 아무런 정확한 자료가 없다. 일본 본토에 동원된 노무자 중에서만도 최소한 4만 5천 명 이상의 사망자가 발생했으리라 추정될 뿐이다.[8]

이상은 물론 8·15 그날까지 우리 민족을 묶어 놓고 있던 질곡의 한 단면을 보인 데 지나지 않는다. 일본 제국주의는 이 나라를 식민지로 병탄하기 이전부터 이미 경제적 약탈 행위를 시작한 바 있지만, 전시 체제로 바뀌어 가던 1930년대 이후에는 식량을 비롯한 생산물 전반에 대하여 가공할 만한 수탈을 자행했다. 1930년대 말부터는 국방 헌금, 국채, 공채, 강제 저축 등 경제 외적 방법의 수탈을 감행했고 1938년의 물자 동원 계획은 우리 민중의 기초적 생계마저 위협하는 것이었다. 특히 공출에 의한 미곡의 일본 방출은 농민의 생활을 극도의 굶주림에 몰아넣는 것으로, 1937년 이후 일제는 매년 1천만 석 이상의 한국미를 약탈해 갔던 것이다. 일제 식민지 시대의 전 기간을 통하여 우리 민중은 견디기 힘든 궁핍에 시달려야 했지만, 특히 일제 말의 그것은 실로 상상을 넘는 것이었다.[9]

일본 제국주의는 이와 같은 인적·물적 수탈 정책과 병행하여 민족문화에 대한 전면적인 말살 정책을 강행했다. 그것이 바로 우리가 잘 아는 바 대로 조선어 교육의 폐지 및 조선어 사용의 억제, 우리말 신문의 폐간과 우리말 창작의 금지, 창씨개명, 신사 참배 등 일련의 황민화 정책이라는 것이다. 이를 위하여 일제는 무자비한 체포·투옥·고문을 감행했으며, 이와 같은 비인간적 폭압 만행의 법적 뒷받침으로서 조선 사상범 보호관찰령(1936. 12. 12), 가출옥 사상범 처우 규정(1937. 4. 14), 군기(軍機)보호법

(1937. 10. 11), 국경취체법(1939. 3. 31), 군용자원 보호법(1939. 6. 28), 신문지 등 게재 제한령(1941. 1. 10), 조선 사상범 예방구금령(1941. 3. 1), 조선임시보안법(1941. 12. 26) 등 전대미문의 법령들을 잇달아 공포하여 이 땅을 하나의 커다란 감옥으로 만들어 놓았다. 심지어 일제는 약 2만 7천 명의 요시찰인을 구금·학살할 계획까지 세웠고, 일부 지방에서는 이러한 학살에 이용할 특수한 지하실을 파 놓았다고 하니,10) 이것은 실로 인간이 어느 정도까지 잔학해질 수 있는가에 대한 놀라운 증거라고나 해야 할 것이다.

  8·15해방은 바로 이와 같은 생명과 생존에 대한 절박한 위협으로부터의 해방이었다. 다 죽어 가던 목숨이 홀연 살아난 것이나 마찬가지였다. 이것은 우리 민족사에서 거의 종교적이라고나 할 만한 체험이었다. 그것이 환희와 감격 속에 받아들여진 것은 지극히 당연하고도 자연스러운 일이 아닐 수 없겠다.

3 농민 해방의 목표

  일본 제국주의의 폭압적 지배에 의해 묶였던 모든 사회 문제는 8·15와 더불어 일시에 표면화되었다. 사람들은 이 시기를 흔히 사회적 혼란기라고 부르지만, 해방 후 수삼 년 동안의 기간은 하나의 혼란기임에 못지않게 우리 역사상 드물게 보는 대단히 발랄하고 창조적인 시기이기도 했다. 적어도 혼란을 수습한다는 명분으로 혼란을 수습하기보다 창조력을 고갈하는 방향으로 권력의 손길이 작용하기 전까지는 그렇다고 볼 수 있다. 문학사적으로 보더라도 해방 직후 몇 년간에 발표된 작품들을 일제 식민지 시대의 어떠한 문학작품도 갖지 못한 건강성을 지니고 있으며 또 1950년대의 어떤 작품도 갖지 못한 폭넓은 문제의식을 갖추고 있다. 필자가 읽어 본 한에서 이 무렵에 발표된 채만식(蔡萬植)이나 황순원(黃順元)의 작품들은 우리 신문학사상 가장 진지한 업적으로 평가되어야 할 것이다. 이제 이 시기의 문학에서 중심적으로 다루어진 몇 가지 문제들을 검토해보자.

전통적으로 우리나라가 농업 국가였고 8·15 당시만 하더라도 인구의 4분의 3 이상이 농민이었기 때문에 농민의 생활 문제는 자연히 문학의 심각한 주제가 되지 않을 수 없었다. 날카로운 역사 의식에 입각하여 정면으로 이 문제를 다룬 작품은 채만식의 단편 「논 이야기」(1946)다.

주인공 한 생원의 아버지 한태수는 부지런한 농군이었다. 그는 제대로 입지 않고 먹지 않으면서 품삯을 받아 푼푼이 모은 돈으로 열세 마지기와 일곱 마지기의 논 두 자리를 장만했다. 근검절약하여 소작농에서 자작농으로 일어선 셈이었다. 이렇게 논을 장만한 지 5년 만에 그는 열세 마지기 논을 고을 원에게 빼앗기고 말았다. 동학에 가담했다는 혐의를 씌워 옥에 가두어 놓고는 주리를 틀면서 문초를 하는 바람에 어쩔 수 없이 논을 바치고 풀려나온 것이었다. 한 생원이 스물한 살 적의 일이었다.

그 뒤 경술년(庚戌年)에 일본이 조선을 합방하여 나라는 망했다.
사람들이 나라 망한 것을 원통히 여길 때 한 생원은,
"그깐 놈의 나라, 시언히 잘 망했지"
했다. 한 생원 같은 사람으로는 나라란 백성에게 고통이지 하나도 고마운 것이 아니었다. 또 꼭 있어야 할 요긴한 것도 아니었다.

이렇게 해서 한 생원은 가난한 소작농으로 근근이 입에 풀칠을 해 나간다. 그는 자기 부친과 달리 살림에 규모가 없었다. 사람이 좀 허황하고 헤픈 편이었다. 부친이 작고한 지 몇 해 안 되어 그는 힘에 겨운 빚을 지게 되었다. 마침 그 무렵 일본인 요시카와(吉川)가 땅을 비싸게 사들인다는 소문을 듣고 남아 있던 논 일곱 마지기를 그에게 팔아 버린다. 결국 그 돈으로 빚을 갚고 나머지는 흐지부지 없애고 말았다. "어떡하자구 논을 판단 말인가?" 하고 친구가 힐책하는 데 대해서 한 생원은 "인제 두구 보게나. 일인들이 다 쫓겨 가면 그 땅 도로 내 것 되지, 갈 데 있던가?" 하고 배포유하게 대답하곤 했다. 그럭저럭 세월이 흘러 마침내 8·15를 당하게 되었다. 전쟁이 끝나고 일본이 망했다는 소식에도 한 생원으로서는 크게 기쁠 것이 없었다. 공출이 없어지고 손자 녀석 징용 끌려 나갈 걱정이 없어져 미상불 다행스럽지 않은 것은 아니었으나, 그저 그뿐이지, "비지땀 흘려가면서 일 년 농사지어, 절반도 넘는 도지(小作料) 물고, 나머지로 굶으며 먹으며 연명이나 하여 가기는 독립이 되거나 말거나 매양 일반"이라고 한 생원에게 생각되는 것이었다. 그에게 "나라를 도로 찾았다는 것은 구한국 시절로 다시 돌아가는 것으로밖에는 달리 생각할 수가 없었다." 여기에서 우리는 8·15해방이 이 가난한 농민에게 무엇을 주어야 하는가, 즉 그가 무엇으로부터 해방되어야 하는가 분명히 깨닫게 된다. 작품의 문맥에서 잠시 떠나 이 점을 좀더 자세히 살펴보자.

봉건주의 시대에 농민 문제의 본질은 토지 소유의 문제다. 즉 농사를 짓는 농민이 토지의 소유자가 아니라는 토지 소유 관계의 모순이 그것이다. 조선조 시대에 모든 경작지는 공전과 사전으로 대별되었는데, 전자는 국가의 소유이고 후자는 소수의 토호들에게 집중되어 있었으므로 농민은 농노적 관계로써 토지에 속박되어 있었다. 이와 같은 봉건적 토지 소유 관계는 한일합방이 되던 1910년부터 1917년까지의 이른바 토지조사 사업에 의하여 사유권의 확립이라는 한 조각의 근대적 법률로써 재생산되고, 농민은 조상 대대의 세습적 토지 점유에서 쫓겨나 소작농으로 전락했다.

일제 식민지하에서 소작지 경작은 조선조 시대보다 더 열악한 계약 조건을 수반했고, 이 조건을 이행하지 못할 때에는 농지를 빼앗기고 화전민이 되거나 날품팔이가 되는 수밖에 없었다. 이러한 날품팔이 노동자의 수가 1912년에 약 35만 명이던 것이 1917년에는 45만 명으로 늘었으며, 화전민도 1916년에 25만 4천 명 정도이던 것이 1933년에는 144만 명으로 격증했다.[11] 조선조 시대보다 훨씬 더 가혹한 식민지적·반봉건적 착취와 아울러 일본인 대자본의 토지 수탈은 한국 농민의 몰락을 불가피하게 했다.[12]

농민의 계급적 분화 및 전반적 빈곤화는 일제 식민지 통치에 대한 격렬

연도	건수	참가 인원	연도	건수	참가인원
1930	726	12,152	1935	25,834	32,219
1931	667	9,237	1936	29,579	39,518
1932	300	4,327	1937	31,799	39,260
1933	1,975	8,058	1938	22,596	28,120
1934	7,544	14,597	1939	16,452	19,489

참가 인원은 소작인 수.[14]

한 저항 운동을 불러일으키지 않을 수 없었으며 가혹한 소작료(심지어 80퍼센트나 90퍼센트의 소작료도 있었다)는 끊임없는 쟁의를 유발하지 않을 수 없었다. 1919년의 3·1운동에서 한 해 동안 검거된 1만 9,500여 명 가운데 직업별로 보아 농민이 1만 800여 명(59%)이나 되었다는 사실[13]은 일제 식민지 통치의 질곡을 누가 가장 혹독하게 겪었으며 이에 대한 저항의 주력 부대가 누구였는지를 말해 주는 명백한 증거라 하겠다. 다음의 표에 보이는 소작쟁의의 추이는 이러한 반봉건적·식민지적 착취에 대한 농민 의식의 각성이 얼마나 급속하게 성장하고 있었는가를 보여 준다.

이러한 농민들이 8·15해방에 걸었던 기대의 내용은 짐작하고도 남음이 있다. 그것은 봉건적·식민지적 토지 소유 관계의 전면적 지양, 즉 농민적 토지 소유의 완전한 실현이었다. 소작제도의 속박에서 해방되지 않고서는 그 어떠한 정치적 변화도 이들에게 해방일 수 없었던 것이다. 이렇게 살펴볼 때 작품 「논 이야기」에서 주인공 허 생원이 단순한 나라의 독립에 대해 절실한 기쁨을 느끼지 못했던 것은 응당 있을 법한 반응이라고 여겨지는 것이다. 이 작품에서의 다음과 같은 부분은 가히 우리나라 농민사(農民史)의 압축된 서술이라 할 것이다.

독립이 된 이 앞으로도, 그것이 천지개벽이 아닌 이상 가난한 농투성이가 느닷없이 부자 장자 될 이치가 없는 것이요, 원·아전·토반이나 일본 놈 대신에 만만하고 가난한 농투성이를 핍박하는 '권세 있는 양반들'이 생겨나고 할 것이매, 빼앗겼던 나라를 도로 찾아 다시금 조선 백성이 되었다는 것이 조금도 신통하거나 반가운 것이 없었다.

　원과 토반과 아전이 있어, 토색질이나 하고 붙잡아다 때리기나 하고 교만이나 피우고 하되 세미(稅米＝納稅)는 국가의 이름으로 꼬박꼬박 받아 가면서 백성은 죽어야 모른 체를 하고 하는 나라의 백성으로도 살아 보았다.

　천하 오랑캐, 아비와 자식이 맞담배질을 하고 남매간에 혼인을 하고 뱀을 먹고 하는 왜인들이, 저희가 주인이랍시고 교만을 부리고 순사와 헌병은 칼바람에 조선 사람을 개돼지 대접을 하고, 공출을 내어라 징용을 나가거라 야미(闇)를 하지 마라 하면서 볶아 대고, 또 일본이 우리나라다, 나는 일본 백성이다, 이런 도무지 그럴 마음이 우러나지를 않는 억지 춘향이 노릇을 시키고 하는 나라의 백성으로도 살아 보았다.

　결국 그러고 보니 나라라고 하는 것은 내 나라였건 남의 나라였건, 있었댔자 백성에게 고통이나 주자는 것이지, 유익하고 고마울 것은 조금도 없는 물건이었다. 따라서 앞으로도 새 나라는 말고 더한 것이라도, 있어서 요긴할 것도 없어서 아쉬울 일도 없을 것이었다.

이처럼 나라의 독립에 시큰둥하던 한 생원이었으나 일인들이 토지와 재산을 죄다 그대로 내놓고 쫓겨 가게 되었다는 소식을 듣자 그는 저절로 어깨가 우쭐해지고 만세 소리가 나오려고 했다. 그는 이제 일인들이 쫓겨 가게 되었으니 요시카와에게 팔았던 농토를 되찾을 수 있으리라고 생각하는 것이다. 그러나 그 논이 한 생원에게 되돌아올 리 없었다. 8·15 직후의 혼란한 틈을 타서 "잇속에 눈이 밝은 무리들이 일본인 농장이나 회사의 관리자들과 부동이 되어 가지고 일인의 재산을 부당 처분하여" 이미 다른 사람 소유가 되어 버린 뒤였다.

　채만식의 「논 이야기」가 역사의 모순에 짓밟힌 농민을 보여 주었다면 이선희(李善熙)의 「창」(1946)과 황순원의 「황소들」(1946)은 그 모순을 딛고 일어서서 새로운 삶의 질서를 창조하려는 건강한 농민상을 보여 준다. 「창」의 주인공 김사백은 가난한 소작인의 아들로서, 다행히 머리가 좋은 덕에 부지런히 공부하여 사립학원 선생이 되었다. 그는 아내와 힘을 합쳐 온갖 각고의 노력 끝에 땅을 사서 소지주가 되었다. 한편 그의 동생인 김사연은 아버지가 부치던 땅과 살던 살림살이를 그대로 물려받아 가난한 소작인의 생활을 해 나간다. 형 김사백은 24년 동안이나 사립학원 선생 노릇을 하면서 그런대로 작은 성공을 거둔 셈이었고, 아우 김사연은 일제 시대에 농민조합 사건으로 6년이나 감옥살이를 했고 그때의 고문으로 심한 상처를 입은 인물이다.

이러한 형제에게 8·15해방이 똑같은 것을 의미할 수는 없었다. 8·15 당일의 흥분이 지나고 나자 "오늘 조선이 꿈같이 해방되고 다시 그가 그처럼 갈망하던 세계가 실현"되는 것이 형 김사백에게는 도무지 즐겁지가 않고 무섭기만 하다. 반면에 아우 김사연은 "농민의 이익을 옹호하는 정치"를 위해서 농민조합에 나가 불철주야 몸이 으스러지도록 일을 하는 것이다. 자연 이들 형제는 모든 문제에 날카로운 이해의 대립을 보이게 된다. 작가는 다음과 같은 형제간의 대화를 통해서 농민 문제에서 핵심적인 사항을 제시한다.

"그래 토지 문제는 어떻게 되는가? 토지 혁명이 정말 되는가?"
"토지 혁명이 돼요. 조선이 토지 혁명을 하지 않으면 언제 하겠소."
"그럼 국유로 되겠군."
"아니 농민에게 무상으로 노나 준답디다. 소작 제도를 없애야 봉건 제도에서 벗어난당이."
"땅을 다 몰수해서 농민을 주면 지주는 어떡허게. 도둑놈들 같으니라구. 남 애써 돈 모아 땅 살 때 저이는 멀 했어. 남의 걸 공으로 뺏어 먹으려구. 아직 중앙정부가 서지 않아서 몰라."

결국 시대의 발전에 뒤처진 김사백은 자기가 역사의 도도한 흐름에 역류하려는 한 개 티끌 같은 존재임을 깨닫고 스스로 목숨을 끊는다. 한때 사회 문제에도 관심을 가졌고 20여 년간 꿋꿋하게 아동 교육에 몰두해 오던 이 성실한 소지주의 자살은 '대성(大成)은 재천(在天)이요, 소성(小成)은 재근(在勤)이라'던 낡은 관념의 시대가 이제 끝났음을 상징하는 것이라 하겠다.

황순원은 단편 「황소들」은 농촌 문제가 자기 자신들 아닌 다른 누구의 손으로도 올바르게 해결될 수 없음을 깨달은 농민의 궐기를 그리고 있다. 시종 열세 살배기 소년의 눈으로 관찰되고 서술되기 때문에 이 작품 속 농민들이 들고 나온 문제가 구체적으로 무엇이었는지 하는 것은 자세히 알 수 없으나, 다음과 같은 대목은 충분히 그것을 짐작하게 한다.

이래저래 다 같이 죽을 우리여. 이대루 나가다간 필경은 죽은 목숨여. 우리가 무어 공출을 않겠다는 것은 아니여. 정말이지 앞으로의 공출은 다른 사람 아닌 우리 조선 사람끼리 먹을 게 아니여? 너나없이 누가 공출을 않겠다 하여? 그저 정도가 있는 게여. 우리들 양식거리마저 긁어 가면 쓰느냐 말여. 그 광 속에다 낟알섬을 가득히들 들이쌓아 두구 몰래 일본이나 다른 데루 팔아먹는 사람은 내버려 두구 말여. 그러지 말구 먼저 그런 광문을 열어 공출을 시켜야 하는 게여.

작가 황순원은 해방된 지금에도 정치권력과 지주에 의한 농민 수탈이 그대로 지속되고 있을 뿐 아니라 그것이 농민의 생계를 불가능하게 할 정도에까지 이르고 있었음을 증언한다. 그리고 그는 이러한 모순의 극복을 위해 감연히 떨쳐나선 한 떼의 이름 없는 농민들을, 그들의 황소처럼 건강하고 씩씩한 모습을 부각하는 것이다.

「논 이야기」의 허 생원은 어디까지나 자기 땅을 찾는 데만 관심을 가진 농민이다. 그의 소망은 스스로 한 사람의 지주가 되는 것이다. 그만큼 그는 시대착오적 의식에 사로잡혀 있다. 작가 채만식은 이러한 주인공과 일정하게 떨어진 자리에서 이 인물을 둘러싼 농촌 현실을 본다. 그렇기 때문에 「논 이야기」는 농민 자신이 자기 문제에 부닥쳤을 때의 심각성을 결여하고 있다. 그러나 「창」의 김사연이나 「황소들」의 바우 아버지는 스스로 지주가 되겠다는 생각을 갖지 않은 또 가질 수도 없는 농민들이다. 그들은 지주가 있고 소작인이 있어 뺏고 뜯기는 사회적 관계 자체가 근본적으로 청산되는 과정 속에서만 자기들이 사는 길이 있다고 믿는 농민들이다. 그러므로 그들은 허 생원과 똑같이 국가의 혜택을 입지 못했으면서도 허 생원과 같은 국가허무주의(國家虛無主義)에 빠지지 않으며 역사의 전진 편에 서서 싸울 수 있는 것이다.

4 식민지적 잔재의 청산 문제

해방된 조국 땅에 살기 좋은 새 나라를 건설하는 과업이 구체적으로 어떻게 진행되어야 했을지 필자로서는 잘 알지 못한다. 어쩌면 여기에서는 단 하나의 해답만 있을 수 있었던 것은 아닐지 모른다. 해방 후 수없이 많은 정당과 정치 단체가 난립하여 각기 자기네 주장을 내놓고 서로 갑론을박했던 사태는 비록 바람직한 것은 아니더라도 능히 있을 수 있는 현상이었다.

그러나 새 나라의 구상이 그 어떤 종류의 것이든 그것은 적어도 하나의 필수적인 조건을 충족하는 내용이어야 하리라고 믿어진다. 그것은 다름 아니고 일제 잔재를 뿌리뽑고 민족정기를 바로잡는 일이었다. 그러나 미군정을 거쳐 이승만 정권이 확립되는 과정에서 반민족적 친일 세력은 민족의 이름으로 심판을 받기는커녕 도리어 "여전히 실권적 또는 지도적 지위를 차지함으로써 국민 대중은 '민족적 정의의 부재'를 실감하게" 되었고, 그리하여 "민족적 정열과 애국심을 흐리게 하고 개인의 영달과 실리만을 좇는 이기적 타산 풍조를 낳게" 되었던 것이다.[15] 미군의 남한 진주에 따라왔던 어느 미국인도 다음과 같이 서술하고 있다.

1945년 당시 국무성 극동국 한국 관계 책임자였던 조지 매퀸 씨의 말에 의하면 하지 중장은 오키나와(沖繩)에서 한국으로 향발하기 전 "행정 기구는 현상태로 잔치(殘置)하되 일본인 관리들은 전부 파면할 것"

이라는 명백한 지시를 받았었다. 당시 한국 국내 정치정세와 민심 동향 등으로 보아 적어도 일본인 고관 중 약간 명을 즉시 추방하는 것은 당연한 순서였을 것이다. 그러나 하지 중장의 근시안적 측근자들은 이와 같은 점을 통찰하지 못했다. 한국인들은 하지 중장의 이러한 실책을 간과하지 않았다.[16]

일본인 관리 추방 후 하지 중장과 그 막료들은 일본인보다 미국인을 더 이해하는 한국인을 구하기 시작했다. …… 재한 미국인 선교사의 영식(令息)이며 해군 소좌인 조지 Z. 윔스 씨가 한국인 관리 선택의 임무를 맡게 되었다. 동 소좌는 이들 관리를 주로 조선 기독교 신자 중에서 뽑았는데, 그 대부분은 한국민주당에 속한 사람이었다. 이 중산 지주이며 교육도 있고 친일파로 된 소수당인 완고보수 진영은 또 하지 고문 회의에도 중요 인물을 보내게 되었다.[17]

독립지사가 수난을 겪고 친일파가 득세하는 이 도착된 현실, 일본과 만주를 유랑하다가 고국이라 하여 찾아온 전재민들은 방 한 칸 얻지 못하고 풍찬노숙을 하는데 악덕 모리배들은 적산(敵産)을 불하받고 힘없는 사람들 등을 쳐서 배를 불리는 이 기막힌 현실은 해방 후 문학에서 중요한 관심의 대상이 되었다. 이에 관련된 몇 작품을 살펴보기로 하자.

채만식의 「맹 순사」(1946)와 김동인의 「김덕수」(1946)는 두 편 모두 비슷한 소재를 다룬 소품이나 다루는 입장은 대단히 상반된다.

「맹순사」의 주인공은 일제 시대에 순사를 하다가 8·15를 만나 "곧 누가 몽둥이로 후려갈기는 것만 같아서" 순사질을 그만둔 나이 사십 가까운 사나이다. 일제 시대에 순사를 하던 팔 년 동안 그는 비록 적은 월급이었으나 여기저기서 조금씩 뇌물받은 것으로 제법 거들먹거리며 살았었다. 다만 "타고난 천품이 본시도 유한 인물"이라 남의 비위를 적극적으로 건드리거나 큼직하게 한밑천 들어먹지 못했을 뿐이고 무슨 청렴한 관리라는 것과는 거리가 멀었다. 그런데도 "칼자루 십 년에 집안 여편네 뉴똥치마

하나 못해 준 주변에 헐 말이 무슨 헐 말이우?" 하는 젊은 아내의 바가지에 "좌우간 내가 그만침이나 청백했기 망정이지, 다른 동관들 당했단 소리 들었지? 누구는 맞아 죽구, 누구는 집에 불을 지르구, 누구는 팔다리가 부러지구" 하고 대꾸한다. 큰 것을 먹어 부자가 되지 않았으니 청백했노라고 그는 생각하는 것이다. 이러한 그가 직업을 놓고 나니 오래지 않아 생활난에 부닥치게 되고, 그래서 군정청 경찰학교에 지원서와 이력서를 내놓았다. 그는 당장에 채용되어 어느 파출소에 배속된다. "해방 조선의 새 순사"가 된 것이다.

옛날의 순사와 똑같은 차림이건만 맹 순사는 웬일인지 "우선 스스로가 위엄도 없고 신도 나는 줄을 모르겠고" 했다. 지나치는 행인들도 조심하거나 두려워하는 기색은커녕 심지어 적의와 경멸의 눈초리로 흘겨보기까지 했다. "함부로 체포도 아니하고 위협도 아니하고 뺨 같은 것은 물론 때리지 못하게 되었고 하니, 전보다 친근하고 안심한 얼굴로 대하고 하여야 할 것인데 대체 웬일인지" 하며 맹 순사는 이해가 되지 않았다. 며칠 후 그의 파출소에는 다른 순사 한 사람이 보충되어 왔다. 그를 보는 순간 맹 순사는 경악을 금하지 못했다. 그는 몇 해 전 맹 순사가 경찰서 유치장의 간수를 볼 때 살인강도로 붙잡혀 들어왔던 사나이였다. 조마조마하게 하루를 보낸 맹 순사는 그만 사직원을 쓰는 것이었다.

이 작품에서 채만식은 일제 시대의 반민족적 친일 세력이 해방된 조국에서 새로운 지배층으로 등장하기 시작하는 부조리의 한 단면을 보여 준다. 흔히 일컬어 공복(公僕)이라고 하는 관공리가 민중에게 무엇인가, 그리고 그것의 본질이 8·15에 의해서 어떻게 달라졌는가를 또한 작가는 보여 준다. 이 단편의 마지막, 사직원을 쓴 맹 순사와 그 아내의 다음과 같은 대화는 8·15의 의미에 대해 근본적으로 회의를 갖게 하는 신랄한 풍자라 하겠다.

"에구머니! 가짜 순사 말이죠?"
"흥 뻐젓이 사령장꺼정 받은 진짜 순사드랍니다요. 당당한 경찰학교 졸업생이시구."

"저 으찌우? 그럼 인전 순사한테두 맘 못 놓겠구료?"

"허기사 예전 순사라는 게 살인강도허구 다를 게 있었나! 남의 재물 강제루 뺏어 먹구 생사람 죽이고 하긴 매일반이었지."

채만식의 이 작품은 그의 다른 모든 작품에서와 마찬가지로 현실세태에 대한 송곳같이 날카로운 관찰을 담고 있다. 그러나 거기에는 위대한 문학이 의당 갖고 있어야 할 어떤 본질적인 것이 빠져 있다는 느낌을 준다. 그 본질적인 것이 바로 이것이라고 단정 지어 말하기는 어렵지만, 현실의 일면이 균형 있게 또는 날카롭게 서술된 작품보다 현실 전체가 정열적으로 문제되어 있는 작품에서 우리는 더욱 진정한 문학을 본다. 채만식의 풍자가 우리 문학의 귀중한 재산이라는 데는 이의가 없다. 그러나 그것은 현실 개혁의 실천적 의지를 자기 동력으로 삼은 문학에 의해 극복될 문학임에 또한 틀림없을 것이다.

김동인의 단편 「김덕수」에서 우리는 시대에 뒤떨어졌을 뿐 아니라 민족적 양식에 배반되는 작품의 예를 본다. 이 작품의 '나'는 전직 판사이고 현직 변호사로서 해방 직후 적산 가옥을 양도받아 이사를 왔다. 그런데 같은 동네에 살던 일제 시대의 고등계 형사 김덕수는 "김덕수의 손에 걸려 감옥살이하던 많은 인사들이 갑자기 출옥하자 혹 매 맞아 죽지나 않는가 근심했더니" '나'보다 먼저 이 새 동네로 이사 와 있는 것이었다. 더욱이 독립지사를 잡아들이고 갖는 악형을 다하여 자백을 받아 내는 데 명수라고 이름 높던 이 김덕수가 군정청 경찰의 경부로 되어 있는 것이었다.

'나'의 '연구한' 바에 의하면, 김덕수는 일제 시대에 나서 오직 황국신민으로서 교육만 받고 성장했으므로 자기 조상이 일본인과 다른 종족인 조선인이라는 것은 처음부터 알지도 못했고, 따라서 황국신민의 사상에 대치되는 행동이나 운동을 하는 '불령선인'을 잡아 없애는 책임을 진 자기 직업은 아주 신성한 것이라 여긴다. 이런 김덕수인지라 그에게는 8·15해방이란 것이 도무지 이해할 수 없는 일이었다. 그래서 '나'는 김덕수에게 조선과 일본은 원래 딴 나라이고 역사와 전통이 서로 다르다는 것을 가르친다. 그런데 어느 날 신문에 "고문대장 김덕수 경부는 그 잔악한 고문으로 벌써 물론이 높거니와 또 어느 피의자에게서 뇌물로 쌀 서 말을 받아먹은 사실이 검찰 당국에 알린 바 되어서 파면당하고 기소 수감되었다"는 기사가 보도된다. 이 기사를 보고 '나'는 혀를 차면서 이렇게 생각하는 것이다.

사실 수감되었는지 어떤지는 알아보아야 할 일이지만 이것은 너무 심한 채찍이 아닐까. 그가 일정 시대에 좀 심한 고문을 하여 적지 않은 사람들에게 원념을 산 것은 사실이다. 그러나 자세히 따지자면 그 자신이 받은 교육 때문에 그는 자기 자신을 일본인으로 알고 일본에 충성되기 위한 행동이었다. …… 그가 일본인이라는 자각 아래서 일본의 반역자에게 좀 잔학한 일을 했다 한들 그것은 그리 욕할 바가 아니다. 현재의 덕수의 행동을 가지고 인도에 벗어난다 하면 모를 일이로되, 지난날의 일을 들추어내어 욕하는 것은 다만 욕하기 위한 욕일 따름이다. …… 쌀 서 말의 수회? 몇백만 원, 몇천만 원 껌쩍껌쩍 삼키고 그러고도 무사한 이 판국에 쌀 단 서 말로 그것을 무슨 수회라 하랴.

그리하여 변호사인 '나'는 자청해서 김덕수의 변호를 맡기로 하는 것이다. 여기서 우리는 일제 식민지 세력의 온존에 대한 작가 김동인의 변론을 볼 뿐만 아니라 8·15해방에 걸었던 민중의 기대가 어떤 사람들에 의해 무슨 구실 밑에 배반되었던가의 한 예를 본다. 김동인은 고등계 형사 김덕수의 잔학한 친일 행위가 "그 자신이 받은 교육" 때문이었다는 실로 어처구니없는 말장난을 농하고 나서, 그러니 독립지사들에게 "좀 심한 고문"을 한 것이 무슨 탓할 바이냐고 말한다. 이것은 민족 감정에 대한 정면으로부터의 도전일뿐더러 한 작가로서 인간적·도덕적 파산을 의미하는 것이 아닐 수 없다. 김동인이 일제 시대에 비록 주요한처럼 "폐하를 위해서 아침 서리 밟으며 가는 그 길은 귀하고 기쁘고 슬프기조차 하더라"[18]고 중얼거리지 않았고 이광수처럼 다음과 같이 노골적인 발언을 하지는 못했다 하더라도, 우리는 그가 본질적으로 이들과 동일한 사상을 가진 동일한 부류의 인물이었다고 생각하지 않을 수 없는 것이다.

나는 지금에 와서는 이러한 신념을 가진다. 즉 조선인은 전연 조선인인 것을 잊어야 한다고. 아주 피와 살과 뼈가 일본인이 되어 버려야 한다고. 이 속에 진정으로 조선인의 영생의 유일로(唯一路)가 있다고. 그러므로 조선인 문인 내지 문화인의 심적 신체제의 목적은 첫째로, 자기를 일본화하고, 둘째로는, 조선인 전부를 일본화하는 일에 전 심력을 바치고, 셋째로는, 일본의 문화를 앙양하고 세계에 발양하는 문화 전선의 병사가 됨에 있다. 조선 문화의 장래는 여기에 있는 것이다. 이러하기 위하여 조선인은 그 민족 감정과 전통의 발전적 해소를 단행할 것이다. 이 발전적 해소를 가리켜서 내선일체라고 하는 것이라고 믿는다.[19]

이와 같은 일체의 반민족적 식민지 잔재가 이 땅에서 올바르게 청산되는 것은 민족 해방의 기초적인 과업이 아닐 수 없었다. 8·15 이후의 사태 발전은 이미 많은 논자가 지적한 바와 마찬가지로 이에 역행하는 길을 걸었다. 황순원은 「아버지」(1947)에서 일제 시대와 해방 후 현실의 정치적 연속성을 분명한 어조로 증언한다. 이 단편에서 '아버지'는 3·1운동 당시 청년 교사로서 이 운동에 적극 참여한다. 이 때문에 그는 1년 반 동안 형무소 생활을 치렀다. 그의 감방에는 같은 일로 들어온 박 씨, 만주에서 독립운동을 하다 붙들려 온 청년, 그리고 남도 어느 지방에서 3·1운동 관계로 들어온 가장 나이 젊은 농사꾼 등 넷이 있었다.

해방 후 '아버지'는 우연히 거리에 나갔다가 함께 감방살이를 했던 남도 사람을 만났다. 그의 아들이 "이번 사건으로 붙들려서" 서울에 왔고 그 자신도 사건에 가담했기 때문에 서울로 피신해 와 있는 것이었다. '아버지'는 3·1운동에 관해 이야기를 듣고 그것으로 글이나 한 편 쓰려는 아들에게 "우리의 3·1운동이 그때 왜놈의 무단 정치에 견디다 못해 일어난 것처럼, 요새 다시 그때와는 다른 어떤 무단적인 것이 우리들을 자꾸만 억눌러 견디다 못해 일어난 것이 이번 사건이라구, 그러문서 요새 아들을 들여보내구 자기두 그렇게 피해 다니는 몸이 되니깐 정말 3·1운동 때의 일이 생각나 못 견디겠대" 하고 그 남도 사람에 관해 일러 준다. 말하자면 일제 시대에 받던 탄압이 해방된 오늘에도 그대로 남아 있는 것이다. 여기서 작가는 매우 암시적인 방법으로이긴 하나 민족의 해방 투쟁 및 민중의 생존 투쟁이 여전히 계속되고 있는 상미성(尙未成)의 과업임을 보여 준다.

황순원의 「술 이야기」(1947)는 일제 잔재 세력을 청산하여 진정한 민족적 해방을 달성하는 작업이 정치적인 문제일뿐더러 사회·경제적인 문제요, 또한 개인들의 의식 내부 문제이기도 함을 깊이 있게 추구한다. 작품의 주인공인 준호는 적산인 나카무라 양조장을 접수 경영하는 데 대표로 뽑혔다. 20년 가까이 공장에서 일해 온 그는 같은 사무실의 젊은 서기 건섭의 말대로 "이제부터 이 양조장 모든 것이 우리의 것이다!" 하는 감격으로 나카무라패의 모든 유혹을 물리치고 끈기 있게 양조장을 지켜 나간다. 준호는 일본인 지배인의 사택을 접수하여 들기로 하고 이사하기 전날 종업원들과 함께 그 집으로 가서 "일본적인 것을 일소해 버려야 한다는 생각"으로 벽에 붙은 현판이니 족자들을 모조리 떼고 가장집물을 모두 치워버린다. 뜰에 있는 돌사람, 인조산과 석등도 일본적인 것이라 하여 부수고 말았다.

이렇게 이 집의 새 주인으로 들어앉은 준호는 여기서 얼마 사는 동안 자기도 모르는 사이에 차차 이 집에 살기 알맞은 사람으로 변모해 간다. 넓은 방 안이 어쩐지 허전하게 느껴져 치웠던 가구들을 도로 내다 제자리에 가져다 놓고 부수었던 돌사람의 대가리를 다시 제자리에 맞추어 놓는다. 그리고 이제 준호는 고향 친구의 자본을 끌어다가 양조장을 자기 개인의 것으로 불하받으려 한다. 이렇게 해서 그는 건섭이네들과 차츰 틈이 벌어지는 것이다. "종업원 전부가 다 같이 자금을 내서 경영하지 못하는 바에는 어느 개인의 자본을 대느니보담 조합에 맡겨 운영하는 게 옳은 길"이라는 것이 건섭이의 의견이지만, 준호에게는 이것이 자기를 따돌리려는 술책으로밖에 여겨지지 않는다. 공장을 자기 개인의 소유로 만들려는 준호와 종업원의 공동 경영에 맡기자는 건섭이 사이의 갈등을 작가는 준호의 심리에 대한 세심한 분석을 통해 이렇게 묘사한다.

이날 준호가 사무실에 나가서, 짤막히, 자본 댈 사람을 하나 구했다는 말을 했더니, 건섭이는 이편을 찬눈으로 똑바로 보면서(준호에게는 그렇게만 느껴졌다) 요새 그러지 않아도 자칫하면 조선 사람이 어느 공장이나 회사의 책임자로 들어가 앉으면 곧 전의 일본인 나카무라면 나카무라가 된 거나처럼 생각하는 축이 많은데, 그런 개인이 자본까지 대놓으면 큰일 나리라는 말로, 우리 양조장만은 조합에 맡겨 하자는 말을 했다. 일본인 나카무라나 된 것처럼 생각하는 축이 있다는 것은 준호 자기를 두고 하는 말이리라. 이제는 이 녀석의 마음을 다 알았다. 분명히 이 녀석 제가 조합의 힘을 빌어 양조장 대표가 되려는 것이다. 요새 와서 이 녀석의 차거워진 눈초리를 봐도 분명하다.

우리는 여기서 역사의 전진의 편과 퇴보의 편이 날카롭게 갈라지는 것을 본다. 스물다섯의 나이에 일본인 양조장의 급사로 들어와 총명하고 끈기 있게 일한 덕에 주임서기가 된 준호에게 최대 목표는 그 자신 나카무라처럼 되는 것이었다. 그러나 건섭이와 그의 동료들이 바라는 것은 나카무라와 같은 존재가 제도적으로 없어지는 것이다. 준호에게는 양조장 소유권이 일본인으로부터 조선인에게로 넘어오는 것만으로도 해방이었지만, 건섭이에게는 종업원 전체가 양조장의 소유와 경영에 참여하는 것만이 해방이다. 작가 황순원은 준호가 거의 실성하다시피 되어 죽는 과정을 묘사함으로써 구시대적 모순의 전면적 극복을 통해서만 역사가 전진하며 사회적 정의의 구조적 확립에 의해서만 민족적 정의의 확립이 실질적으로 이루어질 수 있음을 보여 준다.

5 참된 해방을 위하여

　일본 제국주의의 식민지 지배에 대한 민족 해방 투쟁이 끈덕지게 진행되어 왔음에도 불구하고 8·15 자체는 그 투쟁의 직접적 귀결이 아니라 세계대전의 국제 정치적 산물이었다. 그것이 낳은 최대 비극은 두말할 것 없이 미·소 양군의 남·북한 진주, 즉 타의에 의한 민족 분단이다. 분단의 경험 30년은 우리에게 분단의 극복이야말로 무엇보다 시급한 최우선의 민족사적 과제이며 이 과제의 성취 없이는 그 어떠한 발전도 번영도 언제나 일시적이고 부분적일 수밖에 없음을 뼈저리게 가르쳐 준다. 물론 8·15 직후에는 아무도 이 38선이 이렇게 장기화되리라고 예상하지 못했을 것이다. 당시 문학에서 이 문제는 좌우익 이데올로기 대립 및 서민의 생활 문제와 결부되어 다루어진다. 염상섭(廉想涉)의 연작 단편 「이합」(離合)과 「재회」(1948)에서 우리는 그 좋은 예를 볼 수 있다.
　장한이는 해방 후 처가붙이가 있는 이북의 어느 군 소재지에 학교 선생으로 있다. 그런데 아내는 부인회의 군지부(郡支部) 부위원장이 되어 가정을 돌보지 않고 밤낮없이 바깥으로 싸돌아다닌다. 이래서 이 부부는 툭하면 싸운다. 남편은 아내에게 남녀평등도 좋고 혁명도 좋으나 가정에 대한 책임을 지라 하고, 아내는 남편에게 봉건 사상을 버리라고 대든다. 견디다 못해 장한이는 아들을 데리고 아내 몰래 38선을 넘어 월남한다. 도중에 그는 우연히 이북의 친척들을 찾아가는 친구이자 처남인 진호를 만난다.

　"어디를 가면 별수 있나!"
　장한도 남도 지방의 소란한 소문을 들어 아는 터이다.
　"결국 우리 같은 사람은 삼팔선 위에나 발을 붙이고 살지? 자네두 가 보게마는 서울은 별수 있겠든가?"
　"이북에를 간들 자네 따위 삼팔선 위에서나 살구 싶다는 위인이 별수 있을 줄 아나?"
　남북으로 오고 가는 사람이 서로 말리듯이 똑같은 소리를 하며 신푸

넘스러운 웃음으로 마주 웃는다.

"자, 그러니 우리는 어디로 가야 옳단 말인가? 그래도 그동안에 좀 자리가 잡혔을 테지? 이남에서 듣는 말야 데마도 많을 거요, 일일이 준신할 수 없지마는……."

"내 말이 그 말이세. 이북에 앉아서 듣는 말야 뉘 말이 옳은지 종잡을 수 없지만 그래두 식량 사정만이라두 훨씬 낫다는데 자네만 한 수단에 아무러면 되짚어오다니!"

"나 보기엔 이남으로 테가 메이게 기어드는 게 딱해 못 견디겠는데!"

두 청년은 남·북에 대하여 역시 서로 똑같은 기대와 희망을 가지고 똑같은 불안과 의문을 품는 것이었다.

진호는 두 잔째 마시고 나더니 전작이 있어 그런지 주기가 금시로 오르며 다시 말을 꺼낸다.

"조죽이라도 한솥에 끓여 먹을 제는 설어두 같이 설었고 살림 걱정을 해두 한자리에 앉아서 하지 않았겠나! 아가리에 재갈을 멕여 놓고 쪽바리 말을 쓰라구 할 때도 삼천만이 그 채쭉을 함께 맞었겠지? 그동안에 벌써 그걸 잊어버렸대서야 이게 사람이란 말인가! 사람의 의리인가!"

주기를 띤 진호의 목청은 어느덧 높아졌다.

"옳소!"

비탈에 앉은 피난민 축 속에서 이런 젊은 목소리가 턱에 받치듯이 우렁차게 허공에 울린다. 거기 뒤따라서 어떤 중늙은이의 막걸리에 거센 목소리가 들린다.

"젠장 이젠 '국어'가 둘 됐어! 둘야! 우리 손주새끼놈이 소학교를 졸업할 때쯤 되면 엽서 한 장을 받아 보려두 한 번만 번역을 해서는 볼 수 없게 될 거라! 흥, 내 생전에 또 이 꼴을 볼 줄 누가 알았더란 말요? 기맥히지, 기맥혀!?

염상섭의 전 문학은 그의 문학적 전성기를 대표하는 「삼대」와 「만세

전」까지 포함하여 본질적으로 소시민적·소지식인적 한계를 벗어나 본 적이 없고 더구나 해방 이후 작품들은 서민 생활 중심의 평면적인 가정소 설로 퇴화하고 말았지만, 그런 가운데도 그의 문학은 위의 장면에 보이는 바와 같은 객관적인 관찰을 담을 수 있었다. 물론 그의 기본적 자세는 "어 디를 가면 별수 있나!"라든지 "기맥히지, 기맥혀!"와 같은 체념과 무력감 속에 반영되어 있다. 그렇기 때문에 그는 분단의 고통을 보기는 하나 고 통을 극복하기 위한 아무런 비전도 가진 바 없으며, 그리하여 기껏 "삼팔 선 위에나 발을 붙이고" 살 생각을 해 보는 공상적인 인물을 창조하는 데 그칠 따름이다. 아내의 출분(出奔)에 화가 나서 이혼을 결심하고 월남했 던 주인공이 서울에서 형의 집에 와 얼마간 생활의 안정을 되찾고 때마침 월북했던 처남이 아내와 딸을 데리고 넘어오자 그럭저럭 다시 화해하게 되는 이 작품의 결말은 민족 분단의 질곡을 덮어 둔 채 각자 자기들의 세 속적 일상사에 함몰되어 가는 소시민의 자기 망각을 보여 주는 것이라 하 겠다.

한편, 해방 후 남북 분단의 현실은 지식인에게 하나의 사상적 자기 결단 의 위기로서 제기되었다. 남북의 정치적 이데올로기는 이미 확연히 대립 되어 있었으나, 지식인은 그처럼 바깥에서 주어진 정치 이데올로기를 아 무런 내적 계기 없이 자기 신념으로 받아들이지는 못하는 생리를 가지고 있다. 말하자면 여기에 지식인이라는 사람들의 고민이 있고 정신적 갈등 이 있는 것이겠다. 염상섭의 「그 초기」(1948)와 김동리의 「지연기」(紙鳶 記, 1947)는 시류에 편승한 기회주의적 좌익분자를 규탄하는 입장에서, 그 리고 이태준(李泰俊)의 「해방 전후」(1946)와 이근영(李根榮)의 「탁류 속 을 가는 박 교수」는 민족주의와 애국주의의 탈을 쓴 봉건사상과 테러리즘 을 비판하는 입장에서 각각 이 문제를 다루고 있다. 특히 이태준의 작품은 해방 전 순수 문학을 표방했던 이 작가의 사상적 방황과 변모를 고백한 자 전적 기록으로서, 비록 그의 자기 합리화의 논리에는 동조하지 않는다 하 더라도 해방 전후의 시기에 우리나라 문인이 처해 있던 정신적 분위기의 일단을 아는 데 많은 참고가 된다. 일제 말 주인공(현)의 낙향 시절에 뜻을 함께하고 서로 위안을 주고받았던 노인이 해방 후 서울로 그를 찾아와 이야기를 나누는 다음과 같은 대목은 사상적 차원에서 민족 분단을 아프게 보여 준다.

"현공, 그간 많이 변하셨다구요?"
"제가요?"
"소문이 매우 변허셨다구들……!"
"글쎄요……"

현은 약간 우울했다. 현은 벌써 이런 경험이 한두 번째가 아니기 때문이다. 해방 이전에는 막역한 지기(知己)여서 일조 유사한 때에는 물을 것도 없이 동지일 것 같던 사람들이 해방 후, 특히 정치적 동향이 보수적인 것과 진보적인 것이 뚜렷이 갈리면서부터는, 말 한두 마디에 벌써 딴 사람처럼 서로 경원(敬遠)이 생기고 그것이 대뜸 우정에까지 거리감을 자아내는 것을 이미 누차 맛보는 것이었다.

민족 분단과 사상 분열, 정당 난립과 정치적 혼미의 심화, 그리고 친일파와 민족 반역자의 새로운 암약은 사회적으로 심각한 혼란을 불러일으켰고 여기에 곁들여 군정 당국의 우유부단한 정책을 틈탄 각종 모리배들이 날뛰어 서민들의 생활난은 극에 달하고 있었다. 해방 직후의 한 기록은 당시의 사회 문제를 이렇게 요약하고 있다.

이에 오인이 대서특필하야 전 국민에게 경고하려 하는 것은 다음과 같은 여러 가지 중대 문제가 당면했다는 것이다. 첫째는, 각 산업 기관의 정휴(停休)와 재외 동포의 대량적 귀환에 의한 실업자 격증 문제이며, 둘째는, 생활 필수 물자의 부족과 물가 폭등 문제이며, 셋째는, 이상의 결과로 민중의 생활난에 의한 범죄자의 속출과 치안의 문란 등이다.

이 기록의 저자들은 서문에서 "물가가 이래서는 살 수 없다는 소리가 이

구동성으로 들리는 것이 흡사 8·15 전 전시(戰時)에 미(米) 부족과 징용 문제를 우탄(憂歎)하던 것과 흡사한 상태"라고 말하고 있는데, 이것은 한마디로 8·15해방이 한국인에게 도대체 무엇이냐를 근본적으로 의심하게 하는 사태였다. 1946년 5월 미국의 정보 수집을 위한 여론조사에 나타난 바로서는 당시 서울 시민의 49퍼센트가 증오의 대상인 일본인이 도리어 미국인보다는 낫다는 반응을 보였다고 하니,[21] 이때 사회상을 짐작하고도 남음이 있다. 여기에는 물론 불가피한 객관적 조건이 있겠으나, 근본적인 문제는 민족정기의 확립과 그것을 통한 사회정의의 주체적 실현이 정책적으로 기피되고 있었다는 데서 찾아야 한다.

미군정의 정치적 실패는 당시 한국에 와 있던 미국인 자신에 의해서조차 "그(하지 중장)의 정치 및 경제 고문들은 대개 1세기 뒤떨어져 출생한 것이다. 왜냐하면 그들은 20세기 사태에다 19세기적 식민지 정책을 분주하게 적용하고 있기 때문이다"[22]라고 비판되고 있는 것이다. 이러한 사회적 혼란과 경제적 파탄은 특히 해외에서 돌아온 귀환 동포들에게 절실한 생활난을 초래했다.

먹고살기 위해 남부여대해서 만주로, 일본으로 흘러갔던 동포들이 해방된 조국에 돌아가기만 하면 따뜻한 환대를 받으며 발 뻗고 살 수 있는 길이 있으려니 하고 무작정 귀국해 왔으나, 그들을 기다리고 있는 것은 그들의 그나마 남아 있던 재산을 등쳐 먹으려는 사기꾼과 모리배였다. 먹을 식량을 얻기 힘들고 잠잘 숙소를 마련하기 어렵다는 이 기본적인 문제 앞에서 그들은 그리던 고국 땅에 돌아왔으되 그 고국이 새로운 이역으로 느껴지는 것이다. 계용묵(桂鎔默)의 「금단」(1946)과 「별을 헨다」(1946), 김동리의 「혈거부족」(穴居部族, 1947), 황순원의 「두꺼비」(1946) 등은 이와 같은 현실의 문학적 증언이요 고통의 기록이다. 특히 「별을 헨다」와 「두꺼비」는 비슷한 소재를 가지고 해방 후의 사회 현실과 인심 세태를 통렬하게 묘사한 훌륭한 작품으로서 오래도록 기억에 남을 것이다.

만주에서의 생활이 차라리 행복이었다. 노력만 하면 먹고살기는 걱정이 없었고 산도 물도 정을 붙이니 이국 같지 않았다. 노력도 믿지 않는 고국 – 무슨 일이나 이젠 하는 일이 내 일이다, 힘껏 하자, 정성껏 하자, 마음을 아끼지 않아 오건만 한 칸의 집, 한 자리의 일터에조차도 이렇게 정에 등졌다.(「별을 헨다」)

무서운 판이었다. 총소리 없는 전쟁 마당이다. 친구는 이 마당의 이러한 용사이던가. 만나기조차 무서워진다. 여기 모여 웅성대는 수많은 사람들은 다 그러한 소리 없는 총들을 마음속에 깊이들 지니고 있는 것일까. 빗맞을까 봐 곁이 바르다.(「별을 헨다」)

현세는 누워서 자기네에게는 전쟁이 끝난 것이 아니고 지금 한창 하는 중이라는 생각을 하곤 했다. 마포가 물에 잠기고 평택이 떴다는 소식도 전쟁으로 어느 곳이 함락되었다는 것만 같다. 그래 지금 자기네는 피란 온 것이다. 고국 아닌 곳으로.(「두꺼비」)

귀환 동포들의 입을 빌린 작가들의 이러한 발언이야말로 8·15는 해방의 시작이지 해방의 완성이 아님을 가르쳐 준다. 총성 없는 전쟁이 여전히 계속 중인 듯하다는 그들의 느낌, 고국 아닌 어느 낯선 땅으로 잠시 피난 온 것 같다는 그들의 느낌이 근본적으로 해소되지 않는 한 해방은 결코 아직 우리 것이 아니다. 그리고 그것을 우리 것으로 만들기 위해 세월을 헛되이 보내지 않았다고 진정으로 자부할 수 있는 사람만이 8·15를 떳떳이 기념할 자격을 가진다고 우리는 믿는다.

염무웅
서울대 독문학과와 동대학원 졸업. 『창작과비평』 주간·발행인. 민족문학작가회의 이사장 역임. 현재 영남대 독문학과 교수이며 문학평론가. 주요 평론집으로 『한국문학의 반성』 『민중시대의 문학』 『혼돈의 시대에 구상하는 문학의 논리』 등이 있다.

주

1) 홍명희,「눈물 섞인 노래」제2연, 중앙문화협회 편,『解放紀念詩集』(1945), p. 9.
2) 李善熙,「窓」,『解放文學選集』(종로서원, 1946), p. 146.
3) 嚴永植·林鍾國,「빼앗기고 끌려가고」,『韓國現代史』(신구문화사, 1969), 제5권, p. 276 참조.
4) 같은 책 p. 294.
5) 金大商,『日帝下 强制人力收奪史』(정음사, 1975), p. 168 참조.
6) 앞의 嚴永植·林鍾國 두 분의 서술에는 384,841명으로 되어 있으나 기록에 따라 차이가 있다. 일본 公安廳 조사는 364,186명, 復員局 발표는 365,263명이며, 김대상은 "최소한 35만 5천 명 이상"이라고 했다. 엄영식·임종국, 앞의 책, 제5권, p. 299 및 김대상, 앞의 책, p. 169 참조.
7) 엄영식·임종국, 앞의 책, p. 306 참조.
8) 같은 책, p. 308 참조.
9) 다음 도표는 일제 시대에 우리 민중의 궁핍화가 얼마나 가속적으로 진행되었던가를 예시하는 하나의 단적인 증거가 된다.

연도 \ 종류	걸인	궁민	세민	합계
1926	10,000	296,000	1,860,000	2,166,000
1930	—	786,000	3,466,000	4,252,000
1931	193,000	1,048,000	4,203,000	5,414,000

자료: 金泳謨,「日帝下의 社會階層의 形成과 變動에 관한 硏究」,『日帝下의 民族生活史』(민중서관, 1971), p. 638 참조.

10) 金大商, 앞의 책, p. 55 참조.
11) 김용섭,「수탈을 위한 측량」,『한국현대사』, 제4권, pp. 128~129 참조.
12) 다음 도표는 토지조사 사업 이후 우리나라의 농민이 어떤 길을 걸어왔던가를 단적으로 보여 준다. 朱完桓,「쌀이 없는 증산」,『한국현대사』, 제4권, p. 140 참조.

연도	자작농	자작 겸 소작농	순소작농
1917	517	1,061	989
1920	519	1,017	1,082
1923	527	951	1,123
1926	525	895	1,193
1929	507	885	1,283
1932	476	742	1,546

단위: 千戶

13) 안병렬, 「3·1 운동과 농민」, 『조선해방사』(文友印書館, 1946), p. 60.
14) 김준보, 『한국 자본주의사 연구 II』(일조각, 1974), pp. 168, 190.
15) 김대상, 「日帝 殘滓勢力의 淨化問題」, 『創作과批評』, 1975년 봄호 참조.
16) 리차드 E. 라우터백, 『한국미군정사』(국제신문사 출판부 옮김, 1948), p. 37.
17) 같은 책, pp. 45~46.
18) 임종국, 『친일문학론』(평화출판사, 1966), p. 378에서 재인용.
19) 같은 책, pp. 288~289에서 재인용.
20) 金鍾範·金東雲, 『해방 전후의 조선 진상』(조선정경연구소, 1945), p. 2.
21) 리차드 E. 라우터백, 앞의 책, p. 136.
22) 같은 책, p. 139.

해방 후 한국 문학의 양상
시를 중심으로

임헌영

1 8·15, 그 문화사적 의의

꺼질 듯이 희미하게 말하던 일본 천황 히로히토의 항복 방송이 시작된 순간부터 1948년 남한 단독정부가 수립되기까지, 한국 문단(특히 시를 중심으로)의 변모 과정을 간략하게 살피고자 하는 것이 이 글의 목적이다.

굳이 1945년에서 1948년까지의 짧은 3년간이 우리 문학사에서 중요시되는 이유는 몇 가지가 있다.

첫째, 근대 문학 이후 한국의 문학인들은 한 번도 검열 없는 창작의 자유를 누린 적이 없었다. 서구 근대 문학이 창작의 자유를 그 바탕으로 하여 생성 발전해 온 사실과 비교하면 식민지적 문학 상황이란 비극적인 것이었다. 그런데 근대 이후 유일하게 창작의 자유를 만끽한 시대가 바로 1945년부터 1948년까지로 평가된다. 따라서 이 시대의 문학은 그 방향과 가치 기준 및 개인적인 찬부에 관계없이 근대 식민지 문학에서 현대 민족 해방 문학으로 변모하는 가장 적나라한 모습을 보여 준다.

둘째, 이 시대의 문학은 이른바 분단되기 이전 상태에서 우리 민족 문학의 전체상을 파악하는 마지막 잔영이 된다. 1948년의 남한 단독정부 수립과 1950년 6·25는 비록 식민지 아래에서나마 하나의 민족 문학으로 발전시켜 물려준 문학을 분단시키는 계기가 되어 버렸다. 그 후 오늘에 이르기까지 문학적 분단은 다른 어느 분야 못지않게 경직화된 채 도리어 정치에서의 통일·대화의 수준도 못 따르고 있다. 제2차 세계대전 아래에서 일본에서의 영미 문학 정도로도 분단 상대방의 문학이 연구 확산되지 못하는 현시점에서 해방 후 3년간의 문학적 보고는 많은 암시를 줄 것이다.

셋째, 당연한 귀결이지만 이 시기의 문학적 쟁점은 언젠가 우리가 문화적인 분단의 장벽을 허물고 정치적 통일을 이룩하려 할 때 예상되는 문제들을 유추하게 해 줄 것이다. 그뿐만 아니라 비록 분단이 지속되는 상태일지라도 오늘날 한국 문학의 뿌리는 어디에서 비롯되며, 앞으로 그 가지는 어디를 향하여 뻗어 나갈 것인가를 암시해 줄 것이다.

그러나 이 시대의 역사적 평가가 중요하다는 것은 그만큼 아직도 정당한 판단을 내릴 수 없는 상황이라는 의미가 된다는 점을 감안하고 분단된 오늘의 상황에서 이 글을 읽어 주기 바란다.

일본이 항복한 이후 형무소 문이 열려 정치범이 수만 명 쏟아져 나오는데 유감스럽게도 문학인의 얼굴은 보이지 않았다. 식민지 통치 기간 중 문학인의 옥고는 3·1운동에 연루된 육당(六堂), 만해(萬海), 김동인, 염상섭, 그리고 학생이었던 심훈 등이 있었다. 이어 가장 대규모적인 탄압이었던 카프 검거가 있었으며, 이밖에 1936년 손기정의 마라톤 세계 1위 사진 보도에서 일장기를 뗀 비문학적인 일로 현진건이 투옥된 일, 그리고 이육사와 윤동주, 김광섭 등으로 옥고를 치른 문인은 이어진다.

그러나 문단적인 측면에서 볼 때 일제하의 저항 문학은 카프 검거와 해체 및 전향으로 대단원의 막을 내렸다고 할 수 있다. 이후 한국 문학인의 저항은 오히려 당시 흥청거렸던 문단과는 좀 거리가 있었던 육사에 의해서 그 명맥을 유지했거나 아니면 당시로서는 데뷔도 안 했던 윤동주에 의하여 역사적 기록과 체면을 살린 꼴이 되었다.

1930년대 후반기부터 본격화된 문학인의 친일 행각은 임종국의 『친일 문학론』에 잘 나타나 있기에 여기에서는 언급을 피한다. 다만 이 저서에 등장하지 않는 문학인이 드물다는 사실은 1945년 8월 15일 이후 한국 문단을 슬프게 만든다. 당시 무명 시인이 옥사의 고통을 당하고 있을 때 유명 문인들은 '일본 제국의 승리'를 위해서 노래하고 있었다. 다만 몇몇 양심적인 문학인은 시골로 몸을 숨기거나 침묵으로 대항했으나 8·15를 맞기에 자신 있고 떳떳한 경우는 극히 적었다고 보여진다.

2 좌우파 각종 문학 단체의 혼립

광복 직후부터 화신백화점 정문 옆에는 전 문학인에게 알리는 격문이 나붙어 있었다. 문인보국회(文人報國會)란 간판을 내걸고 반민족 친일 행위를 일삼던 한청빌딩(현재의 종각 뒤에 있었음) 사무실을 접수하여 새로운 문학 단체를 만들자는 것이었다.

모두가 좌왕우왕하고 있을 때라 자연히 많은 문학인의 발길이 그곳으로 모이게 되었고, 이때부터 한국 문단은 풍성한 단체 조직의 시대로 접어든다. 이는 마치 8·15 이후 각종 정당·사회단체가 남발한 경우와 너무도 닮았다. 1945년에서 1948년 사이에 이루어진 각종 문학인 단체를 설립 순서대로 적어 보면 다음과 같다(괄호 내의 '좌' '우'는 그 단체의 정치적 성격을 가리킴).

1945년
8월 16일, 조선문학건설본부(좌)
9월 17일, 조선프롤레타리아문학동맹(좌)
9월 18일, 중앙문화협회(우)
12월 13일, 조선문학가동맹(좌)
1946년
2월 8~9일, 제1회 조선문학자대회(좌)
3월 13일, 전 조선문필가협회(우)

4월 4일, 조선청년문학가협회(우)
1947년
2월 12일, 전국문화단체총연합회(우)

    이밖에도 군소 동인을 비롯한 모임이 많았으나 범문단적인 움직임은 대충 위의 8개 단체의 창립에서 해체까지의 과정을 살펴보면 알 수 있을 것이다. 제일 먼저 문학 단체 조직에 손을 댄 것은 프로 문학 제2세대의 주역이었던 임화(林和)로, 그는 해방 문학을 선포하는 선언문까지 기초하여 '조선문학건설본부'를 탄생시킨다. 이 모임은 김남천(金南天)·이태준(李泰俊)·이원조(李原朝)·엄흥섭(嚴興燮)을 비롯한 옛 카프계 문인 및 동반 작가들이 주축을 이루면서 표면상으로는 범문단적 성격을 내세웠다.

    그래서 8월 하순에는 전국문학인예술인대회란 명목 아래 고희동(高義東)을 대회장으로 하여 서울 시가행진까지 벌였다. 그러나 9월 17일 옛 카프 제1기생에 속하는 이기영(李箕永)을 비롯한 문인들이 별도의 좌익 단체인 '조선프롤레타리아문학동맹'을 결성하게 되자 임화의 의도는 뒤흔들리기 시작한다.

    문학건설본부가 성립되면서 가장 문제된 쟁점은 역시 친일 문학인의 배제에 있었는데, 이것은 '문학동맹'에 와서 더 한층 굳어진다. 그뿐만 아니라 한때는 비록 쟁쟁한 비평 활동을 했던 임화일지라도 일제 말기 그의 사상적 변절은 한효(韓曉) 같은 비평가에게 좋은 공격 자료가 되었다(물론 한효도 깨끗하지만은 않다). '건설본부' 측을 소부르주아지라고까지 비판하는 '문학동맹'의 등장은 좌익 계열의 정치적 절충에 따라 하나의 단체로 통합하는 움직임을 낳았다.

    이 통합의 주역은 국문학자로서 망명지 연안에서 귀국한 김태준(金台俊)이었던 것으로 전한다. 그 결과 12월 3일 양쪽 대표로 이룩된 공동위원회가 열렸고, 6일에는 공동성명서가 발표되었으며, 13일엔 합동총회를 개최하여 '조선문학가동맹'이란 단체를 탄생시켰다. 한편 이들은 1946년 2월 8, 9일 양일간 YMCA 강당에서 대회를 하기로 결정했다. 이 대회에 초청한 문학인은 전국적으로 233명으로 나타나며 이 단체 가입자는 당시 120명으로 기록되고 있다. 양일간의 대회 기간 중 첫날은 91명, 다음 날은 84명이 참석한 것으로 전하며, 이 대회의 경과는 1946년 6월 『건설기의 조선 문학』이란 제목의 단행본으로 나왔다.

이날 대회에서 선출된 임원 명단은 다음과 같다.

중앙집행위원장: 홍명희(洪命憙)
부위원장: 이기영 한설야(韓雪野) 이태준
서기장: 권환(權煥)
위원: 이원조 임화 김태준 김남천 안회남(安懷南) 한효 김기림(金起林) 윤기정(尹基鼎) 정지용(鄭芝鎔) 이병기(李秉岐) 김오성(金午星) 안함광(安含光) 박세영(朴世永) 조벽암(趙碧岩) 김광섭(金珖燮) 홍구(洪九) 이동규(李東珪)

한편 우익 쪽에서는 좌파의 확산을 막기 위하여 변영로(卞榮魯), 오상순(吳相淳), 박종화(朴鍾和), 김영랑(金永朗), 김광섭, 이하윤(異河潤), 오종식(吳宗植), 이헌구(李軒求), 김진섭(金晋燮), 양주동(梁柱東), 유치진(柳致眞), 이선근(李瑄根) 등이 주축이 되어 '중앙문화협회'를 결성한다. 그러나 좌익 측에서 '문학가동맹'으로 뭉쳐지고 '조선문학자대회'까지 열게 되자 우익 측도 소극적인 자세를 벗어나기 위하여 1946년 '전 조선문필가협회'를 결성하여 문학인 대회를 치르게 된다. 이 협회 결성총회에서 선출된 임원은 다음과 같다.

회장: 정인보(鄭寅普)
부회장: 박종화 채동선(蔡東鮮) 설의식(薛義植)
총무부: 이헌구 김광섭 이하윤 오종식

한편 이날 대회가 끝난 뒤 서정주(徐廷柱), 김동리(金東里), 조지훈(趙

芝薰), 조연현(趙演鉉) 등이 주축을 이루어 '조선청년문학가협회' 결성을 준비하게 되었다. 이들 청년 문학인들은 선배 세대 문학인보다 더 적극적인 정치·사회 문제에의 관여와 문학에서의 순수성을 표방하며 신인들을 결집했다. 청년문학가협회의 창립 임원은 다음과 같다.

 회장: 김동리
 부회장: 유치환 김달진(金達鎭)
 시 분과회장: 서정주
 소설 분과회장: 최태응(崔泰應)
 희곡 분과회장: 이광래(李光來)
 평론 분과회장: 조연현
 고전 문학 분과회장: 조지훈
 간부 회원: 박두진 박목월 곽종원(郭鍾元) 김광주(金光洲) 김송(金松) 홍구범(洪九範) 여세기(呂世基)

이상 우파 계열의 세 단체는 그 뒤 더욱더 공고한 반공 운동을 위하여 1947년 2월 12일 '전국문화단체총연합회'라는 단일 조직을 결성하게 된다. 여기에서 문학인만의 합일된 조직은 정부 수립 이후인 1949년 12월 9일에 '한국문학가협회'란 이름으로 이루어진다.

3 강령과 기치

위에서 보듯이 8·15 이후 문학인들은 우선 개인적인 창작 활동보다도 민족과 사회적 영향력을 위한 단체 운동에 치중했는데, 그것이 단일화하지 못하고 분단의 싹을 키우게 되었다. 정치적으로 보면 건준이 거의 단일 조직으로 성장할 찰나에 많은 반대 조직이 생겨나듯이 문단에서도 처음 생긴 단체가 좌경화한다는 이유로 숱한 모임이 생겨났다.

그러나 이 당시만 해도 아직까지는 철저한 분단 의식은 없고 다만 자기 단체로 문단의 주류를 형성해야겠다는 야심술로 대결한 상태라고 보여진다. 이런 자기 문학관의 확산을 위한 욕구는 급기야 정치 세력과 손을 잡게 되어 진정한 민족의 통일 의지나 주체적인 독립사상을 외면한 채 권력 기생적인 문학의 남발 현상을 조장하게 되었다.

당시 좌우익 문화 단체가 혼란 속의 한국 사회와 민족의 진로를 어떻게 보았던가는 그 대회에서 잘 나타난다. 즉 좌익계의 조선문학자대회(1946. 2. 8~9)와 우익계의 조선문필가협회대회(1946. 3. 13)의 참석자 및 취지문, 선언 등을 잠깐 살펴보자. 먼저 이들 두 단체 대회의 내빈 축사자 명단을 대조해 보면 아래와 같다.

문학자대회에 축사 및 축하 전문을 보낸 개인과 단체: 여운형, 소비에트 작가동맹 대표 치호노프, 조선학술원, 조선과학자동맹, 민주주의 민족전선 준비위원회, 기타 각 단체 5개처.

문필가협회에서 축사를 한 인사들: 이승만(대독), 안재홍, 조소앙, 백남훈, 원세훈, 미군정 장관(백범도 내빈으로 참석).

이들 두 단체의 성격을 잘 표현해 주는 것은 당시의 시국관, 민족관 및 문학인의 진로에 대한 견해들이다.

계급적인 문학이냐?
민족적인 문학이냐?
우리는 솔직히 문제를 이러한 방식에서 주관적으로 세웠던 사실이 있음을 인정하지 않으면 안 된다. ……
그러면 조선 문학사상의 가장 큰 객관적 사실은 무엇이냐 하면 첫째로, 일본 제국주의 문화 지배의 잔재가 남아 있는 것, 둘째로, 봉건 문화의 유물이 청산되지 아니한 것 등등인데 어째서 이러한 견제(牽制)가 아직도 잔존해 있는가 하면 조선의 모든 영역에 있어 민주주의적 개혁이 수행되어 있지 않기 때문이라는 것은 여러 번 말한 바와 같다. ……
　그러면 이러한 장애물을 제거하는 투쟁을 통하여 건설될 문학은 어떠한 문학이냐 하면 그것은 완전히 근대적인 의미의 민족 문학 이외에 있을 수가 없다. 이러한 민족 문학이야말로 보다 높은 다른 문학의 생성·발전의 유일한 기초일 수가 있는 것이다.
　이것이 우리가 이로부터 건설해 나갈 문학의 과제이며 이 문학적 과제는 또한 이로부터 조선 민족이 건설해 나갈 사회와 국가의 당면한 과제와 일치하고 공통하는 과제다.
　• 임화, 「조선민족문학 건설의 기본 과제에 관한 일반 보고」에서

임화는 이 보고서에서 1920년대의 프로 문학 때, 민족 문학과 계급 문학 논쟁이 전개되는 가운데에서 계급 문학파들이 민족 문학을 부정한 이유를 밝힌 후 8·15 이후의 문학적 진로로 '민족 문학'을 제시한다. 그의 민족 문학관을 요약하면 반외세 민족자주적 이념을 구체화한 것으로 일본 문화의 잔재 일소를 내건다. 이어 궁극적으로 평등 의식을 지향하는 봉건 문화의 잔재를 청산할 것을 주장한다. 이와 대조적인 논리는 박종화에 의하여 개진된다.

　민족은 전통적인 심리를 기초로 하여 신화가 같고 전통이 같고 언어를 같이하고 풍속 습관이 같고 생활하는 강토를 함께 보장·유지로 거족적인 이해관계에 있어서 희로애락을 같이하는 때문에 비로소 집단의식이 성립되고 이 집단의식은 곧 강렬한 민족의식으로 되는 것이다.
　•「민족 문학의 원리」[1]에서

이데올로기적인 현격한 차이에도 불구하고 두 문학 단체는 다 함께 민족 문학에의 기치를 내걸고 이의 완성을 위해서 노력할 것을 다짐한다.
　우파에 속했던 전 조선문필가협회의 결성 대회 취지서는 당시 문학인의 임무를 아래와 같이 밝혀 주고 있다.

이에 문필을 가진 우리들은 붓을 반드시 정당의 칼로 삼음이 아니나, 민중의 여론에 지표가 서지 못한 이 혼란된 사태에 처하여 이미 각성되었고, 또 각성하려는 문화인의 현대적 정치의 정세를 다시금 순화하여, 태극기 깃발 아래에 삼천만의 정열을 집중시키고, 공리(共利)를 형성하며 한결같이 인권이 존중되고 자유가 옹호되고 계급이 타파되며 빈부가 없는 가장 진정하고 가장 민주적인 국가관·세계관을 밝혀 세계와 인류에 공통된 민족 국가 이념 위에 역사가 중단되었던 조국을 재건하려 함이니…….

강령

1. 진정한 민주주의 국가 건설에 공헌하자.
1. 민족 자결과 국제 공약에 준거하여 즉시 완전 자주독립을 촉성하자.
1. 세계 문화와 인류 평화의 이념을 구명하여 이의 일환으로 조선 문화를 발전시키자.
1. 인류의 복지와 국제 평화를 빙자하여 세계 제패를 꾀하는 모든 비인도적 경향을 격파하자.

여기에서 보듯이 문필가협회는 "소파벌의 독재도 용납되지 않을 것"이요 "전체에의 반동도 묵인되지 못할 것"을 다짐하면서 "민주주의 국가 건설"과 "민주주의 문화"의 창조를 내세웠다. 그리고 '강령'의 마지막 항목은 반외세 반패권적 요소까지 밝혀 주고 있다.

그럼 좌파인 '문학가동맹' 측의 결정은 어떠한가. 전문 11항으로 되어 있는 이 대회의 '결정서'도 궁극에서는 "민주주의 국가 건설"을 지향하면서 이를 위해서 민주주의 문학을 창조할 것을 주장했다. 그리고 이런 목적을 달성하기 위해서는 "연합국에 의하여 타도된 세계 파시즘이 재생할 온상이요 후진한 민중을 이용하여 외래한 금융 자본을 배경으로" 한 방해 물결을 막아야 한다고 덧붙였다.

좌우익의 엄청난 이념적 차이에도 불구하고 8·15 이후 한국적 상황에서는 이처럼 어느 문학인이나 민주국가 건설과 민주적 예술의 창조에 그 목적을 두었다는 것은 당시 문학인 모두가 기본적인 양식은 지니고 있었던 탓이라고 보여진다. 그러나 좌우파가 이처럼 최대 공약수를 지녔던 시기는 외세의 영향과 그 외세에 힘입은 국내 정치 세력에 의하여 종말이 닥쳐온다.

1946년 6월 3일 이승만의 정읍 발언은 남한만의 단독정부 수립이라는 새로운 역사적 전기를 마련했고, 이보다 두 달 앞서 결성된 '조선청년문학가협회'는 이미 결성된 '전 조선문필가협회'의 이념과 이상과는 조금 다른 아래와 같은 강령을 내세우게 된다.

1. 자주독립 촉성에 문화적 헌신을 기함.
1. 민족 문학의 세계사적 사명의 완수를 기함.
1. 일체의 공식적·예속적 경향을 배격하고 진정한 문학 정신을 옹호함.

세칭 순수 문학파로 알려져 있는 이 단체는 8·15 이후 강령에서 순수성을 정식 미학 이론으로 채택한다. 이 사실은 문학의 공리성이나 정치적 예속으로부터의 해방이란 점에서는 좋은 변모이나 8·15 이후 오늘에 이르기까지 한국 문학을 '순수' 일변도의 비시대적·비사회적 산물로 만든 것은 수정되어야 할 요소다.

'문필가협회'에 속해 있던 문학인들이 지녔던 민주주의에 대한 신념이나 민족 문학의 정신, 그리고 문학의 사회적 기능 등을 부정해 버린 '청년문학가협회'의 구성원들은 1948년 한국 단독정부 수립 이후 실질적인 관방문학의 설립자들로 부각된다. 따라서 1948년 한국 정부 수립 이후의 문학이란 일제 시대부터 그때까지 있었던 여러 가지 유파의 문학 단체, 문학관 가운데서 '청년문학가협회'의 이론이 정통의 궤도에 오른 것이라고 하겠다. 특히 좌익 문화 단체가 불법화되자 다수가 월북해 버리게 되었고 소수 문학인들이 남아 있었지만 이미 '문학가동맹'이나 '문필가협회'(비록 우파이지만)가 내걸었던 역사적 명제는 정치적인 분단 현실 속에 용납되지 않게 되어 버렸다. 여기에서 '청년문학가협회' 쪽의 문학론은 일약 한국 문학의 주류로 등장하는 군건한 계기가 된다.

4 해방을 노래하는 자세

이와 같은 문학 단체의 변모 속에서 실질적인 작품은 어떻게 나타났는가 하는 문제는 이 시기 문학의 역사적 평가에 빼놓을 수 없는 쟁점이 될 것이다(주로 시에 국한해서 고찰함). 먼저 8·15를 맞는 기쁨을 노래한 『해방기념시집』을 둘러싼 좌우파 간의 차이점을 살펴보자.

중앙문화협회(우파)가 1945년에 낸 『해방기념시집』과 우리문학사(좌파)의 『횃불』, 그리고 문학가동맹(좌파)의 『연간조선시집』에 게재된 시인 일람을 적어 보면 아래와 같다.[2]

『해방기념시집』(중앙문화협회, 1945년 12월 12일 간행) 게재 시인 일람
서문: 이헌구
시조 및 시: 정인보 홍명희 안재홍 이극로(李克魯) 김기림 김광균(金光均) 김광섭 김달진 양주동 여상현(呂尙玄) 이병기 이희승 이용악(李庸岳) 이헌구 이흡(李洽) 임화 박종화 오시영(吳時泳) 오장환(吳章煥) 윤곤강(尹崑崗) 이하윤 정지용 조벽암 조지훈

『횃불』—부제 '해방기념시집'(우리문학사, 1946년 4월 간행) 게재 시인 일람
권환(權煥) 김용호(金容浩) 박세영(朴世永) 박아지(朴芽枝) 박석정(朴石丁) 송완순(宋完純) 윤곤강 이주홍(李周洪) 이찬(李燦) 이흡 조벽암 조영출(趙靈出)

『연간조선시집』, 1946년판(문학가동맹 시부[詩部] 위원회 편, 문학가동맹 발행, 1947년 3월 간행) 게재 시인 일람

서문: 중앙집행위 시부 위원회

제1부: 권환 김광균 김광현(金光現) 김기림 김동석(金東錫) 김상원(金相瑗) 김용호(金容浩) 김철수(金哲洙) 노천명 임화 박노춘(朴魯春) 박동화(朴東華) 박산운(朴山雲) 박석정 박아지 배인철(裵仁哲) 박찬일(朴贊日) 상민(常民) 설정식(薛貞植) 송완순 안형준(安亨俊) 여상현 오장환(吳章煥) 윤곤강 윤복진(尹福鎭) 유종대(柳鍾大) 유진오(兪鎭五) 이병기 이병철(李秉哲) 이주홍 이용악 이흡 조남령(曺南嶺) 조벽암 조영출 조운(曺雲) 조허림(曺虛林)

제2부: 강승한(康承翰) 김상오 민병균(閔丙均) 박세영 백인준(白仁俊) 안함광(安舍光) 이경희(李京禧) 이원우(李園友) 이정구(李貞九) 이찬 정육록(鄭六祿)

위의 목록에서 볼 수 있듯이 이때는 좌우파의 분열보다는 항일 민족 해방의 환희라는 공통적인 요소가 더 강했다. 이런 점이 우리 민족사에 그대로 관류했다면 아마 오늘날의 한일 관계는 지금보다 좀 다른 차원에서 이루어졌을 것이다.

얼마나 그리웠던가 저 창공
껴안고 싶은
아름다운 강산

무서운 연옥(練獄) 속의
36년 동안
고난의 시험을 훌륭히 치렀다.
• 이희승,「영광뿐이다」에서

이 몸이 울어 울어 우레같이 크게 울어
망천후(望天吼) 사자되어 온 누리 놀래고저

지치다 데캔 넋이 행여 내처 잠들리.
• 안재홍, 「이 몸이 울어」에서

일찍 임을 여의고 이리저리 헤매다
버리고 더진 목숨 이루 헬 수도 없다.
웃음을 하기보다도 눈물 먼저 흐른다.
• 이병기, 「나오라」에서

붉은 피는 돌아간다 혈관을
미친 듯 용솟음치며 돌아간다
목숨의 한 가닥 한 가닥을 이어가는 사이클이여.
• 윤곤강, 「피」 중에서

『해방기념시집』에 실린 이희승을 비롯한 민족주의자들의 시는 소박한 언어와 감정으로 직설적인 환희를 노래하면서 민족 해방의 역사적 의의를 추구하고 있다.

여기 실린 작품 중 우파에 속하는 시인으로 비교적 뜨겁게 민족 독립의 의미를 노래한 것은 김광섭의 「속박과 해방」일 것이다.

이 시에서 김광섭은 일제 통치의 잔학상과 항일 민족 투쟁의 고난, 그리고 제국주의의 필연적인 멸망과 독립된 우리 민족이 나아갈 '자유의 기원(紀元)'으로서 새 방향까지를 지적하고 있다.

이 해방된 감격
이 공통된 환희가
오늘 자유 기원이 되어
조국을 향하여 바치는
한 덩어리 열이 되고 힘이 된다면
누가 우리의 길을 막으랴

아, 조선의 의지와 지혜와 생명
영원토록 생동하라 도약하라 비상하라.
• 김광섭, 「속박과 해방」에서

이처럼 우파의 시인 독립투사들은 환희의 송가에 그 초점을 맞추고 있는 데 비하여 『연간조선시집』의 좌파 시인들은 강경한 계급 의식을 해방의 환희 속에 고취하려고 시도하고 있다.

옥에서
공장에서
산속에서
지하실에서 나왔다.
몇천 길 차고 들어간 땅속 갱도에서도
땅 위로 난 모든 문짝은 뻐개지고
구멍이란 구멍에서 이들은 나왔다.
그리고
나와 보면 막상 반가운 얼굴들
함께 자란 우리의 형제, 우리의 동포가 아니었더냐.
• 오장환, 「찬가」에서

이 무렵까지만 해도 해방의 기쁨은 아직 이데올로기적인 갈등의 상처를 예견하지 않았던 시대라고 할 수 있다. 그래서 어느 쪽의 시집이든 관계없이 서로의 시인들이 자기 작품을 게재하고 있는 기현상이 나타나나 그 당시로서는 당연한 일이었다.

그러나 오늘의 시점에서 볼 때 해방을 기념하기 위한 특별 시집의 작품들은 너무나 도식적이고 상투적인 내용을 담고 있다고 할 수 있다. 비록 그 당시로서는 절실한 문제들이지만 민족적·민중적 정서에 입각한 영원한 해방의 의미를 감동 깊게 노래한 시가 드물었다는 것은 안타까운 일이다. 그래서 8·15의 해방 정신이 어느새 허물어져 가고 새로운 권세욕과 민족 분열의 기운이 돋아나는 것을 경계하여 한 시인은 다음 노래를 부르고 있다.

들과 거리, 바다와 기업도
모두 다 바치어 새 나라 세워 가리라—
한낱 벌거숭이로 돌아가 이 나라 주춧돌 고이는 다만 조약돌이고자 원하던
오——우리들의 8월로 돌아가자.

명예도 지위도 호사스런 살림도 다 버리고
구름같이 휘날리는 조국의 깃발 아래 다만 헐벗고 정성스런 종이고자 맹서하던
오——우리들의 8월로 돌아가자.

어찌 닭 울기 전 세 번뿐이랴.
다섯 번 일곱 번 그를 모른다 하던 욕된 그날이 아파
땅에 쓰러져 얼굴 부비며 끓는 눈물
눈뿌리 태우던 우리들의 8월—

먼 나라와 옥중과 총·칼 사이를
뚫고 헤치며 피 흘린 열렬한 이들 맞아
한갓 겸손한 심부름꾼이고자 빌던
오——우리들의 8월로 돌아가자.
• 편석촌, 「우리들의 8월로 돌아가자」에서

5 순수 논쟁과 민족 문학

그러나 감격적인 8월의 정신은 문학에서 이념 투쟁이라는 영역에서 발전하고 '민주주의 문학'과 '민족 문학'을 둘러싸고 치열한 논쟁을 야기했다. 이 시기에 있었던 문학 논쟁은 크게 나눠 ①정치주의 문학 대 순수문학 논쟁 ②민족 문학의 해석 문제로 구분해 볼 수 있다.

먼저 문학의 정치·사회적인 언급과 책임을 중요시하는 이론은 8·15 이후 좌파 문학 단체에 의하여 격화되었다. 김병규(金秉逵)가「순수 문제와 휴머니즘」[3]에서 김동리를 비롯한 당시 '청년문학가협회'의 순수 문학론을 비판하고 나서자 김동리는「순수 문학과 제3세계관」[4]으로 정치주의 문학에 강력한 비난의 태도를 보였다.

이어 이 순수 논쟁은 유명한 김동석과 김동리 논쟁으로 비화하여 이 시대 문학의 행방을 집약해 준다.

> 현민(玄民)이나 춘원(春園)이 재사이듯이 김동리 군도 재사다. 다만 한 세대 뒤떨어진 재사일 뿐이다. 현민이나 춘원이 작가로서 낙제한 것은 벌써 일제 시대의 이야기지만 동리는 바야흐로 작가 정신을 상실하여 있다. 우리 문단이 이미 춘원 등의 재사를 일제한테 빼앗긴 것도 원통한데 김동리를 이제 또 '순수'라는 허무한 귀신에서 빼앗긴다는 것은 애석한 일이라 아니할 수 없다. 그러므로 성복 후(成服後) 약방문(藥方文)이 되기 전에 군의 병을 진단하려는 것이다.
> • 김동석,「순수의 정체」서두

당시 독설가로 알려진 김동석은 이렇게 서두를 꺼낸 뒤 김동리의 작품「무녀도」「혼구」(昏衢)「황토」「바위」「완미설」(玩味說) 등을 중심으로 사회주의적 비평 이론에 입각한 비판을 가했다. 결론적으로 김동석은 "민족과 민족 문학을 두고" 작가 김동리가 "어디로 가려는 것인가?"고 묻는다.

이에 대하여 김동리는「생활과 문학의 핵심」[5]이란 글을 통하여 김동석

못지않은 독설로 응수했다.

오늘날의 인류는 이미 금수가 일찍이 가지지 못하던 찬연한 정신문화란 것을 가지게 되었으며 군이 아무리 궤변을 펴더라도…….
'빵'을 구하기 위하여 싸우는 '마음' 이외의 것이 여기엔 있다. '사랑'과 '창조'와 '구제'와 '영원'이 여기서만 있을 수 있었다.

이어 김동리는 김동석의 비평 자세의 가식적인 요소와 궤변성, 그리고 정치 지상주의 등을 맹공격했다.
이와 같은 순수 문학 논쟁은 거의 비슷한 시기에 진행된 민족 문학 논쟁과 연관해 살펴보는 것이 좋을 것이다.
순수 문학 주장자들(주로 청년문학가가 주축)은 우선 좌파의 '민족 문학론'에 비판을 가하면서 문학에서의 순수성·영원성 등이 진정한 민족 문학이 된다고 했다. 박치우(朴致祐)의 「민족 문학의 건설과 세계관」,[6] 김영석(金永錫)의 「민족 문학론」[7] 등의 좌파적 이론에 대하여 조지훈의 「민족 문학의 당면 과제」,[8] 김동리의 「민족 문학론」[9] 등이 좋은 대조를 이룬다.
여기에서 8·15 직후에 있었던 문학 논쟁 중 재미있는 사실은 1920년대에 전개되었던 프로 문학과 민족 문학 논쟁에 참여했던 원로 문학인들은 거의 방관적 자세를 취했다는 점이다. 이들은 앞에서 본 것처럼 중앙문화협회나 기타 단체 결성에서 이데올로기적인 대립보다 민족 해방의 당위성을 더 중요시했기에 어쩌면 이런 논쟁이 불필요하게 느껴졌을지도 모를 일이다.
그리고 김동리·김동석을 비롯한 이 무렵의 논쟁은 광복 이후 한국 문학의 건전한 발전에 큰 그늘을 던져 준 계기가 되었다. 즉 양쪽 다 너무 극단적이고 도식주의적·기계주의적 논리에 서 있었기에 타협과 중간 지대가 없었다. 그 결과 한국 정부 수립 후 김동석은 완전 불법화해 버렸고 김동리의 이론은 더한층 고도로 순수화·미화되어 오늘의 한국 문학에까지 관류하고 있다. 그 뒤에 일어난 참여 문학론이 겪고 있는 오해와 비난은 마치 이 시기의 "자라 보고 놀란 가슴 솥뚜껑 보고도 놀라는" 결과가 빚은 소극이라 하겠다. 건전한 서구 시민 사회의 문학이 아닌 중세 장원적 정서와 종교 개혁 시대의 고뇌를 순수 문학으로 수용한 8·15 직후 우리나라 우파 문학은 실제 그 작품에서 많은 문제를 안고 있었다. 좌파의 극단적인 주장이 또한 우리가 말하는 민족 문학과 거리가 멀다는 것은 말할 것도 없다.

6 시사적 결실과 과오

처음에는 '민주주의 건설'과 '민족 문학'을 내세웠던 순수 문학의 이론이 점차로 퇴색하기 시작한 것은 그 이론과 작품의 괴리 현상에서 비롯했다. 해방 후 3년 사이에 나온 시집 중 우파 민족시의 성격을 띤 것으로 평가되는 것을 추려 보면 다음과 같다.

박종화, 『청자부』(靑磁賦, 고려문화사, 1946)
박목월·조지훈·박두진, 『청록집』(靑鹿集, 을유문화사, 1946)
모윤숙, 『옥비녀』(동백사, 1947)
유치환, 『생명의 서(書)』(행문사, 1947), 『울릉도』(행문사, 1948)
서정주, 『귀촉도』(歸蜀途, 선문사, 1948)

그다음 정치색 짙은 시집들은 아래와 같다.

박세영, 『산제비』(별나라사·재판, 1946)
설정식, 『종』(백양당, 1947), 『포도』(정음사, 1948)
임　화, 『회상시집』(回想詩集, 건설출판사, 1947)
상　민, 『옥문(獄門)이 열리던 날』(신학사, 1948)

권　환, 『동결』(凍結, 건설출판사, 1946)
김기림, 『새 노래』(아문각, 1948)

　위의 두 가지 경향은 좋은 대조를 이루는 시 세계로 광복 후 우리 시단의 주요 흐름을 엿볼 수 있다. 후자의 프로 문학파 시에 대한 구체적 비평은 여기서 피한다. 설정식·임화 등은 시종 정치색 짙은 시를 서정성을 가미해 작품화하여 당시 비문학 독자들에게까지 영향을 준 이른바 대중적 정치시의 한 예를 보여 주었다. 이들에 비하면 김기림은 전연 비정치적 시를 써 오다가 유독 『새 노래』에서만은 강한 현실 의식을 드러내고 있다.
　한편 한국적 민족 문학 계열에 속하는 시로서 역사적 평가를 받고 있는 것은 세칭 생명파로 일컬어졌던 유치환·서정주, 청록파의 3인, 그리고 모윤숙과 복고주의적 전통 시인인 월탄을 들 수 있다. 그러나 과연 이 당시의 민족사적 상황 아래에서 자연을 노래한 청록파와 생명파의 순수시가 우리 민족 문학의 최고선일 수밖에 없었느냐는 문제는 후일 검토할 과제로 남을 것 같다.
　오히려 이 무렵 우리 시단에서 소중히 간직되어야 할 것은 이미 일제하에 작고했으나 늦게야 시집으로 묶여 나온 『육사시집』(서울출판사, 1946)과 윤동주의 『하늘과 바람과 별과 시』(정음사, 1948)일 것이다. 이미 이 두 시인은 우리 민족 문학의 주류로 평가받아 널리 애독되고 있기에 여기서는 언급을 피한다. 다만 당시의 청록파적 정서와 비교해 보고 오늘의 독자들이 진정한 시의 영원성과 민족시의 구비 요건이 무엇인가를 깨달았으면 좋겠다.
　그다음 8·15 이후 한국시에서 중요한 한 흐름이 있었음을 간과해서는 안 된다. 시에서 순수성과 기교성을 살려 한국적 토착 정서를 노래한 이들 일련의 시인들은 적어도 시 자체만 보면 이데올로기적 편견이 없는 진정한 '순수 시인'들이라고 할 수 있다.

　정지용, 『정지용시집』(건설출판사·재판, 1946), 『백록담』(白鹿潭, 백

양당, 1946)

　오장환, 『병든 서울』(정음사, 1946), 『성벽』(城壁, 아문각·재판, 1947)

　이용악, 『오랑캐꽃』(아문각, 1947)

　신석정(辛夕汀), 『슬픈 목가(牧歌)』(낭주문화사, 1947)

　김안서(金岸曙) 편, 『소월민요집』(素月民謠集, 산호장, 1948)

이밖에 백석(白石), 김용호, 윤곤강 등도 이런 계열에 속한 시인으로 손꼽힌다. 소위 생명파와 청록파가 정치적으로 우파를 지지하는 시인이었다면 좌파 지지의 정치적 시를 쓴 시인군이 있고, 그 중간 지대에 속하는 시인으로 위의 시인들이 존재했다고 가정할 수 있다. 따라서 좀 도식적으로 말하면 건전한 시의 기능과 현실 의식을 적절히 조화했다고도 할 수 있어 우리 시의 수준을 자랑할 만했으나 그 뒤 정치적인 흐름 속에서 대부분이 월북하거나 납북당해 버리게 되며, 그 이유로 한국 현대시는 이들을 전면 삭제한다.

　어메야! 온 세상 그 많은 물건 중에서 단지 하나밖에 없는 나의 어메! 지금 내가 있는 곳은 광동인(廣東人)이 신고 다니는 충충한 밀항선, 검고 비린 바다 우에 휘이한 각등(角灯)이 비치울 때면, 나는 함부루 술과 싸움과 도박을 하다가 어메가 그리워 어둑어둑한 부두로 나오기도 했다. 어메여! 아는가 어두운 밤에 부두를 헤매는 사람을, 암말도 않고 고향 고향을 그리우는 사람들. 마음속에 보다 깊은 상처를 숨겨 가지고 …… 띄엄띄엄 이, 헤어져 있는 사람들. 암말도 않고 검은 그림자만 거니는 사람아! 서 있는 사람아!

　• 오장환, 「향수」에서

안악도 우두머리도 돌볼 새 없이 갔단다
도래샘도 띳집도 버리고 강 건너로 쫓겨 갔단다
고려 장군님 무지무지 쳐들어와

오랑캐는 가랑잎처럼 굴러 갔단다

구름이 모여 골짝 골짝을 구름이 흘러
백 년이 몇백 년이 뒤를 이어 흘러갔나

너는 오랑캐의 피 한 방울 받지 않았건만
오랑캐꽃
너는 돌가마도 털메투리도 모르는 오랑캐꽃
두 팔로 햇빛 막아 줄게
울어 보렴 목 놓아 울어나 보렴 오랑캐꽃
• 이용악, 「오랑캐꽃」

  이를 참고하여 독자들은 서정주의 「국화 옆에서」나, 유치환의 「생명의 서」, 박두진의 「해」, 박목월의 「나그네」 등과 비교하여 한국시의 다양성을 익혔으면 한다.

  이상에서 본 것처럼 해방 직후 한국시는 크게 몇 갈래로 나뉘어 발전·전개되어 왔는데 그것이 1950년대로 접어들면서 복합적으로 발전하지 못하고 생명파와 청록파에 의해서만 계승·확산되는 결과를 빚었다. 이로써 8·15 이후 한국시는 문학 단체에 의한 좌우파의 대립, 이데올로기에 의한 문학 논쟁의 발생, 그 시련 속에서 민족적 정서의 새 발굴이라는 과정을 거치면서 성장해 왔다. 그러다가 1948년 한국 단독정부가 수립되자 한국시는 또 다른 각도에서 과정을 겪어야 된다.

7 월북·재북 시인들

  한국 정부 수립은 문학에서 곧 '청년문학가협회'가 주장한 예술론의 유일 합법성을 의미하는 계기가 된다. 따라서 정치적 측면에서는 당시의 '혼란'을 구실 삼아 강력한 반공 정책을 내세울 수 있었으며, 문화적으로도 이와 병행하여 사회주의적 예술은 절대악이고 오로지 순수 문학만이 진정한 민족 문학이라는 유연성 없는 미학관이 주류를 이루게 된다. 따라서 서정시를 썼으면서도 교우 관계나 사회적 분위기 때문에 생명파나 청록파와 가까울 수 없었던 많은 '순수 시인'이 월북하거나 납북당하는 사태를 가져온다. 임화를 비롯한 몇몇 시인은 월북했고, 김기림 등은 6·25 때 납북되었다. 아직 우리 문학사는 월북·납북의 구분조차 않는 상태로 있는데 어쨌든 당시 북으로 간 시인은 아래와 같다.

임화 이용악 이홉 오장환 임학수 김기림 조운 조영출 설정식 박팔양(朴八陽)[10]

한편 8·15 당시 우연이든 고의든 북한에 있다가 그대로 문학 활동을 하면서 월남하지 않은 시인들은 다음과 같다.

백석: 1912년 평북 정주 출생. 일본 동경 아오야마(靑山)학원을 나와 외국 문학에도 능하면서 농촌의 토속적인 서정을 노래함. 시집 『사슴』(1936)이 있다.
김조규(金朝奎): 자의식을 파헤치는 심리주의적인 시를 썼고, 동인 '단층'(斷層)에 속했다. 8·15 이후 평양에서 시 활동을 한 것으로 알려지고 있다.
이찬: 프로 문학파 시인이었다가 해방 후 북한에서 크게 활약함.
민병균(閔丙均): 황해도 출신 시인으로 역시 8·15 이후 크게 활동.
기타 안용만(安龍灣), 이원우(李園友), 이정구(李貞求), 김북원(金北原) 등이 있었다고 한다.[11]

이밖에 8·15 직후 북한의 문단 사정을 엿볼 수 있는 것은 현수(玄秀)의 『적치(赤治) 6년의 북한 문단』 및 이철주(李喆周)의 『북의 예술인』, 그리고 참고로 마쓰모토(松本淸張)의 『북의 시인』 등과 극동문제연구소 편의 『북한전서』(北韓全書) 정도다. 특히 한국의 경우 북한 문단에 대한 평가나 정보의 접근은 거의 불가능하기 때문에 근대 문학사를 위해 익히 아는 입장에서 앞뒤 사정을 고려하여 냉정하고 객관적인 인식을 하도록 노력해야 될 것이다. 이들에 대한 과대평가는 물론 바람직스럽지 않지만 맹목적인 과소평가 또한 바람직스러운 것이 아니기 때문이다(월북 작가 문제는 임헌영, 『창조와 변혁』에 실려 있는 「납북 작가를 어떻게 볼 것인가」를 참고할 것).

8 미해결의 친일 문학

이제 민족 해방의 환희와 열기는 이데올로기적인 냉전으로 시체처럼 싸늘하게 식어 가고 새로운 분단의 역사가 시작된다. 비록 분단 상황 아래에서나마 북한에 관심을 가졌던 성의조차 사라져 가더니 마침내는 아예 그곳 문학이 우리 문학사에서 완전 삭제당하기 시작했고, 그로 말미암아 1948년까지 있었던 여러 형태의 문학 중 '순수 문학' 하나만이 한국 문학의 황금률로 기록되게 되어 버렸다.

그러나 아무리 '순수 문학'이 중요하다고 해도 1948년 이후 한국 문단은 꼭 마무리 짓고 넘었어야 할 하나의 고비가 있었다. 그것은 일제 식민지 아래에서 민족 문학의 이름을 더럽힌 친일 문학에 대한 올바른 평가다. 정치적으로는 반민법(反民法)이 제정되고, 이에 따라 반민특위가 성립되었는데 그 여파는 곧 문단으로 번져 육당·춘원·파인을 비롯한 몇몇 문인이 잠시나마 투옥당하기도 했다.

친일파에 대한 이 심판은 당시 정치적인 흑막에 의하여 1949년 8월 중단되고 만다. 그뿐만 아니라 문학인 자신의 입을 통하여 친일 행위는 적잖게 옹호받으며, 도리어 그 처벌이 비인도적이라는 논리까지 대두했을 지경이었다. 다음 인용문은 당시 정상적인 한국인들과 구친일파 사이의 가치관과 현실 인식이 얼마나 거리가 있는가를 잘 대변해 주며, 이것은 문단에도 그대로 적용되는 충고일 것이다.

　친일 거두의 집에서 흔히 일본 황제의 사진이 벽상에 조심스럽게 걸려 있는 것이 발견되었다. 그리고 소위 교육칙어란 것을 가보처럼 모시어 둔 것이 발견되었다. 이것은 우리들을 적지 않게 놀라게 하였다. 오늘은 어떠한 때냐! 친일파에 대한 국민적 증오가 고조에 달한 때다. 반민법이 실시되어 우리들의 활동이 개시된 때다. 이러한 때에 천연스럽게 이따위 일을 하는 친일파가 있는 것이다.……
　친일 거두는 결코 천치가 아니다. 그들처럼 보신술에 능란하고 그들처럼 세간을 주의하는 자가 적을 것이다. 그럼에도 불구하고 이러한 무엄한 작희(作戱)를 감행하는 것은 첫째, 그들은 대한민국에 대하여 친일파에 대한 관대를 기대하였거나 무위(無爲)를 예단한 것일 것이다. 둘째, 그들은 불원간 일본이 반드시 이 땅에 재강림한다는 것을 마치 그리스도의 재강림을 믿는 기독교인과 같이 확신하고 있는 것이다.……
　그리고 어떠한 자는 태연하게 우리들 앞에서 이완용의 위대한 민족애를 강조하고 동상 건립의 필요를 역설까지 하였다. 어떤 자는 장차 우리들이 저들 앞에 심판받을 날이 불원할 것을 오연(傲然)히 말했다.…… 이러한 사상의 소유자가 1949년의 한국에 한 개의 거대한 세력으로서 남아 있는 것을 알아야 한다.……
　하여간 우리들이 처리한 친일파들은 아직 그 수가 70도 차지 못하지만 이 사람들에게 공통된 특징은 일반적으로는 민족적 양심이란 것이 완전히 마비된 점이라고 할 수 있다.……
　동족을 초개(草芥)와 같이 생각하고 인간을 금수와 같이 아는 사상과 허언(虛言), 아부, 회뢰(賄賂), 고문, 폭행, 테러 등 모든 악덕과 '기술'을 회(賄)하고 있는 것이 이 사람들이다.……
　이리하여 그들은 그들의 조국 일본이 다시 동양의 헌병으로서 대륙에 건너오는 날을 손꼽아 기다리고 있는 것이다.

• 반민특위 제1조사부장 이병홍(李炳洪), 「반민자(反民者)의 심정」에서

그러나 당시 역사는 한국 민중의 뜻대로 되진 않은 것 같다. 입법의원에서 친일파 처벌에 관한 법 제정을 하지 중장에게 부탁하자 그것은 "조선 사람 자신이 할 일"이라고 미뤘다고 전한다.[12] 친일파 문제를 거론하면서 입법의원은 한국 내 처벌 대상을 아래와 같이 예상했다.

기초위원회로서는 부일협력자의 수를 전 국민의 약 0.5퍼센트 10만 내지 20만, 민족 반역자의 수를 약 0.003퍼센트 천 명 내외, 전범자 수를 약 20~30명, 간상배의 수를 약 0.05퍼센트 만 명 내지 2, 3만 명 정도로 가상하여 보았다.
• 최태신, 「민족 반역자 부일협력자 심의 방청기」에서

아마 이 가운데 문학인은 극소수가 포함될 것이나 문학인 전체 비율로 보면 절대다수가 되는 숫자일 것이다.

이래서 1945년 8월 15일 이후 한국 문학사는 심하게 말하자면 약 3년간의 자유를 백화제방(百花齊放)한 뒤에 다시 마치 1940년대의 문화적 분위기로 되돌아가는 퇴화기가 되었다고 할 수 있을 것이다.

그리고 이제 그 시대의 상황을 감안한다면 오늘의 한국 문학이 처해 있는 좌표도 이해에 조금이나마 도움이 될 것이다.

임헌영
문학평론가. 현재 중앙대 국어국문학과 교수이며 민족문제연구소장. 주요 저서로『민족의 상황과 문학사상』『문학과 이데올로기』『우리 시대의 소설 읽기』『분단시대의 문학』『변혁운동과 문학』 등이 있다.

주 _____

1) 『경향신문』, 1946년 12월 5일자.
2) 자료는 하동호가 제공했다.
3) 『신천지』, 1947년 1월.
4) 『大潮』, 1947년 8월.
5) 『신천지』, 1948년 1월.
6) 같은 책, 1946년 1월.
7) 『문학평론』, 1947년 4월.
8) 『문학』, 1947년 4월.
9) 『大潮』, 1948년 8월.
10) 「북한 문학의 실태」, 『통일 정책』 1978년 제2호 참조.
11) 양태진, 「在北 작가론」 참조.
12) 최태신, 「민족 반역자 부일협력자 심의 방청기」 참고.

찾아보기

ㄱ

가요석 402
감리교 268
강우규 173
강욱중 168
강진 436
강홍렬 135
『개조』 301
건국 치안대 421
건국동맹 21
건국준비위원회 22, 23, 32, 72, 73, 372, 423
『건설기의 조선 문학』 637
「결전부인대회」 279
경성기독교연합회 265
경성방호단 250
『경성일보』 307
경제안정대책위원회 284
경혜춘 135
계용묵 629
고노에 398
고병국 130
고원훈 174
고이소 401
고한승 316
공출제 30
곽상훈 158

『국민문학』 273, 298
『국민신보』 271
국민총동원위원회 9
『국민총력』 287
국민총력조선연맹(총력연맹) 284
『국제타임스』 414
국회프락치사건 162
굿펠로 381
권갑중 54
권승렬 158, 164
권중훈 404
그류 363
극동문제연구소『북한전서』 655
「금차헌납」 248
길원봉 54
김갑순 174, 316
김광섭 634
김구 24, 26, 37, 41, 42, 65, 71, 102, 108, 186, 325, 375, 377, 379, 385, 386, 426
김규식 40, 65, 101, 108, 371, 377, 380, 385, 386, 426, 434, 437, 439, 441
김극일 174
김근 436
김기림 654
김기용 409
김대우 174, 320

김대형 174
김도연 64
김동리 637, 648, 649
김동리 627, 629
김동석 648, 649
김동인 304, 620
김동준 146
김동환 290, 291, 295, 301, 304
김두봉 25, 379, 385, 386
김두한 158
김명도 154
김명동 129, 167
김무정 379
김문갑 404
김문집 272, 304
김문집 297
김병로 40, 54, 147, 149, 158, 165, 185
김병회 168
김복완 248
김사헌 402
김상덕 34, 134, 141, 145, 151, 158, 164, 169
김상돈 129, 141, 152, 158, 167
김성범 174
김성수 21, 65, 73, 385
김성숙 71
김성엽 258
김세용 403, 409
김소운 269, 272, 304
김안서 304
김약수 151, 168
김양영 174
김연수 174

김영호 174
김옥주 163, 168
김용기 404
김용제 272, 301
김용중 443
김용호 652
김우종 135
김웅진 130, 132, 163
김원봉 25, 26, 371
김원용 24
김원용 364
김윤복 175, 308
김윤정 307
김은호 248
김인식 134, 139
김일성 91, 93, 100, 379, 385, 386
김장렬 168
김재환 174
김정호 174
김종한 299, 301, 303, 304
김종한 300
김준연 413
김진우 403
김철수 436
김태석 161, 167, 173, 195
김팔봉 299, 301
김학규 26
김홍일 26
김활란 279

ㄴ

나토 541
남조선과도정부 50, 62

남조선토지개혁법안 488
네루 439
노기주 174
노덕술 34, 141, 142, 156, 174, 209
노일환 129, 163, 167, 168, 185
노천명 304
『녹기』 271
농민동맹 72
농지개혁법 35
농지조정개정법률안 558

ㄷ
다나카 258
『대동신문』 157
『대동아』 272
대일본부인회 조선 본부 281
『대전과 조선민중』 272
『대한일보』 138
도요토미 히데요시 83
독립연맹 405
『독립정신』 367
독립협회 366
『동아일보』 21, 352, 472
『동양지광』 270, 301
동양척식주식회사 491, 576
동요회 249
드골 26, 28

ㄹ
라우터바크 29
랭던 439
러스크 87
레나드 버치 442

로버트 올리버 33
로베트 103
로젠 83
루스벨트 23, 24, 84, 85, 362, 369, 544
리처드 알렌 364

ㅁ
마셜 86, 441, 543
마셜 계획(플랜) 112, 381
마셜 원조안 351
마쓰모토 655
『매일신보』 152, 219, 248, 307, 310, 428
맥아더 27, 88, 94, 368, 369, 378, 542, 546
『모던일본 조선판』 272
모스크바 3상회의 39, 55, 92, 346, 374
모스크바협정 97
모윤숙 280, 304, 386, 651
몰로토프 96, 103, 441
『묘관』 271
문갑송 436
문구호 174
문명기 174
문선룡 404
문인보국회 635
문장욱 54
문학가동맹『연간조선시집』 643, 646
미국 점령지 구제 기금 579
미군정 47
민국당 37
민규식 206, 441
민족자주연맹 42, 43
『민족정기의 심판』 312

민주주의 민족전선(민전)　99, 101
민희식　54, 140

ㅂ

바르샤바조약기구　541
박건웅　437
박관수　306
박기효　290
박남규　316
박노식　269
박두진　653
박목월　653
박문규　406
박석윤　416
박성복　404
박순천　280
박승환　403, 404
박영희　253, 304
박용만　364
박윤원　168
박인덕　279
박준　152
박중양　174
박춘금　312
박해정　131
박헌영　21, 22, 73, 370, 372, 385, 426
박흥식　177, 178, 306, 316
박희도　270
박희옥　174
반민법　219
반민족행위처벌법　170
반민족행위처벌법 기초특별위원회　129~130

반민족행위특별조사기관 조직법　135
반민족행위특별조사위원회(반민특위)
　　37, 134, 140, 144, 167, 170, 171
방공(防空)위원회　284
방송선전협의회　240
방응모　252
방의석　173, 316
배정자　174, 316
백관수　252
백낙승　174
백민태　158
『백범일지』　25, 331, 368
백석　652
백정기　334
백철　299
번스　96, 478
『보도시첩』　301
볼　103
봉쇄 정책　541
북조선인민회의　110
브래터리　593
빈센트　374

ㅅ

사보연맹　260
『삼천리』　272, 290
『새 노래』　651
서병조　174
서병주　174
『서사시 어동정』　301
서성달　158
서순영　158
서영출　174

서용길 158, 168
서우석 131
『서울신문』 175
서정주 304, 637, 651, 653
서중석 436
서춘 272
『세계사 개설』 363
손빈 160
손영목 316
손주탁 135
손준영 174
송남헌 40, 70
송병준 140
송진우 21, 23, 73, 306, 372, 375, 420
송창섭 135
송혜임 269
수양동우회 22
수양동우회 사건 258
쉬크 52
슈티코프 99
스미스 593
스탈린 85, 376
『승전가』 272
시국대응 전선사상 보국연맹(사보연맹) 258
신간회 22, 40
「신년의 전망」 269
「신동아의 건설과 아등의 사명」 270
신민당 100
신석린 307
『신시대』 272, 273
신옥 174
신용욱 316

신용항 174
신익희 64, 71, 149, 158
신재익 404
신채호 363
신태익 319
신한공사 65
신현돈 131
신홍진 404
신흥우 288
심영환 174

ㅇ

아널드 28, 52, 94, 429
아베 52
『아세아 시집』 301
아이젠하워 344
『아카쓰키』 256
안재홍 21, 40, 419, 425, 441
안재홍 423
안창호 21, 22, 364
『애국반』 256
애국자녀단 278
애틀리 계획 89
앤더슨 478
야마가타 아리토모 83
얄타 밀약 344
얄타회담 89, 542, 544
양재홍 174
양키 데모크라시 75
여경구 402
여국현 402
여운형 21~23, 31, 40, 62, 72, 73, 99,
    101, 344, 370, 372, 380, 393, 404,

426, 434, 439, 441, 444
여운홍 306
염상섭 625, 627
예종석 252
오긍선 252
오정수 54
오카와 397
오타비 593
오택관 158
옥선진 295
올리버 381
우가키 400
원병희 174
원세훈 40, 434, 441
월탄 651
웰스 363
위학증 83
윌슨 362
유교 262
유동열 54
유성갑 163
유억겸 54, 306
유엔한국임시위원단 110
유진산 158
유진오 140, 304
유철 174
유치환 651, 653
『육사시집』 651
윤곤강 652
윤기병 161, 167
윤덕영 305, 312
윤동주 634, 651
윤명운 161, 167

윤봉길 25, 334
윤세중 135
윤치호 288, 290, 292, 306, 307
윤호병 54
의열단 334
이갑성 64
이강국 73, 406
이걸영 403, 406
이계무 161
이광수 21, 174, 201, 295, 298, 299, 301, 304, 306
이귀수 162
이극로 40
이근영 627
이긍종 252
이기룡 135
이기용 174, 187
이기윤 258
이기하 70
이돈화 295
이두철 174
이든 24
이만규 404, 409
이무영 299, 300
이문원 162
이범석 26, 71, 150, 164
이병길 317
이병홍 148
이봉창 25, 334
이상백 403, 404, 409
이상협 252
이석구 403, 406
이석규 317

이석훈 299
이선희 614
이성근 174, 288, 307
이성엽 174
이성환 296, 317
이수목 404
이승만 21, 22, 23, 25, 64, 65, 71, 102,
　349, 361, 377, 379, 383, 385, 387, 426
이승엽 406
이승우 173, 252
이시영 71
이시히로 416
이안순 174
이여성 403, 409
이영개 317
이영근 272
이영선 403
이완용 140
이용구 219
이용설 54
이용신 290
이원홍 131
이육사 634
이인 34, 169
이인규 402
이인환 167
2·15 특별담화 146
이임수 403
이장호 404
이재형 164
이정구 402
이정윤 436
이종근 64

이종린 290
이종학 54
이종형 138, 173
이창덕 402
이철승 158
이철원 54
이철주 654
이청천 26
이태준 304, 627
이풍한 174
이필순 175
이호 167
이효석 304
이훈구 54
『인문평론』 273
인민당 431
인천 상륙 49
일진회 219
임문환 140
임병직 381
임숙재 280
임시교육심의위원회 284
임영신 381
임창화 174
임학수 『전선 시집』 253
임화 654
임효정 280

ㅈ

자작농 창설유지보조조성규칙 559
장개석 32, 71, 85
장건상 26, 71, 371, 437
장경근 164, 167

장덕수 21, 41, 288, 307
장로교 268
장봉휘 402
장헌식 174
장혁주 299, 301
재미한족연합위원회 24
전경무 24
전국농민총연맹 551
『전선기행』 298
전영택 258
『전환기의 조선문학』 298
정구영 441
정국은 174
정백 73
정비석 304
정성식 175
정운일 135
정인섭 299
정인택 299, 300
정일형 54
정재달 406
정재철 404
정준 152
정해봉 174
제2차 프롤레타리아 예술동맹 검거 사건(신건설사 사건) 258
제롬 윌리엄스 381
조국현 169
조규갑 169
조동선 175
조동우 403, 406
조만식 91, 93, 385, 419
조병상 174, 288, 306

조병옥 54
「조선 농지령」 551
「조선 소작 조정령」 551
조선건국동맹 72, 403
조선건국준비위원회 417
조선공산당 70, 73, 99, 431
조선군사후원연맹 251
조선기독교연합회 267
조선기독교청년연맹 267
조선문예회 241, 261
조선문인보국회 304
조선문인협회 304
조선민주당 100
조선민주주의인민공화국 111
조선부인문제연구회 240, 278
조선불교 260
조선식산은행 570
『조선신문』 252
조선인민당 99
『조선일보』 30
조선임전보국단 280
조선임전보국단 부인대 280
조선중앙정보위원회 284
조선중요물자영단 설립위원회 284
조선청년문학가협회 638
조선총독부개척민위원회(조선총독부) 284
조성근 252
조성환 71
조연현 304, 638
조용만 304
조응선 34, 160, 167
조지 캐넌 381
조지훈 637

조한백 131
존 스태커스 381
존 힐더링 380
주다노프 104, 112
주요한 290, 296, 301, 302, 306
주한점 404
중앙문화협회 643, 645
지용은 54
진희채 174
질레트 363

ㅊ

창씨개명 274
채만식 304, 611
처칠 85
천도교 262
천주교 268
청록파 651
청우당 100
「초기 기본 지령」 542
『총동원』 256
총력연맹 285, 289
최국현 158, 168
최근우 403
최난수 156
최남선 174, 269, 304
최린 173, 192, 291, 305
최병철 403
최승렬 174
최연 174
최용근 404
최용달 73, 406
최용순 404

최운교 146
최운하 34, 160, 167
최원택 406
최재서 273, 298, 304
최정희 280, 304
최종섭 135
최종우 409
최충호 258
최태규 162
최하영 417
『춘추』 272
『취한(醉漢)들의 배』 258, 297
『친일파의 군상들』 173

ㅋ

카이로(공동)선언 85, 542
카프 258, 634
캔디 차관 36
케난 104
코메콘 541
코민포름 104
키니 478
킴벌리 83

ㅌ

『태양』 273
태웅선 252
태평양전쟁 336, 337, 341, 343
태프트 362
테헤란회담 89
트루먼 84
트루먼 독트린 104, 112, 351, 381, 541

ㅍ

포츠담회담 542, 543
폴리 87

ㅎ

하지 27, 28, 52, 60, 66, 94, 378, 543
하판락 174
『한국 미군정사』 426
『한국농정 20년사』 456, 470
『한국농지제도연구보고서』 531
한국독립당 25
한국민주당 431
『한국산업경제 10년사』 528, 529
『한국현대사론』 22
한규복 307
한길수 24, 364
한독당 65, 186
한민당 35, 36, 40, 65, 352, 373
한상용 252, 269, 306, 307
한시태 24
한정석 174
한태수『한국정당사』 69
해리먼 87
『해방기념시집』 643
허규 404

허하백 280
허헌 419, 434
헐 84, 86, 543
헤이 362, 365
현수 654
현영섭 272
현영섭 270
현우현 403
현제명 258
현준혁 92
현진건 634
「혈서의 애국심」 270
호프만 105
홍난파 258
홍명희 40, 441
홍순옥 168
홍택희 156, 158
『황국신민』 320
황군위문작가단 252, 253
황순원 614, 616, 622, 623, 629
황운 403
황윤호 168
황학수 371
흥아보국단 준비위원회(흥준) 292
흥업구락부 22

해방전후사의 인식 1

지은이 송건호 외
펴낸이 김언호

펴낸곳 (주)도서출판 한길사
등록 1976년 12월 24일 제74호
주소 10881 경기도 파주시 광인사길 37
홈페이지 www.hangilsa.co.kr
전자우편 hangilsa@hangilsa.co.kr
전화 031-955-2000~3 **팩스** 031-955-2005

인쇄 예림 **제본** 예림바인딩

개정 제3판 제 1 쇄 2004년 5월 25일
개정 제3판 제17쇄 2025년 4월 25일

값 22,000원
ISBN 978-89-356-5542-7 03800

• 잘못 만들어진 책은 구입하신 서점에서 바꿔드립니다.